Bernhard Rieder, Daniela Huemer

•

Gesellschaftsrecht

Gesellschaftsrecht

von

Dr. Bernhard Rieder

Rechtsanwalt in Wien

und

MMag. Dr. Daniela Huemer, LL.M. (Harvard)

Rechtsanwältin in Linz

5., überarbeitete Auflage

Wien 2019

facultas

Bibliografische Information Der Deutschen Nationalbibliothek

Die Deutsche Nationalbibliothek verzeichnet diese Publikation in der Deutschen Nationalbibliografie; detaillierte bibliografische Daten sind im Internet über http://dnb.d-nb.de abrufbar.

Alle Angaben in diesem Fachbuch erfolgen trotz sorgfältiger Bearbeitung ohne Gewähr, eine Haftung des Autors oder des Verlages ist ausgeschlossen.

Copyright © 2019 Facultas Verlags- und Buchhandels AG
facultas.wuv Universitätsverlag, Stolberggasse 26, A-1050 Wien
Alle Rechte, insbesondere das Recht der Vervielfältigung und der Verbreitung sowie der Übersetzung, sind vorbehalten.
Satz: SOLTÉSZ. Die Medienagentur
Druck: Facultas AG
Printed in Austria
ISBN 978-3-7089-1863-1

Vorwort zur 5. Auflage

Seit dem Erscheinen der 4. Auflage vor drei Jahren hat der Gesetzgeber verschiedene Änderungen im Bereich des Gesellschaftsrechts vorgenommen, insb durch das Abschlussprüfungsrechts-Änderungsgesetz 2016, das Börsegesetz 2018, das Wertpapieraufsichtsgesetz 2018 sowie das Aktienrechts-Änderungsgesetz 2019. Diese Änderungen, wie auch die neueste Rechtsprechung und die freundliche Aufnahme der 4. Auflage haben wir wiederum zum Anlass genommen, an einer Neuauflage zu arbeiten und so den LeserInnen den aktuellen Stand im Gesellschaftsrecht praxisrelevant präsentieren zu können.

Wir danken allen LeserInnen für das sehr positive Feedback zu den bisherigen Auflagen, die so freundliche Aufnahme unserer bisherigen Auflagen sowie die Anmerkungen, die wir in der Neuauflage berücksichtigen konnten. Weiters möchten wir uns ganz herzlich bei *Peter Wittmann* (Verlag facultas.wuv) sowohl für seine unendliche Geduld und Hartnäckigkeit als auch für seine professionelle Betreuung bei der Drucklegung bedanken. Besonderer Dank gilt auch *Theresa Haglmüller, Gabriel Ebner* und *Belinda Barbl* für ihre tatkräftige Unterstützung bei der Aktualisierung.

Das Werk befindet sich auf dem Stand Juli 2019.

Für Kritik und Verbesserungsvorschläge sind wir wiederum sehr dankbar (E-mail: bernhard.rieder@dorda.at; daniela.huemer@haslinger-nagele.com).

Wien/Linz, im Juli 2019   Bernhard Rieder
                                           Daniela Huemer

Aus dem Vorwort zur 1. Auflage

Das vorliegende Lehrbuch wurde mit dem Ziel verfasst, das Gesellschaftsrecht kompakt darzustellen. Es soll Studierenden und Berufsanwärtern zur Vorbereitung auf Prüfungen dienen und zugleich Praktikern einen raschen Einstieg in das Gesellschaftsrecht ermöglichen. Aus Gründen der leichteren Lesbarkeit und Übersichtlichkeit wurde auf Literaturzitate weitgehend verzichtet.

Insbesondere für Praktiker wurden zahlreiche Hinweise auf die Rechtsprechung eingearbeitet. Damit wird es dem Leser ermöglicht, weiterführende Rechtsprechung rasch aufzufinden. Sofern nicht anders angegeben, handelt es sich bei den Entscheidungen um solche des OGH. Die zitierten Rechtssätze (zB RS0105518) ermöglichen darüber hinaus, thematisch zusammengehörende Entscheidungen auf einen Blick und in kompakter Form zu erfassen. Sowohl die Entscheidungen als auch die Rechtssätze können über http://www.ris2.bka.gv.at/Jus/ kostenlos abgerufen werden.

Aufgelockert wird das Lehrbuch durch zahlreiche Beispiele und Hinweise in „Kästchen" sowie durch Grafiken. Auf die Unterschiede der einzelnen Gesellschaftsformen wird weiters an geeigneten Stellen in eigenen „Rechtsformenvergleichen" hingewiesen. Zudem ist ein Gesamtrechtsformenvergleich über die wichtigsten Gesellschaften in Form einer faltbaren Tabelle als Beilage zum Buch enthalten. Damit werden die wichtigsten Unterschiede auch visuell dargestellt. Darüber hinaus kann diese Tabelle als Grundlage für eine abschließende Wiederholung des Stoffes vor Prüfungsantritt herangezogen werden.

Die Gewichtung der einzelnen Kapitel erfolgte vor allem nach praktischen Gesichtspunkten, sodass die GmbH am umfassendsten dargestellt wurde. „Beliebte" Prüfungsgebiete und häufige praktische Problemstellungen wurden entsprechend ausführlicher behandelt.

Für die kritische Durchsicht des Manuskripts und die wertvollen Anregungen danken wir Herrn RA Dr. *Christoph Szep* sowie Frau *Renate Huemer*, Frau Mag. *Elisabeth Rieder* und Herrn RA Dr. *Franz Reinthaler*. Herrn *Reinhard Theuerkauf* danken wir für seine Hinweise zu Aufbau und Konzept des Buches. Beim Verlag facultas.wuv, insbesondere Herrn Mag. *Christian Kaier*, möchten wir uns für die professionelle Betreuung bei der Drucklegung und die aufgebrachte Geduld herzlich bedanken.

[...]

Wien/Linz, im September 2008   Bernhard Rieder
                                Daniela Huemer

Inhaltsverzeichnis

Vorwort zur 5. Auflage 5
Aus dem Vorwort zur 1. Auflage 6
Abkürzungsverzeichnis 21
Literaturübersicht (Auswahl) 31

I. Allgemeiner Teil 35
A. Grundlagen 35
   1. Gesellschaftsrecht als Sonderprivatrecht und Unternehmensrecht iwS 35
   2. Die vier Merkmale einer Gesellschaft 36
      a) Begründung durch Rechtsgeschäft/Gesellschaftsvertrag 36
      b) Rechtsgemeinschaft mindestens zweier Personen 39
      c) Gemeinsamer Zweck 39
      d) Organisiertes Zusammenwirken 40
   3. Gründe für die Bildung einer Gesellschaft 41
B. Numerus clausus im Gesellschaftsrecht 43
   1. Allgemeines 43
   2. Einfluss der Europäischen Union 44
   3. Die einzelnen Rechtsformen im Überblick 44
C. Einteilung der Gesellschaften 45
   1. Innen- und Außengesellschaften 45
   2. Personen- und Kapitalgesellschaften 46
   3. Personengesellschaften und Körperschaften 48
   4. Gesellschaften ieS und Gesellschaften iwS 49
   5. Typische und atypische Gesellschaften 49
D. Abgrenzung zu den „Rechtsgebilden" 50
   1. Abgrenzung zur schlichten Rechtsgemeinschaft 50
   2. Abgrenzung zur Körperschaft öffentlichen Rechts 50
   3. Abgrenzung zur Privatstiftung 51
   4. Abgrenzung zur Sparkasse 51
   5. Abgrenzung zum Verein 51
   6. Abgrenzung zum Unternehmen 52
   7. Abgrenzung zum Konzern 52
   8. Abgrenzung zur politischen Partei 54
E. Die Suche nach der geeigneten Gesellschaft 55
F. Die Gesellschaft: von der Wiege bis zur Bahre – ein kurzer Überblick 56
   1. Gründung 57
      a) Errichtung und Entstehung der Gesellschaft 57

      b) Vorgründungsgesellschaft 57
      c) Vorgesellschaft 58
      d) Gründungsfehler 59
      e) Konzessionssystem – Normativsystem................................. 60
   2. Organisation 61
      a) Selbstorganschaft – Dritt-/Fremdorganschaft 61
      b) Monokratisches Organ – Kollegialorgan 61
      c) Arten von Gesellschaftsorganen 61
      d) Dualistisches – monistisches System.................................... 63
   3. Rechte und Pflichten der Gesellschafter 63
      a) Vermögensrechtliche Rechte und Pflichten 63
      b) Sonstige Rechte und Pflichten 66
   4. Beendigung der Gesellschaft.. 68
G. Verbandsverantwortlichkeit 68
H. Europäisches Gesellschaftsrecht 69
   1. Allgemeines.. 69
   2. Supranationale Gesellschaftsformen.. 71
      a) Bereits geschaffene supranationale Gesellschaftsformen........... 71
      b) Supranationale Gesellschaftsformen in Planung 71
   3. Richtlinien.. 73
      a) Bereits verabschiedete Richtlinien 73
      b) Richtlinien in Planung 77
   4. Verordnungen 79
   5. Kapitalverkehrsfreiheit und Niederlassungsfreiheit.................... 79
I. Internationales Gesellschaftsrecht 80
J. Zum Abschluss einige Zahlen betreffend Gesellschaften in Österreich... 82

II. Gesellschaft bürgerlichen Rechts 85
A. Begriff, Rechtsnatur und Grundlagen 85
B. Bedeutung und Anwendungsbereich 87
C. Gründung der GesbR 89
D. Innenverhältnis... 91
   1. Pflichten der Gesellschafter... 91
      a) Mitwirkungs- und Interessenwahrungspflicht 91
      b) Gleichbehandlungsgebot.. 92
      c) Beitragspflicht.. 92
      d) Keine Nachschusspflicht.. 94
      e) Konkurrenzverbot.. 94
      f) Sonstige Pflichten 95
      g) Durchsetzung von Gesellschaftsansprüchen......................... 95
   2. Rechte der Gesellschafter... 96

3. Vermögensordnung 96
      a) Anteil am Gesellschaftsvermögen 96
      b) Gewinn- und Verlustverteilung 98
      c) Gewinnausschüttung und Entnahmen 99
   4. Gesellschafterbeschlüsse 100
   5. Geschäftsführung 101
E. Außenverhältnis 103
   1. Vertretung 103
   2. Haftungsordnung 105
F. Änderung der Gesellschafterstruktur 106
   1. Rechtsübergang 106
   2. Haftung des eintretenden und des ausscheidenden Gesellschafters. 107
   3. Auseinandersetzung mit dem ausscheidenden Gesellschafter 108
   4. Fortsetzung mit den Erben 109
G. Beendigung der GesbR 110
   1. Auflösung 110
   2. Liquidation 112
H. Wechsel der Rechtsform 114

III. Offene Gesellschaft 117
A. Allgemeines 117
   1. Vorbemerkungen 117
   2. Begriff, Rechtsnatur und Grundlagen 118
      a) Firma und Firmenbildung 118
      b) Zuordnung zu den Gesellschaftskategorien 119
      c) Haftung der Gesellschafter 119
      d) Rechtsfähigkeit 120
      e) Gesamthandschaft 120
      f) Anwendungsbereich (Zweckoffenheit) 121
      g) Mindestanzahl von zwei Gesellschaftern 122
      h) Unternehmereigenschaft 123
   3. Sitz und Geschäftsanschrift 124
B. Gründung der OG 125
   1. Originäre Gründung 126
      a) Phase 1: Errichtung 126
      b) Phase 2: Entstehung 128
      c) Zwischenphase: Vorgesellschaft („Vor-OG") 129
   2. Derivative Gründung 131
C. Organisation der OG 132
   1. Selbstorganschaft und Gestaltungsfreiheit 132
   2. Gesellschafterbeschlüsse 133
      a) Allgemeines 133

      b) Einstimmigkeit oder Mehrstimmigkeit 133
      c) Stimmrecht 135
  3. Geschäftsführung 135
      a) Definition 135
      b) Erteilung, Entzug und Kündigung der Geschäftsführungs-
         befugnis 136
      c) Erforderliche Beschlussmehrheiten 138
      d) Rechte und Pflichten geschäftsführungsbefugter
         Gesellschafter 142
  4. Vertretung 144
      a) Definition und Umfang der Vertretungsbefugnis 144
      b) Gesetzliche und vertragliche Vertretungsregelungen 145
      c) Erteilung und Entzug der Vertretungsbefugnis 146
      d) Firmenbucheintragung 147

D. Haftungsordnung der OG 147
  1. Haftung der Gesellschaft 147
  2. Haftung der Gesellschafter 148
      a) Art und Umfang der Haftung 148
      b) Einwendungen des Gesellschafters 149
      c) Haftungstheorie – Erfüllungstheorie 150
      d) Haftung des eintretenden Gesellschafters 150
      e) Haftung des ausscheidenden Gesellschafters 151
      f) Haftung bei Auflösung der Gesellschaft 152
      g) Haftung in der Insolvenz 153
      h) Gesellschafter als Gesellschaftsgläubiger 153

E. Rechte und Pflichten der Gesellschafter 154
  1. Rechte und Pflichten vermögensrechtlicher Natur 155
      a) Einlageleistung und Kapitalanteil 155
      b) Gewinn- und Verlustverteilung 157
      c) Entnahmerecht 158
  2. Sonstige Rechte und Pflichten 159
      a) Kontrollrechte 159
      b) actio pro socio 160
      c) Wettbewerbsverbot 161
      d) Treuepflicht, Mitwirkung- und Interessenswahrung,
         Gleichbehandlung 163

F. Veränderung der Gesellschafterstruktur 163
  1. Allgemeines 163
  2. Eintritt des Gesellschafters 164
  3. Ausscheiden des Gesellschafters 165
      a) Freiwilliges Ausscheiden 165
      b) Unfreiwilliges Ausscheiden 165
      c) Rechtsfolgen des Ausscheidens 167

4. Gleichzeitiger Ein- und Austritt (Übertragung der Mitgliedschaft) 168
5. Tod des Gesellschafters 169
G. Beendigung der OG 171
1. Auflösung 172
   a) Gesetzliche Auflösungsgründe 172
   b) Vertragliche Auflösungsgründe 176
   c) Fortsetzungsbeschluss gemäß § 141 176
2. Abwicklung/Liquidation 177
   a) Allgemeines 177
   b) Liquidationsverfahren 177
   c) Ausnahmsweises Unterbleiben einer Abwicklung/
      Liquidation 179
   d) Löschung aus dem Firmenbuch 180
H. Wechsel der Rechtsform 180

IV. Kommanditgesellschaft 183
A. Allgemeines 183
1. Vorbemerkungen 183
2. Begriff, Rechtsnatur und Grundlagen 183
B. Besonderheiten bei der Gründung der KG 185
1. Originäre Gründung 185
2. Derivative Gründung 185
C. Besonderheiten bei der Organisation der KG 187
1. Geschäftsführung 187
2. Vertretung 189
D. Besonderheiten bei der Haftungsordnung 189
1. Haftung der Gesellschaft 189
2. Haftung des Komplementärs 189
3. Haftung des Kommanditisten 190
   a) Art und Umfang der Haftung 190
   b) Verhältnis Haftsumme zu Pflichteinlage 192
   c) Nachträgliche Veränderungen der Haftsumme 193
   d) Auskunftspflicht des Kommanditisten 193
   e) Haftung des Kommanditisten vor Eintragung 194
   f) Haftung des eintretenden Kommanditisten 194
   g) Haftung des ausscheidenden Kommanditisten 195
E. Rechte und Pflichten der Gesellschafter 196
1. Rechte und Pflichten vermögensrechtlicher Natur 196
   a) Einlageleistung und Kapitalanteil 196
   b) Gewinn- und Verlustverteilung 197
   c) Entnahmerecht 198

2. Sonstige Rechte und Pflichten 199
      a) Kontrollrechte 199
      b) actio pro socio 201
      c) Wettbewerbsverbot 201
      d) Gesellschafterbeschlüsse 202
F. Besonderheiten bei der Veränderung der Gesellschafterstruktur 202
   1. Eintritt des Kommanditisten 202
   2. Ausscheiden des Kommanditisten 202
   3. Gleichzeitiger Ein- und Austritt
      (Wechsel eines Kommanditisten) 203
   4. Tod des Kommanditisten 203
G. Beendigung der KG 203
H. Sonderformen der KG 204
   1. GmbH & Co KG 205
      a) Begriff 205
      b) Motive für die Gründung 207
      c) Besonderheit gegenüber der gesetzestypischen KG 208
      d) Gründung 209
   2. Publikums-KG 210

V. Europäische wirtschaftliche Interessenvereinigung 211
A. Vorbemerkungen 211
B. Begriff, Rechtsnatur und Grundlagen 211
C. Gründung der EWIV 212
D. Organisation der EWIV 213
E. Haftungsordnung der EWIV 214
F. Rechte und Pflichten der Gesellschafter 214
G. Veränderung der Gesellschafterstruktur 214
H. Beendigung der EWIV 215

VI. Stille Gesellschaft 217
A. Begriff, Rechtsnatur und Grundlagen 217
B. Abgrenzung zu anderen Rechtsverhältnissen 219
C. Bedeutung und Anwendungsbereich 220
D. Gründung der stG 220
E. Vermögen – Einlage und Beteiligung am Ergebnis 220
F. Beendigung der stG 222
   1. Auflösung 222
   2. Auseinandersetzung 225

VII. Gesellschaft mit beschränkter Haftung 227
A. Begriff, Rechtsnatur und Grundlagen 227
1. Eigenschaften 227
2. Trennungsprinzip/Haftungsprivileg/Durchgriff 229
3. Gesellschaftszweck und Unternehmensgegenstand 231
4. Geschäftsanteil/Stammeinlage/Stammkapital 232

B. Bedeutung und Anwendungsbereich 236

C. Gründung der GmbH 236
1. Ablauf einer einfachen (Bar-)Gründung 236
   a) Phase 1: Vorgründungsstadium 236
   b) Phase 2: Gründungsstadium 237
   c) Phase 3: Entstehung 242
2. Sachgründung 245
   a) Allgemeines 245
   b) Unternehmensfortführung – § 6a Abs 2 und 3 247
   c) Gründungsprüfung – § 6a Abs 4 247
   d) Verdeckte Sacheinlage 248
3. Mantelgründung 249
4. Gründungshaftung 249
   a) Handelndenhaftung 249
   b) Gründerhaftung 250

D. Organe der GmbH 250
1. Geschäftsführer 251
   a) Allgemeines 251
   b) Bestellung 251
   c) Abberufung 254
   d) Rücktritt 256
   e) Anmeldung zum Firmenbuch 257
   f) Vertretung 257
   g) Geschäftsführung 262
   h) Sonstige Rechte und Pflichten 263
   i) Haftung 267
   j) Entlastung 272
2. Aufsichtsrat 273
   a) Obligatorischer Aufsichtsrat 273
   b) Fakultativer Aufsichtsrat 274
   c) Aufsichtsratsmitglieder 274
   d) Organisation 279
   e) Aufgaben 283
   f) Haftung 286
3. Generalversammlung 287
   a) Allgemeines 287
   b) Gesellschafterbeschluss 287

  c) Einberufung der Generalversammlung 291
  d) Leitung der Generalversammlung 293
  e) Beschlussfähigkeit 294
  f) Stimmrecht 294
  g) Niederschrift 296
  h) Fehlerhafte Beschlüsse 297
 4. Abschlussprüfer 300
E. **Rechtsstellung der Gesellschafter** 301
 1. Erwerb und Verlust der Gesellschafterstellung 301
  a) Erwerb 301
  b) Verlust 301
  c) Gesellschafterausschlussgesetz 302
 2. Geschäftsanteil 303
  a) Übertragung und Vererblichkeit 303
  b) Übertragung von Teilen eines Geschäftsanteils 305
  c) Übertragungsbeschränkungen 306
  d) Verpfändung 307
  e) Übertragung im Exekutionsverfahren/Pfändung 307
  f) Mitberechtigung am Geschäftsanteil 308
  g) Kein Erwerb eigener Anteile 308
 3. Rechte 309
  a) Vermögensrechte 309
  b) Herrschafts- und Mitverwaltungsrechte 309
  c) Minderheitsrechte 310
 4. Pflichten 311
  a) Leistung der Einlage 311
  b) Nachschusspflicht 314
  c) Nebenleistungspflichten 316
  d) Treuepflicht 316
  e) Gleichbehandlung 317
 5. Verbot der Einlagenrückgewähr 317
  a) Einlagenrückgewähr 317
  b) Folgen 319
  c) Verdeckte Gewinnausschüttung 320
 6. Eigenkapital ersetzende Gesellschafterleistungen 321
  a) Einleitung 321
  b) Gesellschafter 322
  c) Gesellschaft 322
  d) Krise 323
  e) Kredit 323
  f) Sanierungsprivileg 323
  g) Folgen 324

F. Änderungen des Gesellschaftsvertrags 324
G. Kapitalmaßnahmen 326
   1. Kapitalerhöhung 326
      a) Ordentliche Kapitalerhöhung 326
      b) Nominelle Kapitalerhöhung 329
   2. Kapitalherabsetzung 330
      a) Ordentliche Kapitalherabsetzung 330
      b) Vereinfachte (nominelle) Kapitalherabsetzung 332
      c) Kapitalherabsetzung durch Einziehung von Geschäfts-
         anteilen 333
      d) Kapitalherabsetzung verbunden mit Kapitalerhöhung
         (Kapitalschnitt) 333
H. Beendigung der GmbH 334
   1. Auflösung 334
      a) Allgemeines 334
      b) Auflösungstatbestände 335
      c) Firmenbuch 336
      d) Fortsetzung der aufgelösten Gesellschaft 336
   2. Abwicklung/Liquidation 336
      a) Ablauf 336
      b) Liquidatoren 337
      c) Zweck und Besonderheiten 338
      d) Nachtragsliquidation 339
I. Wechsel der Rechtsform 339

VIII. Aktiengesellschaft 341

A. Begriff, Rechtsnatur und Grundlagen 341
   1. Eigenschaften 341
   2. Trennungsprinzip/Haftungsprivileg/Durchgriff 343
   3. Gesellschaftszweck und Unternehmensgegenstand 343
   4. Einlage/Aktie/Grundkapital/Gesellschaftsvermögen 343
      a) Begriffe 343
      b) Aktiengattungen und -typen 344
B. Bedeutung und Anwendungsbereich 351
C. Rechtsquellen 352
   1. Für sämtliche AG maßgebliche Rechtsquellen 352
   2. Für börsenotierte AG maßgebliche Rechtsquellen 352
D. Gründung der AG 354
   1. Ablauf einer einfachen (Bar-)Gründung 355
      a) Phase 1: Vorgründungsstadium 356
      b) Phase 2: Gründungsstadium 356
      c) Phase 3: Entstehung 359

2. Ablauf einer qualifizierten Gründung 360
   a) Phase 2: Gründungsstadium 360
   b) Phase 3: Entstehung 361
3. Nachgründung 362
4. Mantelgründung 363
5. Gründungshaftung 363
6. Geltendmachung von Gründungsmängeln 365
E. Organe der AG 365
1. Vorstand 366
   a) Allgemeines 366
   b) Bestellung 366
   c) Abberufung 368
   d) Rücktritt 370
   e) Anmeldung zum Firmenbuch 370
   f) Kompetenzen 371
   g) Pflichten des Vorstands bzw einzelner Vorstandsmitglieder 376
   h) Haftung 377
   i) Entlastung 380
2. Aufsichtsrat 381
   a) Allgemeines 381
   b) Bestellung 382
   c) Dauer und Beendigung 384
   d) Vergütung/Aufwandersatz 385
   e) Organisation 385
   f) Aufgaben 386
   g) Haftung 389
3. Hauptversammlung 389
   a) Allgemeines 389
   b) Willensbildung durch Aktionärsbeschluss 390
   c) Kompetenzen der Hauptversammlung/Gegenstände der
      Beschlussfassung 390
   d) Einberufung der Hauptversammlung 392
   e) Gang der Hauptversammlung 395
   f) Fehlerhafte Beschlüsse 403
4. Abschlussprüfer 406
F. Rechtsstellung der Aktionäre 407
1. Erwerb und Verlust der Gesellschafterstellung 407
   a) Erwerb 407
   b) Verlust 407
2. Rechte 407
   a) Vermögensrechte 408
   b) Herrschafts- und Mitverwaltungsrechte 409
   c) Minderheitsrechte 409
   d) Sonderrechte 411

    3. Pflichten 411
        a) Leistung der übernommenen Einlage 411
        b) Keine Nachschusspflicht 412
        c) Nebenleistungspflichten 412
        d) Treuepflicht 412
        e) Gleichbehandlung 412

G. Kapitalmaßnahmen 412
    1. Kapitalerhöhung 413
        a) Ordentliche Kapitalerhöhung 413
        b) Bedingte Kapitalerhöhung 417
        c) Genehmigtes Kapital 419
        d) Nominelle Kapitalerhöhung 421
        e) Wandel- und Gewinnschuldverschreibungen 422
        f) Genussrechte 423
    2. Kapitalherabsetzung 424
        a) Effektive (ordentliche) Kapitalherabsetzung 424
        b) Vereinfachte (nominelle) Kapitalherabsetzung 426
        c) Kapitalherabsetzung durch Einziehung von Aktien 426
        d) Kapitalherabsetzung verbunden mit Kapitalerhöhung
           (Kapitalschnitt) 427

H. Beendigung der AG 427
    1. Auflösung 427
        a) Gesetzliche Auflösungsgründe 428
        b) Vertragliche Auflösungsgründe 429
        c) Fortsetzungsbeschluss 429
    2. Abwicklung/Liquidation 430
        a) Allgemeines 430
        b) Liquidationsverfahren 430

I. Wechsel der Rechtsform 431

IX. Europäische Aktiengesellschaft 433

A. Begriff, Rechtsnatur und Grundlagen 433

B. Rechtsquellen 434

C. Gründung der SE 434

D. Organe der SE 435

E. Arbeitnehmermitbestimmung 438

F. Beendigung der SE 439

G. Unterschiede AG – SE (tabellarisch) 440

X. Genossenschaft 443

A. Begriff, Rechtsnatur und Grundlagen 443
    1. Allgemeines 443

2. Haftung	444
3. Förderungsauftrag	445
4. Geschäftsanteil/Nennkapital	445

B. Bedeutung und Anwendungsbereich ... 446
C. Gründung der Genossenschaft ... 446
D. Organe der Genossenschaft ... 447
    1. Vorstand ... 447
    2. Aufsichtsrat ... 448
    3. Generalversammlung ... 449
    4. Revisor ... 450
    5. Sonstige Organe ... 451
E. Rechtsstellung der Mitglieder ... 451
    1. Erwerb der Mitgliedschaft ... 451
    2. Verlust der Mitgliedschaft ... 451
    3. Rechte ... 451
    4. Pflichten ... 452
F. Änderungen des Genossenschaftsvertrags ... 452
G. Beendigung der Genossenschaft ... 453

XI. Europäische Genossenschaft ... 455

XII. Privatstiftung ... 457
A. Begriff, Rechtsnatur und Grundlagen ... 457
B. Bedeutung und Anwendungsbereich ... 459
C. Gründung der PS ... 459
D. Organe der PS ... 461
E. Beendigung der PS ... 463

XIII. Verein ... 465
A. Begriff, Rechtsnatur und Grundlagen ... 465
B. Vereinsgründung ... 466
C. Organe ... 467
D. Beendigung des Vereins ... 469
E. Behörden und Verfahren ... 470

XIV. Umgründungen ... 471
A. Einleitung ... 471
B. Verschmelzung ... 472
    1. Definition und Arten ... 472
    2. Ablauf ... 473

      a) Vorbereitung 474
      b) Beschlussfassung 476
      c) Firmenbuchverfahren 477
  3. Wirkungen 477
  4. Anfechtung und Überprüfung des Umtauschverhältnisses 478
  5. Kapitalerhöhung 478
  6. Unterbleiben der Gewährung von Anteilen 479
  7. Gläubigerschutz 479
  8. Haftung 480
  9. Vereinfachte Verschmelzung 481
  10. Grenzüberschreitende Verschmelzung 482

C. Umwandlung 483
  1. Formwechselnde Umwandlung 483
      a) AG in GmbH 483
      b) GmbH in AG 484
  2. Übertragende Umwandlung nach dem UmwG 484
      a) Verschmelzende Umwandlung 485
      b) Errichtende Umwandlung 485

D. Spaltung 486
  1. Definition und Arten 486
  2. Ablauf 487
      a) Vorbereitung 488
      b) Beschlussfassung 490
      c) Firmenbuchverfahren 491
  3. Wirkungen 491
  4. Barabfindungsangebot – Anfechtung und Überprüfung 491
  5. Haftung, Gläubigerschutz und Schutz Dritter 492

E. Einbringung 493

F. Realteilung 494

G. Zusammenschluss 495

H. Grenzüberschreitende Sitzverlegung 496

Stichwortverzeichnis 499

Abkürzungsverzeichnis

aA	anderer Ansicht
AbgÄG 2014	Bundesgesetz, mit dem das Einkommensteuergesetz 1988, das Körperschaftssteuergesetz 1988, das Stabilitätsabgabegesetz, das Umgründungssteuergesetz, das Umsatzsteuergesetz 1994, das Gebührengesetz 1957, das Kapitalverkehrsteuergesetz, …..geändert … werden – Abgabenänderungsgesetz 2014, BGBl I 13/2014
ABGB	Allgemeines bürgerliches Gesetzbuch
ABl	Amtsblatt der Europäischen Gemeinschaften
Abs	Absatz
aE	am Ende
AEUV	Vertrag über die Arbeitsweise der Europäischen Union (bis 30. 11. 2009: EG-Vertrag)
AG & Co KG	Aktiengesellschaft & Co Kommanditgesellschaft
AG	Aktiengesellschaft(en)
AktG	Aktiengesetz
AktRÄG	Bundesgesetz, mit dem das Aktiengesetz, das SE-Gesetz, das Unternehmensgesetzbuch, das Umwandlungsgesetz, das Spaltungsgesetz, … das Übernahmegesetz … geändert werden – Aktienrechts-Änderungsgesetz 2009, BGBl I 71/2009
AktRÄG 2019	Bundesgesetz, mit dem das Aktiengesetz, das SE-Gesetz, das Übernahmegesetz und das Unternehmensgesetzbuch geändert werden, BGBl I 63/2019
AngG	Angestelltengesetz
A-QSG	Abschlussprüfungs-Qualitätssicherungsgesetz
APRÄG	Bundesgesetz, mit dem das Unternehmensgesetzbuch, das Aktiengesetz, das GmbH-Gesetz, das SE-Gesetz, das Genossenschaftsgesetz, das Genossenschaftsrevisionsgesetz 1997, das SCE-Gesetz, das Bankwesengesetz, das Versicherungsaufsichtsgesetz 2016, das Sparkassengesetz, das Allgemeine bürgerliche Gesetzbuch, das Unternehmensreorganisationsgesetz, die Insolvenzordnung und das Bundesministeriengesetz 1986 geändert werden, BGBl I 43/2016
ArbVG	Arbeitsverfassungsgesetz

ARGE	Arbeitsgemeinschaft
Art	Artikel
ÄrzteG	Ärztegesetz
ASVG	Allgemeines Sozialversicherungsgesetz
AufsichtsratsVO	Aufsichtsrats-Verordnung
AußStrG	Außerstreitgesetz
BAO	Bundesabgabenordnung
BetrMVG	Betriebliches Mitarbeitervorsorge-Gesetz
BGBl	Bundesgesetzblatt
BGH	Bundesgerichtshof
BMSVG	Betriebliches Mitarbeiter- und Selbständigenvorsorgegesetz
BörseG	Börsegesetz
BRÄG 2013	Bundesgesetz, mit dem die Rechtsanwaltsordnung, Notariatsordnung ... geändert werden – Berufsrechts-Änderungsgesetz 2013, BGBl I 159/2013
BStFG 2015	Bundes-Stiftungs- und Fondsgesetz 2015
Bsp	Beispiel
BSpG	Bausparkassengesetz
BVergG	Bundesvergabegesetz
BWG	Bankwesengesetz
bzw	beziehungsweise
d	deutsch
dh	das heißt
DSG	Datenschutzgesetz
e.Gen.	eingetragene Genossenschaft
e.U.	eingetragener Unternehmer
EisbG	Eisenbahngesetz
EEG	Eingetragene Erwerbsgesellschaft
EG	Europäische Gemeinschaft(en)
EGG	Erwerbsgesellschaftengesetz
EGV	Vertrag zur Gründung der Europäischen Gemeinschaften
EGZPO	Einführungsgesetz zur Zivilprozessordnung

EKEG	Bundesgesetz über Eigenkapital ersetzende Gesellschafterleistungen – Eigenkapitalersatz-Gesetz, BGBl I 2003/92
ENG	Elektronische Notariatsform-Gründungsgesetz
EO	Exekutionsordnung
ESt	Einkommensteuer
EStG	Einkommensteuergesetz
etc	et cetera
EU	Europäische Union
EU-GesRÄG	EU-Gesellschaftsrechtsänderungsgesetz, BGBl I 1996/304
EuGH	Europäischer Gerichtshof
EURO-GenBeG	Euro-Genossenschaftsbegleitgesetz
EU-InsVO	Verordnung (EG) Nr. 1346/2000 des Rates vom 29. 5. 2000 über Insolvenzverfahren (EU-Insolvenzverordnung)
EU-VerschG	EU-Verschmelzungsgesetz, BGBl I 2007/72
EVHGB	Vierte Verordnung zur Einführung handelsrechtlicher Vorschriften im Lande Österreich
EWG	Europäische Wirtschaftsgemeinschaft
EWIV	Europäische wirtschaftliche Interessenvereinigung
EWIVG	EWIV-Ausführungsgesetz
EWIV-VO	EWIV-Verordnung
EWR	Europäischer Wirtschaftsraum
FBG	Firmenbuchgesetz
FE	Europäische Stiftung, Fondation Européenne
FMA	Finanzmarktaufsicht
FN	Fußnote
GBG	Grundbuchsgesetz
GebG	Gebührengesetz
gem	gemäß
Gen	Genossenschaft
GenG	Genossenschaftsgesetz
GenIG	Genossenschaftsinsolvenzgesetz
GenmbH	Genossenschaft mit beschränkter Haftung

GenmuH	Genossenschaft mit unbeschränkter Haftung
GenRÄG	Bundesgesetz, mit dem ein Bundesgesetz über das Statut der Europäischen Genossenschaft ... erlassen sowie das Genossenschaftsgesetz ... geändert werden – Genossenschaftsrechtsänderungsgesetz 2006, BGBl I 2006/104
GenRevG	Genossenschaftsrevisionsgesetz 1997
GenVG	Genossenschaftsverschmelzungsgesetz
Ges	Gesellschaft
GeS	Zeitschrift für Gesellschafts- und Steuerrecht
GesAusG	Bundesgesetz über den Ausschluss von Minderheitsgesellschaftern – Gesellschafter-Ausschlussgesetz, BGBl I 2006/75
GesbR	Gesellschaft bürgerlichen Rechts
GesbR-RG	Bundesgesetz, mit dem das allgemeine bürgerliche Gesetzbuch und das Unternehmensgesetzbuch zur Reform der Gesellschaft bürgerlichen Rechts geändert werden – GesbR-Reformgesetz, BGBl I 83/2014
GesRÄG 1993	Bundesgesetz über die Spaltung von Kapitalgesellschaften und Änderungen des Handelsgesetzbuches, des Aktiengesetzes 1965, des Umwandlungsgesetzes, ... – Gesellschaftsrechtsänderungsgesetz, BGBl 458/1993
GesRÄG 1996	Bundesgesetz über Änderungen des Handelsgesetzbuchs, des Aktiengesetzes, des Gesetzes über Gesellschaften mit beschränkter Haftung, des EWIV-Ausführungsgesetzes, des Firmenbuchgesetzes ... – Gesellschaftsrechtsänderungsgesetz, BGBl 304/1996
GesRÄG 2004	Bundesgesetz, mit dem ein Bundesgesetz über das Statut der Europäischen Gesellschaft ... erlassen wird sowie das Aktiengesetz, das Firmenbuchgesetz ... geändert werden – Gesellschaftsrechtsänderungsgesetz, BGBl I 2004/341
GesRÄG 2005	Bundesgesetz, mit dem das Aktiengesetz, das GmbH-Gesetz, das SE-Gesetz, das Handelsgesetzbuch, ..., das Genossenschaftsrevisionsgesetz, das Genossenschaftsrevisionsrechtsänderungsgesetz ... entsprechend der Entschließung des Nationalrats vom 29. Jänner 2004 zur Stärkung des Vertrauens in die österreichische Wirtschaft geändert werden – Gesellschaftsrechtsänderungsgesetz 2005, BGBl I 2005/59

GesRÄG 2007	Bundesgesetz, mit dem ein Bundesgesetz über die grenzüberschreitende Verschmelzung von Kapitalgesellschaften in der Europäischen Union erlassen wird sowie das Firmenbuchgesetz, ..., das GmbH-Gesetz, das Aktiengesetz 1965, das Umwandlungsgesetz, das Unternehmensgesetzbuch und das Übernahmegesetz geändert werden – Gesellschaftsrechts-Änderungsgesetz 2007, BGBl I 2007/72
GesRÄG 2011	Bundesgesetz, mit dem das Aktiengesetz, das Spaltungsgesetz, das EU-Verschmelzungsgesetz, das GmbH-Gesetz, das SE-Gesetz ... geändert werden – Gesellschaftsrechts-Änderungsgesetz 2011, BGBl I 2011/53
GesRÄG 2013	Bundesgesetz, mit dem das GmbH-Gesetz, die Insolvenzordnung, ... geändert werden – Gesellschaftsrechts-Änderungsgesetz 2013, BGBl I 109/2013
GewO	Gewerbeordnung
GFMA-G	Gleichstellungsgesetz von Männern und Frauen im Aufsichtsrat, BGBl I 104/2017
ggf	gegebenenfalls
GlücksspielG	Glücksspielgesetz
GmbH & Co KG	Gesellschaft mit beschränkter Haftung und Co Kommanditgesellschaft
GmbH	Gesellschaft(en) mit beschränkter Haftung
GmbHG	Gesetz über Gesellschaften mit beschränkter Haftung
GoB	Grundsätze ordnungsgemäßer Buchführung
GOG	Gerichtsorganisationsgesetz
GrESt	Grunderwerbssteuer
GSVG	Gewerbliches Sozialversicherungsgesetz
hA	herrschende Ansicht
HaRÄG	Bundesgesetz, mit dem das Handelsgesetzbuch in Unternehmensgesetzbuch umbenannt und ... geändert wird sowie das Erwerbsgesellschaftengesetz und die Vierte Einführungsverordnung außer Kraft gesetzt werden – Handelsrechts-Änderungsgesetz, BGBl I 2005/120
HGB	Handelsgesetzbuch
hL	herrschende Lehre
hM	herrschende Meinung

HypBG	Hypothekenbankgesetz
i.L.	in Liquidation
IAS	International Accounting Standards
idF	in der Fassung
idR	in der Regel
ieS	im engeren Sinn
IFRS	International Financial Reporting Standards
iHv	in der Höhe von
ImmoInvFG	Immobilien-Investmentfondsgesetz
inkl	inklusive
insb	insbesondere
InvFG 2011	Investmentfondsgesetz 2011
IO	Insolvenzordnung
IPR	Internationales Privatrecht
IPRG	IPR-Gesetz
iSd	im Sinne des, der
iVm	in Verbindung mit
iwS	im weiteren Sinne
jurP	juristische Person
KapBG	Kapitalberichtigungsgesetz
KartG	Kartellgesetz
Kdt	Kommanditist
KEG	Kommandit-Erwerbsgesellschaft
KESt	Kapitalertragsteuer
KG	Kommanditgesellschaft
KMG	Kapitalmarktgesetz
KMU	kleine und mittlere Unternehmen
KöSt	Körperschaftsteuer
Kpl	Komplementär
KSchG	Konsumentenschutzgesetz
KStG	Körperschaftsteuergesetz
KVG	Kapitalverkehrsteuergesetz
LFG	Luftfahrtgesetz

Lit	Literatur
Ltd	Limited
ME	Europäische Gegenseitigkeitsgesellschaft; mutualité européenne
Mio	Million
MRG	Mietrechtsgesetz
MU	Mutterunternehmen
NBG	Nationalbankgesetz
NO	Notariatsordnung
NotAktsG	Notariatsaktsgesetz
NZ	Österreichische Notariats-Zeitung
oä	oder ähnliche(s)
ÖCGK	Österreichischer Corporate Governance Kodex
OEG	Offene Erwerbsgesellschaft
OeKB	Oesterreichische Kontrollbank Aktiengesellschaft
OG	Offene Gesellschaft
OGH	Oberster Gerichtshof
OHG	Offene Handelsgesellschaft
OLG	Oberlandesgericht
PKG	Pensionskassengesetz
PS	Privatstiftung
PSG	Privatstiftungsgesetz
Publikums-KG	Publikums-Kommanditgesellschaft
PuG	Bundesgesetz, mit dem im Rahmen der Umsetzung der Richtlinie 2003/58/EG das Firmenbuchgesetz, das Unternehmensgesetzbuch, ... geändert werden – Publizitätsrichtlinie-Gesetz, BGBl I 2006/103
RÄG 2010	Bundesgesetz, mit dem das Unternehmensgesetzbuch geändert wird – Rechnungslegungsrechts-Änderungsgesetz 2010, BGBl I 2009/140
RÄG 2014	Bundesgesetz, mit dem das Unternehmensgesetzbuch, das Aktiengesetz, das GmbH-Gesetz, geändert werden – Rechnungslegungs-Änderungsgesetz 2014, BGBl I 2015/22
RAO	Rechtsanwaltsordnung

RK	Reform-Kommentar UGB/ABGB (2007) von *Krejci/Bydlinski, P./Dehn/Schauer*
RL	Richtlinie
RLG	Rechnungslegungsgesetz
Rom II-VO	Verordnung (EG) Nr. 864/2007 des Europäischen Parlaments und des Rates vom 11. 7. 2007 über das auf außervertragliche Schuldverhältnisse anzuwendende Recht
RS	Rechtssatz (abrufbar unter http://www.ris.bka.gv.at/Jus/)
Rsp	Rechtsprechung
Rz	Randziffer
SA	Société anonyme
SCE	Europäische Genossenschaft
SCEG	Bundesgesetz über das Statut der Europäischen Genossenschaft – SCE-Gesetz, BGBl I 2006/391
SCE-VO	Verordnung (EG) Nr. 1435/2003 des Rates vom 22. 7. 2003 über das Statut der Europäischen Genossenschaft – SCE- Verordnung
SE	Societas Europaea, Europäische (Aktien-)Gesellschaft
SEG	Gesetz über das Statut der Europäischen Gesellschaft – SE-Gesetz, BGBl I 2005/59
SE-RL	Richtlinie 2001/86/EG des Rates vom 8. 10. 2001 zur Ergänzung des Statuts der Europäischen Gesellschaft hinsichtlich der Beteiligung der Arbeitnehmer – SE-Richtlinie
SE-VO	Verordnung (EG) Nr. 2157/2001 des Rates vom 8. 10. 2001 über das Statut der europäischen Gesellschaft – SE-Ver-ordnung
Slg	Sammlung
sog	sogenannt
SpaltG	Spaltungsgesetz
SPE	Europäische Privatgesellschaft, Societas Privata Europaea
SpG	Sparkassengesetz
SpK	Sparkasse
stG	stille Gesellschaft
StGB	Strafgesetzbuch
STS-VVG	STS-Verbriefungsvollzugsgesetz, BGBl I 76/2018

SWK	Österreichische Steuer- und Wirtschaftskartei
TP	Tarifpost
TU	Tochterunternehmen
ua	unter anderem
ÜbG	Übernahmegesetz
ÜbRÄG	Bundesgesetz, mit dem das Übernahmegesetz, ..., das Umwandlungsgesetz und das Spaltungsgesetz geändert werden und ein Bundesgesetz über den Ausschluss von Minderheitsgesellschaftern erlassen wird – Übernahmerechts-Änderungsgesetz 2006, BGBl I 2006/75
udgl	und dergleichen
uE	unseres Erachtens
UGB	Bundesgesetz über besondere zivilrechtliche Vorschriften für Unternehmen – Unternehmensgesetzbuch, BGBl I 2005/120
UmgrStG	Umgründungssteuergesetz
UmwG	Umwandlungsgesetz
URÄG	Bundesgesetz, mit dem das Unternehmensgesetzbuch, das Aktiengesetz 1965, das GmbH-Gesetz, das SE-Gesetz, das Genossenschaftsgesetz, das Genossenschaftsrevisionsgesetz, das Spaltungsgesetz, ... geändert werden – Unternehmensrechts-Änderungsgesetz 2008, BGBl I 2008/70
URG	Bundesgesetz über die Reorganisation von Unternehmen – Unternehmensreorganisationsgesetz, BGBl I 1997/114
usw	und so weiter
uU	unter Umständen
VAG 2016	Versicherungsaufsichtsgesetz 2016
VbVG	Verbandsverantwortlichkeitsgesetz
VerG	Vereinsgesetz 2002
VerGNov 2011	Bundesgesetz, mit dem das Vereinsgesetz 2002 und das Bundes-Stiftungs- und Fondsgesetz geändert werden – Vereinsgesetz-Novelle 2011, BGBl I 137/2011
verst	verstärkter
vgl	vergleiche
Vor-AG	Vor-Aktiengesellschaft
Vor-KG	Vor-Kommanditgesellschaft

Vor-OG	Vor-Offene-Gesellschaft
vs	versus
Vst	Vorstand
VStG	Verwaltungsstrafgesetz
VVaG	Versicherungsverein auf Gegenseitigkeit
VwGH	Verwaltungsgerichtshof
WAG	Wertpapieraufsichtsgesetz 2007
WechselG	Wechselgesetz
WGG	Wohnungsgemeinnützigkeitsgesetz
WRG	Wasserrechtsgesetz 1959
WTBG	Wirtschaftstreuhänder-Berufs-Gesetz
Z	Ziffer
zB	zum Beispiel
ZPO	Zivilprozessordnung
ZR	Zivilrecht
zT	zum Teil
ZTG	Ziviltechnikergesetz 1993
ZVR	Zentrales Vereinsregister
2. StabG 2012	Bundesgesetz, mit dem das Aktiengesetz, das Unternehmensgesetzbuch, das Gerichtsorganisationsgesetz, ... geändert werden – zweites Stabilitätsgesetz 2012, BGBl I 35/2012

Literaturübersicht (Auswahl)

Lehrbücher und Skripten

Artmann/Rüffler, Gesellschaftsrecht (2017)

Dehn/Krejci, Das neue UGB, 2. Auflage (2007)

Geymayer/Tröthan, Grundlagen des Umgründungsrechts (Orac-Skriptum), 4. Auflage (2018)

Kalss/Nowotny/Schauer, Österreichisches Gesellschaftsrecht, 2. Auflage (2017)

Kalss/Schauer/Winner, Allgemeines Unternehmensrecht, 3. Auflage (2017)

Karollus/Huemer/Harrer, Casebook Handels- und Gesellschaftsrecht, 5. Auflage (2014)

Knauder, Prüfungsfragen und Prüfungsfälle zum Gesellschaftsrecht (Orac-Skriptum), 5. Auflage (2014)

Krejci, Gesellschaftsrecht, Band I (2005)

Mader, Kapitalgesellschaften (Orac-Skriptum), 10. Auflage (2017)

Nowotny, G., Gesellschaftsrecht, 4. Auflage (2008)

Ratka/Rauter/Völkl, Unternehmens- und Gesellschaftsrecht, Band I und II: 3. Auflage (2017)

Roth/Fitz, Unternehmensrecht, 2. Auflage (2006)

Ruhm/Knauder/Sima, Konzernrecht (Orac-Skriptum), 2. Auflage (2010)

Schmidt, K., Gesellschaftsrecht, 4. Auflage (2002)

Schummer, Personengesellschaften (Orac-Skriptum), 9. Auflage (2015)

Torggler, U., Gesellschaftsrecht – AT und Personengesellschaften (2013)

Weber, Unternehmens- und Gesellschaftsrecht, 4. Auflage (2019)

Kommentare, Handbücher und Monographien

Artmann/Karollus, Kommentar zum Aktiengesetz, Band I: 6. Auflage (2018), Band II: 6. Auflage (2018), Band III: 6. Auflage (2019)

Artmann, Kommentar zum UGB, Band I.I: 3. Auflage (2019), Band I.II: 3. Auflage (2019)

Arnold, Privatstiftungsgesetz, 3. Auflage (2013)

Arnold et al, Die GmbH & Co KG, 2. Auflage (2016)

Barnert/Dolezel/Egermann/Illigasch, Societas Europaea (2005)

Bergmann/Ratka, Handbuch Personengesellschaften, 2. Auflage (2016)

Dellinger, Genossenschaftsgesetz samt Nebengesetzen, 2. Auflage (2014)

Doralt/Nowotny/Kalss, Kommentar zum Aktiengesetz, 2. Auflage (2012)

Duursma/Duursma-Kepplinger/Roth, Handbuch zum Gesellschaftsrecht (2007)

Ebner, Informationsschutz und Prüfungspflicht im Firmenbuchrecht (2019)

Fida/Wrann/Zollner, Privatstiftungsgesetz, 2. Auflage (2013)

Foglar-Deinhardstein, Aburumieh, Hoffenscher-Summer, Gesetz über Gesellschaften mit beschränkter Haftung (2017)

Frotz/Kaufmann, Grenzüberschreitende Verschmelzungen, 2. Auflage (2012)

Gellis, Kommentar zum GmbH-Gesetz, 7. Auflage (2009)

Gruber/Harrer, Kommentar zum GmbHG, 2. Auflage (2018)

Gratzl/Hausmanninger/Justich, Handbuch zur Aktiengesellschaft, Band I: Grundlagen (2017), Band II: Muster (2018)

Haglmüller, Gesellschafterpflichten in der Krise der GmbH (2018)

Harrer, Die Personengesellschaft als Trägerin eines Unternehmens (2010)

Heidinger/Schneider, Aktiengesetz (2007)

Hochedlinger/Fuchs, Stille Gesellschaft (2006)

Jabornegg/Artmann, Kommentar zum UGB, Band II: 2. Auflage (2017)

Kalss, Handkommentar zur Verschmelzung – Spaltung – Umwandlung, 2. Auflage (2010)

Kalss/Hügel, Europäische Aktiengesellschaft – SE-Kommentar (2004)

Kerschner, Handbuch Vertragsgestaltung, 2. Auflage (2019), in Druck

Koppensteiner/Rüffler, GmbH-Gesetz. Kommentar, 3. Auflage (2007)

Koziol/Bydlinski, P./Bollenberger, Kurzkommentar zum ABGB, 5. Auflage (2017)

Krejci, Reform-Kommentar UGB – ABGB (2007)

Napokoj, Praxishandbuch Spaltung, 2. Auflage (2015)

Reich-Rohrwig, Das österreichische GmbH-Recht, Band I: 2. Auflage (1997), Band II: 1. Auflage (1983)

Rummel, Kommentar zum Allgemeinen bürgerlichen Gesetzbuch, 3. Auflage (2000–2007); fortgeführt von *Rummel/Lukas*, Kommentar zum Allgemeinen Bürgerlichen Gesetzbuch, Teilbände: §§ 1-43, §§ 231-284h, §§ 285-446, §§ 531-824, §§ 825-858, §§ 859-916, §§ 917-937, §§ 1035-1150, 4. Auflage (2014-2017)

Schwimann/Kodek, ABGB Praxiskommentar, Band I-VIII: 4. Auflage (2011-2018)

Schwimann/Neumayr, ABGB Taschenkommentar, 4. Auflage (2017)

Straube/Ratka/Rauter, Wiener Kommentar zum GmbH-Gesetz (Loseblatt), 1.-107. Lieferung (2018)

Straube/Ratka/Rauter, Wiener Kommentar zum UGB (Loseblatt), Band I: 1.-64. Lieferung, 4. Auflage (2018), Band II: 1.-83. Lieferung, 3. Auflage (2019)

Straube/Aicher, Handbuch zur Europäischen Aktiengesellschaft (2005)

Talos/Winner, EU-Verschmelzungsgesetz, 2. Auflage (2016)

Torggler, U., GmbH-Gesetz (2014)

Umfahrer, Die Gesellschaft mit beschränkter Haftung, 6. Auflage (2008)

Wiesner/Hirschler/Mayr, Handbuch der Umgründungen, Band I: Steuerrecht I (2018), Band II: Steuerrecht II (2018)

Zib/Dellinger, Unternehmensgesetzbuch Kommentar, Band I/Teil 1 (2010)

Zeitschriften

Der Gesellschafter (GesRZ)

Die Privatstiftung (PSR)

ecolex. Fachzeitschrift für Wirtschaftsrecht

Juristische Blätter (JBl)

Recht der Wirtschaft (RdW)

Wirtschaftsrechtliche Blätter (wbl)

Zeitschrift für Gesellschafts- und Steuerrecht (GeS)

Zeitschrift für Stiftungswesen (ZFS)

I. Allgemeiner Teil

A. Grundlagen

1. Gesellschaftsrecht als Sonderprivatrecht und Unternehmensrecht iwS

> Als **„Gesellschaftsrecht"** bezeichnet man jenes Rechtsgebiet, das für (die durch Rechtsgeschäft zu einem bestimmten Zweck geschaffenen und organisierten) Rechtsgemeinschaften Regelungen beinhaltet. Zur Definition der Gesellschaft siehe sogleich Seiten 36 ff. Es enthält Regelungen von der Gründung einer Gesellschaft bis hin zu deren Beendigung, etwa durch Liquidation oder Umgründung. Das Gesellschaftsrecht hat primär die gemeinsamen Interessen der Gesellschafter, dh der Gemeinschaft, vor Augen.

Das Gesellschaftsrecht ist nicht in einem einzigen Gesetz normiert; vielmehr wird es durch **unterschiedliche Gesetze** und Einzelregelungen gebildet. Zum Teil sind diese Gesetze nach der Gesellschaft selbst benannt (zB das AktG, in dem Regelungen für die AG normiert sind), zum Teil sind die Regelungen in anderen Gesetzen enthalten (zB im ABGB, in dem in den §§ 1175 ff die Bestimmungen zur GesbR zu finden sind; im UGB, in dem die Bestimmungen für die OG, KG und stG zu finden sind). Es gibt auch kein eigenes Gesetz und keinen eigenen Abschnitt, in dem allgemeine Vorschriften normiert sind, die gleichermaßen für alle Gesellschaften gelten.

Das Gesellschaftsrecht zählt überwiegend zum Privatrecht. Es wird auch als **Sonderprivatrecht** bezeichnet, weil es trotz vereinzelter öffentlich-rechtlicher Normen (wie zB dem Firmenbuch-, Rechnungslegungs- oder Kapitalmarktrecht) Teil des Privatrechts ist, das aber im Vergleich zum allgemeinen Privatrecht einen eingeschränkten Anwendungsbereich hat. Anknüpfungspunkt ist die „Gesellschaft". Für die praktische Arbeit bedeutet diese Einordnung etwa, dass das Sonderprivatrecht gegenüber dem allgemeinen Privatrecht grundsätzlich als **lex specialis** anzusehen ist.

Dem Gesellschaftsrecht übergeordnet ist der Begriff des **Unternehmensrechts iwS**. Dieser Begriff fasst alle jene Rechtsgebiete zusammen, die für ein Unternehmen[1], somit auch für eine Gesellschaft, eine Rolle spielen können, wie etwa das Bank-, Börse- und Kapitalmarktrecht, das Wertpapierrecht, das

---

[1] Vgl dazu § 1 Abs 2 UGB: „Ein Unternehmen ist jede auf Dauer angelegte Organisation selbstständiger wirtschaftlicher Tätigkeit, mag sie auch nicht auf Gewinn gerichtet sein". Von dieser Definition erfasst sind auch Gesellschaften. Die Begriffe „Gesellschaft" und „Unternehmen" sind aber keine Synonyme (siehe Seite 52). Das Unternehmen wird von der Gesellschaft bzw von den Gesellschaftern betrieben.

Kartell- und Wettbewerbsrecht, das allgemeine Zivilrecht (etwa betreffend Vertragsabschluss, Gewährleistung) oder das Unternehmensstrafrecht.

2. Die vier Merkmale einer Gesellschaft

Als Gesellschaft wird eine
- durch Rechtsgeschäft begründete
- Rechtsgemeinschaft mindestens zweier Personen,
- die einen bestimmten Zweck
- durch organisiertes Zusammenwirken erreichen will,

bezeichnet.

Im Folgenden sollen die einzelnen Merkmale näher erläutert werden.

a) Begründung durch Rechtsgeschäft/Gesellschaftsvertrag

Die Grundlage für eine Gesellschaft bildet ein Rechtsgeschäft, der Gesellschaftsvertrag (oft auch als Satzung, bei Vereinen auch als Statuten, bezeichnet). Dieser kommt durch **übereinstimmende Willenserklärungen** der Gesellschafter, die auf die Herbeiführung von Rechtsfolgen gerichtet sind, zustande.

Beachte:
Von diesem Merkmal wird ausnahmsweise dann abgewichen, wenn Gesellschaften der öffentlichen Hand unmittelbar durch Gesetz gegründet werden (zB Schönbrunner Tiergarten-Gesellschaft m.b.H.).
Ausnahmsweise kann eine Gesellschaft auch durch nur eine Person gegründet werden; siehe dazu Seite 39.

Abhängig von der konkreten Gesellschaftsform hat der Gesellschaftsvertrag einen **(Mindest-)Inhalt** aufzuweisen. Dieser kann Firma und Sitz der Gesellschaft, Gegenstand des Unternehmens, Gesellschafter, etwaige Einlagen und Organe umfassen.

Die Gesellschaft hat eine **Firma**. Die Firma ist der Name des Unternehmers, unter dem das Unternehmen betrieben wird. Sie muss zur **Kennzeichnung** des Unternehmers geeignet sein und **Unterscheidungskraft** besitzen (§ 18 Abs 1 UGB). Der Firmenwortlaut muss so gewählt werden, dass bei Lesern und Hörern die Assoziation mit einem ganz bestimmten Unternehmen unter vielen anderen geweckt wird (RS0122544). Die Firma kann eine Namens-, Sach- oder Fantasiefirma sein. Mischformen sind ebenso zulässig.

Die Firma darf keine Angaben enthalten, die geeignet sind, die Öffentlichkeit über geschäftliche Verhältnisse (wie Art, Umfang und Branchenbezug), die für die angesprochenen Verkehrskreise wesentlich sind, **irrezuführen** (§ 18 Abs 2 UGB). Der Grundsatz der **Firmenwahrheit** ist zu beachten: Die Firma darf nicht geeignet sein, bei den maßgeblichen Verkehrskreisen eine unrichtige Vorstellung von der Wirklichkeit zu erwecken. Eine tatsächliche Täuschung ist nicht erforderlich.

> **Beispiel:**
> Max und Heidi Muster können ein CD-Geschäft unter dem Firmenwortlaut „Anna Netrebko Musikfachgeschäft OG" nicht führen, wenn Anna Netrebko weder Gesellschafterin dieser OG war, noch ist.

Die Möglichkeiten einer Firmenbildung sind weiters insofern beschränkt, als Gesellschaften in ihrem Firmenwortlaut zwingend die korrekte **Rechtsform** (zB „Offene Gesellschaft" oder „OG"; § 19 UGB; § 5 GmbHG) anzuführen haben.

Der korrekte Rechtsformzusatz ist auch bei **Erwerb und Fortführung eines Unternehmens** iSd § 22 UGB, das bislang in einer anderen Rechtsform betrieben wurde, zwingend. Allerdings kann die bisherige Firma, auch wenn sie den Namen des bisherigen Unternehmers enthält, mit oder ohne Beifügung eines das Nachfolgeverhältnis andeutenden Zusatzes fortgeführt werden, wenn der bisherige Unternehmer oder dessen Erben in die Fortführung der Firma ausdrücklich einwilligen.

Kommt es zu einer **Änderung des Gesellschafterbestands**, ist § 24 UGB zu beachten. Der ausscheidende Gesellschafter einer Personengesellschaft ist bereits ex lege vor der Verwendung seines Namens geschützt (§ 24 Abs 2 UGB).[2]

> **Beachte:**
> Im alltäglichen Sprachgebrauch wird der Terminus „Firma" häufig mit dem Begriff „Unternehmen" gleichgesetzt. Dies zu Unrecht: Die **Firma** ist der im Firmenbuch eingetragene Name eines Unternehmers, unter dem er seine Geschäfte betreibt und die Unterschrift abgibt (§ 17 Abs 1 UGB). Mit **Unternehmen** ist hingegen die Organisation gemeint, die werthafte Leistungen auf dem Markt gegen Entgelt anbietet.
> Insofern ist die im Alltag häufig verwendete Formulierung „Ich gehe in die Firma" nicht korrekt.

Ebenso abhängig von der gewählten Gesellschaftsform ist die **Form** des Vertrags. Als Grundsatz kann festgehalten werden, dass es bei Personengesellschaften keine Formvorschriften gibt und bei Kapitalgesellschaften Formvorschriften (zB Notariatsaktsform, Schriftlichkeitserfordernis) zu beachten sind.

---

[2] Der GmbH-Gesellschafter muss für diesen Schutz hingegen selbst durch vertragliche Vereinbarung sorgen.

Der **Gesellschaftsvertrag** ist ein Vertrag, in dem die gemeinsame **Interessenverfolgung** vereinbart wird: Bestimmte Waren, Dienstleistungen sollen am Markt angeboten werden. Es kommt zwischen den Vertragspartnern hingegen nicht (wie dies etwa bei einem Kaufvertrag der Fall ist) zum Austausch von Leistungen (wie etwa Ware gegen Geld). Der Gesellschaftsvertrag ist daher ein **entgeltsfremder Vertrag** (RS0018060).

Der Gesellschaftsvertrag ist nicht nur ein Gründungsvertrag, sondern auch ein **Organisationsvertrag**: Es wird festgelegt, nach welchem Prinzip (zB Mehrheitsprinzip) Entscheidungen in der Gesellschaft getroffen werden, wer für welche Aufgaben und Tätigkeiten verantwortlich ist, wie und zu welchen Bedingungen Gesellschafter beitreten oder ausscheiden können. Der Gesellschaftsvertrag stellt somit die „Verfassung" der Gesellschaft dar.

Der Gesellschaftsvertrag ist ein **Dauerschuldverhältnis**: Die gemeinsame Zweckverfolgung ist – zumeist – auf Dauer angelegt. Dieses Dauerschuldverhältnis zeichnet sich auch dadurch aus, dass sowohl zwischen den Gesellschaftern und der Gesellschaft als auch zwischen den Gesellschaftern untereinander Pflichten bestehen, die sich aus Gesetz, Gesellschaftsvertrag oder allgemeinen Rechtsgrundsätzen des Gesellschaftsrechts ableiten lassen. Zu nennen sind etwa die **Treuepflicht** der Gesellschafter und das allgemeine **Gleichbehandlungsgebot**. In bestimmten Branchen (wie etwa in der Baubranche) kommt es aber auch vor, dass eine Gesellschaft lediglich der Abwicklung eines (größeren) Projekts (zB Errichtung eines Straßentunnels) dienen soll.

Bei Unklarheiten über den **Gesellschaftsvertrag** ist dieser wie folgt **auszulegen**:

Bei **Personengesellschaften** (6 Ob 226/13y) ist der Gesellschaftsvertrag grundsätzlich nach §§ 914 f ABGB auszulegen, allerdings mit der Besonderheit, dass die Parteienabsicht in den Hintergrund tritt, wenn die ursprünglichen Vertragsparteien nicht mehr Gesellschafter sind. Da diesfalls der neue Gesellschafter die Absicht der vertragserrichtenden Parteien nicht kannte, sind nur objektive Kriterien zur Auslegung heranzuziehen. Die Ermittlung des objektiven Sinns erfolgt gemäß §§ 6 f ABGB.

Bei **Kapitalgesellschaften** sind indes korporative Regelungen des Gesellschaftsvertrags, also solche, die nicht nur für derzeitige, sondern auch für künftige Gesellschafter und Dritte von Bedeutung sind, nach ihrem Wortlaut und Zweck in ihrem systematischen Zusammenhang objektiv auszulegen (RS0108891, zur GmbH siehe Seite 240; die Details sind strittig).

> **Beachte:**
> Vom Gesellschaftsvertrag zu unterscheiden ist der Gesellschafterbeschluss: Der **Gesellschaftsvertrag** kommt durch übereinstimmende Willenserklärungen aller zustande. Wer mit dem Inhalt des Gesellschaftsvertrags nicht einverstanden ist und diesen daher (zB bei schriftlichen Verträgen) nicht

> unterfertigt, ist nicht Vertragspartei und damit auch nicht Gesellschafter (Modifikationen sind hingegen abhängig von der Gesellschaftsform und der vertraglichen Vereinbarung auch ohne Einstimmigkeit möglich).
> Anders ist dies hingegen beim **Gesellschafterbeschluss**. Hier wird im Rahmen der Gesellschafterversammlung über einen bestimmten Antrag abgestimmt. Entscheidend ist – sofern sich nicht aus Gesetz oder Vertrag anderes ergibt – der Wille der Mehrheit. Dieser entfaltet auch Wirksamkeit gegenüber der Minderheit. Die überstimmten Gesellschafter müssen den mehrheitlich zustande gekommenen Gesellschafterbeschluss gegen sich wirken lassen.

b) Rechtsgemeinschaft mindestens zweier Personen

Die durch Rechtsgeschäft begründete Rechtsgemeinschaft besteht aus **mindestens zwei Personen**. Dies hat zur Konsequenz, dass ein Ausscheiden des vorletzten Gesellschafters grundsätzlich wegen des Verbleibens nur einer einzigen Person zur Beendigung der Gesellschaft führt (siehe § 142 UGB).

Allerdings ist es **ausnahmsweise** auch möglich, dass eine Gesellschaft durch nur **eine Person** gebildet wird. Dies ist aber nur dann zulässig, wenn der Gesetzgeber die Möglichkeit einer Ein-Personen-Gesellschaft eröffnet hat.

> **Beachte:**
> Eine Ein-Personen-Gesellschaft (eine Gesellschaft mit nur einem Gesellschafter) ist bei der GmbH (eingeführt mit dem EU-GesRÄG 1996 in den §§ 1 und 3 Abs 2 GmbHG) und bei der AG (eingeführt mit dem GesRÄG 2004 in den §§ 2 Abs 2 und 35 AktG) möglich, nicht hingegen bei den Personengesellschaften (siehe zB § 105 UGB).

Nicht zulässig ist die **Kein-Personen-Gesellschaft**, dh eine „Gesellschaft", der überhaupt keine Person angehört. Solche personenlosen Organisationsformen, zu denen etwa die Privatstiftung, die Stiftung nach dem Bundesstiftungs- und Fondsgesetz oder die Sparkasse zählen, sind keine Gesellschaften.[3] Nichtsdestotrotz sind die Regelungen für diese Organisationen oftmals an das Gesellschaftsrecht angelehnt.

c) Gemeinsamer Zweck

Gesellschaften können grundsätzlich zu jedem Zweck gegründet werden: Sie stehen für erwerbswirtschaftliche Zwecke ebenso zur Verfügung wie für ideelle. Diese Zweckoffenheit ist nur dadurch beschränkt, dass der konkrete

---

[3] Diese werden daher in diesem Buch – mit Ausnahme der in der Praxis besonders bedeutsamen Privatstiftung – auch nicht behandelt.

Zweck **erlaubt** sein muss, dh der Zweck nicht gegen Gesetz oder **gute Sitten** verstoßen darf. Der zulässige Zweck ist den rechtsformspezifischen Rechtsgrundlagen (etwa UGB, GmbHG, AktG) zu entnehmen.

Mangels einer entsprechenden gemeinsamen Zweckgemeinschaft ist etwa die **schlichte (Rechts-)Gemeinschaft**, die von Miteigentümern gebildet wird, keine Gesellschaft. Diese ist lediglich durch ein bloßes „Haben" gekennzeichnet: Mehreren Personen steht gemeinsam das Recht zu, etwas – zB eine Wohnung – gemeinsam zu nutzen.

> **Beachte:**
> Der **Gesellschaftszweck** ist dem Firmenbuch nicht zu entnehmen, zumeist auch nicht dem Gesellschaftsvertrag. Der Gesellschaftszweck wird definiert durch das Ziel, das durch die Tätigkeit erreicht werden soll, wie etwa Geld zu verdienen (erwerbswirtschaftlicher Zweck) oder anderen – unentgeltlich – zu helfen (ideeller Zweck).
> Vom Gesellschaftszweck zu unterscheiden ist der **Unternehmensgegenstand**. Letzterer meint den konkreten Tätigkeitsbereich der Gesellschaft, wie beispielsweise die Beratung von sanierungsbedürftigen Unternehmen. Dieser ist dem Gesellschaftsvertrag zu entnehmen, der beim Firmenbuch aufliegt. Bei zB AG, GmbH und Genossenschaft ist der Unternehmensgegenstand zwingender Bestandteil des Gesellschaftsvertrags.

Neben der Einigung über den Gesellschaftszweck ist es weiters erforderlich, dass die Gesellschafter auch eine Einigung dahingehend treffen, mit welcher **Tätigkeit** dieser Zweck erreicht werden soll. Gesellschaften stehen grundsätzlich für sämtliche Tätigkeiten, also etwa für freiberufliche, land- und forstwirtschaftliche, gewerbliche, sonstige (erwerbs-)wirtschaftliche oder bloß vermögensverwaltende Tätigkeiten zur Verfügung. Allerdings ist zu beachten, dass bestimmte Gesellschaften für bestimmte Tätigkeiten nicht zur Verfügung stehen: Manche Tätigkeiten sind sondergesetzlich einer bestimmten Rechtsform vorbehalten (zB sind nach § 6 Abs 1 PKG Pensionskassen zwingend in der Rechtsform einer AG zu betreiben).

d) Organisiertes Zusammenwirken

Bei Gesellschaften werden nicht einmalig und wechselseitig Leistungen ausgetauscht. Vielmehr sind Gesellschaften und ihre Zweckverfolgung üblicherweise auf Dauer angelegt (siehe oben Seite 38). Aufgrund dieses „Dauerelements" ist eine gewisse Organisation der Tätigkeit, des Ablaufes und der Zusammenarbeit (Kooperation) erforderlich. Im **Gesellschaftsvertrag („Organisationsvertrag")** wird das entsprechende, zweckdienliche Grundgerüst festgelegt und vereinbart: Dieses umfasst nicht nur die Festlegung der wechselseitigen Rechte und Pflichten, sondern auch die entsprechend den gesetzlichen Vorgaben notwendige Abgrenzung, wer bzw welches Organ wofür und auf welche Weise zuständig ist, wie die Entscheidungen in der Gesellschaft zu treffen sind und wem die Repräsentation nach außen obliegt.

Bei Gesellschaften sind zwei Kategorien von Organisationsformen vorzufinden: die Selbst- und die Dritt- bzw Fremdorganschaft.

Die **Selbstorganschaft** zeichnet sich dadurch aus, dass sowohl die Geschäftsführung als auch die Vertretung der Gesellschaft von den Gesellschaftern selbst – ohne entsprechenden Bestellungsakt – wahrgenommen wird. Denn diese Befugnis kommt den Gesellschaftern schon kraft ihrer Stellung zu. Dies bedeutet aber nicht, dass sämtliche Aufgaben nur von allen Gesellschaftern gemeinsam wahrgenommen werden können. Die Aufgaben können auch verteilt werden. Ebenso können einzelne Gesellschafter von Aufgaben ausgeschlossen werden. Dieses Organisationsprinzip ist nur bei den Personengesellschaften (zB **GesbR**, **OG**, **KG**) vorzufinden.

> **Beachte:**
> Die **EWIV** folgt im Hinblick auf die Geschäftsführung dem Organisationsmodell der Fremdorganschaft (siehe Seite 213).

Die **Dritt- bzw Fremdorganschaft** zeichnet sich dadurch aus, dass die Gesellschaftereigenschaft keine Voraussetzung für die Geschäftsführung bzw Vertretung der Gesellschaft ist. Bei Gesellschaften, für welche dieses Prinzip vorgesehen ist, wie etwa für die Kapitalgesellschaften, ist daher eine förmliche Bestellung zum Organmitglied notwendig. Das Gesetz sieht jeweils vor, welche Organe zwingend einzurichten und zu besetzen sind. Gesetzlich nicht oder nur fakultativ vorgesehene Organe können (müssen aber nicht) eingerichtet werden. Dabei ist zu beachten, dass in die gesetzlich zwingenden Kompetenzen der Organe nicht eingegriffen wird. Dieses Organisationsprinzip ist etwa bei **GmbH**, **AG**, **SE**, **Gen** (eingeschränkte Drittorganschaft) und **SCE** verwirklicht.

> **Beachte:**
> Bei der **stG** ist weder das Prinzip der Selbstorganschaft noch das Prinzip der Dritt- bzw Fremdorganschaft vorzufinden. Die Geschäfte werden vielmehr vom Unternehmensinhaber betrieben. Die stG selbst hat keine Geschäftsführer (siehe Seite 217 f).

3. Gründe für die Bildung einer Gesellschaft

Die Motive, eine Gesellschaft zu gründen bzw eine Tätigkeit im Rahmen einer Gesellschaft auszuüben, sind vielfältig:
- Oftmals sind mehrere Personen an einer Idee für ein Erfolg versprechendes Unternehmenskonzept beteiligt: So kann zB eine Person über ein umfassendes Wissen zur Erarbeitung von Softwareprogrammen, eine andere über

das entsprechende Verkaufsgeschick, um die Produkte später in den Verkehr zu bringen, und eine dritte über etwaige notwendige Befugnisse wie Markenrechte, Konzessionen usw verfügen. Gemeinsam können sie durch ihre **unterschiedlichen Fähigkeiten und Befugnisse** das Unternehmenskonzept in einer Gesellschaft verwirklichen.

- Der Auf- und Ausbau einer Gesellschaft ist mit einem nicht unerheblichen finanziellen Aufwand verbunden. Oft ist es gewünscht bzw erforderlich, diesen finanziellen Bedarf auf mehrere Personen aufzuteilen, gemeinsam für die Sicherstellung der finanziellen Mittel zu sorgen und dadurch das **finanzielle Risiko** zu splitten.

- Die Ausübung einer bestimmten Tätigkeit im Rahmen einer Gesellschaft ermöglicht es zudem, das **unternehmerische Risiko** zu teilen, wenngleich stets die mögliche Haftung mit ins Kalkül zu ziehen ist, da bei entsprechender negativer Entwicklung eine Insolvenz drohen kann.

- Die das Gesellschaftsrecht begleitenden Rechtsgebiete wie das **Steuer- oder Sozialversicherungsrecht** können ebenfalls für die Gründung einer Gesellschaft sprechen: Ob Unternehmen in der Rechtsform einer Kapitalgesellschaft, einer Personengesellschaft oder eines Einzelunternehmens geführt werden sollen, ist von einigen Überlegungen abhängig. Generell kann aber gesagt werden, dass die GmbH bei hohem Einkommen und wenig Ausschüttungen (Thesaurierung, daher lediglich eine Belastung mit 25 % Körperschaftsteuer) bzw im umgekehrten Fall Einzelunternehmen und Personengesellschaften steuerlich vorteilhafter sind. Grund für dieses Ergebnis sind nicht nur die unterschiedliche Besteuerung (Einkommensteuer, Körperschaftsteuer, Kapitalertragsteuer) und der daraus resultierende unterschiedliche Steuersatz, sondern auch die unterschiedlichen Begünstigungen: So werden etwa seit der Steuerreform 2009, die am 1. 1. 2010 in Kraft getreten ist, Einzelunternehmen und Personengesellschaften durch einen Gewinnfreibetrag begünstigt. Gestaffelt nach der jährlichen Investitionssumme beträgt dieser maximal 13 %. Selbst wenn keine Investitionen getätigt werden, kann ein Grundfreibetrag von 3.900 Euro geltend gemacht werden (vgl § 10 EStG). Diese Änderung haben einige Kapitalgesellschaften zum Anlass genommen, ihre Rechtsform zu überdenken und das Vermögen der Kapitalgesellschaft nach den Vorschriften des UmwG auf den oder die Gesellschafter zu übertragen (= umzuwandeln) und die Kapitalgesellschaft aufzulösen (siehe Seiten 483 ff). Aus der Kapitalgesellschaft ist damit entweder ein Einzelunternehmen oder eine Nachfolge-Personengesellschaft (OG oder KG) geworden. Die einmal getroffene Wahl einer Rechtsform sollte daher laufend (anlässlich von Steuerreformen) einer neuerlichen Evaluierung unterzogen werden, wenngleich für die Entscheidung einer bestimmten Rechtsform nicht ausschließlich steuerliche Aspekte berücksichtigt werden sollten.

- Oft bildet auch ein bisheriges Einzelunternehmen die Grundlage für die Gründung einer Gesellschaft. Denn im Rahmen einer Gesellschaft kann leichter die **Unternehmenskontinuität** gewahrt und das aufgebaute Unternehmen über Generationen erhalten bleiben, weil – abhängig von der Gesellschaftsform – weitere Nachkommen ohne Unternehmenszerschlagung beteiligt werden können (Nachfolgeregelung).

B. Numerus clausus im Gesellschaftsrecht

1. Allgemeines

Der Gesetzgeber hat nur eine **bestimmte, geschlossene Anzahl von möglichen Gesellschaftsformen** zur Verfügung gestellt („numerus clausus der Gesellschaftsformen") und dabei unterschiedliche spezielle Ordnungsvorschriften erlassen (Spezialisierungsbedarf). Aus diesem gesetzlichen Angebot hat der Rechtsunterworfene „seine" gewünschte Gesellschaft auszuwählen. Andere, sich in diesem Angebot nicht befindliche Gestaltungsmöglichkeiten stehen nicht zur Verfügung. Nur so kann sichergestellt werden, dass ein gewisser rechtlicher Mindeststandard zum Schutz der Gläubiger, der Gesellschafter, der Öffentlichkeit usw gewahrt ist (vgl dazu die Leitmaxime des Vorstands: § 70 AktG) und das Gesellschaftsrecht (gemeinsam mit anderen Rechtsmaterien, etwa dem allgemeinen Zivilrecht oder dem Strafrecht) seinen Schutzzweck erfüllt. Der Rechtsunterworfene ist insofern in seinen Möglichkeiten bei der Suche nach dem passenden „Rechtskleid" für seine Tätigkeit beschränkt.

Weiters ist der Rechtsunterworfene in seinen Möglichkeiten insofern beschränkt, als aufgrund **sondergesetzlicher Vorgaben** nicht sämtliche angebotenen Gesellschaftsformen für die Ausübung sämtlicher Tätigkeiten zur Verfügung stehen: So sind etwa Kreditinstitute zwingend in einer Kapitalgesellschaft, Genossenschaft oder Sparkasse (§ 5 Abs 1 Z 1 BWG), Versicherungsgeschäfte in einer AG, SE oder einem Versicherungsverein auf Gegenseitigkeit (§ 8 Abs 1 VAG 2018) oder Investmentfondsgeschäfte in einer AG oder GmbH zu betreiben (§ 6 Abs 2 Z 1 InvFG 2011).

Ungeachtet dieser Beschränkungen steht dem Rechtsanwender aber auch ein gewisser Spielraum bei der konkreten Ausgestaltung zur Verfügung: Er hat im Rahmen der Privatautonomie die Möglichkeit, dispositive Gesetzesbestimmungen durch vertragliche Ausgestaltung „seiner" Gesellschaft zu **modifizieren** und aufzuweichen sowie diese im Hinblick auf seine konkreten Bedürfnisse anzupassen (Prinzip der Gestaltungsfreiheit). Unter Beachtung der zwingenden Gesetzesbestimmungen ist es daher auch möglich, Gesellschaftsformen atypisch auszugestalten (sog „atypische Gesellschaft"), wie dies etwa bei der **Publikums-KG** erfolgt: Hier wird eine KG, die üblicherweise (aber ohne entsprechenden rechtlichen Zwang dazu) nur von wenigen Gesellschaftern gebildet wird, mit vielen Gesellschaftern geformt (daher auch der Name „Publikums-KG"; siehe Seiten 210 f).

Weiters hat der Rechtsanwender insofern auch einen gewissen Spielraum, als die angebotenen Gesellschaftsformen miteinander **vermischt** und damit individuell ausgestaltet werden können. Eine in der Praxis häufige Mischform stellt die **GmbH & Co KG** dar: Der Gesetzgeber hat hier nicht etwa eine eigene Gesellschaftsform entwickelt. Diese hat sich vielmehr aus den beiden vom Gesetzgeber zur Verfügung gestellten Gesellschaften „GmbH" und „KG" zur GmbH & Co KG entwickelt (zur GmbH & Co KG siehe noch ausführlich unten Seiten 205 ff). Auf diese Entwicklung hat der Gesetzgeber reagiert und in manchen Bestimmungen auf die GmbH & Co KG Bezug genommen (so zB in § 4 Z 3 EKEG oder im Bereich der Rechnungslegung in den §§ 221 Abs 5 und 244 Abs 3 UGB). Ein anderes Beispiel für eine Mischform stellt die GmbH & Still dar, eine GmbH, an der sich zumindest einer als stiller Gesellschafter beteiligt.

2. Einfluss der Europäischen Union

Die strikte Verwirklichung des numerus clausus in Österreich hat mit dem Beitritt Österreichs zur Europäischen Union und der grenzüberschreitenden Tätigkeit von Unternehmen eine Aufweichung erfahren: Der EuGH hat ausgesprochen, dass Gesellschaften, die in einem Mitgliedstaat der EU bzw im EWR-Raum wirksam gegründet worden sind, in Österreich als solche anzuerkennen sind (siehe dazu noch ausführlich unten Seiten 80 ff).

Diese Rechtsprechung des **EuGH** hat zur Konsequenz, dass dem Rechtsanwender nun ein **breiteres Spektrum an Gesellschaftsformen** zur Verfügung steht. So kann etwa auch auf Kapitalgesellschaftsformen zurückgegriffen werden, die keine oder nur geringe Mindestkapitalvorschriften vorsehen, wie dies etwa bei einer britischen Limited der Fall ist. Diese zusätzlichen Gestaltungsmöglichkeiten sind aber bis dato noch mit Rechtsunsicherheit behaftet: Die Rechtsprechung des EuGH ist zT noch nicht ausgereift, die Gesetzgebung in den einzelnen Mitgliedstaaten noch nicht hinreichend aufeinander abgestimmt; auch die Frage der Berücksichtigung der Gläubigerinteressen ist noch nicht geklärt.

> **Beachte:**
> Fraglich ist, wie sich der Brexit auf die Auswahlmöglichkeit und Gesellschaftsform der britischen Limited auswirken wird. Zum Zeitpunkt der Drucklegung war der Austrittsprozess aus der EU noch nicht abgeschlossen.

3. Die einzelnen Rechtsformen im Überblick

Nachstehend sind die einzelnen, dem Rechtsunterworfenen zur Verfügung stehenden Gesellschaften (sowie auch den Gesellschaften ähnliche Rechtsgebilde) und ihre gesetzlichen Grundlagen in einer Übersicht dargestellt.

Personen-gesellschaften	GesbR (§§ 1175 – 1216e ABGB)
	OG (§§ 105 – 160 UGB)[4]
	KG (§§ 161 – 178 UGB)[5]
	EWIV (EWIVG, EWIV-VO)
	stG (§§ 179 – 188 UGB)
Kapital-gesellschaften	GmbH (GmbHG)
	AG (AktG)
	SE (SE-VO, SE-RL, SEG)
	ausländische Kapitalgesellschaft (zB britische Limited)
Genossenschaften	Erwerbs- und Wirtschaftsgenossenschaften (GenG, GenRevG, GenRevRÄG, GenVG)
	Europäische Genossenschaft (SCE-VO, SCE-RL, SCEG)
Vereine	Ideeller Verein (VerG 2002)
	Versicherungsverein auf Gegenseitigkeit (§§ 35 – 81 VAG 2016)
	Sparkassenverein (§§ 4 – 12 SpG)
	Wirtschaftsverein (Vereinspatent)[6]
Mitgliederlose Rechtsgebilde	Privatstiftung (PSG)
	Stiftungen und Fonds nach dem BStFG und den Landes-Stiftungs- und Fondsgesetzen
	Vereins- und Gemeindesparkassen (SpG)

C. Einteilung der Gesellschaften

Die Gesellschaften weisen zum Teil Ähnlichkeiten auf, zum Teil unterscheiden sie sich – oftmals auch in zentralen Punkten – voneinander. Gerade deshalb wurde in der Literatur der Versuch unternommen, die vom Gesetzgeber vorgesehenen Gesellschaften anhand ihrer Gemeinsamkeiten und Unterschiede zu **systematisieren**. Denn schon aufgrund der Zuordnung einer Gesellschaft zu einer Gruppe können wesentliche Aussagen über die Grundstruktur der jeweiligen Gesellschaft getroffen werden.

1. Innen- und Außengesellschaften

Diese Differenzierung stellt darauf ab, ob die Gesellschaft nach außen in Erscheinung tritt oder nicht.

Von einer (reinen) **Innengesellschaft** spricht man, wenn die Gesellschaft im Geschäftsverkehr mit Dritten gar nicht in Erscheinung tritt, weil der Gesell-

---

[4] Bis zum HaRÄG Differenzierung zwischen OHG und OEG (zu den Begriffen siehe Seiten 117 f).
[5] Bis zum HaRÄG Differenzierung zwischen KG und KEG (zu den Begriffen siehe Seite 183).
[6] Das Vereinspatent wurde allerdings mit dem Bundesrechtsbereinigungsgesetz zum 31. 12. 1999 aufgehoben. Es können daher seit dem 1. 1. 2000 keine neuen Wirtschaftsvereine mehr gegründet werden, sondern lediglich die bis dahin wirksam entstandenen Wirtschaftsvereine weitergeführt werden.

schafter im eigenen Namen, wenn auch auf Rechnung der übrigen Gesellschafter, Rechtsgeschäfte mit Dritten abschließt. Die Gesellschaft selbst entfaltet somit keine Außenwirkung.

Ein Beispiel dafür ist die stG: Hier beteiligt sich jemand an einem Unternehmen, das ein anderer betreibt, durch Erbringung einer Einlage, die in das Vermögen des Inhabers des Unternehmens übergeht. Die stG wird also gebildet aus dem stillen Gesellschafter, der die Einlage erbringt, und dem Unternehmer, in dessen Vermögen die Einlage übergeht. Diese stG tritt nach außen nie in Erscheinung. Außenwirkung entfaltet lediglich das Unternehmen selbst, an dem sich der stille Gesellschafter beteiligt (siehe dazu Seite 218).

Die GesbR kann sowohl Innen- als auch Außengesellschaft sein. Ersteres ist dann der Fall, wenn die Gesellschafter die Gesellschaft auf ihr Verhältnis untereinander beschränken, zweiteres, sobald sie gemeinschaftlich im Rechtsverkehr auftreten (§ 1176 Abs 1 erster Satz ABGB). Ist der Gegenstand der Gesellschaft der Betrieb eines Unternehmens oder führen die Gesellschafter einen gemeinsamen Gesellschaftsnamen, so wird vermutet, dass die Gesellschafter eine Außengesellschaft vereinbaren wollten (§ 1176 Abs 1 zweiter Satz ABGB).

Außengesellschaften zeichnen sich – im Unterschied zu Innengesellschaften – dadurch aus, dass im Namen der Gesellschaft Rechtsgeschäfte abgeschlossen werden.

Zu den Außengesellschaften zählen alle Gesellschaften, die Rechtspersönlichkeit haben, somit alle Kapitalgesellschaften sowie OG, KG (RS0061510), Genossenschaften, Vereine und die GesbR (wenn die Gesellschafter gemeinschaftlich im Rechtsverkehr auftreten), somit der Großteil der Gesellschaften.

> **Beachte:**
> In Lehrbüchern werden die hier aufgezählten Außengesellschaften auch oftmals als „Außen- und Innengesellschaften" bezeichnet, wenngleich diese keine *reinen* Innengesellschaften sind. Dies rührt daher, dass die Außengesellschaften auch insofern eine Innenwirkung haben, als sie ein „Innenleben" vorweisen. Dieser Umstand wird in der Literatur oftmals durch die Wortwahl „Außen- und Innengesellschaft" zum Ausdruck gebracht, was jedoch nichts daran ändert, dass nur die stG und uU auch die GesbR als reine Innengesellschaft anzusehen sind.

2. Personen- und Kapitalgesellschaften

Eine weit verbreitete Differenzierung stellt jene zwischen Personen- und Kapitalgesellschaften dar.

Personengesellschaften zeichnen sich durch einen personenbezogenen Aufbau aus: Die Gesellschafter haften grundsätzlich – es sei denn, es handelt sich um Kommanditisten einer KG oder um stille Gesellschafter – für Gesellschaftsverbindlichkeiten unbeschränkt mit ihrem Privatvermögen, sodass im Gegensatz zu Kapitalgesellschaften keine detaillierten und zwingenden Regelungen über Aufbringung und Erhaltung des Gesellschaftskapitals erforderlich sind. Bei Personengesellschaften steht die Person als Gesellschafter im Vordergrund und nicht das Kapital, wie dies bei Kapitalgesellschaften der Fall ist. Die Organisation steht weitgehend im Belieben der Gesellschafter. Die Gesellschafter arbeiten zumeist aktiv im Unternehmen mit. Schon alleine deshalb stehen sie miteinander enger in Kontakt. Aufgrund dieses personenbezogenen Aufbaus ist es auch nur konsequent, dass grundsätzlich – mangels anderer Festlegung im Gesellschaftsvertrag – die Mitgliedschaft unübertragbar und unvererblich ist und dass bei Ausscheiden auch nur eines Gesellschafters (selbst bei Verbleiben von zwei oder mehr Gesellschaftern) die Gesellschaft idR aufgelöst wird (Prinzip der geschlossenen Mitgliedschaft).

Zu den Personengesellschaften zählen die GesbR, die auch als Eingetragene Personengesellschaften bezeichneten Gesellschaften OG und KG, die EWIV (trotz Vereinigung kapital- und personengesellschaftsrechtlicher Elemente), die stG sowie die ehemaligen Eingetragenen Erwerbsgesellschaften OEG und KEG.

Anders stellt sich hingegen die Situation bei den **Kapitalgesellschaften** dar: Hier steht die Kapitalbeteiligung im Vordergrund. Gesellschafter einer Kapitalgesellschaft haften für Gesellschaftsverbindlichkeiten grundsätzlich nicht mit ihrem Privatvermögen, weshalb das Gesellschaftsvermögen zum Schutz der Gläubiger durch strenge und zwingende Kapitalaufbringungs- und -erhaltungsvorschriften geschützt wird. Die fehlende Haftung resultiert aus dem Trennungsprinzip der Vermögensmassen, wonach das Vermögen der Körperschaft vom Vermögen der einzelnen Mitglieder getrennt ist. Die Gesellschafter arbeiten nur selten im Unternehmen mit und kennen einander oft gar nicht persönlich (zB bei der AG). Gesellschafter der Kapitalgesellschaft haben eine weniger intensive Bindung an die Gesellschaft und ihre Mitglieder als Gesellschafter einer Personengesellschaft. Deshalb sind auch die Organisation der Gesellschaft sowie das Verhältnis der Gesellschafter untereinander (zB Rechte, Pflichten) detaillierter geregelt und von zwingenden gesetzlichen Bestimmungen dominiert. Die höchste „Organisationsdichte" weist die AG auf, bei der aufgrund des gesetzlichen Leitbildes vom größten Gesellschafterkreis auszugehen ist. Soweit es das AktG erlaubt und es keinen Widerspruch zu den Prinzipien und zum Wesen der AG darstellt, kann aber auch hier von einzelnen Bestimmungen abgewichen oder können Ergänzungen vorgenommen werden (Prinzip der Satzungsstrenge).

Im Gesellschaftsvertrag kann das Ausmaß der Innenorganisation der Gesellschaft innerhalb eines gesetzlich bestimmten Rahmens festgelegt werden, der bei den einzelnen Kapitalgesellschaftstypen unterschiedlich ist. Da das persönliche Moment bei den Kapitalgesellschaften weniger stark ausgeprägt ist, ist das gesetzliche Leitbild der Kapitalgesellschaft auch dadurch charakterisiert, dass die Mitgliedschaft grundsätzlich ohne Zustimmung der übrigen Gesellschafter übertragen werden kann, diese auch vererblich ist und das Ausscheiden eines Gesellschafters nicht zur Auflösung der Gesellschaft führt. Die Mitglieder sind bei Kapitalgesellschaften also leichter austauschbar als bei Personengesellschaften.

Zu den Kapitalgesellschaften zählen GmbH, AG und SE.

Neben den angeführten Typen der Kapitalgesellschaften existieren Kapitalgesellschaften mit gesetzlichem Sonderstatut (wie zB die Österreichische Nationalbank, die gemäß § 2 NBG in der Rechtsform der AG errichtet ist); sie verfügen über Rechtspersönlichkeit und es bestehen detaillierte gesetzliche Bestimmungen über ihre Innenorganisation.

Die Unterschiede zwischen Personen- und Kapitalgesellschaften können tabellarisch wie folgt zusammengefasst werden:

	Personengesellschaften	**Kapitalgesellschaften**
Organisation	Selbstorganschaft, geringer Organisationsgrad	Fremdorganschaft, hoher Organisationsgrad
Haftung für Gesellschaftsverbindlichkeiten	Gesellschafter haften persönlich mit dem Privatvermögen	Gläubigern gegenüber haftet nur das Gesellschaftsvermögen
Einsatz	persönlich	Kapital
Mobilität der Mitgliedschaft	Anteile sind grundsätzlich unübertragbar und unvererblich	Anteile sind grundsätzlich übertragbar und vererblich
Beispiele	GesbR, OG, KG, OEG, KEG, EWIV, stG	GmbH, AG, SE

Beachte:
Weder in die Kategorie der Personen- noch der Kapitalgesellschaften passen die Genossenschaft, der kleine Versicherungsverein auf Gegenseitigkeit oder der Verein nach dem VerG (siehe zu Letzterem Seiten 51 ff)

3. Personengesellschaften und Körperschaften

Körperschaften sind juristische Personen und zeichnen sich dadurch aus, dass die Gesellschafter grundsätzlich nicht für Gesellschaftsverbindlichkeiten mit ihrem Privatvermögen einzustehen haben (Trennungsprinzip). Überdies zählen zu den Körperschaften jene Gesellschaften, deren Organe auch mit Nicht-Gesellschaftern besetzt werden können.

Hauptvertreter dieser Gruppe sind die Kapitalgesellschaften sowie die Genossenschaft, die Europäische Genossenschaft, der Verein nach dem VerG, der Sparkassenverein sowie der Versicherungsverein auf Gegenseitigkeit.

Nicht zu den Körperschaften zählen hingegen die **Personengesellschaften**, weil die drei Merkmale einer Körperschaft auf sie nicht zutreffen:

- Ihre Gesellschafter haften grundsätzlich – es sei denn, es handelt sich um Kommanditisten oder stille Gesellschafter – mit ihrem Privatvermögen und unbeschränkt.
- Überdies ist die Mitgliedschaft in einem Organ an die Zugehörigkeit zur Gesellschaft gebunden, sodass Dritte grundsätzlich keine Organfunktion in einer Personengesellschaft ausüben können (Selbstorganschaft).
- Darüber hinaus sind Personengesellschaften entweder nicht rechtsfähig (zB GesbR) oder bilden lediglich eine Gesamthandschaft[7] (zB OG und KG).

4. Gesellschaften ieS und Gesellschaften iwS

Jene Gesellschaften, deren Mitgliedschaft „geschlossen" ist, werden als **Gesellschaften ieS** bezeichnet. Ein weiterer Gesellschafter kann nur dann Mitglied werden, wenn der Gesellschaftsvertrag entsprechend adaptiert wird. Dies ist etwa bei den Eingetragenen Personengesellschaften OG und KG, der EWIV oder der GesbR der Fall. Bei den Kapitalgesellschaften GmbH, AG und SE kann ein neuer bzw „freier" Anteil geschaffen werden. Dies geschieht durch Kapitalerhöhung oder Übertragung; es kann aber auch ein Anteil geteilt werden (sofern – bei der GmbH – die Teilung im Gesellschaftsvertrag vorgesehen ist; § 79 GmbHG).

> **Beachte:**
> Bei der stG ist ein Beitritt eines weiteren Gesellschafters überhaupt nicht möglich. Denn die stG wird ausschließlich aus dem stillen Gesellschafter, der die Einlage erbringt, und dem Unternehmer, in dessen Vermögen die Einlage übergeht, gebildet. Möchte sich ein weiterer Gesellschafter am Unternehmen durch eine Einlage beteiligen, wird eine weitere stG zwischen dem Unternehmer und dem neuen Gesellschafter errichtet (siehe Seite 217).

Zu den **Gesellschaften iwS** zählen hingegen jene Gesellschaften, bei denen die Mitgliedschaft „**offen**" ist, wie dies etwa bei Vereinen oder Genossenschaften der Fall ist. Der Beitritt eines weiteren Mitglieds erfordert ebenso wenig wie das Ausscheiden eines Mitglieds eine Änderung des Gesellschaftsvertrags bzw der Statuten.

5. Typische und atypische Gesellschaften

Im System des numerus clausus (siehe Seiten 43 ff) gibt der Gesetzgeber die möglichen Gesellschaftsformen vor. Teilweise sind deren Regelungen allerdings dispositiv, sodass beispielsweise die Personengesellschaft auch kapi-

---

[7] Zu diesem Begriff siehe noch unten Seite 121.

talistischer ausgestaltet werden kann, als es das gesetzliche Leitbild vorsieht („Publikums-KG" – siehe Seiten 210 f). Auch können verschiedene Gesellschaftsformen (im Rahmen der gesetzlichen Möglichkeiten) vermischt werden (zB GmbH & Co KG – siehe Seiten 205 ff). In allen diesen Fällen wird von atypischen Gesellschaften gesprochen, von typischen hingegen dann, wenn die vom Gesetzgeber vorgegebene Struktur weitestgehend beibehalten wird.

D. Abgrenzung zu den „Rechtsgebilden"

1. Abgrenzung zur schlichten Rechtsgemeinschaft

Die schlichte (Rechts-)Gemeinschaft (zB Miteigentumsgemeinschaft, Erbengemeinschaft oder Besitzgemeinschaft) ist keine Gesellschaft. Ihr **fehlt** es an einem zentralen Charakteristikum: dem Vorliegen eines **gemeinsamen Zwecks** (siehe dazu oben Seiten 39 f). Die schlichte (Rechts-)Gemeinschaft ist lediglich durch ein **bloßes „Haben"** gekennzeichnet: Mehreren Personen steht gemeinsam das Recht zu, etwas – zB eine Wohnung – gemeinsam zu nutzen oder zu verwalten, während eine Nutzung durch ein organisiertes Zusammenwirken nicht stattfindet (2 Ob 37/93). Die schlichte (Rechts-)Gemeinschaft ist beschränkt auf den gemeinschaftlichen Besitz und die gemeinschaftliche Nutzung der Sache (RS0022287, 1 Ob 580/87). So kann die bloße Vermögensansammlung und -verwaltung durch Lebensgefährten nur dann als Gesellschaft angesehen werden, wenn die Lebensgefährten einen über den typischen Rahmen der Lebensgemeinschaft hinausgehenden Zweck verfolgen (RS0014571, 1 Ob 23/10d).

Ist eine schlichte Rechtsgemeinschaft im Gesetz vorgesehen (wie etwa bei Miteigentum – §§ 825 ff ABGB), fehlt es überdies an der rechtsgeschäftlichen Begründung der Gemeinschaft. Auch aus diesem Grund zählt die schlichte (Rechts-)Gemeinschaft nicht zu den Gesellschaften.

2. Abgrenzung zur Körperschaft öffentlichen Rechts

Körperschaften des öffentlichen Rechts (zB Bund, Land, Gemeinden, Sozialversicherungsträger) zählen bereits deshalb nicht zu den Gesellschaften, weil sie nicht durch einen privatrechtlichen Vertrag entstehen (vgl zu dieser Voraussetzung oben Seite 36). Vielmehr werden Körperschaften des öffentlichen Rechts durch einen Hoheitsakt oder durch einen **öffentlich-rechtlichen Entstehungsakt** gegründet.

Die Körperschaften des öffentlichen Rechts bedienen sich allerdings zusehends häufiger der privatrechtlichen Gesellschaftsformen, indem sie Teilbereiche ausgliedern und diese beispielsweise in Form einer GmbH organisieren (zB Schönbrunner Tiergarten-Gesellschaft m.b.H.). Diese ausgegliederten Gesellschaften unterliegen den jeweiligen gesellschaftsrechtlichen Bestimmungen (zB GmbHG), wenngleich sie ihre ursprüngliche Wurzel nicht in einem

Vertrag, sondern in einem Hoheitsakt haben (zB BGBl 1991/420, welches die Ermächtigung des Bundesministers für wirtschaftliche Angelegenheiten zur Gründung der Schönbrunner Tiergarten-Gesellschaft m.b.H. beinhaltet). Sie werden daher oft auch als „atypische Gesellschaften" bezeichnet. Auch Abweichungen vom Organisationsrecht des jeweiligen Rechtsträgers (zB GmbHG, AktG) können durch gesetzliche Sonderbestimmungen geschaffen werden.

3. Abgrenzung zur Privatstiftung

Eine Privatstiftung ist eine juristische Person, die das vom Stifter gewidmete Vermögen selbstständig entsprechend seinem Willen nutzt, verwaltet und verwertet (§ 1 PSG). Der Stiftungszweck kann sowohl mildtätig, gemeinnützig als auch privat sein. Die Privatstiftung ist ein **eigentümerloses Rechtsgebilde**, das keine Gesellschafter hat. Sie ist somit keine Gesellschaft (siehe näher Seiten 457 ff).

> **Beachte:**
> Nicht jede juristische Person ist demnach eine Gesellschaft; ebenso wenig ist auch jede Gesellschaft eine juristische Person, also eine Organisation mit Rechtspersönlichkeit (zB GesbR – diese ist überhaupt nicht rechtsfähig).

4. Abgrenzung zur Sparkasse

Sparkassen sind gemäß § 1 SpG von Gemeinden oder Sparkassenvereinen gegründete juristische Personen des Privatrechts. Sie sind – ebenso wie Privatstiftungen – **eigentümerlose Rechtsgebilde**, die keine Gesellschafter haben. Sie sind somit keine Gesellschaften. Die Möglichkeit zur Umwandlung in eine Privatstiftung bieten §§ 27a ff SpG.

Allerdings ist die Sparkasse eine eigene, selbstständige Rechtsform und ein Kreditinstitut iSd BWG. Das BWG sieht vor, dass die Tätigkeit von Sparkassen auch in der Rechtsform einer AG ausgeübt werden kann, weshalb in jüngerer Vergangenheit viele Sparkassen ihren operativen Betrieb in eine solche eingebracht haben (§ 92 Abs 2 BWG iVm § 1 Abs 3 SpG). Die Sparkasse betreibt damit selbst kein operatives Geschäft mehr, sondern verwaltet ihre Anteile (sog „Anteilsverwaltungssparkasse").

5. Abgrenzung zum Verein

Der Verein ist ein freiwilliger, auf Dauer angelegter, aufgrund von Statuten organisierter Zusammenschluss mindestens zweier Personen zur Verfolgung eines bestimmten, gemeinsamen, ideellen Zwecks (§ 1 Abs 1 Vereinsgesetz 2002). Siehe dazu näher unten Seite 465.

6. Abgrenzung zum Unternehmen

Ein Unternehmen ist jede auf Dauer angelegte selbstständige Organisation selbstständiger wirtschaftlicher Tätigkeit, mag sie auch nicht auf Gewinn gerichtet sein (vgl § 1 UGB; § 1 KSchG).

Das Unternehmen ist nicht gleichzusetzen mit der Gesellschaft. Vielmehr sind die Begriffe Gesellschaft und Unternehmen insofern verwoben, als die Gesellschaft bzw ihre Gesellschafter den Zweck verfolgen können, ein Unternehmen aufzubauen und zu betreiben. Die Gesellschaft ist daher als die rechtliche Hülle für das Unternehmen anzusehen. Sie betreibt das Unternehmen und ist Rechtsträgerin des Unternehmens. Ist der Aufbau des Unternehmens erfolgreich, steigt auch der Wert der Gesellschaft.

Beachte:
Wer ein Unternehmen betreibt, ist Unternehmer iSd UGB (§ 1 Abs 1 UGB; Unternehmer **kraft Betreibens**). Daneben kennt das UGB noch den Unternehmer **kraft Rechtsform** (§ 2 UGB) und den Unternehmer **kraft (unrichtiger) Eintragung** (§ 3 UGB). Ist einer der drei Unternehmertatbestände erfüllt, ist das UGB grundsätzlich – sofern keine Ausnahme vorliegt (siehe etwa § 4 Abs 2 und 3 UGB) – anwendbar. Es ist jedoch aufgrund geringfügiger Unterschiede die Anwendbarkeit des UGB für jeden einzelnen Abschnitt gesondert zu überprüfen (vgl Seite 123).

7. Abgrenzung zum Konzern

In der österreichischen Rechtsordnung gibt es – anders als in Deutschland – **kein** umfassendes, gesetzlich normiertes **Konzernrecht**. Es finden sich nur vereinzelt Regelungen, die sich mit Konzernen befassen (etwa § 15 AktG, § 115 GmbHG, § 110 Abs 6 ArbVG). Darüber hinaus existieren Regelungen zu Konzernabschluss und Konzernlagebericht (§§ 244 ff UGB).

Der Konzern ist **keine Gesellschaft**, sondern zeigt bloß ein bestimmtes „Verbundenheitsverhältnis" zwischen Unternehmen, die zu einer wirtschaftlichen Einheit zusammengefasst sind. Für den Konzern entscheidend ist, dass die zusammengefassten Unternehmen trotz des Zusammenschlusses ihre **rechtliche Selbstständigkeit** bewahren und demnach für sich Rechte erwerben und Pflichten übernehmen können. Der Konzern selbst besitzt keine Rechtsfähigkeit (RS0049295, zuletzt 11 Os 53/15a). Die einzelnen Konzernunternehmen stehen bloß unter einheitlicher Leitung. Der Konzern selbst verfolgt lediglich wirtschaftliche, technische oder finanzielle Ziele, etwa den Zusammenschluss der Konzernunternehmen zu Gewinngemeinschaften (6 Ob 579/83; VwGH 2008/15/0049).

> **Beispiel:**
> Konzerne entstehen zB durch Erwerb von Gesellschaften oder auch Teilung von Unternehmen in mehrere Einheiten (zB Vertrieb – Einkauf).

Konzernierung wird gegenüber Verschmelzungen oft **bevorzugt**, weil die Gesellschaften rechtlich selbstständig bleiben. Darüber hinaus können im Wege von getrennten Einheiten unternehmerische Ziele gesondert verfolgt und Risiken verteilt werden.

> Einen Konzern bilden gemäß § 15 Abs 1 AktG und § 115 Abs 1 GmbHG
> - rechtlich selbstständige Unternehmen,
> - wenn sie zu wirtschaftlichen Zwecken
> - unter einheitlicher Leitung zusammengefasst sind.

Die einzelnen Unternehmen sind in diesem Fall Konzernunternehmen. Die **einheitliche Leitung** muss nicht nur möglich sein, sondern auch tatsächlich ausgeübt werden (6 Ob 217/05p). Mit welchen Mitteln die einheitliche Leitung umgesetzt wird, ist nicht entscheidend. Ein Weisungsrecht ist für das Vorliegen einheitlicher Leitung nicht erforderlich. Strittig ist, ob § 15 Abs 1 AktG und § 115 Abs 1 GmbHG nur den Gleichordnungskonzern oder (eher) sowohl Unterordnungs- als auch Gleichordnungskonzerne regeln (zu den Begriffen gleich unten).

§ 15 Abs 2 AktG und § 115 Abs 2 GmbHG regeln (auch) den Unterordnungskonzern. Steht demnach ein rechtlich selbstständiges Unternehmen unmittelbar oder mittelbar unter dem beherrschenden Einfluss eines anderen Unternehmens, gelten das herrschende und das abhängige Unternehmen als Konzern (§ 15 Abs 2 AktG und § 115 Abs 2 GmbHG). Der beherrschende Einfluss kann insbesondere aufgrund von Beteiligungen bestehen (manche Autoren verlangen zusätzlich zur Beherrschung eine einheitliche Leitung; vgl 16 Ok 20/02). Bereits die bloße Möglichkeit der Beherrschung ist ausreichend. Nicht entscheidend ist, ob die Beherrschungsmöglichkeit auch tatsächlich ausgeübt wird.

Abweichende Konzernbegriffe enthalten § 9 EKEG, der alternativ zur einheitlichen Leitung auch die kontrollierende Beteiligung als Kriterium anführt, und die Control-Tatbestände des § 244 UGB. § 110 Abs 6 bis 6b ArbVG setzen einheitliche Leitung iSd § 15 Abs 1 AktG oder Beherrschung aufgrund einer unmittelbaren Beteiligung von mehr als 50 % voraus.

Zwischen folgenden Arten von Konzernen kann unterschieden werden:
- **Vertragskonzern:** Das Konzernverhältnis wird durch einen Vertrag begründet, etwa Gewinngemeinschaft (§ 238 AktG), Gewinnabführungs-, Betriebsüberlassungs-, Betriebsführungs- oder Betriebspachtvertrag.
- **Faktischer Konzern:** Das Konzernverhältnis wird nicht durch einen Vertrag, sondern auf andere Art begründet, etwa durch eine Beteiligung einer Gesellschaft an einer anderen.

Nach dem Abhängigkeitsverhältnis der Gesellschaften kann unterschieden werden zwischen:

- **Gleichordnungskonzern:** Mehrere Unternehmen werden einheitlich geleitet, aber keines der Konzernunternehmen ist dabei von einem anderen abhängig, sie stehen daher gleichrangig nebeneinander. Die Leitung obliegt daher nicht einem herrschenden Unternehmen.

- **Unterordnungskonzern:** Es besteht ein Abhängigkeitsverhältnis zwischen Unternehmen, das insbesondere durch Beteiligung, aber auch in anderer Weise (zB vertraglich, etwa durch Betriebsführungsvertrag, Betriebspachtvertrag oder durch Personalunion in den Organen) herbeigeführt werden kann. Beim Unterordnungskonzern wird das herrschende Unternehmen als Muttergesellschaft (MU) und die abhängigen Unternehmen als Tochterunternehmen (TU_1 und TU_2) bezeichnet. Die Tochterunternehmen werden im Verhältnis zueinander als Schwesterunternehmen bezeichnet. Die Konzernvermutung des § 18 Abs 1 S 3 dAktG, die bei Vorliegen eines Abhängigkeitsverhältnisses greift, wird von der Lehre auch für die österreichische Rechtslage vertreten.

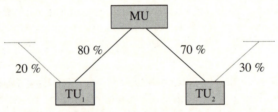

Nach dem Tätigkeitsbereich der Gesellschaften kann unterschieden werden zwischen:

- **Horizontaler Konzern:** Die verbundenen Unternehmen sind auf der gleichen Wirtschaftsstufe tätig.

- **Vertikaler Konzern:** Die verbundenen Unternehmen sind auf verschiedenen Wirtschaftsstufen tätig.

Eine **Holding** ist eine Gesellschaft, deren Unternehmensgegenstand (einzig) darin besteht, Beteiligungen an anderen Gesellschaften zu halten. Sie verwaltet und leitet die Konzerngesellschaften einheitlich, übt selbst aber keine operative Tätigkeit aus. Ein Konzernverhältnis ist möglich, liegt aber nicht zwingend vor.

8. Abgrenzung zur politischen Partei

Politische Parteien werden üblicherweise nicht zu den Gesellschaften gezählt. Sie weisen einen öffentlich-rechtlichen Einschlag auf und zählen auch nicht zu den Körperschaften des öffentlichen Rechts (außer abgabenrechtlich). Die Beziehungen zu den Mitgliedern sind privatrechtlicher Natur.

E. Die Suche nach der geeigneten Gesellschaft

Dem Rechtsanwender stehen verschiedene Gesellschaften zur Verfügung. Oft sind nicht alle Gesellschaften für die ins Auge gefasste Tätigkeit geeignet. Es gilt eine Vielzahl unterschiedlicher Faktoren zu berücksichtigen und gegeneinander abzuwägen.

Zunächst sind die zur Auswahl stehenden Gesellschaften anhand einer Untersuchung der jeweiligen **Anwendungsbereiche** zu ermitteln. Es ist zu untersuchen, ob für die beabsichtigte Tätigkeit (zB Bankgeschäfte) zwingend eine bestimmte Gesellschaftsform vorgesehen ist oder bestimmte Gesellschaftsformen nicht zur Verfügung stehen.

In weiterer Folge ist eine Entscheidung über das **finanzielle Risiko** zu treffen, wobei hier drei Aspekte zu berücksichtigen sind:

- die Höhe der finanziellen Mittel, die erforderlich sind und aufgebracht werden können,
- ob die Finanzierung durch Eigen- oder Fremdkapital erfolgen soll,
- welcher Haftung die Gesellschafter persönlich ausgesetzt werden möchten.

Als Grundregel kann festgehalten werden: Werden **finanzielle Mittel aufgebracht**, die den Gläubigern als Haftungsfonds und damit als Sicherheit dienen, reduziert sich die Gefahr der persönlichen Haftung. Mit anderen Worten: Soll der Gesellschafter vor einer Inanspruchnahme durch Gesellschaftsgläubiger bewahrt werden, hat er finanzielle Mittel aufzubringen, die strengen Kapitalaufbringungs- und -erhaltungsvorschriften unterliegen (wie dies bei den Kapitalgesellschaften der Fall ist). Wird hingegen kein bestimmtes (Mindest-)Eigenkapital eingesetzt, aber der Zugriff der Gläubiger direkt auf die Gesellschafter und deren Privatvermögen ermöglicht, bedarf es dieser Gläubigerschutzvorschriften nicht (wie dies bei den Personengesellschaften der Fall ist).

Entscheidend für die Wahl kann auch die **Organisation** der Gesellschaft sein. Mit manchen Gesellschaften ist ein strengeres und zwingenderes Organisationssystem verbunden als mit anderen. Je detaillierter die Organisationsregelungen im Gesetz festgelegt sind, desto geringer ist die Flexibilität für die Gesellschaft bei Gründung und auch in weiterer Folge. Zu überlegen ist auch, ob die Geschäftsführung in die Hände von Dritten gelegt werden soll (was grundsätzlich nur bei Kapitalgesellschaften möglich ist) oder nicht, ob die Geschäftsführung den Weisungen der Gesellschafter unterliegen soll (wie dies bei der GmbH der Fall ist) oder nicht (etwa bei der AG) und inwieweit aktiv im Unternehmen mitgewirkt werden soll oder nicht.

Weiters dürfen die mit der Gründung und Führung einer Gesellschaft verbundenen **Kosten** und sonst erforderlichen Mittel nicht außer Acht gelassen werden: Bei den Kapitalgesellschaften ist ein gewisses Nennkapital (abhängig von der Gesellschaft zwischen 10.000 Euro und 120.000 Euro) aufzubringen.

Bei der Firmenbucheintragung fallen Kosten an, gegebenenfalls ist ein Abschlussprüfer zu bestellen. Je mehr Organe und Organmitglieder vorhanden sind bzw vorhanden sein müssen, desto höhere Kosten fallen an.

Einige Gesellschaften unterliegen **Rechnungslegungsvorschriften**, die abhängig von der Größe und der Rechtsform der Gesellschaft einen höheren, zwingenden Detaillierungsgrad aufweisen können (vgl §§ 189, 221 UGB). Dabei ist auch zu beachten, dass jeder – auch ohne ein entsprechendes rechtliches Interesse – in das Firmenbuch und die dort aufliegenden Unterlagen Einsicht nehmen kann. Je umfassender daher dem Firmenbuch Bericht zu erstatten ist, desto umfangreicher sind auch jene Informationen, die Mitbewerbern gegenüber offengelegt werden.

Bei der Suche nach der passenden Rechtsform ist auch die **Zukunft** miteinzubeziehen, etwa ob künftig eine Börsenotierung geplant ist (dies wäre nur bei AG und SE möglich) oder welches Image nach außen transportiert werden soll. Manche Gesellschaften geben Dritten (zB Lieferanten, Arbeitnehmern, Kreditgebern) ein höheres Sicherheitsgefühl (zB AG) als andere (zB englische Limited).

Bei der Auswahl dürfen auch dem Gesellschaftsrecht nahestehende Rechtsgebiete, wie etwa das **Steuerrecht**, nicht außer Betracht gelassen werden. Denn das Steuerrecht steht mit dem Gesellschaftsrecht in einer engen Wechselbeziehung. Steuerrechtliche Vorschriften knüpfen vielfach an die Rechtsform oder den Akt der gesellschaftsrechtlichen Beteiligung an. Bei vielen gesellschaftsrechtlichen Vorgängen (zB Umgründungen, siehe dazu unten Seiten 471 ff) erfolgt zugleich eine steuerliche Optimierung.

Ebenso ist dem **Sozialversicherungsrecht** Beachtung zu schenken. Denn je nach Gesellschaftereigenschaft und Organfunktion können unterschiedliche Sozialversicherungspflichten ausgelöst werden; zT ASVG- oder GSVG-Pflicht.

F. Die Gesellschaft: von der Wiege bis zur Bahre – ein kurzer Überblick

Die einzelnen Gesellschaftsformen haben vieles gemeinsam, weisen aber im Detail auch zahlreiche Unterschiede auf. Probleme und Begriffe sind oftmals die gleichen, sodass im Folgenden ein grober Überblick über die Gesellschaften gegeben werden soll: von der Gründung bis zur Beendigung. Dabei sollen die Ausführungen lediglich ein Grobgerüst darstellen; die dazugehörenden Details werden bei jeder einzelnen Gesellschaft erläutert. Dieser Abschnitt soll auch dazu dienen, Rechtsformunterschiede herauszuarbeiten.

> **Tipp:**
> Nach Lektüre des gesamten Buches diesen Abschnitt wiederholend nochmals lesen.

1. Gründung

a) Errichtung und Entstehung der Gesellschaft

	Abschluss des Gesellschaftsvertrags	Firmenbucheintragung	
	1. Phase Vorgründungsstadium	2. Phase Gründungsstadium	
	Vorgründungsgesellschaft	Vorgesellschaft	Zeit →
	Errichtung	Entstehung	

Der Gründungsprozess einer Gesellschaft besteht üblicherweise aus zwei Phasen:

- **1. Phase: Vorgründungsstadium**
  Zunächst wird ein Gesellschaftsvertrag abgeschlossen. Damit ist die Gesellschaft **errichtet**. Werden die künftigen Gesellschafter bereits **vor** Abschluss des Gesellschaftsvertrags gemeinsam tätig, spricht man von einer **Vorgründungsgesellschaft**.

- **2. Phase: Gründungsstadium**
  Als Gründungsstadium wird die Phase zwischen Abschluss des Gesellschaftsvertrags und Eintragung in das Firmenbuch bezeichnet. Sobald die Gesellschaft nach außen rechtswirksam als solche auftreten kann, ist sie **entstanden**. Das ist regelmäßig der Zeitpunkt der Firmenbucheintragung. Die Gesellschaft im Gründungsstadium wird als **Vorgesellschaft** bezeichnet.

Rechtsformunterschied:
Nicht rechtsfähige Gesellschaften (stG, GesbR) können nach außen nicht entstehen. Bei ihnen ist die Gründung mit der Errichtung abgeschlossen.

b) Vorgründungsgesellschaft

Sobald sich mehrere Personen mit dem gemeinsamen Ziel zusammenschließen, künftig eine Gesellschaft zu gründen, liegt eine Vorgründungsgesellschaft vor. Welche Rechtsform diese Vorgründungsgesellschaft haben soll, kann von den Gesellschaftern unter Beachtung des numerus clausus und der jeweiligen für die konkrete Gesellschaft erforderlichen Voraussetzungen frei gewählt werden. Da die meisten Gesellschaften für das wirksame Entstehen eine Firmenbucheintragung voraussetzen (zB OG, KG, GmbH, AG), ist die Vorgründungsgesellschaft in der Praxis allerdings zumeist eine **GesbR**. Mit Abschluss des Gesellschaftsvertrags ist der Zweck der Vorgründungsgesellschaft, künftig eine Gesellschaft zu gründen, erreicht und die Vorgründungsgesellschaft damit beendet (siehe Seiten 236 f)

c) Vorgesellschaft

Der Zeitraum zwischen Errichtung und Entstehung einer Gesellschaft wird **Gründungsstadium** genannt. In dieser Phase wird die Gesellschaft als **Vorgesellschaft** bezeichnet. Sie kann vertragliche Verpflichtungen eingehen (zB Vorbereitungshandlungen setzen, wie Anmietung von Büroräumlichkeiten, Anschaffung von Büroeinrichtungen).

Für die Frage, welche rechtliche Qualität die Vorgesellschaft hat, ist zwischen eingetragenen Personengesellschaften und Kapitalgesellschaften zu differenzieren:

- Bei den **eingetragenen Personengesellschaften** (OG, KG) wird die Vorgesellschaft als **GesbR** qualifiziert. Diese ist **nicht rechtsfähig**. Zurechnungssubjekte (für die Rechte und Pflichten) sind die einzelnen Gesellschafter. Sobald die eingetragene Personengesellschaft durch Eintragung in das Firmenbuch entstanden ist, tritt sie ohne weiteres rechtsgeschäftliches Zutun **automatisch** in die vor ihrem Entstehen in ihrem Namen – in der Regel von den Gesellschaftern, aber auch von Bevollmächtigten – geschlossenen Verträge ein (siehe ausführlich bei der OG, Seiten 129 f).

- Bei den **Kapitalgesellschaften** (zB GmbH, AG) wird die Vorgesellschaft als **Gesellschaft sui generis** betrachtet. Auf diese sind die im Gesetz oder im Gesellschaftsvertrag vorgesehenen Gründungsvorschriften und das Recht der jeweiligen Kapitalgesellschaft anzuwenden, soweit dieses nicht die Eintragung voraussetzt. Die Vorgesellschaft ist **rechtsfähig** (strittig; nach einem Teil der Lehre ist sie nur teilrechtsfähig oder gar nicht rechtsfähig). Zurechnungssubjekt ist die Gesellschaft sui generis. Mit der Eintragung der Gesellschaft in das Firmenbuch geht das Vermögen der Vorgesellschaft ipso iure auf die entstandene Gesellschaft über. Für den Übergang von Verbindlichkeiten ist Besonderes zu beachten (siehe zur Vorgesellschaft ausführlich bei der GmbH, Seiten 237 ff).

> **Rechtsformunterschied:**
> Bei nicht eingetragenen Personengesellschaften (stG, GesbR) ist mangels Firmenbucheintragung und Rechtsfähigkeit nicht zwischen Errichtung und Entstehung zu differenzieren, sodass es bei diesen weder ein Gründungsstadium noch eine Vorgesellschaft gibt.

Steht fest, dass es endgültig zu keiner Firmenbucheintragung der Gesellschaft kommt, etwa weil das Eintragungsbegehren rechtskräftig abgewiesen wurde oder weil nicht beabsichtigt ist, die Gesellschaft in das Firmenbuch einzutragen, wird die Vorgesellschaft zur **unechten Vorgesellschaft**, die als **GesbR** zu qualifizieren ist (vgl etwa 9 Ob 198/99d).

d) Gründungsfehler

Bei Gründung einer Gesellschaft können Fehler unterlaufen. So kann zB der Gesellschaftsvertrag mit einem Mangel behaftet sein. Dies ist etwa dann der Fall, wenn bei Abschluss des Gesellschaftsvertrags ein beachtlicher Irrtum vorgelegen ist, der von einem Gesellschafter – innerhalb von drei Jahren – mittels einer Irrtumsanfechtung geltend gemacht werden kann. Damit würde der Gesellschaftsvertrag rückwirkend (ex tunc) wegfallen. Für die im Namen der Gesellschaft abgeschlossenen Rechtsgeschäfte würde dies bedeuten, dass diese – aufgrund der ex tunc Wirkung der Irrtumsanfechtung – im Namen einer nicht existenten Gesellschaft abgeschlossen wurden. Dritten würde plötzlich kein Vertragspartner mehr gegenüberstehen; die Gesellschafter selbst würden in ihrem Vertrauen auf den wirksamen Bestand ihrer Gesellschaft enttäuscht werden.

Dieses Problem hat die Rechtsprechung – im Rahmen einer richterlichen Rechtsfortbildung – mit der **Lehre von der fehlerhaften Gesellschaft** gelöst. Die Gesellschaft gilt ausnahmsweise trotz Vorliegens eines Mangels aus Gründen des **Verkehrs- und Bestandschutzes** sowohl im Innen- als auch im Außenverhältnis als wirksam entstanden, sofern

- die Gesellschaft bereits in Vollzug gesetzt wurde und
- keine gewichtigen Belange der Allgemeinheit oder bestimmter schutzwürdiger Personen dem entgegenstehen.

Beachte:
Bei Vorliegen dieser Voraussetzungen kann der Mangel des Gesellschaftsvertrags dann nur mehr mit Wirkung ex nunc geltend gemacht werden (RS0018376), etwa (je nach Gewicht und Art der Gesellschaft) aufgrund Vorliegens eines wichtigen Grundes für die Auflösung und Abwicklung der Gesellschaft: Bei der AG steht beispielsweise die Nichtigkeitsklage nach §§ 216 ff AktG zur Verfügung; aber auch bei der GmbH und den eingetragenen Personengesellschaften wird das Prinzip der fehlerhaften Gesellschaft (wenn auch keine explizite gesetzliche Regelung diesbezüglich vorliegt) anerkannt.
Bei einer Gesellschaft, die überhaupt nicht in das Firmenbuch einzutragen ist (zB GesbR), ist die Lehre von der fehlerhaften Gesellschaft nicht anzuwenden: Die GesbR ist nicht rechtsfähig; Zurechnungssubjekte sind daher die Gesellschafter. Sofern der wirksame Abschluss eines Gesellschaftsvertrags nicht Bedingung für den Vertragsabschluss war, werden aus dem Vertrag regelmäßig die Gesellschafter verpflichtet, obwohl im Innenverhältnis kein wirksamer Gesellschaftsvertrag vorliegt.

Liegen obige Voraussetzungen nicht vor, kann der Gründungsfehler aus Gründen des Verkehrsschutzes nicht „geheilt" werden; die Gesellschaft gilt als von Anfang an nichtig. Wer im Namen der nicht bestehenden Gesellschaft gehandelt hat, haftet aus **culpa in contrahendo** (schuldhafte Verletzung von Pflichten aus einem vorvertraglichen Schuldverhältnis). Überdies ist eine **bereicherungsrechtliche Rückabwicklung** vorzunehmen.

e) Konzessionssystem – Normativsystem

Weiters ist zwischen dem Konzessions- und dem Normativsystem zu unterscheiden:

Unterliegt eine Gesellschaftsgründung dem **Konzessionssystem**, ist das Entstehen einer Gesellschaft vom Vorliegen eines hoheitlichen Gründungsaktes (**Bewilligung**) abhängig. Dabei ist wesentlich, dass trotz Vorliegens der entsprechenden Voraussetzungen **kein Rechtsanspruch** auf Erteilung der Bewilligung besteht, sondern die Behörde vielmehr nach **gebundenem Ermessen** frei über die Erteilung bzw Nichterteilung einer Bewilligung entscheiden kann. Erst nach erfolgter Erteilung kann die Firmenbucheintragung beantragt werden. Mit erfolgreicher Eintragung entsteht die Gesellschaft. Das Konzessionssystem ist in der Praxis nur von untergeordneter Bedeutung.

> **Beispiel:**
> Betriebsbewilligungen für Eisenbahn (§ 14 Abs 1 EisbG) und Luftfahrtunternehmen (§ 102 LFG), Konzessionen für Versicherungsunternehmen (§§ 6 ff VAG 2016), Konzessionen für Hypothekenbanken (§ 1 HypBG). Auf die Erteilung einer Konzession nach dem BWG, WAG oder PKG besteht – bei Vorliegen der Voraussetzungen – ein Rechtsanspruch, sodass diese Fälle einer Konzessionspflicht nur bedingt als Beispiele für das Konzessionssystem herangezogen werden können.

Beim **Normativsystem** ist ebenso ein hoheitlicher Gründungsakt erforderlich. Dieser ist allerdings – im Unterschied zum Konzessionssystem – bei Vorliegen der erforderlichen Voraussetzungen zu erteilen. Es besteht ein **Rechtsanspruch** darauf. Die österreichische Rechtsordnung ist geprägt vom Normativsystem.

> **Beispiel:**
> Sind die formalen Voraussetzungen erfüllt, hat das Firmenbuchgericht auf Antrag eine AG, GmbH, SE, Gen, SCE, OG, KG, Sparkasse oder Privatstiftung in das Firmenbuch einzutragen. Der hoheitliche Gründungsakt ist dabei die Firmenbucheintragung. Diese ist jeweils **konstitutiv (rechtsbegründend).**

2. Organisation

a) Selbstorganschaft – Dritt-/Fremdorganschaft

Die Organisationsvorschriften sind bei den einzelnen Gesellschaften unterschiedlich stark ausgeprägt. Als Grundregel kann festgehalten werden, dass Organisationsvorschriften bei den Personengesellschaften nur rudimentär, bei den Kapitalgesellschaften hingegen sehr detailliert vorhanden sind, wobei die Organisationsvorschriften bei der AG wiederum detaillierter sind als bei der GmbH.

Je nachdem, ob die Gesellschafter selbst Organe bzw Organmitglieder sind oder ob das Gesetz zwingend die Einrichtung von Organen vorsieht, denen auch Nicht-Gesellschafter angehören können, werden die Organisationsformen „Selbstorganschaft" und „Dritt- bzw Fremdorganschaft" unterschieden (vgl dazu Seite 41).

b) Monokratisches Organ – Kollegialorgan

Besteht das Organ aus einem einzigen Mitglied, also einem **einzigen Organwalter**, liegt ein **monokratisches Organ** vor. Dies kann beispielsweise beim Geschäftsführungsorgan der GmbH der Fall sein, sofern nicht sondergesetzliche Vorschriften eine Mindestmitgliederanzahl von zwei Personen vorschreiben (zB so etwa das BWG: „Vieraugenprinzip").

Besteht das Organ hingegen aus **mehreren Organwaltern**, spricht man von einem **Kollegialorgan**. Diese Form wird entweder gesetzlich zwingend vorgeschrieben (zB Aufsichtsrat bei GmbH oder AG: Mindestanzahl von drei Mitgliedern; PSG: Mindestanzahl von drei Vorstandsmitgliedern) oder kann vertraglich so vereinbart werden.

Bei einem Kollegialorgan ist stets zu regeln, wie die Entscheidungsfindung vor sich geht und welche Entscheidungsgegenstände mit welcher Mehrheit zu treffen sind.

c) Arten von Gesellschaftsorganen

Die in der österreichischen Rechtsordnung vorgesehenen Gesellschaftsorgane können grob in drei Gruppen zusammengefasst werden:

Leitungsorgan (zB Geschäftsführer bei der GmbH; Vorstand bei der AG; Stiftungsvorstand bei der Privatstiftung);
Aufsichtsorgan (zB Aufsichtsrat bei der GmbH und AG; Sparkassenrat bei der Sparkasse);
allgemeines Willensbildungsorgan (zB Generalversammlung bei der GmbH; Hauptversammlung bei der AG).

Das **Leitungsorgan** führt die gewöhnlichen und außergewöhnlichen Geschäfte und vertritt die Gesellschaft nach außen. Je nach Gesellschaftsform hat das Leitungsorgan bei der Entscheidungsfindung mit den anderen Organen zusammenzuwirken.

Gibt es nur einen Geschäftsführer, ist dieser einzelgeschäftsführungsbefugt. Gibt es mehrere Geschäftsführer, ist danach zu unterscheiden, ob dieser die Geschäfte alleine führen darf (**Einzelgeschäftsführungsbefugnis**) oder nur gemeinsam mit einem weiteren Geschäftsführer oder Prokuristen (**Gesamtgeschäftsführungsbefugnis**). Diese Differenzierung ist auch bei der Vertretungsbefugnis zu beachten.

> **Beachte:**
> Es ist stets zwischen dem Außen- und dem Innenverhältnis zu unterscheiden:
> - Im **Innenverhältnis** wird festgelegt, wer zur **Geschäftsführung** befugt ist.
> - Im **Außenverhältnis** wird untersucht, wer die Befugnis hat, die Gesellschaft (nach außen, dh gegenüber Dritten) zu **vertreten**.

Das **Aufsichtsorgan** hat primär die Aufgabe, das Leitungsorgan zu überwachen und zu kontrollieren. Je nach Gesellschaftsform werden dem Aufsichtsrat auch andere Aufgaben übertragen.

> **Rechtsformunterschied:**
> Bei den **Personengesellschaften** ist kein zwingendes Aufsichtsorgan vorgesehen, kann aber privatautonom geschaffen werden.
> Bei allen anderen ist zu differenzieren: Bei der **AG** und der **SE** nach dem dualistischen System (siehe zu diesem Begriff Seiten 435 ff) ist zwingend ein Aufsichtsrat einzurichten; bei der **GmbH, Gen** und **PS** (wobei Letztere nicht zu den Gesellschaften zählt) nur bei Vorliegen der entsprechenden Voraussetzungen, die insbesondere auf die Größe der Gesellschaft (zB Anzahl der Arbeitnehmer, Kapital) abstellen.

Das **allgemeine Willensbildungsorgan** ist jenes Organ, das von der Gesamtheit der Gesellschafter gebildet wird. Die Kompetenzen des allgemeinen Willensbildungsorgans sind abhängig von der Gesellschaftsform stärker oder schwächer ausgeprägt. Die Generalversammlung bei der GmbH hat beispielsweise eine sehr starke Position: Sie kann dem Leitungsorgan Weisungen erteilen. Bei der AG hat die Hauptversammlung diese Möglichkeit nicht.

> **Rechtsformunterschied:**
> Bei den **Personengesellschaften** hat der Gesetzgeber kein allgemeines Willensbildungsorgan vorgesehen. Dies ist insbesondere vor dem Hintergrund der Selbstorganschaft auch verständlich. Im Übrigen steht bei den Personen-

gesellschaften das personalistische Element so im Vordergrund, dass sich die Gesellschafter ohnedies regelmäßig – auch in Form von Versammlungen – treffen.
Bei den **Kapitalgesellschaften** und auch bei der **Gen** und **SCE** hat der Gesetzgeber eine Versammlung vorgesehen. An dieser dürfen alle Gesellschafter, Aktionäre bzw Genossenschafter teilnehmen.

d) Dualistisches – monistisches System

Bei manchen Gesellschaften ist das Leitungs- und Aufsichtsorgan ein und dasselbe, bei manchen Gesellschaften wird ein Leitungs- und ein (davon zu unterscheidendes) Aufsichtsorgan eingerichtet:

Sind **Geschäftsführung** und **Kontrolle getrennt**, spricht man von einem **dualistischen System**. Dieses hat den Vorteil, dass sich ein Organ nicht selbst überwacht, Interessenkonflikte hintangehalten werden und so eine „neutralere" Kontrolle möglich ist. Dieses System ist beispielsweise bei der AG, GmbH und Gen verwirklicht.

Liegen hingegen **beide Funktionen bei einem Organ (monistisches System)**, so wie dies etwa bei der SE oder der SCE der Fall sein kann, geht damit die Gefahr einer Selbstkontrolle einher. Demgegenüber ermöglicht dieses Organisationssystem eine effizientere Arbeit: Mangels zweier Organe ist es nicht notwendig, den Informationsfluss zwischen den Organen sicherzustellen. Damit gehen weniger Informationen verloren, und die Kontrolle kann auf einem größeren Informationsgehalt basieren, als dies bei einem dualistischen System der Fall ist (vgl Seiten 435 ff).

3. Rechte und Pflichten der Gesellschafter

a) Vermögensrechtliche Rechte und Pflichten

- **Pflicht zur Leistung einer Einlage**

Gesellschaften werden gegründet, um mit einer bestimmten Tätigkeit einen bestimmten Zweck zu erreichen. Dafür ist in aller Regel ein entsprechendes „Startkapital" erforderlich, das von den Gesellschaftern aufzubringen ist. Der Gesetzgeber schreibt ein solches „Startkapital" aber nicht generell vor, sondern nur für bestimmte Rechtsformen. Überall dort, wo die Haftung begrenzt ist, haben die Gesellschafter zwingend aus Gründen des Gläubigerschutzes Einlagen zu leisten.

Rechtsformunterschied:
Bei den Personengesellschaften **GesbR, OG, EWIV** sieht der Gesetzgeber keine zwingende Einlage vor.
Bei der **KG** hat der Kommanditist (nicht jedoch der Komplementär) im In-

nenverhältnis eine Pflichteinlage zu erbringen, im Außenverhältnis ist eine Haftsumme zu vereinbaren (vgl Seiten 191 ff).
Bei der **stG** hat der stille Gesellschafter eine Einlage zu erbringen, anderenfalls liegt schon begrifflich keine stG vor.
Bei der **GmbH**, **AG** und **SE** haben die Gesellschafter bzw Aktionäre zwingend eine Einlage zu erbringen. Die Gesamtheit der vereinbarten Einlagen bildet das Stammkapital bzw Grundkapital.
Bei der **Gen** und **SCE** hat jedes Mitglied eine Einlage zu leisten.
Bei der **PS** ist ein Mindestvermögen aufzubringen.

Es obliegt jedoch der Privatautonomie, auch in den gesetzlich nicht vorgesehenen Fällen die Aufbringung eines „Startkapitals" zu vereinbaren.

In diesem Zusammenhang ist zwischen den Begriffen Einlage und Beitrag zu differenzieren:

Beiträge iwS:
Darunter werden alle Leistungen verstanden, die zur Erreichung des Gesellschaftszwecks förderlich sind (zB Zurverfügungstellung der Arbeitskraft, Eintritt als Gesellschafter und damit Erhöhung des Haftungsfonds).

Einlage/Beiträge ieS:
Darunter werden alle Vermögenswerte verstanden, die von den Gesellschaftern geleistet werden und in das Gesellschaftsvermögen übergehen sollen. Der Begriff der Einlage ist gleichzusetzen mit dem Begriff der Beiträge ieS.

Einlagen können in Form von **Bareinlagen** oder **Sacheinlagen** erbracht werden. Die Einlage muss dabei jedenfalls geeignet sein, den **Haftungsfonds** der Gesellschaft zu erhöhen, und **verwertbar** und somit übertragbar sein. Diese Anforderungen sind jedenfalls bei den Kapitalgesellschaften streng zu beachten, weil dort den Gläubigern „nur" das Gesellschaftsvermögen, nicht jedoch auch das Privatvermögen der Gesellschafter als Haftungsfonds zur Verfügung steht.

Rechtsformunterschied:
Mangels Verwertbarkeit sind **Dienstleistungen** (bei Kapitalgesellschaften) keine Einlagen, sondern Beiträge iwS (vgl § 20 Abs 2 AktG). Bei Personengesellschaften ist diese Begrifflichkeit nicht so streng. Dort können auch Dienstleistungen als Einlage erbracht werden (vgl § 109 Abs 2 UGB).

- **Pflicht zur Leistung eines Nachschusses**
Reichen die finanziellen Mittel der Gesellschaft nicht mehr aus, um den Geschäftsbetrieb aufrechtzuerhalten, kann es erforderlich sein, der Gesellschaft weitere Mittel zur Verfügung zu stellen („Nachschüsse"). Derartige Nach-

schüsse schreibt das Gesetz nur ausnahmsweise vor. Allerdings können die Vertragsparteien eine Nachschusspflicht vereinbaren.

> **Rechtsformunterschied:**
> Bei den **Personengesellschaften** haftet zumindest ein Gesellschafter ohnedies mit seinem Privatvermögen, sodass schon aus diesem Grund eine Nachschusspflicht nicht unbedingt erforderlich und daher mit Ausnahme der Nachschussobliegenheit des § 109 Abs 4 UGB und der Verlustausgleichspflicht des EWIV-Gesellschafters auch nicht gesetzlich vorgesehen ist.
> Bei **GmbH**, **AG** und **SE** ist gesetzlich keine Nachschusspflicht vorgesehen. Bei der GmbH kann eine solche Nachschusspflicht allerdings vereinbart werden, bei der AG nicht.
> Im **Genossenschaftsrecht** ist für bestimmte Fälle eine Nachschuss- und Deckungspflicht vorgesehen.

- **Recht auf Zuteilung eines Gewinns, Verlusttragung, Liquidationserlös**

Das zentrale Vermögensrecht jedes Gesellschafters ist die Beteiligung am **Gewinn**. In den jeweiligen Gesetzen ist festgelegt, wann und wie der Gewinn zwischen den Gesellschaftern aufzuteilen ist; gegebenenfalls ist auf die vertraglichen Vereinbarungen zurückzugreifen. Für die Gewinnverteilung spielen unterschiedliche Kriterien eine Rolle: zB Höhe des Beteiligungsausmaßes, Übernahme eines Haftungsrisikos (zB Komplementär – Kommanditist) oder vertragliche Vereinbarung.

Selbiges gilt für die Verteilung des **Verlusts**, wobei das Risiko zwischen den Gesellschaftern auch hier unterschiedlich ausgestaltet sein kann. Hat ein Gesellschafter zur Begrenzung seines Haftungsrisikos eine Einlage zu erbringen, ist der auf ihn entfallende Verlust ohnedies mit der Höhe der vertraglich vereinbarten Einlage oder eines anderen festgesetzten Betrages begrenzt (zB Haftsumme bei Kommanditist; Genossenschaft mit Anteilshaftung: doppelter Betrag). Gegebenenfalls können die Verluste das Entnahmerecht in den Folgejahren beschränken. Überdies ist es bei manchen Gesellschaftern möglich, eine Verlustbeteiligung auszuschließen (zB beim Kommanditisten der KG, beim stillen Gesellschafter).

Wird die Gesellschaft beendet, ist überdies das Vermögen der Gesellschaft, das nach Begleichung sämtlicher Schulden noch vorhanden ist (**Liquidationserlös**), zwischen den Gesellschaftern zu verteilen. Auch hier spielen obige Kriterien eine Rolle.

- **Entnahmerecht**

Weiters ist im Gesellschaftsrecht geregelt, ob ein Gesellschafter neben dem Recht, seinen Gewinn zu entnehmen (Gewinnentnahmerecht), auch dann Entnahmen aus dem Gesellschaftsvermögen tätigen kann, wenn kein Gewinn erwirtschaftet wurde, oder ob ein Gesellschafter über einen Gewinn hinaus Kapital entnehmen kann. Ein solches Recht kann jedenfalls nicht eigenmächtig ausgeübt werden. Ein Griff in die Gesellschaftskassa ist – wenn überhaupt – nur bei entsprechendem Einverständnis der übrigen Gesellschafter möglich.

Rechtsformunterschied:
Grundsatz ist, dass der persönlich haftende Gesellschafter einer **Personengesellschaft** (zB Komplementär einer KG) eine Kapitalentnahme bei entsprechendem Einvernehmen tätigen kann; nicht jedoch ein beschränkt haftender Gesellschafter (wie etwa der Kommanditist einer KG). Bei diesem würde eine entsprechende Entnahme zu einem Aufleben der Haftung führen (die Einlage würde in Höhe der Entnahme als nicht geleistet gelten).
Bei den **Kapitalgesellschaften** ist eine Kapitalentnahme ausgeschlossen. Denn das Vermögen der Gesellschaft ist streng vom Vermögen der einzelnen Gesellschafter zu trennen („Trennungsprinzip"). Dies schon aus Gründen des Gläubigerschutzes. Gesellschaftern einer Kapitalgesellschaft können Gesellschaftsmittel nur in folgenden Fällen zufließen: Gewinnanteil, Kapitalherabsetzung aus Gesellschaftsmitteln, uU Rückführung von geleisteten Nachschüssen und fremdübliches Drittgeschäft (zB der Gesellschafter verkauft der Gesellschaft sein Fahrzeug zu fremdüblichen Konditionen). Bei Letzterem ist darauf zu achten, dass nicht aufgrund einer Fremdunüblichkeit zu viele Mittel an den Gesellschafter fließen (zB überhöhter Kaufpreis). In einem solchen Fall wäre das Verbot der Einlagenrückgewähr missachtet (vgl Seiten 317 ff).

- **Recht auf Ersatz von Aufwendungen**

    Insofern der Gesellschafter in Gesellschaftsangelegenheiten Aufwendungen für die und namens der Gesellschaft macht, die er nach den Umständen für erforderlich halten durfte, hat er einen Anspruch auf Ersatz. In der Praxis wird der Ersatz derartiger Aufwendungen oft vertraglich geregelt (zB Tragung der Kosten für Geschäftsreisen).

b) Sonstige Rechte und Pflichten

- **Mitwirkungsrecht**

    Gesellschafter haben grundsätzlich auch das Recht, an der Erreichung des Gesellschaftszwecks mitzuwirken. Je umfangreicher dieses Mitwirkungsrecht ist, desto größer ist der Einfluss des einzelnen Gesellschafters auf die Geschäftsführung bzw desto besser kann die Geschäftsführung überwacht und kontrolliert werden. Umgekehrt ist mit umfangreichen Mitwirkungsrechten auch stets die Gefahr verbunden, dass zu viele Gesellschafter ihre Meinung kundtun und im Endeffekt der Erreichung des Gesellschaftszwecks mehr Hindernisse in den Weg gestellt werden.

Rechtsformunterschied:
Bei den **Personengesellschaften** sind die Mitwirkungsrechte der Gesellschafter am umfassendsten ausgeprägt (Ausnahme: der stille Gesellschafter). Bei den **Kapitalgesellschaften** sind die Mitwirkungsrechte weniger stark ausgeprägt. Dies lässt sich schon mit dem Leitbild des Gesetzgebers begründen: Nach der Vorstellung des Gesetzgebers stehen sich bei den Kapitalgesellschaften, insbesondere bei der AG, einander unbekannte Personen gegenüber, die – wenn überhaupt – bei der Versammlung aufeinandertreffen. Bei der GmbH sind die Mitwirkungsrechte insofern stärker, als die Gesellschafter bei entsprechender Stimmenmehrheit Weisungen an die Geschäftsführer erteilen können.

- **Treuepflicht und Gleichbehandlung**

    Die Gesellschafter sind gegenüber der Gesellschaft sowie idR auch untereinander zur Treue verpflichtet. Sie haben sich loyal zu verhalten und im Interesse der Gesellschaft (uU auch der Mitgesellschafter) bei sonstiger Schadenersatzpflicht zu handeln. Ob die gesellschaftliche Treuepflicht eine bestimmte Handlungsweise gebietet, kann im Einzelfall nur aufgrund einer Interessenabwägung ermittelt werden (RS0107913). Aufgrund der Treuepflicht kann im Einzelfall ein Gesellschafter beschränkt oder „gezwungen" sein, sein Stimmrecht in einer bestimmten Form auszuüben. Auch Mehrheitsbeschlüsse können an der Treuepflicht gemessen werden. Die Treuepflicht ist aber nicht uferlos. Im Fall einer wirtschaftlichen Notsituation des Unternehmens kann etwa keine Pflicht des Gesellschafters zur Erbringung zusätzlicher finanzieller Leistungen abgeleitet werden (6 Ob 47/11x).

Rechtsformunterschied:
Bei den **Personengesellschaften** sind die Anforderungen an die Treuepflicht am höchsten: Die Gesellschafter haben an der Erreichung des Gesellschaftszwecks bestmöglich mitzuwirken, alles zu unterlassen, was einen Schaden für die Gesellschaft nach sich ziehen könnte, ihr Widerspruchsrecht nur pflichtgemäß auszuüben etc.
Bei den **Kapitalgesellschaften** ist die Verbundenheit zwischen den Gesellschaftern in einem geringeren Ausmaß zu beachten (am geringsten bei der AG und der SE). Bei der AG kann etwa eine Beschlussmitwirkung treuwidrig sein. Bei der GmbH sind die Anforderungen an die Treuepflicht aufgrund der personalistischen Struktur der GmbH etwas höher. Nicht nur eine Beschlussmitwirkung kann hier treuwidrig sein, sondern auch eine Weigerung zur Mitwirkung an einer Abberufung eines Geschäftsführers trotz Vorliegens eines wichtigen Grundes.

Die Gesellschafter haben auch das **Gleichbehandlungsgebot** zu beachten: Die Gesellschafter dürfen etwa bei der Gewinn- und Verlustverteilung oder bei der Einforderung rückständiger Einlagen nicht willkürlich und sachlich nicht gerechtfertigt ungleich behandelt werden. Bei Vorliegen einer sachlichen Rechtfertigung ist aber eine „Ungleichbehandlung" zulässig, sodass auch Rechte und Pflichten zwischen den Gesellschaftern durchaus unterschiedlich verteilt sein können.

4. Beendigung der Gesellschaft

So wie sich die Gründung einer Gesellschaft idR nicht zu einem bestimmten Zeitpunkt ereignet, sondern über einen längeren Zeitraum erstreckt, ist dies auch bei der Beendigung der Gesellschaft der Fall. Auch diese vollzieht sich über einen bestimmten Zeitraum.

Die **Beendigung** einer Gesellschaft läuft idR in folgenden Schritten ab:

- **Auflösung**
Zunächst muss ein Auflösungsgrund vorliegen (zB Gesellschafterbeschluss). Danach tritt die Gesellschaft in die nächste Phase ein:

- **Abwicklung (= Liquidation)**
In dieser Phase ändert die Gesellschaft ihren Zweck. Die bisher werbende Gesellschaft verwandelt sich in eine Abwicklungsgesellschaft (RS0061938). Die Geschäftsbeziehungen werden beendet, das Gesellschaftsvermögen verteilt. Am Ende der Abwicklung steht die

- **Vollbeendigung**
Sämtliche Vertragsbeziehungen sind beendet; das Gesellschaftsvermögen ist verteilt. Danach erfolgt die

- **Löschung** der Gesellschaft, sofern diese im Firmenbuch eingetragen ist.

Beachte:
Beendigung ≠ Liquidation

G. Verbandsverantwortlichkeit

Seit 1. 1. 2006 können Straftaten österreichischer Verbände nach dem Verbandsverantwortlichkeitsgesetz (VbVG) strafrechtlich sanktioniert werden. Adressaten des VbVG sind gemäß § 1 Abs 2 juristische Personen, eingetragene Personengesellschaften und EWIV.[8]

Umfasst werden sowohl **juristische Personen des Privatrechts als auch solche des öffentlichen Rechts**. Zu nennen sind Kapitalgesellschaften (AG, GmbH, SE), Genossenschaften (inkl SCE), ideelle Vereine, Versicherungsverei-

---

[8] Paragraphenangaben beziehen sich in diesem Abschnitt, sofern nicht anders angegeben, auf das **Verbandsverantwortlichkeitsgesetz** (VbVG).

ne auf Gegenseitigkeit, Sparkassen, Sparkassenvereine, politische Parteien, Stiftungen, Anstalten und Fonds. Als juristische Personen des öffentlichen Rechts kommen beispielsweise die Gebietskörperschaften, Kammern, Sozialversicherungsträger und Universitäten in Betracht. Die Vorgesellschaft als Gesellschaft sui generis wird dem Verbandserfordernis nicht unterstellt werden können.

Da eingetragene **Personengesellschaften** erst mit der Eintragung ins Firmenbuch entstehen, ist dieser Zeitpunkt auch für die Fähigkeit, strafrechtlich verantwortlich gemacht zu werden, heranzuziehen. Keine Verbände sind die GesbR, stG und Einzelunternehmen.

Für den **Konzern** gilt, dass nur die einzelnen im Konzern zusammengeschlossenen Unternehmen Verbände darstellen können. Die strafrechtliche Verantwortlichkeit kommt nur für den einzelnen Verband, nicht für den gesamten Konzern in Betracht. Beteiligungsstrafbarkeit gemäß § 12 StGB ist zwischen verschiedenen Verbänden eines Konzerns denkbar.

Gemäß § 3 Abs 1 ist ein Verband für eine Straftat verantwortlich, wenn die Tat zu seinen Gunsten begangen worden ist oder durch die Tat Pflichten verletzt worden sind, die den Verband treffen. Für Straftaten eines **Entscheidungsträgers** (zB Vorstandsmitglied, Geschäftsführer, Prokurist oder Aufsichtsratsmitglied) ist der Verband verantwortlich, wenn der Entscheidungsträger als solcher die Tat rechtswidrig und schuldhaft begangen hat (§§ 2 iVm 3 Abs 2). Unter den Voraussetzungen des § 3 Abs 3 ist der Verband auch für die Straftaten von **Mitarbeitern** verantwortlich, dh sofern die Tatbegehung durch den Mitarbeiter dadurch ermöglicht oder wesentlich erleichtert wurde, dass der Entscheidungsträger die nach den Umständen gebotene und zumutbare Sorgfalt außer Acht gelassen hat, insbesondere indem wesentliche technische, organisatorische oder personelle Maßnahmen zur Verhinderung solcher Taten unterlassen wurden. Zur Verhinderung eines solchen Verantwortlichkeitsfalles ist daher die Implementierung eines geeigneten Kontrollsystems im Unternehmen sinnvoll.

H. Europäisches Gesellschaftsrecht

1. Allgemeines

Das österreichische (primär: Kapital-)Gesellschaftsrecht ist in vielen Bereichen durch die Entwicklungen in der Europäischen Union geprägt: Der europäische Normgeber bemüht sich, das Gesellschaftsrecht innerhalb der Europäischen Union zu vereinheitlichen. Am stärksten von diesen Bemühungen betroffen war in den letzten Jahren die AG. Aber auch die Rechtsprechung des EuGH zur Niederlassungsfreiheit (siehe dazu Seiten 81 f) und zur Kapitalverkehrsfreiheit (siehe dazu Seiten 79 f) hat die Entwicklung des Gesellschaftsrechts mitbestimmt.

Auf europäischer Ebene wird das Gesellschaftsrecht der einzelnen Mitgliedstaaten in dreifacher Weise **angeglichen**:

- durch supranationale Gesellschaftsformen, die durch Verordnungen geschaffen und durch Richtlinien ergänzt werden,
- durch sonstige Richtlinien, Verordnungen und Empfehlungen und
- durch die EuGH-Judikatur (insbesondere zur Niederlassungs- und Kapitalverkehrsfreiheit).

> **Beachte:**
> Die **Richtlinie** ist ein wichtiges Instrument zur Rechtsangleichung. Sie verpflichtet die Mitgliedstaaten, ihr jeweiliges nationales Recht dem Richtlinieninhalt anzupassen, sofern sich das nationale Recht noch von diesem unterscheidet. Die Umsetzung der gesellschaftsrechtlichen Richtlinien erfolgte insbesondere mit dem RLG 1990, FBG 1991, GesRÄG 1993, EU-GesRÄG 1996, PuG, GesRÄG 2007, URÄG 2008, AktRÄG 2009, RÄG 2010, EU-VerschG, GesRÄG 2011, GesRÄG 2013, RÄG 2014, BörseG 2018, WAG 2018 und AktRÄG 2019.
> Die **Verordnung** schafft hingegen unmittelbar anwendbares und einheitliches Recht mit Wirkung für und gegen jeden Unionsbürger auf dem gesamten Gebiet der Union. Es bedarf keiner Umsetzung durch den nationalen Gesetzgeber.
> Die **Empfehlung** ist in den einzelnen Mitgliedstaaten weder unmittelbar anwendbar, noch führt sie zu einer Umsetzungsverpflichtung. Es werden lediglich bestimmte Rechtsetzungsmaßnahmen nahegelegt.

Ziel dieser Rechtsangleichung ist es, innerhalb der Europäischen Union ein bestimmtes einheitliches Mindestschutzniveau und gleiche Wettbewerbsbedingungen zu schaffen, damit sich innerhalb der Europäischen Union kein **Delaware-Effekt** einschleicht: Dieser bezeichnet einen Effekt im US-amerikanischen Gesellschaftsrecht, bei dem es zu einem Wettlauf um das liberalste Unternehmensrecht zwischen den Bundesstaaten in den USA kam. Letztendlich hat es der Bundesstaat Delaware geschafft, ein besonders attraktives Gesellschaftsrecht zu schaffen, sodass ein Großteil der amerikanischen Gesellschaften im Bundesstaat Delaware ansässig ist. Die Schaffung eines Mindestschutzniveaus soll einer aus Gründen des Wettbewerbs stattfindenden Anpassung der Rechtsordnungen nach unten („race to the bottom") eine gewisse Schranke bieten.

> **Beachte:**
> Die Rechtsangleichung ermöglicht es, in (harmonisierten) Rechtsbereichen auch auf ausländische Literatur und Rechtsprechung zurückzugreifen. So ist bei der Lösung von Rechtsproblemen oftmals ein Blick über die Grenze (zB nach Deutschland) hilfreich.

2. Supranationale Gesellschaftsformen

a) Bereits geschaffene supranationale Gesellschaftsformen

Die Vereinheitlichung des Gesellschaftsrechts innerhalb der Europäischen Union durch Schaffung supranationaler Gesellschaften ist aufgrund der Anzahl der Mitgliedstaaten und der unterschiedlichen Rechtsordnungen mit viel Mühe verbunden.

Erstmals gelang es 1985, eine supranationale Gesellschaft zu schaffen, eine Personengesellschaft, die der OG ähnlich ist: die Europäische wirtschaftliche Interessenvereinigung (**EWIV**). Die EWIV ist wegen ihres eingeschränkten Anwendungsbereiches in Österreich nicht sehr stark verbreitet (siehe Seiten 211 f).

Die zweite supranationale Gesellschaftsform, die Europäische Aktiengesellschaft (**SE**; Societas Europaea), wurde 2001 geschaffen. Der ursprüngliche Vorschlag dazu stammte aus dem Jahr 1970. Dieser Vorschlag wurde in weiterer Folge mehrfach abgeändert, zT auch blockiert. Hauptstreitpunkt war die Mitbestimmung der Arbeitnehmer im Aufsichtsrat: Einige Mitgliedstaaten lehnten eine solche Beteiligung völlig ab; andere wiederum machten sie zur Bedingung (vgl Seiten 438 f).

Zuletzt konnte 2003 die Europäische Genossenschaft (**SCE**; Societas Cooperativa Europaea) als supranationale Rechtsform geschaffen werden (vgl Seite 455).

b) Supranationale Gesellschaftsformen in Planung

Ein Projekt der Europäischen Union war die „**Europäische Privatgesellschaft**" (SPE; Societas Privata Europaea), eine Art stark vereinfachte GmbH mit einer Mindestkapitalanforderung von 1 Euro.

Hinter dieser Gesellschaft stand die Überlegung, dass kleine und mittelständische Unternehmen mehr als 99 % der Unternehmen in der Europäischen Union ausmachen und annähernd 70 % der privatwirtschaftlichen Arbeitsplätze stellen, allerdings nur ein geringer Anteil dieser Unternehmen im grenzüberschreitenden Handel tätig ist oder eine Tochtergesellschaft oder ein Gemeinschaftsunternehmen im Ausland hat. Ursachen dafür sind die Kosten für Eintragung und Rechtsberatung, Notargebühren, Mindestkapital, die durch die unterschiedlichen nationalen Rechtsvorschriften bedingten Schwierigkeiten beim Betrieb eines Unternehmens sowie etwaiges fehlendes Vertrauen in eine ausländische Rechtsform.

Die EWIV ist als supranationale Rechtsform nur bedingt geeignet, weil ihr Anwendungsbereich auf Hilfstätigkeiten eingeschränkt ist. Die SE ist aufgrund der Kapitalaufbringungsvorschriften (Mindestkapital 120.000 Euro) nur für wenige große Unternehmen interessant. Die englische Limited hat zwar aufgrund der Rechtsprechung des EuGH zur Niederlassungsfreiheit und den liberalen Regeln betreffend Stammkapital (1 Pfund) bei KMU starke Verbreitung gefunden, hat allerdings den Nachteil, dass die Führung einer solchen Gesellschaft in Großbritannien aufgrund der Publizitäts- und Rechnungslegungsvorschriften mit hohen Kosten verbunden ist. Überdies sind mit der Limited andere Nachteile verbunden: Die persönliche Haftung der directors (Geschäftsführer) greift im Insolvenzfall schneller als bei der GmbH.

Die Europäische Kommission hat am 25. 6. 2008 einen sogenannten „Small Business Act" zur Unterstützung der europäischen KMU vorgelegt. Als besonders wichtiger Punkt galt dabei die SPE. Obwohl das Parlament dem von der Europäischen Kommission im Juni 2008 vorgelegten VO-Entwurf zugestimmt hat, wurde der Diskussionsprozess nicht abgeschlossen. So stellte der Europäische Wettbewerbsrat im Dezember 2009 den Vorschlag erneut in Frage. Die von den Mitgliedstaaten vorgebrachten Bedenken bezogen sich auf die Höhe des Mindestkapitals, das Fehlen eines grenzüberschreitenden Bezugs sowie Fragen der Arbeitnehmermitbestimmung. Der VO-Entwurf wurde in der Folge überarbeitet; hinsichtlich der noch offenen Punkte (Sitz der SPE, Mindestkapitalanforderungen sowie Arbeitnehmermitbestimmung) erstattete der ungarische Ratsvorsitz im ersten Halbjahr 2011 einen Kompromissvorschlag, den der Rat jedoch neuerlich abgelehnt hat. Die Europäische Kommission hat schließlich im Oktober 2013 erklärt, dass sie den Vorschlag zum Statut der Europäischen Privatgesellschaft zurückzieht. Als Ersatz für die gescheiterte SPE hat die Kommission im April 2014 den Vorschlag für eine Richtlinie über Gesellschaften mit beschränkter Haftung mit einem einzigen Gesellschafter (**SUP**) vorgelegt, diese aber im Juli 2018 wieder zurückgenommen.

Auch bei der **Europäischen Stiftung** (FE; fondation européenne) handelte es sich um ein Legislativprojekt auf europäischer Ebene. Diesbezüglich hat die Europäische Kommission im Februar 2012 zunächst einen Vorschlag für eine Verordnung des Rates über das Statut der Europäischen Stiftung unterbreitet, diese aber im März 2015 wieder zurückgezogen.

Weiters hat der Rat der Europäischen Union einen Vorschlag für eine **Europäische Gegenseitigkeitsgesellschaft** (ME; mutualité européenne) unterbreitet, eine Personenvereinigung, die ihren Mitgliedern gegen Entrichtung eines Beitrags die vollständige Begleichung der im Rahmen der satzungsmäßigen Tätigkeiten eingegangenen vertraglichen Verbindlichkeiten garantieren sollte. Der Vorschlag wurde jedoch 2006 aufgrund mangelnden Fortschritts im Legislativprozess zurückgezogen. Diese Gesellschaft wäre für die Tätigkeitsbereiche soziale Fürsorge, Versicherung und Hilfe im Gesundheitsbereich zur Vergabe von Krediten bestimmt gewesen.

Weiters lag auch ein Vorschlag für einen **Europäischen Verein** vor. Damit sollte es den Vereinen und Stiftungen ermöglicht werden, im Rahmen einer ständigen Struktur, bei der die Mitglieder ihre Kenntnisse oder Tätigkeiten entweder zu gemeinnützigen Zwecken oder zur mittelbaren oder unmittelbaren Förderung der sektoralen und/oder beruflichen Interessen der Mitglieder zusammenlegen, grenzüberschreitend tätig zu werden. Auch dieser Vorschlag wurde 2006 nach mehrjähriger Verhandlung von der EU-Kommission zurückgezogen.

3. Richtlinien

a) Bereits verabschiedete Richtlinien

Zahlreiche Gebiete des Gesellschaftsrechts sind bereits durch Verordnungen bzw durch Richtlinien, die durch den jeweiligen nationalen Gesetzgeber in innerstaatliches Recht transformiert wurden, vereinheitlicht. Die Richtlinien wurden zunächst durchnummeriert, in weiterer Folge wurde diese Nummerierung allerdings nicht mehr beibehalten. Die meisten der nachstehenden Richtlinien (Auszug) wurden überdies durch spätere Richtlinien (teilweise) geändert. Die jeweilige konsolidierte und damit aktuelle Fassung der Richtlinien kann auf der Homepage der Europäischen Union abgerufen werden.[9]

- **Erste gesellschaftsrechtliche Richtlinie 68/151/EWG – Publizitätsrichtlinie** (bereits aufgehoben)
  Diese Richtlinie wurde durch die Richtlinie 2009/101/EG ersetzt (siehe unten).

- **Zweite gesellschaftsrechtliche Richtlinie 77/91/EWG – Kapitalrichtlinie** (bereits aufgehoben)
  Gegenstand der Richtlinie ist die AG. Sie beschäftigt sich mit der Gründung einer AG, der Erhaltung des Gesellschaftskapitals sowie der Kapitalerhöhung und -herabsetzung. Diese Richtlinie wurde mehrfach geändert, weshalb aus Gründen der Übersichtlichkeit eine gänzliche Neufassung mit der Richtlinie 2012/30/EU vorgenommen wurde (siehe unten).

- **Dritte gesellschaftsrechtliche Richtlinie 78/855/EWG – Verschmelzungsrichtlinie** (bereits aufgehoben)
  Diese Richtlinie wurde durch die Richtlinie 2011/35/EU ersetzt (siehe unten).

- **Vierte gesellschaftsrechtliche Richtlinie 78/660/EWG – Bilanzrichtlinie** (bereits aufgehoben)
  Diese Richtlinie wurde durch die Richtlinie 2013/34/EU ersetzt (siehe unten).

- **Sechste gesellschaftsrechtliche Richtlinie 82/891/EWG – Spaltungsrichtlinie** (bereits aufgehoben)
  Diese Richtlinie wurde durch die Richtlinie 2017/1132/EU ersetzt (siehe unten).
  Gegenstand der Richtlinie war die AG. Sie beschäftigte sich mit der Spaltung durch Aufnahme sowie mit der Spaltung zur Gründung, wobei es den Mitgliedstaaten freistand, ob das Rechtsinstitut der Spaltung überhaupt vorgesehen wird. Wenn es vorgesehen wurde, war es jedenfalls im Bereich der AG unter Beachtung der Richtlinie auszugestalten.

---

[9] http://eur-lex-europa.eu.

- **Siebente gesellschaftsrechtliche Richtlinie 83/349/EWG – Konzernrechnungslegungsrichtlinie** (aufgehoben und ersetzt durch die Richtlinie 2013/34/EU, siehe unten)
- **Achte gesellschaftsrechtliche Richtlinie 84/253/EWG – Prüferbefähigungsrichtlinie** (bereits aufgehoben)
  Diese Richtlinie wurde durch die Richtlinie 2006/43/EG ersetzt (siehe unten).
- **Elfte gesellschaftsrechtliche Richtlinie 89/666/EWG – Zweigniederlassungsrichtlinie** (bereits aufgehoben)
  Diese Richtlinie wurde durch die Richtlinie 2017/1132/EU ersetzt (siehe unten).
  Gegenstand der Richtlinie waren die GmbH und AG. Sie enthielt Regelungen über die Offenlegung bestimmter Urkunden und Angaben bei Errichtung von inländischen Zweigniederlassungen durch ausländische Kapitalgesellschaften.
- **Zwölfte gesellschaftsrechtliche Richtlinie 89/667/EWG – Einpersonengesellschaftsrichtlinie** (bereits aufgehoben)
  Diese Richtlinie wurde durch die Richtlinie 2009/102/EG ersetzt (siehe unten).
- **Richtlinie 2001/86/EG – Arbeitnehmerbeteiligung SE**
  Diese Richtlinie ergänzt das Statut der Europäischen Gesellschaft (SE) hinsichtlich der Beteiligung der Arbeitnehmer (siehe Seiten 438 f).
- **Richtlinie 2003/58/EG – Offenlegungspflichten von Gesellschaften** (bereits aufgehoben)
  Diese Richtlinie wurde durch die Richtlinie 2009/101/EG ersetzt (siehe unten).
- **Richtlinie 2003/72/EG – Arbeitnehmerbeteiligung SCE**
  Diese Richtlinie ergänzt das Statut der Europäischen Genossenschaft hinsichtlich der Beteiligung der Arbeitnehmer (siehe Seite 455).
- **Richtlinie 2004/25/EG – Übernahmeangebote** (zuletzt geändert durch Richtlinie 2014/59/EU)
  Gegenstand der Richtlinie sind börsenotierte Gesellschaften. Die Kernbestimmungen dieser Richtlinie beschäftigen sich mit dem Übernahmeangebot und dem Pflichtangebot im Fall des Erwerbs einer kontrollierenden Beteiligung (siehe dazu Seiten 353 f).
- **Richtlinie 2005/56/EG – Verschmelzung von Kapitalgesellschaften aus verschiedenen Mitgliedstaaten** (bereits aufgehoben)
  Diese Richtlinie wurde durch die Richtlinie 2017/1132/EU ersetzt (siehe unten).
  Gegenstand der Richtlinie waren AG, GmbH und Genossenschaften. Hinsichtlich Genossenschaften hat der österreichische Gesetzgeber von der Ermächtigung der Richtlinie 2005/56/EG Gebrauch gemacht und öster-

reichische Genossenschaften von der grenzüberschreitenden Verschmelzung ausgenommen. Diese Richtlinie verpflichtete die Mitgliedstaaten, grenzüberschreitende Verschmelzungen dann zuzulassen, wenn eine rein innerstaatliche Verschmelzung ebenso zulässig wäre. Der EuGH hat diese Verpflichtung – beinahe zeitgleich mit der Verabschiedung der Richtlinie – aus der Niederlassungsfreiheit der Gesellschaften abgeleitet (Rs C-411/03 – *Sevic*). Die Richtlinie wurde durch das GesRÄG 2007 umgesetzt.

- **Richtlinie 2006/43/EG – Abschlussprüfungen** (zuletzt geändert durch Richtlinie 2014/56/EU)
Diese Richtlinie präzisiert die Pflichten von Abschlussprüfern, erleichtert die Zusammenarbeit der europäischen Aufsichtsbehörden und soll das Vertrauen in die Finanzmärkte stärken. Die Richtlinie wurde durch das URÄG umgesetzt.

- **Richtlinie 2006/46/EG – Jahresabschlüsse** (zuletzt geändert durch RL 2013/34/EU)
Diese Richtlinie verschärfte die Unabhängigkeitsanforderungen für Prüfer und die Kollektivhaftung des Vorstands für die Richtigkeit der Jahresabschlüsse und wurde durch das URÄG umgesetzt.

- **Richtlinie 2006/68/EG – Gründung von Aktiengesellschaften** (bereits aufgehoben)
Diese Richtlinie, die ihrerseits die Kapitalrichtlinie änderte, wurde durch die Richtlinie 2012/30/EU ersetzt (siehe unten).

- **Richtlinie 2007/36/EG – Aktionärsrechte** (zuletzt geändert durch die Richtlinie 2017/828/EU)
Gegenstand der Richtlinie sind börsenotierte Gesellschaften. Diese Richtlinie zielt darauf ab, durch die Einführung von Mindeststandards die grenzüberschreitende Ausübung von Aktionärsrechten bei börsenotierten Gesellschaften zu erleichtern. Es soll sichergestellt werden, dass Aktionäre unabhängig davon, wo sie in der EU ansässig sind, rechtzeitig Zugang zu vollständigen Informationen über ihr Unternehmen erhalten und bestimmte Rechte, insbesondere Stimmrechte, problemlos auch aus der Ferne ausüben können. Diese Richtlinie wurde durch das AktRÄG 2009 umgesetzt (siehe dazu auch das Kapitel über die AG).

- **Richtlinie 2007/63/EG – Vereinfachungen bei Verschmelzungen und Spaltungen** (bereits aufgehoben)
Diese Richtlinie wurde durch die Richtlinie 2017/1132/EU ersetzt (siehe unten). Durch diese Richtlinie wurden die Verschmelzungsrichtlinie (Richtlinie 78/855/EWG) und die Spaltungsrichtlinie (Richtlinie 82/891/EWG) dahingehend geändert, dass eine Prüfung des Verschmelzungs- bzw Spaltungsplanes sowie die Erstellung eines Sachverständigenberichts anlässlich einer Verschmelzung bzw Spaltung nicht erforderlich sind, wenn alle beteiligten Gesellschaften darauf verzichten.

- **Richtlinie 2009/49/EG – Offenlegungspflichten** (bereits aufgehoben)
  Zweck dieser Richtlinie ist die Verringerung des Verwaltungsaufwands für bestimmte Gesellschaften durch Befreiung von einer Offenlegungspflicht bzw von der Pflicht zur Erstellung eines konsolidierten Jahresabschlusses. Durch die Richtlinie 2013/34/EU wurde diese Richtlinie stillschweigend aufgehoben und praktisch gegenstandslos.

- **Richtlinie 2009/101/EG – Publizitätsrichtlinie** (bereits aufgehoben; durch diese Richtlinie wurde die Richtlinie 68/151/EWG [Erste gesellschaftsrechtliche Richtlinie] neu kodifiziert; sie wurde durch die Richtlinie 2017/1132/EU ersetzt [siehe unten]).
  Gegenstand der Richtlinie waren die GmbH und AG; sie beschäftigte sich mit der handelsrechtlichen Publizität und deren Wirkung, der Wirksamkeit von Organhandlungen juristischer Personen des Handelsrechts gegenüber Dritten und der Nichtigkeit und Vernichtbarkeit von Gesellschaften und ihren Rechtsfolgen.

- **Richtlinie 2009/109/EG – Berichts- und Dokumentationspflichten bei Verschmelzungen und Spaltungen** (bereits aufgehoben)
  Die Richtlinie wurde durch die Richtlinie 2017/1132/EU ersetzt (siehe unten). Mit dieser Richtlinie sollte der Verwaltungsaufwand durch Veröffentlichungs- und Dokumentationspflichten anlässlich der Verschmelzung bzw Spaltung von Aktiengesellschaften verringert werden.

- **Richtlinie 2009/102/EG – Einpersonengesellschaftsrichtlinie** (durch diese Richtlinie [zuletzt geändert durch die Richtlinie 2013/24/EU] wird die Richtlinie 89/667/EWG [Zwölfte gesellschaftsrechtliche Richtlinie] neu kodifiziert)
  Gegenstand der Richtlinie ist die GmbH. Sie sieht die Zulässigkeit der Gründung einer Ein-Personen-Gesellschaft vor und beinhaltet Regelungen zur Offenlegung, Fassung und Dokumentation von Gesellschaftsbeschlüssen und In-Sich-Geschäften. Der österreichische Gesetzgeber hat diese Möglichkeit einer Ein-Personen-Gründung mit dem GesRÄG 2004 auch für die AG eröffnet.

- **Richtlinie 2011/35/EU – Verschmelzungsrichtlinie** (bereits aufgehoben)
  Durch diese Richtlinie wurde die Richtlinie 78/855/EWG (Dritte gesellschaftsrechtliche Richtlinie) neu kodifiziert, zuletzt wurde sie durch die Richtlinie 2017/1132/EU ersetzt (siehe unten).
  Die Richtlinie beschäftigte sich mit der Verschmelzung von AG; sie betrifft die Verschmelzung durch Aufnahme und durch Neugründung.

- **Richtlinie 2012/6/EU** (bereits aufgehoben)
  Zweck dieser Richtlinie war die Schaffung einer neuen Untergruppe von „Kleinstunternehmen", an deren Jahresabschluss geringere Anforderungen gestellt werden sollten. Ihr Verwaltungsaufwand sollte verringert und gleichzeitig ein angemessener Schutz und eine zweckmäßige Unterrichtung der Interessengruppen gewährleistet werden.

- **Richtlinie 2012/17/EU** (bereits aufgehoben)
Die Richtlinie wurde durch die Richtlinie 2017/1132/EU ersetzt (siehe unten).
Gegenstand dieser Richtlinie war die Verknüpfung von Zentral-, Handels- und Gesellschaftsregistern, damit ein einheitlicher Informationskanal die praktische Durchführung grenzüberschreitender Verschmelzungen erleichtert.
- **Richtlinie 2012/30/EU** (bereits aufgehoben; durch diese Richtlinie wurde die Richtlinie 77/91/ EWG [Kapitalrichtlinie] neu kodifiziert, zuletzt wurde sie durch die Richtlinie 2017/1132/EU ersetzt [siehe unten])
Zweck dieser Richtlinie war die Koordinierung der einzelstaatlichen Vorschriften über die Gründung der Aktiengesellschaft sowie die Aufrechterhaltung, die Erhöhung und die Herabsetzung ihres Kapitals. Diese Koordinierung war vor allem deshalb erforderlich, um beim Schutz der Aktionäre einerseits und der Gläubiger der Gesellschaft andererseits ein Mindestmaß an Gleichwertigkeit sicherzustellen.
- **Richtlinie 2013/34/EU – neue Bilanzrichtlinie** (durch diese Richtlinie wird die Richtlinie 78/660/EWG [Bilanzrichtlinie] ersetzt, sie wurde zuletzt durch die Richtlinie 2014/95/EU geändert)
Gegenstand der Richtlinie sind die GmbH und die AG sowie die Eingetragenen Personengesellschaften, an denen keine natürliche Person als persönlich haftender Gesellschafter beteiligt ist („verdeckte Kapitalgesellschaft"). Sie beschäftigt sich mit den Einzel- und Konzernabschlüssen dieser Gesellschaften: der formellen Gliederung, den Bewertungs- und Ansatzvorschriften, der Prüfung und Offenlegung. Die Vorschriften sind überdies abhängig von der Größe der Gesellschaft („Größenklassen") unterschiedlich ausgeprägt.
- **Richtlinie 2017/828/EU – 2. Aktionärsrechte-Richtlinie**
Die Richtlinie soll insb die Mitsprache bei der Vergütung der Unternehmensleitung, die Aktionärsidentifizierung und -information und die Transparenz bei institutionellen Anlegern, Vermögensverwaltern und Stimmrechtsberatern verbessern und bestimmte Geschäfte mit nahestehenden Personen, Aktionären und Organmitgliedern strengeren Regelungen zuführen. Sie wurde im Zuge des AktRÄG 2019 im österreichischen Recht umgesetzt.
- **Richtlinie 2017/1132/EU – gesellschaftsrechtliche Sammelrichtlinie**
Diese Richtlinie führt die Spaltungs-Richtlinie, die Zweigniederlassungs-Richtlinie, die Richtlinie über die Verschmelzung von Kapitalgesellschaften aus verschiedenen Mitgliedstaaten, die Publizitäts-Richtlinie, die Verschmelzungs-Richtlinie und die Kapital-Richtlinie ohne inhaltliche Änderungen in einer einheitlichen Kodifizierung zusammen.
- **Richtlinie 2019/1151/EU**
Diese Richtlinie sieht den Einsatz digitaler Werkzeuge im Gesellschaftsrecht vor.

b) Richtlinien in Planung

- **Fünfte gesellschaftsrechtliche Richtlinie – Strukturrichtlinie**
  Diese Richtlinie geht auf einen Vorschlag aus dem Jahr 1991 zurück. Sie beschäftigt sich mit der Leitung, Überwachung und Mitbestimmung einer AG. Dieses Vorhaben wird derzeit nicht aktiv betrieben.

- **Neunte gesellschaftsrechtliche Richtlinie – Konzernrechtsrichtlinie**
  Das Konzernrecht ist derzeit nur in wenigen Bereichen vereinheitlicht, zB durch die neue Bilanzrichtlinie oder – in Zusammenhang mit dem Erwerb eigener Aktien – durch die Kapitalrichtlinie. Mit der Konzernrechtsrichtlinie sollte das Konzernrecht der AG vereinheitlicht werden. Allerdings gibt es dazu keinen konkreten Vorschlag, sondern lediglich einen Vorentwurf aus dem Jahr 1984.

- **Liquidationsrichtlinie**
  Durch diese Richtlinie sollte die Auflösung und Liquidation von Kapitalgesellschaften vereinheitlicht werden. Allerdings gibt es dazu ebenfalls keinen konkreten Vorschlag, sondern lediglich einen Vorentwurf aus dem Jahr 1987.

- **Vierzehnte gesellschaftsrechtliche Richtlinie – Sitzverlegungsrichtlinie**
  Geplant ist eine Richtlinie über das Recht der Kapitalgesellschaften, ihren Gesellschaftssitz von einem Mitgliedstaat in einen anderen zu verlegen. Primärer Zweck dieser geplanten Richtlinie ist es, die Probleme, die sich bei der Verlegung des Sitzes einer nach dem Recht eines Mitgliedstaats gegründeten Gesellschaft in einen anderen Mitgliedstaat stellen, insbesondere auch unter Berücksichtigung der Gläubigerinteressen, durch eine Koordinierungsrichtlinie zu lösen und damit die Verwirklichung einer der tragenden Grundfreiheiten der EU, der Niederlassungsfreiheit, zu erleichtern. Diese Richtlinie befindet sich derzeit noch in Planung.

- **Richtlinie zur Gewährleistung einer ausgewogeneren Vertretung von Frauen und Männern unter den nicht geschäftsführenden Direktoren/Aufsichtsratsmitgliedern börsennotierter Gesellschaften und über damit zusammenhängende Maßnahmen**
  Geplant ist eine Richtlinie über die Gleichstellung von Frauen und Männern in wirtschaftlichen Entscheidungsgremien. Dabei steht die Nutzung der in Europa vorhandenen Talente und Kompetenzen und die Erreichung eines ausgewogeneren Zahlenverhältnisses von Frauen und Männern in den Leitungsorganen im Vordergrund. Die Gleichstellung soll ua damit erreicht werden, indem ein Anteil von mindestens 40 % des unterrepräsentierten Geschlechts unter den nicht geschäftsführenden Direktoren/Aufsichtsratsmitgliedern börsennotierter Gesellschaften als Mindestziel festgelegt wird.

- **Richtlinie zur Änderung der Richtlinie 2017/1132/EU in Bezug auf grenzüberschreitende Umwandlungen, Verschmelzungen und Spaltungen**
  Der im April 2018 vorgelegte Kommissionsvorschlag soll Rechtssicherheit für grenzüberschreitende Umgründungen schaffen und die Verfahrensbestimmungen vereinfachen und vereinheitlichen.

4. Verordnungen

- **Verordnung (EWG) 2137/85 über die Schaffung einer Europäischen wirtschaftlichen Interessenvereinigung (EWIV)**
Mit dieser Verordnung wurde die erste supranationale Gesellschaftsform, die EWIV, geschaffen (siehe Seiten 211 ff).

- **Verordnung (EG) 2157/2001 über das Statut der Europäischen Gesellschaft (SE)**
Mit dieser Verordnung wurde die zweite supranationale Gesellschaftsform, die SE, geschaffen (siehe Seiten 433 ff).

- **Verordnung (EG) 1606/2002 – Internationale Rechnungslegungsstandards** (zuletzt geändert durch VO 297/2008)
Diese Verordnung verpflichtet kapitalmarktorientierte Unternehmen, ein einheitliches Regelwerk von internationalen Rechnungslegungsstandards anzuwenden. Diese Verordnung hat das Ziel der Übernahme und Anwendung internationaler Rechnungslegungsstandards. Die Verordnung nennt als solche die International Accounting Standards (IAS) und die International Financial Reporting Standards (IFRS).

- **Verordnung (EG) 1435/2003 – Statut der Europäischen Genossenschaft**
Mit dieser Verordnung wird ein Statut der Europäischen Genossenschaft (SCE) eingeführt. Dieses Statut gewährleistet gleiche Wettbewerbsbedingungen für Genossenschaften und Kapitalgesellschaften. Es trägt auch zur Entwicklung der länderübergreifenden Tätigkeiten der Genossenschaften bei (siehe Seite 455).

5. Kapitalverkehrsfreiheit und Niederlassungsfreiheit

Überdies wird das Gesellschaftsrecht auch durch die Rechtsprechung zur **Kapitalverkehrsfreiheit** (Art 63 AEUV) angeglichen: So hat der EuGH im Hinblick auf die Kapitalverkehrsfreiheit die Zulässigkeit von „Goldenen Aktien" (**golden shares**) näher beurteilt. Unter „Goldenen Aktien" sind besondere Rechte eines Staates zu verstehen, die sich dieser anlässlich der Privatisierung von öffentlichen Unternehmen einräumen lässt (etwa die Verpflichtung, eine vorherige Genehmigung des Staates für den Erwerb einer über eine festgelegte Höhe hinausgehenden Beteiligung an einem Unternehmen oder für die Veräußerung von Vermögenswerten [assets] der Gesellschaft einzuholen oder überproportionale Einflussrechte des Staates als Gesellschafter, vermittelt etwa durch besondere Entsendungsrechte oder Höchststimmrechte). Diese Sonderrechte können nach der Rechtsprechung des EuGH gegen die Kapitalverkehrsfreiheit verstoßen (vgl EuGH Rs C-112/05, *Volkswagen-Gesetz;* zuletzt EuGH RS C-244/11, *Goldene Aktien Griechenland*), insbesondere dann, wenn Anleger aus anderen Mitgliedstaaten benachteiligt werden, der freie Kapitalmarkt beeinträchtigt wird, oder Anleger von ihrer Investitionsentscheidung abgebracht werden könnten und die Regelung überdies auch nicht sachlich gerechtfertigt ist. In diesem Sinne hat der EuGH auch eine generelle Regelung, mit der sich der italienische Staat in bestimmten von ihm kontrollierten Unternehmen Sonderrechte (ua Einspruchs- und Vetorechte sowie das Recht zur Ernennung eines Verwaltungsratsmitglieds) einräumte, als mit der Kapitalverkehrs- bzw Niederlassungsfreiheit unvereinbar angesehen (EuGH, Rs C-326/07, *Kommission gegen Italien*).

Zur **Niederlassungsfreiheit** siehe nächstes Kapitel.

I. Internationales Gesellschaftsrecht

Das Internationale Gesellschaftsrecht beschäftigt sich mit der Frage, welche nationale Rechtsordnung auf eine Gesellschaft anzuwenden ist ("Gesellschaftsstatut"). Es geht hierbei um Fragen des **Kollisionsrechts**.

> **Beispiel:**
> Eine in England rechtmäßig gegründete Gesellschaft hat ihren Verwaltungssitz in Linz. Nach welcher Rechtsordnung sind die Vertretungsbefugnis, Haftungsordnung, Rechtsnatur etc zu beurteilen? (Lösung auf Seite 82 f).

Für die kollisionsrechtliche Anknüpfung von Gesellschaften gibt es, abgesehen von Zwischenformen, grundsätzlich zwei Modelle:

- Das österreichische Kollisionsrecht regelt dazu in § 12 iVm § 10 IPRG: „Das Personalstatut einer juristischen Person oder einer sonstigen Personen- oder Vermögensverbindung, die Träger von Rechten und Pflichten sein kann, ist das Recht des Staates, in dem der Rechtsträger den tatsächlichen Sitz seiner Hauptverwaltung hat." Der Verwaltungssitz ist der Ort, an dem die wesentlichen Geschäftsführungsentscheidungen getroffen werden. Österreich folgt damit – wie etwa auch Deutschland – der **Sitztheorie** (siehe aber sogleich unten). Nach dem Recht des Sitzstaates (im obigen Beispiel: Österreich), also jenem Staat, in dem der tatsächliche Unternehmensschwerpunkt (Verwaltungssitz) liegt, ist zu beurteilen, ob die englische Gesellschaft rechtswirksam entstanden ist, ob sie rechts- und parteifähig ist etc. Diese Theorie führt im Ergebnis dazu, dass eine ausländische Gesellschaft, die ihren Sitz in einen anderen Staat verlegen möchte, dort jedenfalls neu zu gründen ist, um dort als rechts- und parteifähig zu gelten.

- In anderen Mitgliedstaaten der Europäischen Union wird hingegen die **Gründungstheorie** vertreten (zB England): Danach bestimmt sich das Gesellschaftsstatut nach dem Recht des formalen Gründungsstaates. Würde – im obigen Beispiel – Österreich auch der Gründungstheorie folgen, würde die englische Gesellschaft in Österreich (weil sie in England rechtmäßig gegründet worden ist) anerkannt werden.

Beachte:
In der Literatur werden in diesem Zusammenhang zwei Begriffe verwendet, nämlich die Begriffe Zuzugs- und Wegzugsfall. Der Begriff „Zuzugsfall" beschreibt den Blick auf die Regelungen des Mitgliedstaates, der die mobile Gesellschaft aufnimmt; mit „Wegzugsfall" meint man die Sicht auf das Recht und die Belange des Mitgliedstaates, dem die Gesellschaft entstammt (und der die Gesellschaft allenfalls ziehen lassen muss).

Aufgrund dieses Unterschiedes innerhalb der Europäischen Union sowie des Umstandes, dass auch die (Mindest-)Kapitalaufbringung bei der GmbH nicht europaweit einheitlich geregelt ist – sodass auch aus diesem Grund versucht wird, Gesellschaften in einem Mitgliedstaat (mit einem geringeren Kapital) zu gründen, den Verwaltungssitz tatsächlich aber in einen anderen Mitgliedstaat zu verlegen –, hatte sich der EuGH bereits in zahlreichen Entscheidungen mit der Frage zu befassen, ob die Sitztheorie mit der **Niederlassungsfreiheit** (Art 49 AEUV) vereinbar ist.

Der EuGH hat dazu ausgesprochen, dass einer Gesellschaft nach (Satzungs-) Sitzverlegung in den Zuzugsstaat (das ist jener Staat, in den der Sitz verlegt wurde; im obigen Beispiel: Österreich) nicht die Rechts- und Parteifähigkeit abgesprochen werden kann. Auch ist das gesamte Gründungsstatut der zugezogenen Gesellschaft anzuerkennen. Es bedarf keiner Angleichung an das Recht des Zuzugsstaates. (EuGH C-208/00 – Rs *Überseering*; ebenso C-167/01 – Rs *Inspire Art*; siehe zuvor EuGH C-81/87 – Rs *Daily Mail*; EuGH C-212/97 – Rs *Centros*). Der Rechtsprechung des EuGH ist weiters zu entnehmen, dass es den Mitgliedstaaten untersagt ist, zu verhindern, dass sich Gesellschaften nach nationalem Recht eines anderen Mitgliedstaates umwandeln (keine Verhinderung der Umwandlung durch den Wegzugsstaat: C-210/06 – Rs *Cartesio;* auch keine Verhinderung der Umwandlung durch den Zuzugsstaat: C-378/10 – Rs *VALE*; siehe dazu auch OGH RS0129389). Eine solche Verhinderungsmaßnahme könnten etwa Auflösungs- oder Liquidationsvorschriften sein. Im Ergebnis gilt damit für diese Gesellschaften nunmehr die Gründungstheorie. Zuletzt hat der EuGH Gesellschaften auch die Verlegung des Satzungssitzes unter Beibehaltung des Verwaltungssitzes im Wegzugsstaat ermöglicht und damit den grenzüberschreitenden Rechtsformwechsel erleichtert (C-106/16 – Rs *Polbud*).

Die Niederlassungsfreiheit garantiert hingegen nicht auch einen Anspruch auf Verlegung des Verwaltungssitzes (= Ort der Geschäftsleitung/Verwaltung) einer Gesellschaft von einem Staat der Europäischen Union in einen anderen Mitgliedstaat unter Wahrung der bisherigen nationalstaatlichen Gesellschaftsform (EuGH C-210/06 – Rs *Cartesio*). Der jeweilige EU-Mitgliedstaat als Wegzugsstaat (das ist jener Staat, dem die Gesellschaft entstammt und der die Gesellschaft allenfalls ziehen lassen muss) kann den formwahrenden Wegzug gestatten oder verbieten.

Im Übrigen hat der EuGH auch schon judiziert, dass Fälle, in denen die Gründung einer Gesellschaft in einem Mitgliedstaat erfolgt, dessen Gesellschaftsrecht große Freiheiten gewährt, nicht als Missbrauch der Niederlassungsfreiheit zu werten sind. Dies gilt selbst dann, wenn die Gründung mit der Zielsetzung erfolgt, die Tätigkeit ausschließlich über eine Zweigniederlassung in einem anderen Mitgliedstaat auszuüben (zB EuGH C-38/10; C-371/10).

Österreich folgt an sich der Sitztheorie (§ 10 IPRG). Aufgrund der Rechtsprechung des EuGH ist aber die Anwendung dieser Anknüpfungsmethode gegenüber Gesellschaften, die nach dem Recht eines EU-Mitgliedstaates (einschließlich EWR) wirksam gegründet wurden, **nicht mehr zulässig**. Im **Ergebnis** gilt damit für diese Gesellschaften nunmehr die Gründungstheorie (vgl dazu RS0112341). Die Rechts- und Handlungsfähigkeit der in einem EU-Mitgliedstaat wirksam errichteten ausländischen juristischen Person ist daher nach jenem Recht zu beurteilen, nach dem die juristische Person gegründet wurde (RS0112341, 6 Ob 123/99b, 6 Ob 124/99z, 6 Ob 232/07x).

Aus österreichischer Sicht wird damit vor allem die Frage aufgeworfen, wie eine österreichische Gesellschaft mit Verwaltungssitz im Ausland vor dem Hintergrund der weiterhin in § 10 IPRG angeordneten Sitztheorie zu beurteilen ist. Im Zusammenhang mit der in § 5 IPRG vorgesehenen Technik der „Gesamtverweisung" (die kollisionsrechtliche Verweisung zielt primär auf das IPR des betreffenden Staates ab) wird man jedenfalls dann, wenn der Zuzugsstaat der Gründungstheorie folgt (zB England), doch eine Anwendung des österreichischen Gesellschaftsrechts zustande bringen; im Zusammenhang mit der zuvor dargestellten EuGH-Rechtsprechung zur Niederlassungsfreiheit gilt wohl dasselbe aber auch für Zuzugsstaaten, die an sich der Sitztheorie folgen (zB Deutschland).

> **Lösung zum Beispiel:**
> Gesellschaftsrechtliche Fragestellungen sind nach dem Gesellschaftsstatut zu lösen: Die Frage der Rechtsnatur, Vertretungsbefugnis und Haftungsordnung ist daher beim obigen Beispiel nach dem englischen Recht zu beurteilen. Für andere Materien, zB insolvenzrechtliche Fragestellungen, ist etwa das Insolvenzstatut maßgeblich, siehe dazu auch die EUInsVO; deliktische Haftung nach dem Deliktsstatut, siehe dazu Rom II-VO udgl.

J. Zum Abschluss einige Zahlen betreffend Gesellschaften in Österreich

Die zur Verfügung stehenden Rechtsformen sind in Österreich unterschiedlich stark beliebt. Dies hat mit den unterschiedlichen Anforderungen, die an eine Gesellschaft gestellt werden (siehe Seiten 41 f), zu tun. Auffallend ist jedoch,

Zum Abschluss einige Zahlen betreffend Gesellschaften in Österreich

dass die Haftungsbeschränkung offensichtlich ein Hauptkriterium für die Wahl einer Gesellschaft ist (siehe GmbH), aber auch die Gestaltbarkeit des Gesellschaftsvertrags und Einfachheit der Gründung (OG und KG).

Zum Stichtag 31. 12. 2018 waren im Firmenbuch eingetragen:[10]

Gesellschaftsform	Stand: 31. 12. 2018
GesbR	mangels Eintragung im Firmenbuch unbekannt
OG	20.896
KG	44.243
stG	mangels Eintragung im Firmenbuch unbekannt
EWIV	27
GmbH	156.790
AG	1.331
SE	33
Gen	1.728
(Privatstiftung)[11]	(3.106)

---

[10] Zahlenmaterial entnommen aus *Hayböck*, Firmenbuch-Gesellschaften-H@y-Statistik 2019, PSR 2019/13, 51. Vor dem 1. 1. 2007 entstandene OEG oder KEG gelten mit 1. 1. 2007 als OG bzw KG (§ 907 Abs 2 UGB). Die bis zum 31. 12. 2006 wirksam entstandenen OHG gelten seit 1. 1. 2007 als OG.

[11] Die Privatstiftung ist keine Gesellschaft.

II. Gesellschaft bürgerlichen Rechts

A. Begriff, Rechtsnatur und Grundlagen

§ 1175[1] ABGB definiert die GesbR wie folgt:
- Schließen sich **zwei oder mehrere Personen**
- durch einen **Vertrag** zusammen,
- um durch eine bestimmte **Tätigkeit**
- einen **gemeinsamen Zweck** zu verfolgen,
- bilden sie eine **Gesellschaft bürgerlichen Rechts**.

GesbR-Reform:
Mit 1. 1. 2015 trat das GesbR-RG in Kraft. Das 27. Hauptstück des ABGB, in dem die GesbR geregelt ist, wurde zur Gänze neu formuliert. Zahlreiche Regelungen wurden von der OG übernommen. Die charakteristischen Merkmale der GesbR wurden aber nicht geändert. Der wesentliche Unterschied zwischen GesbR und OG bleibt, dass die OG – im Gegensatz zur GesbR – rechtsfähig ist. Dort wo dies keine unterschiedlichen Regelungen erfordert, insbesondere im Innenrecht, der Auflösung und der Liquidation, wurde die GesbR stark an das Recht der OG angelehnt. Die mangelnde Rechtsfähigkeit erfordert aber zum Teil von der OG abweichende Regelungen, etwa bei der Vermögensordnung, Vertretung, Rechtsnachfolge und Umwandlung.
Auf seit dem 1. 1. 2015 gegründete GesbR ist die neue Rechtslage sofort zur Gänze anzuwenden (§ 1503 Abs 5 Z 1). Auf Gesellschaften, die im Zeitpunkt des Inkrafttretens des GesbR-RG bereits existierten, waren die neuen Regelungen hingegen vorerst nur zum Teil anwendbar (§ 1503 Abs 5 Z 2). Erklärte bis Ablauf des 30. 6. 2016 keiner der Gesellschafter gegenüber den übrigen Gesellschaftern, die Anwendung der alten Rechtslage beibehalten zu wollen, gelten die §§ 1182 bis 1196 (Innenverhältnis), die § 1203 bis 1205 (Ausscheiden von Gesellschaftern), die § 1208 bis 1211 (Auflösung), § 1213 (Ausschluss eines Gesellschafters) und § 1214 Abs 1 (Fortsetzung einer aufgelösten GesbR) seit 1. 7. 2016 auch für vor dem 1. 1. 2015 gebildete GesbR. Ab 1. 1. 2022 gelten aber jedenfalls sämtliche neuen Regelungen für alle Altgesellschaften. Soweit der Gesellschaftsvertrag zulässigerweise abweichende Regelungen vorsieht (dh soweit die gesellschaftsvertraglichen Regelungen nicht zwingendem Recht widersprechen), ändert sich für diese Gesellschaften aber auf Dauer nichts.

---

[1] Paragraphenangaben beziehen sich in diesem Abschnitt, sofern nicht anders angegeben, auf das **ABGB**.

Die GesbR ist in §§ 1175 bis 1216e geregelt.

Die GesbR ist eine **Personengesellschaft**. Sie kann eine Innen- oder Außengesellschaft[2] sein. Die Regelungen des 3. Abschnitts (§§ 1197 bis 1200) über die Rechtsverhältnisse zu Dritten gelten nur für Außengesellschaften. Bei der reinen Innengesellschaft gibt es daher weder eine gesetzlich vorgesehene Vertretung noch eine vertragliche Haftung aller Gesellschafter. Für eingegangene Verbindlichkeiten haftet lediglich jener Gesellschafter, der diese – im eigenen Namen – eingegangen ist. Für die Abgrenzung zwischen Innen- und Außengesellschaft ist in erster Linie die Vereinbarung zwischen den Gesellschaftern maßgeblich. Soll die Gesellschaft aber ein Unternehmen betreiben oder einen Gesellschaftsnamen führen, wird vermutet, dass die Gesellschafter eine Außengesellschaft vereinbaren wollten, wenn der Gesellschaftsvertrag zur Frage Innen- oder Außengesellschaft keine eindeutige Regelung trifft. Eine GesbR, die ein Unternehmen betreibt oder einen Gesellschaftsnamen führt, nach ihrem Gesellschaftsvertrag aber eine reine Innengesellschaft ist, kann dies einem Dritten gegenüber (etwa zur Abwendung der Solidarhaftung) nur dann entgegen halten, wenn dieser davon wusste oder hätte wissen müssen (§ 1176).

Die GesbR hat **keine eigene Rechtspersönlichkeit** und ist daher nicht rechtsfähig (jetzt § 1175 Abs 2; RS0022490; 3 Ob 62/06y). Sie ist keine juristische Person (RS0113444, RS0022184, RS0022132). Die GesbR kann daher weder selbst Rechtsgeschäfte abschließen noch eigenes Vermögen besitzen. Nur die Gesellschafter selbst sind Träger von Rechten und Pflichten und damit Vertragspartner (7 Ob 130/10h; 1 Ob 234/11k; 6 Ob 117/13v). Die GesbR ist mangels Rechtsfähigkeit im Zivilprozess und im Verwaltungsverfahren **nicht parteifähig** und kann daher nicht klagen oder geklagt werden (RS0113444, RS0022184). Stattdessen sind die Gesellschafter der GesbR aktiv und passiv legitimiert (vgl RS0017326). Die GesbR kann nicht ins Grundbuch eingetragen werden, sondern es sind die Gesellschafter einzutragen. Da die GesbR kein eigenes Gesellschaftsvermögen hat, ist sie auch nicht insolvenzfähig.

Mangels Rechtspersönlichkeit ist die GesbR **niemals Unternehmerin**. Die Gesellschafter selbst können aber Unternehmer sein (sofern sie die Voraussetzungen der §§ 1 ff UGB erfüllen; vgl RS0025764). Das Gesetz unterscheidet aber bei manchen Regelungen zwischen unternehmenstragenden und sonstigen GesbR, etwa bei der Zweifelsregel, ob eine Außen- oder nur eine Innengesellschaft vorliegt (§ 1176 Abs 1), für die Reichweite des Verbots von Konkurrenztätigkeiten (§ 1187) und für das Vertretungsrecht (§ 1197).

Die Gesellschafter können für ihre GesbR zwar **keine Firma** wählen, weil die GesbR nicht im Firmenbuch eingetragen ist, aber einen **Gesellschaftsnamen** (Etablissement- oder Geschäftsbezeichnung); auch Phantasiebezeichnungen sind möglich (4 Ob 189/98t). Der Gesellschaftsname hat auf das Bestehen

---

[2] *AA Krejci*, Gesellschaftsrecht Band I (25), der die GesbR aufgrund ihrer mangelnden Rechtsfähigkeit stets zu den Innengesellschaften zählt.

einer GesbR hinzudeuten (zB „GesbR", „Arbeitsgemeinschaft" oder „Konsortium"). Irreführende Zusätze, etwa solche, die auf das Bestehen einer OG hindeuten, sind nicht erlaubt (§ 1177 Abs 1). Da der Gesellschaftsname nicht die Namen der Gesellschafter enthalten muss, sind Dritten, die ein rechtliches Interesse daran haben (zB Gläubiger, Vertragspartner), die Identität und die Anschrift der Gesellschafter offenzulegen (§ 1177 Abs 2).

Die GesbR muss aus mindestens zwei Gesellschaftern bestehen. **Gesellschafter** einer GesbR können alle natürlichen und juristischen Personen sowie OG und KG sein. Eine GesbR kann mangels eigener Rechtsfähigkeit nicht Gesellschafter einer anderen GesbR sein. Dies gilt auch für die stG.

Geschäftsführung und Vertretung obliegen grundsätzlich den Gesellschaftern. Eigene **Organe** sind **nicht** vorgesehen.

Die Gesellschafter haben einen gemeinsamen **Zweck** zu verfolgen (RS0022127). Das entscheidende Kriterium ist die Absicht, einen gemeinschaftlichen Erfolg zu erzielen („gemeinsames Wirken"; vgl zu den Merkmalen des Gesellschaftsbegriffs Seiten 36 ff). Die Miteigentumsgemeinschaft beschränkt sich hingegen auf gemeinschaftlichen Besitz und die gemeinschaftliche Verwaltung der Sache („Haben und Verwalten"; RS0013156). Eine GesbR muss daher eine, wenn auch lose, gemeinsame **Organisation** aufweisen, die jedem Partner gewisse Einwirkungs- oder Mitwirkungsrechte gibt (RS0022154, RS0022118, RS0022222; nach neuer Ansicht und den Materialien zum GesbR-RG ist das organisierte Zusammenwirken aber nicht Wesensmerkmal der GesbR, sondern Rechtsfolge der gemeinschaftlichen Verfolgung des Zwecks). Die GesbR kann jeden erlaubten Zweck verfolgen und jede erlaubte Tätigkeit zum Gegenstand haben (jetzt § 1175 Abs 3; früher strittig). Sie kann mit der Absicht, Gewinn zu erzielen, verbunden sein oder auch nicht; dh die GesbR kann auch für ideelle Zwecke gebildet werden.

B. Bedeutung und Anwendungsbereich

Die GesbR hat Auffangfunktion für jene gesellschaftlichen Zusammenschlüsse, denen das erforderliche Maß an Formalität, Publizität, Intensität oder Dauerhaftigkeit einer anderen Gesellschaftsform fehlt. Sie hat daher einen sehr breiten Anwendungsbereich. In der Praxis am bedeutendsten sind folgende Anwendungsfälle:

- **Kleinunternehmer:** Mehrere Personen dürfen ihr Unternehmen in der Rechtsform einer GesbR nur betreiben, wenn die Gesellschaft den Schwellenwert des § 189 UGB nicht überschreitet. Die Umsatzerlöse einer GesbR dürfen zwei Geschäftsjahre hindurch 700.000 Euro oder in einem Geschäftsjahr eine Mio Euro nicht übersteigen (§ 189 Abs 2 UGB). Überschreitet die Gesellschaft diesen Schwellenwert, sind die Gesellschafter nach § 8 Abs 3 UGB zur Eintragung der Gesellschaft in das Firmenbuch als OG oder KG verpflichtet. Eine automatische Umwandlung in eine OG oder KG ist nicht vorgesehen. Die Gründung einer OG oder KG setzt die Eintragung in das Firmenbuch, die konstitutive Wirkung hat, voraus. Wird der Schwellenwert nicht überschritten, steht es den Gesellschaftern der GesbR frei, die Gesellschaft im Firmenbuch als OG oder KG protokollieren zu lassen. Siehe auch die Grafik auf Seite 122.

- **Freiberufler** (vgl RS0022516): Freiberufler können auch bei Überschreiten des Schwellenwerts des § 189 UGB ihr Unternehmen in der Rechtsform der GesbR betreiben (vgl § 4 Abs 2 iVm § 8 Abs 3 UGB). Standesrechtliche Vorschriften sind zu berücksichtigen (zB § 54 WTBG, § 52a ÄrzteG, § 23 ZTG). Diese können etwa für die Ausübung eines bestimmten Berufs die Rechtsform der GesbR verbieten.

Beispiele:
Freiberufler sind zB Rechtsanwälte und Notare.

- **Land- und forstwirtschaftliche Betriebe**: Wie die Freiberufler können sich auch land- und forstwirtschaftliche Betriebe – selbst bei Überschreiten des in § 189 UGB normierten Schwellenwerts – der Rechtsform der GesbR bedienen (vgl § 4 Abs 3 iVm § 8 Abs 3 UGB).
- **Gelegenheitsgesellschaften** sind auf einzelne Geschäfte gerichtet. Dies ist etwa der Fall bei
  – Arbeitsgemeinschaften (**ARGE**): Die ARGE ist besonders in der Bauwirtschaft anzutreffen. Dabei schließen sich mehrere Bauunternehmen zur Durchführung eines Bauprojekts zusammen (RS0022339, RS0009137). Arbeitsgemeinschaften sind in der Regel auch bei Überschreiten des Schwellenwerts des § 189 UGB nicht zur Eintragung als OG oder KG verpflichtet, weil sie häufig nur dazu dienen, die Tätigkeiten der Gesellschafter bei einem bestimmten Projekt zu koordinieren, und sie daher regelmäßig kein Unternehmen betreiben. Das Betreiben eines Unternehmens ist aber Voraussetzung für die Verpflichtung zur Eintragung einer GesbR als OG oder KG bei Überschreiten des Schwellenwerts (vgl § 8 Abs 3 UGB).
  – **Kreditkonsortien**: mehrere Banken vergeben gemeinsam einen Kredit, etwa zur Finanzierung eines Großprojekts, oder
  – **Bietergemeinschaften** im Vergabeverfahren: ein Zusammenschluss mehrerer Unternehmer zum Zweck des Einreichens eines gemeinsamen Angebots (§ 2 Z 12 BVergG 2018).
- **Vorgründungsgesellschaften**: Diese liegen in der Gründungsphase, insbesondere von Kapitalgesellschaften, bis zum Abschluss des Gesellschaftsvertrags vor (vgl RS0109826; vgl Seiten 236 f und 356). Zwischen dem Abschluss des Gesellschaftsvertrags und der Eintragung einer Gesellschaft in das Firmenbuch spricht man hingegen von einer Vorgesellschaft, die

bei den Kapitalgesellschaften keine GesbR, sondern eine Rechtsform *sui generis* ist (RS0111555). „Vor-OG/KGs" sind demgegenüber als GesbR zu qualifizieren.

- **Syndikatsverträge** (Stimmbindungsverträge): Mehrere Gesellschafter einer Gesellschaft vereinbaren, ihre Gesellschafterrechte, insbesondere das Stimmrecht, in einer bestimmten Weise, über die vorher im Syndikat abgestimmt wurde, auszuüben, um etwa von (Minderheits-)Rechten Gebrauch zu machen, für die jeder für sich nicht über die erforderliche Mehrheit verfügen würde (vgl RS0079236, RS0022482).

- Bei einer **Ehe oder Lebensgemeinschaft** kann eine GesbR vorliegen, wenn ein über den typischen Rahmen einer Lebensgemeinschaft hinausgehender gemeinsamer Zweck verfolgt wird, jeder der Partner gewisse Mitwirkungsrechte hat und eine Aufgabenteilung vorliegt. Das Vorliegen einer Ehe oder Lebensgemeinschaft für sich ist für eine GesbR nicht ausreichend (RS0021746, RS0022347, RS0022382).

- Beim **Metavertrag** verbinden sich zwei oder mehrere Personen zu dem Zweck, während der Vertragsdauer eine bestimmte oder unbestimmte Anzahl von Umsatzgeschäften, etwa Spekulationsgeschäften, im Namen des jeweils Handelnden, aber auf gemeinsame Rechnung einzugehen und den Gewinn aus diesem Geschäft gleichmäßig zu teilen. Im Unterschied zur stG erfolgt keine Beteiligung an einem Unternehmen, sondern die Zusammenarbeit wird auf bestimmte Umsatzgeschäfte beschränkt. Der Metavertrag ist daher als Innen-GesbR zu qualifizieren (RS0022498, 7 Ob 148/12h).

Die Regelungen über die GesbR sind auch auf **andere Gesellschaften** anzuwenden, soweit für diese keine besonderen Vorschriften bestehen und die Anwendung der Regelungen über die GesbR auch unter Berücksichtigung der für die jeweilige Gesellschaft geltenden Grundsätze angemessen ist (§ 1175 Abs 4). In Frage kommen dafür etwa die nun kodifizierte *actio pro socio* (§ 1188) und die Pflicht zur Interessenwahrung und Gleichbehandlung (§ 1186).

C. Gründung der GesbR

Die GesbR ist nicht rechtsfähig (§ 1175 Abs 2) und kann auch nicht in das Firmenbuch eingetragen werden (§ 2 FBG). Sie kann daher nicht nach außen entstehen, sodass bei Gründung einer GesbR nicht zwischen Errichtung und Entstehung zu unterscheiden ist, wie dies etwa bei OG/KG und den Kapitalgesellschaften der Fall ist. Bei der GesbR gibt es nur den Errichtungszeitpunkt, nämlich den Abschluss des Gesellschaftsvertrags (7 Ob 604/88).

Der Abschluss des Gesellschaftsvertrags unterliegt **keinem Formzwang** (RS0022210, 6 Ob 326/02p), soweit sich nicht etwas anderes aus dem Zweck der GesbR oder dem Gesetz ergibt. Gesellschaftsverträge zwischen Ehegatten bedürfen grundsätzlich keines Notariatsakts (RS0022366; zu den notariatsaktspflichtigen Ehepakten siehe insbesondere §§ 1233 ff und § 1 Abs 1 lit a NotAktsG). Der Gesellschaftsvertrag kann auch **stillschweigend** abgeschlossen werden (RS0110698). Dabei darf aber kein Zweifel darüber bestehen, dass sich die Gesellschafter über den Abschluss eines Gesellschaftsvertrags einig sind (vgl § 863; RS0014571, RS0022210, 1 Ob 23/10d); dh die Gesellschafter müssen den Willen zur Verfolgung eines gemeinschaftlichen Zwecks (*affectio societatis*) haben.

> **Beispiel:**
> Stillschweigender Abschluss eines Gesellschaftsvertrags ist häufig bei der gemeinsamen Errichtung eines Hauses durch Ehegatten oder Lebensgefährten der Fall (RS0022396, 8 Ob 61/06p).

Die meisten gesetzlichen Regelungen zur GesbR sind **dispositives Recht**, sodass im Gesellschaftsvertrag abweichende Vereinbarungen vorgesehen werden können.

Der **Abschluss** und die **Änderung** des Gesellschaftsvertrags bedürfen der **Zustimmung sämtlicher Gesellschafter**, sofern im Gesellschaftsvertrag nichts anderes vorgesehen ist (4 Ob 229/07s). Im Gesellschaftsvertrag kann zB geregelt werden, dass Änderungen mit Zustimmung einer bestimmten Mehrheit erfolgen können.

> **Beispiele:**
> Der Gesellschaftsvertrag kann zB Regelungen über Art und Umfang der Mitwirkung der Gesellschafter, detaillierte Regelungen über die Organisation, etwa zur Geschäftsführung und Vertretung, sowie zu Gegenstand und Höhe der Beiträge, enthalten.

Gesellschaftsverträge von Personengesellschaften, somit auch der GesbR, sind zwar grundsätzlich nach § 914 **auszulegen**, dies gilt aber nicht nach einem Gesellschafterwechsel, weil dem neu hinzutretenden Gesellschafter in der Regel nur die Erklärungstatbestände, auf denen die Gesellschaft beruht, als Vertrauensgrundlage zur Verfügung stehen (RS0109668).

> **OG-Vergleich:**
> Aufgrund der mangelnden Rechtsfähigkeit der GesbR bestehen bei der Gründung Unterschiede zur OG.

D. Innenverhältnis

Das Innenverhältnis, dh die Rechtsverhältnisse der Gesellschafter untereinander, richtet sich nach dem **Gesellschaftsvertrag**. Die im Folgenden dargestellten gesetzlichen Regelungen finden – soweit ihnen nicht ausdrücklich zwingender Charakter zuerkannt wird – nur insoweit Anwendung, als nicht im Gesellschaftsvertrag etwas anderes vereinbart ist, sind also – wie fast das gesamte GesbR-Recht – **dispositiv** (§ 1181). Auch nach Abschluss des Gesellschaftsvertrags gefasste **Beschlüsse**, die mit Zustimmung aller Gesellschafter gefasst wurden, gehen dem dispositiven Recht vor. **Zwingend** sind etwa das Verbot einer vertraglichen Nachschusspflicht ohne Angabe eines bestimmten Betrags (§ 1184 Abs 1), Verbot des Vorausverzichts auf das Austrittsrecht (§ 1184 Abs 2), das Verbot des Verzichts auf die Kündigung der Geschäftsführung durch den geschäftsführenden Gesellschafter aus wichtigem Grund (§ 1193 Abs 2) und die Unabdingbarkeit von Kontrollrechten (§ 1194 Abs 2).

> **GesbR-Reform und OG-Vergleich:**
> Für den Bereich des Innenrechts hat der Gesetzgeber mit dem GesbR-RG das Recht der GesbR weitgehend mit jenem der OG harmonisiert. Der 2. Abschnitt des 27. Hauptstücks (§§ 1181 bis 1196) findet daher in weiten Teilen sein Vorbild in den §§ 108 bis 122 UGB.

1. Pflichten der Gesellschafter

> Die Gesellschafter einer GesbR treffen im Wesentlichen folgende **Pflichten**:
> - Mitwirkungs- und Interessenwahrungspflicht,
> - Gleichbehandlungsgebot,
> - Beitragspflicht,
> - Konkurrenzverbot,
> - aber keine Nachschusspflicht.

a) Mitwirkungs- und Interessenwahrungspflicht

Die Hauptpflicht der Gesellschafter ist grundsätzlich die **Mitwirkung** an der Erreichung des Gesellschaftszwecks. Dies sind wesentliche Elemente der gesellschaftlichen **Treuepflicht**. Konkret haben die Gesellschafter nach § 1186 Abs 1

- an der gesellschaftlichen Willensbildung und den zu treffenden Maßnahmen nach Kräften und mit gebotener Sorgfalt mitzuwirken,
- den Gesellschaftszweck redlich zu fördern und
- alles zu unterlassen, was den Gesellschaftsinteressen schadet (Interessenwahrungspflicht).

> **OG-Vergleich:**
> § 1186 Abs 1 entspricht im Wesentlichen § 112 Abs 1 1. Satz UGB.

b) Gleichbehandlungsgebot

Die Gesellschafter sind unter gleichen Voraussetzungen gleich zu behandeln (§ 1186 Abs 2, vgl § 47a AktG). Dieses **Gleichbehandlungsgebot** schützt vor willkürlicher, sachlich nicht gerechtfertigter Ungleichbehandlung.

> **OG-Vergleich:**
> § 1186 Abs 2 entspricht im Wesentlichen § 112 Abs 1 2. Satz UGB.

c) Beitragspflicht

> - **Einlagen** sind vermögenswerte Leistungen der Gesellschafter, die dem gemeinsamen Geschäftsbetrieb gewidmet sind, also zB in das Gesellschaftsvermögen übergehen. Einlagen können Bareinlagen, Sacheinlagen und Arbeitsleistungen, die als Einlage gewertet werden, sein.
> - **Beiträge im weiteren Sinn**: persönliche Mitwirkung an der Förderung des Gesellschaftszwecks.
> - Der **Kapitalanteil** bestimmt sich nach dem Verhältnis des Werts der Einlagen.

Die Beitragspflicht der GesbR-Gesellschafter entspricht im Wesentlichen jener der OG-Gesellschafter. Die Gesellschafter haben die vereinbarten Beiträge zu leisten. Das können Einlagen (Beiträge im engeren Sinn) und Beiträge im weiteren Sinn sein.

Einlagen können Geld (Bareinlagen) sowie Sachen (Sacheinlagen) sein.

> **Beispiele:**
> Sacheinlagen können zB Computer, PKW oder Büromöbel, aber auch Wertpapiere, Immaterialgüterrechte wie Patente, Marken, Urheberrechte, Betriebsgeheimnisse (insbesondere Erfindungen), ferner Konzessionen, Kundenstöcke, Beistellung eigenen Personals oder Lieferverträge sein (1 Ob 142/70).

Die Leistung von Einlagen kann quoad dominium, quoad usum oder quoad sortem erfolgen (4 Ob 35/98w, 7 Ob 313/98z):
- **Quoad dominium**: Soweit nichts anderes vereinbart ist, stehen Einlagen oder Gegenstände, die sonst für das Gesellschaftsvermögen erworben worden sind, im Miteigentum der am Hauptstamm beteiligten Gesellschafter zu ideellen Anteilen (§ 1180 Abs 1).

- **Quoad usum**: Die Einlage wird der Gesellschaft nur zum Gebrauch überlassen und verbleibt weiterhin im (alleinigen) Eigentum des Gesellschafters (§ 1180 Abs 2). Für die Überlassung der Einlage zum Gebrauch erhält der Gesellschafter kein Nutzungsentgelt, sondern einen Kapitalanteil. Sachen, die ein Gesellschafter quoad usum zur Verfügung gestellt hat, fallen bei Auflösung der Gesellschaft und bei Ausscheiden des Gesellschafters grundsätzlich an den Gesellschafter zurück.
- **Quoad sortem** (dem Wert nach): Der Gesellschafter bleibt zwar Eigentümer, die Sache ist aber im Innenverhältnis als Miteigentum der am Hauptstamm beteiligten Gesellschafter zu behandeln (§ 1180 Abs 2). Über diese Anteile an den einzelnen Sachen darf ein Gesellschafter nicht einseitig verfügen. Eine dennoch getroffene Verfügung ist grundsätzlich wirksam und verweist Gesellschafter, deren Rechte dadurch verletzt werden, auf Schadenersatzansprüche (5 Ob 297/05w). Die Gesellschaft ist daher wie ein Treugeber, der einbringende Gesellschafter wie ein Treuhänder anzusehen.

Auf welche dieser drei Arten Sachen in die Gesellschaft eingebracht werden, richtet sich nach dem Gesellschaftsvertrag oder einem einstimmigen Gesellschafterbeschluss. Fehlt eine ausdrückliche Vereinbarung, ist die Absicht der Parteien unter Berücksichtigung aller Umstände, vor allem des Gesellschaftszwecks und der Übung des redlichen Verkehrs, zu ermitteln (vgl RS0022116).

Die Gesellschafter haben in der Regel neben der Leistung ihrer Einlagen auch **persönlich** an der Förderung des Gesellschaftszwecks mitzuwirken (**Beiträge im weiteren Sinn**); dh sie stellen ihre Kenntnisse und Fähigkeiten sowie ihre Arbeitskraft und Zeit zur Verfügung. Ist gesellschaftsvertraglich nichts anderes vereinbart, haben alle Gesellschafter in gleichem Ausmaß und Wert mitzuwirken. Insofern gleicht sich dieser Einsatz im Hinblick auf die Gewinnverteilung aus. Ist dem nicht so, wird dies bei der Gewinnverteilung berücksichtigt (§ 1195 Abs 2 und 3).

Macht ein Gesellschafter in den Gesellschaftsangelegenheiten Aufwendungen, die er den Umständen nach für erforderlich halten darf (zB Reisekosten), oder erleidet er unmittelbar durch seine Geschäftsführung oder aus Gefahren, die mit ihr untrennbar verbunden sind, Verluste in seinem sonstigen Vermögen, sind ihm, wenn er nicht Ersatz aus dem Gesellschaftsvermögen erhält, die übrigen Gesellschafter anteilsmäßig zum Ersatz verpflichtet (**Ersatz für Aufwendungen und Verluste**; § 1185 Abs 1).

> **OG-Vergleich:**
> § 1185 übernimmt § 110 UGB, passt ihn jedoch dem Umstand an, dass die GesbR nicht rechtsfähig ist. Daher richten sich die Ersatzansprüche des Gesellschafters verhältnismäßig gegen die übrigen Gesellschafter.

Das Ausmaß der Kapitalbeteiligung der Gesellschafter an der Gesellschaft bestimmt sich nach dem Verhältnis des Werts der vereinbarten Einlagen (**Ka-**

pitalanteil). Im Zweifel sind die Gesellschafter zu gleichen Teilen beteiligt. Soweit nichts anderes vereinbart ist, sind die Gesellschafter im gleichen Ausmaß zur Mitwirkung an der Förderung des Gesellschaftszwecks verpflichtet (§ 1182 Abs 2).

Der Beitrag eines Gesellschafters kann sich auch auf die Leistung von Diensten beschränken (**Arbeitsgesellschafter**). Solche Gesellschafter haben grundsätzlich keinen Kapitalanteil, ihnen kann im Gesellschaftsvertrag aber eine Beteiligungsquote zuerkannt werden, so als ob sie einen Kapitalanteil geleistet hätten. Anderenfalls steht ihnen für ihre Mitwirkung bloß ein angemessener Betrag des Jahresgewinns zu (§ 1182 Abs 3).

> **OG-Vergleich:**
> § 1182 Abs 2 und 3 entsprechen im Wesentlichen § 109 Abs 1 und 2 UGB.

d) Keine Nachschusspflicht

Die Gesellschafter sind **nicht** verpflichtet, **Nachschüsse** zu leisten (§ 1184 Abs 1), sofern der Gesellschaftsvertrag nichts anderes vorsieht. Die Regelung einer Nachschusspflicht im Gesellschaftsvertrag ist unwirksam, wenn sie nicht bestimmbar ist.

Wäre aber ohne Nachschuss die Fortführung der Gesellschaft nicht möglich, können die Gesellschafter mit Stimmenmehrheit die Leistung von Nachschüssen im Verhältnis ihrer Kapitalanteile beschließen. Ein Gesellschafter, der dem Beschluss nicht zugestimmt hat und den Nachschuss nicht leistet, kann innerhalb angemessener Frist – unter Wahrung seiner Abfindungsansprüche – aus der Gesellschaft austreten oder aufgrund einer Klage der übrigen Gesellschafter vom Gericht aus der Gesellschaft ausgeschlossen werden. Auf dieses Austrittsrecht kann im Vorhinein nicht verzichtet werden, es ist also zwingend (§ 1184 Abs 2).

> **OG-Vergleich:**
> § 1184 entspricht § 109 Abs 3 und 4 UGB.

e) Konkurrenzverbot

Die Gesellschafter haben alles zu unterlassen, was die Erfüllung des Gesellschaftszwecks gefährdet (RS0022128). Insbesondere normiert § 1187 ein **Verbot schädlicher Nebengeschäfte**. Davon sind vor allem Konkurrenztätigkeiten umfasst, welche die GesbR schädigen. Die Verletzung dieser Verpflichtung kann insbesondere Unterlassungs- und Schadenersatzansprüche zur Folge haben. Bei Zustimmung der übrigen Gesellschafter kann eine derartige Tätigkeit aber ausgeübt werden.

Bei **unternehmerisch tätigen** Gesellschaften gelten überdies die unternehmensrechtlichen Vorschriften über Wettbewerbsverbote und deren Rechtsfolgen (§ 1187 aE).

> **OG-Vergleich:**
> Für unternehmerisch tätige Gesellschaften gilt das OG-Recht (§§ 112 und 113 UGB).

f) Sonstige Pflichten

Ein Gesellschafter, der seine Geldeinlage nicht rechtzeitig zahlt, eingenommenes Gesellschaftsgeld nicht rechtzeitig an das Gesellschaftsvermögen abführt oder unbefugt Geld aus dem Gesellschaftsvermögen entnimmt, hat Zinsen zu zahlen und einen allfälligen weiteren Schaden zu ersetzen (**Verzinsungspflicht**; § 1183).

> **OG-Vergleich:**
> Die Verzinsungspflicht entspricht § 111 UGB.

Ein Gesellschafter hat alles, was er zur Führung der Geschäfte erhält und was er aus der Geschäftsführung erlangt, an das Gesellschaftsvermögen abzuführen (§ 1185 Abs 3; **Herausgabepflicht**).

> **OG-Vergleich:**
> Die Herausgabepflicht entspricht § 110 Abs 4 UGB.

g) Durchsetzung von Gesellschaftsansprüchen

Die Erfüllung gesellschaftsbezogener Verpflichtungen eines Gesellschafters (zB Leistung einer Einlage) kann von jedem Gesellschafter zugunsten aller Gesellschafter gemeinsam eingefordert werden (*actio pro socio*; § 1188, RS0131121). Diese Regelung ist zwingend.

> **GesbR-Reform:**
> Schon bisher war die *actio pro socio* anerkannt (RS0113443). Nun wurde sie in § 1188 ausdrücklich kodifiziert.

> **OG-Vergleich:**
> Den Materialien zum GesbR-RG zufolge ist die *actio pro socio* bei den eingetragenen Personengesellschaften ebenfalls beachtlich.

2. Rechte der Gesellschafter

Gesellschafter einer GesbR haben insbesondere folgende Rechte:
- Kontrollrecht (zB Bucheinsichtsrecht),
- Anteil am Gesellschaftsvermögen (siehe Seiten 96 ff),
- Anteil am Gewinn (siehe Seiten 98 f),
- Stimmrecht (siehe Seiten 100 f),
- Abfindungsanspruch (siehe Seite 108).

Den Gesellschaftern stehen **Kontrollrechte** zu. Die geschäftsführenden Gesellschafter sind verpflichtet, jedem Gesellschafter auf Verlangen Auskünfte zu erteilen und Rechenschaft abzulegen. Ein Gesellschafter kann sich, auch wenn er von der Geschäftsführung ausgeschlossen ist, von den Angelegenheiten der Gesellschaft persönlich unterrichten, die Aufzeichnungen der Gesellschaft einsehen und sich aus ihnen eine Abrechnung anfertigen oder die Vorlage einer solchen Abrechnung fordern. Dieses Kontrollrecht ist zwingend (§ 1194; vgl RS0022130). Eine Schwelle für die Ausübung der Kontrollrechte bietet lediglich der Rechtsmissbrauch (RS0022121).

OG-Vergleich:
§ 1194 orientiert sich im Wesentlichen an § 118 UGB.

3. Vermögensordnung

Beachte:
Das Vermögen der GesbR steht nicht im Eigentum der Gesellschaft, sondern im ideellen **Miteigentum der Gesellschafter**. Das Gesellschaftsvermögen ist ein Sondervermögen und damit vom Privatvermögen der Gesellschafter zu trennen.

a) Anteil am Gesellschaftsvermögen

Zum **Gesellschaftsvermögen** gehören nach § 1178 Abs 1
- das der Gesellschaft gewidmete Eigentum (zB Sacheinlagen),
- die sonstigen gesellschaftsbezogenen Sachenrechte (zB Büroeinrichtung),
- die gesellschaftsbezogenen Vertragsverhältnisse (zB Mietvertrag),
- Forderungen und Verbindlichkeiten (zB gegenüber Lieferanten oder Banken) und
- die gesellschaftsbezogenen Immaterialgüterrechte (zB Markenrechte, Lizenzrechte) sowie

> - der jeweils daraus geschaffte Nutzen, die daraus gewonnenen Früchte (zB Zinsen) und alles, was an Stelle bestehender Vermögenswerte zufließt (zB durch Verkauf von Gegenständen).

Das **Gesellschaftsvermögen** besteht daher vereinfacht aus den von den Gesellschaftern geleisteten Einlagen und den im Rahmen der Geschäftsführung damit erzielten Gewinnen abzüglich allfälliger Verluste.

Zu unterscheiden ist zwischen dem Gesellschaftsvermögen und den daran bestehenden Rechten des einzelnen Gesellschafters einerseits und dem **Gesellschaftsanteil** andererseits. Der Gesellschaftsanteil ist die Parteistellung des einzelnen Gesellschafters im Gesellschaftsvertrag; dh die Summe der gesellschaftsvertraglichen Rechte und Pflichten eines Gesellschafters gegenüber allen übrigen Gesellschaftern (§ 1182 Abs 1). Über diesen Geschäftsanteil darf der einzelne Gesellschafter nicht ohne Zustimmung der übrigen Gesellschafter verfügen (§ 1182 Abs 1). Die isolierte Abtretung von Verwaltungsrechten (zB Stimm- oder Informationsrechten) ist wegen des Schutzes der Verbandssouveränität nicht möglich („Abspaltungsverbot"), während vermögensrechtliche Ansprüche (zB das Gewinnbezugsrecht) selbständig abgetreten werden können.

Das Vermögen der GesbR steht – mangels Rechtspersönlichkeit – nicht im Eigentum der GesbR, sondern im ideellen Miteigentum der Gesellschafter (6 Ob 58/00y, 5 Ob 297/05w; manche nehmen Gesamthandeigentum an; dies wurde aber in den Materialien zum GesbR-RG abgelehnt). **Körperliche Sachen**, die von Gesellschaftern in das Gesellschaftsvermögen übertragen oder für das Gesellschaftsvermögen erworben worden sind, stehen daher – soweit nichts anderes vereinbart wurde – im **Miteigentum** der Gesellschafter. Schuldrechtlich ist der Miteigentumsanteil durch den Gesellschaftsvertrag gebunden. Es *darf* daher kein Gesellschafter ohne Zustimmung der übrigen Gesellschafter über seinen Miteigentumsanteil verfügen. Ein Gesellschafter *kann* jedoch grundsätzlich über seinen Miteigentumsanteil verfügen (5 Ob 297/05w), er verletzt dadurch aber den Gesellschaftsvertrag und wird schadenersatzpflichtig. **Unkörperliche Sachen**, insbesondere Forderungen, stehen den Gesellschaftern als **Gesamthandforderungen** zu (§ 1180 Abs 1; so entgegen dem Wortlaut des alten § 1203 schon bisher die hM; RS0017326, RS0017330). Mangels einer besonderen Vereinbarung kann schuldbefreiende Leistung daher nur an alle Gesellschafter, an einen gemeinsamen Bevollmächtigten oder durch gerichtliche Hinterlegung erfolgen. Leistet der Schuldner nicht auf diese Weise, ist die Leistung nur dann schuldbefreiend, wenn die Leistung sämtlichen Gesellschaftern zukommt (RS0017321). Gesamthandforderungen können grundsätzlich nur von allen Gesellschaftern gemeinsam oder einem dazu ermächtigten Vertreter (der auch Gesellschafter sein kann) geltend gemacht werden, nicht aber durch einen Gesellschafter allein, auch nicht anteilsmäßig (vgl RS0017326).

> **Rechtsformunterschied:**
> Bei der **GesbR** steht das Vermögen der Gesellschaft im **Miteigentum** der Gesellschafter. Demgegenüber ist die OG/KG selbst Eigentümerin des Gesellschaftsvermögens (siehe dazu Seite 110).

Das Gesellschaftsvermögen ist ein **Sondervermögen** der Gesellschafter und daher vom sonstigen Vermögen der Gesellschafter zu trennen (§ 1178 Abs 2; 7 Ob 130/10h). Rechte und Verbindlichkeiten, die ein Dritter gegen die Gesellschaft hat, sind daher von den Rechten und Verbindlichkeiten gegen einzelne Gesellschafter zu unterscheiden. Dabei kommt es auf die Widmung an. Nur jenes Vermögen, das Gesellschafter als Gesellschaftsvermögen gewidmet haben, ist ein solches. Das restliche Vermögen von Gesellschaftern ist Privatvermögen. Gegen eine Forderung, die zum Gesellschaftsvermögen gehört, kann ein Schuldner daher nicht mit einer ihm gegen einen einzelnen Gesellschafter zustehenden Forderung aufrechnen (§ 1178 Abs 2). Privatgläubiger können zwar nicht exekutiv auf das Gesellschaftsvermögen, aber auf gesellschaftsgebundene Miteigentumsanteile (oder Ansprüche auf Gewinnauszahlung) zugreifen und nach § 333 EO durch Kündigung der Gesellschaft das Auseinandersetzungsguthaben verwerten.

Titel für die Bildung und den Erwerb von Gesellschaftsvermögen ist der **Gesellschaftsvertrag**. Die Einbringung des Gesellschaftsvermögens bedarf der jeweils allgemein erforderlichen Übergabe oder Verfügung (§ 1179 Abs 1), dh zB Forderungen bedürfen der Zession, Verbindlichkeiten der Schuldübernahme.

b) Gewinn- und Verlustverteilung

Am Ende jedes Geschäftsjahres wird auf Basis einer Jahresabrechnung das Ergebnis (Gewinn oder Verlust) ermittelt und der Anteil jedes Gesellschafters daran berechnet (§ 1195 Abs 1). Das Geschäftsjahr deckt sich mit dem Kalenderjahr, sofern die Gesellschafter kein abweichendes Geschäftsjahr vereinbart haben.

> **OG-Vergleich:**
> § 1195 Abs 1 entspricht im Wesentlichen § 120 UGB.

Die **Gewinne** werden **im Verhältnis der Kapitalanteile** verteilt, wenn alle Gesellschafter in gleichem Ausmaß zur Mitwirkung verpflichtet sind (§ 1195 Abs 2). Die geleisteten Arbeiten heben einander auf (1 Ob 155/05h). Sind die Gesellschafter nicht in gleichem Ausmaß zur Mitwirkung verpflichtet, ist dies bei der Gewinnverteilung angemessen zu berücksichtigen (§ 1195 Abs 3).

Einem reinen Arbeitsgesellschafter, also einem Gesellschafter, der nur Arbeit geleistet und der keine Beteiligung an der Gesellschaft hat, ist ein den Umständen nach angemessener Betrag des Jahresgewinns zuzuweisen. Der diesen Betrag übersteigende Teil des Jahresgewinns wird sodann den Gesellschaftern im Verhältnis ihrer Beteiligung zugewiesen (§ 1195 Abs 4). Wird einem Arbeitsgesellschafter, der keine Einlage zu leisten hat, im Gesellschaftsvertrag ein dem Wert seiner Arbeit entsprechender Kapitalanteil eingeräumt, orientiert sich sein Gewinnanspruch an diesem Kapitalanteil.

Darüber hinaus kann mit den Gesellschaftern auch ein Entgelt für der Gesellschaft geleistete Dienste vereinbart werden (§ 1195 Abs 5). Ein solcher gewinnunabhängiger Entgeltanspruch besteht dann zwar nicht *causae societatis*, kann aber etwa im Rahmen eines Werkvertrags oder freien Dienstvertrags vereinbart werden.

Ein **Verlust** ist so aufzuteilen, wie ein Gewinn verteilt worden wäre (§ 1195 Abs 2). Ein Arbeitsgesellschafter ohne Vermögenseinlage hat daher den Verlust nicht zu tragen. Er erhält jedoch für seine Arbeit auch keine Vergütung.

Die Gesellschafter können **im Gesellschaftsvertrag** von den dargestellten Regelungen **abweichende Vereinbarungen** treffen (RS0022133). Sie können die Verlustbeteiligung für einzelne Gesellschafter wirksam ausschließen. Trotz Ausschlusses von der Verlustbeteiligung besteht jedoch die unmittelbare Haftung eines Gesellschafters Dritten gegenüber. Ist ein Gesellschafter nur am Verlust, nicht jedoch am Gewinn beteiligt, liegt eine *societas leonina* vor. Eine derartige Regelung ist zulässig, es muss aber im Einzelfall geprüft werden, ob die reine Verlustbeteiligung sittenwidrig ist.

> **OG-Vergleich:**
> § 1195 Abs 2 bis 5 entspricht § 121 UGB.

c) Gewinnausschüttung und Entnahmen

Jeder Gesellschafter hat Anspruch auf **Auszahlung seines Gewinnanteils**. Der Anspruch kann aber nicht geltend gemacht werden,

- soweit die Auszahlung zum offenbaren Schaden der Gesellschaft ist,
- die Gesellschafter etwas anderes beschließen oder
- der Gesellschafter vereinbarungswidrig seine Einlage nicht geleistet hat.

Ohne Einwilligung der anderen Gesellschafter darf ein Gesellschafter im Übrigen **keine Entnahmen** tätigen (§ 1196).

> **OG-Vergleich:**
> § 1196 entspricht § 122 UGB.

Regelungen über die Kapitalerhaltung erübrigen sich, weil die Gesellschafter persönlich für gesellschaftsbezogene Verbindlichkeiten einzustehen haben.

4. Gesellschafterbeschlüsse

Gegenstand der Beschlussfassung können Entscheidungen im Rahmen der **Geschäftsführung** sowie Angelegenheiten, welche die Grundlagen der Gesellschaft betreffen, sein. Diese sogenannten **Grundlagengeschäfte** sind Änderungen des Gesellschaftsvertrags und gehören daher nicht zur Geschäftsführung.

> **Beispiele:**
> Grundlagengeschäfte sind etwa die Aufnahme neuer Gesellschafter, die Änderung des Gewinn- und Verlustverteilungsschlüssels oder der Geschäftsführungs- und Vertretungsbefugnis sowie die Veräußerung des Unternehmens.

Gesellschafterbeschlüsse erfordern die **Zustimmung aller** zur Mitwirkung bei der Beschlussfassung berufenen Gesellschafter (§ 1192 Abs 1).

Hat nach dem Gesellschaftsvertrag die Mehrheit der Stimmen zu entscheiden, bestimmt sie sich nach den abgegebenen gültigen Stimmen. Stimmenthaltungen zählen daher nicht als Gegenstimmen, sondern werden überhaupt nicht mitgezählt. Ganz ohne Einfluss sind Stimmenthaltungen aber dennoch nicht, denn sie verschieben die Stimmgewichte der abstimmenden Gesellschafter.

> **Beispiel:**
> Hat die GesbR drei Gesellschafter, die jeder zu einem Drittel beteiligt sind, und stimmt einer nicht mit, kommt jedem der beiden mitstimmenden Gesellschafter ein Stimmgewicht von 50 % zu, obwohl er sonst nur das Stimmgewicht von einem Drittel hätte.

Das **Stimmgewicht** entspricht den **Beteiligungsverhältnissen**. Sind nicht alle Gesellschafter am Kapital beteiligt (gibt es also **Arbeitsgesellschafter**, denen kein Kapitalanteil zusteht), wird die Mehrheit nach Köpfen berechnet. Arbeitsgesellschafter, denen der Gesellschaftsvertrag einen am Wert ihrer Arbeit orientierten Kapitalanteil zubilligt, gelten als am Kapital beteiligt, sodass es beim Stimmgewicht nach Kapitalanteilen bleibt (§ 1192 Abs 2).

> **Beispiel:**
> Verfügt einer von drei Gesellschaftern über einen Kapitalanteil von 60 %, der zweite Gesellschafter über die restlichen 40 % und ist der dritte Gesellschafter ein Arbeitsgesellschafter ohne Kapitalanteil, hat – sofern im Gesellschaftsvertrag keine andere Stimmgewichtung vereinbart wurde – jeder Gesellschafter die gleiche Stimme. Der Gesellschafter, der ansonsten allein über die Stimmenmehrheit verfügen würde, bleibt somit wegen des Arbeitsgesellschafters in der Minderheit.

Auch bei **Grundlagenentscheidungen** ist mangels abweichender Vereinbarung die Zustimmung aller Gesellschafter erforderlich. Die Gesellschafter können aber zB vereinbaren, dass für die Änderung des Gesellschaftsvertrags ein Mehrheitsbeschluss ausreichend ist. Für solche Mehrheitsbeschlüsse über die Änderung des Gesellschaftsvertrags sind inhaltliche Schranken zu beachten: Sie dürfen insbesondere nicht in den „Kernbereich" der Gesellschafterstellung eingreifen („**Kernbereichslehre**"; vgl auch Seiten 134 und 324 f). Nach der Kernbereichslehre sind solche Änderungen des Gesellschaftsvertrags dem Mehrheitsbeschluss entzogen, welche die Grundlagen des Gesellschaftsverhältnisses betreffen oder durch die Sonderrechte verletzt werden. Die zum Kernbereich zählenden Rechte können nur mit Zustimmung des betroffenen Gesellschafters entzogen werden (RS0107117).

Im Gesetz ist **keine bestimmte Form** der Beschlussfassung vorgesehen. Beschlüsse können daher mündlich, schriftlich oder sogar konkludent gefasst werden. Eine Gesellschafterversammlung muss nicht abgehalten werden. Eine Beschlussfassung im Umlaufweg ist zulässig. Im Gesellschaftsvertrag können detaillierte Regelungen vorgesehen werden.

> **OG-Vergleich**: § 1192 entspricht § 119 UGB.

5. Geschäftsführung

Zur Geschäftsführung sind **alle** Gesellschafter berechtigt und verpflichtet (§ 1189 Abs 1). Im Gesellschaftsvertrag kann die Geschäftsführung aber einem einzelnen oder mehreren Gesellschaftern übertragen werden (**geschäftsführende Gesellschafter**). In diesem Fall sind die übrigen Gesellschafter von der Geschäftsführung ausgeschlossen (§ 1189 Abs 2).

Ein Gesellschafter darf im Zweifel die Führung der Geschäfte nicht einem Dritten übertragen. Ist die Übertragung auf einen Dritten gestattet, hat er nur das Auswahlverschulden zu vertreten. Das Verschulden eines Gehilfen hat er wie eigenes Verschulden zu vertreten (§ 1189 Abs 4). Anstelle eines für im Firmenbuch eingetragenen Rechtsträger möglichen Prokuristen kann ein unbeschränkt **Bevollmächtigter** (§ 1008 ABGB) bestellt werden. Dies erfordert die Zustimmung aller geschäftsführender Gesellschafter (§ 1191 Abs 3); widerrufen werden kann sie von jedem der zur Erteilung oder zur Mitwirkung bei der Erteilung befugten Gesellschafter.

> **GesbR-Reform:**
> An die Stelle der bisherigen, recht unpraktischen (und daher häufig abbedungenen) Gesamtgeschäftsführung nach dem Mehrheitsprinzip trat für **gewöhnliche Geschäfte** eine **Einzelgeschäftsführungsbefugnis** mit **Widerspruchsrecht**.

Es kann daher bei gewöhnlichen Geschäften jeder geschäftsführende Gesellschafter alleine handeln. **Widerspricht** jedoch ein anderer geschäftsführender Gesellschafter der Vornahme einer Handlung, muss diese unterbleiben (§ 1190 Abs 1).

GesbR-Reform:
Für **außergewöhnliche Geschäfte** gilt nun das **Einstimmigkeitsprinzip**, es ist daher ein einstimmiger Beschluss aller Gesellschafter erforderlich (§ 1191 Abs 2). Bisher war – wie bei der ordentlichen Verwaltung – einfache Mehrheit ausreichend. Ein Mehrheitsbeschluss über ein außergewöhnliches Geschäft durfte aber erst dann erfolgen, wenn auch die Minderheit dazu gehört worden ist, anderenfalls war der Beschluss unwirksam (RS0015665). Der wesentliche Unterschied zur ordentlichen Verwaltung bestand darin, dass die überstimmte Minderheit bei außergewöhnlichen Geschäften Sicherstellung für künftigen Schaden begehren konnte (**Minderheitenschutz**). Wurde dies von der Mehrheit abgelehnt, konnten die überstimmten Gesellschafter aus der Gesellschaft austreten, sie konnten aber nicht von der Mehrheit zum Austritt gezwungen werden. Wollten die überstimmten Gesellschafter nicht austreten oder wäre der Austritt zur Unzeit erfolgt, entschied das Los oder ein Schiedsgutachter, ob die geplante Maßnahme ohne Einschränkung, nur gegen Sicherstellung oder überhaupt nicht durchgeführt werden soll. Konnten sich die Gesellschafter nicht auf Los oder Schiedsgutachter einigen, entschied der Richter im Außerstreitverfahren.

Beachte:
Die außergewöhnlichen Geschäfte sind nicht zu verwechseln mit den **Grundlagengeschäften**, die nicht zur Geschäftsführung gehören, sondern die Grundlagen der Gesellschaft betreffen. Für diese ist im Zweifel – ebenfalls – Einstimmigkeit erforderlich (siehe auch Seite 100).

Dürfen die geschäftsführenden Gesellschafter laut Gesellschaftsvertrag nur zusammen handeln (wurde also **Gesamtgeschäftsführung** vereinbart), bedarf es für jedes Geschäft der Zustimmung aller geschäftsführenden Gesellschafter, es sei denn, dass Gefahr in Verzug ist (§ 1190 Abs 2).

Die Geschäftsführungsbefugnis erstreckt sich auf alle Handlungen, die der gewöhnliche Geschäftsbetrieb der Gesellschaft mit sich bringt (§ 1191 Abs 1).

Die Geschäfte sind so **sorgfältig** zu führen, wie es Art und Umfang der Gesellschaft erfordern (§ 1189 Abs 3); dh an Gesellschafter einer Innen-GesbR mit einem ideellen Zweck (zB Organisation einer privaten Veranstaltung) werden in der Regel geringere Sorgfaltsanforderungen zu stellen sein, als an hauptberuflich tätige Geschäftsführer einer GesbR, die ein Unternehmen betreibt.

> **OG-Vergleich:**
> §§ 1189 bis 1191 über die Geschäftsführung entsprechen im Wesentlichen §§ 114 bis 116 UGB.

Die geschäftsführenden Gesellschafter sind verpflichtet, über das Gesellschaftsvermögen, insbesondere über die Einnahmen und Ausgaben, die notwendigen Aufzeichnungen zu führen und soweit erforderlich ein **Rechnungswesen** einzurichten (§ 1189 Abs 3). Die unternehmensrechtlichen Rechnungslegungsvorschriften (§§ 189 ff UGB) sind auf die GesbR grundsätzlich nicht anzuwenden, weil die Gesellschafter bei Überschreiten des für die Anwendung des Dritten Buches des UGB (§§ 189 ff UGB) maßgeblichen Schwellenwerts zur Eintragung der Gesellschaft als OG oder KG verpflichtet sind (§ 8 Abs 3 UGB). Die Gesellschafter können aber Buchführung nach unternehmensrechtlichen Vorschriften vereinbaren, insbesondere die Erstellung einer Bilanz und Gewinn- und Verlustrechnung. Die Grundsätze ordnungsgemäßer Buchführung (GoB) sind, soweit zweckmäßig, zu beachten. Es sind zumindest alle Geschäftsfälle, Einnahmen und Ausgaben zu dokumentieren, wobei eine fortlaufende Dokumentation erforderlich ist (vgl RS0004439). Am Ende des Geschäftsjahres haben die Gesellschafter eine Jahresabrechnung zu erstellen, aus der sich der Gewinn oder Verlust ergibt (§ 1195).

Die Geschäftsführungsbefugnis kann einem Gesellschafter aufgrund einer Klage (also im streitigen Gerichtsverfahren) aller übrigen Gesellschafter durch gerichtliche Entscheidung entzogen werden, wenn ein wichtiger Grund vorliegt. Ein solcher wichtiger Grund sind insbesondere grobe Pflichtverletzung oder Unfähigkeit zur ordnungsgemäßen Geschäftsführung (§ 1193 Abs 1). Ein Gesellschafter kann seine Geschäftsführungsbefugnis selbst kündigen, wenn ein wichtiger Grund vorliegt (auf dieses Recht kann nicht verzichtet werden). Dabei ist eine angemessene Kündigungsfrist einzuhalten, außer der wichtige Grund rechtfertigt auch eine unzeitige Kündigung (§ 1193 Abs 2).

> **OG-Vergleich:**
> § 1196 entspricht im Wesentlichen § 117 UGB.

E. Außenverhältnis

1. Vertretung

Die Regelungen über die Vertretung sind nur für **Außengesellschaften** von Bedeutung.

Die **Vertretungsbefugnis deckt sich** im Zweifel **mit der Geschäftsführungsbefugnis** (§ 1197 Abs 1; so schon bisher die hM: RS0022160). Es kann daher jeder zur Geschäftsführung berufene Gesellschafter auch (alleine)

Vertretungshandlungen setzen, weil nach dispositivem Recht das **Einzelgeschäftsführungsprinzip** mit Widerspruchsmöglichkeit gilt. Erfolgt ein solcher Widerspruch erst *nach* Vornahme einer Vertretungshandlung, kommt eine rückwirkende Beseitigung einer (zunächst wirksamen) Vertretungshandlung nicht in Betracht.

> **GesbR-Reform:**
> Bisher war im Zweifel von Gesamtvertretungsbefugnis auszugehen (RS0022160).

Dritte können mangels Firmenbuchpublizität nicht erkennen, ob ein im Namen einer GesbR Handelnder berechtigt ist, die GesbR auch wirklich zu vertreten. Bei einer **unternehmerisch tätigen Außengesellschaft** werden daher alle Gesellschafter aus dem Handeln eines Gesellschafters im Namen der Gesellschaft auch dann berechtigt und verpflichtet, wenn

- dieser Gesellschafter – nicht aber ein Dritter, der zum Verwalter bestellt worden ist – nicht, nicht allein oder nur beschränkt vertretungsbefugt war (vollmachtsloses Handeln) und
- der Dritte den Mangel der Vertretungsbefugnis weder kannte noch kennen musste (bereits leichte Fahrlässigkeit schadet).

Auch **vollmachtsloses Handeln** von Gesellschaftern (nicht aber sonstigen Vertretern) **bindet** daher – zum Schutz redlicher Dritter – alle Gesellschafter.

Dasselbe gilt für **nicht unternehmerisch tätige Außengesellschaften**, wenn sich die Gesellschafter als Unternehmer an der Gesellschaft beteiligen (zB bei einer ARGE; § 1197 Abs 2).

Passiv vertretungsbefugt ist jeder zur Mitwirkung an der Vertretung befugte Gesellschafter, sodass die Abgabe einer gesellschaftsbezogenen Willenserklärung gegenüber einem solchen Gesellschafter ausreicht (§ 1197 Abs 3; entspricht § 125 Abs 2 aE UGB).

Auch einem **Dritten** kann Vertretungsmacht eingeräumt werden (§ 1197 Abs 4). Vertrauensschutz Dritter wird in diesem Fall – soweit nicht § 54 UGB über den Umfang der Handlungsvollmacht zur Anwendung gelangt – nur durch die Anscheinsvollmacht verwirklicht.

> **OG-Vergleich:**
> Wenngleich auch bei der OG grundsätzlich Einzelvertretungsbefugnis vorgesehen ist, unterscheiden sich die Vertretungsregelungen aufgrund der mangelnden Firmenbuchpublizität der GesbR von jenen der OG.

Die **Vertretungsmacht** kann einem Gesellschafter aufgrund einer Klage aller übrigen Gesellschafter durch gerichtliche Entscheidung im streitigen Verfahren

entzogen werden, wenn ein **wichtiger Grund** vorliegt. Ein wichtiger Grund sind insbesondere grobe Pflichtverletzung oder Unfähigkeit zur ordnungsgemäßen Vertretung der Gesellschaft (§ 1198).

> **OG-Vergleich:**
> § 1198 entspricht § 127 UGB.

2. Haftungsordnung

Die Gesellschafter haften für gesellschaftsbezogene Verbindlichkeiten Dritten gegenüber als **Gesamtschuldner** (§ 1199 Abs 1). Da ein gesellschaftsbezogener Vertrag, den alle Gesellschafter gleichsam „als GesbR" abschließen, auch alle Gesellschafter auf einheitliche Weise zu Vertragspartnern des Dritten macht, trifft auch alle Gesellschafter gemeinsam die Pflicht, den Vertrag zu erfüllen. Dies führt im Ergebnis dazu, dass ein gesellschaftsbezogener Vertrag – mangels abweichender Vereinbarung mit dem Dritten – grundsätzlich die solidarische Haftung aller Gesellschafter auslöst. Schließt ein Gesellschafter hingegen ein Rechtsgeschäft zwar auf Rechnung der Gesellschaft, aber im eigenen Namen ab, wird er allein dem Dritten gegenüber berechtigt und verpflichtet (§ 1199 Abs 2). Diese Regelung betrifft nicht nur einen Sonderfall der Außengesellschaft, sondern auch den typischen Fall der Innengesellschaft.

> **GesbR-Reform:**
> Nach dem Wortlaut des alten § 1203 galt **Anteilshaftung**, doch konnte es in folgenden Fällen auch zur **Solidarhaftung** kommen:
> - Mehrere **Unternehmer** verpflichten sich gemeinschaftlich durch Vertrag zu einer teilbaren Leistung.
> - Die geschuldete Leistung ist **unteilbar** (RS0017319).
>
> Nach Rechtsprechung und Großteils auch der Lehre bestand nicht nur in diesen gesetzlich normierten Ausnahmefällen, sondern **grundsätzlich** eine **solidarische Haftung** der Gesellschafter („Verkehrssitte", 1 Ob 69/98y; gemeinsamer Auftrag, vgl RS0022204, 9 Ob 192/01b). Auch bei der Deliktshaftung (RS0013879; 2 Ob 2398/96b) und bei Bereicherungsansprüchen (2 Ob 608/92: hier Kaufleute) waren die Gesellschafter solidarisch verpflichtet.
> § 1199 Abs 1 kodifiziert also, was die Rechtsprechung und Großteils die Lehre schon bisher vertrat.
> Strittig war bislang, ob reine Arbeitsgesellschafter ebenfalls solidarisch haften. Nunmehr haften Arbeitsgesellschafter jedenfalls, unabhängig davon, ob ihnen ein Kapitalanteil zugewiesen wurde.

Wird ein Gesellschafter wegen einer gesellschaftsbezogenen Verbindlichkeit in Anspruch genommen, kann er folgende **Einwendungen** erheben (§ 1200 Abs 1):

- Einwendungen, die in seiner Person begründet sind (zB mit ihm persönlich vereinbarte Stundung),
- Einwendungen, die die Gesellschafter gemeinsam erheben können (zB Verzug des Gläubigers mit der Leistungserbringung).

Darüber hinaus kann der Gesellschafter die Befriedigung des Gläubigers verweigern, solange den Gesellschaftern gemeinsam das Recht zusteht, das ihrer Verbindlichkeit zugrunde liegende Rechtsgeschäft anzufechten oder ihre Verbindlichkeit durch Aufrechnung mit einer fälligen Forderung zu erfüllen (§ 1200 Abs 2). Ist hingegen nur der Gläubiger, nicht aber die Gesellschaftergemeinschaft aufrechnungsberechtigt, hat der Gesellschafter kein Leistungsverweigerungsrecht.

OG-Vergleich:
Die Haftungsordnung der GesbR ähnelt jener der OG (vgl § 128 UGB). § 1200 entspricht § 129 UGB.

F. Änderung der Gesellschafterstruktur

1. Rechtsübergang

Eine Änderung der Gesellschafterstruktur kann eintreten durch
- **Eintritt** eines neuen Gesellschafters,
- **Ausscheiden** eines Gesellschafters oder durch
- **Gesellschafterwechsel**, dh Ausscheiden eines übertragenden Gesellschafters und an dessen Stelle Eintritt eines neuen Gesellschafters.

Die **gesellschaftsbezogenen, nicht höchstpersönlichen Rechtsverhältnisse** gehen im Verhältnis der Beteiligungen durch Rechtsgeschäft unter Lebenden

- im Falle des **Eintritts** eines neuen Gesellschafters von den bisherigen Gesellschaftern auf den eintretenden Gesellschafter zum Zeitpunkt des Eintritts,
- im Falle des **Ausscheidens** eines Gesellschafters zum Zeitpunkt des Ausscheidens vom ausscheidenden auf die verbleibenden Gesellschafter sowie
- beim **Gesellschafterwechsel** vom ausscheidenden auf den eintretenden Gesellschafter zum Zeitpunkt des Gesellschafterwechsels

über (§ 1201 Abs 1). Dies bedeutet, dass der **Miteigentumsanteil** am Gesellschaftsvermögen und die **schuldrechtlichen Beziehungen** mit Wirksamwerden des Grundgeschäfts (zB Vertrag über den Kauf des Gesellschaftsanteils) auf den bzw die Nachfolger übergehen. Eigene Verfügungsgeschäfte (Modus) sind nicht mehr erforderlich. Ein außerbücherlicher Liegenschaftserwerb oder außerbücherliche Übertragungen dinglicher Rechte an Liegenschaften werden jedoch nicht zugelassen. Daher mag zwar der Mitbesitz der Nachfolger an Liegenschaften durch bloße Übergabe begründet werden, die Übertragung des Miteigentums selbst tritt aber weiterhin erst durch Eintragung im Grundbuch (Modus) ein (§ 1202 Abs 2). Für gesellschaftsbezogene Verbindlichkeiten bestellte **Sicherheiten** bleiben für gesellschaftsbezogene Verbindlichkeiten aufrecht.

Sofern **kein Fall der Gesamtrechtsnachfolge** vorliegt, erfordern **Vertragsübernahmen** zu ihrer Wirksamkeit in der Regel die Zustimmung der Vertragsparteien. Die Interessen der Beteiligten sind bei der Gesellschafternachfolge ähnlich gelagert wie im Fall der **Unternehmensübertragung** nach § 38 UGB. Dementsprechend gilt Ähnliches wie bei § 38 UGB: das Ausscheiden aus und der Beitritt zu Rechtsverhältnissen mit einem Dritten sind diesem gegenüber nur wirksam, wenn er von der Gesellschafternachfolge **verständigt** wurde und **nicht** binnen dreier Monate **widerspricht**; in der Verständigung ist auf das Widerspruchsrecht hinzuweisen. Im Falle eines wirksamen Widerspruchs besteht das Vertragsverhältnis auch noch mit dem ausgeschiedenen Gesellschafter fort (§ 1201 Abs 3). Solange die Verständigung nicht erfolgt ist oder die Frist für den Widerspruch noch offen ist, kann der Dritte Erklärungen (zB Kündigungen) und Erfüllungshandlungen wie bisher oder auch so vornehmen, als ob die Gesellschafternachfolge ihm gegenüber bereits wirksam geworden wäre (§ 1201 Abs 4).

Da es sich bei der Aufnahme eines neuen Gesellschafters um ein Grundlagengeschäft und zivilrechtlich um eine Vertragsübernahme handelt, ist hierfür die **Zustimmung sämtlicher Gesellschafter** erforderlich (§ 1182 Abs 1).

Der ausscheidende Gesellschafter haftet nach Maßgabe des § 1202 Abs 2 für die gesellschaftsbezogenen Verbindlichkeiten weiter (§ 1201 Abs 1).

> **OG-Vergleich:**
> Aufgrund der mangelnden Rechtsfähigkeit und damit der unterschiedlichen Zuordnung des Gesellschaftsvermögens unterscheidet sich die Änderung der Gesellschafterstruktur von jener der OG.

2. Haftung des eintretenden und des ausscheidenden Gesellschafters

Tritt ein neuer Gesellschafter **ein**, ohne den bisherigen gesellschaftsbezogenen Rechtsverhältnissen beizutreten, **haftet** er für diesbezügliche Altverbindlichkeiten **nicht** (§ 1202 Abs 1). Dies folgt daraus, dass er bei der Entstehung des Rechtsverhältnisses der Gesellschaft nicht angehört hat.

> **OG-Vergleich:**
> Gemäß § 130 Abs 1 UGB haftet ein in eine OG eintretender Gesellschafter auch für Altverbindlichkeiten.

Scheidet ein Gesellschafter hingegen **aus**, soll er für Altverbindlichkeiten auch dann **weiter haften**, wenn er aus gesellschaftsbezogenen Rechtsverhältnissen ausscheidet (§ 1202 Abs 2). Auch dies ergibt sich – umgekehrt – aus dem Umstand, dass er der Gesellschaft bei der Entstehung des Rechtsverhältnisses angehört hat. Er soll sich nicht durch ein Ausscheiden der Haftung entziehen können (vgl auch § 1405 zur privativen Schuldübernahme). Hat der Dritte einer Entlassung des Ausscheidenden aus der Haftung nicht zugestimmt, haftet der ausscheidende Gesellschafter für die Verbindlichkeiten nur, soweit sie innerhalb von fünf Jahren nach seinem Ausscheiden fällig werden. Ansprüche daraus verjähren innerhalb der für die jeweilige Verbindlichkeit geltenden Verjährungsfrist, längstens jedoch innerhalb von drei Jahren. Zweck dieser **Nachhaftungsbeschränkung** ist, dass Dritte nicht zeitlich unbegrenzt einen ausgeschiedenen Gesellschafter aus gesellschaftsbezogenen Altverbindlichkeiten in Anspruch nehmen dürfen (vgl auch § 39 UGB).

> **Beachte:**
> Möglich ist daher, dass ein Dritter zwar keinen Widerspruch gegen das Ausscheiden erklärt, er aber den Ausscheidenden weiter für bereits entstandene Verbindlichkeiten in Anspruch nehmen möchte.

> **OG-Vergleich:**
> Auch bei der OG ist eine Nachhaftungsbegrenzung vorgesehen (§ 160 Abs 1 UGB).

3. Auseinandersetzung mit dem ausscheidenden Gesellschafter

Das Ausscheiden eines Gesellschafters führt nicht zur Auflösung der Gesellschaft, doch es verändert die bisherigen Beteiligungsverhältnisse.

Hat ein ausscheidender Gesellschafter den übrigen Gesellschaftern **Sachen** zur Benutzung überlassen, sind ihm diese zurückzugeben, sofern nichts anderes vereinbart ist (zB aufgrund eines Mietvertrags) (§ 1203 Abs 1).

Dem ausscheidenden Gesellschafter ist der **Gegenwert seines Anteils in Geld** auszuzahlen (§ 1203 Abs 2). Die Höhe des Abfindungsanspruchs ergibt sich im Rahmen der gesetzlichen Regelung aus zwei Faktoren, dem Wert des Gesellschaftsvermögens einerseits, dem Anteil des Ausscheidenden an diesem Vermögen andererseits. Die erste dieser Bezugsgrößen ist im Wege einer Abschichtungsbilanz (Auseinandersetzungsbilanz) zu ermitteln, und zwar entweder nach im Gesellschaftsvertrag geregelten Grundsätzen oder durch einen Sachverständigen. Wenn es jedoch zu keiner Feststellung einer Abschichtungsbilanz kommt, kann der Ausscheidende auf Leistung der Abfindung klagen (RS0131780).

Scheidet ein **Arbeitsgesellschafter** aus, erhält er **kein Auseinandersetzungsguthaben**; dies auch dann nicht, wenn ihm der Gesellschaftsvertrag einen Kapitalanteil zuerkannt hat, um ihm auf diese Weise ein Stimmgewicht zuzuweisen.

Der ausscheidende Gesellschafter ist von den gesellschaftsbezogenen **Verbindlichkeiten** zu befreien, für die er den Gläubigern haftet. Bei einer noch nicht fälligen Schuld können ihm die anderen Gesellschafter stattdessen Sicherheit leisten (§ 1203 Abs 3). Verbleibt dem ausscheidenden Gesellschafter eine Verbindlichkeit aus dem Gesellschaftsverhältnis, ist er verpflichtet, einen Ausgleich in entsprechender Höhe an die Gesellschafter zu zahlen (§ 1203 Abs 4).

Der ausgeschiedene Gesellschafter nimmt am **Gewinn und Verlust** teil, der sich aus den zur Zeit seines Ausscheidens **schwebenden Geschäften** ergibt. Der ausgeschiedene Gesellschafter kann am Ende jedes Geschäftsjahres

- Rechenschaft über die inzwischen beendeten Geschäfte,
- Auszahlung des ihm zustehenden Betrags und
- Auskunft über den Stand der noch schwebenden Geschäfte verlangen (§ 1204).

OG-Vergleich:
Die Auseinandersetzung entspricht jener bei der OG (vgl §§ 137 f UGB).

4. Fortsetzung mit den Erben

Grundsätzlich wird die GesbR durch den Tod eines Gesellschafters aufgelöst (§ 1208 Z 5). Ist im Gesellschaftsvertrag aber geregelt, dass im Fall des Todes eines Gesellschafters die Gesellschaft mit seinen Erben fortgesetzt werden soll, besteht sie nach dem Tod dieses Gesellschafters mit seiner Verlassenschaft und nach deren Einantwortung mit den Erben fort. **Erben** können – um sich der unbeschränkten Haftung zu entziehen – verlangen, dass ihnen die Stellung eines **Kommanditisten** eingeräumt wird. In diesem Fall ist die GesbR in eine KG umzuwandeln. Nehmen die übrigen Gesellschafter einen solchen Antrag des Erben nicht an, ist der Erbe befugt, ohne Einhaltung einer Kündigungsfrist sein **Ausscheiden** aus der Gesellschaft zu erklären. Diese Rechte können Erben innerhalb von drei Monaten nach Einantwortung geltend machen (§ 1205).

OG-Vergleich:
§ 1205 entspricht § 139 UGB.

G. Beendigung der GesbR

Bei der Beendigung einer Gesellschaft ist zu unterscheiden zwischen

- **Auflösung**: Zunächst muss ein Auflösungsgrund vorliegen. Erst dann tritt eine Gesellschaft in die Phase der
- **Abwicklung** (= Liquidation): Die Gesellschaft ändert ihren Zweck. Die bisher werbende Gesellschaft verwandelt sich in eine Abwicklungsgesellschaft. Die Geschäftsbeziehungen werden beendet, das Gesellschaftsvermögen verteilt.

1. Auflösung

§ 1208 regelt demonstrativ folgende Auflösungsgründe (vgl § 131 UGB):

- **Zeitablauf**, wenn der Gesellschaftsvertrag befristet ist; vor Fristablauf kann aus wichtigem Grund auf Auflösung geklagt werden (§ 1210);
- einstimmiger **Beschluss** der Gesellschafter (vgl RS0014552);
- rechtskräftige Eröffnung des **Konkursverfahrens** über das Vermögen eines Gesellschafters, durch die Abänderung der Bezeichnung Sanierungsverfahren in Konkursverfahren oder durch rechtskräftige Nichteröffnung oder Aufhebung des Insolvenzverfahrens mangels kostendeckenden Vermögens;

Rechtsformunterschied:
Anders als bei der OG gibt es bei der GesbR den Auflösungsgrund der Eröffnung des Konkursverfahrens über das Vermögen der Gesellschaft nicht, weil die GesbR mangels Rechtspersönlichkeit nicht insolvent werden kann.

- **Kündigung**:
  - die **ordentliche Kündigung** kann nur unter Einhaltung einer Kündigungsfrist von sechs Monaten für den Schluss eines Geschäftsjahres erfolgen; ein Ausschluss des Kündigungsrechts oder eine Erschwerung in anderer Weise als durch angemessene Verlängerung der Kündigungsfrist ist nichtig (§ 1209; entspricht § 132 UGB);
  - die **außerordentliche Kündigung** aus wichtigem Grund bedarf einer gerichtlichen Entscheidung (§ 1210; siehe dazu sogleich);
  - zur **Kündigung durch einen Privatgläubiger** siehe sogleich;

GesbR-Reform:
Das ordentliche Kündigungsrecht bei einer **unbefristeten** GesbR gemäß § 1212 war dispositiv, sodass ein teilweiser oder gänzlicher Ausschluss der ordentlichen Kündigung zulässig war (6 Ob 80/11z). Mit der GesbR-Reform war ein Ausschluss des Kündigungsrechts nicht mehr möglich. Dies konnte insbesondere bei Syndikatsverträgen zu unerwünschten Ergebnissen füh-

ren, weil allenfalls Syndikatspartner vorzeitig kündigen konnten und so der Zweck des Syndikatsvertrags – Bindung von Gesellschaftern, insbesondere die Ausübung des Stimmrechts, an ein Syndikat – vereitelt werden konnte (strittig).
Der Gesetzgeber hat dies mit dem APRÄG 2016 korrigiert: § 1209 Abs 2 ist seit 1. 7. 2016 nicht auf Innengesellschaften anzuwenden, sodass – entsprechend der Rechtslage vor der GesbR-Reform – bei reinen Innengesellschaften (wie zB Syndikatsverträgen) ein vertraglicher Ausschluss des ordentlichen Kündigungsrechts möglich ist.

- **gerichtliche Entscheidung**: aufgrund der Klage eines Gesellschafters kann die Auflösung der Gesellschaft durch gerichtliche Entscheidung ausgesprochen werden, wenn ein **wichtiger Grund** vorliegt (va wenn ein anderer Gesellschafter eine ihm nach dem Gesellschaftsvertrag obliegende wesentliche Verpflichtung vorsätzlich oder grob fahrlässig verletzt); das Recht, die Auflösung der Gesellschaft zu verlangen, kann nicht ausgeschlossen oder beschränkt werden (§ 1210; entspricht § 133 UGB);
- **Tod** eines Gesellschafters, sofern sich aus dem Gesellschaftsvertrag nichts anderes ergibt.

GesbR-Reform:
Die Erfüllung des Gesellschaftszwecks ist – anders als bisher nach § 1205 – kein Auflösungsgrund mehr, weil die Zweckerfüllung wohl oft nicht mit der nötigen Sicherheit festgestellt werden könnte.

Ein **Privatgläubiger** eines Gesellschafters kann eine GesbR unter Einhaltung einer Kündigungsfrist von sechs Monaten zum Ende des Geschäftsjahres kündigen. Voraussetzung ist, dass der Gläubiger, nachdem er innerhalb der letzten sechs Monate erfolglos eine Zwangsvollstreckung in das bewegliche Vermögen des Gesellschafters versucht hat, die Pfändung und Überweisung des Auseinandersetzungsguthabens des Gesellschafters erwirkt hat (§ 1212; entspricht § 135 UGB).

Anstelle der Auflösung der Gesellschaft kann auch ein **Gesellschafter ausgeschlossen** werden, wenn ein Umstand vorliegt, der alle übrigen Gesellschafter berechtigt, die Auflösung der Gesellschaft zu verlangen (vgl RS0022197). Anstelle der Auflösung kann in diesem Fall vom Gericht aufgrund einer Klage aller Gesellschafter der Ausschluss dieses Gesellschafters aus der Gesellschaft ausgesprochen werden. Der ausgeschlossene Gesellschafter ist abzufinden (§ 1213; entspricht § 140 UGB).

GesbR-Reform:
Der Ausschluss eines Gesellschafters erfolgte bisher durch Ausschlusserklärung (Gestaltungsrecht). Die Einschaltung des Gerichts war nicht erforder-

> lich (RS0022281). Nun hat – wie bei der OG – das Gericht den Ausschluss eines Gesellschafters auszusprechen, sofern nichts anderes vereinbart ist

Die Gesellschafter können jeweils die **Fortsetzung** der Gesellschaft beschließen. Scheidet ein Gesellschafter aus, können die übrigen Gesellschafter den Fortsetzungsbeschluss fassen (§ 1214; entspricht § 141 UGB).

Verbleibt **nur noch ein Gesellschafter**, erlischt die Gesellschaft ohne Liquidation. Das Gesellschaftsvermögen geht im Wege der Gesamtrechtsnachfolge auf den letzten Gesellschafter über. Ausscheidende Gesellschafter sind abzufinden. Bücherliche Rechte sind nach den dafür geltenden Vorschriften zu übertragen, sodass die Übertragung des Eigentums der Eintragung im Grundbuch bedarf (§ 1215; vgl § 142 UGB; siehe auch schon bisher RS0022178, 4 Ob 62/07g).

Angesichts der unzulänglichen Publizität der GesbR ist die Auflösung einer Außengesellschaft den Vertragspartnern, Gläubigern und Schuldnern soweit möglich mitzuteilen und auf verkehrsübliche Weise **bekannt zu machen** (§ 1216).

Die Auflösung der GesbR lässt die Haftung der einzelnen Gesellschafter für vorher entstandene Forderungen unberührt (RS0045302).

> **OG-Vergleich:**
> Die Auflösung der GesbR entspricht bis auf geringfügige rechtsformspezifische Unterschiede jener der OG.

2. Liquidation

Rechtsfähige Personengesellschaften bestehen nach ihrer Auflösung bis zur Beendigung der Liquidation fort. Entsprechendes soll auch für die GesbR gelten. Da die GesbR aber nicht rechtsfähig ist, bezieht sich der **Fortbestand der GesbR** auf

- den **Gesellschaftsvertrag** und damit die gesellschaftsvertraglichen Rechte und Pflichten der Gesellschafter untereinander, soweit dies für die Liquidation erforderlich ist, sowie
- die **gesellschaftsbezogenen Rechtsverhältnisse zu Dritten** (§ 1216a Abs 1).

Die Gesellschafter können anstelle der Liquidation eine **andere Art der Auseinandersetzung** vereinbaren, wie etwa die Übernahme des gesamten Vermögens durch einen Gesellschafter (§ 1216a Abs 2 1. Satz; vgl § 158 UGB; RS0131904). Bei Kündigung durch einen Privatgläubiger und Eröffnung des Konkursverfahrens über das Vermögen eines Gesellschafters kann die Liquidation nur mit Zustimmung des Gläubigers oder Masseverwalters unterbleiben (§ 1216a Abs 2 2. Satz; entspricht § 145 Abs 2 UGB).

Nach Auflösung der Gesellschaft haben die Gesellschafter als **Liquidatoren** das **Gesellschaftsvermögen abzuwickeln** (6 Ob 127/17w). Ist über das Vermögen eines Gesellschafters ein Konkursverfahren oder ein Sanierungsverfahren ohne Eigenverwaltung eröffnet worden, tritt an die Stelle des Gesellschafters der Masseverwalter. Die Gesellschafter haben die Liquidation und die Liquidatoren mangels Firmenbuchpublizität nicht wie bei der OG zum Firmenbuch anzumelden, sondern soweit möglich den Vertragspartnern, Gläubigern und Schuldnern mitzuteilen und auf ortsübliche Weise bekannt zu machen (§ 1216b; vgl §§ 146 bis 148 UGB).

Die Liquidatoren haben die laufenden **Geschäfte zu beenden**, die gesellschaftsbezogenen Forderungen einzuziehen und die Gesellschaftsgläubiger zu befriedigen. Den Gesellschaftern sind die Gegenstände, die sie der Gesellschaft zur Benutzung überlassen haben, zurückzugeben (§ 1216c; vgl § 149 UGB).

Die **Liquidatoren vertreten** die Gesellschafter gerichtlich und außergerichtlich als Gesamtvertreter, sofern die Gesellschafter nicht etwas anderes vereinbaren (§ 1216d; vgl § 149 Abs 1 2. Satz UGB; RS0131903). Sie können durch einstimmigen Beschluss der Beteiligten oder auf Antrag eines Beteiligten aus wichtigen Gründen durch das Gericht abberufen werden.

Das nach Berücksichtigung der Schulden **verbleibende Gesellschaftsvermögen** ist nach dem **Verhältnis der Beteiligung** der Gesellschafter unter Berücksichtigung der Guthaben und Verbindlichkeiten aus dem Gesellschaftsverhältnis unter die **Gesellschafter zu verteilen**. Ist während der Liquidation bereits Geld entbehrlich, kann es vorläufig verteilt werden. Reicht das Gesellschaftsvermögen zur Deckung der Guthaben von Gesellschaftern aus dem Gesellschaftsverhältnis nicht aus, sind die übrigen Gesellschafter ihnen gegenüber verpflichtet, für den Betrag im Verhältnis ihrer Verbindlichkeiten aus dem Gesellschaftsverhältnis aufzukommen (§ 1216e; vgl § 155 UGB).

GesbR-Reform:
Bislang wurde das Gesellschaftsverhältnis durch die Auflösung der GesbR in eine **schlichte Miteigentumsgemeinschaft** umgewandelt (RS0013169). Es **gab keine Liquidation** der GesbR (RS0022091; 3 Ob 247/00w). Die schlichte Miteigentumsgemeinschaft wurde durch Teilung des gemeinschaftlichen Vermögens beendet (RS0114988; 3 Ob 29/04t). Sämtliche Gesellschafter hatten hierzu die Geschäfte der GesbR zu beenden, die Verbindlichkeiten zu erfüllen und das **Gesellschaftsvermögen zu verteilen**.

OG-Vergleich:
Die Liquidation der GesbR orientiert sich an jener der OG (vgl §§ 145 bis 158 UGB). Es wurden aber nicht alle Bestimmungen übernommen und Anpassungen an die Erfordernisse der GesbR vorgenommen.

H. Wechsel der Rechtsform

GesbR-Reform:
Bislang fehlte eine ausdrückliche Regelung darüber, wie eine GesbR in eine OG oder KG umgewandelt werden kann; Details waren umstritten (zB ob identitätswahrende Umwandlung oder Übertragung im Wege der Einzel- oder Gesamtrechtsnachfolge).

Eine identitätswahrende Umwandlung einer GesbR in eine OG oder KG kann es nicht geben, weil die GesbR nicht rechtsfähig ist und damit die Zurechnungssubjekte des Gesellschaftsvermögens andere sind, sodass es bei einer „Umwandlung" einer GesbR in eine OG oder KG zu einem Wechsel des Zurechnungssubjektes kommen muss. Daraus folgt, dass das Gesellschaftsvermögen von den GesbR-Gesellschaftern auf die OG oder KG übertragen werden muss.

Die Gesellschafter können mit **einstimmigem Gesellschafterbeschluss**

- die **Errichtung einer OG oder KG** und zugleich
- die **Einbringung** des der Gesellschaft gewidmeten Vermögens in die OG oder KG

beschließen. Der Beschluss hat auch die für die Eintragung erforderlichen Merkmale der OG oder KG zu bestimmen, etwa welche Gesellschafter Komplementäre und welche Kommanditisten sind (§ 1206 Abs 1 und 2).

In diesem Fall geht das der Gesellschaft gewidmete Vermögen einschließlich aller Rechte und Pflichten mit der Eintragung der OG oder KG im Firmenbuch im Wege der **Gesamtrechtsnachfolge** auf die OG oder KG über. Es handelt sich um eine partielle Gesamtrechtsnachfolge, weil die Gesellschafter als Rechtsträger der GesbR nach der Umwandlung bestehen bleiben (vgl Spaltung). Bücherliche Rechte sind nach den dafür geltenden Vorschriften zu übertragen, sodass die Übertragung des Eigentums der Eintragung im Grundbuch bedarf (anders § 142 UGB). Um klarzustellen, was alles zum Gesellschaftsvermögen der OG oder KG gehört, ist ein **Vermögensverzeichnis** aufzustellen. Was darin nicht enthalten ist, wird von der Gesamtrechtsnachfolge nicht erfasst und verbleibt den Gesellschaftern wie bisher.

Die Gesellschafter **haften** nach der Umwandlung für die vorher begründeten Verbindlichkeiten auch als Gesellschafter bürgerlichen Rechts weiter, weil Dritte durch die Umwandlung nicht benachteiligt werden dürfen. Diese Forthaftung kann zB bei GesbR-Gesellschaftern, die künftig Kommanditisten sind, relevant sein (§ 1207 Abs 1). Eine zeitliche Beschränkung der Haftung ist – anders als nach § 160 Abs 4 UGB – nicht vorgesehen. Dritten darf aus der fehlenden Kenntnis der Umwandlung kein Nachteil entstehen. Wer daher nicht verständigt wurde und auch sonst keine Kenntnis von der Umwandlung hat, kann weiter so schuldbefreiend leisten, als würde die GesbR noch bestehen (§ 1207 Abs 2).

Aufgrund der Gesamtrechtsnachfolge **erübrigt sich** eine **Abwicklung** der GesbR.

> **OG-Vergleich:**
> Eine analoge Anwendung dieser Bestimmungen auf den umgekehrten Vorgang (Wechsel von einer OG oder KG zu einer GesbR) ist nicht angezeigt.

Überschreiten die Umsatzerlöse der GesbR den Schwellenwert des § 189 UGB (zwei Geschäftsjahre hindurch 700.000 Euro oder in einem Geschäftsjahr eine Mio Euro), sind die Gesellschafter nach § 8 Abs 3 UGB zur Eintragung der Gesellschaft in das Firmenbuch als OG oder KG verpflichtet. Eine Ausnahme besteht für Freiberufler sowie Land- und Forstwirte. Eine automatische Umwandlung in eine OG oder KG ist nicht vorgesehen (vgl Seiten 87 f und 132). Die Gründung einer OG oder KG setzt die Eintragung in das Firmenbuch, die konstitutive Wirkung hat, voraus.

III. Offene Gesellschaft

A. Allgemeines

1. Vorbemerkungen

Bis zum In-Kraft-Treten des **HaRÄG** mit 1. 1. 2007 und der damit einhergehenden Neufassung und Umbenennung des HGB in UGB war in den §§ 105 ff HGB die Offene Handelsgesellschaft (OHG) geregelt: Damit wurden jene Gesellschaften bezeichnet, „deren Zweck auf den Betrieb eines Handelsgewerbes unter gemeinschaftlicher Firma gerichtet ist, wenn bei keinem Gesellschafter die Haftung gegenüber den Gesellschaftsgläubigern beschränkt ist".

Die **OHG** stand bis zum In-Kraft-Treten des UGB ausschließlich dem Betrieb eines **Vollhandelsgewerbes** und somit Vollkaufleuten zur Verfügung.

Sowohl die Tätigkeit von **Minderkaufleuten** als auch jede Erwerbstätigkeit außerhalb eines Handelsgewerbes **(Nicht-Kaufleute)** hatte dagegen – sofern diese in Gestalt von Personenhandelsgesellschaften betrieben werden sollte – in der Form der **eingetragenen Erwerbsgesellschaften (OEG oder KEG)** nach dem EGG zu erfolgen.

Mit der **Neufassung des UGB** wurde die Differenzierung zwischen Voll-, Minder- und Nichtkaufleuten beseitigt. Das UGB knüpft nunmehr an einen einheitlichen Unternehmerbegriff an. Dementsprechend wurde auch der Anwendungsbereich der O(H)G erweitert, die nunmehr – im Gleichklang mit den Kapitalgesellschaften – für jeden unternehmensbezogenen oder sonstigen Zweck zur Verfügung steht. Da mit dem HaRÄG der Begriff des Handels weitgehend aus der österreichischen Rechtsordnung eliminiert wurde[1], wurde auch das „Handelsgesetzbuch" (HGB) in „Unternehmensgesetzbuch" (UGB) umbenannt, ebenso wurde aus der „Offenen Handelsgesellschaft" (OHG) die „Offene Gesellschaft" (OG).

Bis zum 31. 12. 2006 wirksam entstandene OHG gelten seit dem 1. 1. 2007 als OG (§ 907 Abs 2 UGB), sodass auch auf diese ursprünglichen „OHG" nunmehr die Bestimmungen über die OG (§§ 105 bis 160 UGB) anzuwenden sind. Die Änderung der Firma war von den Eingetragenen Personengesellschaften entsprechend den Vorgaben des § 19 Abs 1 Z 2 und 3 UGB bis spätestens 31. 12. 2009 vorzunehmen und beim Firmenbuch zur Eintragung anzumelden. Allerdings kann eine OG, die mit 31. 12. 2006 den Rechtsformzusatz „OHG" führte, diesen auch weiterhin, also auch nach dem 31. 12. 2009, beibehalten (§ 907 Abs 4 Z 2 UGB).

Aufgrund der zweckoffenen Ausgestaltung der OG sind die **Eingetragenen Erwerbsgesellschaften** überflüssig geworden, weshalb das EGG mit 31. 12.

---

[1] Wenngleich vereinzelt noch Wortkombinationen zu finden sind, wie etwa Handelsgericht, Handelsvertreter oder Handelsbrauch.

2006 **außer Kraft** getreten ist. Die bis zum 31. 12. 2006 wirksam entstandenen Eingetragenen Erwerbsgesellschaften (OEG und KEG) gelten seit dem 1. 1. 2007 als OG bzw KG (§ 907 Abs 2 UGB). Die Änderung der Firma gemäß § 19 Abs 1 Z 2 und 3 UGB war spätestens am 31. 12. 2009 beim Firmenbuch zur Eintragung anzumelden. Da § 907 Abs 4 Z 2 UGB nur die weitere Verwendung des Zusatzes „OHG" für zulässig erklärt, nicht aber jenen von „OEG" und „KEG", mussten Eingetragene Erwerbsgesellschaften einen allfälligen Rechtsformzusatz bis zum 31. 12. 2009 korrigieren. Auch sämtliche Bestellscheine, Geschäftspapiere sowie Webseiten waren bis zu diesem Zeitpunkt aufzubrauchen bzw zu korrigieren (§ 907 Abs 3 und 4 UGB).

> **Beachte:**
> Viele Bestimmungen der OG gelten auch für die KG oder EWIV, sodass auf dieses Kapitel hier später – wenn die KG oder EWIV behandelt werden – zurückgegriffen wird.

2. Begriff, Rechtsnatur und Grundlagen

Die OG findet ihre gesellschaftsrechtliche Grundlage in den §§ 105 bis 160 UGB.[2]

> Sie ist gemäß § 105 eine
> - unter eigener Firma geführte (Personen-)Gesellschaft,
> - bei der alle Gesellschafter gegenüber den Gesellschaftsgläubigern unbeschränkt haften.
> - Sie ist rechtsfähig.
> - Die Gesellschafter sind gesamthandschaftlich verbunden (siehe Seite 120).
> - Die OG steht für jede erlaubte (einschließlich freiberufliche und land- und forstwirtschaftliche) Tätigkeit zur Verfügung.
> - Ihr gehören mindestens zwei Gesellschafter an.
> - Sie ist nur Unternehmerin, sofern sie ein Unternehmen betreibt (§ 1 Abs 1).

a) Firma und Firmenbildung

Die OG tritt nach außen stets unter ihrer Firma auf. Diese hat den firmenbuchrechtlichen Vorschriften der §§ 17 ff, die mit dem HaRÄG umfassend **liberalisiert** wurden, zu entsprechen (siehe Seiten 36 f). § 19 Abs 1 Z 2 bestimmt, dass die Firma einer OG zwingend den **Rechtsformzusatz „offene Gesellschaft"** oder eine allgemein verständliche Abkürzung dieser Bezeichnung, insbesonde-

---

[2] Paragraphenangaben beziehen sich in diesem Abschnitt, sofern nicht anders angegeben, auf das UGB.

re „OG", enthalten muss. Eine Ausnahme besteht nur für jene Gesellschaften, die bereits vor dem 1. 1. 2007 im Firmenbuch eingetragen waren und den Zusatz „OHG" führen; dieser darf beibehalten werden (vgl § 907 Abs 4 Z 2).

b) Zuordnung zu den Gesellschaftskategorien

Die OG ist eine Gesellschaft: Sie wird durch ein Rechtsgeschäft mindestens zweier Personen begründet, die einen bestimmten Zweck durch organisiertes Zusammenwirken erreichen wollen (vgl dazu oben Seiten 36 ff).

Die OG zählt – wie auch die KG – zu den **(Eingetragenen) Personengesellschaften**, weil sie gemäß § 123 Abs 1 erst mit der Eintragung in das Firmenbuch entsteht **(konstitutive Wirkung der Firmenbucheintragung)**. Die Gesellschafter sind eng miteinander verbunden und nehmen die Geschäftsführung und Vertretung der Gesellschaft grundsätzlich selbst wahr (**Prinzip der Selbstorganschaft**).

Sie ist eine **Außengesellschaft**, was in § 105 dadurch zum Ausdruck kommt, dass die Gesellschaft „unter eigener Firma" auftritt. Die Gesellschafter können daher Rechtsgeschäfte im Namen der OG abschließen. Eine OG, die nicht nach außen auftreten soll, also eine reine Innengesellschaft sein soll, ist unmöglich (RS0061520). Dafür steht die Rechtsform der GesbR zur Verfügung.

Die OG gehört überdies aufgrund ihrer geschlossenen Mitgliederzahl zu den **Gesellschaften ieS** (vgl zu diesen Begriffen oben Seite 49).

c) Haftung der Gesellschafter

Wer Gesellschafter einer OG ist, haftet zwingend – im **Außenverhältnis**, also Dritten gegenüber – unbeschränkt für Gesellschaftsverbindlichkeiten (§ 128; zur Haftung siehe noch ausführlich unten Seiten 147 ff). Diese umfassende Haftung im Außenverhältnis kann nur beschränkt werden, wenn im Einzelnen mit dem jeweiligen Gläubiger und im Namen der OG eine Haftungsbeschränkung vereinbart wurde.

Für eine solche, im Außenverhältnis wirksame Haftungsbeschränkung ist es bereits ausreichend, wenn diese Vereinbarung lediglich zwischen einem einzelnen Gesellschafter und dem jeweiligen Gläubiger geschlossen wird. Im Innenverhältnis wirkt diese Vereinbarung allerdings nicht, denn diesfalls wären die anderen Gesellschafter, auf die der Gläubiger ja nach wie vor greifen könnte, benachteiligt. Eine solche Vereinbarung muss daher, um (sowohl im Außen- als auch im Innenverhältnis) tatsächlich wirksam zu sein, zwischen der Gesellschaft (und damit allen Gesellschaftern) und dem Dritten geschlossen werden. Es liegt dann eine Vereinbarung zugunsten des/der Gesellschafter/s vor, deren/dessen Haftung beschränkt bzw ausgeschlossen wird.

Im **Innenverhältnis**, also zwischen den Gesellschaftern, kann hingegen die Haftung stets ausgeschlossen oder beschränkt werden. Für den jeweiligen Gläubiger hat eine solche – interne – Beschränkung allerdings keine Bedeutung. Er kann sich weiterhin an jeden Gesellschafter halten. Die Haftungsbeschränkung im Innenverhältnis wirkt sich also lediglich auf die interne Regressmöglichkeit zwischen den einzelnen Gesellschaftern aus.

d) Rechtsfähigkeit

Die OG ist eine **rechtsfähige Gesellschaft**. Sie kann daher selbst Trägerin von Rechten und Pflichten sowie Vertragspartnerin, Klägerin oder Beklagte in einem Prozess sein. Sie kann auch Patent- oder Markenrechte besitzen oder als Eigentümerin einer Liegenschaft in das Grundbuch eingetragen werden. Ebenso kann sie Arbeitgeberin sein. Ihr selbst kann Gesellschaftsvermögen zugeordnet werden (anders als noch bei der OHG ist das Gesellschaftsvermögen kein Gesamthandeigentum der Gesellschafter). Damit ist es auch möglich, dass über das Vermögen der OG Insolvenz eröffnet wird. Sie ist nicht nur insolvenzfähig (vgl §§ 67 Abs 1 und 164 IO), sondern auch gewerberechtsfähig (§ 9 GewO). Zur Ausübung eines Gewerbes muss jedoch ein gewerberechtlicher Geschäftsführer gemäß § 39 GewO bestellt werden. Insgesamt unterscheidet sich die OG hinsichtlich ihrer Rechtsfähigkeit nicht von den Kapitalgesellschaften.

Beachte:
Die Rechtsfähigkeit der OHG war heftig umstritten: Zunächst galt die OHG „als solche" als nicht rechtsfähig. Die jüngere Rechtsentwicklung anerkannte zwar die Rechtsfähigkeit der OHG, doch war weiterhin unklar, ob diese Rechtsfähigkeit bloß als beschränkte, also als Teil-Rechtsfähigkeit, oder aber als Voll-Rechtsfähigkeit zu verstehen war, wie sie etwa juristische Personen haben.
Diese Unklarheiten fanden ihren Ursprung in den widersprüchlichen Formulierungen des § 124 HGB einerseits und Art 7 Nr 9 EVHGB andererseits: § 124 HGB zählte eine Reihe von Rechten und Pflichten der OHG auf. Art 7 Nr 9 EVHGB sprach davon, dass das Gesellschaftsvermögen „gemeinschaftliches Vermögen der Gesellschafter" ist. Dieser Widerspruch wurde mit dem HaRÄG insofern beseitigt, als § 124 HGB (UGB) modifiziert und Art 7 Nr 9 EVHGB aufgehoben wurde. Damit wurde auch endgültig festgelegt, dass die OG selbst Inhaberin des Gesellschaftsvermögens ist und daher die Rechtsfigur des „Gesamthandeigentums" für die OG beseitigt.

e) Gesamthandschaft

Ungeachtet dieser – nunmehr klargestellten – vollen Rechtsfähigkeit ist die OG nach hM **keine juristische Person** (wie die Kapitalgesellschaften), sondern „bloß" eine Gesamthandschaft, eine Art „quasi-juristische Person".

Diese Unterscheidung zwischen **„Gesamthandschaft"** und „juristischer Person" wird nicht nur damit begründet, dass bei der OG die Gesellschafter mit ihrem Privatvermögen für die Gesellschaftsverbindlichkeiten unbeschränkt **haften** und gemeinsam verbunden sind (es ist daher nicht möglich, dass nur ein einzelner Gesellschafter einer OG angehört), sondern auch mit dem bei der OG vorherrschenden Prinzip der **Selbstorganschaft** und der damit einhergehenden persönlichen Einbindung der Gesellschafter in die Geschäftsführung und Vertretung der Gesellschaft. Auch das grundsätzlich vorgesehene **Einstimmigkeitsprinzip** bei Entscheidungen sowie die grundsätzliche Unübertragbarkeit der Gesellschaftsanteile sind Ausdruck dieser „Gesamthandschaft".

Deshalb wird die OG steuerlich auch als **„Mitunternehmerschaft"** bezeichnet. Ihr Gewinn wird nicht direkt bei der Gesellschaft mit Körperschaftsteuer belastet, sondern der Gewinn wird den einzelnen Gesellschaftern anteilig zugerechnet und bei diesen – sofern es sich um eine natürliche Person handelt – mit der Einkommensteuer belastet.

Beachte:
Die Grenze zwischen „Gesamthandschaft" und „juristischer Person" liegt in einer Grauzone. Diese Differenzierung wird daher in der Literatur auch kritisiert: Das Hauptargument für die Unterscheidung scheint darin zu liegen, dass bei der OG als Gesamthandschaft auch die Gesellschafter für die Gesellschaftsverbindlichkeiten mit ihrem Privatvermögen mithaften, der OG damit die **ausschließliche passive Vermögensfähigkeit** fehlt.
Allerdings wird in der Literatur bereits zu Recht darauf hingewiesen, dass die O(H)G ihren langwierigen Weg hin zur juristischen Person nun endlich so gut wie zur Gänze zurückgelegt hat. Mit dem UGB wurde die Chance, diese lange umstrittene Frage endgültig zu klären, nicht ergriffen. Wenngleich gute Gründe für eine Einstufung der OG als juristische Person sprechen, ist darauf hinzuweisen, dass eingetragene Personengesellschaften in manchen Gesetzen juristischen Personen gleichgestellt sind (vgl zB § 9 GewO, § 67 IO, § 9 Zustellgesetz).

f) Anwendungsbereich (Zweckoffenheit)

Die OG steht seit dem 1. 1. 2007, dem In-Kraft-Treten des HaRÄG, – wie auch die GesbR – für jede unternehmerische und nicht unternehmerische (zB ideelle oder karitative) Tätigkeit zur Verfügung. Die OG kann daher nunmehr – im Gleichklang mit den Kapitalgesellschaften – insbesondere für gewerbliche, land- und forstwirtschaftliche, freiberufliche, sonstige wirtschaftliche, bloß vermögensverwaltende oder ideelle Tätigkeiten verwendet werden. Ein Unternehmen muss bei der OG nicht vorhanden sein.

Es muss sich nur um eine **erlaubte**, also nicht gesetzlich verbotene oder gegen die guten Sitten verstoßende Tätigkeit handeln und die Tätigkeit darf **nicht**

zwingend einer anderen Rechtsform vorbehalten sein (zB Pensionskassen sind nach § 6 Abs 1 PKG zwingend in der Rechtsform einer AG zu führen).[3] [4]

> **Beachte:**
> Der Anwendungsbereich der GesbR und der OG (und auch der KG) ist grundsätzlich deckungsgleich. Allerdings ist § 8 Abs 3 zu beachten, der das Wahlrecht zwischen GesbR und OG (KG) insofern beschränkt, als bei Erreichen eines gewissen Schwellenwertes (700.000 Euro bzw eine Mio Euro Umsatzerlöse; § 189)[3] die Tätigkeit nicht (mehr) in einer GesbR ausgeübt werden kann, sondern verpflichtend die Eintragung einer OG oder KG vorzunehmen ist. Wird dieser **Schwellenwert** nicht überschritten, kann zwischen GesbR und OG/KG gewählt werden; wird er überschritten, steht nur mehr die OG/KG zur Verfügung.
> Diese Beschränkung der Wahlmöglichkeit und Verpflichtung zur Eintragung gilt grundsätzlich nicht für **Angehörige der freien Berufe und Land- und Forstwirte.** Sie können ihre Tätigkeit unabhängig von den Umsatzerlösen wahlweise in der Rechtsform einer GesbR oder OG/KG ausüben.

	Freiberufler Land- und Forstwirte		sonstige Tätigkeiten	
	UE[4] ≤ 700' bzw 1000'	UE[4] > 700' bzw 1000'	UE[4] ≤ 700' bzw 1000'	UE[4] > 700' bzw 1000'
OG/KG	✓	✓	✓	✓
GesbR	✓	✓	✓	✗

g) Mindestanzahl von zwei Gesellschaftern

Die OG kann – anders als Kapitalgesellschaften – **nicht** durch einen einzigen Gesellschafter gegründet oder fortgeführt werden (vgl § 105 letzter Satz). Für das Vorliegen einer OG sind zwingend mindestens zwei Gesellschafter – und zwar von der Gründung bis zur Beendigung – erforderlich. Eine Ein-Personen-OG gibt es nicht (RS0061413). Die Literatur spricht sich allerdings teilweise für die Zulässigkeit einer Ein-Personen-OG aus (etwa bei einer Zwei-Personen OG, bei der ein Gesellschafter nach dem Tod des anderen Gesellschafters dessen Anteil zunächst als Vorerbe erwirbt).

Dies hat letztendlich zur Konsequenz, dass das Ausscheiden des vorletzten Gesellschafters automatisch zum Erlöschen der Gesellschaft – ohne Liquidati-

---

[3] Der in § 189 festgelegte Schwellenwert gilt dann als überschritten, wenn eine OG in einem Geschäftsjahr mehr als eine Mio Euro Umsatzerlöse (UE) erzielt, oder in zwei aufeinander folgenden Geschäftsjahren jeweils ein Umsatzerlös von 700.000 Euro überschritten wird (§ 189 Abs 2).

[4] Umsatzerlöse im Geschäftsjahr in tausend Euro.

on – und zur Übernahme des Gesellschaftsvermögens mit sämtlichen Aktiven und Passiven im Wege der **Gesamtrechtsnachfolge** auf den verbleibenden Gesellschafter führt (§ 142 Abs 1): Ist der verbleibende Gesellschafter eine natürliche Person, wird die Tätigkeit in Form eines Einzelunternehmens weitergeführt; ist der verbleibende Gesellschafter eine juristische Person – etwa eine GmbH –, wird das Unternehmen künftig von dieser fortgeführt.

Will der letzte Gesellschafter das Gesellschaftsvermögen nicht übernehmen, wird die OG aufgelöst, abgewickelt und vollbeendet (siehe dazu unten Seiten 171 ff). Der letzte Gesellschafter hat daher immer eine Wahlmöglichkeit (außer er hat eine Ausschließungsklage gegen den vorletzten Gesellschafter erhalten; diesfalls tritt zwingend Gesamtrechtsnachfolge ein, ohne Wahlmöglichkeit für die Liquidation).

h) Unternehmereigenschaft

Die OG ist keine Unternehmerin kraft Rechtsform, denn sie ist in der Auflistung des § 2 nicht angeführt.[5] Die OG ist nur dann Unternehmerin, wenn sie ein Unternehmen iSd § 1 Abs 1 betreibt (**Unternehmereigenschaft kraft betriebenen Unternehmens**). Als ein Unternehmen ist dabei jede

- selbstständige,
- wirtschaftliche,
- nach außen erkennbare Tätigkeit,
- die gegen Entgelt erbracht wird,
- auf eine bestimmte Dauer ausgerichtet ist und
- ein gewisses Mindestmaß an Organisation erfordert, anzusehen (§ 1 Abs 2).

Ob alle diese Voraussetzungen vorliegen und damit die Unternehmereigenschaft zu bejahen ist, ist jeweils im Einzelfall zu prüfen. Auch die Übergangsbestimmung des § 907 Abs 2 macht dies deutlich. Vor dem 1. 1. 2007 entstandene O(H)G gelten nur dann als Unternehmen iSd § 1, wenn sie auch tatsächlich ein Unternehmen betreiben. Gleiches gilt naturgemäß für nach dem 1. 1. 2007 entstandene OG. Abhängig davon, ob eine OG ein Unternehmen betreibt oder nicht, sind auf sie nicht nur die §§ 105 bis 160 des Zweiten Buches des UGB anzuwenden, sondern können auch die übrigen Bücher des UGB für die OG zur Anwendung gelangen. Jedes Buch des UGB hat einen gesondert festgelegten Anwendungsbereich, weshalb die Anwendbarkeit der einzelnen Bücher des UGB jeweils gesondert zu prüfen ist:

> **Tipp:**
> Vor Lektüre des Nachfolgenden sollte die Gliederung des UGB studiert werden, die in den meisten Gesetzesausgaben abgedruckt ist.

---

[5] Im Ministerialentwurf zum HaRÄG war die OG noch als Unternehmerin kraft Rechtsform angeführt. Davon wurde allerdings in der Endfassung des HaRÄG Abstand genommen.

- Das **Erste Buch** des UGB (§§ 1 ff; zB betreffend Firma, Prokura usw) ist auf die OG dann anzuwenden, wenn diese ein Unternehmen betreibt. Dies gilt auch, wenn Gegenstand des Unternehmens eine freiberufliche oder land- und forstwirtschaftliche Tätigkeit ist (die „opting-in"-Möglichkeit des § 4 Abs 2 und 3 gilt nur für Einzelunternehmer; wird die unternehmerische freiberufliche oder land- und forstwirtschaftliche Tätigkeit in der Rechtsform einer OG ausgeübt, so besteht bereits deshalb eine Pflicht zur Firmenbucheintragung und ist aus diesem Grund der Anwendungsbereich des Ersten Buches eröffnet).
Auf die nicht unternehmerische OG ist das Erste Buch grundsätzlich nicht anzuwenden. Allerdings wird in der Literatur vertreten, dass etwa Bestimmungen über die Protokollierung und Firmenbuchführung (§§ 7 ff), die Firmenbildung und den Firmenschutz (§§ 17 ff) oder der Stellvertretung (§§ 48 ff) analog auch auf die nicht unternehmerische OG anzuwenden sind.

- Das **Dritte Buch** des UGB (§§ 189 ff) ist nur auf die unternehmerisch tätige OG anzuwenden, wenn bei dieser entweder kein unbeschränkt haftender Gesellschafter eine natürliche Person ist (also zB eine GmbH & Co OG; vgl § 189 Abs 1 Z 2 lit b) oder wenn die Schwellenwerte des § 189 Abs 1 Z 3 (700.000 Euro bzw eine Mio Euro Umsatzerlöse im Geschäftsjahr) überschritten werden.
Auf Angehörige der freien Berufe, Land- und Forstwirte sowie sog „Überschussrechner" iSd § 2 Abs 4 Z 2 EStG (das sind Unternehmer, die einkommenssteuerrechtlich außerbetriebliche Einkünfte erzielen; siehe dazu im Detail § 2 Abs 3 Z 4 bis 7 EStG) ist das Dritte Buch nicht anzuwenden, auch wenn diese Tätigkeit im Rahmen einer OG ausgeübt wird, es sei denn, es handelt sich um eine kapitalistische Personengesellschaft iSd § 189 Abs 1 Z 2 lit b. Nur dann kommt auch das Dritte Buch des UGB zur Anwendung.

- Das **Vierte Buch** des UGB (§§ 343 ff) ist auf die OG dann anzuwenden, wenn diese ein Unternehmen betreibt, unabhängig davon, ob es sich bei dieser Tätigkeit um eine freiberufliche oder eine land- und forstwirtschaftliche Tätigkeit handelt, oder wenn die OG als juristische Person des öffentlichen Rechts zu qualifizieren ist.

3. Sitz und Geschäftsanschrift

Die OG ist gemäß § 106 bei dem Gericht, in dessen Sprengel sie ihren Sitz hat, zur Eintragung in das Firmenbuch anzumelden. In dieser Anmeldung sind gemäß § 3 Z 4 FBG auch der Sitz und die für Zustellungen maßgebliche Geschäftsanschrift bekannt zu geben.

Die Gesellschafter sind bei der Festlegung des Sitzes der OG im Gesellschaftsvertrag weitgehend frei: **Sitz** kann jener Ort sein, an dem die (Haupt-)Verwaltung der Gesellschaft geführt wird, ebenso wie jeder beliebige Ort, zu dem ein – wenn auch nur geringfügiger, aber doch erkennbarer – Zusammenhang mit der realen Organisation der Gesellschaft besteht (RS0109356). Ist der Sitz im Gesellschaftsvertrag nicht festgelegt, gilt als Sitz jener Ort, an dem die (Haupt-)Verwaltung der Gesellschaft geführt wird.

Die **Geschäftsanschrift** ist ebenso in der Firmenbuchanmeldung bekannt zu geben: Sie enthält neben dem Ort (zB Linz) auch die konkrete Adresse unter Anführung der Straße und der Hausnummer. Die Geschäftsanschrift hat daher alle jene Informationen zu enthalten, auf deren Grundlage eine Zustellung an die Gesellschaft sichergestellt ist. Ändert sich die Geschäftsanschrift (ggf auch der Sitz), haben sämtliche Gesellschafter (§ 107 Abs 1) die neue, für die Zustellung maßgebliche Anschrift bekanntzugeben. Bei einer Änderung der Geschäftsanschrift in eine andere politische Gemeinde (= Sitzverlegung) hat die Firmenbuchanmeldung in beglaubigter Form zu erfolgen.

B. Gründung der OG

Im Vergleich zu den Kapitalgesellschaften ist die Gründung einer Personengesellschaft und damit einer OG **relativ einfach**. Es sind nur wenige zwingende gesellschaftsrechtliche Bestimmungen zu beachten. Dies liegt primär daran, dass bei den Personengesellschaften den Gesellschaftsgläubigern das Privatvermögen üblicherweise zumindest eines Gesellschafters (bei der OG: aller, zumindest zweier Personen) unbeschränkt als Haftungsfonds zur Verfügung steht (zur Besonderheit bei der GmbH & Co KG siehe noch unten Seiten 207 ff). Für die Personengesellschaften sind daher keine zwingenden Kapitalaufbringungs- und -erhaltungsvorschriften normiert.

Bei der Gründung einer OG ist zwischen der Errichtung und der Entstehung zu differenzieren:
- Die OG ist mit Abschluss des Gesellschaftsvertrags **errichtet**.
- Die OG **entsteht** mit Eintragung im Firmenbuch.

Die Phase zwischen Errichtung und Entstehung wird als „Stadium der **Vorgesellschaft**" bezeichnet.

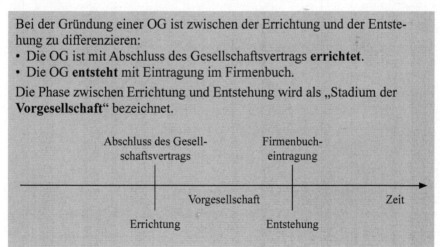

1. Originäre Gründung

a) Phase 1: Errichtung

(1) Abschluss eines Gesellschaftsvertrags

Für die Errichtung einer OG ist zunächst ein **von allen Gesellschaftern abgeschlossener Gesellschaftsvertrag** erforderlich. Dieser Gesellschaftsvertrag bindet die Gesellschafter im Innenverhältnis und verpflichtet sie dazu, die OG auch nach außen hin, durch Eintragung in das Firmenbuch, entstehen zu lassen.

Dieser kann grundsätzlich **formfrei**, somit schriftlich, mündlich oder konkludent geschlossen werden (RS0014301). Auch zwischen Eheleuten kann er grundsätzlich durch schlüssige Handlung oder durch Stillschweigen geschlossen werden (RS0027859; siehe aber sogleich).

> **Beachte:**
> Schon aus Beweissicherungszwecken und insbesondere aufgrund der unbeschränkten Haftung der OG-Gesellschafter empfiehlt sich stets der Abschluss eines Vertrags in Schriftform.

Bei dieser grundsätzlichen Formfreiheit ist allerdings zu beachten, dass sich für bestimmte Konstellationen **Formgebote** aus anderen gesetzlichen Bestimmungen ergeben können, wie etwa bei Verträgen mit Charakter eines Ehepakts, die gemäß § 1 Abs 1 NotAktsG notariatsaktspflichtig sind (zum Notariatsaktzwang eines zwischen Ehegatten abgeschlossenen Gesellschaftsvertrags siehe RS0023928; siehe aber sogleich). Gemäß § 23 Abs 1 UmgrStG ist ein schriftlicher Gesellschaftsvertrag erforderlich, um die steuerlichen Begünstigungen des UmgrStG in Anspruch nehmen zu können.

Bei der **inhaltlichen Ausgestaltung** des Gesellschaftsvertrags sind die Gesellschafter **weitgehend frei**, sodass die §§ 109 bis 122 nur dann zur Anwendung kommen, wenn im Gesellschaftsvertrag keine Regelung getroffen worden ist. Es sind keine zwingenden Kapitalaufbringungs- oder -erhaltungsvorschriften einzuhalten. Zwingend sind:

- § 109 Abs 4: Austrittsrecht bei Nachschussleistung;
- § 117 Abs 2: Recht zur Kündigung der Geschäftsführungsbefugnis aus wichtigem Grund;
- § 118 Abs 2: Kontrollrecht der Gesellschafter;
- § 132 Abs 2: Recht zur Kündigung des Gesellschaftsverhältnisses.

Beispiele für übliche Vertragsbestimmungen:[6]

Üblicherweise werden in den Gesellschaftsverträgen – in Anlehnung an die gemäß §§ 3 f FBG beim Firmenbuch vorzunehmenden Eintragungen – Firma und Sitz der Gesellschaft, Name der Gesellschafter unter Angabe von Geburtsdatum und Adresse sowie der Unternehmensgegenstand festgelegt. Auch Beginn und (zumeist unbestimmte) Dauer der Gesellschaft sowie das Geschäftsjahr (dieses muss nicht immer mit dem Kalenderjahr übereinstimmen) sollten geregelt werden. Weiters sollte vereinbart werden, welcher Gesellschafter welche Einlageleistungen zu erbringen hat und ob die Haftung Einzelner im Innenverhältnis beschränkt oder ausgeschlossen ist. In diesem Zusammenhang sollte auch festgelegt werden, wie der jeweilige Kapitalanteil und nach welchen Vorgaben der Stand des Kapitalkontos zu ermitteln ist. Auch empfiehlt sich zu regeln, wie die Beteiligung an Gewinn, Verlust und Substanz zu erfolgen hat und wie im Fall des Ausscheidens eines Gesellschafters die Höhe der Abfindung ermittelt wird. Bei dieser Gelegenheit ist es auch sinnvoll, Vorkehrungen zu treffen, wie vorzugehen ist, wenn ein Gesellschafter etwa durch Tod oder Kündigung aus der Gesellschaft ausscheidet. Es sollte auch festgelegt werden, von wem die Geschäftsführungs- und Vertretungsagenden übernommen werden, für welche Aktivitäten und mit welcher Mehrheit Gesellschafterbeschlüsse zu fassen sind und wie das Stimmgewicht in der Gesellschaft verteilt ist.

(2) Gesellschafter

Neben dem Abschluss eines Gesellschaftsvertrags ist weiters erforderlich, dass mindestens zwei Gesellschafter an der Gesellschaft beteiligt sind. Es ist **nicht** möglich, eine **Ein-Personen-OG** oder gar eine **Kein-Personen-OG** zu gründen oder zu führen.

Als OG-Gesellschafter kommt grundsätzlich jeder in Betracht, der **rechtsfähig** ist, somit sowohl natürliche als auch juristische Personen. Privatstiftungen können nicht Gesellschafter einer OG sein. Denn diese dürfen gemäß § 1 Abs 2 Z 3 PSG nicht unbeschränkt haftender Gesellschafter einer Eingetragenen Personengesellschaft, zu der die OG zählt, sein. Auch „quasi-juristische" Personen wie OG und KG können selbst Gesellschafter einer OG sein. Nichtrechtsfähige Rechtsgebilde, wie die GesbR, die stG oder eine Erbengemeinschaft können nicht Gesellschafter einer OG sein. Soll ein Minderjähriger Gesellschafter einer OG sein, ist hierfür eine pflegschaftsgerichtliche Genehmigung gemäß § 167 Abs 3 ABGB (vor dem Kindschafts- und Namensrechts-Änderungsgesetz § 154 Abs 3 ABGB) erforderlich.

---

[6] Muster eines OG-Vertrags siehe ua *Trausner* in *Kerschner*, Handbuch Vertragsgestaltung, Seite 240 ff.

b) Phase 2: Entstehung

(1) Firmenbuchanmeldung durch sämtliche Gesellschafter

Nach Abschluss des Gesellschaftsvertrags ist die OG beim Firmenbuch anzumelden. Die Anmeldung ist durch sämtliche Gesellschafter unabhängig von ihrer Geschäftsführungs- und Vertretungsbefugnis bei dem Gericht, in dessen Sprengel die Gesellschaft ihren Sitz hat, vorzunehmen (§ 106). Allerdings besteht die Möglichkeit, dass sich einzelne Gesellschafter aufgrund einer Vollmacht in öffentlich beglaubigter Form vertreten lassen. Zur Firmenbuchanmeldung sind alle Gesellschafter verpflichtet (§ 107). Wirken einzelne Gesellschafter an der Anmeldung nicht mit, kann ihre Mitwirkung durch Klage erzwungen werden. Wird vom Gericht übersehen, dass nicht alle Gesellschafter mitgewirkt haben, und die Gesellschaft eingetragen, gilt der Mangel als geheilt und die OG ist wirksam entstanden.

Mit der Firmenbuchanmeldung haben die Gesellschafter, die die Gesellschaft vertreten sollen, ihre Namensunterschrift zur Aufbewahrung bei Gericht vorzulegen, indem sie eine **Musterunterschrift** beim Firmenbuch einreichen (§ 107 Abs 2).

> **Beispiel für eine Musterunterschrift:**
> Ich, Max Muster, geboren am 1. 1. 1950, wohnhaft in ..., werde für die Max und Heide Muster OG wie folgt zeichnen: ... [*Datum, Unterschrift*]

(2) Konstitutive Firmenbucheintragung

Bei einer OG wird in das Firmenbuch gemäß §§ 3 f FBG **eingetragen**:

- Firma,
- Rechtsform,
- Sitz und die für Zustellungen maßgebliche Geschäftsanschrift,
- Bezeichnung des Geschäftszweiges,
- Tag des Abschlusses des Gesellschaftsvertrags (der Gesellschaftsvertrag selbst braucht der Anmeldung beim Firmenbuch nicht beigelegt werden, er kann ja auch konkludent oder stillschweigend abgeschlossen worden sein),
- Name, Geburtsdatum und Zustelladresse aller Gesellschafter sowie der Beginn und die Art ihrer Vertretungsbefugnis sowie
- gegebenenfalls:
  - Zweigniederlassungen unter Angabe von Ort, Geschäftsanschrift und Firma,
  - Prokuristen: Name, Geburtsdatum, Beginn und Art der Vertretungsbefugnis,
  - etwaige Haftungsausschlüsse (§ 38 Abs 4),
  - Dauer der OG (sofern zeitlich begrenzt),
  - bei Liquidation: Name und Geburtsdatum der Liquidatoren, sowie der Beginn und die Art der Vertretungsbefugnis,

- beim Exekutions- oder Insolvenzverfahren: Verfügungsbeschränkungen, deren Aufhebung und die Namen der gesetzlichen Vertreter und
- Vorgänge, durch die ein Betrieb oder Teilbetrieb übertragen wird sowie deren Rechtsgrund.

Erst mit **Firmenbucheintragung** (und nicht bereits mit Abschluss des Gesellschaftsvertrags) ist die OG **entstanden** (§ 123 Abs 1). Die Firmenbucheintragung ist daher **konstitutiv** (rechtsbegründend) und nicht bloß deklarativ (rechtsbekundend). Erst im Zeitpunkt der Entstehung wird die OG Rechtsträgerin im Außenverhältnis. Gemäß Art XXIII Abs 15 FBG gelten Eintragungen über Eingetragene Personengesellschaften, die in der Datenbank des Firmenbuchs vorgenommen wurden, als bekannt gemacht und müssen nicht veröffentlicht werden, dh es ist keine gesonderte Veröffentlichung in der Wiener Zeitung erforderlich.

Für alle nicht eingetragenen und damit nicht wirksam entstandenen „OG" (bzw „KG") fungiert die **GesbR** als allgemeine **Auffang-Rechtsform**.

Mit dieser zwingenden Firmenbucheintragung soll primär Klarheit und Rechtssicherheit geschaffen werden. Denn ohne eine solche konstitutive Firmenbucheintragung wäre im Geschäftsverkehr nicht immer erkennbar, ob das Tätigsein des Gegenübers auf Grundlage eines entsprechenden Gesellschaftsvertrags basiert oder nicht. Auf diese Weise kann die OG auch leichter von der GesbR unterschieden werden.

c) Zwischenphase: Vorgesellschaft („Vor-OG")

Zu klären ist noch, wie vorzugehen ist, wenn die Gesellschaft, die erst mit Firmenbucheintragung wirksam entsteht, in der Phase zwischen Abschluss des Gesellschaftsvertrags (Errichtung) und Firmenbucheintragung (Entstehung) vertragliche Verpflichtungen eingeht (siehe Grafik oben Seite 125). Denn es ist denkbar und in der Praxis häufig, dass die Gesellschaft schon Vorbereitungshandlungen setzen will, wie etwa die Anmietung von Büroräumlichkeiten oder den Kauf von Büroeinrichtungen. In dieser Phase wird die Gesellschaft in Literatur und Rechtsprechung als „**Vorgesellschaft**" bezeichnet.

Die Lösung des Problems findet sich in § 123 Abs 2: Es werden im Stadium der Vorgesellschaft alle Gesellschafter durch das Handeln eines Gesellschafters oder einer zur Vertretung der Gesellschaft bestellten Person berechtigt und verpflichtet. Zurechnungssubjekte (für die Rechte und Pflichten) sind die einzelnen Gesellschafter, weshalb die OG in der Phase der Vorgesellschaft („Vor-OG") als (nicht rechtsfähige) **GesbR** zu qualifizieren ist. Im Innenverhältnis zwischen den Gesellschaftern sind aber wohl, entsprechend dem Parteiwillen, bereits die Regelungen des Gesellschaftsvertrags und die Vorschriften über die OG anzuwenden.

Rechtsformunterschied:
Bei den Kapitalgesellschaften wird das Problem der Vorgesellschaft anders gelöst: Dort sind nicht die einzelnen Gesellschafter Zurechnungssubjekte. Vielmehr dient eine eigene Gesellschaft, die (rechtsfähige) „Vor-Gesellschaft", eine Rechtsform sui generis, als Zurechnungssubjekt (siehe dazu ausführlich Seiten 237 f).

Die Geschäfte, die von einem Gesellschafter oder einer rechtsgeschäftlich zur Vertretung der Gesellschaft bevollmächtigten Person im Namen der noch nicht in das Firmenbuch eingetragenen Gesellschaft geschlossen werden, sind den Gesellschaftern selbst **als Mitunternehmer zuzurechnen**. In Bezug auf den Gesellschafter wird also insbesondere aus Verkehrsschutzgründen angenommen, dass er – wie bei einer bereits eingetragenen Gesellschaft – schon aufgrund seiner Gesellschafterstellung vertretungsbefugt sein soll. Wurde im Gesellschaftsvertrag die Vertretung des Handelnden ausgeschlossen, für ihn eine Gesamtvertretung vorgesehen oder sonst seine Vertretungsmacht beschränkt, kommt auch bei Missachtung einer solchen Beschränkung das Rechtsgeschäft mit sämtlichen Gesellschaftern (einschließlich seiner Person) folglich dennoch **rechtswirksam** zustande. Der Dritte kann daher seine vertraglich wirksam zustande gekommenen Rechte gegenüber jedem Gesellschafter durchsetzen. Der Ausgleich zwischen den Gesellschaftern hat sodann im Innenverhältnis zu erfolgen.

Der Dritte kann sich im Stadium der Vorgesellschaft nur dann nicht auf ein wirksam zustande gekommenes Rechtsgeschäft berufen, wenn er den Mangel der Vertretungsmacht **kannte oder kennen musste** (§ 123 Abs 2 Satz 2). Denn bei Kenntnis oder fahrlässiger Unkenntnis der fehlenden Vertretungsmacht ist der Dritte nicht schutzwürdig.

Sobald die OG durch Eintragung in das Firmenbuch entstanden ist, tritt sie ohne weiteres rechtsgeschäftliches Zutun **automatisch** in die vor ihrem Entstehen in ihrem Namen geschlossenen Verträge ein (vgl im Unterschied dazu § 2 GmbHG und § 34 AktG). Ab diesem Zeitpunkt steht dem Vertragspartner daher „zusätzlich" die Gesellschaft als Haftungssubjekt zur Verfügung.

Beachte:
In der Praxis empfiehlt es sich, jene Vertragspartner, mit denen in der Phase der Vorgesellschaft Verträge abgeschlossen wurden, von der erfolgten Eintragung zu verständigen und darauf hinzuweisen, dass das Vertragsverhältnis automatisch auf die OG übergegangen ist und daher nunmehr diese Vertragspartnerin ist.

2. Derivative Gründung

Es ist auch möglich, eine OG durch Umgründung einer anderen, bereits bestehenden Gesellschaftsform zu schaffen. Als in eine OG umzuwandelnde Gesellschaftsformen stehen die Kapitalgesellschaften, die GesbR und die KG zur Verfügung („derivative Gründung").

Die Umwandlung einer **Kapitalgesellschaft** in eine OG erfolgt nach dem Umwandlungsgesetz (UmwG; siehe Seiten 483 ff), wobei dieses grundsätzlich zwei Arten der Vermögensübertragung vorsieht:

- Ist eine OG Hauptgesellschafter, also mit mindestens 90 % an der GmbH oder AG beteiligt, kann das Vermögen der Kapitalgesellschaft im Wege der Gesamtrechtsnachfolge auf die OG als bisherige Hauptgesellschafterin übertragen werden (**verschmelzende Umwandlung**).

- Handelt es sich bei dem bisherigen Hauptgesellschafter nicht um eine OG, besteht die Möglichkeit, das Vermögen einer Kapitalgesellschaft im Wege der Gesamtrechtsnachfolge auf eine zu errichtende OG zu übertragen, an der Personen beteiligt sind, die bisher gemeinsam zu mindestens 90 % an einer Kapitalgesellschaft beteiligt waren (**errichtende Umwandlung**). Da bei dieser Variante allerdings eine OG neu (originär) zu gründen ist, stellt diese nur bedingt einen Fall der „derivativen" Gründung dar.

Es ist auch möglich, dass eine **KG** ihr „Rechtskleid" gegen das einer OG eintauscht. Dies ist dann der Fall, wenn entweder

- sämtliche Kommanditisten (beschränkt haftende Gesellschafter) ihre Gesellschafterposition künftig als Komplementäre (unbeschränkt haftende Gesellschafter) ausüben oder wenn

- sämtliche Kommanditisten der KG aus dieser ausscheiden und zumindest zwei Gesellschafter in der Funktion als Komplementäre verbleiben (zu den Begriffen Komplementäre und Kommanditisten siehe ausführlich unten Seiten 183 f).

Weiters ist es möglich, dass eine **GesbR** in die Rechtsform einer OG wechselt. Seit der GesbR-Novelle ist klar geregelt, dass diese Umwandlung einen einstimmigen Beschluss der Gesellschafter voraussetzt, der überdies ein Verzeichnis des Gesellschaftsvermögens zu enthalten hat (dieses ist von den geschäftsführenden Gesellschaftern zu erstellen; §§ 1206 f ABGB). Abschließend bedarf es für die rechtskräftige Entstehung der OG noch der Firmenbucheintragung (§ 123 Abs 1). Klargestellt wurde nunmehr auch, dass das gesamte Vermögen der GesbR einschließlich aller Rechte und Pflichten auf die OG in Form der Gesamtrechtsnachfolge übergeht.

Vor dem In-Kraft-Treten des UGB ging die Rechtsprechung davon aus, dass es sich bei dieser Umwandlung um einen „identitätswahrenden" Rechtsformwechsel handelt (vgl nur 8 Ob 96/03f). Da nunmehr allerdings klargestellt ist, dass die OG – im Unterschied zur GesbR – rechtsfähig ist, geht die Lehre davon aus, dass bei einem solchen Rechtsformwechsel das Gesellschaftsvermögen vom bisherigen Rechtsträger (Miteigentum der GesbR-Gesellschafter) auf einen neuen Rechtsträger (die OG) übergeht. Es findet daher ein Eigentümerwechsel statt, weshalb kein identitätswahrender Rechtsformwechsel vorliegt.

Diese Firmenbucheintragung ist gemäß § 8 Abs 3 verpflichtend vorzunehmen, wenn die GesbR den Schwellenwert des § 189 (700.000 Euro bzw eine Mio Euro Umsatzerlöse im Geschäftsjahr) überschreitet, es sei denn, die GesbR übt eine freiberufliche oder land- und forstwirtschaftliche Tätigkeit aus und hat sich nicht gemäß § 4 freiwillig dem Ersten Buch des UGB unterworfen (siehe oben Seite 124). Mit der Firmenbucheintragung wird der Wechsel des „Rechtskleides" vollzogen, dh anders als nach der bis zum In-Kraft-Treten des HaRÄG geltenden Rechtslage („*Paternoster*-Theorie") kommt es nicht zu einem automatischen Wechsel der Rechtsform bei Über- oder Unterschreiten der Schwellenwerte.

Beachte:
Es ist auch möglich, ein bisher geführtes Einzelunternehmen durch Hinzutritt zumindest einer weiteren Person künftig als OG zu führen. Zu diesem Zweck ist eine OG neu zu gründen, wobei der bisherige Einzelunternehmer sein Unternehmen im Wege der Einzelrechtsnachfolge in die OG einbringt. Aufgrund der erforderlichen Neugründung ist dieser Fall jedoch nicht als „derivative" Gründung anzusehen. In einer solchen Konstellation sind § 1409 ABGB und § 38 zu beachten, die strenge Haftungen des Veräußerers (Einbringer des Einzelunternehmers) und des Erwerbers (OG) normieren.

C. Organisation der OG

1. Selbstorganschaft und Gestaltungsfreiheit

Die gesetzlichen Bestimmungen zur OG enthalten kein umfassendes Organisationsrecht, wie es etwa bei den Kapitalgesellschaften der Fall ist. Es sind von Gesetzes wegen keine zwingenden Organe und keine zwingenden Kompetenzen vorgesehen. Es fehlt bei der OG daher auch an einem Organ, dem die Geschäftsführung und Vertretung obliegt. Zur Führung der Geschäfte der Gesellschaft sind – automatisch, ohne formalen Bestellungsakt – alle Gesellschafter berechtigt und verpflichtet (§ 114 Abs 1) und nicht Dritte (Prinzip der Selbstorganschaft; vgl dazu oben Seite 41).

Der Gesetzgeber hat die Organisation der Gesellschaft weitgehend in die Hände der Gesellschafter gegeben. Diese können im Gesellschaftsvertrag ihre Organisation selbst regeln (**Prinzip der Gestaltungsfreiheit**). Nur wenn die Gesellschafter von dieser Möglichkeit nicht oder nicht in vollem Umfang Gebrauch machen, kommen die dispositiven Bestimmungen der §§ 109 bis 122 zur Anwendung (vgl dazu § 108).

Nur wenige Bestimmungen über die Gestaltung des Innenverhältnisses einer OG sind zwingend:

- So kann etwa auf das Austrittsrecht bei beschlossener Nachschussleistung und sonst nicht möglicher Fortführung der Gesellschaft im Vorhinein nicht verzichtet werden (§ 109 Abs 4) oder
- auf das Recht eines Gesellschafters zur Kündigung seiner Geschäftsführungsbefugnis aus wichtigem Grund nicht verzichtet werden (§ 117 Abs 2) oder
- das Kontrollrecht des nichtgeschäftsführenden Gesellschafters nicht ausgeschlossen oder beschränkt werden (§ 118 Abs 2).
- Auch das Recht eines Gesellschafters auf Kündigung der Gesellschaft kann nicht ausgeschlossen oder in anderer Weise als durch angemessene Verlängerung der Kündigungsfrist erschwert werden (§ 132 Abs 2).

Beachte:
Das Kontrollrecht konnte bis zum GesbR-RG beschränkt oder ausgeschlossen werden, solange kein Grund zu der Annahme unredlicher Geschäftsführung bestand. Seit 1. 1. 2015 sind keine Einschränkungen mehr zulässig.

2. Gesellschafterbeschlüsse

a) Allgemeines

Beschlüsse der Gesellschafter sind gesetzlich nur vereinzelt vorgesehen. So setzt etwa die Geltendmachung von Ansprüchen aus Wettbewerbsverletzungen (§ 113 Abs 2) einen Beschluss aller übrigen (dh mit Ausnahme des von dem Beschluss betroffenen) Gesellschafter voraus. Ebenso erfordert § 116 Abs 2 bei Entscheidungen über außergewöhnliche Geschäfte grundsätzlich einen Beschluss sämtlicher Gesellschafter (siehe zu abweichenden Gestaltungsmöglichkeiten im Gesellschaftsvertrag sogleich unten). Auch alle Änderungen des Gesellschaftsvertrags bedürfen eines Gesellschafterbeschlusses.

Für Gesellschafterbeschlüsse ist **keine bestimmte Form** vorgesehen. Maßgeblich ist lediglich, dass alle Gesellschafter eine Willenserklärung abgeben. Dementsprechend können Beschlüsse schriftlich oder mündlich bzw sogar konkludent gefasst werden. Im Gesellschaftsvertrag kann die Art und Weise der Beschlussfassung näher geregelt sein (zB Beschlussfassung ausschließlich im Rahmen der Gesellschafterversammlung, Fassung von Umlaufbeschlüssen).

b) Einstimmigkeit oder Mehrstimmigkeit

Gemäß § 119 Abs 1 sind Gesellschafterbeschlüsse **grundsätzlich einstimmig** zu fassen. Um Einstimmigkeit zu erzielen, müssen alle Gesellschafter (anwesende und abwesende) ihr Einverständnis zum Beschlussinhalt erklären.

Abweichend davon ist es aber auch zulässig, im Gesellschaftsvertrag die Möglichkeit von **Mehrheitsbeschlüssen** vorzusehen. § 119 Abs 2 sieht dazu vor, dass sich im Zweifel die Mehrheit nach den Beteiligungsverhältnissen errechnet. Nur dann, wenn nicht alle Gesellschafter am Kapital der Gesellschaft beteiligt sind, soll sich die Mehrheit nach Köpfen bestimmen. Arbeitsgesellschafter, denen der Gesellschaftsvertrag einen am Wert ihrer Arbeit orientierten Kapitalanteil zubilligt, sind als am Kapital beteiligt anzusehen. Im Gesellschaftsvertrag kann aber auch hier grundsätzlich Abweichendes festgelegt werden.

Generell ist bei der Festlegung und Formulierung von Mehrheitserfordernissen im Gesellschaftsvertrag Vorsicht geboten: Jedes Mehrheitserfordernis ist für den Minderheitsgesellschafter mit der Gefahr verbunden, überstimmt zu werden und somit dem „Willen der Mehrheit" ausgeliefert zu sein. Dieser Gefahr trugen Lehre und Rechtsprechung anfangs durch das **Bestimmtheitsgebot** Rechnung: Das im Gesellschaftsvertrag formulierte Mehrheitserfordernis sollte nur für jene Beschlussgegenstände gelten, die eindeutig (bestimmt) im Gesellschaftsvertrag formuliert waren. Eine pauschale Festlegung des Mehrheitserfordernisses führte daher stets (zum Vorteil des Minderheitsgesellschafters) dazu, dass – mangels Präzision im Gesellschaftsvertrag – für bedeutende Änderungen des Gesellschaftsvertrags weiterhin ein einstimmiger Gesellschafterbeschluss erforderlich war. Die Praxis hat auf diese Rechtsprechung insofern reagiert, als sie dazu übergegangen ist, die pauschale Festlegung des Mehrheitserfordernisses durch einen möglichst umfassenden und präzisen Katalog von Beschlussgegenständen zu ersetzen, wodurch der Minderheitsgesellschafter faktisch stets – auch in wichtigen, grundlegenden Angelegenheiten – überstimmt werden konnte. Der OGH hat sich mittlerweile vom Bestimmtheitsgebot distanziert (4 Ob 2147/96f).

Als Reaktion auf diese praktischen Umsetzungen haben Lehre und Rechtsprechung zum Schutz des Minderheitsgesellschafters die „**Kernbereichslehre**" entwickelt (RS0107117, RS0107118; siehe auch Seite 101). Danach können unverzichtbare Gesellschafterrechte (wie etwa das Auskunftsrecht in der Generalversammlung, Modifikationen des Stimmrechts, Modifikationen des Gewinnanspruchs) nur mit Zustimmung des betroffenen Gesellschafters beschränkt oder gänzlich entzogen werden.

> **Beachte:**
> Das Verhältnis dieser beiden Grundsätze zueinander ist umstritten: Für die kapitalistisch organisierte Gesellschaft hat der OGH ausgesprochen, dass nur die Kernbereichslehre, also nicht auch das Bestimmtheitsgebot, zu beachten ist (RS0107117; zuletzt 4 Ob 229/07s). Die jüngere Lehre schlägt seit neuerem vor, die beiden Grundsätze als bewegliches Modell in Anlehnung an die Beschlusserfordernisse des GmbHG zu verstehen (zB sollen Vertragsänderungen in Anlehnung an § 50 Abs 1 GmbHG der qualifizierten Mehrheit unterworfen werden).

Die **guten Sitten** sind jedenfalls zu beachten (RS0107118): Die gefassten Beschlüsse dürfen daher nicht zu einer gegen die guten Sitten verstoßenden Abhängigkeit des Minderheitsgesellschafters vom Mehrheitsgesellschafter führen.

Weiters sind die sowohl zwischen den Gesellschaftern untereinander als auch zwischen der Gesellschaft und den Gesellschaftern bestehende **Treuepflicht** sowie das Verbot der willkürlichen, die Minderheit schädigende Verfolgung von Eigeninteressen zu beachten (RS0107118): Die Interessen jedes Gesellschafters sind angemessen zu berücksichtigen, sofern sie auch die gesellschaftsrechtliche Sphäre betreffen. Gegen die Treuepflicht verstoßende Gesellschafter können sich schadenersatzpflichtig machen.

Darüber hinaus ist das **Gleichbehandlungsgebot** zu beachten (§ 112 Abs 1 Satz 2; RS0107118): Die Gesellschafter dürfen ohne sachlich gerechtfertigten Grund nicht ungleich behandelt werden (zB bei Gewinnverteilung, Entnahmerecht).

c) Stimmrecht

Grundsätzlich hat **jeder** Gesellschafter ein Stimmrecht, auch wenn er von der Geschäftsführung und/oder Vertretung ausgeschlossen ist. Das Stimmrecht kann grundsätzlich nur persönlich ausgeübt werden. Die Bevollmächtigung eines Dritten zur Ausübung des Stimmrechts ist nur mit Zustimmung aller übrigen Gesellschafter möglich (soweit diese Möglichkeit nicht bereits im Gesellschaftsvertrag eröffnet wurde).

In Einzelfällen sind bestimmte Gesellschafter jedoch schon nach dem Gesetz von der Ausübung ihres **Stimmrechts ausgeschlossen**. Dies gilt in Fällen, in denen sich der zu fassende Beschluss unmittelbar gegen einen Gesellschafter richten soll (zB bei Beschlüssen über die Verletzung des Wettbewerbsverbotes, die Entziehung der Geschäftsführungs- und Vertretungsbefugnis oder den Ausschluss eines Gesellschafters). In diesen Fällen ist die bestehende Interessenkollision des Gesellschafters zwischen seinen eigenen Interessen und jenen der Gesellschaft evident, sodass er an der Beschlussfassung nicht mitwirken soll. Die Diskussion insbesondere um die Reichweite des Stimmrechtsausschlusses wegen eines Interessenkonflikts läuft unter dem Schlagwort, dass niemand „Richter in eigener Sache" sein solle. Nach heute hA kommt auf die Frage des Stimmrechtsausschlusses § 39 Abs 4 GmbHG analog zur Anwendung.

3. Geschäftsführung

a) Definition

Jede Gesellschaft wird zu einem bestimmten Zweck gegründet (siehe oben Seiten 39 f). Dieser Zweck (zB Gewinnerzielung) soll durch Vornahme bestimmter rechtlicher und tatsächlicher Tätigkeiten (zB Verkauf von Waren), die im Unternehmensgegenstand umschrieben sind, erreicht werden.

Die Geschäftsführer haben dafür zu sorgen, dass der Gesellschaftszweck erreicht wird und die dazu erforderlichen Tätigkeiten festgelegt und ausgeführt werden. Die Geschäftsführer haben alle organisatorischen, kaufmännischen und personellen Maßnahmen zu treffen, die notwendig sind, um die konkreten Aufgaben der Gesellschaft zu erfüllen.

Definition:
Die Geschäftsführung umfasst alle Geschäfte und Handlungen, die sich als Betätigung der gemeinsamen wirtschaftlichen Organisation in der Richtung auf den Gesellschaftszweck darstellen (RS0061642).

Zumeist betreibt die Gesellschaft ein Unternehmen. Es gehört daher insbesondere zur Aufgabe der Geschäftsführer, dieses **Unternehmen zu leiten** und alle dafür notwendigen **rechtlichen und faktischen Maßnahmen zu treffen**: Dazu gehört es nicht nur, strategische Entscheidungen zu treffen, Rechtsgeschäfte abzuschließen, den Betrieb zu organisieren und die Buchhaltung zu führen, sondern auch, Mitarbeiter anzuweisen und zu beaufsichtigen, Dienstverhältnisse zu Mitarbeitern einzugehen und zu beenden oder für eine ausreichende Büroausstattung zu sorgen. Auch der Einkauf und Verkauf von Waren zählt zu den Aufgaben der Geschäftsführung (RS0061642), ebenso die Erstellung und Berichtigung einer Bilanz (RS0061372).

b) Erteilung, Entzug und Kündigung der Geschäftsführungsbefugnis

Die OG ist vom Prinzip der Selbstorganschaft getragen. Jeder Gesellschafter ist daher – **ohne formalen Bestellungsakt** – zur Geschäftsführung berechtigt (und verpflichtet), unabhängig davon, ob und wenn ja, welcher Kapitalanteil ihm zuzurechnen ist.

Allerdings kann im Gesellschaftsvertrag die Geschäftsführung einem Gesellschafter oder mehreren Gesellschaftern übertragen werden. In diesem Fall sind die übrigen Gesellschafter von der Geschäftsführung ausgeschlossen (§ 114 Abs 2). Zu beachten ist, dass nicht sämtliche Gesellschafter von der Geschäftsführung **ausgeschlossen** werden können, weil damit das Prinzip der Selbstorganschaft unterlaufen würde. Dritten kann daher die Geschäftsführungsbefugnis etwa durch Einräumung von Prokura oder Handlungsvollmacht nur insofern übertragen werden, als sichergestellt ist, dass den Gesellschaftern die oberste Entscheidungsbefugnis (zumindest: Kompetenz zur Abberufung des geschäftsführenden Dritten) zukommt und ihnen ein Weisungsrecht gegenüber dem Dritten eingeräumt ist.

Ein Gesellschafter darf im Zweifel seine Geschäftsführungsbefugnis nicht einem Dritten übertragen. Gemäß § 114 Abs 4 ist eine **Übertragung an Dritte** nur möglich, wenn dies im Gesellschaftsvertrag vorgesehen ist bzw allfällige im Gesellschaftsvertrag vorgesehene Voraussetzungen (zB Mehrheitsbeschluss) erfüllt sind. Soweit der Gesellschaftsvertrag die Übertragung gestattet, haftet der übertragende Gesellschafter nur für Auswahlverschulden (*culpa in eligendo*).

Die Geschäftsführungsbefugnis kann auch im Nachhinein auf Antrag („Rechtsgestaltungsklage im streitigen Verfahren") der übrigen Gesellschafter (somit einschließlich der von der Geschäftsführung ausgeschlossenen Gesellschafter) durch gerichtliche Entscheidung **entzogen** werden, wenn ein wichtiger Grund vorliegt.

> **Beispiel:**
> Ein **wichtiger Grund** kann zB vorliegen bei grober Pflichtverletzung, Unfähigkeit zur ordnungsgemäßen Geschäftsführung, Verlust des Vertrauensverhältnisses, wiederholtem Überschreiten der eigenen Befugnisse, Missbrauch des Widerspruchsrechtes (§ 117 Abs 1; RS0061714).

Der wichtige Grund muss nicht in einem **schuldhaften Verhalten** des Gesellschafter-Geschäftsführers liegen; vielmehr kann auch unverschuldete dauernde Krankheit oder altersbedingt erheblich verminderte Leistungsfähigkeit genügen. Auch in diesem Fall ist aber ein wichtiger Grund im Allgemeinen nur dann anzunehmen, wenn das weitere Verbleiben des Gesellschafters in seiner Stellung als Geschäftsführer nach den Umständen des Einzelfalls und unter Abwägung der Interessen sämtlicher Gesellschafter den übrigen Gesellschaftern nicht mehr zumutbar ist, weil die Fortdauer der Tätigkeit des betreffenden Gesellschafter-Geschäftsführers die Belange der Gesellschaft erheblich gefährden würde (RS0059623). Es ist eine Gesamtschau vorzunehmen (RS0118174).

> **Beachte:**
> Als Grundregel kann festgehalten werden, dass ein wichtiger Grund immer dann vorliegt, wenn die konkreten Umstände eine Fortsetzung der Tätigkeit unzumutbar machen.

Die Klage auf Entziehung der Geschäftsführungsbefugnis ist von allen übrigen – auch von den von der Geschäftsführung und Vertretung ausgeschlossenen – Gesellschaftern zu erheben. Liegt die Entziehung der Geschäftsführungsbefugnis aufgrund einer umfassenden Abwägung sämtlicher Umstände (besonderer Anlass, eigennütziger Zweck, wiederholte Verstöße usw) im Gesellschaftsinteresse, ist der einzelne Gesellschafter zur **Mitwirkung bei der Antragstellung** verpflichtet. Weigert sich ein Gesellschafter, an der Klageerhebung mitzuwirken, kann er auf Mitwirkung geklagt werden. Diese Klage kann mit der Klage auf Entziehung der Geschäftsführungsbefugnis verbunden werden.

Für die Klage auf Entziehung der Geschäftsführungsbefugnis besteht an sich **keine Frist**. Das längere Zuwarten mit der Entziehung kann aber einen Hinweis darauf darstellen, dass die für den Entzug geltend gemachten Umstände die weitere Geschäftsführung nicht unzumutbar machten, also keinen wichtigen Entziehungsgrund darstellten (RS0118173).

Im Fall einer solchen Klagsführung wird die Geschäftsführungsbefugnis mit Rechtskraft des klagestattgebenden **Urteils** entzogen. Soweit der Gesellschaftsvertrag dies vorsieht, kann die Geschäftsführungsbefugnis auch durch Beschluss der Gesellschafter entzogen werden. Diesfalls verliert der betroffene Gesellschafter seine Geschäftsführungsbefugnis mit **Beschlussfassung**.

Der geschäftsführende Gesellschafter kann aber auch selbst seine Geschäftsführungsbefugnis durch Abgabe einer **Kündigungserklärung** gegenüber allen anderen Gesellschaftern zurücklegen. Dieses Recht des geschäftsführenden Gesellschafters kann vertraglich nicht zu dessen Lasten abbedungen werden. Voraussetzung für eine Kündigung ist grundsätzlich das Vorliegen eines **wichtigen Grundes** (§ 117).

Das Kündigungsrecht ist insofern eingeschränkt, als der geschäftsführende Gesellschafter nicht zur **Unzeit** kündigen darf, sodass die Gesellschafter für die Führung der Geschäfte anderweitig Vorsorge treffen können, widrigenfalls der Gesellschafter den durch die unzeitige Kündigung verursachten Schaden zu ersetzen hat (vgl § 117 Abs 3). Der zur Unzeit kündigende Gesellschafter ist nur dann keinem Schadenersatzanspruch ausgesetzt, wenn ein wichtiger Grund für die unzeitige Kündigung vorgelegen ist, dem Kündigenden etwa aufgrund einer schweren Krankheit die weitere Tätigkeit für die Gesellschaft – wenn auch nur für kurze Zeit – nicht zugemutet werden kann.

Wurde einem Gesellschafter durch gerichtliches Urteil seine Geschäftsführungsbefugnis entzogen oder hat er selbst seine Geschäftsführungsbefugnis gekündigt, bleibt davon die Mitwirkungsmöglichkeit bzw -pflicht an **außergewöhnlichen Geschäften** unberührt.

c) Erforderliche Beschlussmehrheiten

Hinsichtlich der erforderlichen Beschlussmehrheiten ist zunächst danach zu unterscheiden, ob der Beschlussgegenstand ein **gewöhnliches oder ein außergewöhnliches Geschäft** ist. Diese Unterscheidung ist einzelfallbezogen zu treffen (5 Ob 214/06s). Maßgeblich sind etwa Art und Umfang des betreffenden Betriebs, Art, Größe und Bedeutung des jeweiligen Geschäfts für das Unternehmen sowie der Umstand, dass außergewöhnliche Geschäfte nur ausnahmsweise vorkommen (RS0061660).

> **Beispiel:**
> Ein außergewöhnliches Geschäft kann die Kündigung des Mietgegenstands der OG, eine Unternehmenssanierung, unübliche Kreditgewährung oder die Aufnahme eines stillen Gesellschafters darstellen.

Hinsichtlich der erforderlichen Beschlussmehrheiten ist auch die für die Erteilung und den Widerruf einer Prokura vorgesehene Sonderbestimmung sowie die Sonderthematik „Grundlagengeschäfte" zu beachten (siehe dazu Seite 141 f).

> **Beachte:**
> Bei der Geschäftsführung ist daher zu differenzieren zwischen
> - gewöhnlichen Geschäften und
> - außergewöhnlichen Geschäften.
> Von der Geschäftsführung sind die Grundlagengeschäfte zu unterscheiden.

(1) Gewöhnliche Geschäfte

Gemäß § 114 Abs 1 sind bei der OG zur Führung der Geschäfte der Gesellschaft **alle** Gesellschafter berechtigt und verpflichtet. Es besteht allerdings die Möglichkeit, im Gesellschaftsvertrag einzelne Gesellschafter von der Geschäftsführung auszuschließen (§ 114 Abs 2).

Es gilt der **Grundsatz der Einzelgeschäftsführungsbefugnis**. Jeder Gesellschafter ist berechtigt und verpflichtet, alleine die Geschäfte der Gesellschaft zu führen. Dieses Prinzip hat den Vorteil, dass die Geschäftsführung flexibler ist und rascher reagiert werden kann, wenngleich damit auch eine gewisse Gefahr verbunden ist: Mangelhafte bzw fehlerhafte Organisation kann zu unkontrollierten Zuständen führen. Ein Gesellschafter kann – ohne Kontrolle durch einen weiteren Gesellschafter – (eigennützige) Entscheidungen treffen.

Das Gesetz sieht – zum Schutz der Gesellschafter[7] – **zwei Durchbrechungen** des Prinzips der Einzelgeschäftsführungsbefugnis vor:

- Jeder geschäftsführende (!) Gesellschafter hat – sofern im Gesellschaftsvertrag nicht abbedungen – gemäß § 115 Abs 1 die Möglichkeit, der Vornahme einer Handlung durch einen anderen geschäftsführenden Gesellschafter zu widersprechen. Auf Verlangen ist der **Widerspruch** zu begründen. Den von der Geschäftsführung ausgeschlossenen Gesellschaftern ist ein solches Widerspruchsrecht gesetzlich nicht eingeräumt. Bei einem Widerspruch hat die Handlung – als Ausfluss der Treuepflicht – zu unterbleiben. Das Widerspruchsrecht kann vertraglich ausgeschlossen oder auf bestimmte (wichtige) Angelegenheiten beschränkt werden.
Es kann an sich auch der Vornahme einer unbedeutenden und selbstverständlichen Handlung widersprochen werden. Nur ein Widerspruch, der pflichtwidrig erhoben ist und gegen das Gebot der Treuepflicht verstößt, ist unbeachtlich. Bei verschiedener Auffassung über die Zweckmäßigkeit ist der Widerspruch zu beachten, selbst wenn er sachwidrig ist. Das Wider-

---

[7] Die Gläubiger werden nicht gesondert geschützt, weil alle Gesellschafter einer OG im Außenverhältnis unbeschränkt mit ihrem Privatvermögen haften.

spruchsrecht gilt für Handlungen aller Art, richtet sich aber stets nur gegen konkrete Maßnahmen (RS0061600). Das Ausüben des Widerspruchsrechts setzt freilich voraus, dass die anderen geschäftsführenden Gesellschafter von der beabsichtigten Maßnahme informiert worden sind oder auf sonstige Weise Kenntnis erlangt haben. Zwar besteht keine generelle Informationspflicht; die Treuepflicht verlangt aber, dass ein geschäftsführender Gesellschafter die übrigen geschäftsführenden Gesellschafter über beabsichtigte Handlungen informiert, wenn er mit dem Widerspruch eines geschäftsführenden Mitgesellschafters rechnen muss.

- Der geschäftsführende Gesellschafter kann im Gesellschaftsvertrag an die **Weisungen** der übrigen Gesellschafter gebunden werden (§ 115 Abs 3). Der geschäftsführende Gesellschafter hat die ihm erteilten Weisungen zu beachten, es sei denn, er durfte nach den Umständen annehmen, dass die übrigen Gesellschafter bei Kenntnis der Sachlage die Abweichung billigen würden. In diesem Fall hat er die Abweichung den übrigen Gesellschaftern anzuzeigen und ihre Entscheidung abzuwarten, wenn nicht Gefahr in Verzug ist.

Abweichend vom gesetzlichen Regelfall der Einzelgeschäftsführung kann **im Gesellschaftsvertrag Gesamtgeschäftsführungsbefugnis** angeordnet sein: So können die geschäftsführungsbefugten Gesellschafter – je nach Festlegung im Gesellschaftsvertrag – nur einstimmig oder mehrheitlich eine Entscheidung über die Vornahme einer Handlung treffen. Die Zustimmung ist – außer bei Gefahr in Verzug – vorab einzuholen.

Die **Mehrheit** bemisst sich – mangels einer Festlegung im Gesellschaftsvertrag – gemäß § 119 Abs 2 im Zweifel nach der Beteiligung am Kapital; sofern nicht alle Gesellschafter am Kapital beteiligt sind, ermittelt sich das Stimmgewicht nach Köpfen. Auch Arbeitsgesellschafter, denen der Gesellschaftsvertrag einen am Wert der Arbeit orientierten Kapitalanteil zukommen lässt, gelten als am Kapital beteiligt.

Die Gesamtgeschäftsführungsbefugnis kann nur dort nicht festgelegt werden, wo das Gesetz die Einzelgeschäftsführungsbefugnis zwingend vorschreibt, wie dies etwa bei der Insolvenzantragspflicht nach § 69 IO der Fall ist.

Es kann auch eine **Ressortverteilung** vorgesehen sein. Abhängig von den persönlichen Fähigkeiten sind die Gesellschafter für bestimmte Bereiche eigenverantwortlich: Einem obliegen die Personalagenden, einem das Finanzressort usw. Die Gesellschafter haben die Tätigkeit in „fremden" Ressorts nur in wichtigen Angelegenheiten und soweit zumutbar zu kontrollieren.

(2) Außergewöhnliche Geschäfte

Zur Vornahme von außergewöhnlichen Geschäften ist gemäß § 116 Abs 2 ein **Beschluss sämtlicher Gesellschafter** notwendig (auch bei Gefahr in Verzug). Auch nicht geschäftsführungsbefugte Gesellschafter sind daher stimmberechtigt.

> **Beachte:**
> Abweichend davon kann im Gesellschaftsvertrag aber auch vorgesehen sein, dass sich die Einzelgeschäftsführungsbefugnis auf außergewöhnliche Geschäfte erstreckt, oder ein Mehrheitserfordernis festgelegt werden.

Werden nicht sämtliche Gesellschafter dem Beschluss beigezogen, und wird zB der Abschluss eines Rechtsgeschäfts vorgenommen, hat dies keinen Einfluss auf die Wirksamkeit des Rechtsgeschäfts im Außenverhältnis. Das Rechtsgeschäft gilt als mit dem Dritten wirksam abgeschlossen. Im Innenverhältnis können allerdings die agierenden Personen zur Verantwortung gezogen werden, etwa durch Entzug der Geschäftsführungs- und Vertretungsbefugnis (§§ 117, 127) oder den Ausschluss aus der Gesellschaft (§ 140). Die Pflichtverletzung kann auch Schadenersatzansprüche nach sich ziehen.

(3) Sonderthema: Erteilung und Widerruf der Prokura

Gemäß § 116 Abs 3 Satz 1 bedarf die **Bestellung** eines Prokuristen der Zustimmung aller **geschäftsführender Gesellschafter** (also der Fassung eines **einstimmigen** Beschlusses der geschäftsführenden Gesellschafter), außer bei Gefahr in Verzug. Auch für die **Erweiterung** einer Prokura ist Einstimmigkeit erforderlich. Ist die Erteilung der Prokura jedoch für die Gesellschaft eine außergewöhnliche Maßnahme, ist iSd § 116 Abs 2 ein Beschluss sämtlicher Gesellschafter erforderlich.

Widerrufen kann die Prokura hingegen **jeder** zur Erteilung oder zur Mitwirkung bei der Erteilung befugte Gesellschafter (§ 116 Abs 3 Satz 2), unabhängig davon, ob dieser einzel- oder gesamtgeschäftsführungsbefugt ist. Dies gilt auch für nachträgliche **Beschränkungen** der Prokura.

Dieses – im Vergleich zur Bestellung und Erweiterung – unterschiedliche Mehrheitserfordernis ist als eine Fortführung des Einstimmigkeitserfordernisses bei der Bestellung bzw Erweiterung zu betrachten: Bei der Bestellung/Erweiterung müssen sich alle geschäftsführenden Gesellschafter einig sein; geht diese Einigkeit in der Folge verloren, soll die Prokura auch durch einen einzigen geschäftsführenden Gesellschafter widerrufen bzw beschränkt werden können.

(4) Sonderthema: Grundlagengeschäfte

Nicht zur Geschäftsführung zählen jene Maßnahmen, die die Grundlagen der Gesellschaft betreffen.

> **Beispiel:**
> Grundlagengeschäfte können sein: die Liquidation der Gesellschaft, die Änderung des Gesellschaftsvertrages oder Maßnahmen, die die Beziehungen der Gesellschafter untereinander regeln (etwa der Ausschluss/die Aufnahme

> eines Gesellschafters oder die Befreiung eines Gesellschafters vom Wettbewerbsverbot).

Diese bedürfen grundsätzlich eines **(einstimmigen) Beschlusses** aller Gesellschafter. Zu den Modalitäten der Beschlussfassung und zum Ein- bzw Mehrstimmigkeitsprinzip bei Gesellschafterbeschlüssen siehe oben Seiten 133 ff.

d) Rechte und Pflichten geschäftsführungsbefugter Gesellschafter

(1) Haftung

Das UGB selbst enthält keine Vorschriften über die Haftung der geschäftsführenden Gesellschafter. Nach hA sind die Regelungen des GmbHG bzw AktG, bzw seit dem GesbR-RG die Bestimmung des § 1189 Abs 3 ABGB analog anzuwenden. Danach haben die geschäftsführungsbefugten Gesellschafter mit gebotener Sorgfalt vorzugehen, da sie ansonsten gegenüber der Gesellschaft für den durch die Unterlassung der gebotenen Sorgfalt entstandenen Schaden einzustehen haben.

Grundsätzlich haftet der geschäftsführende Gesellschafter der Gesellschaft gegenüber bei Nicht- oder Schlechterfüllung seiner Geschäftsführungspflichten für den dadurch entstandenen Schaden. Er hat bei der Erfüllung seiner Geschäftsführungspflicht den erhöhten, objektiven Sorgfaltsmaßstab des § 1299 ABGB zu beachten und die **Sorgfalt eines ordentlichen Unternehmers** einzuhalten (vor In-Kraft-Treten des HaRÄG galt der Sorgfaltsmaßstab des Art 7 Nr 3 EVHGB; Maßstab war die Sorgfalt wie in eigenen Angelegenheiten – *diligentia quam in suis*).

> **Beachte:**
> Der geschäftsführende Gesellschafter ist grundsätzlich dann keinem Schadenersatzanspruch ausgesetzt, wenn die Pflichtverletzung aus einer Handlung resultiert, die auf der Grundlage einer **Weisung** oder einer (auch nachträglichen) **Genehmigung** erfolgte. Haben alle Gesellschafter einer schadensbegründenden Handlung gegen die Gesellschaft zugestimmt, entfällt die Haftung der geschäftsführenden Gesellschafter (RS0059474).
> Der geschäftsführende Gesellschafter hat **Weisungen** nur dann zu beachten, wenn sie im Gesellschaftsvertrag enthalten sind oder auf einem – mangels abweichender Vereinbarung einstimmigen – Beschluss beruhen. Ist der geschäftsführende Gesellschafter an Weisungen der übrigen Gesellschafter gebunden, kann er von den ihm erteilten Weisungen nur abweichen, wenn er den Umständen nach annehmen durfte, dass die übrigen Gesellschafter bei Kenntnis der Sachlage die Abweichung billigen würden. Er hat die Abweichung den übrigen Gesellschaftern anzuzeigen und ihre Entscheidung abzuwarten, wenn nicht Gefahr in Verzug ist (§ 115 Abs 3 Satz 2).

Auch **Dritten gegenüber** kommt eine Haftung des (vertretungsbefugten) Geschäftsführers in Betracht: etwa gegenüber der Abgabenbehörde (§§ 9 iVm § 80 f BAO) oder den Sozialversicherungsträgern (§ 67 Abs 10 ASVG); auch eine Haftung wegen verspäteter Insolvenzantragstellung ist denkbar (vgl § 69 Abs 3 IO). Gemäß § 9 VStG ist für die Einhaltung von Verwaltungsvorschriften durch Eingetragene Personengesellschaften verantwortlich, wer „zur Vertretung nach außen" berufen ist. Der (vertretungsbefugte) Geschäftsführer haftet sohin grundsätzlich auch für die Übertretung von Verwaltungsvorschriften. Von dieser Haftung kann er sich allerdings durch die Bestellung eines „verantwortlichen Beauftragten" befreien (vgl § 9 Abs 2 VStG).

(2) Berichts-, Auskunfts- und Rechenschaftspflicht

Der geschäftsführende Gesellschafter ist gemäß § 114 Abs 3 verpflichtet,

- der Gesellschaft die **„erforderlichen" Nachrichten** (das sind Nachrichten, die für die Gesellschafter von Interesse sind, wie etwa bei Geschäftsführungsmaßnahmen von größerer Bedeutung oder bei Änderung der gesellschaftsvertraglichen Grundlagen) zu geben und

- auf **Verlangen** über den Stand der Geschäfte Auskunft zu erteilen und Rechenschaft abzulegen (etwa über einzelne Punkte der Bücher, die den Gesellschaftern bei Ausübung ihres Einsichtsrechts nach § 118 noch unklar geblieben sind).

Diese Pflichten des geschäftsführenden Gesellschafters können von jedem einzelnen Gesellschafter mit der *actio pro socio* (siehe Seiten 160 f) eingefordert werden.

(3) Ersatz für Aufwendungen und Verluste, Herausgabepflicht

In der Praxis wird dem geschäftsführenden Gesellschafter für seine Mühen oft eine gewinnunabhängige Vergütung gewährt. Er ist aber **kein Angestellter** iSd AngG und hat daher auch keinen gesetzlichen Anspruch auf Entlohnung.

Gemäß § 110 Abs 1 und 2 gebührt dem Gesellschafter für **Aufwendungen**, die er in Gesellschaftsangelegenheiten macht und die er den Umständen nach für erforderlich halten durfte, ein Ersatz (inkl Zinsen). Notwendig für den Ersatz ist daher, dass

- es sich um Aufwendungen *für* die Gesellschaft handelt,
- diese, aus der Sicht *ex ante*, auch erforderlich waren und
- der Gesellschafter befugterweise in Gesellschaftsangelegenheiten agierte.

Der Aufwandersatzanspruch wird daher regelmäßig dem geschäftsführenden Gesellschafter zustehen, aber auch dem Gesellschafter, der von der Geschäftsführung ausgeschlossen ist, wenn er beauftragt wurde, Handlungen vorzunehmen, die zu den Aufwendungen geführt haben.

Selbiges gilt auch für **Verluste**, die der Gesellschafter unmittelbar durch seine Geschäftsführung erleidet, oder aus Gefahren, die mit ihr untrennbar verbunden sind (§ 110 Abs 1).

Den Gesellschafter trifft überdies eine Herausgabepflicht an die Gesellschaft, und zwar für alles, was er zur Führung der Geschäfte erhält bzw was er aus der Geschäftsführung erlangt (§ 110 Abs 4), wie etwa Provisionen oder Barmittel.

4. Vertretung

a) Definition und Umfang der Vertretungsbefugnis

Vertretungsbefugnis meint die Befugnis, rechtliche Wirkungen für und gegen die Gesellschaft direkt zu erzeugen, wobei stets zwischen der aktiven und der passiven Vertretungsbefugnis zu unterscheiden ist:

- die **aktive** Vertretungsbefugnis umfasst die Möglichkeit zur Abgabe,
- die **passive** Vertretungsbefugnis die Möglichkeit zur Entgegennahme von Willenserklärungen (zB Entgegennahme einer Mängelrüge).

Die **Vertretungsmacht** der Gesellschafter erstreckt sich gemäß § 126 Abs 1 auf **alle** (gewöhnlichen und außergewöhnlichen) gerichtlichen und außergerichtlichen **Geschäfte und Rechtshandlungen** einschließlich der Veräußerung und Belastung von Grundstücken sowie der Erteilung und des Widerrufs der Prokura. Nicht von der Vertretungsbefugnis umfasst sind hingegen jene Maßnahmen, die die Grundlage der Gesellschaft betreffen oder die Beziehungen der Gesellschafter untereinander regeln („Grundlagengeschäfte"; siehe dazu oben Seiten 141 f).

> **Unterschied:**
> Die Vertretungsbefugnis bezieht sich im Unterschied zur Geschäftsführungsbefugnis auf alle gewöhnlichen und außergewöhnlichen Geschäfte.

Der Umfang der Vertretungsmacht kann im Außenverhältnis, also Dritten gegenüber, aus Gründen des Verkehrsschutzes, nicht wirksam beschränkt werden: Die Vertretungsmacht bei der OG ist daher – im Unterschied zur Geschäftsführungsbefugnis – im Außenverhältnis unbeschränkt und unbeschränkbar. § 126 Abs 2 führt dazu aus, dass insbesondere **Beschränkungen**, wonach sich die Vertretung nur auf gewisse Geschäfte oder Arten von Geschäften erstrecken soll, oder dass sie nur unter gewissen Umständen oder für eine gewisse Zeit oder an einzelnen Orten stattfinden soll, unwirksam sind. Es entfaltet daher grundsätzlich jede Vertretungshandlung eine rechtliche Wirkung für die Gesellschaft. Lediglich eine Beschränkung der Vertretungsmacht auf eine bestimmte Niederlassung ist gemäß § 126 Abs 3 möglich, sofern die Niederlassungen unter verschiedenen Firmen geführt werden (etwa durch Verwendung des Zusatzes „Zweigniederlassung Salzburg"). Die OG braucht sich eine

Vertretungshandlung auch dann nicht zurechnen zu lassen, wenn ein Fall von Kollusion vorliegt, das Vertretungsorgan und der jeweilige Dritte also arglistig zusammengewirkt haben, um die Gesellschaft zu schädigen.

Intern sind Beschränkungen der Vertretungsmacht möglich. Diese haben aber keine Wirkung im Außenverhältnis. Selbst wenn der Dritte die (interne) Beschränkung kannte, muss die Gesellschaft ein unter Verletzung dieser Beschränkung zu Stande gekommenes Geschäft gegen sich gelten lassen. Ausgenommen ist wiederum der Fall der Kollusion (= arglistiges Zusammenwirken mit Schädigungsabsicht). Irrelevant ist in diesem Zusammenhang auch, ob die Vertretungshandlung durch die Geschäftsführungsbefugnis gedeckt ist.

b) Gesetzliche und vertragliche Vertretungsregelungen

Als Ausfluss des Prinzips der Selbstorganschaft und des Gleichbehandlungsgebots gilt bei der OG gemäß § 125 Abs 1 – wie bei der Geschäftsführung (siehe dazu oben Seite 139) – der Grundsatz der **Einzelvertretungsbefugnis**. Dies ist unabhängig davon, ob und, wenn ja, welcher Kapitalanteil dem Gesellschafter zuzurechnen ist. Ein Widerspruchsrecht – wie bei der Geschäftsführung – gibt es nicht.

Der Gesellschaftsvertrag kann allerdings **Abweichendes** festlegen:

- Im Gesellschaftsvertrag können einzelne Gesellschafter von der Vertretung **ausgeschlossen** werden (§ 125 Abs 1). Zu beachten ist, dass nicht sämtliche Gesellschafter von der Vertretung ausgeschlossen werden können, weil in diesem Fall das Prinzip der Selbstorganschaft unterlaufen würde. Eine vollständige Übertragung der organschaftlichen Vertretungsbefugnis an Dritte ist nur im Liquidationsstadium und beim Verlassenschaftsprovisorium (§ 32 Abs 2) möglich.
Soll ein ursprünglich (kraft Gesetz) vertretungsbefugter Gesellschafter in der Folge von der Vertretung ausgeschlossen werden, bedarf dies eines einstimmigen Gesellschafterbeschlusses (der Betroffene darf mitstimmen), sofern nicht im Gesellschaftsvertrag ein bloßer Mehrheitsbeschluss vorgesehen ist.
- Es besteht die Möglichkeit – in Abweichung von der gesetzlich vorgesehenen Einzelvertretungsbefugnis – (für alle oder bestimmte Arten von Geschäften) eine **echte Gesamtvertretung** vorzusehen (so explizit § 125 Abs 2): Diesfalls können alle (oder manche) Gesellschafter (auch bei Gefahr in Verzug) nur gemeinsam die Gesellschaft aktiv vertreten, wobei das gemeinsame Tätigwerden nicht zwangsläufig ein gleichzeitiges bedeuten muss. Eine Vorwegermächtigung oder nachträgliche Zustimmung zur Vertretungshandlung entspricht meist der praktischen Vorgehensweise. Beachtlich ist, dass nach der Rechtsprechung des OGH einem nur kollektivvertretungsbefugten Organmitglied keine Einzelprokura erteilt werden kann (RS0124999). Das bedeutet, dass für den Fall, dass eine GmbH Gesellschafterin einer OG ist und im Gesellschaftsvertrag Gesamtvertretung vorgesehen ist, dem einzel-

vertretungsbefugten Geschäftsführer der GmbH (der als Organ der GmbH deren Gesellschafterstellung in der OG wahrnimmt) keine Einzelprokura erteilt werden darf. Der OGH begründet dies im Wesentlichen damit, dass die in der Satzung vorgesehene Kollektivvertretung und die damit verbundene Kontrolle zwischen den handelnden Organen unterlaufen werden würde.

Für die **passive Vertretungsbefugnis** gilt – schon aus praktischen Gründen – zwingend stets die Einzelvertretungsbefugnis (§ 125 Abs 2 3. Satz). Zur Entgegennahme von Willenserklärungen gegenüber der Gesellschaft ist sohin jeder vertretungsbefugte Gesellschafter berechtigt.

- Die **halbseitige Gesamtvertretung** stellt eine Kombination aus Einzel- und Gesamtvertretung dar. Eine solche liegt etwa dann vor, wenn ein Gesellschafter (A) nur gemeinsam mit einem weiteren Gesellschafter (B) vertretungsbefugt ist, dieser weitere Gesellschafter (B) jedoch die Gesellschaft auch alleine vertreten darf.

- Im Gesellschaftsvertrag kann auch (so explizit § 125 Abs 3) für die aktive Vertretungsbefugnis bestimmt werden, dass (für alle oder bestimmte Arten von Geschäften) einzelne Gesellschafter nur mit einem Prokuristen zur Vertretung der Gesellschaft ermächtigt sein sollen (**gemischte oder unechte Gesamtvertretung**). Dies ist jedoch nur dann möglich, wenn nach dem Gesellschaftsvertrag Gesamtvertretung vorgesehen ist. Der Umfang der Vertretungsmacht bemisst sich hier – auch für den Prokuristen – nach der organschaftlichen Vertretungsmacht, also nach der Vertretungsmacht des Gesellschafters. Bei dieser Ausgestaltung ist jedenfalls darauf zu achten, dass die Vertretungsbefugnis bei der OG so geregelt wird, dass deren Vertretung auch ohne Mitwirkung eines Prokuristen möglich ist (zB Vertretung durch zwei Gesellschafter oder einen Gesellschafter und einen Prokuristen).

c) Erteilung und Entzug der Vertretungsbefugnis

Den Gesellschaftern obliegt die Vertretungsbefugnis – wie bei der Geschäftsführungsbefugnis – **ohne formellen Akt**. Bereits aufgrund der Gesellschafterstellung ist jeder Gesellschafter grundsätzlich vertretungsbefugt. Nicht-Gesellschaftern kann die Vertretungsbefugnis nur durch Prokura oder Handlungsvollmacht eingeräumt werden.

Die Vertretungsbefugnis kann im Nachhinein in einem streitigen Verfahren aufgrund einer Rechtsgestaltungsklage der übrigen Gesellschafter (somit auch der von der Geschäftsführung ausgeschlossenen Gesellschafter) durch gerichtliche Entscheidung **entzogen** werden. Voraussetzung dafür ist, dass ein wichtiger Grund vorliegt. Im Gesellschaftsvertrag kann auch Abweichendes vereinbart werden, wie etwa der Entzug mittels Gesellschafterbeschlusses.

> **Beispiel:**
> Ein wichtiger Grund liegt zB bei grober Pflichtverletzung, Unfähigkeit zur ordnungsgemäßen Vertretung (§ 127) und Verlust des Vertrauensverhältnisses vor.

d) Firmenbucheintragung

Jede Änderung der **Vertretungsbefugnis** ist aus Gründen des Verkehrsschutzes von sämtlichen (auch nicht vertretungsbefugten) Gesellschaftern (einschließlich des betroffenen Gesellschafters) beim Firmenbuch anzumelden (§ 125 Abs 4). Dies gilt insbesondere für den Ausschluss eines Gesellschafters von der Vertretung und den Entzug der Vertretungsbefugnis. Bei jedem Gesellschafter sind Name, Geburtsdatum, Beginn und Art der Vertretungsbefugnis einzutragen (vgl dazu auch § 3 Z 8 FBG). Gesellschafter können sich mittels einer beglaubigt unterfertigten Vollmacht auch vertreten lassen (§ 11 Abs 2).

> **Beachte:**
> Hinsichtlich der Firmenbucheintragungen ist der Vertrauensschutz des § 15 zu beachten.

Im Firmenbuch ist nur die Vertretungsbefugnis, nicht jedoch die Geschäftsführungsbefugnis einzutragen.

D. Haftungsordnung der OG

1. Haftung der Gesellschaft

Die OG ist ein rechtsfähiges Gebilde. Sie kann selbst Vertragspartnerin sein, sodass sie für die von ihr eingegangenen Rechtspositionen auch mit dem gesamten Gesellschaftsvermögen einzustehen hat.

Gesellschaftsschulden sind alle Verbindlichkeiten, die die OG unter ihrer Firma begründet und die sie zu erfüllen hat. Der Rechtsgrund der Verbindlichkeit ist unerheblich, es kann sich daher sowohl um privatrechtliche als auch um öffentlich-rechtliche Verbindlichkeiten handeln.

Soll die Gesellschaft aufgrund eines Vertrags zur Haftung herangezogen werden (zB Zahlung des Kaufpreises gem § 1062 ABGB), müssen drei Voraussetzungen vorliegen:

1. Die OG muss wirksam Vertragspartnerin geworden sein.
2. Der Anspruch muss fällig sein.
3. Der Anspruch darf noch nicht verjährt bzw dürfen nicht sonstige Einwendungen rechtmäßig erhoben worden sein.

2. Haftung der Gesellschafter

Neben der Gesellschaft können sich Gläubiger der OG auch direkt an die OG-Gesellschafter halten und auf deren Privatvermögen greifen (§ 128);[8] dies, obwohl nicht sie selbst, sondern die OG Vertragspartnerin geworden ist. Diese „strenge" Haftung findet ihre Begründung darin, dass bei der OG – wie bei allen Personengesellschaften – zum Schutz der Gläubiger keine zwingenden Kapitalaufbringungs- und -erhaltungsvorschriften normiert sind.

Für die Inanspruchnahme eines OG-Gesellschafters aufgrund eines Vertrags nach § 128 müssen grundsätzlich drei Voraussetzungen erfüllt sein:

1. Vertragspartnerin muss die OG sein.
2. Es muss eine fällige, nicht verjährte Schuld der OG vorliegen.
3. Der in Anspruch genommene Gesellschafter muss zum Zeitpunkt der Begründung der Schuld Gesellschafter der OG gewesen sein (Allerdings wird diese Voraussetzung im Fall des Eintretens oder des Ausscheidens eines Gesellschafters leicht modifiziert; siehe sogleich unten Seiten 150 ff).

Die Haftung der Gesellschafter einer OG nach § 128 erstreckt sich auf alle Verbindlichkeiten der Gesellschaft, gleichgültig ob sie auf Vertrag, Gesetz oder unerlaubter Handlung beruhen und welche Inhalte sie haben (RS0061752). Die Gesellschafter haften nach § 128 den Gläubigern gegenüber als Gesamtschuldner, auch bei Unterlassungsschulden im Gesellschaftsbereich (RS0061605).

a) Art und Umfang der Haftung

Die OG-Gesellschafter haften
- **persönlich**: Die Gesellschafter haften mit ihrem Privatvermögen.
- **unbeschränkt und unbeschränkbar**: Die Haftung des Gesellschafters gegenüber einem Gläubiger kann nicht auf einen bestimmten Höchstbetrag begrenzt werden. Allerdings besteht die Möglichkeit, (i) die Haftung im Außenverhältnis durch eine entsprechende Vereinbarung mit dem Gläubiger zu beschränken oder (ii) im Innenverhältnis die Haftung umzuverteilen. Die Grenze der Zulässigkeit stellt der exekutionsrechtliche Schuldnerschutz dar.
- **unmittelbar**: Der Gläubiger kann sich direkt an jeden Gesellschafter halten, außer es gibt eine spezielle Vereinbarung. Dem Gläubiger einer OG steht damit sowohl das Gesellschaftsvermögen als auch das Privatvermögen der Gesellschafter als Haftungsfonds zur Verfügung.

---

[8] Auch außerhalb des UGB sind Haftungstatbestände normiert: zB grob fahrlässige Beeinträchtigung von Gläubigerinteressen gemäß § 159 StGB iVm § 1311 ABGB; betrügerische Krida gemäß § 156 StGB iVm § 1311 ABGB; Insolvenzverschleppung gemäß § 69 IO iVm § 1311 ABGB; vertraglicher oder deliktischer Schadenersatz.

- **primär**: Der Gläubiger muss nicht versuchen, seinen Anspruch bei der OG durchzusetzen, bevor er auf den Gesellschafter greifen kann. In der Praxis werden in der Klage sowohl die OG als auch sämtliche Gesellschafter als Beklagte geführt. Die Haftung des Gesellschafters entspricht sohin der Haftung eines Bürgen und Zahlers.
- **solidarisch**: Die Gesellschafter haften gesamtschuldnerisch und nicht anteilig: Jeder Gesellschafter kann in der vollen Höhe in Anspruch genommen werden. Die „Umverteilung" erfolgt dann im Innenverhältnis im Regressweg. Die erfolgreiche Erfüllung der Gesellschaftsverbindlichkeiten durch einen Gesellschafter entlastet auch die übrigen.

b) Einwendungen des Gesellschafters

Wird die OG von ihrem Vertragspartner in Anspruch genommen, kann sie als Vertragspartnerin Einwendungen gegen den behaupteten Anspruch, etwa Leistungsstörungen, erheben. Wendet sich der Gläubiger aber direkt an den Gesellschafter, könnte dieser als Nicht-Vertragspartner diese Verteidigungsmöglichkeit grundsätzlich nicht in Anspruch nehmen. Dies wäre unbillig, würde es doch bedeuten, dass der Gesellschafter strenger haften würde als die Gesellschaft selbst, die ja eigentlich Vertragspartnerin ist.

Aus diesem Grund sieht § 129 – ähnlich wie bei der Bürgschaft – das Prinzip der Akzessorietät vor: Der Gesellschafter kann alle **der Gesellschaft zustehenden Einwendungen** geltend machen (§ 129 Abs 1), wie zB Wandlung, Irrtumsanfechtung, Nichtigkeit, Verjährung und Rücktritt. Einwendungen, die die Gesellschaft nicht oder nicht mehr erheben kann, stehen auch dem Gesellschafter nicht mehr zur Verfügung.

Allerdings ist zu beachten, dass – wenn die Gesellschaft die Einwendungen noch nicht geltend gemacht hat – die Geltendmachung ausreichende **Vertretungsbefugnis** voraussetzt:

- Liegt diese vor, kann der Gesellschafter die Einwendungen für die Gesellschaft geltend machen und sich so gegen die Inanspruchnahme wehren.
- Fehlt es jedoch dem in Anspruch genommenen Gesellschafter an der Vertretungsbefugnis, kann er gemäß § 129 Abs 2 das Leistungsverweigerungsrecht in Anspruch nehmen: Er kann die Befriedigung des Gläubigers verweigern (**Leistungsverweigerungsrecht**), solange der Gesellschaft das Recht zusteht, gegen das ihrer Verbindlichkeit zugrunde liegende Rechtsgeschäft Einwendungen zu erheben (zB Irrtum drei Jahre ab Vertragsabschluss gemäß § 1487 ABGB; Wandlung zwei Jahre ab Übergabe gemäß § 933 ABGB). Die Haftungsklage wäre dann als „derzeit" unbegründet abzuweisen. Gleichermaßen kann sich der in Anspruch genommene Gesellschafter auch auf ein allfälliges Aufrechnungsrecht der Gesellschaft berufen (vgl § 129 Abs 2).

Der Gesellschafter kann auch alle **persönlichen Einwendungen** geltend machen, wie beispielsweise Stundung, Erlass ihm gegenüber und Aufrechnung mit einer privaten Gegenforderung. Zu den Einwendungen des Gesellschafters einer OG, die in seiner Person begründet sind, gehört auch die Einrede der Verjährung oder Präklusion, soweit sie den Ausschluss seiner Haftung betrifft (RS0061786).

c) Haftungstheorie – Erfüllungstheorie

Die OG als rechtsfähiges Gebilde kann Partnerin unterschiedlicher Verträge sein. Ebenso kann sie Schuldnerin eines Entgelts (Käuferin, Werkbestellerin usw) oder einer sonstigen Leistung (Verkäuferin, Werkunternehmerin udgl) sein. Hat die OG letztere Vertragsposition eingenommen, ist strittig, ob der Gesellschafter dasselbe schuldet wie die Gesellschaft (**Erfüllungstheorie**) oder ob die Haftung der Gesellschafter auf das Geldinteresse beschränkt ist (**Haftungstheorie**). Die Lösung des Theorienstreits kann zB bei größeren Bauprojekten, zu denen sich die OG verpflichtet hat, entscheidend sein: Muss der OG-Gesellschafter das Bauwerk errichten, oder kann er „nur" für den finanziellen Nachteil in Anspruch genommen werden?

Die hL und Rsp scheint diesem Theorienstreit in der Form einer gemäßigten **Mittellösung** zu begegnen: Es sind die Interessen beider betroffenen Parteien gegeneinander abzuwägen. Fällt die Interessensabwägung nach Auffassung des befassten Gerichts zugunsten des Gläubigers aus, kann der Gesellschafter erfolgreich auf Erfüllung, zB auf Errichtung des Bauwerks, in Anspruch genommen werden. Dies bedeutet nicht, dass der Gesellschafter (höchst-)persönlich diese Leistung zu erbringen hat. Vielmehr kann der Gesellschafter auf seine Kosten einen Dritten mit der Erbringung der Leistung beauftragen. Fällt die Interessensabwägung hingegen zugunsten des Gesellschafters aus, kann dieser „nur" auf Geldersatz in Anspruch genommen werden.

Bei auf das **UWG** gestützten Unterlassungsverpflichtungen hat die Rechtsprechung ursprünglich eine Erfüllungspflicht des Gesellschafters angenommen (vgl RS0061605, zuletzt 4 Ob 118/92). Die jüngere Rechtsprechung verneint demgegenüber eine Erfüllungspflicht des Gesellschafters, der an dem Wettbewerbsverstoß der Gesellschaft nicht beteiligt war oder diesen nicht verhindern konnte (RS0112076, 4 Ob 127/12y).

d) Haftung des eintretenden Gesellschafters

Tritt ein Gesellschafter erst nach der Begründung einer Gesellschaftsschuld in die OG ein, war er also zum Zeitpunkt der Begründung der Schuld (noch) nicht Gesellschafter der OG (die dritte Voraussetzung wäre daher nicht erfüllt; siehe Seite 148), ist fraglich, ob er dennoch für diese Gesellschaftsschulden zur Haftung herangezogen werden kann.

Wer in eine bestehende OG eintritt, **haftet so wie die anderen Gesellschafter**, und zwar auch für die Verbindlichkeiten, die vor dem Eintritt des Gesellschafters begründet worden sind, ohne Unterschied, ob die Firma geändert wird oder nicht (§ 130). Wann ein Gesellschafter in die OG iSd § 130 eintritt, ist strittig: Manche Stimmen in der Literatur plädieren dafür, den Haftungsbeginn bereits mit Abschluss des Aufnahmevertrags (bzw Übertragung des Gesellschaftsanteils) anzunehmen, weil die Regelung in erster Linie dazu dient, Gläubigern die Last der Informationsbeschaffung (welcher Gesellschafter wann eingetreten ist) abzunehmen. Demgegenüber wird von anderen die Auffassung vertreten, dass in sinngemäßer Anwendung des § 123 die Haftung des eintretenden Gesellschafters erst ab dem Zeitpunkt der Firmenbucheintragung schlagend werden solle.

Diese Haftung des eintretenden Gesellschafters ist **zwingend** (§ 130 Abs 2). Die Haftung kann im Außenverhältnis nicht wirksam beschränkt werden. Ein Haftungsausschluss kann lediglich im Innenverhältnis Wirkung entfalten.

e) Haftung des ausscheidenden Gesellschafters

Ein ausscheidender Gesellschafter kann sich durch Ausscheiden aus der Gesellschaft nicht einfach der Haftung für zum Zeitpunkt seiner Gesellschafterstellung entstandene Verbindlichkeiten entziehen. Vielmehr haftet er für die Gesellschaftsverbindlichkeiten grundsätzlich fort. Diese **Forthaftung** ist allerdings durch die Sonderverjährung des § 160 beschränkt[9]:

Scheidet ein Gesellschafter aus der Gesellschaft aus, haftet er **für die bis zu seinem Ausscheiden begründeten Verbindlichkeiten** nur, wenn sie vor Ablauf von **fünf Jahren** nach dem Ausscheiden fällig sind. Entscheidend ist dies insbesondere bei Dauerschuldverhältnissen (zB Mietvertrag), weil bei diesen Teilleistungen (zB Mietzins) in regelmäßigen Abständen fällig werden.

Maßgeblicher Zeitpunkt für die Beurteilung der Haftung des ausscheidenden Gesellschafters, also für die Frage, für **welche Verbindlichkeit** gehaftet werden kann, ist gemäß § 160 Abs 1 der **Zeitpunkt des Ausscheidens**, nicht aber der Zeitpunkt der (bloß deklarativen) Eintragung ins Firmenbuch. Für Verbindlichkeiten, die nach dem Ausscheiden des Gesellschafters, aber vor Eintragung ins Firmenbuch eingegangen wurden, haftet dieser Gesellschafter daher grundsätzlich nicht. In Betracht kommt allerdings eine Rechtsscheinhaftung nach § 15 Abs 1.

Die **Verjährung** ist dabei nach den jeweils anzuwendenden Verjährungsvorschriften zu beurteilen, wobei eine absolute Grenze von **drei Jahren** vorgesehen ist. Damit ergibt sich ein **maximaler Zeitraum** von **acht Jahren**, in dem der ausgeschiedene Gesellschafter in Anspruch genommen werden kann.

---

[9] Siehe dazu *Karollus/Huemer/Harrer*, Casebook Handels- und Gesellschaftsrecht, 5. Auflage (2014), Seiten 178 ff.

Mit dieser Bestimmung sollte dem Bedürfnis des Wirtschaftslebens Rechnung getragen werden, den ausscheidenden Gesellschafter insbesondere im Hinblick auf Dauerschuldverhältnisse nicht für einen unüberschaubar langen Zeitraum haften zu lassen, in dem er in der Regel keinen Einfluss mehr auf die Geschicke der Gesellschaft hat.

Die Frist für den Beginn des fünfjährigen **Nachhaftungszeitraumes** beginnt mit dem Ende des Tages, an dem das Ausscheiden des Gesellschafters in das **Firmenbuch** eingetragen wird (vgl § 160 Abs 2).

In bestimmten Konstellationen ist diese zeitliche Beschränkung der Forthaftung allerdings nicht sachgemäß: So etwa für Forderungen eines Dritten, für die der Gläubiger bereits vor dem Ausscheiden des Gesellschafters eine **Vorleistung** erbracht hat, die aber erst nach Ablauf von fünf Jahren nach dem Ausscheiden fällig werden (zB Kreditgewährung). Für diese Sonderkonstellation sieht § 160 Abs 3 vor, dass der Dritte vom Ausscheiden zu verständigen ist. Liegt ein wichtiger Grund vor, wurde etwa die Vorleistung nur wegen der Bonität des Ausscheidenden erbracht, kann der Gläubiger vom ausscheidenden Gesellschafter die **Sicherstellung** seiner Ansprüche verlangen. Auf dieses Recht ist der Gläubiger in der Verständigung hinzuweisen, widrigenfalls die Forthaftung zeitlich nicht begrenzt wird. Ebenso findet § 160 Abs 1 keine Anwendung, wenn der Gläubiger nach ordnungsgemäßer Verständigung Sicherstellung verlangt hat, ihm diese jedoch nicht gewährt wurde.

Für **Neuschulden**, also Verbindlichkeiten, die nach dem Ausscheiden des Gesellschafters entstanden sind, hat der ausscheidende Gesellschafter nicht mehr einzustehen.

§ 160 Abs 4 bestimmt für den Fall, dass ein Gesellschafter nur seine **Gesellschafterstellung ändert**, also vom unbeschränkt haftenden Gesellschafter zum beschränkt haftenden Gesellschafter (Kommanditist) wird, dass für die Begrenzung seiner Haftung für die im Zeitpunkt der Eintragung der Änderung in das Firmenbuch entstandenen Verbindlichkeiten die Regelungen über die Haftung ausscheidender Gesellschafter entsprechend anzuwenden sind. Hier ist jedoch maßgeblicher Zeitpunkt für das Entstehen der Verbindlichkeit die Eintragung des Ausscheidens als Komplementär im Firmenbuch.

f) Haftung bei Auflösung der Gesellschaft

Für den Fall der Auflösung (und Vollbeendigung) der Gesellschaft sieht das UGB ebenfalls eine **Forthaftung** vor: Ansprüche gegen einen Gesellschafter aus Verbindlichkeiten der Gesellschaft verjähren in fünf Jahren, sofern der Anspruch nicht einer kürzeren Verjährungsvorschrift (zB in den Fällen des § 1486 ABGB) unterliegt. Die Verjährung beginnt dabei grundsätzlich mit Eintragung der Auflösung (nicht der Löschung) der Gesellschaft ins Firmenbuch (§ 159 Abs 2); genauer: mit Ablauf des Tages, an dem das Firmenbuchgericht die Eintragung der Auflösung vornimmt. Die Verjährungsfrist beginnt nur dann später zu laufen, wenn der Anspruch gegen die Gesellschaft erst später, also nach dieser Eintragung, zu laufen beginnt.

g) Haftung in der Insolvenz

Grundsätzlich haften die Gesellschafter auch in einem Insolvenzverfahren nach den allgemeinen Regeln. Hervorzuheben ist jedoch, dass ein Sanierungsplan nur mit Zustimmung aller persönlich haftender Gesellschafter geschlossen werden kann (§ 164 IO). Die Rechtswirkungen eines Sanierungsplans kommen dann aber auch den Gesellschaftern zugute (dies betrifft auch bereits ausgeschiedene Gesellschafter; vgl § 164a IO). Eine über die gesetzliche Gesellschafterhaftung hinausgehende Haftung (etwa aufgrund einer Bürgschaft) bleibt jedoch unberührt.

Wird gleichzeitig mit der Eröffnung eines Insolvenzverfahrens über die OG auch ein Insolvenzverfahren über einen Gesellschafter eröffnet, sind die Verfahren zwar getrennt voneinander zu führen, allerdings ist jenes Gericht zuständig, bei dem das Gesellschaftsinsolvenzverfahren anhängig ist (§ 65 IO). Im Insolvenzverfahren gegen die Gesellschaft können Gesellschaftsgläubiger naturgemäß ihre Ansprüche in vollem Umfang geltend machen. Demgegenüber werden sie im Insolvenzverfahren über das Vermögen des Gesellschafters nur in dem Umfang berücksichtigt, mit dem sie im Verfahren gegen die Gesellschaft nicht befriedigt werden (§ 57 IO). Zwar kann der Gläubiger auch in diesem Verfahren die gesamte Forderung anmelden, bei der Verteilung wird sie jedoch nur im Ausmaß des Ausfalls im Gesellschaftsinsolvenzverfahren berücksichtigt.

h) Gesellschafter als Gesellschaftsgläubiger

Nicht nur Dritte, sondern auch Gesellschafter können einen Anspruch gegen die Gesellschaft geltend machen. Denn auch der Gesellschafter kann – wie jeder Dritte – ein Rechtsgeschäft mit der Gesellschaft abschließen (Drittgläubigeranspruch) oder einen aus dem Gesellschaftsverhältnis resultierenden Anspruch gegenüber der Gesellschaft oder seinen Mitgesellschaftern geltend machen (Sozialverbindlichkeit, Gesellschaftsschuld). Gegenüber der sonstigen vorherrschenden Haftungsordnung sind hier folgende Besonderheiten zu beachten:

- Handelt es sich um einen Anspruch, dessen Entstehungsgrund nicht im Gesellschaftsverhältnis, sondern in einer außergesellschaftlichen Beziehung liegt (sog **Drittgläubigeranspruch**), hat sich der Gesellschafter als Gläubiger – aufgrund der ihm obliegenden Treuepflicht – zunächst an die Gesellschaft zu halten (zB der Gesellschafter hat der Gesellschaft ein Fahrzeug verkauft und fordert nunmehr den Kaufpreis ein). Erst wenn aus dem Gesellschaftsvermögen keine (vollständige) Befriedigung erlangt werden kann, kann der Anspruch direkt gegen Mitgesellschafter (anteilig) durchgesetzt werden. Der Gesellschaftsgläubiger hat in diesem Fall den auf ihn entfallenden Verlustanteil zu tragen, sodass ihm nicht der gesamte Kaufpreis zugesprochen wird.

- Resultiert der Anspruch direkt aus dem Gesellschaftsverhältnis, findet er also seine Grundlage in der Mitgliedschaft (**Sozialverbindlichkeit**), kann der Anspruch nur gegenüber der Gesellschaft (RS0119121), nicht jedoch auch gegenüber den Mitgesellschaftern geltend gemacht werden (zB Gewinnauszahlung; RS0061872). Für Sozialverbindlichkeiten haftet im Allgemeinen nur das Gesellschaftsvermögen; der Anspruch ist daher gegen die Gesellschaft geltend zu machen (1 Ob 106/04a). Müsste ein anderer Gesellschafter für solche Verbindlichkeiten haften, käme dies einer Erhöhung der vereinbarten Einlageverpflichtung gleich. Dazu kann ein Gesellschafter jedoch nicht ohne Weiteres verpflichtet werden.

- Hat der Gesellschafter hingegen eine **Gesellschaftsschuld getilgt** (ist er zB von einem Dritten für eine Gesellschaftsverbindlichkeit in Anspruch genommen worden), kann der Gesellschafter zunächst Befriedigung bei der OG verlangen – ist es doch bloßer Zufall, wen der Gläubiger in Anspruch nimmt. Reicht das vorhandene Gesellschaftsvermögen nicht aus, kann sich der Gesellschafter an seine Mitgesellschafter im Regressweg halten, wobei er den auf ihn entfallenden Verlustanteil zu tragen hat (RS0061672). Maßgeblich für die Berechnung des Verlustanteils ist die Verlustbeteiligung. Soweit keine Sondervereinbarung getroffen wurde, bemisst sich diese nach dem Beteiligungsverhältnis (vgl § 121 Abs 1).

Tipp:
Vergleiche Beispiel 192 in *Karollus/Huemer/Harrer*, Casebook Handels- und Gesellschaftsrecht, 5. Auflage (2014), Seite 173 f.

E. Rechte und Pflichten der Gesellschafter

Die Gesellschafter einer OG treffen im Wesentlichen folgende
- **vermögensrechtliche Rechte und Pflichten:**
    - Pflicht zur Leistung einer Einlage,
    - Recht auf Zuteilung eines Gewinns (bzw Pflicht zur Tragung eines Verlusts),
    - Recht zur Entnahme des Gewinnanteils.
- **sonstige Rechte und Pflichten:**
    - Recht, die Geschäftsführung zu kontrollieren,
    - Klageerhebung zur Geltendmachung gesellschaftsvertraglicher Ansprüche *("actio pro socio"),*
    - Pflicht, das Wettbewerbsverbot zu beachten,
    - Pflicht zur Loyalität (Treue) und Gleichbehandlung.

1. Rechte und Pflichten vermögensrechtlicher Natur

a) Einlageleistung und Kapitalanteil

- **Beiträge iwS:** Darunter werden alle Leistungen verstanden, die zur Erreichung des Gesellschaftszwecks förderlich sind (zB Zurverfügungstellung der Arbeitskraft, Eintritt als Gesellschafter und damit Erhöhung des Haftungsfonds).
- **Beiträge ieS:** Darunter werden alle Vermögenswerte verstanden, die von den Gesellschaftern geleistet werden und in das Gesellschaftsvermögen übergehen sollen.
- **Einlagen:** Diesen Begriff verwendet § 109 und meint damit Beiträge ieS.

Die §§ 105 ff kennen keine Kapitalaufbringungs- oder -erhaltungsvorschriften. Es sind daher gesetzlich auch **keine Mindesteinlagen** festgelegt. Grundsätzlich sind die Gesellschafter nur im gleichen Ausmaß zur Mitwirkung an der Förderung des Gesellschaftszwecks verpflichtet. Gem § 109 kann aber – sogar ohne gesellschaftsvertragliche Vereinbarung – eine Nachschusspflicht mit Stimmenmehrheit der Gesellschafter beschlossen werden, wenn die Fortführung der Gesellschaft sonst nicht möglich wäre (§ 109 Abs 4). Die Einlage eines Gesellschafters kann sich auch auf die Leistung von Diensten beschränken („Arbeitsgesellschafter"). Die Höhe und Art der zu leistenden Einlage richtet sich sohin nach dem Gesellschaftsvertrag. Auch der Zeitpunkt der Einlagenleistung richtet sich nach dem Gesellschaftsvertrag. So kann etwa vereinbart werden, dass Einlagen erst über Aufforderung durch die geschäftsführenden Gesellschafter zu leisten sind. Ohne gesonderte Festlegung ist die Einlage sofort fällig. Werden Einlagen nicht rechtzeitig geleistet, entsteht gemäß § 111 ein Zinsanspruch der Gesellschaft. Auch gar keine Einlage kann vereinbart werden.

Beachte:
Die Regelung des § 109 Abs 4 hinsichtlich der Möglichkeit, durch Mehrheitsbeschluss eine Nachschusspflicht zu begründen, wurde im Zuge der GesbR-Reform eingeführt. Für Gesellschaften, die vor dem 1. 1. 2015 errichtet wurden, ist sie ab 1. 7. 2016 gültig, wenn bis zum Ablauf des 30. 6. 2016 keiner der Gesellschafter gegenüber den übrigen Gesellschaftern erklärt, die Anwendung des zuvor geltenden Rechts beibehalten zu wollen, jedenfalls aber ab 1. 1. 2022. Da die gesetzliche Regelung lediglich auf einen (einfachen) Mehrheitsbeschluss abstellt, weicht sie von den restlichen Bestimmungen, die grundsätzlich Einstimmigkeit vorsehen, ab. Das wird auch in der Literatur diskutiert.

Rechtsformunterschied:
Bei Kapitalgesellschaften können Einlagen nicht durch Dienstleistungen erbracht werden (vgl § 20 Abs 2 AktG).

Anstelle der Erbringung von **Arbeitsleistungen** können auch **Bar- oder Sacheinlagen** festgelegt werden. Die Sacheinlagen können – wie bei der GesbR auch – **quoad dominium, quoad usum** oder **quoad sortem** eingebracht werden (vgl zu diesen Begriffen Seiten 92 f). Die Höhe der vom Gesellschafter zu leistenden Einlage bemisst sich nach der gesellschaftsvertraglichen Vereinbarung. Die Bewertung der Einlage erfolgt üblicherweise im Gesellschaftsvertrag (zB Sacheinlagen sind mit dem gemäß § 202 beizulegenden Wert zu bewerten). Demnach ist für eine Sacheinlage beim Jahresabschluss derjenige Wert anzusetzen, der der Einlage im Zeitpunkt ihrer Leistung beizulegen ist [Tageswert]). Anderes gilt nur, soweit sich aus der Nutzungsmöglichkeit im Unternehmen ein geringerer Wert ergibt.

Leistet ein Gesellschafter eine Einlage, erhält er dafür als Gegenleistung eine Beteiligung an der Gesellschaft (**Kapitalanteil**). Unter dem Kapitalanteil versteht man eine Bewertungsgröße (Wertziffer), die das Ausmaß der gesellschaftlichen Beteiligung des Gesellschafters ausdrückt. Der Kapitalanteil ist Ausdruck des Beteiligungsrechtes des Gesellschafters. Der Kapitalanteil wird buchhalterisch auf dem Kapitalkonto erfasst (RS0113656). Dieser ist – soweit im Gesellschaftsvertrag nicht Abweichendes festgelegt ist – gemäß § 109 wie folgt zu ermitteln:

- Das Beteiligungsverhältnis bemisst sich nach dem Verhältnis der vereinbarten (!) Einlagen. Die Kapitalkonten sind damit „fest"gelegt („feste Kapitalkonten"). Der Vorteil dieses Systems der festen Kapitalanteile liegt vor allem darin, dass das Verhältnis der Kapitalanteile nicht automatisch durch Stehenlassen von Gewinnen verändert werden kann. Es sichert die Rechte und Pflichten der Gesellschafter gegen rasche, unter Umständen unerwartete Änderungen, die das Einvernehmen der Gesellschafter stören könnten (RS0061908).
- Im Zweifel sind die Gesellschafter zu gleichen Teilen beteiligt („Beteiligung nach Köpfen").
- Arbeitsgesellschafter, für die der Gesellschaftsvertrag einen am Wert der Arbeit orientierten Kapitalanteil zukommen lässt, gelten als am Kapital beteiligt.

Ausgehend vom Kapitalanteil kann das Beteiligungsausmaß jedes Gesellschafters ermittelt werden. Das Beteiligungsausmaß spielt für die Gewinn- und Verlustverteilung, für den anteilsmäßigen Liquidationserlös, für den Umfang des Stimmrechts und auch bei der Ermittlung des Auseinandersetzungsguthabens eine Rolle.

Beachte:
Der Kapitalanteil ist nicht gleichzusetzen mit dem Gesellschaftsanteil:
- Der **Kapitalanteil** gibt lediglich den Wert der vereinbarten Einlage im Verhältnis zu allen anderen vereinbarten Einlagen wieder.
- Der **Gesellschaftsanteil** umfasst hingegen alle Rechte und Pflichten, die mit der Gesellschafterposition verbunden sind. Über diesen Gesellschaftsanteil kann der Gesellschafter – sofern im Gesellschaftsvertrag nicht Abweichendes geregelt ist – nur mit Zustimmung aller Gesellschafter verfügen (§ 124).

Ebenso wenig ist das Gesellschaftsvermögen mit dem Gesellschaftervermögen gleichzusetzen: Der Kapitalanteil drückt die Beteiligung des Gesellschafters am **Gesellschaftsvermögen** aus. Sachenrechtlich ist das Gesellschaftsvermögen der Gesellschaft zuzuordnen.
Das **Gesellschaftervermögen** ist hingegen das private Vermögen des Gesellschafters. Beide Vermögensmassen sind voneinander zu trennen. So kann etwa auch der Schuldner der Gesellschaft nicht mit einer ihm gegen einen Gesellschafter zustehenden Forderung aufrechnen (§ 124 Abs 2), sondern nur mit Forderungen gegen die Gesellschaft. Ein Exekutionstitel gegen die OG kann nicht die Grundlage für die Zwangsvollstreckung gegen einen Gesellschafter bilden (§ 129 Abs 4). Zur Zwangsvollstreckung in das Vermögen der OG reicht umgekehrt auch ein Exekutionstitel gegen einen Gesellschafter nicht aus.

Für jeden Gesellschafter wird ein eigenes **Kapitalkonto** geführt. Auf diesem ist die Bareinlage oder die gemäß § 202 bewertete Sacheinlage ausgewiesen. Der Saldo scheint in der Jahresbilanz auf der Passivseite als Teil des Eigenkapitals auf. Auf dem Kapitalkonto ist „starr" der Betrag der Einlage ausgewiesen.

Neben dem Kapitalkonto wird für jeden Gesellschafter ein zweites Konto geführt (**Privatkonto**; Verrechnungskonto; Kapitalkonto II). Auf diesem werden jährlich die Gewinn- und Verlustanteile sowie etwaige getätigte Entnahmen verbucht (siehe dazu sogleich).

b) Gewinn- und Verlustverteilung

Die Verteilung eines Gewinns oder Verlusts erfolgt bei der OG, die gemäß § 189 ff rechnungslegungspflichtig ist, aufgrund eines von den Geschäftsführern aufzustellenden und von allen Gesellschaftern zu beschließenden und zu unterzeichnenden **Jahresabschlusses**. Bei einer nicht rechnungslegungspflichtigen OG erfolgt die Verteilung aufgrund einer Aufzeichnung der **Einnahmen und Ausgaben** und einer sich daraus ergebenden Vermögensübersicht (vgl § 120).

Die Gewinn- und Verlustverteilung ist – sofern nicht Abweichendes im Gesellschaftsvertrag vorgesehen ist – nach § 121 (für Gesellschaften, die vor dem 1. 1. 2015 errichtet wurden, gültig ab 1. 7. 2016, wenn bis zum Ablauf des

30. 6. 2016 keiner der Gesellschafter gegenüber den übrigen Gesellschaftern erklärt, die Anwendung des zuvor geltenden Rechts beibehalten zu wollen, jedenfalls aber ab 1. 1. 2022) vorzunehmen:

- Zunächst ist jenen Gesellschaftern, die ihre **Arbeitskraft** zur Verfügung gestellt haben, ein den Umständen nach angemessener Betrag des Jahresgewinns zuzuweisen (§ 121 Abs 3), der sich mangels abweichender Regelung jährlich im Einzelfall bemisst.
- Der dann noch verbleibende Jahresgewinn ist sodann den Gesellschaftern im **Verhältnis** ihrer Beteiligung (Kapitalanteil) zuzuweisen.
- Auch der **Verlust** ist den Gesellschaftern im Verhältnis ihrer Beteiligung (Kapitalanteil) zuzuweisen. Ist im Gesellschaftsvertrag nur die Gewinnverteilung geregelt, ist diese im Zweifel auch für die Verlustverteilung heranzuziehen.

Beachte:
§ 121 wurde durch das GesbR-RG neu strukturiert und die Bestimmung, dass Arbeitsgesellschafter, für die der Gesellschaftsvertrag einen am Wert der Arbeit orientierten Kapitalanteil zukommen lässt, als am Kapital beteiligt gelten, eingefügt. Die Bestimmung gilt für Gesellschaften, die vor dem 1. 1. 2015 errichtet wurden, ab 1. 7. 2016, wenn bis zum Ablauf des 30. 6. 2016 keiner der Gesellschafter gegenüber den übrigen Gesellschaftern erklärt, die Anwendung des zuvor geltenden Rechts beibehalten zu wollen, jedenfalls aber ab 1. 1. 2022.

Im Gesellschaftsvertrag kann Abweichendes festgelegt werden. Nachträgliche Änderungen können aber grundsätzlich nur einstimmig getroffen werden. Die Gewinn- und Verlustverteilung kann auch jedes Jahr mittels einstimmigen Gesellschafterbeschlusses festgelegt werden. Ebenso zulässig ist es, einzelne Gesellschafter von der Gewinn- und Verlustverteilung auszuschließen.

c) Entnahmerecht

Während § 121 regelt, in welcher Höhe einem Gesellschafter der Gewinn zugewiesen wird, also auf seinem jeweiligen Konto verbucht wird, regelt § 122, unter welchen Umständen der Gesellschafter den verbuchten Gewinn auch tatsächlich entnehmen darf.

Gemäß § 122 hat jeder Gesellschafter grundsätzlich Anspruch auf Auszahlung seines Gewinnanteils. Der Anspruch kann jedoch **nicht** geltend gemacht werden, soweit

- die Auszahlung zum **offenbaren Schaden** der Gesellschaft gereicht (die Gesellschaft zB nicht ausreichend liquide Mittel zur Verfügung hat und eine Kreditaufnahme – etwa wegen ungünstiger Konditionen – als bestandsgefährdend anzusehen ist),

- die Gesellschafter etwas anderes **beschließen** oder
- der Gesellschafter vereinbarungswidrig seine **Einlage nicht geleistet** hat.

Entnahmen, die den Gewinnanteil übersteigen, sind nur bei Einwilligung der anderen Gesellschafter zulässig (§ 122 Abs 2). Anders als bei Kapitalgesellschaften gibt es kein Kapitalerhaltungsgebot. Ein spezielles Prozedere ist dafür nicht einzuhalten, weil aufgrund der unbeschränkten Haftung der Gesellschafter die Befriedigung der Gläubiger grundsätzlich nach dem gesetzlichen Leitbild nicht gefährdet ist.

Strittig ist allerdings, ob der bestehende Gewinnausschüttungsanspruch nur zeitlich befristet – so wie früher gem § 122 HGB –, dh bis der nächste Jahresabschluss festgestellt wird, besteht. Eine solche zeitliche Befristung hätte zur Folge, dass nach dem nächsten Jahresabschluss lediglich der neue Saldo am Verrechnungskonto entnommen werden könnte. Diese Frage wird vor allem dann interessant, wenn der Gesellschafter in einem Geschäftsjahr einen Gewinn und im folgenden Jahr lediglich einen Verlust zugewiesen bekommt.

> **Beachte:**
> Auch § 122 ist dispositiv. In der **Praxis** wird daher das Entnahmerecht häufig im Gesellschaftsvertrag näher geregelt. So kann ein Vorab-Gewinn für einen bestimmten Gesellschafter vorgesehen sein, ebenso wie ein Entnahmerecht in Höhe der anfallenden persönlichen Steuerlast. Gemäß § 23 Z 2 EStG ist nämlich der Gesellschafter einer OG als Mitunternehmer anzusehen, weshalb Gewinnanteile den Gesellschaftern direkt als Einkünfte aus Gewerbebetrieb zugerechnet werden. Der Gewinn ist daher vom Gesellschafter unabhängig davon, ob er tatsächlich entnommen wurde, zu versteuern.

2. Sonstige Rechte und Pflichten

a) Kontrollrechte

Insbesondere für die von der Geschäftsführung ausgeschlossenen Gesellschafter ist das in § 118 normierte Kontrollrecht eine wichtige Möglichkeit, um einen Ein- und Überblick über die Geschäftsführung zu bekommen. Im Gesellschaftsvertrag kann es erweitert, nach § 118 Abs 2 aber nicht beschränkt oder ausgeschlossen werden.

Gemäß § 118 kann sich jeder Gesellschafter, auch wenn er von der Geschäftsführung ausgeschlossen ist, über die Angelegenheiten der Gesellschaft persönlich informieren und in die Bücher und Schriften der Gesellschaft einsehen. Er kann sich aus den Büchern und Schriften einen Jahresabschluss oder, wenn nach den Vorschriften des Dritten Buches des UGB („Rechnungslegung") keine Pflicht zur Rechnungslegung besteht, eine sonstige Abrechnung (auf eigene Kosten) anfertigen oder die Vorlage eines solchen Abschlusses oder einer solchen Abrechnung fordern. Sind Informationen aus den zur Verfügung gestellten **Unterlagen** nicht ersichtlich, hat der Gesellschafter auch ein **Auskunftsrecht**.

Das Kontrollrecht darf aber nicht mit der Absicht ausgeübt werden, das Unternehmen zu schädigen. Eine schikanöse Rechtsausübung ist unzulässig. Die missbräuchliche Verwendung von Informationen kann zu Schadenersatzansprüchen der Gesellschaft führen.

Zum Zweck der Ausübung des Kontrollrechts ist dem Gesellschafter Zutritt zu den Gesellschaftsräumlichkeiten zu gewähren und dem einsichtnehmenden Gesellschafter ein entsprechender Raum für die Ausübung seines Kontrollrechts zur Verfügung zu stellen. Das Kontrollrecht berechtigt zur Einsicht, nicht aber zur Mitnahme der Unterlagen oder zur Anfertigung von Kopien auf Kosten der Gesellschaft.

Dieses Kontrollrecht steht jedem Gesellschafter zu, auch bereits **Ausgeschiedenen**; Letzteren jedoch nur über Geschäftsvorfälle, die zum Zeitpunkt ihres Ausscheidens noch nicht beendet oder schwebend waren (§ 138 Abs 2).

Das Kontrollrecht steht auch während der **Abwicklung** zu (siehe dazu unten Seiten 179 ff; RS0061766).

Im Einzelfall kann das Einsichtsrecht auch eingeschränkt werden, wenn es schikanös oder missbräuchlich ausgeübt wird (etwa zur Informationserlangung für ein Konkurrenzunternehmen). Es ist **persönlich** auszuüben, jedoch können im Einzelfall – wenn die notwendige Sachkenntnis fehlt – Sachverständige beigezogen werden. Die Kosten eines solchen Sachverständigen hat jeder (einsichtnehmende) Gesellschafter selbst zu tragen.

Wird dem Gesellschafter das Kontrollrecht nicht oder nicht in ausreichendem Umfang gewährt, kann dieser sein Recht gerichtlich im **Außerstreitverfahren** durchsetzen.

b) actio pro socio

Jeder Gesellschafter hat das Recht, gesellschaftsvertragliche **Ansprüche der Gesellschaft** klageweise *(actio pro socio)* geltend zu machen (§ 1188 ABGB). Die Befugnis zur Klageerhebung ist unabhängig von einer allfälligen Geschäftsführungs- oder Vertretungsbefugnis. Auch ein Gesellschafterbeschluss ist nicht Voraussetzung für die Klageerhebung.

Mittels *actio pro socio* kann jeder Gesellschafter im eigenen Namen auf Leistung an die Gesellschaft klagen. Gegenstand der *actio pro socio* können grundsätzlich alle Ansprüche aus dem Gesellschaftsverhältnis sein, etwa die Leistung der Einlage oder die Geltendmachung von Schadenersatzansprüchen gegen einen Gesellschafter. Ansprüche gegen Dritte können nicht Gegenstand der *actio pro socio* sein. Strittig ist, ob das Recht zur Erhebung der *actio pro socio* nur bei Untätigkeit der Gesellschaft besteht.

c) Wettbewerbsverbot

Jeder Gesellschafter hat – sofern im Gesellschaftsvertrag nicht Abweichendes vereinbart ist – das Wettbewerbsverbot der §§ 112 f zu beachten. Damit soll in Entsprechung der Treuepflicht erreicht werden, dass die Gesellschafter ihr Wissen über die Gesellschaft nicht zu ihrem eigenen Vorteil und insbesondere nicht zum Nachteil der Gesellschaft einsetzen. Konkret sind vom gesetzlichen Wettbewerbsverbot **zwei Verbote** umfasst:

- Ein Gesellschafter darf ohne Einwilligung der anderen Gesellschafter im Geschäftszweig der Gesellschaft keine Geschäfte machen, somit beispielsweise nicht als **Vorstand, Geschäftsführer** oder **Handelsvertreter** an einer bzw für eine Gesellschaft des gleichen Geschäftszweigs tätig sein.
- Ebenso wenig darf ein Gesellschafter ohne Einwilligung der anderen Gesellschafter **unbeschränkt haftender Gesellschafter** einer anderen gleichartigen Gesellschaft sein. Gleichartigkeit iSd § 112 Abs 2 liegt grundsätzlich immer dann vor, wenn die beiden in Rede stehenden Gesellschaften miteinander in Wettbewerb geraten könnten. In solchen gleichartigen Gesellschaften können – ohne gegen das gesetzliche Wettbewerbsverbot zu verstoßen – grundsätzlich nur Gesellschafterpositionen mit einer beschränkten Haftung wahrgenommen werden (zB Kommanditist, stiller Gesellschafter, Aktionär, GmbH-Gesellschafter), sofern der Gesellschafter nicht aufgrund anderer Umstände Einfluss auf die Geschäftsführung nehmen bzw die Gesellschaft in ein Abhängigkeitsverhältnis bringen kann („Beherrschung").

Die Gesellschafter können aber im Einzelnen ihre **Einwilligung** zur Vornahme der an sich verbotenen Tätigkeit erteilen, entweder bereits im Gesellschaftsvertrag oder durch Gesellschafterbeschluss. In diesem Fall liegt kein Verstoß gegen das Wettbewerbsverbot vor. Die Einwilligung zur Beteiligung an einer anderen Gesellschaft gilt als erteilt, wenn den übrigen Gesellschaftern bei Aufnahme des Gesellschafters in die Gesellschaft bekannt war, dass der Gesellschafter an einer anderen Gesellschaft als unbeschränkt haftender Gesellschafter teilnimmt, und dennoch die Aufgabe dieser Beteiligung nicht ausdrücklich verlangt wird (§ 112 Abs 3). Die Einwilligung kann auch schlüssig oder stillschweigend erteilt werden. Dafür ist allerdings erforderlich, dass alle Gesellschafter einwilligen. Voraussetzung für die Annahme einer schlüssigen (stillschweigenden) Zustimmung ist, dass alle Gesellschafter tatsächlich Kenntnis von der Tätigkeit des Gesellschafters und den Umständen haben, welche diese Tätigkeit als einen Verstoß gegen das Wettbewerbsverbot erkennen lassen. Ein bloßes „Kennenmüssen" reicht nicht aus. Ob eine solche Genehmigung vorliegt, ist nach den Umständen des Einzelfalles zu beurteilen (RS0061717).

Eine Einwilligung kann auch widerrufen werden: Dazu bedarf es grundsätzlich entweder der Zustimmung des betroffenen Gesellschafters oder eines wichtigen Grundes. In allen anderen Fällen ist ein Widerruf nur dann möglich, wenn ein Widerrufsvorbehalt vereinbart wurde.

Verstößt ein Gesellschafter gegen das Wettbewerbsverbot, kann dies mehrere **Rechtsfolgen** nach sich ziehen:

- Die Gesellschaft kann **Schadenersatz** fordern. Die Gesellschaft trägt ua die Beweislast für den Schaden und seine Höhe.
- Die Gesellschaft kann anstelle von Schadenersatz von dem Gesellschafter verlangen, dass er die für eigene Rechnung gemachten Geschäfte als für Rechnung der Gesellschaft eingegangen gelten lässt und die aus Geschäften für fremde Rechnung bezogene Vergütung herausgibt oder seinen Anspruch auf Vergütung abtritt (**Eintrittsrecht**).
- Die Gesellschaft kann von ihrem verschuldensunabhängigen **Unterlassungs- und Beseitigungsanspruch** Gebrauch machen.
- Liegt ein wichtiger Grund vor, kann die Gesellschaft mittels **Auflösungsklage** aufgelöst werden (§ 113 Abs 4 iVm § 133; siehe dazu unten Seiten 175 f).
- Der gegen das Wettbewerbsverbot verstoßende Gesellschafter kann aus der Gesellschaft **ausgeschlossen** werden (§ 140; siehe dazu unten Seiten 165 ff).
- Dem gegen das Wettbewerbsverbot verstoßenden Gesellschafter kann die **Geschäftsführungs- und Vertretungsbefugnis** entzogen werden (§§ 117, 127).

Liegt ein Verstoß gegen das Wettbewerbsverbot vor, sind Schadenersatzansprüche oder das Eintrittsrecht innerhalb von **drei Monaten** ab dem Zeitpunkt geltend zu machen, zu dem die übrigen Gesellschafter von dem Verstoß Kenntnis erlangten, jedenfalls aber – unabhängig von dieser Kenntnis – innerhalb von **fünf Jahren** ab ihrer Entstehung (§ 113 Abs 3). Dahinter steckt der Gedanke, dass nach Ablauf einer gewissen Zeit nicht mehr angenommen werden kann, dass die übrigen Gesellschafter mit der Ausübung einer Konkurrenztätigkeit nicht einverstanden sind, und auch Rechtssicherheit geschaffen werden soll. Der Unterlassungs- und Beseitigungsanspruch unterliegt hingegen nicht dieser Sonderverjährung.

Mangels ausdrücklicher Vereinbarung trifft einen **ausgeschiedenen** Gesellschafter nicht mehr die Verpflichtung des § 112 (Wettbewerbsverbot) hinsichtlich nach seinem Ausscheiden vorgenommener konkurrierenden Tätigkeiten. Er kann daher auch nicht zu den in § 113 vorgesehenen Leistungen (zB Schadenersatz) herangezogen werden (RS0061729, zuletzt 4 Ob 71/15t), es sei denn, vertraglich wurde anderes vereinbart (zB nachvertragliches Wettbewerbsverbot für einen bestimmten, überschaubaren Zeitaum; es ist die Grenze der Sittenwidrigkeit nach § 879 ABGB zu beachten).

Die Regelung des Wettbewerbsverbotes ist in jeder Richtung der **freien Gestaltung** unter den Gesellschaftern überlassen. Es kann etwa gesellschaftsvertraglich noch weiter verschärft werden. Daneben besteht auch die Möglichkeit, Vertragsstrafen zu vereinbaren; dabei kann etwa festgelegt werden, dass solche Vertragsstrafen nicht von der Gesellschaft, sondern von einem Gesellschafter im eigenen Namen verlangt werden können (RS0061731).

d) Treuepflicht, Mitwirkungs- und Interessenswahrung, Gleichbehandlung

Den Gesellschaftern einer OG obliegt nicht nur gegenüber der Gesellschaft, sondern insbesondere auch aufgrund der personenbezogenen Ausgestaltung untereinander eine **Treuepflicht**. Sie haben sich loyal zu verhalten, unter Wahrung ihrer Rechte an der gesellschaftlichen Willensbildung und den zu treffenden Maßnahmen nach Kräften und mit gebotener Sorgfalt mitzuwirken, den Zweck und den Gegenstand der Gesellschaft redlich zu fördern und alles zu unterlassen, was den Gesellschaftsinteressen schadet (§ 112 Abs 1 Satz 1). Verletzungen der Treuepflicht können zu Schadenersatzansprüchen führen.

Insbesondere auch im Hinblick auf die Treuepflicht unterliegen die Gesellschafter dem **Wettbewerbsverbot**. Aufgrund der Treuepflicht kann im Einzelfall auch ein Recht eines Gesellschafters beschränkt sein oder er „gezwungen" sein, sein Stimmrecht in einer bestimmten Form auszuüben. Auch Mehrheitsbeschlüsse sind an der Treuepflicht zu messen. Die Treuepflicht gebietet es allerdings nicht, die Interessen der Gesellschaft stets über jene des Gesellschafters zu stellen. So können „eigennützige" Rechte des Gesellschafters, die primär seinen Interessen dienen, im Einzelfall auch gegen die Interessen der Gesellschaft ausgeübt werden. Dazu gehört auch das Recht auf Kündigung bzw Auflösung und Liquidation zum Zwecke der Befreiung von der Haftung für Gesellschaftsverbindlichkeiten und auf Erhalt des vollen Anteils am Liquidationserlös (RS0107912).

Die Gesellschafter haben auch das **Gleichbehandlungsgebot** zu beachten (§ 112 Abs 1 Satz 2): Die Gesellschafter dürfen nicht willkürlich und sachlich nicht gerechtfertigt ungleich behandelt werden, etwa bei Gewinn- und Verlustverteilung, der Einforderung rückständiger Einlagen, beim Entnahmerecht oder bei der Veränderung der Kapitalanteile. Bei Vorliegen einer sachlichen Rechtfertigung ist aber eine „Ungleichbehandlung" zulässig, sodass auch Rechte und Pflichten zwischen den Gesellschaftern durchaus unterschiedlich verteilt sein können. So kann etwa auch bei der Gewinnverteilung ein Gesellschafter bevorzugt werden.

F. Veränderung der Gesellschafterstruktur

1. Allgemeines

Der Umstand, dass die OG eine Personengesellschaft ist und damit durch einen personenbezogenen Aufbau gekennzeichnet ist, kommt insbesondere bei einer Veränderung der Gesellschafterstruktur zum Ausdruck.

> Es gilt der **Grundsatz**:
> Die Mitgliedschaft ist unübertragbar und unvererblich.

Dieser Grundsatz wird allerdings in zweifacher Hinsicht durchbrochen: Im **Gesellschaftsvertrag** kann Abweichendes festgelegt werden. Die Gesellschafter können auch im Nachhinein den Grundsatz **einstimmig** abändern – sofern im Gesellschaftsvertrag kein geringeres Mehrheitserfordernis festgelegt ist.

> Die Ursachen für eine Veränderung der Gesellschafterstruktur können in **vier Gruppen** zusammengefasst werden:
> - Jemand tritt in eine OG ein, ohne dass gleichzeitig ein Gesellschafter austritt (Gesellschafterstand: + 1; siehe sogleich 2.);
> - Ein Gesellschafter scheidet aus der OG aus, ohne dass gleichzeitig jemand anderer eintritt (Gesellschafterstand: – 1; siehe sogleich 3.);
> - Jemand tritt in eine OG ein, während gleichzeitig ein Gesellschafter austritt (Gesellschafterstand: +/– 0; siehe sogleich 4.);
> - Ein Gesellschafter verstirbt (der Gesellschafterstand ändert sich abhängig von der gesellschaftsvertraglichen Regelung und der konkreten Erbfolge; siehe sogleich Seiten 169 ff).

2. Eintritt des Gesellschafters

Möchte jemand als Gesellschafter in eine OG eintreten, setzt dies den Abschluss eines **Aufnahmevertrags** zwischen dem eintretenden und den übrigen Gesellschaftern voraus. Da der Abschluss eines solchen Vertrags eine Änderung des Gesellschaftsvertrags und damit ein Grundlagengeschäft darstellt, kann der Abschluss auf Seiten der OG nur bei entsprechender Bevollmächtigung durch den/die Geschäftsführer vorgenommen werden. Es ist auch möglich, dass im Gesellschaftsvertrag ein bestimmtes Mehrheitserfordernis festgelegt ist.

Mit Abschluss des Aufnahmevertrags wächst dem „neuen" Gesellschafter ein Anteil am Gesellschaftsvermögen zu (die Höhe des Anteils wird im Aufnahmevertrag festgelegt). Entsprechend der **Anwachsung** verringert sich die Quote der übrigen Gesellschafter. An der Identität der OG selbst ändert sich nichts.

Nach Abschluss des Aufnahmevertrags ist gemäß § 107 die Änderung in der Gesellschafterstruktur beim **Firmenbuch** von allen Gesellschaftern anzumelden. Auch der „neue" Gesellschafter hat bei der Anmeldung mitzuwirken, denn er ist bereits vor Firmenbucheintragung Gesellschafter: Die Firmenbucheintragung hat insofern lediglich deklarative Wirkung.

Der eintretende Gesellschafter **haftet** mit Eintritt gleich den anderen Gesellschaftern nach Maßgabe der §§ 128 f für die vor seinem Eintritt begründeten Verbindlichkeiten der Gesellschaft, ohne Unterschied, ob die Firma geändert wird oder nicht (§ 130 Abs 1). Abweichendes kann nur im Innenverhältnis zwischen den Gesellschaftern, nicht aber im Außenverhältnis, also mit Wirkung gegenüber dem Dritten, vereinbart werden (§ 130 Abs 2). Ob als Zeitpunkt des Eintritts iSd § 130 Abs 1 der Moment der Schaffung des Rechtstitels für den Eintritt oder aber erst die außenwirksame Begründung der Stellung als neuer Gesellschafter durch Firmenbucheintragung anzunehmen ist, ist in der Literatur umstritten.

3. Ausscheiden des Gesellschafters

Das Ausscheiden eines Gesellschafters kann freiwillig oder unfreiwillig sein. In beiden Fällen **wächst** dem verbleibenden Gesellschafter der Anteil des Ausscheidenden **zu**, wenn der vorletzte Gesellschafter vom Ausscheiden betroffen ist, also nur mehr ein Gesellschafter der OG angehören würde. Das Gesellschaftsvermögen geht gemäß § 142 im Wege der Gesamtrechtsnachfolge auf den verbleibenden Gesellschafter über und die Gesellschaft erlischt. Seit dem In-Kraft-Treten des HaRÄG ist dieser Fall der Universalsukzession nunmehr in allen Fällen des Ausscheidens des vorletzten Gesellschafters vorgesehen. Es kommt nicht mehr darauf an, ob der zum Ausscheiden des vorletzten Gesellschafters führende Grund einen Vorwurf begründet, der zu dessen Ausschluss berechtigen würde oder nicht. Damit ist der Gesetzgeber für die zweigliedrige Gesellschaft vom sonst weiter geltenden Auflösungsprinzip in Richtung des Ausscheidens- oder Ausschließungsprinzips abgegangen (RS0123945).

a) Freiwilliges Ausscheiden

Der OG-Gesellschafter kann nur dann freiwillig aus der Gesellschaft ausscheiden, wenn entweder alle Gesellschafter **zustimmen** oder wenn im Gesellschaftsvertrag die Möglichkeit einer **Austrittskündigung** vorgesehen ist. In der Praxis wird Letztere zumeist unter Einhaltung einer Kündigungsfrist (zB sechs Monate) vorgesehen.

Die §§ 132 f regeln den umgekehrten Fall der Kündigung der Gesellschaft (**Auflösungskündigung**; siehe dazu noch unten Seite 174). Hier wird die Gesellschaft aufgelöst.

b) Unfreiwilliges Ausscheiden

Ein Gesellschafter kann gegen seinen Willen nur dann von der Gesellschaft ausgeschlossen werden, wenn die Voraussetzungen der **Ausschlussklage** nach § 140 vorliegen (**Hinauskündigung**):

- In der Person des auszuschließenden Gesellschafters muss ein **personenbezogener wichtiger Grund** iSd § 133 vorliegen: Es muss ein Grund gegeben sein, der eine Fortsetzung der OG mit diesem Gesellschafter unmöglich oder unzumutbar, mit den anderen (verbleibenden) Gesellschaftern aber möglich macht. Verschulden des Auszuschließenden ist grundsätzlich nicht erforderlich, begründet aber meist den wichtigen Grund.

> **Beispiel:**
> Ein solcher Grund liegt insbesondere dann vor, wenn der Gesellschafter eine ihm nach dem Gesellschaftsvertrag obliegende wesentliche Verpflichtung vorsätzlich oder grob fahrlässig verletzt oder wenn die Erfüllung einer solchen Verpflichtung unmöglich wird. Auch die Verletzung eines Wettbewerbsverbots, die Nichtleistung von Einlagen, Missachtung von Geschäftsführungspflichten, Illoyalität oder Rücksichtslosigkeit gegenüber den Mitgesellschaftern stellen wichtige Gründe dar.

Es ist eine umfassende Würdigung aller Umstände vorzunehmen, wobei nicht zuletzt auch die Verdienste des auszuschließenden Gesellschafters für das Unternehmen sowie die ihn treffenden persönlichen und wirtschaftlichen Folgen des Ausschlusses zu berücksichtigen sind. Selbst das Verhalten der anderen Gesellschafter ist zu prüfen (RS0061926).

- Die Ausschlussklage muss **allerletztes Mittel** sein: Der Ausschluss aus der Gesellschaft stellt einen schwerwiegenden Eingriff dar, sodass diese Möglichkeit nur dann zur Verfügung steht, wenn keine andere Maßnahme zielführend eingesetzt werden kann. Der Ausschluss eines Gesellschafters kann immer nur *ultima ratio* sein (RS0061926). Oft ist es ausreichend, dem betroffenen Gesellschafter die Geschäftsführungs- und Vertretungsbefugnis zu entziehen, um das Bestandsinteresse der OG zu wahren.
- Der Ausschlussklage steht nicht entgegen, dass nach der Ausschließung nur mehr ein Gesellschafter verbleibt (§ 140 Abs 1). In einem solchen Fall wächst der Gesellschaftsanteil dem verbleibenden Gesellschafter gemäß § 142 (Gesamtrechtsnachfolge) zu, und die Gesellschaft erlischt. Eine Liquidation erfolgt nicht.

Der Ausschluss eines Gesellschafters nach § 140 setzt – neben dem Vorliegen obiger Voraussetzungen – eine **Klage** sämtlicher Gesellschafter bei Gericht voraus. Kläger sind die Gesellschafter, nicht die OG. Sämtliche übrigen Gesellschafter haben bei der **Rechtsgestaltungsklage** mitzuwirken. Weigern sich Gesellschafter, auf der Klägerseite aufzutreten, stehen diese im Sinne einer notwendigen Streitgenossenschaft auf der Beklagtenseite.

§ 140 kann gesellschaftsvertraglich sowohl erschwerend als auch erleichternd **modifiziert** werden: Es können bestimmte Gründe vorweg als wichtige Gründe definiert, die Gerichtszuständigkeit durch eine Organzuständigkeit (zB Beirat) ersetzt und ein Ausschließungsbeschluss bzw eine Ausschließungserklärung anstelle einer Ausschlussklage vorgesehen werden. Ob auf das Erfordernis eines wichtigen Grundes verzichtet werden kann, ist umstritten. Der OGH hat sich zu dieser Frage noch nicht äußern müssen und diese auch zuletzt offengelassen (2 Ob 284/05m; verneinend der BGH in stRsp II ZR 56/80).

c) Rechtsfolgen des Ausscheidens

Scheidet ein Gesellschafter aus der OG aus, hat eine Auseinandersetzung mit diesem zu erfolgen. Die Auseinandersetzung hat entsprechend der gesellschaftsvertraglichen Regelung zu erfolgen oder – mangels einer solchen – gemäß den §§ 137 f:

- **Gegenstände**, die der ausscheidende Gesellschafter der Gesellschaft zur Benutzung überlassen hat (quoad usum), sind zurückzugeben. Häufig wird im Gesellschaftsvertrag die Verpflichtung des Gesellschafters festgelegt, notwendige Gegenstände auch nach dem Ausscheiden aus der Gesellschaft gegen ein angemessenes Entgelt zur Verfügung zu stellen. Ob auch quoad sortem eingebrachte Gegenstände zurückzustellen sind, ist nicht abschließend geklärt. Der OGH geht in Entscheidungen zur GesbR (die allerdings die Auflösung der Gesellschaft und nicht bloß das Ausscheiden eines einzelnen Gesellschafters zum Gegenstand haben) davon aus, dass solche wie quoad dominium eingebrachte Gegenstände zu behandeln sind (RS0022088, 5 Ob 209/11p).

- Dem Ausscheidenden ist ein **Auseinandersetzungsguthaben** auszubezahlen: Ihm steht jener Betrag zu, den er erhielte, wenn die Gesellschaft zum Zeitpunkt seines Ausscheidens aufgelöst worden wäre. Mit dem Ausscheiden erwirbt der jeweilige Gesellschafter einen schuldrechtlichen Anspruch gegen die Gesellschaft (für den auch die übrigen Gesellschafter haften). Die Höhe dieses Anspruchs bemisst sich nach dem Wert des Gesellschaftsvermögens.

  Dieser ist durch Schätzung zu ermitteln. In der Praxis wird zumeist eine Unternehmensbewertung nach einem im Gesellschaftsvertrag festgelegten Verfahren vorgenommen (zB Ertragswertverfahren oder Substanzwertverfahren). Ob im Gesellschaftsvertrag auch eine Bewertung mit dem Buchwert, also mit den in der Bilanz angesetzten Werten, festgelegt werden kann, ist strittig. Denn diese Berechnungsmethode ist für den Ausscheidenden die ungünstigste, weil er nur an den (zumeist geringeren) historischen Anschaffungskosten (abzüglich Abschreibung) und nicht auch an den stillen Reserven, der künftigen Ertragsentwicklung und dem Firmenwert partizipiert. Stichtag für die Berechnung ist grundsätzlich der Tag des Ausscheidens; im Fall eines gerichtlichen Ausschlusses ist der Tag der Klage maßgeblich (§ 140 Abs 2). Dadurch soll verhindert werden, dass eine Partei durch Prozessverschleppung versucht, die Bewertung zu beeinflussen.

- Weiters ist der ausscheidende Gesellschafter im Innenverhältnis von den **Gesellschaftsschulden** (Altschulden) zu befreien (§ 137 Abs 3). Die Befreiung kann etwa durch Erfüllung oder Haftung des Ausscheidenden erfolgen. Für jene Gesellschaftsverbindlichkeiten, die erst nach seinem Ausscheiden begründet wurden (Neuschulden), ist eine Befreiung nicht notwendig, denn dafür haftet der Ausscheidende ohnehin nicht. Dies hindert Gesellschafts-

- gläubiger nicht, den ausscheidenden Gesellschafter auch nach dem Ausscheiden im Rahmen des § 160 für Altschulden in Anspruch zu nehmen.
- Ergibt sich **ein negatives Auseinandersetzungsguthaben**, ist der Ausscheidende verpflichtet, einen Ausgleich in entsprechender Höhe an die Gesellschaft zu zahlen.
- Überdies nimmt der Ausscheidende am Gewinn und am Verlust teil, der sich aus den zum Zeitpunkt seines Ausscheidens **schwebenden Geschäften** (zB die Gesellschaft hat ihre Leistung schon erbracht – das Entgelt ist aber noch nicht eingegangen) ergibt. Abhängig von der Bewertungsmethode, mit der das Auseinandersetzungsguthaben errechnet wurde, ist darauf zu achten, dass es zu keiner Doppelerfassung kommt. Der Ausscheidende kann am Schluss jedes Geschäftsjahres Rechenschaft über die inzwischen beendeten Geschäfte, Auszahlung des ihm gebührenden Betrages und Auskunft über den Stand der noch offenen Geschäfte verlangen.
- Der Ausscheidende ist aus dem **Firmenbuch** zu **löschen** (§ 143 Abs 2). Auch der ausgeschiedene Gesellschafter ist zur Mitwirkung bei der erforderlichen Eintragung seines Ausscheidens im Firmenbuch verpflichtet (RS0062127).

Die Bestimmungen über die Rechtsfolgen des Ausscheidens eines Gesellschafters sind grundsätzlich dispositiv. Eine Grenze findet die vertragliche Gestaltungsfreiheit jedoch etwa bei der Festlegung der Berechnungsmethode für die Höhe des Abfindungsguthabens (siehe hier oben [Buchwert]). Auch kann der Abfindungsanspruch eines Gesellschafters im Fall seines Ausscheidens nicht zur Gänze ausgeschlossen werden.

4. Gleichzeitiger Ein- und Austritt (Übertragung der Mitgliedschaft)

Ist im Gesellschaftsvertrag die Übertragbarkeit der Mitgliedschaft vorgesehen oder erteilen die übrigen Gesellschafter für den konkreten Anlassfall *ad hoc* ihre Zustimmung, tritt anstelle des übertragenden (ausscheidenden) Gesellschafters der Erwerber. Es kommt zum Austausch eines Gesellschafters, ohne dass dieser **einaktige Vorgang** gedanklich in zwei Schritte (Ausscheiden, Eintritt) getrennt werden muss.

Am Anteil der verbleibenden Gesellschafter ändert sich nichts: Der Erwerber tritt voll in die Position des „Ausscheidenden" ein, ohne dass dies bei den anderen Gesellschaftern zu einer „An-" oder „Abwachsung" führt. Die Haftungsbestimmungen der §§ 130, 159 f sind zu beachten (vgl Seiten 150 ff).

Eine **Anteilsübertragung** bedarf eines Titels und eines Modus. Als Titel kommen etwa Kauf, Schenkung aber auch vorweggenommene Erbfolge in Betracht. Als Modus genügt üblicherweise ein formfreies Verfügungsgeschäft (dh, der Mitunternehmeranteil an einer Personengesellschaft wird als unkörperliche Sache iSv § 292 ABGB nach zessionsrechtlichen Grundsätzen übertragen).

Eine **Teilung** von Gesellschaftsanteilen ist nur mit Zustimmung der übrigen Gesellschafter möglich.

5. Tod des Gesellschafters

Der personenbezogene Aufbau einer OG bringt es mit sich, dass die Mitgliedschaft an einer OG grundsätzlich unvererblich ist. Daher führt – nach dem gesetzlichen Leitbild – der Tod eines Gesellschafters zur Auflösung der Gesellschaft (§ 131 Z 4), denn den Gesellschaftern sollen nicht Erben als neue Gesellschafter „aufgedrängt" werden. Allerdings können die Gesellschafter entweder einstimmig die Fortsetzung beschließen (§ 141) oder im Gesellschaftsvertrag Regelungen vorsehen (§ 131 Z 4), was in der Praxis häufig vorkommt.

Im Gesellschaftsvertrag kann der Fortbestand der Gesellschaft bei Tod eines Gesellschafters auf folgende drei Arten geregelt werden:

- **Fortsetzungsklausel:**
  Die OG wird unter den **verbleibenden Gesellschaftern** – ohne Erben – fortgesetzt. Mit dem Tod eines Gesellschafters erlischt dessen Mitgliedschaft. Die Fortsetzungsklausel ist als ein vertragliches Übernahmerecht für den/die verbliebenen Gesellschafter anzusehen (RS0061787). In den Nachlass fällt lediglich der Abfindungsanspruch (sofern dieser nicht vertraglich ausgeschlossen ist). Das Abfindungsguthaben ist nach der im Gesellschaftsvertrag festgelegten Berechnungsmethode zu ermitteln. Mangels einer solchen ist eine Schätzung gemäß § 137 Abs 2 vorzunehmen. Anders als beim bloßen Ausscheiden eines Gesellschafters ist es nach überwiegender Ansicht möglich, im Gesellschaftsvertrag den Abfindungsanspruch auszuschließen. Dies wird damit begründet, dass eine „sittenwidrige Knebelung" im Fall des Ausscheidens durch den Tod nicht bewirkt wird. Der OGH bewertet den Ausschluss eines Abfindungsanspruchs der Erben als entgeltliches Geschäft (7 Ob 625/88; unklar 10 Ob 34/97s, wonach Pflichtteilsansprüche durch Abfindungsklauseln grundsätzlich nicht geschmälert werden dürfen). Deshalb ist der Abfindungsanspruch bei der Pflichtteilsberechnung nicht heranzuziehen. Da so beträchtliche Vermögenswerte im Nachlass keine Berücksichtigung finden, wird diese Rechtsprechung in der Lehre kritisiert.

- **Nachfolgeklausel:**
  Bei der Nachfolgeklausel wird die Gesellschaft mit den verbleibenden Gesellschaftern und dem/den **Erben** fortgesetzt. Zunächst fällt die Gesellschafterstellung in den Nachlass, sodass der ruhende Nachlass Gesellschafter wird. Das Verlassenschaftsprovisorium ist gemäß § 4 Z 2 FBG iVm § 32 im Firmenbuch einzutragen. Mit Einantwortung treten dann die Erben mit allen Rechten und Pflichten in die Gesellschaft ein (RS0061855).
  Der Erbe hat innerhalb von drei Monaten nach der Einantwortung der Verlassenschaft die (wohl nur durch letztwillige Verfügung beseitigbare) Möglichkeit, sein Verbleiben in der Gesellschaft davon abhängig zu ma-

chen, dass ihm unter Belassung des bisherigen Gewinnanteils die Stellung eines Kommanditisten eingeräumt und der auf ihn entfallende Teil der Einlage des Erblassers als seine Kommanditeinlage anerkannt wird. Nehmen die übrigen Gesellschafter den Antrag des Erben nicht an (Ablehnen durch einen einzigen Gesellschafter genügt), ist dieser befugt, ohne Einhaltung einer Kündigungsfrist sein Ausscheiden aus der Gesellschaft zu erklären. Es ist sodann eine Auseinandersetzung gemäß den §§ 137 f vorzunehmen. Stimmen die Gesellschafter zu, wird der antragstellende Erbe Kommanditist und die OG zur KG. Dieses Wahlrecht hat der Erbe naturgemäß dann nicht, wenn er selbst bereits (unbeschränkt haftender) Gesellschafter der OG ist. Denn niemand kann gleichzeitig Komplementär und Kommanditist einer Gesellschaft sein. Erklärt der Nachfolgeberechtigte innerhalb von drei Monaten ab Einantwortung sein Ausscheiden aus der Gesellschaft oder wird er Kommanditist, haftet er für die bis dahin entstandenen Verbindlichkeiten der Gesellschaft gemäß seiner Erbantrittserklärung. Hat der Nachfolgeberechtigte eine unbedingte Erbantrittserklärung abgegeben, haftet er unbeschränkt mit seinem gesamten Privatvermögen. Hat er hingegen eine bedingte Erbantrittserklärung abgegeben, haftet er nur bis zum Wert der ihm zukommenden Verlassenschaft mit seinem Privatvermögen. Wird der Nachfolgeberechtigte unbeschränkt haftender Gesellschafter der OG, haftet er unbeschränkt für alle Verbindlichkeiten der Gesellschaft. Wie der OGH zuletzt erkannte, sind die Wertungen des Gleichbehandlungsgebots auch auf Personengesellschaftsverträge anzuwenden und diskriminierende Regelungen – im konkreten Fall eine sog "Frauenklausel", die eine Anteilsübertragung an Frauen zu Lebzeiten an die Zustimmung der anderen Gesellschafter koppelte und eine Vererbung nur an männliche Nachkommen zuließ – sittenwidrig und nichtig, auch wenn sie im Zeitpunkt der Vereinbarung womöglich zulässig waren (6 Ob 55/18h).

In der Praxis haben sich zwei unterschiedliche Nachfolgeklauseln herausgebildet:
– Bei der **einfachen Nachfolgeklausel** treten die jeweiligen Erben an die Stelle des verstorbenen Gesellschafters. Bei mehreren Erben wird der Gesellschaftsanteil entsprechend der Erbquote geteilt (**Aufspaltung der Mitgliedschaftsrechte**). Die Verwaltungsrechte sind von dieser Teilung nicht betroffen. Die Geschäfts- und Vertretungsbefugnis des verstorbenen Gesellschafters kann daher von jedem einzelnen Erben ausgeübt werden.
– Bei der **qualifizierten Nachfolgeklausel** wird der Nachfolger des verstorbenen Gesellschafters im Gesellschaftsvertrag festgelegt (bereits **eine bestimmbare Beschreibung des Nachfolgers** ist ausreichend, etwa Fortsetzung mit dem ältesten Enkelkind). Der qualifizierte Nachfolger hat den übrigen Erben einen entsprechenden Wertausgleich zu leisten; diese Pflicht des Nachfolgers kann – soweit nicht Pflichtteilsansprüche entgegenstehen – durch letztwillige Verfügung beseitigt werden.

Problematisch ist diese Variante dann, wenn der im Gesellschaftsvertrag umschriebene Nachfolger nicht auch tatsächlich Erbe ist (etwa weil das Testament nicht formgültig zustande gekommen ist). In einem solchen Fall ist die qualifizierte Nachfolgeklausel nicht anwendbar, kann jedoch in eine Eintrittsklausel umgedeutet werden.

- **Eintrittsklausel:**
Bei einer Eintrittsklausel werden Erben oder sonstige Personen **berechtigt**, in die Gesellschaft **einzutreten**. Es handelt sich daher um einen Vertrag zugunsten Dritter. Die jeweilige Person hat eine Erklärung über den Beitritt abzugeben. Erst eine solche führt zu einer neuen (!) Mitgliedschaft, die auch eine neue Einlageleistungsverpflichtung nach sich zieht. Die Eintrittsklausel führt nicht zum automatischen Eintritt in die Gesellschafterposition des Erblassers. In dessen Nachlass fällt daher der Abfindungsanspruch. Es kann aber letztwillig verfügt werden, dass der Eintrittsberechtigte im Fall des Eintritts das Auseinandersetzungsguthaben erhält.

Wurde keine gesellschaftsvertragliche Vorkehrung getroffen, ist die OG mit dem Tod eines Gesellschafters grundsätzlich aufgelöst (§ 131 Z 4). Während des Liquidationsverfahrens können die Gesellschafter jedoch die Fortsetzung der Gesellschaft beschließen (**Fortsetzungsbeschluss** gemäß § 141). Für eine solche Beschlussfassung ist grundsätzlich Einstimmigkeit der verbliebenen Gesellschafter erforderlich (§ 119 Abs 1), es sei denn, im Gesellschaftsvertrag wurde ein geringeres Quorum festgelegt. In diesem Fall tritt der Erbe nicht in die Gesellschaft ein; das Abfindungsguthaben fällt in den Nachlass.

G. Beendigung der OG

Beachte:
Beendigung ≠ Liquidation

Die Beendigung der OG läuft in unterschiedlichen Phasen ab:
- **Auflösung**: Zunächst muss ein Auflösungsgrund vorliegen. Erst dann tritt die OG in die Phase der
- **Abwicklung (= Liquidation)**: Die Gesellschaft ändert ihren Zweck. Die bisher werbende Gesellschaft verwandelt sich in eine Abwicklungsgesellschaft (RS0061938). Die Geschäftsbeziehungen werden beendet, das Gesellschaftsvermögen verteilt. Am Ende der Abwicklung steht die
- **Vollbeendigung**; danach erfolgt die
- **Löschung** der Gesellschaft.

Von der Auflösung einer OG sind jene Fälle zu unterscheiden, in denen sie automatisch vollbeendigt ist (etwa in Fällen der Vermögensübernahme durch den letzten verbliebenen Gesellschafter gemäß § 142) oder lediglich ihre

Rechtsform (identitätswahrender Rechtsformwechsel) wechselt; siehe dazu näher unten Seiten 180 f.

1. Auflösung

Auflösungsgründe sind entweder dem Gesetz oder dem Gesellschaftsvertrag zu entnehmen:

a) Gesetzliche Auflösungsgründe

§ 131 enthält eine taxative (RS0061882), zum Teil zwingende Liste von gesetzlichen Auflösungsgründen. Die Gesellschaft wird danach aufgelöst durch:
- Ablauf der **Zeit**,
- **Beschluss** der Gesellschafter,
- Eröffnung des **Konkursverfahrens** über das Vermögen der **Gesellschaft**, durch die Abänderung der Bezeichnung Sanierungsverfahren in Konkursverfahren oder durch die rechtskräftige Nichteröffnung oder Aufhebung des Insolvenzverfahrens mangels kostendeckenden Vermögens,
- **Tod** eines Gesellschafters,
- Eröffnung des **Konkursverfahrens** über das Vermögen eines **Gesellschafters**, durch die Abänderung der Bezeichnung Sanierungsverfahren in Konkursverfahren oder durch die rechtskräftige Nichteröffnung oder Aufhebung des Insolvenzverfahrens mangels kostendeckenden Vermögens,
- **Kündigung**,
- **gerichtliche Entscheidung**.

Ablauf der Zeit, für die sie eingegangen ist: Im Gesellschaftsvertrag kann eine bestimmte Dauer für die Gesellschaft vereinbart werden. Als Endtermin kann auch ein bestimmtes Datum oder Ereignis festgelegt sein. Eine solche Befristung kann allerdings jederzeit – im Zweifel einstimmig – aufgehoben werden. Ist im Gesellschaftsvertrag eine bestimmte Dauer vorgesehen und wird dieser festgelegte Zeitraum durch stillschweigende Fortsetzung überschritten, ist die Gesellschaft als eine für unbestimmte Zeit eingegangene Gesellschaft anzusehen (§ 134).

Beschluss der Gesellschafter: Die Gesellschafter können die Gesellschaft durch, wenn auch nur konkludenten, Beschluss auflösen (RS0014551). Der Beschluss hat einstimmig zu erfolgen (Grundlagengeschäft!), sofern im Gesellschaftsvertrag nichts anderes festgelegt ist. Die Auflösung ist grundsätzlich im Zeitpunkt der Beschlussfassung wirksam, es kann aber auch ein späterer Zeitpunkt für das Wirksamwerden der Auflösung festgelegt werden.

Eröffnung des **Konkursverfahrens** über das Vermögen der **Gesellschaft**, durch die Abänderung der Bezeichnung Sanierungsverfahren in Konkursverfahren oder durch die rechtskräftige Nichteröffnung oder Aufhebung des Insolvenzverfahrens mangels kostendeckenden Vermögens: Über das Vermögen der Gesellschaft ist Insolvenz zu eröffnen bei:

- **Zahlungsunfähigkeit** (§ 66 IO): Diese liegt vor, wenn der Schuldner mangels bereiter Zahlungsmittel nicht in der Lage ist, (alle) seine fälligen Schulden zu bezahlen, und sich die erforderlichen Zahlungsmittel voraussichtlich auch nicht bald verschaffen kann.

- Hat die OG keine natürliche Person als persönlich haftenden Gesellschafter (dies ist beispielsweise dann der Fall, wenn die OG ausschließlich zwei GmbH als Gesellschafter hat), kommt überdies der Insolvenzgrund der **Überschuldung** (§ 67 IO) in Betracht: Dieser liegt vor, wenn ein zu Liquidationswerten erstellter Vermögensstatus keine Schuldendeckung mehr ergibt, die Verbindlichkeiten (einschließlich der Rückstellungen) nicht mehr zur Gänze durch aktive Vermögenswerte gedeckt sind („rechnerische Überschuldung") *und* eine positive Fortbestehensprognose nicht mehr erstellt werden kann; dh die Prognose über die Zahlungs- und Lebensfähigkeit der Gesellschafter in der Zukunft (innerhalb des Prognosezeitraums) negativ ausfällt („negative Fortbestehensprognose").

Hervorzuheben ist, dass die Eröffnung eines Insolvenzverfahrens über das Vermögen einer OG auch nach deren Auflösung noch zulässig ist, solange das Vermögen nicht verteilt ist (vgl § 68 IO).

Antragsberechtigt sind sowohl die Gläubiger der Gesellschaft (**Insolvenzgläubiger**) als auch die Gesellschafter der OG.

Wird der **Insolvenzantrag mangels kostendeckenden Vermögens** abgelehnt, ist die Gesellschaft mit Rechtskraft des Beschlusses, durch den der Antrag auf Eröffnung eines Insolvenzverfahrens abgewiesen wird (§ 39 FBG), aufgelöst. Die Auflösung ist von Amts wegen in das Firmenbuch einzutragen.

Die Einleitung eines **Sanierungsverfahrens** oder eines **Reorganisationsverfahrens** (§§ 1 ff URG) ist nicht als gesetzlicher Auflösungsgrund vorgesehen.

Tod eines Gesellschafters, sofern sich aus dem Gesellschaftsvertrag nichts anderes ergibt: Handelt es sich bei dem OG-Gesellschafter nicht um eine natürliche, sondern eine juristische Person, ist nicht auf den Tod der Gesellschafter dieser juristischen Person abzustellen, sondern auf den „Tod" der juristischen Person und damit jenen Zeitpunkt, zu dem die Gesellschaft vollbeendet ist (siehe dazu unten Seite 180).

Eröffnung des **Konkursverfahrens** über das Vermögen eines **Gesellschafters**, durch die Abänderung der Bezeichnung Sanierungsverfahren in Konkursverfahren oder durch die rechtskräftige Nichteröffnung oder Aufhebung des

Insolvenzverfahrens mangels kostendeckenden Vermögens: In der Praxis wird in diesem Zusammenhang zumeist vorgesehen, dass dieser „Auflösungsgrund" lediglich zum Ausscheiden des Gesellschafters führen soll, die Gesellschaft also von den verbleibenden Gesellschaftern fortgesetzt wird. Es ist auch möglich, dass „*ad hoc*" die Gesellschafter den Ausschluss des Gesellschafters beschließen. Ein solcher Beschluss wäre jedenfalls dem Insolvenzverwalter bekannt zu geben, der die Insolvenz der Gesellschaft abwickelt.

Ist der Gesellschafter eine natürliche Person, setzt die Insolvenzeröffnung Zahlungsunfähigkeit voraus; bei juristischen Personen ist zudem die Überschuldung ein Insolvenzeröffnungsgrund.

Kündigung: Die Kündigung der Gesellschaft kann entweder durch einen Gesellschafter oder durch einen Privatgläubiger erfolgen. Die Kündigung führt zwar zur Auflösung, nicht aber zum Erlöschen der Gesellschaft. Die Kündigung verwandelt die bisher werbende Gesellschaft in eine Abwicklungsgesellschaft (RS0061938), also eine Gesellschaft, die nur mehr dazu dient, das vorhandene Vermögen in liquide Mittel umzuwandeln und zu verteilen:

- **Kündigung durch einen Gesellschafter (§ 132):**
  Der Gesellschafter einer OG, die auf unbestimmte Zeit gegründet wurde, kann unter Einhaltung einer Frist von sechs Monaten die Gesellschaft zum Ende des Geschäftsjahres (ohne Vorliegen eines wichtigen Grundes) kündigen (**Auflösungskündigung**). Abweichende Vereinbarungen sind möglich. Allerdings darf das Kündigungsrecht bei sonstiger Nichtigkeit nicht ausgeschlossen oder erschwert werden. Eine angemessene Verlängerung der Kündigungsfrist ist aber zulässig (§ 132 Abs 2). Die Kündigungserklärung ist an die Mitgesellschafter, nicht an die Gesellschaft zu richten.
  Auf unbestimmte Zeit eingegangen und daher einer Auflösungskündigung zugänglich gilt eine OG auch dann, wenn sie auf Lebenszeit eines Gesellschafters vereinbart oder nach dem Ablauf der für ihre Dauer bestimmten Zeit stillschweigend fortgesetzt wurde (§ 134).
  Auch bei einer OG auf unbestimmte Zeit kann eine Auflösungskündigung aber dann unzulässig sein bzw Schadenersatzfolgen auslösen, wenn sie ausschließlich in Schädigungsabsicht erfolgt ist.
  Im Gesellschaftsvertrag kann weiters auch eine Austrittskündigung vorgesehen werden. Ebenso kann eine solche „im Nachhinein" (*ad hoc*) bei Zustimmung aller Gesellschafter vereinbart werden. Eine Austrittskündigung führt lediglich zum Ausscheiden des kündigenden Gesellschafters, ohne dass die Gesellschaft aufgelöst wird.

- **Kündigung durch einen Privatgläubiger eines Gesellschafters (§ 135):**
  Aufgrund der rechtlichen Trennung zwischen Gesellschaftsvermögen und Vermögen der einzelnen Gesellschafter kann ein Privatgläubiger eines Gesellschafters grundsätzlich nicht auf das Vermögen der OG zur Befriedigung seiner Ansprüche greifen. Um Privatgläubigern dennoch die Möglichkeit einzuräumen, auf das Auseinandersetzungsguthaben ihres Schuldners grei-

fen zu können, sieht § 135 die Kündigung der Gesellschaft durch einen Privatgläubiger eines Gesellschafters vor.
Eine solche Kündigung ist möglich unter der Voraussetzung, dass der Privatgläubiger
- nicht auch Gesellschaftsgläubiger ist (denn dann könnte er auch auf das Gesellschaftsvermögen bzw das Vermögen der Mitgesellschafter greifen),
- innerhalb der letzten sechs Monate eine Zwangsvollstreckung in das bewegliche Vermögen des Gesellschafters ohne Erfolg versucht hat,
- aufgrund eines nicht bloß vorläufig vollstreckbaren Exekutionstitels die Pfändung und Überweisung des Anspruchs auf dasjenige erwirkt hat, was dem Gesellschafter bei der Auseinandersetzung zukommt, und
- eine Kündigung unter Einhaltung einer Kündigungsfrist von sechs Monaten zum Ende des Geschäftsjahres gegenüber allen Gesellschaftern ausgesprochen hat.

Der kündigende Privatgläubiger eines Gesellschafters ist nach erfolgter Kündigung gemäß § 135 und Auflösung der Gesellschaft am von den Gesellschaftern durchzuführenden Liquidationsverfahren noch nicht beteiligt. Er hat vielmehr das Ergebnis der Liquidation abzuwarten und kann erst auf die danach dem Verpflichteten zukommenden Vermögenswerte exekutiv greifen. Anderes gilt nur dann, wenn die Gesellschafter (mit Zustimmung des Privatgläubigers) eine andere Verwertung des Gesellschaftsvermögens beschließen (RS0126312).

Gerichtliche Entscheidung: Liegt ein wichtiger Grund vor, kann die Gesellschaft unabhängig davon, ob sie auf bestimmte oder unbestimmte Zeit eingegangen wurde, auch aufgrund eines Antrages eines Gesellschafters und ohne Kündigungserklärung durch Gerichtsausspruch aufgelöst werden (§ 133). Es handelt sich dabei um eine Rechtsgestaltungsklage. Beklagte sind alle übrigen Gesellschafter mit Ausnahme derjenigen, die sich mit der Klage bindend einverstanden erklären. Die Möglichkeit einer Auflösungskündigung kann im Gesellschaftsvertrag weder ausgeschlossen noch eingeschränkt werden. Es kann jedoch vorgesehen werden, dass das Verfahren vor einem Schiedsgericht zu führen ist.

Beispiel:
§ 133 selbst nennt exemplarisch wichtige Gründe: Solche liegen etwa dann vor, wenn ein anderer Gesellschafter eine ihm nach dem Gesellschaftsvertrag obliegende wesentliche Verpflichtung vorsätzlich oder aus grober Fahrlässigkeit verletzt oder wenn die Erfüllung einer solchen Verpflichtung unmöglich wird. Das Gericht nimmt bei der Entscheidung, ob ein wichtiger Grund und damit ein Auflösungsgrund vorliegt, eine Interessenabwägung vor, indem es untersucht, ob nicht weniger einschneidende Maßnahmen möglich sind, wie etwa der Entzug der Geschäftsführungsbefugnis.

Das Gericht hat überdies die Möglichkeit, wenn der wichtige Grund in einer Person liegt, aufgrund einer Klage aller übrigen Gesellschafter gemäß § 140 anstatt der Auflösung die Ausschließung eines Gesellschafters aus der Gesellschaft oder die Übertragung des Gesellschaftsvermögens auf den letztverbleibenden Gesellschafter (§ 140 iVm § 142) auszusprechen.

> **Beachte:**
> Vor dem GesbR-RG sah das Gesetz statt einer Klage einen Antrag der übrigen Gesellschafter vor.

b) Vertragliche Auflösungsgründe

Vertragliche Auflösungsgründe können im Gesellschaftsvertrag festgelegt werden, wie etwa die Festlegung eines außerordentlichen Kündigungsrechts oder die Auflösung der OG bei Eintritt eines bestimmten Ereignisses. Es kann auch – abweichend von § 133 – jedem Gesellschafter ein außerordentliches Kündigungsrecht durch bloße Willenserklärung eingeräumt werden.

c) Fortsetzungsbeschluss gemäß § 141

Liegt ein gesetzlicher Auflösungsgrund vor, bedeutet dies nicht zwangsläufig den Beginn der Abwicklung/Liquidation der Gesellschaft mit dem Ziel der Vollbeendigung. Denn die Gesellschafter haben gemäß § 141 grundsätzlich die Möglichkeit, den Fortbestand der Gesellschaft – einstimmig – zu beschließen (≠ Gründung einer neuen OG). Nur bei Eröffnung des Insolvenzverfahrens über das Vermögen der Gesellschaft (§ 131 Z 3) besteht diese Möglichkeit nicht, es sei denn, das Insolvenzverfahren wurde nach Bestätigung eines Sanierungsplans (§ 152b IO) oder mit Einverständnis aller Gläubiger (§ 123b IO) aufgehoben.

Bei allen anderen gesetzlichen Auflösungsgründen sind im Einzelnen **Besonderheiten** zu beachten:

- Bei **Tod** eines Gesellschafters (§ 131 Z 4) ist der Fortsetzungsbeschluss von den verbleibenden Gesellschaftern (also ohne Erben) zu fassen.
- Bei Eröffnung des **Konkursverfahrens über das Vermögen eines Gesellschafters** (§ 131 Z 5) hat eine Erklärung gegenüber dem Insolvenzverwalter zu erfolgen. Der betroffene Gesellschafter (Gemeinschuldner) gilt mit dem Zeitpunkt der Insolvenzeröffnung als ausgeschieden. Er wirkt daher am Fortsetzungsbeschluss auch nicht mit. Die Rechte der Gläubiger des insolventen Gesellschafters werden durch den Fortsetzungsbeschluss nicht berührt, weil das Auseinandersetzungsguthaben in die Insolvenzmasse fällt.
- Bei **Kündigung durch den Gesellschafter** (§ 131 Z 6) steht das Recht der Fassung eines Fortsetzungsbeschlusses „nur" den verbleibenden Gesellschaftern zu.

- Bei **Kündigung durch den Privatgläubiger** (§ 131 Z 6) scheidet der betreffende Gesellschafter mit dem Ende des Geschäftsjahres aus der Gesellschaft aus. Der ausscheidende Gesellschafter wirkt am Fortsetzungsbeschluss nicht mit. Es bedarf auch keiner Zustimmung des Privatgläubigers. Dessen Interessen werden durch die Fortsetzung nicht beeinträchtigt, weil er ja nunmehr auf das Auseinandersetzungsguthaben des Gesellschafters zugreifen kann.

Soweit in diesen Fällen kein einstimmiger Beschluss aller Gesellschafter Voraussetzung für die Fortsetzung der Gesellschaft ist, unterscheidet sich die Rechtslage damit von jener vor In-Kraft-Treten des HaRÄG. Dies ist insofern bedeutsam, als auf Gesellschaften, die vor dem 1. 1. 2007 errichtet wurden, noch die alte Rechtslage Anwendung findet und für eine Fortsetzung der Gesellschaft – soweit im Gesellschaftsvertrag nichts Gegenteiliges bestimmt ist – ein einstimmiger Beschluss erforderlich ist (vgl dazu 6 Ob 152/08h).

Da die Auflösung der OG ins Firmenbuch einzutragen ist (§ 143), muss auch die Fortsetzung der OG von sämtlichen Gesellschaftern zum Firmenbuch angemeldet und in der Folge eingetragen werden (§ 144 Abs 2).

2. Abwicklung/Liquidation

Liegt ein Auflösungsgrund vor und wurde dieser nicht durch einen Fortsetzungsbeschluss „beseitigt", tritt die Gesellschaft in das Abwicklungsstadium (Liquidationsstadium).

a) Allgemeines

Mit dem Eintritt in das Liquidationsstadium ändert sich der Gesellschaftszweck der OG: Der **Zweck** wird von einem „werbenden" zu einem **„abwickelnden"** abgeändert. Die Identität der Gesellschaft bleibt aber unverändert. Die Gesellschaft ist weiterhin Träger von Rechten und Pflichten. Die §§ 105 ff sind auch weiterhin für gesellschaftsrechtliche Fragestellungen heranzuziehen.

Eine **stille Abwicklung** liegt vor, wenn vor Auflösung der OG bereits die Geschäftstätigkeit eingestellt wurde und alle Gläubiger aus dem verwerteten Vermögen befriedigt wurden. Im Zeitpunkt der Auflösung ist das „Liquidationsverfahren" daher schon abgeschlossen und die Gesellschaft verfügt nur mehr über ein allfälliges an die Gesellschafter zu verteilendes Vermögen.

b) Liquidationsverfahren

Bei der Liquidation werden im Rahmen eines außergerichtlichen Verfahrens sämtliche persönlichen und vermögensrechtlichen Beziehungen der Gesellschafter untereinander sowie alle rechtlichen Verhältnisse zu Dritten gelöst. Voraussetzung für die Liquidation ist, dass die Gesellschaft aufgelöst ist und noch über Vermögen verfügt. Wurde bereits ein Insolvenzverfahren eröffnet, findet keine Liquidation statt, sondern richtet sich die weitere Vorgehensweise nach den insolvenzrechtlichen Vorschriften. Die Liquidatoren haben gemäß § 149 die **Aufgabe**, die laufenden Geschäfte zu beenden, die Forderungen einzuziehen, das Gesellschaftsvermögen zu versilbern, die Gläubiger zu befriedigen und überlassene Gegenstände zurückzustellen. Sie haben die Abwicklung planmäßig zu betreiben und dabei vor allem die Interessen der Gesellschafter (und nicht vorrangig die der Gläubiger) zu wahren. Ihr Ziel muss die bestmögliche Verwertung des Gesellschaftsvermögens sein (RS0119052). Die Liquidatoren haben selbst und unter eigener Verantwortung zu bestimmen, wann und wie die „Versilberung" des Unternehmens stattfinden soll, sowie auch, ob das Unternehmen an einen Gesellschafter veräußert wird, wenn sie das als die günstigste Möglichkeit einer Verwertung erachten (3 Ob 186/06h). Neue Geschäfte können nur dann eingegangen werden, wenn diese dem Liquidationszweck dienen. Die Liquidatoren haben all das zu tun, was notwendig ist, um ein optimales Liquidationsergebnis zu erzielen, das zwischen den Gesellschaftern zu verteilen ist. Eine Beschränkung des Umfangs der Befugnisse der Liquidatoren ist Dritten gegenüber unwirksam (§ 151).

Die Geschäftsführungs- und Vertretungsbefugnis im Liquidationsverfahren obliegt den **Liquidatoren**. Die Geschäftsführungsbefugnis der Gesellschafter hört mit der Bestellung eines Liquidators auf (RS0061583). Die Liquidatoren unterliegen aber einem (einstimmigen) Weisungsrecht der Beteiligten (zB Gesellschafter, Privatgläubiger iSd § 135). Sind mehrere Liquidatoren vorhanden, sind diese gemäß § 150 gesamtgeschäftsführungs- und gesamtvertretungsbefugt. Zur Entgegennahme von Willenserklärungen ist jeder Liquidator alleine befugt (§ 150 Abs 2). Modifikationen der Geschäftsführungs- und Vertretungsbefugnis können mittels Gesellschaftsvertrags oder Gesellschafterbeschlusses vorgenommen werden und sind zur Eintragung im Firmenbuch anzumelden (§ 150 Abs 1). Gemäß § 153 haben die Liquidatoren ihre Unterschrift in der Weise abzugeben, dass sie der bisherigen Firma den Zusatz „in Liquidation", „i.L.", „in Abwicklung" oä sowie ihren Namen beifügen. Den Liquidatoren obliegt auch die Erstellung einer Liquidationsbilanz (§ 154), die Aufteilung des nach der Liquidation verbliebenen Vermögens an die Gesellschafter (§ 155) sowie die Anmeldung des Erlöschens der OG zum Firmenbuch (§ 157).

Die **Bestellung** von Liquidatoren ist auf folgende Arten möglich:

- **Gekorene Liquidatoren**: Die Liquidatoren können entweder im Gesellschaftsvertrag oder durch Gesellschafterbeschluss bestimmt („auserkoren") werden. Der Beschluss ist – sofern im Gesellschaftsvertrag nichts anderes festgelegt wurde – einstimmig zu fassen. Als gekorene Liquidatoren können Gesellschafter oder auch Dritte bestimmt werden (Durchbrechung des Prinzips der Selbstorganschaft).
- **Geborene Liquidatoren**: Sind keine gekorenen Liquidatoren vorhanden, sind nach § 146 alle Gesellschafter Liquidatoren, unabhängig davon, ob sie geschäftsführungs- und vertretungsbefugt waren. Für den Fall des Todes

eines Gesellschafters, der die Auflösung der Gesellschaft nach sich zieht, ist vorgesehen, dass etwaige mehrere Erben einen gemeinsamen Vertreter zu bestellen haben. Dieser kann jede beliebige Person sein.
- **Gerichtliche Liquidatoren:** Gemäß § 146 Abs 2 kann auf Antrag eines Beteiligten aus wichtigen Gründen (zB eine große Anzahl von geborenen Liquidatoren, wodurch die Abwicklung übermäßig erschwert wird) die Ernennung von Liquidatoren durch das Gericht im Außerstreitverfahren erfolgen. Das Gericht entscheidet nach freiem Ermessen.

Die Liquidatoren sind von sämtlichen Gesellschaftern zur Eintragung in das **Firmenbuch** anzumelden (§ 148).

Die **Abberufung** der Liquidatoren erfolgt gemäß § 147 durch einen einstimmigen Beschluss aller Beteiligten (Gesellschafter, Privatgläubiger, durch den die Kündigung erfolgt ist, und beim Gesellschafterkonkurs der Insolvenzverwalter). Auf Antrag eines Beteiligten kann die Abberufung bei Vorliegen eines wichtigen Grundes auch durch das Gericht erfolgen.

Das nach Berücksichtigung der Schulden verbleibende Vermögen der Gesellschaft (**Abwicklungsgewinn**) ist von den Liquidatoren nach dem Verhältnis der Beteiligung der Gesellschafter unter Berücksichtigung ihrer Guthaben und Verbindlichkeiten aus dem Gesellschaftsverhältnis, wie sie sich aufgrund der Schlussbilanz ergeben, unter den Gesellschaftern zu verteilen (§ 155 Abs 1). Ergibt sich ein **Abwicklungsverlust**, ist dieser von den Gesellschaftern anteilsmäßig zu tragen (§ 155 Abs 4).

Auch die **Kapitalkonten** sind auszugleichen. Reicht das Gesellschaftsvermögen zur Deckung der Guthaben der Kapitalkonten nicht aus, sind die übrigen Gesellschafter, deren Kapitalkonten Verbindlichkeiten aufweisen, verpflichtet, für den Betrag im Verhältnis ihrer Verbindlichkeiten aus dem Gesellschaftsverhältnis aufzukommen. Kann von einem Gesellschafter der auf ihn entfallende Betrag nicht erlangt werden, wird der Ausfall auf die übrigen Gesellschafter wie ein Verlust verteilt (§ 155 Abs 4).

Mit der vollständigen Verteilung ist die OG **voll beendet**. Die Firmenbucheintragung hat nur deklarative Wirkung.

c) Ausnahmsweises Unterbleiben einer Abwicklung/Liquidation

Die Liquidation hat in folgenden Fällen zu unterbleiben:
- wenn eine andere Art der Auseinandersetzung von den Gesellschaftern **vereinbart** ist (entweder bereits im Gesellschaftsvertrag oder durch späteren einstimmigen Beschluss). Denkbar ist etwa der Verkauf des Unternehmens, Übertragung der Anteile an einen Gesellschafter oder eine Umgründungsmaßnahme (zB Umwandlung in eine Kapitalgesellschaft; hier geht das Vermögen ohne Abwicklung – im Wege der Gesamtrechtsnachfolge – auf den neuen Rechtsträger über).

- wenn über das Vermögen der **Gesellschaft** die **Insolvenz** eröffnet ist, denn in diesem Fall erfolgt die Verteilung im Insolvenzverfahren. Die Gesellschaft ist grundsätzlich mit der Beendigung des Insolvenzverfahrens voll beendet. Eine an das Insolvenzverfahren anknüpfende Liquidation nach den Regelungen der §§ 145 ff wäre nur dann denkbar, wenn nach dem Insolvenzverfahren noch Vermögen vorhanden wäre.
- wenn **nichts** für die Abwicklung und Verteilung der Gesellschafter **vorhanden** ist, dh kein gemeinsames Aktivvermögen oder sonstige gemeinschaftliche Beziehungen vorhanden sind (RS0062180).
- wenn das Vermögen auf den letzten Gesellschafter gemäß **§ 142** übertragen wird.
- wenn die Gesellschaft **nur mehr Verbindlichkeiten** hat oder bloß noch der innere Ausgleich zwischen den Gesellschaftern aussteht. In diesem Fall kann die Liquidation unterbleiben, weil die Befriedigung der Gesellschaftsgläubiger aus dem Privatvermögen der Gesellschafter nicht Aufgabe der Liquidatoren ist und der Ausgleich zwischen den Gesellschaftern entweder einvernehmlich erfolgt oder im Prozessweg auszutragen ist (RS0062180).

Wenn die Gesellschaft durch Kündigung eines Privatgläubigers oder durch die Eröffnung der Insolvenz über das Vermögen eines Gesellschafters aufgelöst wurde, kann die Liquidation (aus Gründen des Gläubigerschutzes) nur mit Zustimmung des Privatgläubigers bzw des Insolvenzverwalters unterbleiben.

d) Löschung aus dem Firmenbuch

Mit dem Abschluss der Schlussverteilung endet die Liquidation und damit auch die Tätigkeit der Liquidatoren. Von diesen (allen) ist das Erlöschen der Firma zur Eintragung in das Firmenbuch anzumelden (§ 157).

Sollte nach der Vollbeendigung noch Gesellschaftsvermögen bzw abzuwickelndes Vermögen hervorkommen, hat eine **Nachtragsliquidation** zu erfolgen.

Die **Bücher** und die Papiere der aufgelösten Gesellschaft werden einem Gesellschafter oder einem Dritten zur Verwahrung für die Dauer von **sieben Jahren** (§ 212) übergeben.

H. Wechsel der Rechtsform

Das „Rechtskleid" der OG kann geändert werden. Folgende Möglichkeiten stehen dafür zur Verfügung.

- Tritt zumindest ein Gesellschafter mit beschränkter Haftung ein, entsteht eine **KG** (siehe dazu Seiten 183 f). Durch die „Umwandlung" einer OG in eine KG wird zwar im Außenverhältnis die Rechtsform der Gesellschaft, aber nicht die Identität des Rechtssubjektes geändert (RS0061358; 6 Ob 309/02p).

- Erzielt die OG keine nachhaltigen Umsatzerlöse in Höhe von 700.000 Euro bzw eine Mio Euro pro Geschäftsjahr (§ 189), ist es – auch aufgrund des deckungsgleichen Anwendungsbereiches – möglich, das Unternehmen künftig in der Rechtsform einer **GesbR** zu führen.
- Ein Wechsel in eine **Kapitalgesellschaft** ist nur durch Einbringung der OG in eine solche möglich. Das UmwG ist für den Wechsel einer Personengesellschaft in eine Kapitalgesellschaft nicht anzuwenden, sondern nur für den umgekehrten Fall des Wechsels einer Kapitalgesellschaft in eine Personengesellschaft (siehe Seiten 483 ff).
- Verbleibt nur ein Gesellschafter, führt dies zu einem Wechsel von der OG in ein **Einzelunternehmen**.

IV. Kommanditgesellschaft

A. Allgemeines

1. Vorbemerkungen

Mit dem HaRÄG ist das EGG mit 1. 1. 2007 außer Kraft getreten (siehe Seiten 117 f). Die bis zum 31. 12. 2006 wirksam eingetragenen **KEG gelten** seit dem 1. 1. 2007 **als KG** (§ 907 Abs 2 UGB). Seit 1. 1. 2010 ist gemäß § 19 Abs 1 Z 3 iVm § 907 Abs 3 und 4 UGB sowohl in der Firma als auch auf Bestellscheinen, Geschäftspapieren und Webseiten zwingend der entsprechende Rechtsformzusatz (zB „Kommanditgesellschaft", „KG") zu führen.

2. Begriff, Rechtsnatur und Grundlagen

Die KG ist gemäß § 161 UGB[1] eine
- unter eigener Firma geführte
- Gesellschaft,
- bei der die Haftung gegenüber den Gesellschaftsgläubigern bei einem Teil der Gesellschafter auf einen bestimmten Betrag (Haftsumme) beschränkt (Kommanditisten), beim anderen Teil dagegen unbeschränkt ist (Komplementäre).
- Sie ist rechtsfähig.
- Die Gesellschafter sind gesamthandschaftlich verbunden (siehe Seite 121).
- Die KG steht für jede erlaubte Tätigkeit, einschließlich freiberuflicher und land- und forstwirtschaftlicher Tätigkeit, zur Verfügung.
- Ihr gehören mindestens zwei Gesellschafter an, zumindest ein Komplementär und zumindest ein Kommanditist (nur ausnahmsweise wird die Möglichkeit einer Ein-Personen-KG in der Literatur anerkannt).
- Sie ist nur Unternehmerin, sofern sie ein Unternehmen betreibt (§ 1 Abs 1).

Bereits ein Vergleich mit den Ausführungen zur OG (vgl Seiten 118 ff) macht deutlich, dass der wesentliche Unterschied zur OG in der Haftungsordnung liegt. Davon abgesehen entspricht das Wesen der KG jenem der OG, weshalb die KG als ein Sonderfall der OG angesehen werden kann.

Es gibt bei der KG **zwei Gesellschaftertypen**:
- den **Komplementär**, dessen Rechtsposition mit der eines OG-Gesellschafters identisch ist; er soll nach dem gesetzlichen Leitbild die unternehmerischen Tätigkeiten und Entscheidungen wahrnehmen;

---

[1] Paragraphenangaben beziehen sich in diesem Abschnitt, sofern nichts anderes angegeben, auf das **UGB**.

- den **Kommanditisten**, der rechtlich und wirtschaftlich eine andere Position hat; er soll nach dem gesetzlichen Leitbild die erforderlichen finanziellen Mittel zur Verfügung stellen und im Unternehmen nur im Rahmen bestimmter Mitwirkungs- und Kontrollrechte tätig sein.

> **Rechtsformunterschied:**
> Der Kommanditist ist vergleichbar mit einem stillen Gesellschafter (vgl Seiten 217 ff, insbesondere Seite 220; siehe auch RS0128816), jedoch mit den wesentlichen Unterschieden, dass
> - der Kommanditist auch nach außen in Erscheinung tritt (er wird im Firmenbuch eingetragen) und
> - die stG über keinerlei Gesellschaftsvermögen verfügt, wohingegen die KG Inhaberin des Gesellschaftsvermögens ist.

Damit eine KG gegründet werden kann, ist erforderlich, dass pro Gesellschaftertypus mindestens ein Gesellschafter vorhanden ist. Ein Gesellschafter kann nicht zugleich beide Funktionen ausüben, sondern nur entweder Komplementär oder Kommanditist sein.

Der Umstand der Haftungssituation hat auch im Firmenwortlaut Eingang zu finden: Die **Firma** einer KG muss die Bezeichnung „Kommanditgesellschaft" oder eine allgemein verständliche Abkürzung dieser Bezeichnung, etwa „KG", enthalten (§ 19 Abs 1 Z 3). Wenn in der KG keine natürliche Person unbeschränkt haftet (zB sämtliche Komplementäre juristische Personen, zB GmbH sind), muss dieser Umstand gemäß § 19 Abs 2 aus der Firma erkennbar sein (zB GmbH & Co KG; siehe dazu noch unten Seite 191; 6 Ob 132/07s). Wird eine Namensfirma gewählt, ist darauf zu achten, dass nach § 20 nur die Namen der unbeschränkt haftenden Gesellschafter im Firmenwortlaut verwendet werden dürfen.

Die KG findet ihre primäre gesellschaftsrechtliche **Rechtsgrundlage** in den §§ 161 bis 177. Die Regelungen sind nicht sehr umfangreich. Denn aufgrund der Ähnlichkeit mit der OG sind die Bestimmungen über die OG (§§ 105 bis 160), soweit im Abschnitt über die KG nicht Abweichendes festgehalten ist, ergänzend heranzuziehen. Die Bestimmungen der §§ 161 bis 177 betreffen daher fast ausschließlich den Kommanditisten und die sich aus dem Zusammentreffen zweier verschiedener Typen von Gesellschaftern ergebenden Ordnungsfragen (zB abweichende Regelung der Geschäftsführungs- und Vertretungsbefugnis, Gewinn- und Verlustverteilung, Entnahmerecht). In diesem Abschnitt werden daher nur die Besonderheiten herausgearbeitet, die zumeist dem Umstand Rechnung tragen, dass zwei verschiedene Gesellschaftertypen vorhanden sind. Im Übrigen wird auf die Ausführungen zur OG verwiesen.

B. Besonderheiten bei der Gründung der KG

1. Originäre Gründung

Bei der Gründung einer KG ergeben sich im Hinblick auf die zwei Gesellschaftertypen folgende Besonderheiten:

Im Gesellschaftsvertrag wird festgelegt, wer **Komplementär** und wer **Kommanditist** ist. Die Haftsumme und die Pflichteinlage des Kommanditisten werden ebenfalls festgelegt (siehe dazu unten Seiten 190 ff). Auch die Rechte und Pflichten werden zum Teil unterschiedlich, je nach Gesellschaftertyp, bestimmt. Gesellschafter einer KG kann grundsätzlich jeder sein, der auch Gesellschafter einer OG sein kann. Jedoch ist zu beachten, dass niemand gleichzeitig Komplementär und Kommanditist sein kann.

Die KG ist – wie die OG auch – beim **Firmenbuch** anzumelden. Die Firmenbuchanmeldung ist von **sämtlichen Gesellschaftern** (einschließlich der Kommanditisten) vorzunehmen (vgl 6 Ob 90/08s). Sofern der Eintritt eines Kommanditisten unter der Bedingung der Eintragung in das Firmenbuch erfolgt, die Erlangung des Gesellschafterstatus also von der Eintragung abhängig gemacht wird, hat auch der Eintretende an der Anmeldung mitzuwirken (§ 162 Abs 2). Allerdings dürfte das Bedürfnis nach einem bedingten Eintritt seit dem HaRÄG gering sein, da nunmehr für die Phase zwischen Eintritt und Eintragung – anders als früher – ohnedies bereits eine beschränkte Haftung greift (§ 176 Abs 2).

In der Firmenbuchanmeldung sind ua Name und Geburtsdatum der Kommanditisten, die Höhe ihrer Haftsummen, gegebenenfalls ihre Firmenbuchnummer (wenn der Kommanditist in das Firmenbuch eingetragen ist und daher eine eigene Firmenbuchnummer hat, wie dies etwa bei einer GmbH als Kommanditist der Fall ist) sowie allenfalls ein Nachfolgevermerk (§ 162 iVm § 4 Z 6 FBG) einzutragen.

Die KG entsteht – wie die OG auch – erst mit Firmenbucheintragung. In der Phase zwischen Abschluss des **Gesellschaftsvertrags (Errichtung)** und **Firmenbucheintragung (Entstehung)**, also dem Stadium der Vorgesellschaft (vgl Seiten 129 f), hat der Kommanditist eine Vertretungsbefugnis (§ 176 Abs 1 Satz 2).

2. Derivative Gründung

Es ist auch möglich, eine KG durch Umgründung einer anderen, bereits bestehenden Gesellschaftsform zu schaffen. Als in eine KG umwandelbare Gesellschaftsformen stehen die Kapitalgesellschaften, die OG und die GesbR zur Verfügung:

Die Umwandlung einer **Kapitalgesellschaft** in eine KG erfolgt nach dem Umwandlungsgesetz (UmwG; siehe Seiten 483 f), das grundsätzlich zwei

Arten der Vermögensübertragung vorsieht: Ist eine KG Hauptgesellschafterin, also mit mindestens 90 % an einer Kapitalgesellschaft beteiligt, kann das Vermögen der Kapitalgesellschaft im Wege der Gesamtrechtsnachfolge auf die KG als bisherige Hauptgesellschafterin übertragen werden (**verschmelzende Umwandlung**).

Handelt es sich bei dem bisherigen Hauptgesellschafter allerdings nicht um eine KG, besteht die Möglichkeit, das Vermögen im Wege der Gesamtrechtsnachfolge auf eine zu errichtende KG zu übertragen, an der Personen beteiligt sind, die bisher gemeinsam zu mindestens 90 % an einer Kapitalgesellschaft beteiligt waren (**errichtende Umwandlung**). Die Haftsumme der entstandenen KG darf bei der errichtenden Umwandlung die Höhe der Stammeinlagen nicht unterschreiten (6 Ob 267/08w). Da bei dieser Variante allerdings eine neue KG (originär) zu gründen ist, stellt diese nur bedingt einen Fall der „derivativen" Gründung dar.

Es ist auch möglich, dass eine **OG** ihr Rechtskleid gegen das einer KG eintauscht. Dies ist dann der Fall, wenn zumindest ein OG-Gesellschafter (unbeschränkt haftender Gesellschafter) seine Gesellschafterposition künftig als Kommanditist (beschränkt haftender Gesellschafter) ausübt. Die Nachhaftung der OG bzw des OG-Gesellschafters bleibt davon allerdings unberührt.

Weiters ist es möglich, dass eine **GesbR** in die Rechtsform einer KG wechselt, weil der Anwendungsbereich dieser beiden Gesellschaften deckungsgleich ist. Seit dem GesbR-RG bedarf es dazu eines einstimmigen Gesellschafterbeschlusses, der überdies ein Verzeichnis des Gesellschaftsvermögens zu enthalten hat (§§ 1206, 1207 ABGB). Weiters hat zumindest ein GesbR-Gesellschafter die Funktion des Komplementärs und zumindest ein Gesellschafter die Funktion eines Kommanditisten zu übernehmen.

> **Beachte:**
> Vor dem GesbR-RG war für die Umwandlung lediglich eine Firmenbucheintragung mit der Voraussetzung, dass zumindest ein GesbR-Gesellschafter die Funktion des Komplementärs und zumindest ein Gesellschafter die Funktion eines Kommanditisten übernimmt, notwendig.

Mit der **Firmenbucheintragung** wird der Wechsel des „Rechtskleides" vollzogen, das heißt, anders als nach der bis zum In-Kraft-Treten des HaRÄG geltenden Rechtslage („*Paternoster*-Theorie") kommt es nicht zu einem automatischen Wechsel der Rechtsform bei Über- bzw Unterschreiten der Schwellenwerte des § 189.

> **Beachte:**
> Es ist auch möglich, ein bisher geführtes Einzelunternehmen durch Hinzutritt zumindest einer weiteren Person künftig als KG zu führen, wenn sicher-

> gestellt ist, dass von jedem Gesellschaftertypus zumindest einer vorhanden ist.

C. Besonderheiten bei der Organisation der KG

1. Geschäftsführung

Ist im Gesellschaftsvertrag die Geschäftsführung nicht geregelt, ist § 164 iVm §§ 114 ff maßgeblich:

Gemäß § 164 sind die Komplementäre zur Führung der **gewöhnlichen Geschäfte** berechtigt. Kommanditisten sind vom gewöhnlichen Geschäftsbetrieb ausgeschlossen. Sie können auch kein Widerspruchsrecht ausüben.

Für Handlungen, die dem **außergewöhnlichen Geschäftsbetrieb** zuzurechnen sind, ist nach hA die Zustimmung sämtlicher Gesellschafter (also auch der Kommanditisten) erforderlich (die scheinbare Anordnung eines Widerspruchsrechts in § 164 wird nach hM als Zustimmungsrecht verstanden), obwohl der Gesetzeswortlaut ein bloßes Widerspruchsrecht der Kommanditisten impliziert.

Gegen **kompetenzwidrige Geschäftsführungsmaßnahmen der Komplementäre** steht den Kommanditisten die *actio pro socio* zu, mit der sie Ansprüche der Kommanditgesellschaft gegen die Komplementäre geltend machen können. Als solche Sozialansprüche können mittels *actio pro socio* auch Unterlassungsansprüche geltend gemacht werden. Wesentlich ist aber auch hier, dass nur Leistung an die Gesellschaft verlangt werden darf. Es kann daher nur auf Unterlassung gegenüber der Gesellschaft geklagt werden (1 Ob 192/08d).

Für die Frage der Erteilung und des Widerrufs der **Prokura** sind die Bestimmungen für die OG anzuwenden (§ 161 Abs 2 iVm § 116 Abs 3). Zur Bestellung eines Prokuristen bedarf es der Zustimmung aller geschäftsführenden Gesellschafter, es sei denn, es liegt Gefahr in Verzug vor. Der Widerruf der Prokura kann hingegen von jedem der zur Erteilung oder zur Mitwirkung der Erteilung befugten Gesellschafter erfolgen. Mangels gesetzlicher Geschäftsführungsbefugnis der Kommanditisten sind diese weder bei Erteilung noch bei Widerruf der Prokura beteiligt. Dies gilt nach überwiegender Auffassung selbst dann, wenn die Erteilung der Prokura ein außergewöhnliches Geschäft darstellt.

Bei einer **GmbH & Co KG** (siehe zu dieser noch unten Seiten 205 ff) ist zu beachten, dass, wenn im Gesellschaftsvertrag der KG Gesamtvertretung (aller Komplementäre) vorgesehen ist, dem Geschäftsführer der Gesellschafter-GmbH **keine Einzelprokura** eingeräumt werden darf. Diesfalls – so der OGH – würde die mit der Gesamtvertretung angestrebte Kontrolle unterlaufen (6 Ob

43/09f; vgl dazu auch oben Seiten 145 f). Auch darf in einer GmbH & Co KG, deren einziger unbeschränkt haftender Gesellschafter die (daher alleinvertretungsbefugte) GmbH ist, dem Geschäftsführer der GmbH, der gleichzeitig Kommanditist ist, keine Einzelprokura eingeräumt werden. Der OGH begründet diese – in der Lehre umstrittene – Auffassung damit, dass diesfalls in einer Person gleichzeitig eine beschränkte und eine nach § 126 unbeschränkte Vertretungsbefugnis vereinigt und die tatsächlichen Vertretungsverhältnisse in einer verkehrsschutzfeindlichen Weise verschleiert würden. Außerdem absorbiere die umfänglich weitere Vertretungsbefugnis die engere (6 Ob 224/07w).

Kommanditisten wirken auch bei **Grundlagengeschäften** mit (zB Änderung des Gesellschaftsvertrags, Auflösung der Gesellschaft). § 164 ist auf diese Geschäfte nicht anzuwenden. Eine vertragliche Beschränkung dieser Mitwirkungsbefugnis ist möglich.

Die gesetzliche Regelung über die Geschäftsführung kann **vertraglich modifiziert** werden:

- Kommanditisten kann die Geschäftsführungsbefugnis für **gewöhnliche Geschäfte** eingeräumt werden. Die Zulässigkeit der Einräumung von alleiniger Geschäftsführungsbefugnis bzw Weisungsrechten ist jedoch strittig. Zu beachten ist, dass die öffentlich-rechtliche Verpflichtung zur Buchführung – zumindest im Außenverhältnis – stets den Komplementär trifft und dass ein geschäftsführungsbefugter Kommanditist gegenüber der Gesellschaft wie ein geschäftsführungsbefugter Komplementär haftet (vgl Seite 189). An der beschränkten Haftung des Kommanditisten im Außenverhältnis ändert sich hingegen durch die Geschäftsführungsbefugnis nichts, es sei denn, dieser veranlasst den Rechtsschein einer unbeschränkten Komplementär-Haftung. Auch kann dem Kommanditisten Prokura (§§ 48 ff) oder Handlungsvollmacht (§§ 54 ff) verliehen werden.

- Die gesetzlich vorgesehene Mitwirkungsbefugnis der Kommanditisten bei **außergewöhnlichen Geschäften** kann ebenso vertraglich abgeändert, beschränkt oder sogar gänzlich ausgeschlossen werden. So kann beispielsweise das Erfordernis eines Mehrheitsbeschlusses der Kommanditisten vorgesehen werden, oder die Zustimmung eines von den Kommanditisten zu beschickenden Beirats. Die Mitwirkung des Kommanditisten kann auch auf bestimmte Gegenstände beschränkt werden.

Der Kommanditist hat weiters (unabhängig davon, ob ihm Geschäftsführungsbefugnis eingeräumt worden ist oder nicht) bei einer Klage aller übrigen Gesellschafter auf Entziehung der Geschäftsführungsbefugnis eines Gesellschafters gemäß § 161 Abs 2 iVm § 117 mitzuwirken, wenn die **Entziehung der Geschäftsführungsbefugnis** im Gesellschaftsinteresse liegt (zur Zulässigkeit von Zwischenfeststellungsanträgen bei Entziehung der Geschäftsführungsbefugnis eines Komplementärs siehe 1 Ob 8/07v).

2. Vertretung

Kommanditisten sind gemäß § 170 nicht vertretungsbefugt. Die organschaftliche Vertretungsbefugnis steht daher ausschließlich den Komplementären zu und kann auch nicht vertraglich den Kommanditisten eingeräumt werden.

Allerdings ist es möglich, dem Kommanditisten **rechtsgeschäftliche Vertretungsbefugnis** einzuräumen, nämlich durch Prokura oder Handlungsvollmacht. Bei der rechtsgeschäftlichen Vertretungsbefugnis ist aber darauf zu achten, dass die KG auch ohne Mitwirkung des Prokuristen vertreten werden kann, dh es muss eine Vertretung durch die Organe alleine möglich bleiben. Unzulässig wäre es daher etwa vorzusehen, dass der einzige vertretungsbefugte Komplementär nur gemeinsam mit dem Prokuristen, der zugleich Kommanditist ist, vertretungsbefugt ist. Wird die Prokura oder die Handlungsvollmacht bereits im Gesellschaftsvertrag eingeräumt, kann diese nach herrschender Lehre nur bei Vorliegen eines wichtigen Grundes entzogen werden.

D. Besonderheiten bei der Haftungsordnung

1. Haftung der Gesellschaft

Wie bei der OG (siehe Seiten 147 f) kann auch eine KG bei Vorliegen folgender Voraussetzungen zur Haftung herangezogen werden:

1. Die KG muss wirksam Vertragspartnerin geworden sein.
2. Der Anspruch muss fällig sein.
3. Der Anspruch darf noch nicht verjährt sein bzw dürfen nicht sonstige Einwendungen rechtmäßig erhoben worden sein.

> **Beachte:**
> Die Frage der Haftung der Gesellschafter ist für jeden Gesellschaftertypus – Komplementär und Kommanditist – eigens zu beantworten.

2. Haftung des Komplementärs

Der Komplementär einer KG hat dieselbe Rechtsstellung wie der OG-Gesellschafter. Auch dieser kann daher von Gesellschaftsgläubigern gemäß §§ 128 ff für Schulden der KG in Anspruch genommen werden. Er haftet persönlich, unbeschränkt und unbeschränkbar, unmittelbar, primär und solidarisch (vgl zu den Begriffen Seiten 148 f).

3. Haftung des Kommanditisten[2]

Unterscheide:
- **Pflichteinlage:** Damit wird jene Leistung bezeichnet, zu deren Erbringung sich der Kommanditist der Gesellschaft gegenüber, also im **Innenverhältnis**, verpflichtet hat. Die Pflichteinlage wird im Firmenbuch nicht eingetragen, betrifft sie doch nur das Innenverhältnis. Die Pflichteinlage bildet einen Teil des Gesellschaftsvermögens und formt gemeinsam mit den Einlagen aller anderen Gesellschafter und dem sonstigen Gesellschaftsvermögen den Haftungsfonds, der den Gläubigern zur Befriedigung dient. Die Pflichteinlage kann individuell festgelegt werden. Das Gesetz kennt keine bestimmte Mindest- oder Höchstgrenze (OLG Wien 28 R 53/05b).
- **Haftsumme:** Diese betrifft das **Außenverhältnis**. Die Haftsumme beschreibt die Höhe der maximalen unmittelbaren Haftung des Kommanditisten nach außen gegenüber den Gesellschaftsgläubigern. Sie wird deshalb auch im Firmenbuch eingetragen (§ 4 Z 6 FBG). Die Haftsumme kann individuell festgelegt werden. Das Gesetz kennt keine bestimmte Mindest- oder Höchstgrenze.

a) Art und Umfang der Haftung

Der Kommanditist haftet wie der Komplementär:
- **persönlich, unmittelbar, primär und solidarisch.**

Im Unterschied zum Komplementär haftet der Kommanditist allerdings nur
- **beschränkt/begrenzt bis zur Höhe der Haftsumme.**

Aufgrund der beschränkten Haftung können Kommanditisten einer KG auch Personen sein, für die eine Beteiligung als unbeschränkt haftender Gesellschafter nicht infrage kämen, zB Privatstiftungen. Gemäß § 171 Abs 1 haftet der Kommanditist nach außen – gegenüber Gesellschaftsgläubigern – bis zur Höhe der Haftsumme. Gesellschaftsgläubiger können auch Mitgesellschafter sein, die aufgrund eines Drittgeschäftes eine Forderung gegenüber der KG haben. Die Haftung des Kommanditisten ist ausgeschlossen, soweit er seine Pflichteinlage geleistet hat.

Beispiel:
Haftsumme: 10.000 Euro
Pflichteinlage: 10.000 Euro (davon geleistet: 10.000 Euro)
→ keine Haftung des Kommanditisten im Außenverhältnis.

---

[2] Vgl zur Haftung des Kommanditisten die Kurzfälle und Prüfungsfragen in *Karollus/Huemer/Harrer*, Casebook Handels- und Gesellschaftsrecht, 5. Auflage (2014), Seiten 195 ff.

Dies lässt sich damit begründen, dass bereits die Pflichteinlage einen Beitrag zum Haftungsfonds der KG für jene Gläubiger darstellt, die ihre Ansprüche direkt gegen die KG geltend machen. Erreicht die (geleistete) Pflichteinlage nicht den Betrag der Haftsumme, hat der Kommanditist nach außen persönlich, unmittelbar, primär und solidarisch für die Differenz einzustehen.

Die haftungsbefreiende Leistung der Pflichteinlage hat so zu erfolgen, wie es im Gesellschaftsvertrag festgelegt wurde. So kann dieser auch den gänzlichen Entfall der Einlageleistung vorsehen, sodass der Beitrag des Kommanditisten nur in der Haftungsübernahme besteht. Die Pflichteinlage kann in Form einer Bar- und/oder Sacheinlage aufgebracht werden. Als **haftungsbefreiende Einlageleistung** gilt aber auch

- jedes Stehenlassen von Gewinnen,
- die Aufrechnung mit einer Forderung gegen die KG in Höhe des objektiven Werts der Forderung oder
- die Leistung des Kommanditisten an einen Gesellschaftsgläubiger.

Denn in allen diesen Fällen ist das Gesellschaftsvermögen der KG bereits vergrößert worden, indem der Kommanditist durch aktives Tun das Gesellschaftsvermögen nicht reduziert hat: Er hat den Gewinn nicht entnommen, er hat die Forderung gegenüber der KG nicht unmittelbar geltend gemacht, er hat an den Gläubiger geleistet und dadurch die KG von ihrer Leistungspflicht befreit.

Wird die geleistete Pflichteinlage hingegen an den Kommanditisten zurückbezahlt, gilt sie gegenüber den Gläubigern als nicht geleistet (§ 172 Abs 3). Als haftungsschädliche Rückzahlung (**Einlagenrückgewähr**) ist dabei jede Leistung an den Kommanditisten aus dem Gesellschaftsvermögen anzusehen, der keine angemessene Gegenleistung gegenübersteht.

Beispiel:
Dazu zählen etwa der Abschluss von nicht fremdüblichen Geschäften (zugunsten des Kommanditisten), die Zahlung des Abfindungsguthabens aus dem Gesellschaftsvermögen (siehe dazu noch Seiten 195 f), die Begleichung von Privatschulden des Kommanditisten aus dem Gesellschaftsvermögen oder ein Gewinnvorschuss.

Die Haftung des Kommanditisten lebt auch wieder auf, wenn er entgegen § 168 Gewinne entnimmt, obwohl die Einlage noch durch Verluste gemindert ist (§ 172 Abs 3). Dies gilt auch dann, wenn die Ausschüttungssperre im Gesellschaftsvertrag abbedungen wurde (also eine Entnahme trotz aufgrund Verlustzuweisungen geminderter Einlage vertraglich erlaubt ist), weil es sich bei § 172 Abs 3 um eine das Außenverhältnis betreffende und daher zwingende Gläubigerschutzbestimmung handelt.

Kein Fall einer Einlagenrückgewähr ist hingegen der **gutgläubige Bezug von Gewinnen**. Der gutgläubige Kommanditist ist nicht verpflichtet, die Gewinne zurückzuzahlen (§ 172 Abs 4).

Die Haftung des Kommanditisten lebt auch dann nicht auf, wenn die geleistete Einlage durch Verluste vermindert wurde, sofern der Kommanditist in weiterer Folge etwaige Gewinne zur **„Auffüllung"** stehengelassen hat. Der Kommanditist ist aber nicht zur Auffüllung der Verluste durch direkte Zahlung von Einlagen verpflichtet und auch dann nicht, wenn der Verlust mangels Gewinn in den Folgejahren nicht mehr ausgeglichen werden kann.

b) Verhältnis Haftsumme zu Pflichteinlage

Bei der Beurteilung der Haftung eines Kommanditisten ist nicht nur darauf zu achten, ob und, wenn ja, in welcher Höhe die Pflichteinlage geleistet wurde. Vielmehr ist auch darauf zu achten, ob Haftsumme bzw Pflichteinlage gleich hoch sind bzw welcher Betrag höher ist.

- **Haftsumme = Pflichteinlage**
  Der einfachste Fall ist jener, in dem Haftsumme und Pflichteinlage gleich hoch sind. Denn dann ist lediglich darauf zu achten, ob die Pflichteinlage vollständig geleistet wurde und dass keine Einlagenrückzahlung erfolgte. In Höhe der nicht geleisteten Pflichteinlage haftet der Kommanditist Gesellschaftsgläubigern gegenüber.

- **Haftsumme > Pflichteinlage**
  Ist die Haftsumme hingegen höher als die Pflichteinlage (zB Haftsumme: 20.000 Euro; Pflichteinlage: 15.000 Euro), haftet der Kommanditist auch dann Gläubigern gegenüber, wenn er seine Pflichteinlage vollständig geleistet hat und keine haftungsschädliche Rückzahlung erfolgte, im konkreten Fall in Höhe von 5.000 Euro: Denn der Kommanditist hat sich der KG gegenüber verpflichtet, in Höhe von 20.000 Euro den Haftungsfonds durch die Möglichkeit der Inanspruchnahme von Gesellschaftsgläubigern zur Verfügung zu stellen. Tatsächlich wurde der Haftungsfonds aber nur in Höhe von 15.000 Euro durch Leistung der Pflichteinlage erhöht. Die restliche Auffüllung des Haftungsfonds in Höhe von 5.000 Euro hat der Kommanditist im Wege der Inanspruchnahme durch Gesellschaftsgläubiger zu leisten.

- **Haftsumme < Pflichteinlage**
  Ist die Haftsumme hingegen geringer als die Pflichteinlage (zB Haftsumme: 15.000 Euro; Pflichteinlage: 20.000 Euro), ist der Kommanditist nur dann keinerlei Haftung ausgesetzt, wenn die Pflichteinlage vollständig, also über den die Haftsumme hinausgehenden Betrag, geleistet wurde. Denn selbst wenn der Kommanditist 15.000 Euro auf die Pflichteinlage geleistet hätte und keine haftungsschädliche Rückzahlung erfolgte, hätte der Gesellschaftsgläubiger nach hA die Möglichkeit, sich den Anspruch der KG gegenüber den Kommanditisten auf Zahlung von 5.000 Euro (noch nicht erbrachte Pflichteinlage) pfänden und überweisen zu lassen, den Kommanditisten also mittelbar in Anspruch zu nehmen (mittelbare Haftung des Kommanditisten; RS0065382).

c) Nachträgliche Veränderungen der Haftsumme

Findet eine **Erhöhung** der **Haftsumme** statt, können sich die Gläubiger auf diese erhöhte Haftsumme nur berufen, wenn die Erhöhung in gehöriger Weise kundgemacht oder ihnen von der Gesellschaft mitgeteilt worden ist (§ 172 Abs 1).

Wird die **Haftsumme** reduziert, kann diese **Herabsetzung**, solange sie nicht in das Firmenbuch eingetragen ist, Gläubigern gegenüber nicht wirksam entgegengehalten werden. Jene Gläubiger, deren Forderungen zur Zeit der Eintragung begründet waren, also zu Zeiten der „höheren" Haftsumme, brauchen die Herabsetzung überhaupt nicht gegen sich gelten lassen (§ 174). Denn ihr Vertrauen auf die „höhere" Haftsumme ist zu schützen.

Unterlaufen dem **Gericht** bei Eintragung der Haftsumme **Fehler**, wird die Haftsumme also zu hoch oder zu niedrig eingetragen, gilt gegenüber Dritten die im Firmenbuch aufscheinende Haftsumme. Dritte können insoweit auf die Richtigkeit des Firmenbuches vertrauen (§ 15), es sei denn, dem Dritten war der Fehler bekannt. Ob der Kommanditist einen niedrigeren Betrag Gläubigern entgegenhalten kann, die diesen niedrigeren Betrag zwar kennen, nicht aber über dessen Abweichung vom Firmenbuch Bescheid wissen, ist umstritten. Der Kommanditist sollte daher stets im eigenen Interesse die Eintragung der (richtigen Höhe der) Haftsumme überprüfen.

Verabsäumt das Gericht, überhaupt eine Eintragung der Haftsumme vorzunehmen, dann gilt jene Haftsumme, die vertraglich zwischen dem Gesellschafter und der Gesellschaft vereinbart wurde. Eine unbeschränkte Haftung des Kommanditisten kommt nicht in Betracht, scheint doch im Firmenbuch der Umstand der Kommanditistenstellung auf.

d) Auskunftspflicht des Kommanditisten

Bevor der Gläubiger einen Kommanditisten in Anspruch nimmt, wird dieser seine Erfolgschancen insbesondere bei einer gerichtlichen Geltendmachung einschätzen wollen. Dafür ist es aber für den Gläubiger essenziell zu wissen, wie hoch die Haftsumme und die Pflichteinlage des Kommanditisten sind, insbesondere, ob Letztere schon geleistet wurde. Ein Blick in das Firmenbuch bietet dem Gläubiger nur einen Teil der Information, denn daraus sind lediglich die Haftsumme, nicht jedoch auch die Pflichteinlage und Leistungen ersichtlich. Um dem Gläubiger die Möglichkeit zu geben, sich vorab unnötige **Prozesskosten** zu ersparen bzw sein Kostenrisiko zu minimieren, normiert § 171 Abs 1 Satz 2 eine Auskunftspflicht des Kommanditisten: Dieser hat auf Verlangen der Gläubiger über die Höhe der geleisteten Einlage sowie die Höhe etwaiger entnommener Einlagen binnen angemessener Frist Auskunft zu geben. Damit erhält der Gläubiger die für ihn notwendige und relevante Information, um sein Prozessrisiko richtig einschätzen zu können.

Nicht geregelt ist im UGB, welche **Sanktionen** eine unrichtige Auskunft nach sich zieht. In Betracht käme eine Haftung des Kommanditisten auf Schadenersatz. Kommt der Kommanditist seiner Auskunftsverpflichtung nicht nach, ist gegen ihn mit einer Klage auf Auskunftserteilung oder einer Stufenklage gemäß Art XLII EGZPO vorzugehen; eine sofortige Zahlungsklage wäre unberechtigt (OLG Innsbruck 4 R 135/09y).

e) Haftung des Kommanditisten vor Eintragung

§ 176 Abs 1 regelt die Haftung des Kommanditisten für die „Vor-KG" (siehe dazu oben Seite 185) und sieht Folgendes vor: Handeln Gesellschafter oder zur Vertretung der Gesellschaft bestellte Personen nach Errichtung, aber vor Entstehung der Gesellschaft in deren Namen, haftet der Kommanditist für die in der Zeit bis zur Eintragung begründeten Verbindlichkeiten der Gesellschaft bis zur **Höhe seiner Haftsumme**. Dies gilt auch dann, wenn ein handelnder Gesellschafter nicht, nicht allein oder nur beschränkt vertretungsbefugt ist, der Dritte den Mangel der Vertretungsmacht aber weder kannte noch kennen musste. Kannte der Dritte die fehlende bzw nicht ausreichende Vertretungsmacht, kann der Kommanditist dem Dritten dies entgegenhalten. Der Dritte ist in diesem Fall nicht schutzwürdig und kann sich daher auch nicht an den Kommanditisten halten.

f) Haftung des eintretenden Kommanditisten

Ein Kommanditist kann auch erst nach dem Entstehen der KG dieser beitreten.

Hinsichtlich der **Altschulden**, also jener Schulden, die bereits vor dem Eintritt des Kommanditisten begründet wurden, normiert § 173 eine beschränkte Haftung des Kommanditisten, begrenzt mit der Höhe der Haftsumme. Eine dem entgegenstehende Vereinbarung etwa dahingehend, dass der Kommanditist für Altschulden überhaupt nicht haftet, ist Dritten gegenüber unwirksam (§ 173 Abs 2) und kann nur im Innenverhältnis Wirkungen entfalten.

§ 176 Abs 2 regelt die Haftung für **Zwischenschulden**, also für Schulden, die in der Phase zwischen Abschluss des Vertrags und Eintragung des Kommanditisten im Firmenbuch entstanden sind. Danach haftet der Kommanditist auch für diese gemäß § 171 Abs 1. Die Haftung ist also in dieser Zwischenphase nicht anders zu beurteilen als nach dem erfolgreichen Beitritt: Der Kommanditist haftet stets nur bis zur Höhe der Haftsumme.

§ 176 Abs 2 ist insofern aber nur klarstellend, denn die Eintragung ins Firmenbuch ist für die Gesellschafterstellung bloß deklarativ, sodass sich dieses Ergebnis bereits aus § 171 Abs 1 ableiten ließe.

> **Beachte:**
> § 907 Abs 14 regelt, dass § 176 nur auf nach dem 31. 12. 2006 errichtete Kommanditgesellschaften anzuwenden ist. Der Kommanditist einer vor diesem Zeitpunkt errichteten KG haftet gemäß den bisherigen Bestimmungen des HGB: Er haftet daher in dieser Zwischenphase unbeschränkt, sofern er der Fortführung der Geschäfte zugestimmt hat.
> Dies wurde in der Literatur kritisiert, weil es für Gesellschaftsgläubiger nicht erkennbar war, ob eine solche Zustimmung erfolgt ist (unbeschränkte Haftung) oder nicht (beschränkte Haftung). Überdies wurde die Rechtsfolge der unbeschränkten Haftung – für einen Kommanditisten – als überzogen betrachtet, muss es doch für einen Gläubiger bei Abschluss von Rechtsgeschäften mit einer KG klar sein, dass einige Gesellschafter (Kommanditisten) nur beschränkt haften. Seit dem In-Kraft-Treten des HaRÄG haftet der Kommanditist daher nur mehr dann unbeschränkt, wenn er wie ein Komplementär auftritt (Rechtsscheinhaftung) oder er eine eigene rechtsgeschäftliche Verpflichtung übernommen hat. In allen anderen Fällen (Eintritt, Austritt usw) ist seine Haftung beschränkt.

g) Haftung des ausscheidenden Kommanditisten

Der ausscheidende Kommanditist kann sich durch sein Ausscheiden nicht einfach der Haftung entziehen. Vielmehr trifft ihn – wie den Komplementär auch – die **Nachhaftung** gemäß § 160: Er haftet für die bis zur Wirksamkeit seines Ausscheidens begründeten Verbindlichkeiten, wenn sie vor Ablauf von fünf Jahren nach seinem Ausscheiden fällig sind. Für diese Verbindlichkeiten kann der ausscheidende Gesellschafter bis zur Höhe der Haftsumme innerhalb der für die jeweilige Verbindlichkeit geltenden Verjährungsfrist, längstens jedoch drei Jahre, in Anspruch genommen werden, sofern er sich von dieser nicht durch Aufbringung einer Einlage in Höhe der Haftsumme befreit hat.

Zu berücksichtigen ist in diesem Zusammenhang auch das **Abfindungsguthaben**. Darauf hat der ausscheidende Kommanditist grundsätzlich Anspruch, jedoch kann sich eine Zahlung des Abfindungsguthabens (negativ) auf die Haftung des Kommanditisten auswirken:

- Die Zahlung des Abfindungsguthabens aus dem Gesellschaftsvermögen stellt eine **Einlagenrückzahlung** dar (RS0062020), sodass die Haftung in Höhe der Haftsumme bzw (wenn das Abfindungsguthaben niedriger ist als die Haftsumme) in Höhe des Abfindungsguthabens wieder auflebt. Denn insoweit gilt die Leistung den Gläubigern gegenüber als nicht erbracht (§ 172 Abs 3).
- Hat der Kommanditist seine Einlage geleistet und infolge des Ausscheidens **keine Zahlung aus dem Gesellschaftsvermögen** erhalten, liegt keine Einlagenrückzahlung vor. Er haftet selbst dann nicht, wenn an seinen Nachfol-

ger (= Erwerber seines Kommanditanteils) Einlagen zurückbezahlt wurden (§ 172 Abs 3).
- Wird das **Abfindungsguthaben** hingegen aus dem **Privatvermögen** eines Gesellschafters erbracht, führt dies zu keiner Einlagenrückzahlung und damit auch zu keinem Aufleben der Haftung des Kommanditisten. Denn eine finanzielle Belastung des Privatvermögens hat keinerlei Einfluss auf das Gesellschaftsvermögen. Der Haftungsfonds der Gläubiger wird nicht geschmälert.

Weiters besteht bei gleichzeitigem Ein- und Austritt von Gesellschaftern die Möglichkeit, im Firmenbuch einen Nachfolgevermerk anzubringen (§ 4 Z 6 FBG). Damit soll zum Ausdruck gebracht werden, dass die Übertragung des Kommanditanteils *uno actu* geschieht und nicht als Ausscheiden des einen Gesellschafters (samt Einlagenrückgewähr und Nachhaftung gemäß § 172 Abs 3) und Eintritt eines neuen Gesellschafters zu werten ist. Für die Haftungssituation bedeutet dies, dass dann, wenn der ausscheidende Gesellschafter (Veräußerer) seiner Einlageverpflichtung in Höhe der Haftsumme nachgekommen ist, keine Einlagenrückgewähr im Zuge der Anteilsübertragung stattgefunden hat und der Nachfolgevermerk im Firmenbuch eingetragen ist, nach der hA weder der ausscheidende noch der eintretende Gesellschafter haftet.

E. Rechte und Pflichten der Gesellschafter

Die Kommanditisten treffen im Wesentlichen folgende
- **vermögensrechtliche Rechte und Pflichten:**
  - Pflicht zur Leistung einer Einlage,
  - Recht auf Zuteilung eines Gewinns (bzw Pflicht zur Tragung eines Verlusts),
  - Recht zur Entnahme des Gewinnanteils.
- **sonstige Rechte und Pflichten:**
  - Recht, die Geschäftsführung zu kontrollieren,
  - Klageerhebung zur Geltendmachung gesellschaftsvertraglicher Ansprüche („*actio pro socio*"),
  - kein gesetzliches Wettbewerbsverbot.

1. Rechte und Pflichten vermögensrechtlicher Natur

a) Einlageleistung und Kapitalanteil

Auch Kommanditisten verpflichten sich – ebenso wie Komplementäre – zur Leistung von Beiträgen im weiteren bzw engeren Sinn (vgl Seiten 64 f). Das UGB verwendet dafür den Begriff „bedungene Einlage" (§§ 168 f). Unter **bedungener Einlage** ist die **Pflichteinlage** zu verstehen. Sie beschreibt jene Leistung, zu deren Erbringung sich der Kommanditist der Gesellschaft gegenüber, also im Innenverhältnis, verpflichtet hat. Es kann sich dabei sowohl um eine Bar- als auch um eine Sacheinlage handeln. Auch eine Leistung von Diensten ist denkbar, sofern sich dadurch das Gesellschaftsvermögen vergrößert hat. Die Pflichteinlage betrifft nur das Innenverhältnis. Sie wird daher auch nicht im Firmenbuch vermerkt. Sie bildet einen Teil des Gesellschaftsvermögens und formt gemeinsam mit den Einlagen aller anderen Gesellschafter und dem sonstigen Gesellschaftsvermögen den Haftungsfonds, der den Gläubigern zur Befriedigung zur Verfügung steht. Den Gläubigern gegenüber entfalten Vereinbarungen über Stundung oder Erlassung der Einlage somit keinerlei Wirkung.

Beachte:
Vom Begriff der Pflichteinlage ist die Haftsumme zu unterscheiden. Letztere betrifft das Außenverhältnis. Sie beschreibt die Höhe der maximalen unmittelbaren Haftung des Kommanditisten nach außen gegenüber den Gläubigern. Sie wird daher auch im Firmenbuch eingetragen (vgl § 4 Z 6 FBG; vgl Seite 185).

Die Höhe der vom Gesellschafter zu leistenden Einlage bemisst sich nach der gesellschaftsvertraglichen Vereinbarung.

Leistet ein Gesellschafter eine Einlage, erhält er dafür als Gegenleistung eine Beteiligung an der Gesellschaft („**Kapitalanteil**").
Die Beteiligung bemisst sich dabei

- nach der gesellschaftsvertraglichen Vereinbarung;
- mangels abweichender Vereinbarung im Gesellschaftsvertrag bestimmt sich die Beteiligung an der Gesellschaft nach dem Verhältnis des Wertes der vereinbarten Einlagen (§ 109 Abs 1 iVm § 161 Abs 2).

Auch für jeden Kommanditisten wird ein eigenes **festes Kapitalkonto** geführt. Auf diesem ist die Bareinlage oder die gemäß § 202 bewertete Sacheinlage ausgewiesen.

Neben dem Kapitalkonto wird für jeden Gesellschafter, somit auch für den Kommanditisten, ein zweites Konto geführt (**Privatkonto**; Verrechnungskonto; Kapitalkonto II). Auf diesem werden jährlich die Gewinn- und Verlustanteile sowie etwaige getätigte Entnahmen verbucht (siehe dazu sogleich).

b) Gewinn- und Verlustverteilung

Die Gewinn- und Verlustverteilung ist – sofern nicht Abweichendes im Gesellschaftsvertrag vorgesehen ist – nach § 167 vorzunehmen. Basis ist der von den geschäftsführungsbefugten Gesellschaftern aufzustellende Jahresabschluss, welcher von allen Komplementären zu unterzeichnen ist (§ 194), den Kommanditisten hingegen lediglich im Rahmen ihres Kontrollrechts mitzuteilen ist. Besteht keine Pflicht zur Rechnungslegung, sind die Ergebnisse einer sonstigen Abrechnung heranzuziehen. Die **Verteilung** erfolgt ähnlich wie bei der OG, jedoch ist auf die unterschiedlichen Gesellschaftertypen Bedacht zu nehmen:

- Den Komplementären ist zunächst ein ihrer Haftung angemessener Betrag des Jahresgewinns zuzuweisen. Grundlage bilden dabei die finanziellen Mittel der KG und das Haftungsrisiko. Im Streitfall, sofern eine Einigung über eine angemessene Gewinnzuweisung an die Komplementäre also nicht erzielt werden kann, hat das Gericht den Verteilungsschlüssel festzulegen.
- Danach ist jenen Gesellschaftern, die ihre Arbeitskraft zur Verfügung gestellt haben und keine Beteiligung an der Gesellschaft besitzen (sog Arbeitsgesellschafter), ein dem Umstand nach angemessener Betrag des Jahresgewinns zuzuweisen.
- Der dann noch verbleibende Jahresgewinn ist sodann den Gesellschaftern, die sich zur Leistung einer Einlage verpflichtet haben, im Verhältnis ihrer Beteiligung zuzuweisen.

Soweit die Auszahlung zum offenbaren Schaden der Gesellschaft führt oder die Gesellschafter etwas anderes beschließen, kann der Kommanditist keine Gewinnauszahlung verlangen (§ 168 iVm § 122).

Der **Verlust** ist den Gesellschaftern (einschließlich der Kommanditisten!) ebenfalls im Verhältnis ihrer Beteiligung zuzuweisen (reine Arbeitsgesellschafter haben daher mangels Beteiligung keinen Verlust zu tragen). Ist im Gesellschaftsvertrag lediglich die Gewinnverteilung vorgesehen, ist diese Bestimmung im Zweifel auch für die Verlustverteilung heranzuziehen.

Im **Gesellschaftsvertrag** kann **Abweichendes** festgelegt werden. Auch eine unterschiedliche Regelung von Gewinn- und Verlustverteilung ist zulässig. Die Gewinn- und Verlustverteilung kann auch jedes Jahr mit Gesellschafterbeschluss festgelegt werden. Ebenso zulässig ist es, einzelne Gesellschafter von der Gewinn- und Verlustverteilung auszuschließen. Es ist auch zulässig zu vereinbaren, dass der Kommanditist an den Verlusten nicht teilnimmt (RS0024232) oder gänzlich von der Gewinnbeteiligung ausgeschlossen wird.

c) Entnahmerecht

Unabhängig von der Verteilungsfrage ist die Frage der Entnahme des auf den Gesellschafter fallenden Gewinnanteils zu betrachten. Nach § 168 hat jeder **Kommanditist grundsätzlich Anspruch auf Auszahlung des auf ihn entfallenden Gewinnanteils (Gewinnauszahlungsanspruch).** Der Kommanditist darf den auf ihn entfallenden Gewinnanteil gemäß § 168 Abs 1 iVm § 122 allerdings **nicht** entnehmen, wenn

- er seine Pflichteinlage noch nicht geleistet hat (das Stehenlassen von Gewinnen ist als haftungsbefreiende Einlageleistung zu werten),
- der Betrag seiner Einlageleistung durch eine Verlustzuweisung gemindert, aufgezehrt oder sogar negativ ist,

- der Betrag seiner Einlageleistung durch eine Gewinnentnahme gemindert, aufgezehrt oder sogar negativ ist,
- die Entnahme zum offenbaren Schaden der Gesellschaft führt oder wenn die Gesellschafter anderes beschließen.

Hat der Kommanditist zulässigerweise einen Gewinn entnommen, ist er nicht verpflichtet, damit spätere Verluste auszugleichen (§ 168 Abs 2).

Im Streitfall steht dem Kommanditisten der Gewinnauszahlungsanspruch als Sozialanspruch nur gegen die Gesellschaft zu; die übrigen Gesellschafter haften hiefür nicht (RS0061872). Es wird aber auch die Klage gegen den zur Auszahlung befugten, aber sich weigernden geschäftsführenden Gesellschafter für zulässig erachtet. Das Klagebegehren lautet dann auf Auszahlung aus der Gesellschaftskasse beziehungsweise vom Gesellschaftskonto (6 Ob 214/09b).

> **Beachte:**
> In der Praxis ist das Entnahmerecht häufig näher im **Gesellschaftsvertrag** umschrieben. So kann das Entnahmerecht mit der Höhe der anfallenden persönlichen Steuerlasten definiert bzw kann die Entscheidung über das Entnahmerecht einem Gesellschafterbeschluss vorbehalten werden.

Der Kommanditist kann daher aufgrund der beschränkten Haftung maximal seine Pflichteinlage bzw den der Haftsumme entsprechenden Betrag (je nachdem, welcher Wert höher ist) verlieren sowie jenen Gewinn, den er stehengelassen hat und nunmehr aufgrund von zugewiesenen Verlusten nicht entnehmen kann. Ihn trifft auch **keine Verlustauffüllungspflicht**. Er ist daher nicht zur Leistung von Nachschüssen verpflichtet.

2. Sonstige Rechte und Pflichten

a) Kontrollrechte

Kommanditisten sind nach dem gesetzlichen Leitbild von der Geschäftsführung ausgeschlossen (§ 164). Ihnen steht auch das Informationsrecht nach § 118 nicht zu (RS0061754). Aus diesem Grund ist das in § 166 normierte Kontrollrecht eine wichtige Möglichkeit für den Kommanditisten (der ja nach dem gesetzlichen Leitbild nicht als anonymer Kapitalgeber angesehen wird), um einen Ein- und Überblick über die Geschäftsführung zu bekommen.

Im Rahmen des **ordentlichen Kontrollrechts** stehen dem Kommanditisten folgende Möglichkeiten offen:

- Der Kommanditist ist berechtigt, schriftliche Mitteilung des Jahresabschlusses bzw der Abrechnung zu verlangen.
- Er hat auch das Recht, die Richtigkeit des Jahresabschlusses bzw der Abrechnung unter Einsicht der Bücher und Schriften zu prüfen. Im Unterschied zum Komplementär handelt es sich bei diesem Einsichtsrecht allerdings

nicht um ein laufendes, sondern nur um ein jährliches Recht. Auch ist dieses Einsichtsrecht qualitativ insoweit beschränkt, als es für die sachgerechte Prüfung der Richtigkeit des Jahresabschlusses bzw der Abrechnung erforderlich sein muss. Die einzusehenden Unterlagen müssen über Geschäftsvorgänge in der Gesellschaft Auskunft geben können. Dies ist beispielsweise bei Prüfungsberichten eines Abschlussprüfers oder des Finanzamts der Fall, sowie bei Warenbüchern. Von Protokollen über geplante Geschäftsführungsmaßnahmen dürften dagegen keine Aufschlüsse über gegenwärtige Vorgänge zu erwarten sein. Strittig ist, ob Kommanditisten an der Feststellung des Jahresabschlusses mitzuwirken haben.

- Weiters ist vom ordentlichen Kontrollrecht ein Auskunftsrecht umfasst, soweit dieses zur Wahrung der Ausübung der Gesellschafterrechte erforderlich ist (zB Auskünfte im Zusammenhang mit außerordentlichen Geschäftsführungsmaßnahmen). Auch jene Informationen, von denen die Ermittlung des Gewinnanteils abhängt (zB umstrittene Investitionsfreibeträge), sind davon erfasst (RS0062260).

- Das Kontrollrecht kann auch der ausgeschiedene Gesellschafter zur Beurteilung von Gewinnbeteiligungsansprüchen und anderen Einzelgesellschafteransprüchen aus der Zeit bis zum Ausscheiden aus der Gesellschaft wahrnehmen, nicht jedoch zur Beurteilung sogenannter Sozialansprüche (RS0062231; zu diesem Begriff siehe oben Seiten 153 f).

Im Gesellschaftsvertrag kann das ordentliche Kontrollrecht erweitert (zB durch Gewährung jener Informationsrechte, wie sie auch dem Komplementär zustehen), aber auch beschränkt werden. Als Beschränkungen des ordentlichen Kontrollrechts wären etwa dessen Ausübung durch einen Beirat oder die Festlegung von Fristen denkbar. Das Recht auf Mitteilung des Jahresabschlusses wird jedoch als unverzichtbar angesehen.

Im Rahmen des **außerordentlichen Kontrollrechtes** hat der Kommanditist folgende Möglichkeiten:

Liegt ein wichtiger Grund vor, kann der Kommanditist jederzeit bei Gericht verlangen, dass die Mitteilung einer Bilanz oder die Erteilung sonstiger Auskünfte sowie die Vorlegung der Bücher und Schriften angeordnet werden. Dieses außerordentliche Kontrollrecht steht dem Kommanditisten jedoch nur bei Vorliegen eines wichtigen Grundes zu. Ein solcher ist insbesondere dann gegeben, wenn die Interessen des Kommanditisten gefährdet werden, etwa der Verdacht einer unredlichen Buchführung bzw Bilanzerstellung vorliegt, die Wahrnehmung der Kontrollrechte gemäß § 166 Abs 1 vereitelt wird oder sonstige Auskünfte verweigert werden. Da ein wichtiger Grund schon bei Zweifeln über die Richtigkeit einer Bilanz vorliegen kann, muss dies umso mehr gelten, wenn die Gesellschaft jahrelang säumig war, dem Kommanditisten die Abschrift der Jahresabschlüsse zu übermitteln (6 Ob 45/03s).

Das außerordentliche Kontrollrecht kann grundsätzlich vertraglich nicht beschränkt werden. Es ist lediglich möglich, eine Schiedsgerichtsvereinbarung zu treffen oder die zur Ausübung berechtigenden wichtigen Gründe ausdrücklich anzuführen.

> **Beachte:**
> Je nachdem, ob die KG dem Dritten Buch des UGB (§§ 189 ff) unterliegt, bezieht sich das Kontrollrecht auf den Jahresabschluss oder auf die „sonstige Abrechnung". Die KG unterliegt dann den Rechnungslegungsvorschriften des Dritten Buches des UGB, wenn entweder keine natürliche Person unbeschränkt haftender Gesellschafter ist (zB GmbH & Co KG), oder wenn die Schwellenwerte für die Umsatzerlöse in der Höhe von 700.000 Euro bzw eine Mio Euro überschritten werden.

Wird dem Kommanditisten das Kontrollrecht nicht oder nicht im ausreichenden Umfang gewährt, kann er sein Recht im Außerstreitverfahren durchsetzen. Bestätigt sich sein Verdacht durch Einsichtnahme in die angeforderten Unterlagen, ist in weiterer Folge mittels Ausschlussklage gemäß § 140 vorzugehen.

b) actio pro socio

Wie bei der OG steht auch bei der KG jedem Gesellschafter das Recht zu, gesellschaftsvertragliche Ansprüche der Gesellschaft geltend zu machen (§ 1188 ABGB; vgl Seiten 160 f, 187).

c) Wettbewerbsverbot

Das gesetzliche Wettbewerbsverbot der §§ 112 f ist ausschließlich auf den Komplementär anzuwenden (§ 165). Es soll den Gesellschaftern überlassen bleiben, die für ihre Verhältnisse jeweils passende Regelung zu treffen. Diese Differenzierung ist im Hinblick auf die unterschiedliche gesetzliche Position der beiden Gesellschaftertypen verständlich:

Bei den Kommanditisten besteht weniger die Gefahr der Weitergabe von Informationen bzw der Verwendung von Wissen als bei den Komplementären, weil Erstere von der Geschäftsführung und Vertretung grundsätzlich ausgeschlossen sind. Zudem steht beim Kommanditisten nicht die Mitarbeit in der Gesellschaft im Vordergrund, weshalb er nicht daran gehindert werden soll, Nebentätigkeiten aufzunehmen.

Wenngleich Kommanditisten **kein gesetzliches Wettbewerbsverbot** trifft, kann ein solches aber vertraglich vereinbart werden. Der Kommanditist hat – auch ohne ein **vertragliches Wettbewerbsverbot** – stets die ihm obliegende **Treuepflicht** zu beachten (verboten sind daher beispielsweise aktive Eingriffe in die Geschäftschancen der KG).

Weiters hat der Kommanditist bei der Aufnahme einer Wettbewerbstätigkeit zu beachten, dass in der Literatur vertreten wird, § 165 insoweit **teleologisch zu reduzieren** und das Wettbewerbsverbot der §§ 112 f (ausnahmsweise) auf den Kommanditisten anzuwenden, wenn diesem im Gesellschaftsvertrag Rechte eingeräumt sind, die andernfalls nur Komplementären zustünden (wenn ihm beispielsweise vertraglich die Geschäftsführungsbefugnis eingeräumt worden ist und er damit weitgehend den Komplementären gleichgestellt ist).

> **Beispiel:**
> Eine grobe Verletzung der Treuepflicht liegt beispielsweise dann vor, wenn der Kommanditist eine Konkurrenzgesellschaft gründet, in der er Geschäftsführer ist, und überdies zusammen mit Angestellten wesentliche Geschäftsunterlagen der KG, wie die Kundenkartei, die Weihnachtsliste und die Monteurliste, kopiert und Magnetkarten mitnimmt, um diese Unterlagen für die Geschäftstätigkeit des Konkurrenzunternehmens zu verwenden (RS0062166).

d) Gesellschafterbeschlüsse

Abgesehen von Entscheidungen, die zur gewöhnlichen Geschäftsführung gehören, nehmen Kommanditisten an Beschlussfassungen teil. Wurde das **Einstimmigkeitserfordernis** nicht im Gesellschaftsvertrag **abbedungen**, müssen auch alle Kommanditisten einer KG der umzusetzenden Maßnahme zustimmen, was in der Praxis jedoch selten der Fall ist.

F. Besonderheiten bei der Veränderung der Gesellschafterstruktur

1. Eintritt des Kommanditisten

Möchte jemand als Kommanditist in eine KG eintreten, setzt dies – wie generell bei Eintritt eines Gesellschafters in eine Personengesellschaft – den Abschluss eines Aufnahmevertrags zwischen dem eintretenden und den übrigen Gesellschaftern voraus. Es gilt dasselbe wie für den Eintritt eines Komplementärs bzw eines OG-Gesellschafters in eine OG. Zur Haftung ist aber § 173 zu beachten; danach haftet der Eintretende nach Maßgabe der §§ 171 f auch für Altschulden. Eine entgegenstehende Vereinbarung ist Dritten gegenüber unwirksam (vgl Seite 150).

2. Ausscheiden des Kommanditisten

Wie ein OG-Gesellschafter und ein Komplementär kann auch ein Kommanditist freiwillig oder unfreiwillig ausscheiden.

Auch beim Kommanditisten ist zu beachten, dass er gegen seinen Willen nur dann aus der Gesellschaft ausgeschlossen werden kann, wenn die Voraussetzungen für die **Ausschlussklage** nach § 140 iVm § 161 Abs 2 vorliegen (siehe dazu Seiten 166 ff). Ein Kommanditist kann auch die Ausschlussklage gegen alle anderen Mitgesellschafter richten, sodass im Falle des Erfolges der Ausschlussklage das gesamte Unternehmen auf ihn im Wege der Gesamtrechtsnachfolge nach § 142 übergeht.

Scheidet ein Kommanditist aus, hat er einen schuldrechtlichen **Abfindungsanspruch** gegen die Gesellschaft. Ihm ist in Geld auszubezahlen, was er bei der Auseinandersetzung erhalten würde, falls die Gesellschaft im Zeitpunkt des Ausscheidens aufgelöst worden wäre. Dazu ist eine Abschichtungsbilanz zu erstellen (RS0061746). Die Bezahlung eines Abfindungsguthabens kann ein Wiederaufleben der Haftung nach sich ziehen (siehe Seiten 195 f).

3. Gleichzeitiger Ein- und Austritt (Wechsel eines Kommanditisten)

Wird die Mitgliedschaft eines Kommanditisten auf einen neuen Kommanditisten übertragen, ist im Firmenbuch ein Nachfolgevermerk einzutragen (§ 4 Z 6 FBG). Damit ist für die Gläubiger ersichtlich, dass nicht ein weiterer Gesellschafter der Gesellschaft beigetreten ist, sondern lediglich die Position eines Kommanditisten *uno actu* „ausgetauscht" wurde; der Vorgang also nicht als Ausscheiden des einen Gesellschafters (samt Einlagenrückgewähr und Nachhaftung gemäß § 172 Abs 3) und Eintritt eines neuen Gesellschafters zu werten ist (siehe auch Seiten 195 f). Die Zulässigkeit einer solchen Übertragung ist nur gegeben, wenn sie im Gesellschaftsvertrag vorgesehen ist oder die Zustimmung aller übrigen Gesellschafter erteilt wird.

4. Tod des Kommanditisten

Die KG wird durch den Tod eines Kommanditisten – anders als beim Tod eines Komplementärs – nicht aufgelöst (§ 177). Sie wird auch ohne gesellschaftsvertragliche Regelung mit dem Nachlass bzw mit den Erben fortgesetzt. § 139 ist daher nicht einschlägig, der Gesellschaftsvertrag kann in Bezug auf den Kommanditanteil abweichende Regelungen treffen (RS0109667).

Bei mehreren Erben wird jeder für sich Kommanditist. In solchen Konstellationen ist eine gesellschaftsrechtliche Regelung, die die Ausübung des Stimmrechts durch mehrere Erben an die Benennung eines gemeinsamen Bevollmächtigten knüpft, zweckmäßig (RS0124996).

G. Beendigung der KG

Die Beendigung einer KG läuft im Wesentlichen wie die Beendigung der OG ab. Es sind nur wenige Besonderheiten zu beachten:

Neben den in § 131 taxativ aufgezählten Auflösungsgründen wird eine KG auch dann aufgelöst, wenn **kein Komplementär** mehr vorhanden ist. Ein Fortbestehen der KG nach Ausscheiden aller persönlich haftenden Gesellschafter ist nur dann möglich, wenn der Gesellschaftsvertrag Bestimmungen enthält, nach denen entweder der Erbe des ausgeschiedenen Gesellschafters oder ein Dritter an dessen Stelle in die Gesellschaft als Komplementär eintritt oder ein Kommanditist seine Beteiligung in die eines Komplementärs umwandelt. Anderenfalls wird die KG aufgelöst (RS0061847). Dies wurde im Zuge der GesbR-Novelle neu auch in § 178 verankert.

Sind hingegen **keine Kommanditisten** mehr vorhanden, wird die KG – wenn zumindest zwei Komplementäre vorhanden sind – als OG fortgeführt. Anderenfalls kommt es – wenn nur mehr *ein* Gesellschafter vorhanden ist – zur Vermögensübertragung nach § 142 (das Unternehmen geht ohne Liquidation mit seinen Aktiven und Passiven auf den verbleibenden Gesellschafter über; RS0123945).

Nur der **Tod eines Komplementärs** führt – mangels abweichender Vereinbarung im Gesellschaftsvertrag – zur Auflösung der Gesellschaft, nicht jedoch auch der Tod eines Kommanditisten.

Im Liquidationsverfahren sind – sofern im Gesellschaftsvertrag oder durch Gesellschafterbeschluss nichts anderes bestimmt ist – nach § 146 iVm § 161 Abs 2 sämtliche Gesellschafter Liquidatoren, unabhängig davon, ob sie geschäftsführungs- und vertretungsbefugt waren. Auch die **Kommanditisten** sind daher **geborene Liquidatoren** (RS0061409; RS0062194).

Reicht das vollständig liquidierte Gesellschaftsvermögen zur Deckung der Verbindlichkeiten oder zur Deckung der Guthaben von Gesellschaftern aus dem Gesellschaftsverhältnis nicht aus, ist der Kommanditist – anders als der Komplementär – nicht zur Leistung weiterer Beiträge verpflichtet (§ 169 iVm § 155 Abs 4 iVm § 137 Abs 4).

Zur **Parteistellung** einer K(E)G, die während des Verfahrens gelöscht worden ist, siehe 8 ObA 72/07g.

H. Sonderformen der KG

Typische Personengesellschaften sind solche, die dem gesetzlichen Leitbild entsprechen (RS0107119). Wird dieses gesetzliche Leitbild nicht verwirklicht, spricht man von einer **atypischen Ausgestaltung**: Dies ist etwa der Fall, wenn sich die Struktur einer Kapitalgesellschaft nähert (**kapitalistische Kommanditgesellschaft**; ein besonderer Typus ist dabei die **GmbH & Co KG**) oder der Gesellschafterkreis ein unüberschaubarer ist (**Publikums-KG**).

1. GmbH & Co KG

a) Begriff

Beachte:
Die GmbH & Co KG ist eine Kommanditgesellschaft. Sie zählt somit zu den Personengesellschaften. Es sind daher grundsätzlich die für die KG geltenden gesetzlichen Bestimmungen heranzuziehen.

Die Besonderheit – gegenüber der gesetzestypischen KG – besteht darin, dass zumindest eine Komplementärstellung von einer Kapitalgesellschaft übernommen wird. Auf diesen Umstand ist bei der Bildung der **Firma** Bedacht zu nehmen (daher zB GmbH & Co KG; § 19 Abs 2).

Zumeist übernimmt eine GmbH die Komplementärstellung; es könnten aber auch eine AG (AG & Co KG) oder ein sonstiger Rechtsträger (zB Verein) Komplementäre einer KG sein. Letztere Variante kommt aber in der Praxis kaum vor. Eine OG, bei der keine natürliche Person unbeschränkt haftet, wird ebenfalls als Kapitalgesellschaft & Co betrachtet.

Je nach Ausgestaltung der GmbH & Co KG werden für diese unterschiedliche Begriffe verwendet:

- **GmbH & Co KG im weiteren Sinn:**
  Diese liegt dann vor, wenn von mehreren Komplementären einer eine GmbH ist, daneben aber zumindest eine natürliche Person ebenfalls Komplementärin ist. Da zumindest eine natürliche Person unbeschränkt mit ihrem Privatvermögen haftet, ergeben sich keinerlei Besonderheiten zur gesetzestypischen KG; sie wird wie eine gewöhnliche KG behandelt.

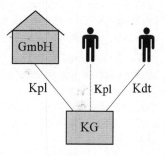

- **GmbH & Co KG im engeren Sinn:**
  Sind alle Komplementäre GmbH, liegt eine GmbH & Co KG im engeren Sinn vor. Bei dieser Konstellation haftet keine natürliche Person unbeschränkt. Aufgrund der Ähnlichkeit zu den Kapitalgesellschaften behandelt der Gesetzgeber in bestimmten Rechtsbereichen die GmbH & Co KG im engeren Sinn wie eine Kapitalgesellschaft (siehe dazu gleich unten).

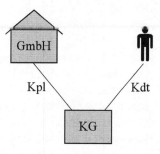

- **GmbH & Co KG im engsten Sinn:**
  Auch bei dieser Variante ist der einzige Komplementär eine GmbH, allerdings mit der Besonderheit, dass an der GmbH (auch) die Kommanditisten als Gesellschafter beteiligt sind. Sind GmbH-Gesellschafter und Kommanditisten identisch, spricht man von einer **personengleichen GmbH & Co KG**. Bei einer solchen Konstruktion, bei der die Kommanditisten auch zugleich GmbH-Gesellschafter sind, wird in den Gesellschaftsverträgen häufig sichergestellt, dass die Kommanditisten der KG im selben Verhältnis auch Gesellschafter der Komplementär-GmbH sind (**Beteiligungsgleichlauf**). Insbesondere bei Anteilsveräußerungen ist darauf zu achten, dass die Beteiligungsverhältnisse nicht verschoben werden, indem beispielsweise eine Abtretungspflicht für beide Anteile festgelegt wird.

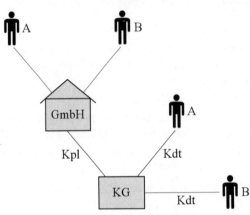

Damit wird eine beständige Struktur in der GmbH & Co KG gewahrt. Auch diese Form der GmbH & Co KG wird teilweise wie eine Kapitalgesellschaft behandelt (siehe dazu sogleich unten).

- **Ein-Personen-GmbH & Co KG:**
  Der einzige Komplementär ist eine GmbH. Die GmbH hat nur einen Gesellschafter (Ein-Personen-GmbH), der zugleich auch der einzige Kommanditist ist. Es handelt sich dabei allerdings nicht um eine Ein-Personen-Gesellschaft. Denn diese GmbH & Co KG besteht entsprechend den gesetzlichen Vorgaben aus mindestens einem Komplementär (hier: der Ein-Personen-GmbH) und einem Kommanditisten (hier: der Person A, die zugleich auch einziger Gesellschafter der GmbH ist). Insofern besteht diese GmbH & Co KG auch aus zwei Gesellschaftern, einer GmbH als Komplementärin und einem Kommanditisten.

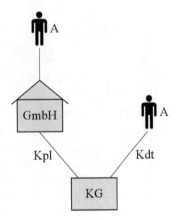

- **Doppelstöckige GmbH & Co KG:**
Hier fungiert eine GmbH & Co KG als Komplementärin einer GmbH & Co KG. Komplementärin der Komplementär-KG ist wiederum eine GmbH.
Rechtsprechung und Literatur halten auch dieses Konstrukt für zulässig. Ebenso sind mehrstufige GmbH & Co KG denkbar.

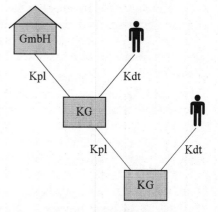

- **Einheits-GmbH & Co KG:**
Die Zulässigkeit dieser Form ist strittig. Denn bei dieser Konstellation wäre die KG einzige Gesellschafterin der Komplementär-GmbH. Dies stellt allerdings einen – wenn auch nur mittelbaren – Erwerb eigener Geschäftsanteile dar und würde § 81 GmbHG widersprechen. Nach der Rsp des OGH ist die Konstellation aber zulässig, wenn die GmbH als reine Arbeitsgesellschafterin fungiert (und daher nicht am Gesellschaftsvermögen beteiligt ist), die Einlage für die GmbH-Anteile voll geleistet ist, der Kaufpreis für die GmbH-Anteile aus ausschüttbarem Vermögen der KG finanziert wurde und die Gesellschafterrechte in der KG nur von den Kommanditisten wahrgenommen werden (6 Ob 185/13v).

b) Motive für die Gründung

Die GmbH & Co KG ist aus der Praxis heraus entstanden. Sie ist eine Mischung aus GmbH und KG. Es wurde versucht, die Vorteile beider Gesellschaftsformen miteinander zu vereinen:

Die GmbH & Co KG kann im Vergleich zu den Kapitalgesellschaften **flexibler** ausgestaltet werden. Denn die Bestimmungen der §§ 161 ff sind – im Unterschied zu den Bestimmungen des GmbHG – weitestgehend dispositiv.

Die **Unternehmenskontinuität** kann in dieser Gestaltungsform leichter gewahrt werden. Denn weder mit dem Tod des GmbH-Gesellschafters noch mit dem Tod des Kommanditisten wird die KG aufgelöst.

Bis zur Senkung der Körperschaftsteuer von 34 % auf 25 % durch die Steuerreform 2005 hatte die GmbH & Co KG den Vorteil einer niedrigeren **Besteuerung**. Denn Personengesellschaften werden nach dem Durchgriffsprinzip besteuert, dh der Gewinn wird dem Gesellschafter anteilig zugerechnet und bei diesem mit dem progressiven Tarif des § 33 EStG (bis zu 55 %) besteuert. Die Kapitalgesellschaften werden hingegen nach dem Trennungsprinzip besteuert. Es wird nicht auf die Gesellschafter durchgegriffen. Die somit bestehende „Doppelbesteuerung" (der Gewinne bei der GmbH und dann der Ausschüttungen an den Gesellschafter) führte bei einem KöSt-Satz von 34 % und einem

KESt-Satz von 25 % zu einer Steuerbelastung von 50,5 % (34 % KöSt + 66 % x 25 % KESt) und war damit (geringfügig) höher als der damalige Spitzensteuersatz bei der Einkommensteuer (50 %), jedenfalls aber höher als die jeweilige durchschnittliche Steuerbelastung aufgrund des progressiven Einkommensteuertarifs in § 33 EStG.

Mit der Senkung des Körperschaftsteuersatzes auf 25 % ist dieser steuerliche Vorteil der GmbH & Co KG allerdings weggefallen. Denn die Gewinne der GmbH werden mit 25 % besteuert (§ 22 KStG) und unterliegen in der Folge – soweit sie ausgeschüttet werden – beim Gesellschafter der ESt in der Form der KESt (seit 1. 1. 2016 27,5 % statt 25 %), womit sich ein Steuersatz von 45,625 % (25 % KöSt + 75 % x 27,5 % KESt) ergibt. Dies ist jedenfalls weniger als der Spitzensteuersatz bei der Einkommensteuer (55 %), weshalb es sich steuerlich nicht (mehr) auszahlt, höhere Gewinne über die Kommanditisten laufen zu lassen. Bei steuerlichen Überlegungen ist des Weiteren im Konzern die Gruppenbesteuerung zu beachten. Damit hat sich seit der Steuerreform 2005 die Attraktivität der GmbH & Co KG verringert. Seit der Steuerreform 2009 können allerdings steuerliche Begünstigungen doch wieder für die GmbH & Co KG sprechen (zB gestaffelter Gewinnfreibetrag für Personengesellschaften). Es ist daher die jeweils aktuelle Steuerrechtslage bei der Wahl der Rechtsform mit ins Kalkül zu ziehen.

Im Vergleich zur KG ist die GmbH & Co KG auch wegen der **Haftung** interessant: Der Komplementär einer KG haftet zwar unbeschränkt; die Gläubiger können sich aber nur an das Gesellschaftsvermögen der GmbH als Komplementärin halten, deren Gesellschafter jedoch nur beschränkt haften. Ein Durchgriff auf die GmbH-Gesellschafter ist grundsätzlich nicht möglich. Damit trifft keine natürliche Person das Risiko der unbeschränkten Haftung.

Bei der GmbH & Co KG wird die Gesellschaft durch die Komplementär-GmbH vertreten. Die GmbH als juristische Person kann jedoch nur durch ihr Organ, den Geschäftsführer, handeln. Dieser kann bei der GmbH auch ein Dritter sein. Somit ermöglicht die GmbH & Co KG – im Gegensatz zur Selbstorganschaft der KG – eine **Drittorganschaft**.

Oftmals fungiert die Komplementärin als Gesellschafterin ohne Kapitalanteil, stattdessen werden Haftungsübernahme und Geschäftsführung mittels Provision abgegolten.

c) Besonderheit gegenüber der gesetzestypischen KG

Der Umstand, dass eine KG so gestaltet werden kann, dass letztendlich keine natürliche Person als unbeschränkt haftender Gesellschafter zur Verfügung steht (GmbH & Co KG im engeren Sinn, GmbH & Co KG im engsten Sinn, Ein-Personen-GmbH & Co KG), ist für die Gläubiger gefährlich; insbesondere auch deshalb, weil die KG keine zwingenden Kapitalaufbringungs- oder -erhaltungsvorschriften kennt (siehe aber sogleich unten). Diese Konstellationen werden daher zu Recht als „**verdeckte Kapitalgesellschaften**" bezeichnet. Sowohl Gesetzgeber als auch die Rechtsprechung haben darauf bereits reagiert:

In einigen **gesetzlichen Bestimmungen** wurde die GmbH & Co KG (ohne natürliche Person als Komplementärin) den Kapitalgesellschaften gleichgestellt: So etwa im Bereich der Rechnungslegungsvorschriften (§ 189 Abs 1 Z 2 lit b: unternehmerisch tätige Personengesellschaften, bei denen kein Gesellschafter eine natürliche Person ist, sind generell rechnungslegungspflichtig; § 221 Abs 5; § 244 Abs 3); im Eigenkapitalersatzrecht (§ 4 Z 3 EKEG); im Insolvenzrecht (gemäß § 67 IO ist bei diesen KG nicht nur die Zahlungsunfähigkeit, sondern auch die Überschuldung ein Insolvenzeröffnungsgrund); im Unternehmensreorganisationsrecht (§ 22 URG) oder bei den Angaben auf den Geschäftspapieren und Bestellscheinen (§ 14 Abs 1). Gemäß § 19 Abs 2 muss aus der Firma der Umstand erkennbar sein, dass keine natürliche Person unbeschränkt haftet.

Nach der **Rechtsprechung** des OGH sind die für die Kapitalgesellschaften geltenden Kapitalerhaltungsvorschriften auch auf jene KG anzuwenden, bei denen kein Komplementär eine natürliche Person ist. Damit ist etwa das Ausschüttungsverbot gemäß §§ 82 f GmbHG (siehe Seiten 317 ff) auch auf verdeckte Kapitalgesellschaften anzuwenden (2 Ob 225/07p).

d) Gründung

Bei der Gründung einer GmbH & Co KG ist lediglich die Besonderheit zu beachten, dass **zwei Gesellschaften**, nämlich die GmbH und die KG, gegründet werden müssen, um im Ergebnis eine GmbH & Co KG konstruieren zu können. Möglich ist dies auf zwei Arten:

- Es kann entweder zuerst eine GmbH gegründet werden, die sodann Komplementärin der zu gründenden KG wird, oder
- sofern bereits GmbH und KG gegründet sind, kann der Komplementär aus der KG ausscheiden und an seine Stelle die GmbH treten. Durch diesen Gesellschafterwechsel wird aus einer KG eine GmbH & Co KG.

Aktuelles:
Mit dem BRÄG 2013 (In-Kraft-Treten am 1. 9. 2013) wurde es durch Änderung der §§ 21a und 21c RAO ermöglicht, eine Rechtsanwalts GmbH & Co KG zu gründen. Dadurch sollen flexiblere Beteiligungsmodelle gerade für jüngere Rechtsanwälte, denen zunächst die Gesellschafterstellung eines Kommanditisten innerhalb einer Rechtsanwalts GmbH & Co KG eingeräumt und deren Stellung innerhalb der Gesellschaft dann sukzessive ausgebaut werden kann, ermöglicht werden.

2. Publikums-KG

Die Publikums-KG (oftmals auch als Massen-KG oder Abschreibungsgesellschaft bezeichnet) ist eine atypische KG: An der Publikums-KG ist eine Vielzahl an Kommanditisten zB als Anlagegesellschafter zur Finanzierung unterschiedlicher Projekte beteiligt. Eine solche KG ist schon aufgrund der Vielzahl an Gesellschaftern **unpersönlich** aufgebaut: Es gibt zumeist einen Komplementär (idR eine GmbH), der im Gesellschaftsvertrag das Recht eingeräumt bekommen hat, jederzeit weitere Kommanditisten aufzunehmen. Die Kommanditisten hingegen können nur entweder beitreten oder nicht. Einen Einfluss auf den Gesellschaftsvertrag der KG können sie zumeist nicht nehmen. Ein Wechsel von Gesellschaftern führt nicht zur Auflösung der Gesellschaft. Der Gesellschaftsvertrag ist so konzipiert, dass ein Wechsel problemlos möglich ist.

Den Anlegern stehen zumeist **zwei Möglichkeiten** der Beteiligung zur Verfügung:

- Der Kommanditist kann unmittelbar der **KG beitreten**. Mitspracheöglichkeiten hat er dort aber nur sehr wenige, denn sämtliche dispositiven Gesellschafterrechte sind im Gesellschaftsvertrag meist abbedungen.
- Die Kommanditistenstellung wird von einem Treuhänder wahrgenommen (zB einer GmbH). Anleger können sich nur mittelbar an der KG als Gesellschafter der **Treuhand-GmbH** beteiligen. Sie sind damit nicht Kommanditisten. Ihnen werden daher auch nicht die Rechte eines Kommanditisten eingeräumt. Kommanditist ist ausschließlich die GmbH, der sämtliche Rechte und Pflichten eines Kommanditisten (einschließlich Haftung) obliegen.

Die Publikums-KG dient idR der **Sammlung von Kapital** zur Durchführung von Projekten (zB Erwerb von Liegenschaften und Grundstücken sowie Anteilen hievon; Bau und/oder Erwerb von Seeschiffen im Rahmen von Schiffsfonds, organisiert als KG; die Bebauung sowie Bestandgabe und Verwaltung dieser Liegenschaft; 6 Ob 2100/96h). Mit Prospekten werden mögliche Anleger von den Projekten informiert, wobei für falsche Prospektangaben im Rahmen der Prospekthaftung einzustehen ist. Als KG ist diese Variante flexibler gestaltbar als beispielsweise eine GmbH. Diese Flexibilität bringt aber auch Gefahren für die Anleger mit sich. Häufig wird eine Beteiligung an einer Publikums-KG deshalb gewählt, weil die dort entstehenden **Verluste** den Gesellschaftern direkt zugerechnet und mit Gewinnen aus anderen Einkunftsarten **gegenverrechnet** werden können, sodass insgesamt eine geringere Steuerbelastung eintritt.

V. Europäische wirtschaftliche Interessenvereinigung

A. Vorbemerkungen

Die EWIV ist die erste durch das Gemeinschaftsrecht geschaffene **supranationale Rechtsform**. Die gesellschaftsrechtlichen Bestimmungen sind einerseits in der EWIV-VO, andererseits im nationalen Ausführungsgesetz des jeweiligen Sitzstaates (Art 2 EWIV-VO), in Österreich somit dem **EWIVG**, zu finden. Das EWIVG wiederum verweist auf die für die OG geltenden Bestimmungen (§ 1 EWIVG iVm §§ 105 ff **UGB**).

Aufgrund der subsidiären Anwendung der jeweiligen nationalen gesellschaftsrechtlichen Bestimmungen unterscheidet sich das auf die EWIV anzuwendende Recht von Mitgliedstaat zu Mitgliedstaat.

B. Begriff, Rechtsnatur und Grundlagen

Die EWIV hat den Zweck,
- die wirtschaftliche Tätigkeit von Unternehmen innerhalb der Europäischen Union durch **grenzüberschreitende Kooperationen** zu erleichtern bzw
- zu helfen, diese zu entwickeln sowie die Ergebnisse dieser Tätigkeit zu verbessern oder zu steigern (Art 3 EWIV-VO).

Der Zweck einer EWIV besteht nicht darin, Gewinne für sich selbst zu erzielen. Sie darf daher **nicht mit Gewinnerzielungsabsicht** tätig sein, wenngleich Gewinne tatsächlich erwirtschaftet werden können. Die EWIV steht somit nur für **Hilfstätigkeiten** zur Verfügung, die für selbstständig bleibende Unternehmen (ihre Mitglieder) durchgeführt werden (zB gemeinsame Forschung und Entwicklung, gemeinsamer Einkauf, gemeinsamer Vertrieb, gemeinsame Werbung, Zusammenarbeit von Freiberuflern). Gemäß Art 3 Abs 1 EWIV-VO muss die Tätigkeit der Vereinigung im Zusammenhang mit der wirtschaftlichen Tätigkeit ihrer Mitglieder stehen, dh dass der Unternehmensgegenstand der EWIV dem Unternehmensgegenstand ihrer Mitglieder entsprechen muss (Akzessorietät). Die Tätigkeit der EWIV darf somit keinen Ersatz für die Tätigkeit ihrer Mitglieder darstellen.

Die EWIV-VO selbst nennt darüber hinaus **Beschränkungen** des Anwendungsbereiches (Art 3 Abs 2 EWIV-VO): So darf die EWIV beispielsweise keine Konzernleitungsfunktion wahrnehmen, keine Beteiligung an den Mitgliedern halten (allerdings schon an anderen Unternehmen, sofern mit dem Zweck vereinbar), nicht mehr als 500 Arbeitnehmer beschäftigen und nicht Mitglied einer anderen EWIV sein. Überdies ist das Kapitalmarktverbot (Art 23 EWIV-VO) zu beachten.

Hält man sich den eingeschränkten Anwendungsbereich dieser Gesellschaftsform und die Haftungsordnung vor Augen, ist es weder verwunderlich, dass die Mitgliedstaaten der Europäischen Union zum damaligen Zeitpunkt eine Einigung auf eine Gesellschaftsform erzielen konnten (der Einigungsprozess bei der SE hat hingegen rund 30 Jahre gedauert), noch, dass die EWIV in Österreich nur von geringer **praktischer Relevanz** ist. Mit Stichtag 26. 08. 2018 waren in der Europäischen Union 2.594 EWIV eingetragen, 36 davon in Österreich.[1] Diese Gesellschaftsform wird daher auch nur im Überblick behandelt.

Die EWIV zählt zu den **Personengesellschaften** (mit körperschaftlichen Einflüssen; „Fremdorganschaft") und ist in Österreich als **Gesamthandschaft** ausgestaltet (§ 1 EWIVG iVm § 105 UGB): Die Mitgliedstaaten waren in ihrer Entscheidung hinsichtlich der Rechtsnatur der EWIV frei. Österreich hat sich für die Gesamthandschaft entschieden.

Allerdings ist die EWIV – im Unterschied zur OG – **Unternehmerin kraft Rechtsform** (§ 2 UGB).

Die **Firmenbildung** bei der EWIV hat den allgemeinen Firmenbildungsvorschriften der §§ 17 ff UGB zu entsprechen. Die Firma der EWIV hat aber in jedem Fall die Bezeichnung „Europäische wirtschaftliche Interessenvereinigung" oder die Abkürzung „EWIV" zu enthalten (§ 5 EWIVG).

Der **Sitz** der Gesellschaft ist im Gründungsvertrag festzulegen und ist entweder der Ort, an dem die Vereinigung ihre Hauptverwaltung hat, oder der Ort, an dem eines der Mitglieder der Vereinigung seine Hauptverwaltung hat, oder, wenn es sich um eine natürliche Person handelt, seine Haupttätigkeit ausübt, sofern die Vereinigung dort tatsächlich eine Tätigkeit ausübt (Art 12 EWIV-VO). Der Sitz der EWIV kann innerhalb der Gemeinschaft verlegt werden.

C. Gründung der EWIV

Für die Gründung einer EWIV ist zunächst erforderlich, dass ein Gesellschaftsvertrag zwischen mindestens zwei Gesellschaftern aus verschiedenen Mitgliedstaaten abgeschlossen und beim Firmenbuch hinterlegt wird (Art 5 iVm Art 7 EWIV-VO; „**Mehrstaatlichkeitsprinzip**").

Der **Mindestinhalt** des Gesellschaftsvertrags ist in Art 5 EWIV-VO festgelegt: Der Gesellschaftsvertrag muss zumindest den Namen der Vereinigung (inkl Rechtsformzusatz), den Sitz der Vereinigung, den Unternehmensgegenstand, den Namen, die Firma, die Rechtsform, den Wohnsitz oder den Sitz sowie gegebenenfalls die Nummer und den Ort der Registereintragung eines

---

[1] Siehe Statistik unter www.libertas-institut.com (14. 5. 2019); laut *Haybäck*, Firmenbuch-Gesellschaften-H@y-Statistik 2019, PSR 2019/13, 51 belief sich die Anzahl der im Firmenbuch zum 31. 12. 2018 eingetragenen EWIV auf 27.

jeden Mitglieds der Vereinigung sowie die Dauer der Vereinigung (sofern diese nicht unbestimmt ist) enthalten.

Die Eintragung der EWIV in das **Firmenbuch** hat – wie bei der OG und KG auch – **konstitutive Wirkung** (Art 1 Abs 2 EWIV-VO). Das Firmenbuch hat die Bekanntmachung der Eintragung in der Ediktsdatei vorzunehmen und sodann binnen eines Monats das Amt für amtliche Veröffentlichungen der Europäischen Gemeinschaften davon zu informieren (§ 4 EWIVG).

D. Organisation der EWIV

Die für die EWIV heranzuziehenden gesellschaftsrechtlichen Bestimmungen sehen – im Unterschied zu den anderen Personengesellschaften – zwingend zwei Organe vor (weitere Organe und deren Befugnisse können im Gesellschaftsvertrag festgelegt werden; Art 16 EWIV-VO):

- die gemeinschaftlich handelnden Mitglieder (**Gesamtheit der Gesellschafter**) und
- den oder die Geschäftsführer.

Mitglieder (Gesellschafter) einer EWIV können gemäß Art 4 Abs 1 EWIV-VO Gesellschaften im Sinne des Art 54 Abs 2 AEUV (ex Art 48 Abs 2 EGV) sein, somit OG und KG (nicht: GesbR) einschließlich Genossenschaften und sonstige juristischen Personen des öffentlichen Rechts und des Privatrechts. Gesellschaften, die keinen Erwerbszweck verfolgen, sind ausgenommen. Natürliche Personen, die eine gewerbliche, kaufmännische, handwerkliche oder freiberufliche Tätigkeit in der EU bzw im EWR ausüben oder dort andere Dienstleistungen erbringen, kommen ebenfalls als Gesellschafter einer EWIV in Betracht.

Die **Gesellschafter** äußern ihren Willen in Beschlüssen. Die Beschlussfassung unterliegt grundsätzlich der **Einstimmigkeit,** wobei im Gesellschaftsvertrag abweichend davon auch eine Stimmenmehrheit festgelegt werden kann. Allerdings ist zu beachten, dass die in Art 17 Abs 2 EWIV-VO festgelegten Beschlussgegenstände jedenfalls, also zwingend, der Einstimmigkeit bedürfen.

Zum **Geschäftsführer** können Gesellschafter oder Nicht-Gesellschafter bestellt werden, sofern es sich dabei um natürliche Personen handelt. Die Bestellung zum Geschäftsführer hat – im Unterschied zur OG und KG – im Gesellschaftsvertrag zu erfolgen oder im Rahmen eines **formalen Bestellungsaktes** (Art 19 EWIV-VO). Die gesellschaftsrechtlichen Bestimmungen zur EWIV sehen daher – im Unterschied zu allen anderen Personengesellschaften – das Prinzip der **Fremdorganschaft** vor.

Den Geschäftsführern obliegt die Geschäftsführung und die Vertretung der Gesellschaft. Sofern im Gesellschaftsvertrag nicht Abweichendes festgelegt ist, gilt das Prinzip der **Einzelvertretungsbefugnis** (Art 20 EWIV-VO).

E. Haftungsordnung der EWIV

Die Gesellschafter einer EWIV haften gesamtschuldnerisch und unbeschränkt für die Gesellschaftsverbindlichkeiten (Art 24 EWIV-VO). Insofern stellt sich die Situation wie bei der Haftung der OG-Gesellschafter dar. Allerdings gibt es einen wesentlichen Unterschied:

> **Rechtsformunterschied:**
> Die Gesellschafter einer EWIV haften „nur" subsidiär, dh die Gläubiger haben zunächst – erfolglos – die Gesellschaft in Anspruch zu nehmen, bevor ihnen die Möglichkeit eröffnet wird, direkt auf die Gesellschafter (und ihr Privatvermögen) zu greifen (Art 24 Abs 2 EWIV-VO).

Später erst **neu eintretende Gesellschafter** haften auch für alte Gesellschaftsverbindlichkeiten, wobei im Unterschied zur OG diese Haftung durch einen entsprechenden Eintrag im Firmenbuch gegenüber Dritten auch ausgeschlossen werden kann (Art 26 EWIV-VO).

Die Nachhaftung des **ausscheidenden Gesellschafters** ist in den Art 34 und Art 37 EWIV-VO festgelegt und orientiert sich an der Nachhaftung der OG-Gesellschafter: Der ausscheidende Gesellschafter haftet für die Verbindlichkeiten, die sich aus der Tätigkeit der Gesellschaft vor seinem Ausscheiden ergeben haben. Die Frist für die Nachhaftung ist nach oben mit höchstens fünf Jahren ab Bekanntmachung des Ausscheidens des Mitglieds im Firmenbuch begrenzt (Art 37 EWIV-VO). § 160 UGB sieht eine Verjährungsfrist von drei Jahren ab Fälligkeit vor und geht somit der Regelung des Art 37 EWIV-VO vor (das Verhältnis zwischen § 160 Abs 3 UGB, der eine Verlängerung der Nachhaftungsfrist in bestimmten Fällen vorsieht, und Art 37 EWIV-VO ist in der Literatur umstritten).

F. Rechte und Pflichten der Gesellschafter

Sowohl über eine etwaige Einlagenleistungspflicht als auch über Gewinn- und Verlustverteilung sehen weder die EWIV-VO noch das EWIVG zwingende Vorschriften vor: Es obliegt grundsätzlich den Gesellschaftern der EWIV, dies im Gesellschaftsvertrag festzulegen. Im Zweifel sind keine Einlagen geschuldet und Gewinn und Verlust sind nach Köpfen zu verteilen (Art 21 EWIV-VO).

G. Veränderung der Gesellschafterstruktur

Gemäß Art 22 EWIV-VO kann jeder Gesellschafter seine Beteiligung an der Gesellschaft ganz oder teilweise an einen anderen Gesellschafter oder an einen Dritten **abtreten**. Die Abtretung wird allerdings erst wirksam, wenn die übrigen

Mitglieder ihr (im Zweifel einstimmig) zugestimmt haben. Die Möglichkeit einer Voraus-Zustimmung im Gesellschaftsvertrag wird in der Lehre bejaht.

Dies gilt auch für die **Aufnahme** neuer Gesellschafter (Art 26 EWIV-VO). Notwendig ist auch hier ein Mitgliederbeschluss sowie die Anmeldung der Änderung des Mitgliederstandes (OLG Wien 28 R 3/08d).

Die Gesellschafterstellung kann auf verschiedene Arten **beendet** werden: Zunächst besteht gemäß Art 27 Abs 1 EWIV-VO die Möglichkeit, dass der Gesellschafter kündigt (eine solche Kündigung führt allerdings nicht zur Beendigung der Gesellschaft). Es besteht auch die Möglichkeit, einen Gesellschafter bei Vorliegen eines wichtigen Grundes und Anrufung des Gerichts aus der Gesellschaft auszuschließen (Art 27 Abs 2 EWIV-VO). Des Weiteren führt der Tod eines Gesellschafters oder der Wegfall der in Art 4 Abs 1 EWIV-VO festgelegten Bedingungen (Verlust der Unternehmereigenschaft einer natürlichen Person, Sitzverlegung in einen Drittstaat) zur Beendigung der Gesellschaftereigenschaft (Art 28 EWIV-VO) ebenso wie die Insolvenzeröffnung über das Vermögen eines Gesellschafters oder die Kündigung durch einen Privatgläubiger (Art 28 EWIV-VO iVm §§ 9 f EWIVG).

H. Beendigung der EWIV

Für die Beendigung einer EWIV ist zunächst das Vorliegen eines Auflösungsgrundes erforderlich: Dieser kann entweder durch einen Gesellschafterbeschluss oder durch Gerichtsentscheidung herbeigeführt werden (Art 31 f EWIV-VO). Danach tritt die Gesellschaft in das Liquidationsstadium ein, das wie bei der OG abläuft (Art 35 EWIV-VO iVm §§ 145 ff UGB). Erst danach ist die Gesellschaft beendet.

VI. Stille Gesellschaft

A. Begriff, Rechtsnatur und Grundlagen

> Die stG ist
> - eine **Beteiligung** eines stillen Gesellschafters
> - **an einem Unternehmen oder Vermögen** eines anderen,
> - mit einer **Vermögenseinlage**, die in das Vermögen des anderen übergeht,
> - gegen **Gewinnbeteiligung** (§§ 179, 181 Abs 2 UGB[1]; RS0062138).

Die stG ist in den §§ 179 bis 188 geregelt. Subsidiär, nämlich in Ergänzung zu den UGB-Bestimmungen, können die Regelungen über die GesbR (§§ 1175 ff ABGB) herangezogen werden, aber nur dann, wenn eine Bestimmung im UGB fehlt und die §§ 1175 ff ABGB eine passende Regelung enthalten (strittig; vgl va § 1175 Abs 4 ABGB). Überdies sind die vertraglichen Regelungen zu beachten, denn die Rechtsbeziehungen zwischen den Gesellschaftern einer stG sind weitgehend frei gestaltbar („**Prinzip der Vertragsfreiheit**"), sofern dem nicht zwingende gesetzliche Bestimmungen entgegenstehen (so etwa bei der Gewinnbeteiligung; § 181 Abs 2).[1]

Eine stG wird zwingend aus **zwei Gesellschaftern** gebildet: einem Inhaber eines Unternehmens oder Vermögens und einem stillen Gesellschafter (der Stille). Wollen sich mehrere Stille an einem Unternehmen oder Vermögen beteiligen, bestehen daher so viele stG, wie es stille Gesellschafter gibt (es wird aber auch vertreten, dass es stG mit mehreren Stillen gibt, sog mehrgliedrige stG):

> **Beispiel:**
> An einer GmbH sind drei Gesellschafter beteiligt: A, B und C. An der GmbH beteiligen sich drei stille Gesellschafter: S1, S2 und S3. Es entstehen dadurch drei stille Gesellschaften (S1 mit GmbH; S2 mit GmbH; S3 mit GmbH). Die stillen Gesellschafter (S1, S2 und S3) können gemeinsam als eine GesbR organisiert sein.

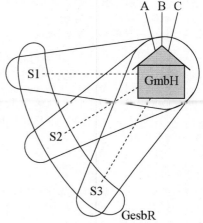

---

[1] Paragraphenangaben beziehen sich in diesem Abschnitt, sofern nicht anders angegeben, auf das **UGB**.

Stille Gesellschafter können natürliche und juristische Personen, OG und KG sein. Ob die GesbR stille Gesellschafterin sein kann, ist strittig, aber mangels Rechtsfähigkeit der GesbR wohl abzulehnen. StG können nicht stille Gesellschafter anderer stG sein, weil die stG eine reine Innengesellschaft ist. Die Stellung als stiller Gesellschafter ist grundsätzlich nicht übertragbar, es sei denn, Abweichendes wird vereinbart.

Zweiter Gesellschafter einer stG ist der „andere", nämlich der **Inhaber eines Unternehmens oder Vermögens**. Als Unternehmer kommen einerseits Unternehmer kraft Rechtsform in Betracht (§ 2 UGB; zB AG und GmbH), andererseits aber auch eingetragene Personengesellschaften (OG und KG) und Einzelunternehmer, sofern diese ein Unternehmen betreiben. Die Gesellschafterstellung des Inhabers des Unternehmens bzw Vermögens ist ebenfalls grundsätzlich nicht übertragbar, außer es wird etwas anderes vereinbart.

> **Beachte:**
> Seit 1. 1. 2015 sind auch stille Beteiligungen an einer (auch nicht unternehmenstragenden) GesbR und an jedem sonstigen Vermögen möglich; bis dahin gab es nur die Beteiligung an einem Unternehmen. Im Fall der stillen Beteiligung an einer GesbR ist die Einlage durch Übertragung in das ideelle Miteigentum der Gesellschafter zu leisten.

Die stG braucht sich nicht auf das ganze Unternehmen zu beziehen, sondern kann auf einzelne selbstständige Unternehmensteile beschränkt werden, etwa auf eine Zweigniederlassung oder einen Betrieb von vergleichbarer Selbstständigkeit (8 Ob 114/02a).

Die stG ist eine **Personengesellschaft**, obwohl der Stille grundsätzlich nicht die bei Gesellschaften üblichen Mitverwaltungsrechte hat. Sie ist aber anders als OG und KG keine eingetragene Personengesellschaft.

Die stG ist eine reine **Innengesellschaft**; aus diesem Grund benötigt sie auch keine Firma und wird auch nicht ins Firmenbuch eingetragen. Nach außen tritt nur der Inhaber des Unternehmens oder Vermögens auf (Ausnahme: Ist der Unternehmer eine Kapitalgesellschaft bzw verdeckte Kapitalgesellschaft iSd § 221 [vgl Seiten 208 f], scheint der Betrag der Einlage des stillen Gesellschafters im Anhang zum Jahresabschluss des Unternehmers auf – § 238 Z 16, falls er in der Bilanz nicht gesondert ausgewiesen ist; die Person des stillen Gesellschafters scheint dabei allerdings nicht auf).

Die stG hat **keine eigene Rechtspersönlichkeit**. Sie ist daher nicht Träger von Rechten und Pflichten und damit weder partei- noch prozessfähig. Nur der Unternehmer wird aus den im Betrieb geschlossenen Geschäften berechtigt und verpflichtet (§ 179 Abs 2).

Dem **Unternehmer** obliegen **Geschäftsführung** und **Vertretung**. Dem stillen Gesellschafter obliegt die Geschäftsführung nur bei entsprechender Vereinbarung, die Vertretung nur bei entsprechender Einräumung (zB Prokura oder Handlungsvollmacht). Mangels anderer Vereinbarung ist der Unternehmer dem Stillen gegenüber zum Betrieb des Unternehmens verpflichtet. Wesentliche Änderungen, wie zB Verengung oder Erweiterung des Betriebsgegenstands, bedürfen der Zustimmung des Stillen. Sowohl Unternehmer als auch Stiller haben aufgrund der Treuepflicht Schädigungen des Unternehmens zu unterlassen.

Nur der Inhaber des Unternehmens bzw Vermögens, nicht aber der Stille **haftet** für Verbindlichkeiten des Inhabers des Unternehmens bzw Vermögens. Der Stille hat nur die Einlage zu leisten; sofern er diese noch nicht geleistet hat, können sich Dritte die Forderung des Inhabers des Unternehmens bzw Vermögens auf Leistung der Einlage pfänden und überweisen lassen. Nur in bestimmten Fällen kann der Stille aber für Schulden des Inhabers des Unternehmens bzw Vermögens haften, etwa bei Missbrauch der Rechtsform (RS0062009) oder wenn er durch sein Auftreten im Rechtsverkehr den Anschein eines haftenden Gesellschafters erweckt hat (Rechtsscheinhaftung).

Die stG kann als typische (echte) oder atypische (unechte) stG ausgestaltet werden. Die Unterscheidung zwischen typischer und atypischer ist insbesondere im Steuerrecht wesentlich. Bei der **typischen (echten)** stG ist der Stille weder am Vermögen noch an der Geschäftsführung beteiligt, sondern nur am Gewinn (und gegebenenfalls auch am Verlust). Im Gegensatz dazu ist der Stille bei der **atypischen (unechten)** stG auch am **Vermögen** und/oder an der **Geschäftsführung beteiligt** (RS0062080).

B. Abgrenzung zu anderen Rechtsverhältnissen

Die stG ist von folgenden ähnlichen Rechtsverhältnissen abzugrenzen:

Ein **partiarisches Darlehen** ist ein Darlehen mit Gewinnbeteiligung; es wird also anstelle eines bestimmten Zinssatzes eine Beteiligung am Gewinn vereinbart. Folgende Merkmale der stG unterscheiden diese vom partiarischen Darlehen (vgl RS0019219):

- Verlustbeteiligung,
- Kontrollrechte,
- Betriebspflicht des Unternehmers,
- Verfolgung eines gemeinsamen Zwecks, nämlich die Gewinnerzielung durch das Unternehmen mit Hilfe der Vermögenseinlage.

Ob ein partiarisches Darlehen oder eine stG vorliegt, ist im Einzelfall zu beurteilen. So kann etwa auch bei der stG die Verlustbeteiligung ausgeschlossen werden. Überwiegen die übrigen Elemente, liegt dennoch eine stG vor.

Die hM lässt zu, dass der Stille seine Einlage in Form von Arbeitsleistungen erbringt. Die stG ist daher weiters von einem **partiarischen Dienstvertrag** abzugrenzen, wenn die Einlage aus der Erbringung von Arbeitsleistungen besteht. Beim partiarischen Dienstvertrag werden Arbeitsleistungen gegen gewinnabhängige Entlohnung erbracht. Für eine stG sprechen

- Verfolgung eines gemeinsamen Gesellschaftszwecks,
- Gleichordnung der Partner; im Gegensatz dazu ist charakteristisches Merkmal eines Dienstvertrags die persönliche Abhängigkeit des Dienstnehmers,
- Geldeinlage des Stillen,
- Verlustbeteiligung des Stillen,
- Kontrollrechte des Stillen.

Die stG ist weiters von der **GesbR** als Innengesellschaft zu unterscheiden (siehe Seite 85). Diese Unterscheidung kann nur im Einzelfall vorgenommen werden. Sind alle Tatbestandsmerkmale der stG erfüllt, ist eine stG anzunehmen.

Von der **Kommanditbeteiligung** unterscheidet sich eine stG dadurch, dass die stG Innengesellschaft ist. Im Unterschied zur stG hat die KG ein Gesellschaftsvermögen. Der Stille wird weiters, anders als der Kommanditist, nicht in das Firmenbuch eingetragen (zur KG siehe Seiten 183 ff).

C. Bedeutung und Anwendungsbereich

In der Praxis wird die stG häufig als Finanzierungsinstrument verwendet (etwa 4 Ob 233/00v). Wesentlich ist dabei, dass der stille Gesellschafter anders als bei anderen Gesellschaftsformen (zB GmbH) nicht nach außen in Erscheinung tritt, insbesondere nicht in das Firmenbuch eingetragen wird. Im Gegensatz zur Finanzierung mit einem Kredit fallen Zinsen nicht unabhängig vom wirtschaftlichen Ergebnis an, sondern nur dann, wenn das Unternehmen einen Gewinn erwirtschaftet. Darüber hinaus ist die Rückzahlung der Einlage wesentlich einfacher als etwa bei einer GmbH.

D. Gründung der stG

Zur Gründung ist der **Abschluss eines formfreien Gesellschaftsvertrags** erforderlich, wobei der Abschluss auch konkludent erfolgen kann. Mit Abschluss des Gesellschaftsvertrags ist die stG errichtet. Da die stG Innengesellschaft ist, entsteht sie nicht nach außen, sodass nicht zwischen Errichtung und Entstehung – wie dies bei den eingetragenen Personengesellschaften oder den Kapitalgesellschaften der Fall ist – zu unterscheiden ist (siehe dazu Seite 57).

E. Vermögen – Einlage und Beteiligung am Ergebnis

Beachte:
- Der Stille hat eine **Vermögenseinlage** zu leisten, die in das Vermögen des Inhabers des Unternehmens bzw Vermögens übergeht.

- Die stG selbst hat **kein Gesellschaftsvermögen**.
- Der Stille ist **zwingend am Gewinn zu beteiligen**, seine Beteiligung am Verlust kann ausgeschlossen werden.

Der Stille beteiligt sich mit einer **Vermögenseinlage**. Gegenstand dieser Einlage kann alles sein, was einen Vermögenswert hat und übertragbar ist (RS0062150), insbesondere Geld sowie bewegliche und unbewegliche Sachen, aber (nach überwiegender Meinung) auch etwa Arbeit (Dienstleistungen). Die Bewertung der Einlage richtet sich nach der Vereinbarung der Parteien. Mangels abweichender Regelung ist der Verkehrswert im Zeitpunkt der Einbringung maßgeblich (vgl § 202 Abs 1). Ist nichts anderes vereinbart, ist die Einlage sofort zu leisten. Eine Pflicht zur Einlagenerhöhung oder eine Nachschusspflicht, etwa im Falle von Verlusten, besteht nicht, außer es wurde eine solche vertraglich vereinbart (§ 180). Die Einlage hat in das Vermögen des Inhabers des Unternehmens bzw Vermögens überzugehen. Nicht erforderlich ist, dass das Eigentum am Vermögen übergeht; auch die Einräumung der Verfügungsbefugnis (zB quoad usum; vgl Seiten 92 f) ist ausreichend (RS0062107). Die stG hat mangels Rechtsfähigkeit **kein Gesellschaftsvermögen**, auch nicht durch die Vermögenseinlage, denn diese geht in das Vermögen des Inhabers des Unternehmens bzw Vermögens über.

Der Stille ist grundsätzlich am Gewinn *und* am Verlust beteiligt. Die **Gewinnbeteiligung** ist zwingend; wird sie ausgeschlossen, liegt keine stG vor. Die Beteiligung des Stillen am Verlust kann jedoch im Gesellschaftsvertrag ausgeschlossen werden (§ 181 Abs 2). Der Anteil des Stillen am Gewinn (und Verlust), insbesondere Höhe und Berechnungsgrundlage, kann vertraglich vereinbart werden. Ist dies nicht geschehen, gilt ein angemessener Anteil als vereinbart (§ 181 Abs 1).

Die **Berechnung des** für die stG maßgeblichen **Betriebsergebnisses** und des Anteils des Stillen daran erfolgt am Ende des Geschäftsjahres (§ 182 Abs 1). Der Inhaber des Unternehmens bzw Vermögens hat die Berechnung unverzüglich nach der Fertigstellung der erforderlichen Grundlage (idR Jahresabschluss) vorzunehmen (3 Ob 385/97g). Daran anschließend ist der auf den Stillen entfallende Gewinn auszuzahlen (§ 182 Abs 1).

Lässt sich der Stille den Gewinn nicht auszahlen, erhöht sich dadurch nicht seine Einlage, es sei denn, etwas anderes wäre vereinbart (§ 182 Abs 3). Stehengelassene Gewinne sind auf ein Sonderkonto zu verbuchen. Der Stille trägt Verluste nur bis zur Höhe seiner eingezahlten oder rückständigen Einlage; im Falle eines Verlusts verringert sich die Einlage des Stillen. Ist dem Stillen Gewinn ausbezahlt worden, muss er diesen im Falle späterer Verluste nicht wieder zurückzahlen. Ist die Einlage durch Verluste vermindert, wird sie durch nachfolgende Gewinne wieder aufgefüllt. Erst wenn Verluste durch spätere Gewinne ausgeglichen wurden, wird ein Gewinnanteil wieder an den Stillen ausbezahlt (§ 182 Abs 2). Der Stille hat nur Anspruch auf Auszahlung des

Gewinnanteils (**Gewinnentnahmerecht**), ein generelles Entnahmerecht steht dem Stillen nicht zu.

> **Beispiel:**
> Der Stille hat im Jahr 2015 eine Einlage von 10.000 Euro geleistet.
> Im Jahr 2016 ist dem Stillen ein Gewinnanteil von 5.000 Euro zugewiesen worden. Der Stille darf daher lediglich 5.000 Euro (seinen Gewinnanteil) entnehmen, nicht aber die Einlage von 10.000 Euro. Der Stille entnimmt diese 5.000 Euro.
> Im Jahr 2017 entfällt auf den Stillen ein Verlustanteil von 18.000 Euro. Der Stille muss Verluste nur bis zur Höhe seiner eingezahlten Einlage tragen. Sein Einlagenstand verringert sich zwar auf minus 8.000 Euro (passives Einlagenkonto), er muss aber nichts nachzahlen; auch den ausbezahlten Gewinn von 5.000 Euro muss der Stille nicht zurückzahlen.
> Im Jahr 2018 entsteht dem Stillen ein Gewinnanteil von 12.000 Euro. Dadurch wird die Einlage des Stillen wieder aufgefüllt, sodass sie nunmehr 4.000 Euro beträgt. Da eine Einlage von 10.000 Euro vereinbart ist, darf der Stille die 4.000 Euro aber nicht entnehmen (und auch nicht 12.000 Euro).
> Im Jahr 2019 entfällt auf den Stillen ein Gewinnanteil von 15.000 Euro. Der Stille darf daher in diesem Jahr 9.000 Euro (also den die vereinbarte Einlage von 10.000 Euro übersteigenden Gewinn) entnehmen.

Dem Stillen stehen zur Sicherung seines Anspruchs auf den Gewinnanteil **Kontrollrechte** zu. Diese entsprechen im Wesentlichen den Kontrollrechten des Kommanditisten nach § 166 (vgl Seiten 199 ff). Der Stille kann insbesondere eine Abschrift des Jahresabschlusses oder einer sonstigen Abrechnung verlangen und die Richtigkeit überprüfen. Hierzu kann er Einsicht in die Bücher und Schriften nehmen (§ 183 Abs 1). Im Gesellschaftsvertrag können die Kontrollrechte erweitert oder eingeschränkt werden. Bei Vorliegen eines wichtigen Grundes kann das Gericht auf Antrag des Stillen die Mitteilung eines Status oder sonstiger Aufklärungen und die Vorlage der Bücher und Schriften anordnen (§ 183 Abs 3).

F. Beendigung der stG

1. Auflösung

Die stG endet gemäß §§ 184 f bei Vorliegen eines der folgenden Auflösungsgründe:

- Einvernehmlich durch Beschluss der Gesellschafter,
- Ordentliche Kündigung eines Gesellschafters,
- Außerordentliche Kündigung eines Gesellschafters,
- Kündigung durch einen Gläubiger des Stillen,
- Zeitablauf, wenn die stG auf bestimmte Zeit geschlossen wurde,

- Tod des Inhabers des Unternehmens bzw Vermögens,
- Eröffnung des Konkursverfahrens über das Vermögen eines Gesellschafters,
- Erreichung oder Unerreichbarkeit des Gesellschaftszwecks,
- Wegfall eines Tatbestandsmerkmals (vgl Seite 217) oder Vereinigung der Rechtsstellung des Stillen mit der des Inhabers des Unternehmens bzw Vermögens (Konfusion).

Die Gesellschafter können weitere Auflösungsgründe vereinbaren.

Eine **ordentliche Kündigung** ist möglich, wenn das Gesellschaftsverhältnis unbefristet ist (§ 184 Abs 1 iVm § 132). Bei Gesellschaften, die befristet eingegangen wurden, ist nur eine außerordentliche Kündigung möglich. Die ordentliche Kündigung kann unter Einhaltung einer Kündigungsfrist von sechs Monaten zum Ende eines Geschäftsjahres des Unternehmers bzw bei Beteiligung an einem Vermögen im Zweifel zum Ende des Kalenderjahres erfolgen. Sie ist eine nicht formbedürftige, empfangsbedürftige Willenserklärung und bedarf keiner Begründung. Sowohl der Stille als auch der Inhaber des Unternehmens bzw Vermögens können von diesem Kündigungsrecht Gebrauch machen. Das Recht auf ordentliche Kündigung kann nicht ausgeschlossen werden. Eine unangemessene Verlängerung der Kündigungsfrist ist unzulässig (§ 184 Abs 1 iVm § 132 Abs 2).

Bei Vorliegen eines wichtigen Grundes steht jedem Gesellschafter das Recht auf **außerordentliche Kündigung** zu, sowohl bei befristeten als auch bei unbefristeten stG (§ 184 Abs 1; 3 Ob 616/86, 8 Ob 12/93). Dabei kann die Gesellschaft – im Gegensatz zur ordentlichen Kündigung – ohne Einhaltung einer Frist oder eines Termins jederzeit formlos gekündigt werden. Das außerordentliche Kündigungsrecht darf nicht eingeschränkt oder ausgeschlossen werden, es ist zwingend. Ein wichtiger Grund liegt vor, wenn einem Gesellschafter die Aufrechterhaltung des Gesellschaftsverhältnisses bis zum nächsten Kündigungstermin nicht zugemutet werden kann, insbesondere wenn das Vertrauen der Gesellschafter schwer erschüttert ist.

> **Beispiel:**
> Ein wichtiger Grund kann etwa bei gewichtigen wirtschaftlichen oder persönlichen Änderungen beim Unternehmen wie Wechsel eines Leitungsorgans oder eines Gesellschafters bestehen (3 Ob 616/86) oder die nachhaltige Unrentabilität des Unternehmens (RS0131533).

Eine Umgründung des Inhabers des Unternehmens bzw Vermögens mit Gesamtrechtsnachfolge kann einen wichtigen Grund zur außerordentlichen Kündigung darstellen, sie löst die stG grundsätzlich nicht automatisch auf (strittig).

Eine **Kündigung durch einen Gläubiger des Stillen** ist möglich, wenn der Gläubiger die Pfändung und Überweisung des Auseinandersetzungsguthabens des Stillen erwirkt hat (§ 184 Abs 1 iVm § 135).

Die stG wird weiters durch den **Tod des Inhabers des Unternehmens bzw Vermögens** aufgelöst (§ 185 Abs 2). Ist nicht eine natürliche Person, sondern eine Gesellschaft Inhaber des Unternehmens bzw Vermögens, führt ihre Auflösung nicht automatisch zur Auflösung der stG (strittig). Der Stille hat aber jedenfalls ein außerordentliches Kündigungsrecht. Spätestens mit Abschluss der Liquidation (und damit Vollbeendigung) des Inhabers des Unternehmens bzw Vermögens ist aber auch die stG aufgelöst. Der Tod des Stillen ist kein Auflösungsgrund (§ 184 Abs 2; RS0131532), etwas Abweichendes kann aber vereinbart werden.

> **Beachte:**
> Die stG wird grundsätzlich nur durch den Tod des Inhabers des Unternehmens bzw Vermögens, nicht aber durch den Tod des Stillen aufgelöst.

Die **Eröffnung des Konkursverfahrens** über das Vermögen eines Gesellschafters stellt einen weiteren (zwingenden) Auflösungsgrund dar (§ 185 Abs 2). Wird über das Vermögen des **Inhabers des Unternehmens bzw Vermögens** das Konkursverfahren eröffnet, gilt Folgendes: Mit jenem Teil seiner Einlage, der den Betrag des vom Stillen zu tragenden Anteils am Verlust übersteigt, ist der Stille Insolvenzgläubiger (§ 187 Abs 1). Hat der Stille die Einlage noch nicht zur Gänze geleistet, hat er sie nur bis zu jenem Betrag, der zur Deckung seines Anteils am Verlust erforderlich ist, in die Insolvenzmasse einzuzahlen (§ 187 Abs 2). Der Stille hat aber nicht mehr als die ausständige Einlage einzuzahlen.

> **Beachte:**
> Ist der Verlustanteil daher geringer als die ausständige Einlage, ist der Stille mit ausständiger Einlage bessergestellt, als wenn er die Einlage voll einbezahlt hätte, weil er nicht die gesamte Einlage zu leisten hat, sondern nur den geringeren Verlustanteil.

Haben der Stille und der Inhaber des Unternehmens bzw Vermögens im letzten Jahr vor Insolvenzeröffnung vereinbart, dass dem Stillen seine Einlage ganz oder teilweise zurückgezahlt oder ihm sein Verlustanteil ganz oder teilweise erlassen wird, kann der Masse- oder Sanierungsverwalter diese Vereinbarung **anfechten** (§ 188 Abs 1). Dies gilt allerdings dann nicht, wenn die Ursache der Insolvenz erst nach der Vereinbarung eingetreten ist (§ 188 Abs 2). Im Übrigen sind die Vorschriften der IO über die Geltendmachung der Anfechtung und deren Wirkung anzuwenden (§ 188 Abs 3).

Die Eröffnung des Konkurses über das Vermögen des **Stillen** führt ebenfalls zur Auflösung der stG. Das Auseinandersetzungsguthaben fällt in die Insolvenzmasse.

Die Eröffnung eines **Sanierungsverfahrens** eines Gesellschafters löst die stG nicht automatisch auf, kann aber ein wichtiger Kündigungsgrund sein. In einer Krise kann die Vermögenseinlage des Stillen wie Eigenkapital zu behandeln sein (§ 10 EKEG; RS0131723; vgl Seiten 322 f).

Unter dem in § 185 Abs 1 geregelten Fall, dass die **Erreichung des Gesellschaftszwecks unmöglich** wird, werden nur (seltene) Fälle verstanden, in denen etwa dem Unternehmen die zum Unternehmensbetrieb notwendigen öffentlich-rechtlichen Bewilligungen entzogen oder das Unternehmen aufgrund eines Katastrophenereignisses zerstört wurde (RS0131533).

2. Auseinandersetzung

Bei der stG gibt es mangels Gesellschaftsvermögens **keine Liquidation**. An die Auflösung schließt daher anstelle der Abwicklung eine **Auseinandersetzung** zwischen den Gesellschaftern, dh die Auszahlung des Guthabens des Stillen, an (§ 186 Abs 1).

Der **Stichtag** der Auseinandersetzung ist der Stichtag der Auflösung. Auf diesen Stichtag wird das Auseinandersetzungsguthaben des Stillen berechnet. Das **Auseinandersetzungsguthaben** besteht aus der Einlage zuzüglich Anteile am Gewinn, allenfalls abzüglich Anteile am Verlust. Zur Berechnung des Auseinandersetzungsguthabens hat der Inhaber des Unternehmens bzw Vermögens unverzüglich nach Auflösung eine **Auseinandersetzungsrechnung** zu erstellen. Ein so errechnetes Auseinandersetzungsguthaben ist an den Stillen in Geld auszuzahlen. Ein Anspruch auf Ausfolgung von Gegenständen, die der Stille als Sacheinlage geleistet hat, besteht nur dann, wenn die Sachen nur zum Gebrauch überlassen wurden, etwas anderes kann vereinbart werden. Sobald das Auseinandersetzungsguthaben errechnet ist oder hätte errechnet werden können, ist es fällig. Ist der Saldo negativ, hat der Stille ihn nur so weit abzudecken, als er seine Vermögenseinlage nicht vollständig eingezahlt hat. Darüber hinaus hat der Inhaber des Unternehmens bzw Vermögens keinen Anspruch gegen den Stillen auf anteilige Abdeckung des Verlusts. Etwas anderes gilt dann, wenn die Gesellschafter eine Nachschusspflicht vereinbart haben.

Neben der Auseinandersetzung sind die schwebenden Geschäfte abzurechnen. Der Inhaber des Unternehmens bzw Vermögens hat die zum Zeitpunkt der Auflösung **schwebenden Geschäfte abzuwickeln**. Schwebende Geschäfte waren im Auflösungszeitpunkt bereits abgeschlossen, aber noch nicht erfüllt und wurden daher in der Auseinandersetzungsrechnung nicht berücksichtigt. Am Gewinn oder Verlust, der sich aus diesen Geschäften ergibt, ist der Stille beteiligt (§ 186 Abs 2). Der Stille kann am Ende jedes Geschäftsjahres vom Inhaber des Unternehmens bzw Vermögens **Rechenschaft** über die inzwischen beendigten Geschäfte, die Auszahlung des ihm zustehenden Betrages und Auskunft über den Stand noch schwebender Geschäfte verlangen (§ 186 Abs 3).

VII. Gesellschaft mit beschränkter Haftung

A. Begriff, Rechtsnatur und Grundlagen

Die GmbH ist
- eine Körperschaft mit eigener Rechtspersönlichkeit,
- deren Gesellschafter mit Stammeinlagen auf das in Geschäftsanteile zerlegte Stammkapital beteiligt sind,
- ohne dass die Gesellschafter für Verbindlichkeiten der Gesellschaft haften.

Geregelt ist die GmbH im GmbHG.[1] Die letzten bedeutenden Änderungen des GmbHG erfolgten durch das GesRÄG 2005, das HaRÄG 2005, das PuG, das GesRÄG 2007, das URÄG 2008, das GesRÄG 2013, das AbgÄG 2014, das Strafrechtsänderungsgesetz 2015, das ENG und das DeregulierungsG 2017.

1. Eigenschaften

Die GmbH ist eine **Kapitalgesellschaft mit personalistischen Elementen**. Die Bindung der Gesellschafter an die GmbH ist zumeist enger als jene der Aktionäre an die AG. Diese enge Bindung kommt vor allem dadurch zum Ausdruck, dass GmbH-Geschäftsanteile nicht so leicht übertragbar sind wie Aktien. Die GmbH-Gesellschafter haben auch wesentlich mehr Mitwirkungsrechte als Aktionäre. GmbH-Gesellschafter können dem Geschäftsführer zudem – anders als die Aktionäre dem Vorstand – Weisungen erteilen.

Die GmbH ist eine **juristische Person**. Als solche ist sie rechtsfähig, also selbst Trägerin von Rechten und Pflichten (§ 61 Abs 1). Da sie nach außen auftritt, ist sie eine Außengesellschaft (vgl Seiten 45 f). Sie kann Eigentum und andere dingliche Rechte, auch an Grundstücken, erwerben und ist im Zivilprozess parteifähig. Über das Vermögen der GmbH kann ein Insolvenzverfahren eröffnet werden. Sie ist Rechtsträgerin eines von ihr betriebenen Unternehmens.

Die GmbH ist stets **Unternehmerin kraft Rechtsform** (§ 2 UGB). Ihre Geschäfte sind stets unternehmensbezogen (5 Ob 248/11y).

Beachte:
Die Gesellschafter sind grundsätzlich Verbraucher (RS0059726), weil sie selbst kein Unternehmen betreiben. Grundsätzlich ist auch ein Geschäftsführer mangels eines eigenen Unternehmens als Verbraucher anzusehen (RS0065238). Das Unternehmen wird nämlich von der GmbH und nicht vom Gesellschafter oder Geschäftsführer betrieben.

---

[1] Paragraphenangaben beziehen sich in diesem Abschnitt, sofern nicht anders angegeben, auf das **GmbHG**.

Der Gesellschafter ist dann selbst Unternehmer, wenn er ein maßgebendes wirtschaftliches Eigeninteresse verfolgt und einen maßgeblichen Einfluss auf die Entscheidungen und Handlungen der Gesellschaft ausüben kann. Nach älterer Rsp war für die Qualifikation als Unternehmer eine Beteiligung von zumindest 50 % oder mehr erforderlich, um entscheidenden Einfluss auf die Geschäftsführung ausüben zu können (2 Ob 169/11h). Der OGH ist aber mittlerweile vom Mehrheitserfordernis abgegangen. Demnach sind zB jedenfalls gleichbeteiligte Gesellschafter-Geschäftsführer mit Alleinvertretungsbefugnis (6 Ob 105/10z) und ein Alleingesellschafter und Geschäftsführer (8 Ob 91/09d) Unternehmer (RS0065238). Aber auch eine Beteiligung von 49 % ließ der OGH bereits ausreichen (6 Ob 95/16p). Einen 40 %-Gesellschafter, der auch Geschäftsführer und unternehmensintern der „Chef" war, hat der OGH ebenfalls als Unternehmer qualifiziert, zumal der Gesellschaftsvertrag für zahlreiche Maßnahmen eine 75 %-Mehrheit vorsah (6 Ob 14/18d). Als Verbraucher zu qualifizieren sind ein Mehrheitsgesellschafter ohne jegliche Geschäftsführungsbefugnis (7 Ob 266/06b; 2 Ob 169/11h lässt offen, ob für die Unternehmerqualifikation auch die Geschäftsführungsbefugnis erforderlich ist; nach 6 Ob 43/13m ist eine Geschäftsführerstellung für den beherrschenden Einfluss und damit die Qualifikation eines Gesellschafters als Unternehmer nicht erforderlich) und ein bloßer Minderheitsgesellschafter, soweit dessen Gesellschaftsbeteiligung eine bloße Finanzinvestition ist und er daher keinen relevanten Einfluss auf die Geschäftsführung der Gesellschaft ausübt (RS0121109). Auch die Bestellung als Prokurist ist nicht ausreichend (RS0121987).

Die GmbH entsteht mit Eintragung in das Firmenbuch (**konstitutive Wirkung der Eintragung**).

Grundsätzlich bedarf die Eintragung keiner behördlichen Bewilligung, sondern es besteht bei Vorliegen der Voraussetzungen ein Anspruch auf Eintragung (**Normativsystem**; vgl Seite 60), es sei denn, sondergesetzliche Bestimmungen sehen etwas anderes vor (zB für den Betrieb eines Kreditinstituts, Eisenbahn-, Schifffahrts- oder Luftfahrtunternehmens). Die Einholung einer Gewerbeberechtigung ist nicht Voraussetzung für die Eintragung in das Firmenbuch.

Ein Merkmal ist weiters die **Drittorganschaft**. Darunter versteht man, dass nicht nur Gesellschafter, sondern auch Nicht-Gesellschafter Mitglieder geschäftsführungs- und vertretungsbefugter Organe sein können (vgl Seite 41). In der Praxis sind Geschäftsführer häufig zugleich Gesellschafter.

Gesellschafter einer GmbH können inländische und ausländische natürliche und juristische Personen, OG und KG, Privatstiftungen und grundsätzlich auch Vereine (wenn die Beteiligung an einer GmbH in den Vereinsstatuten Deckung findet) und Genossenschaften sein (sofern die Beteiligung an der GmbH geeignet ist, dem Genossenschaftszweck zu dienen). Eine GesbR kann mangels eigener Rechtspersönlichkeit nicht Gesellschafterin einer GmbH sein.

Hält ein Gesellschafter einen Geschäftsanteil treuhändig für einen Treugeber, ist ausschließlich der Treuhänder Gesellschafter, also Träger der gesellschaftsrechtlichen Rechte und Pflichten (RS0123563).

Auf die GmbH sind die allgemeinen Regelungen über die Firmenbildung der §§ 17 ff UGB anzuwenden (RS0059876). Sondervorschriften gibt es zB für die Firma der Rechtsanwalts-GmbH, die nur Namen (auch ehemaliger) Rechtsanwälte enthalten darf. Die **Firma** der GmbH muss die Bezeichnung „Gesellschaft mit beschränkter Haftung", ausgeschrieben oder in abgekürzter Form, enthalten (§ 5 Abs 1; nicht aber „GsmbH", 6 Ob 46/09x).

Sitz der Gesellschaft ist jener Ort, an dem die GmbH einen Betrieb hat, an dem sich die Geschäftsführung befindet oder an dem die Verwaltung geführt wird (§ 5 Abs 2). Aus wichtigem Grund (der wohl nur selten vorliegt) darf davon abgewichen werden. Unter „Ort" ist in der Regel die Gemeinde, aber auch eine Ortschaft innerhalb einer Gemeinde zu verstehen (zB Wien). Davon zu unterscheiden ist die Geschäftsanschrift, die Postadresse der Gesellschaft, die für Zustellungen maßgeblich ist (zB Stephansplatz 1, 1010 Wien). Der Sitz ist im Gesellschaftsvertrag anzuführen. Soll der Satzungssitz verlegt werden, ist daher eine Änderung des Gesellschaftsvertrags erforderlich.

Eine GmbH kann eine oder mehrere **Zweigniederlassungen** haben. Darunter wird ein vom Sitz räumlich getrennter organisatorisch weitgehend verselbstständigter Teil des Unternehmens verstanden, der unter einer eigenen Leitung betrieben wird und auf mehr als nur vorübergehende Dauer angelegt ist (8 ObS 18/04m). Eine Zweigniederlassung besitzt **keine Rechtspersönlichkeit**. Sie kann daher nicht Partei eines Rechtsstreites sein. Rechtsträger ist immer die Gesellschaft selbst (RS0061604). GmbH mit Sitz im Inland können Zweigniederlassungen im In- und Ausland begründen. GmbH mit Sitz im Ausland können in Österreich Zweigniederlassungen haben (vgl § 12 UGB; § 107). Die Gesellschaft ist im österreichischen Firmenbuch einzutragen (§ 107 Abs 1). Ob tatsächlich eine Geschäftstätigkeit im Heimatstaat ausgeübt wird, ist dabei unerheblich (RS0112346; vgl auch 6 Ob 146/06y und EuGH Slg 2003, I-10155, *Inspire Art*). Für die Eintragung in das Firmenbuch ist der Nachweis der tatsächlichen Errichtung der Zweigniederlassung im Inland notwendig (RS0118928).

2. Trennungsprinzip/Haftungsprivileg/Durchgriff

Die GmbH wird als Rechtsform in der Praxis häufig aufgrund der beschränkten Haftung und dem damit zusammenhängenden geringen persönlichen Risiko der Gesellschafter gewählt. Dabei sind folgende Aspekte wesentlich:

Das Vermögen der GmbH ist von jenem ihrer Gesellschafter getrennt (**Trennungsprinzip**; 9 ObA 125/08k). Für die Verbindlichkeiten der GmbH haftet grundsätzlich nur das Gesellschaftsvermögen, nicht jedoch das Privatvermögen der Gesellschafter (**Haftungsprivileg** der Gesellschafter; § 61 Abs 2). Umgekehrt haftet das Gesellschaftsvermögen auch nicht für Verbindlichkeiten der Gesellschafter. Ein Exekutionstitel gegen die GmbH kann daher nur gegen die GmbH, nicht aber gegen deren Gesellschafter vollstreckt werden. Gleiches gilt umgekehrt. Dem Kapitalaufbringungs- und Kapitalerhaltungsgrundsatz kommt vor allem zum Schutz der Gesellschaftsgläubiger überragende Bedeutung zu, um negative Auswirkungen des Trennungsprinzips und des Haftungsprivilegs zu vermeiden (3 Ob 86/10h). Dennoch lockert der OGH diesen Grundsatz in Einzelfällen. So kann sich die Gesellschaft etwa gegenüber der Anfechtung der Einlagenleistung des Gesellschafters im Insolvenzverfahren des Gesellschafters nicht auf die Kapitalerhaltungsregeln, insbesondere das Verbot der Einlagenrückgewähr, berufen (3 Ob 51/10m). Die Trennung von GmbH und Gesellschafter ist auch bei der Ein-Personen-GmbH zu beachten.

> **Beachte:**
> Die GmbH selbst haftet unbeschränkt mit ihrem gesamten Gesellschaftsvermögen. Die Gesellschafter haben nur ihre Einlagen zu leisten. Dann haften sie – von Ausnahmen abgesehen – nicht mehr.

Nur ausnahmsweise können die Gesellschafter einer GmbH zur Haftung herangezogen werden, indem durch die Gesellschaft auf die Gesellschafter gegriffen wird, sodass die Gesellschafter für Schulden der Gesellschaft haften (**„Haftungsdurchgriff"**). Für einen solchen Haftungsdurchgriff sind insbesondere folgende Fälle denkbar (vgl RS0009107; zurückgehend auf die *Eumig*-Entscheidungen I und II – 1 Ob 571/86 und 6 Ob 508, 509/86; im Detail ist einiges strittig):

- Ein Gesellschafter tritt als **faktischer Geschäftsführer** auf. Er nimmt auf die Leitung der Gesellschaft maßgebenden Einfluss, obwohl er tatsächlich nicht zum Geschäftsführer bestellt wurde, und schädigt dabei Gläubiger (vgl etwa 8 Ob 124/07d, 2 Ob 238/09b, 6 Ob 202/11s).
- Es liegt eine **qualifizierte**, die Gläubiger gefährdende **Unterkapitalisierung** der Gesellschaft vor, dh die Gesellschaft ist im Verhältnis zum Geschäftsumfang eindeutig unzureichend mit Eigenkapital ausgestattet, und ein Schaden der Gläubiger ist sehr wahrscheinlich (zB Luftfahrtunternehmen mit Stammkapital von 35.000 Euro).
- Die **Organisationsfreiheit wird missbraucht**, indem ein einheitliches Unternehmen in zahlreiche Gesellschaften aufgespalten wird und riskante Geschäfte in eine eigene GmbH ausgelagert werden. Die Gläubiger dieser Gesellschaft wären erheblich schlechter gestellt als die Gläubiger der anderen Gesellschaften.
- Das Prinzip der Trennung von Vermögen der Gesellschaft und der Gesellschafter wird verletzt (**Vermögens- oder Sphärenvermischung**). Das Vermögen der GmbH und jenes der Gesellschafter lassen sich nicht trennen,

sodass zB nicht erkennbar ist, ob eine unrechtmäßige Verschiebung von Vermögen der GmbH zu einem Gesellschafter stattgefunden hat.

> **Beachte:**
> Vom Haftungsdurchgriff ist der **Zurechnungsdurchgriff** zu unterscheiden. Letzterer bedeutet, dass bestimmte Rechtsverhältnisse, Eigenschaften oder Kenntnisse der Gesellschafter auch der Gesellschaft zugerechnet werden bzw dass umgekehrt eine Zurechnung solcher Umstände von der Gesellschaft auf einzelne Gesellschafter möglich ist (8 ObA 98/00w). Dies ist etwa für die Beantwortung der Frage relevant, ob ein vertragliches Wettbewerbsverbot, das zB nur der Hauptgesellschafter übernommen hat, auch von der Gesellschaft eingehalten werden muss. Dies ist jeweils im Einzelfall zu beurteilen.

Eine Haftung der Gesellschafter ist weiters insbesondere in folgenden Fällen möglich:

- Eine Haftung ist bei Eingriffen eines Gesellschafters in das Gesellschaftsvermögen denkbar, nämlich wenn diese die Zahlungsunfähigkeit der Gesellschaft herbeiführen (**Existenzvernichtungshaftung**; strittig).
- Nach § 25 URG haften die Gesellschafter darüber hinaus, wenn sie die Geschäftsführung angewiesen haben, von der gebotenen Einleitung eines Reorganisationsverfahrens nach dem URG abzusehen, oder wenn sie einem darauf gerichteten Vorschlag nicht zugestimmt haben. Die Haftung ist mit 100.000 Euro pro Person begrenzt. In einem solchen Reorganisationsverfahren sollen nach betriebswirtschaftlichen Grundsätzen durchgeführte Maßnahmen zur Verbesserung der Vermögens-, Finanz- und Ertragslage eines im Bestand gefährdeten Unternehmens vorgenommen werden. Dies soll die nachhaltige Weiterführung des Unternehmens ermöglichen (§ 1 URG). Unternehmensreorganisationsverfahren spielen in der Praxis keine Rolle.
- Darüber hinaus können Gesellschafter haften, wenn sie die Geschäftsführer dazu bringen, die **Insolvenzeröffnung** nicht zu beantragen, obwohl die Voraussetzungen dafür vorliegen.

3. Gesellschaftszweck und Unternehmensgegenstand

Die GmbH kann nach § 1 Abs 1 zu jedem gesetzlich zulässigen **Gesellschaftszweck** gegründet werden. Gesellschaftszweck ist das Ziel, das die GmbH erreichen soll, also etwa die Ausübung einer erwerbswirtschaftlichen Tätigkeit. Die Gründung einer GmbH für ideelle Zwecke ist zulässig.

Vom Gesellschaftszweck zu unterscheiden ist der **Unternehmensgegenstand**, der den Schwerpunkt der Gesellschaftstätigkeit umschreibt, also die konkrete Tätigkeit, mit welcher der Zweck erreicht werden soll (§ 4 Abs 1 Z 2; siehe dazu Seiten 39 f).

Gesellschaft mit beschränkter Haftung

> **Beispiele für Unternehmensgegenstände:**
> Handel mit Lebensmitteln; Erzeugung von Schreibtischlampen; Führung, Verwaltung und Finanzierung von sowie Beteiligung an Industrie-, Dienstleistungs- und Handelsunternehmen einschließlich Erwerb, Innehabung und Übertragung von Geschäftsanteilen an diesen Unternehmen (Holding).

Ausgeschlossen sind bei der GmbH zB der Betrieb von Versicherungsgeschäften und die Tätigkeit als politischer Verein (§ 1 Abs 2), das Hypothekenbanken- und Beteiligungsfondsgeschäft, das Börsegeschäft, der Betrieb von Bauspar- und Pensionskassen und zahlreiche freie Berufe (etwa Rauchfangkehrer). Einige freie Berufe, wie Wirtschaftstreuhänder, Ziviltechniker und Rechtsanwälte, können aber ihre Tätigkeit in einer GmbH ausüben. Seit 2010 kann auch die Zusammenarbeit von Ärzten in der Rechtsform einer GmbH erfolgen (§ 52a ÄrzteG).

Der Unternehmensgegenstand ist zwingender Bestandteil des Gesellschaftsvertrags. Er kann alles umfassen, was nicht gesetzlich verboten ist. Bei der Gestaltung des Gesellschaftsvertrags ist zu berücksichtigen, dass der Unternehmensgegenstand die Befugnisse der Geschäftsführung beschränkt, weil die Geschäftsführung keine Geschäfte außerhalb des Unternehmensgegenstands abschließen darf. Bei der Formulierung des Unternehmensgegenstands ist zu beachten, dass für bestimmte Tätigkeiten vor Eintragung der Gesellschaft in das Firmenbuch eine Genehmigung, zB nach § 5 Abs 2 BWG, einzuholen ist.

4. Geschäftsanteil/Stammeinlage/Stammkapital

> Folgende Begriffe sind zu unterscheiden:
> - **Geschäftsanteil**: Summe der Gesellschafterrechte und -pflichten.
> - **Stammeinlage**: Einzahlungsverpflichtung der Gesellschafter; sie ist Teil des Stammkapitals; von ihrer Höhe hängt etwa die Größe des Geschäftsanteils, das Stimmrecht oder der Anteil am Gewinn ab.
> - **Stammkapital**: Summe der Stammeinlagen.
> - **Gesellschaftsvermögen**: Vermögen der Gesellschaft, das sich durch Gewinne und Verluste laufend verändert.

Die **Stammeinlage** ist ein Teil des Stammkapitals, also eine rein rechnerische Größe. Sie ist die von jedem Gesellschafter übernommene Einzahlungsverpflichtung und damit eine Forderung der Gesellschaft gegen den einzelnen Gesellschafter. Die Gesellschafter haben die Stammeinlage als Bar-, Sacheinlage oder gemischte Einlage zu leisten.

Jeder Gesellschafter übernimmt nur eine Stammeinlage (§ 6 Abs 3) und damit nur einen Geschäftsanteil (§ 75 Abs 2). Die Höhe der Stammeinlage kann sich im Laufe der Zeit ändern. So kann zB ein Gesellschafter den Geschäftsanteil eines anderen Gesellschafters erwerben. Damit erhöht sich sein bisheriger Geschäftsanteil entsprechend der zusätzlich übernommenen Stammeinlage (§ 75 Abs 2). Eine Veränderung der Stammeinlage kann auch durch eine Kapitalerhöhung oder -herabsetzung erfolgen (vgl dazu Seiten 326 ff).

Die Stammeinlage muss **mindestens 70 Euro** betragen (§ 6 Abs 1). Darüber kann sie auf jeden beliebigen Wert lauten. Die Stammeinlagen der einzelnen Gesellschafter können unterschiedlich hoch sein (§ 6 Abs 2). Sofern im Gesellschaftsvertrag nicht Abweichendes geregelt ist (§ 75 Abs 1), richtet sich das Ausmaß der Gesellschafterrechte und -pflichten nach der Höhe der übernommenen Stammeinlage. Von der Höhe der übernommenen Stammeinlage hängen unter anderem das Stimmrecht (§ 39 Abs 2) und die Größe des Geschäftsanteils (§ 75 Abs 1) ab, von der einbezahlten Stammeinlage der Anteil am Gewinn (§ 82 Abs 2).

Das **Stammkapital** ist die Summe der Stammeinlagen der einzelnen Gesellschafter (§ 6 Abs 1). Es ist jener Betrag, zu dessen Aufbringung sich die Gesellschafter durch Leistung der Stammeinlagen gemeinsam verpflichtet haben (8 Ob 36/13x). Das Stammkapital muss **mindestens 35.000 Euro** betragen. In besonderen Fällen, etwa für Banken (§ 5 Abs 1 Z 5 BWG), ist ein höheres Mindeststammkapital vorgesehen. Da die Höhe des Stammkapitals zwingender Bestandteil des Gesellschaftsvertrags ist (§ 4 Abs 1 Z 3), bedarf die Erhöhung und die Herabsetzung des Stammkapitals einer Änderung des Gesellschaftsvertrages (vgl Seiten 326 ff und Seiten 330 ff).

> **Beachte:**
> Das Stammkapital wurde durch das GesRÄG 2013 von 35.000 Euro auf 10.000 Euro herabgesetzt. Die Herabsetzung des Mindeststammkapitals wurde im Begutachtungsverfahren und in der Literatur (zum Teil massiv) kritisiert (vgl etwa die Stellungnahmen von *Hügel, Krejci, Reich-Rohrwig, Rüffler, Schummer* und *U. Torggler*). Im Zentrum der Kritik stand, dass durch die Herabsetzung des Mindeststammkapitals und damit auch der „Seriositätsschwelle" der Gläubigerschutz beeinträchtigt wird. Bedenkt man, dass vom Mindeststammkapital bei der Gründung nur die Hälfte in bar aufgebracht werden musste, also 5.000 Euro, und davon noch die Gründungskosten in Höhe von bis zu 20 % des Stammkapitals bezahlt werden konnten, verblieb nur mehr wenig Kapital für die Finanzierung des Unternehmens.
> Auch vor dem Inkrafttreten des GesRÄG 2013 am 1. 7. 2013 gegründete GmbH profitierten – sie konnten ihr Stammkapital auf 10.000 Euro herabsetzen.
> Ziel des GesRÄG 2013 war, die Gründung von GmbH zu erleichtern und die Rechtsform der GmbH im Vergleich zu ausländischen Gesellschaften, wie der deutschen GmbH oder der britischen Limited, wettbewerbsfähiger zu machen.

> Nur acht Monate nach Inkrafttreten des GesRÄG 2013 wurde mit dem AbgÄG 2014 das Mindeststammkapital wieder von 10.000 Euro auf 35.000 Euro erhöht, dafür aber eine Gründungsprivilegierung eingeführt (dazu sogleich).

Seit 1. 3. 2014 kann die **Gründungsprivilegierung** des § 10b (eingeführt durch das AbgÄG 2014) in Anspruch genommen werden. Erforderlich ist, dass dies bei Gründung der Gesellschaft im **Gesellschaftsvertrag** vorgesehen ist. Im Gesellschaftsvertrag ist für jeden Gesellschafter die Höhe seiner **gründungsprivilegierten Stammeinlage** festzusetzen. Die Summe der gründungsprivilegierten Stammeinlagen muss mindestens **10.000 Euro** betragen. Auf die gründungsprivilegierten Stammeinlagen müssen abweichend von § 10 Abs 1 insgesamt mindestens 5.000 Euro bar eingezahlt werden. § 10b Abs 3 zufolge sind **Sacheinlagen ausgeschlossen**, dh Sacheinlagen sind generell ausgeschlossen, wenn die Gründungsprivilegierung in Anspruch genommen wird (also auch auf den nicht gründungsprivilegierten Teil von Stammeinlagen). Die Gründungsprivilegierung kann durch Änderung des Gesellschaftsvertrags beendet werden, wobei dafür die Mindesteinzahlungserfordernisse nach § 10 Abs 1 zu erfüllen sind. Spätestens zehn Jahre nach Eintragung der Gesellschaft im Firmenbuch endet die Gründungsprivilegierung jedenfalls; dh spätestens nach 10 Jahren müssen auf die bar zu leistenden Einlagen mindestens 17.500 Euro eingezahlt sein (6 Ob 194/17y; siehe dazu Seite 241).

> **Beachte:**
> Das Mindeststammkapital beträgt auch bei einer gründungsprivilegierten GmbH 35.000 Euro. Es ist lediglich die Einzahlungspflicht der Gesellschafter reduziert. Im Firmenbuch wird dies wie folgt eingetragen
>
> | Gesellschafter/in | Stammeinlage | Gründungsprivilegierte Stammeinlage | Hierauf geleistet |
> |---|---|---|---|
> | ABC GmbH | EUR 17.500 | EUR 5.000 | EUR 5.000 |
> | XYZ GmbH | EUR 17.500 | EUR 5.000 | EUR 5.000 |
> | Summe | EUR 35.000 | EUR 10.000 | EUR 10.000 |

> **Beachte:**
> Der OGH beantragte, unter anderem § 10b als verfassungswidrig aufzuheben (RS0130284). Die oben erwähnte mehrfache Änderung des Stammkapitals innerhalb von nur acht Monaten könnte dem OGH zufolge dem Sachlichkeitsgebot widersprechen und gegen den Gleichheitsgrundsatz verstoßen. Dem VfGH zufolge liegt aber in der neuerlichen Änderung der Regelungen über das Mindeststammkapital der GmbH keine Gleichheitswidrigkeit (G 311/2016; 6 Ob 65/17b).

Vom Stammkapital ist das **Gesellschaftsvermögen** zu unterscheiden. Das Stammkapital ist eine fixe Rechnungsgröße, die nur durch Änderung des Gesellschaftsvertrags erhöht oder herabgesetzt werden kann. Das Gesellschaftsvermögen ändert sich demgegenüber etwa durch Gewinne oder Verluste. Das Gesellschaftsvermögen ist in der Bilanz auf der Aktivseite ausgewiesen, das Stammkapital auf der Passivseite (§ 224 UGB).

Mit jeder Stammeinlage ist ein **Geschäftsanteil** verbunden. Die Gesellschafter übernehmen bei Gründung der GmbH jeweils *einen* Geschäftsanteil. Der Geschäftsanteil ist die Beteiligung, dh die Summe der Gesellschafterrechte und -pflichten (RS0004168). Die Geschäftsanteile sind übertragbar und vererblich (§ 76 Abs 1; vgl Seiten 303 f). Für die **Übertragung** eines Geschäftsanteils ist ein **Notariatsakt** notwendig (§ 76 Abs 2).

> **Rechtsformunterschied:**
> - Bei der AG kann jeder Aktionär auch mehrere Aktien übernehmen.
> - Für die Übertragung von Aktien ist keine Notariatsaktspflicht vorgesehen. Aktien sind daher leichter übertragbar.

Die **Größe des Geschäftsanteils** hängt von der Höhe der vom Gesellschafter übernommenen Stammeinlage ab, sofern nicht im Gesellschaftsvertrag anderes geregelt ist.

> **Beispiel:**
> Übernimmt ein Gesellschafter bei einer GmbH mit einem Stammkapital von 40.000 Euro eine Stammeinlage von 10.000 Euro, beträgt die rechnerische Größe seines Geschäftsanteils 10.000 Euro, somit 25 %.

Demgegenüber bestimmt sich der **Wert** (nicht die Größe) **des Geschäftsanteils** nicht nach der Höhe der Stammeinlage, sondern nach dem bei einer Übertragung oder einem exekutiven Verkauf erzielbaren Preis. Er ist daher vom tatsächlichen Wert des Gesellschaftsvermögens, also des gesamten von der Gesellschaft betriebenen Unternehmens samt der künftigen Ertragsaussichten abhängig (vgl 4 Ob 550/92).

> **Beispiel:**
> Wird der Unternehmenswert zB mit 2 Mio Euro ermittelt, ist der Geschäftsanteil im obigen Beispiel 500.000 Euro wert (also 25 % von 2 Mio Euro).

B. Bedeutung und Anwendungsbereich

Die GmbH ist die am häufigsten gewählte Gesellschaftsform in Österreich (siehe Seiten 82 f). Sie wird aufgrund der personalistischen Struktur vor allem für den Betrieb von kleinen und mittleren Unternehmen (KMU) eingesetzt.

Sie findet auch als Konzern(tochter)gesellschaft Anwendung, weil die Muttergesellschaft die Möglichkeit hat, als Gesellschafterin der Tochtergesellschaft durch ihre Geschäftsführer Weisungen an die Tochtergesellschaft zu erteilen (§ 20; zum Konzern siehe Seiten 52 ff). Darüber hinaus bildet die GmbH & Co KG, bei der die GmbH die Rolle des Komplementärs übernimmt, einen häufigen Anwendungsfall (vgl dazu Seiten 205 ff).

C. Gründung der GmbH

1. Ablauf einer einfachen (Bar-)Gründung

Bei der Gründung einer GmbH können folgende Phasen unterschieden werden:
- **Vorgründungsstadium** (Vorgründungsgesellschaft): (fakultative) Phase bis zum Abschluss des Gesellschaftsvertrags.
- **Gründungsstadium** (Vorgesellschaft): vom Abschluss des Gesellschaftsvertrags (Errichtung der Gesellschaft) bis zur Eintragung in das Firmenbuch (Entstehung der Gesellschaft).
- **Eingetragene (werbende) GmbH**: ab Eintragung in das Firmenbuch.

a) Phase 1: Vorgründungsstadium

Die GmbH wird mit Abschluss des Gesellschaftsvertrags errichtet. Verpflichten sich allerdings zwei oder mehrere Personen (die künftigen Gesellschafter) bereits (fakultativ) zuvor – nämlich in einem Vorvertrag (§ 936 ABGB) –, eine GmbH zu gründen, spricht man von **Vorgründungsgesellschaft** (vgl etwa 1 Ob 70/99x). Nur wenn dieser Vorvertrag als Notariatsakt abgeschlossen wird, resultiert aus dem Vorvertrag auch die Pflicht zum Abschluss des Gesellschaftsvertrags (RS0017150). Der Vorvertrag muss auch bereits die wesentlichen Bestimmungen des geplanten Gesellschaftsvertrags enthalten.

Die Vorgründungsgesellschaft wird in der Regel als **GesbR** qualifiziert (RS0109826, RS0022293).[2] Das Recht der GmbH ist damit auf die Vorgründungsgesellschaft noch nicht anzuwenden (RS0109826). In diesem Stadium kann noch nicht für die erst später entstehende GmbH gehandelt werden, sondern nur für die Vorgründungsgesellschaft (8 Ob 100/12g). Die künftigen Gesellschafter **haften** für die Verbindlichkeiten der Vorgründungsgesellschaft persönlich, unbeschränkt und solidarisch. Strittig ist, ob die Handelndenhaftung des § 2 Abs 1 zweiter Satz im Stadium der Vorgründungsgesellschaft in Betracht kommt (gegen die Anwendung der Handelndenhaftung etwa RS0109826).

Die Vorgründungsgesellschaft wird mit Abschluss des Gesellschaftsvertrags aufgelöst, weil ihr Zweck erreicht ist. Sie wird von der Vorgesellschaft abgelöst. Rechte und Pflichten gehen nicht automatisch auf die Vorgesellschaft bzw auf die eingetragene GmbH über. Die Übertragung erfordert eine Zustimmung der Vertragspartner (1 Ob 70/99x, 8 Ob 100/12g). Die Gesellschafter der Vorgründungsgesellschaft haften daher auch weiter persönlich, wenn keine Schuldübernahme erfolgt.

b) Phase 2: Gründungsstadium

> Im Gründungsstadium sind im Wesentlichen folgende Schritte erforderlich:
> - Abschluss eines Gesellschaftsvertrags,
> - Bestellung von Geschäftsführern,
> - Leistung der Einlagen,
> - Firmenbuchanmeldung.

(1) Allgemeines

Als **Gründungsstadium** wird die Phase zwischen Abschluss des Gesellschaftsvertrags in Notariatsaktsform und Eintragung der Gesellschaft in das Firmenbuch bezeichnet. **Vorgesellschaft** ist die GmbH im Gründungsstadium (RS0111555; 6 Ob 97/12a). Die GmbH ist mit **Abschluss** des Gesellschaftsvertrags bereits **errichtet**, sie **entsteht** aber wirksam erst mit **Eintragung** in das Firmenbuch. Die Vorgesellschaft ist eine **Rechtsform sui generis** (RS0111555). Der numerus clausus der Gesellschaftsformen steht dem nicht entgegen, weil das GmbHG Regelungen für die Vorgesellschaft enthält. Sie unterliegt in diesem Zeitraum einem Sonderrecht aus

- den im Gesetz oder im Gesellschaftsvertrag vorgesehenen Gründungsvorschriften und

---

[2] Vor dem HaRÄG wurde bei Betrieb eines Vollhandelsgewerbes das Vorliegen einer OHG angenommen. Da aber seit dem HaRÄG die OG erst durch Eintragung in das Firmenbuch entsteht (vgl Seite 129), kann diese Gesellschaftsform hier nicht mehr zur Anwendung kommen.

- dem Recht der GmbH, soweit dieses nicht die Eintragung voraussetzt (RS0111555; 6 Ob 570/94).

Im **Innenverhältnis** der Vorgesellschaft ist grundsätzlich bereits der Gesellschaftsvertrag anzuwenden. Durch Abschluss des Gesellschaftsvertrags entstehen zwischen den Gründern Schutz- und Treuepflichten, deren Verletzung Schadenersatzpflichten nach sich ziehen kann. Die Hauptpflicht der Gründer ist die Mitwirkung bei den zur Entstehung der GmbH erforderlichen Handlungen. **Änderungen** des Gesellschaftsvertrags, auch etwa Ausscheiden und Neuaufnahme von Gesellschaftern, sind in der Phase der Vorgesellschaft nur **einstimmig** möglich (6 Ob 570/94).

Die Vorgesellschaft ist (teil-)**rechtsfähig** (so die hM, etwa 1 Ob 188/98y, 8 Ob 100/12g). Dies ergibt sich unter anderem aus § 15 Abs 2 FBG, wonach Rechtsträger, die ihre Rechtspersönlichkeit erst durch die Eintragung in das Firmenbuch erlangen, im Verfahren über die erste Eintragung parteifähig und von den vorgesehenen Organen zu vertreten sind. Darüber hinaus kann nach § 10 Abs 2 der vor der Anmeldung eingeforderte Betrag auf ein „Konto der Gesellschaft" eingezahlt werden. Die Vorgesellschaft kann daher Träger von Rechten und Pflichten sein. Über das Vermögen der Vorgesellschaft kann auch ein Insolvenzverfahren eröffnet werden.

Die Vorgesellschaft muss nach Maßgabe des Gesellschaftsvertrags einen oder mehrere **Geschäftsführer** haben (6 Ob 97/12a); sie wird durch ihre Geschäftsführer vertreten. Sie haftet als Vertragspartner für Erklärungen, die vertretungsbefugte Geschäftsführer in ihrem Namen abgeben, und überdies nach allgemeinen Rechtsscheingrundsätzen, wenn die Gesellschafter unbefugte Erklärungen der Geschäftsführer dulden (1 Ob 188/98y). Die Geschäftsführungsbefugnis hängt davon ab, ob eine Bar- oder eine Sachgründung vorliegt. Bei Bargründung ist die Geschäftsführung auf die gründungsnotwendigen Handlungen beschränkt, sofern der Gesellschaftsvertrag nichts Abweichendes bestimmt. Liegt hingegen eine Sachgründung vor, insbesondere die Einbringung ganzer Betriebe, erstreckt sich die Geschäftsführungsbefugnis auch auf die ordnungsgemäße Verwaltung der eingebrachten Sachen und die Weiterführung der Betriebe (6 Ob 97/12a). Strittig ist, ob die Vertretungsmacht der Geschäftsführer bereits unbeschränkt ist oder sich nach der Geschäftsführungsbefugnis richtet.

Eine Ein-Personen-Vorgesellschaft ist ebenfalls möglich. Sie wird als eigener Rechtsträger anerkannt, auf den die Regeln der Vorgesellschaft angewendet werden (im Detail strittig).

(2) Abschluss eines Gesellschaftsvertrags

Mit Abschluss des Gesellschaftsvertrags in Notariatsaktsform ist die GmbH errichtet.

§ 4 Abs 1 legt den **zwingenden Mindestinhalt** (notwendigen Inhalt) des Gesellschaftsvertrags einer GmbH fest:
- Firma,
- Sitz,
- Unternehmensgegenstand,
- Höhe des Stammkapitals,
- die von jedem Gesellschafter zu leistende Stammeinlage.

Weiters hat der Gesellschaftsvertrag eine Regelung über die Tragung der Gründungskosten durch die Gesellschaft zu enthalten (vgl § 7 Abs 2). Wollen Gesellschafter Sacheinlagen leisten (§ 6 Abs 4) oder sollen Gesellschaftern besondere Begünstigungen eingeräumt werden (§ 6 Abs 4), ist dies ebenfalls im Gesellschaftsvertrag festzulegen.

Darüber hinaus können im Gesellschaftsvertrag weitere Regelungen vorgesehen sein (**fakultativer Inhalt**).

Beispiele:
Der Gesellschaftsvertrag kann etwa Regelungen enthalten über
- Geschäfte, zu deren Abschluss die Zustimmung der Generalversammlung oder des Aufsichtsrats erforderlich ist (vgl etwa § 35 Abs 2 und § 30j Abs 5),
- Zustandekommen von Gesellschafterbeschlüssen (zB bestimmte Mehrheitserfordernisse),
- Sonderrechte einzelner Gesellschafter (vgl § 50 Abs 4),
- Gewinnverteilung,
- Geschäftsführungs- und Vertretungsbefugnis der Geschäftsführer,
- Einrichtung eines Beirats,
- Aufgriffsrechte, etwa für den Todesfall (vgl Seite 303 f),
- Vinkulierung von Geschäftsanteilen (vgl dazu Seiten 303 f),
- Fixierung des Bilanzstichtages und damit des Geschäftsjahres. Enthält der Gesellschaftsvertrag keine Bestimmung über das Geschäftsjahr, entspricht das Geschäftsjahr dem Kalenderjahr (6 Ob 184/05k),
- Schiedsklauseln (vgl RS0045318).

Verpflichten sich Gesellschafter neben den Stammeinlagen zu wiederkehrenden, nicht in Geld bestehenden Leistungen (etwa zur Lieferung von Erzeugnissen), sind Umfang und Voraussetzung dieser Leistungen sowie die Grundlagen für die Bemessung einer Vergütung im Gesellschaftsvertrag zu regeln. Im Gesellschaftsvertrag ist festzulegen, dass für die Übertragung solcher Geschäftsanteile die Zustimmung der Gesellschaft erforderlich ist (§ 8).

Unzulässig sind Regelungen im Gesellschaftsvertrag, die zwingenden gesetzlichen Bestimmungen widersprechen.

> **Beispiele:**
> Unzulässig wäre etwa die Vereinbarung folgender Bestimmungen:
> - Herabsetzung des Sorgfaltsmaßstabs der Geschäftsführer,
> - Abänderung gesetzlicher Minderheitsrechte zum Nachteil der Minderheit,
> - Verzicht auf die Notariatsaktsform für die Abtretung von Geschäftsanteilen (1 Ob 510/95),
> - Übernahmepflichten bei Kapitalerhöhungen, also die Verpflichtung, die durch eine Kapitalerhöhung entstehenden neuen Stammeinlagen zu übernehmen (vgl Seiten 326f).

> **Beachte:**
> Der Gesellschaftsvertrag kann in der Urkundensammlung des Firmenbuchgerichts bzw elektronisch von jedermann eingesehen werden. Vertrauliche Regelungen können in einem **Syndikatsvertrag** geregelt werden, soweit dies zulässig ist (vgl Seiten 295 f).

Strittig ist, wie Gesellschaftsverträge auszulegen sind. Nach der hM ist bei der **Auslegung** zwischen echten (materiellen) und unechten (formellen) Satzungsbestandteilen zu unterscheiden. Diese Differenzierung ist auch bei der Änderung des Gesellschaftsvertrags wesentlich (vgl Seite 324 f).

- Echte bzw **materielle Satzungsbestandteile** (auch als korporative Regelungen bezeichnet) sind solche, die nicht nur für derzeitige, sondern auch für künftige Gesellschafter und Dritte von Bedeutung sind, etwa Bestimmungen über die Kompetenzen der Organe. Sie bilden die organisatorische Grundlage der Gesellschaft und sind in den Gesellschaftsvertrag aufzunehmen.

- Im Gegensatz dazu stehen **formelle Satzungsbestandteile** in einem bloß formalen Zusammenhang mit der Vertragsurkunde und können auch außerhalb des Gesellschaftsvertrags vereinbart werden, ohne Dritte zu binden, etwa eine Option auf Übertragung eines Geschäftsanteils. Sie werden aber bei Gründung oder später in den Gesellschaftsvertrag aufgenommen.

Korporative Regelungen sind ihrem Wortlaut und Zweck in ihrem systematischen Zusammenhang objektiv, also nicht wie Verträge, sondern wie Gesetze unter Anwendung der Auslegungsgrundsätze der §§ 6 und 7 ABGB auszulegen (RS0108891). Alle anderen Satzungsbestandteile (unechte, formelle) sind nach § 914 ABGB auszulegen.

Der Gesellschaftsvertrag bedarf der **Notariatsaktsform** (§ 4 Abs 3), andernfalls ist er nichtig. Die Errichtung eines ausländischen Notariatsakts ist möglich, wenn die ausländische Form der Funktion des österreichischen Notariatsaktes entspricht, etwa bei Einschreiten eines deutschen Notars (6 Ob 525/89, 6 Ob 1/91; strittig).

> **Beachte:**
> Seit 1. 1. 2019 (Elektronische Notariatsform-Gründungsgesetz) kann der Notariatsakt auch elektronisch unter Nutzung einer elektronischen Kommunikationsmöglichkeit (qualifizierte Videokonferenz; § 69b NO) errichtet werden.

Jeder Gesellschafter kann sich bei Abschluss des Gesellschaftsvertrags vertreten lassen. Die Unterzeichnung durch Bevollmächtigte setzt eine besondere, auf dieses einzelne Geschäft ausgestellte **beglaubigte Vollmacht** (Spezialvollmacht) voraus, die dem Vertrag anzuschließen ist (§ 4 Abs 3; 6 Ob 119/09g).

Bei einer **Ein-Personen-Gründung**, also einer GmbH mit nur einem Gesellschafter, – die seit dem EU-GesRÄG 1996 zulässig ist – tritt an die Stelle des Gesellschaftsvertrags die „Erklärung über die Errichtung der Gesellschaft" (**Errichtungserklärung**; § 3 Abs 2). Auf diese sind die Vorschriften über den Gesellschaftsvertrag sinngemäß anzuwenden.

(3) Bestellung der ersten Organe

Die Gesellschafter haben bereits in dieser Phase **Geschäftsführer zu bestellen**, die die Anmeldung zur Eintragung der GmbH in das Firmenbuch vornehmen müssen (§ 3 Abs 1 Z 2 und § 9). Der hM zufolge ist bei Vorliegen der Voraussetzungen des § 29 (siehe dazu Seiten 273 f) bereits im Gründungsstadium ein **Aufsichtsrat** zu bestellen.

(4) Leistung der Einlagen

Die Gesellschafter haben ihre Einlagen zu leisten. Dieser Verpflichtung zur **Leistung der Einlagen** können die Gesellschafter durch Bar- und Sacheinlagen nachkommen. Im Folgenden werden zunächst nur die Bareinlagen behandelt (zu den Sacheinlagen siehe Seiten 245 ff).

Da die Gesellschafter grundsätzlich nicht haften, können die Gläubiger der GmbH nur auf das Vermögen der GmbH greifen. Zum Schutz der Gläubiger muss daher mindestens die **Hälfte des Stammkapitals bar** eingezahlt werden (§ 6a Abs 1; vgl aber Seiten 247 f).

Auf jede bar zu leistende Stammeinlage ist **mindestens ein Viertel, jedenfalls aber 70 Euro** einzubezahlen. Wären auf eine Stammeinlage weniger als 70 Euro bar zu leisten, müsste die Bareinlage voll eingezahlt werden (§ 10 Abs 1).

Die **Unterpari-Emission**, dh die Vereinbarung, dass ein Gesellschafter eine Einlage leisten muss, die unter dem Betrag der Stammeinlage liegt, ist unzulässig. Zulässig ist aber eine gegenteilige Vereinbarung, also dass Gesellschafter für Geschäftsanteile mehr als den Betrag der Stammeinlage leisten müssen (**Überpari-Emission**). Damit ist das Gesellschaftsvermögen bereits bei Gründung höher als das Stammkapital. Das sich daraus ergebende Aufgeld (**Agio**) ist die Differenz zwischen Zahlungsverpflichtung und Stammeinlage.

Insgesamt müssen auf die bar zu leistenden Einlagen **mindestens 17.500 Euro** eingezahlt sein. Sind diese gemäß § 6a Abs 2 bis 4 niedriger (vgl Seiten 247 f), müssen sie voll bar eingezahlt sein (§ 10 Abs 1). Die Gesellschafter haben die Stammeinlagen nach dem Verhältnis ihrer in bar zu leistenden Stammeinlagen einzuzahlen, soweit im Gesellschaftsvertrag oder durch einen Abänderungsbeschluss nichts anderes bestimmt ist (§ 63 Abs 2).

Die Zahlung kann nur in gesetzlichen Zahlungsmitteln oder durch **Gutschrift auf ein Konto** der Gesellschaft oder der Geschäftsführer zu deren freier Verfügung erfolgen (§ 10 Abs 2). Seit 1. 1. 2018 kann die Zahlung auch auf ein Anderkonto eines Notars erfolgen, der den Betrag nach erfolgter Firmenbucheintragung an die Gesellschaft weiterleitet.

Beispiel:
Das Stammkapital einer GmbH soll 40.000 Euro betragen. Die Gesellschaft soll zwei Gesellschafter haben. Diese sollen eine Bareinlage in gleicher Höhe leisten. Jeder soll einen Geschäftsanteil übernehmen, der einer Stammeinlage von 20.000 Euro entspricht. Laut Gesetz ist auf jede bar zu leistende Stammeinlage mindestens ein Viertel einzuzahlen, hier also zumindest 5.000 Euro. Da aber mindestens 17.500 Euro eingezahlt werden müssen, hat jeder der beiden mindestens 8.750 Euro einzuzahlen.

c) Phase 3: Entstehung

(1) Anmeldung der GmbH zur Eintragung in das Firmenbuch

Sämtliche Geschäftsführer haben die Gesellschaft zur Eintragung in das **Firmenbuch anzumelden** (§ 9 Abs 1). Die Unterschriften der Geschäftsführer auf der Firmenbucheingabe müssen beglaubigt sein. Der Firmenbucheingabe sind folgende Urkunden anzuschließen:

- Gesellschaftsvertrag in notarieller Ausfertigung (§ 9 Abs 2 Z 1),
- Nachweis der Bestellung der Geschäftsführer und allenfalls des Aufsichtsrats in beglaubigter Form (§ 9 Abs 2 Z 2), falls die Geschäftsführer nicht im Gesellschaftsvertrag bestellt worden sind,
- beglaubigte Musterzeichnungserklärungen aller Geschäftsführer (§ 9 Abs 3),
- Bankbestätigung für den Nachweis der Einzahlung der Bareinlagen (§ 10 Abs 3),
- Erklärung der Geschäftsführer, dass die bar zu leistenden Stammeinlagen einbezahlt wurden und dass sich die Bar- oder Sacheinlagen in ihrer freien Verfügung befinden (§ 10 Abs 3; „§ 10-Erklärung").

> **Beachte:**
> Früher war die Vorlage einer steuerlichen Unbedenklichkeitsbescheinigung oder Selbstberechnungserklärung gemäß § 160 Abs 2 BAO erforderlich, weil der Erwerb von Geschäftsanteilen anlässlich der Gesellschaftsgründung Gesellschaftssteuer ausgelöst hat. Die Gesellschaftssteuer wurde aber mit 1. 1. 2016 abgeschafft.

Darüber hinaus können weitere Unterlagen erforderlich sein, etwa eine behördliche Konzession (zB nach dem BWG).

Die Geschäftsführer **haften** der Gesellschaft, nicht aber direkt den Gläubigern gegenüber solidarisch für einen durch falsche Angaben verursachten Schaden (§ 10 Abs 4; nach der hM können sich die Geschäftsführer durch den Nachweis fehlenden Verschuldens entlasten; vgl etwa RS0059376). Die Bank haftet für die Richtigkeit der Bestätigung im Zeitpunkt ihrer Ausstellung (§ 10 Abs 3; umstritten ist, ob sich auch die Bank durch den Nachweis fehlenden Verschuldens entlasten kann). Diese Ansprüche verjähren in fünf Jahren ab Eintragung der Gesellschaft (§ 10 Abs 5; vgl 8 Ob 629/93). Vergleiche und Verzichte auf Ansprüche nach § 10 Abs 4 sind nicht möglich, soweit der Schadenersatz zur Befriedigung der Gesellschaftsgläubiger erforderlich ist (§ 10 Abs 6).

(2) Eintragung und Bekanntmachung

Das Firmenbuchgericht prüft die Unterlagen auf ihre Vollständigkeit und Gesetzmäßigkeit. Bei Zweifeln an der Richtigkeit der Angaben hat das Gericht Erhebungen anzustellen, wobei das Ausmaß dieser Prüfpflicht umstritten ist. Liegen alle Voraussetzungen vor, erfolgt die **Eintragung** durch Eintragungsbeschluss (§ 11). Mit der Eintragung als konstitutivem Akt entsteht die GmbH als juristische Person.

> **Beachte:**
> Bis zum GesRÄG 2013 wurde die Eintragung in der Ediktsdatei und im Amtsblatt zur Wiener Zeitung veröffentlicht (§ 12 iVm § 10 UGB). Für die Veröffentlichung der Eintragung gilt nunmehr § 10 UGB mit der Maßgabe, dass eine Bekanntmachung im Amtsblatt zur Wiener Zeitung nicht mehr erforderlich ist.

Erfolgt die Gründung der Gesellschaft durch einen Treuhänder für eine andere Person, etwa weil diese nicht möchte, dass ihre Beteiligung an der Gesellschaft aus dem Firmenbuch ersichtlich ist, spricht man von **Strohmanngründung**.

(3) Vermögensübergang auf die GmbH

Die Frage der Rechtsfolgen der Eintragung in Bezug auf Vermögen und Verbindlichkeiten der Vorgesellschaft ist umstritten. Im Folgenden soll ein kurzer Überblick gegeben werden:

Nach der wohl **hM** geht das Vermögen der Vorgesellschaft mit der Eintragung der GmbH in das Firmenbuch im Wege der **Gesamtrechtsnachfolge** auf die GmbH über. Dies gilt nach überwiegender Ansicht auch für Verbindlichkeiten.

Nach **aA** setzt ein Übergang der Rechte und Pflichten die – ausdrückliche oder schlüssige – **Genehmigung** des Geschäfts (oder die Zuwendung der daraus entstandenen Vorteile) voraus (vgl § 2 Abs 2; RS0019530). Rechtsgeschäfte, die im Namen der GmbH vor deren Entstehung abgeschlossen wurden und im Gesellschaftsvertrag Deckung finden, also etwa die Übernahme von Gründungskosten in dem dafür im Gesellschaftsvertrag festgesetzten Höchstbetrag (§ 7 Abs 2) und Sacheinlagen, sind für die GmbH nach deren Eintragung verbindlich; es bedarf hierzu keiner Erklärung der GmbH (RS0059708).

Es wird auch vertreten, dass die Rechtsverhältnisse kontinuierlich weiter bestehen und es daher zu keiner Rechtsnachfolge kommt (**Identitätstheorie**: Zwischen der Vorgesellschaft und der eingetragenen GmbH besteht Identität).

(4) Unechte Vorgesellschaft

Steht fest, dass es endgültig nicht zur Firmenbucheintragung der GmbH kommt, etwa weil das Eintragungsbegehren rechtskräftig abgewiesen wurde oder weil nicht beabsichtigt ist, die Gesellschaft in das Firmenbuch eintragen zu lassen, wird die Vorgesellschaft zur **unechten Vorgesellschaft**, die als **GesbR** zu qualifizieren ist (vgl etwa 9 Ob 198/99d). Strittig ist, ob die Ausführungen zur Differenzhaftung der Gründer (siehe unten Seiten 245 f) auch für die unechte Vorgesellschaft gelten.

(5) Vereinfachte Gründung

> **Beachte:**
> Mit dem Deregulierungsgesetz 2017 wurde ab 1. 1. 2018 eine vereinfachte Gründung von GmbH eingeführt.

Nach § 9a kann eine GmbH vereinfacht gegründet werden, wenn (i) die Gesellschaft nur durch einen **einzigen Gesellschafter** errichtet wird, dieser eine natürliche Person und zugleich einziger Geschäftsführer ist, und (ii) ein Kreditinstitut die in § 9a Abs 6 und 7 genannten Leistungen erbringt.

Die **Errichtungserklärung** beschränkt sich auf (i) den Mindestinhalt des § 4 Abs 1, (ii) die Bestellung des Geschäftsführers sowie gegebenenfalls auf (iii) Regelungen über den Ersatz der Gründungskosten (§ 7 Abs 2) bis zu einem Höchstbetrag von 500 Euro, (iv) über die Gründungsprivilegierung und (v) über die Verteilung des Bilanzgewinns, wenn sie einer besonderen Beschlussfassung von Jahr zu Jahr vorbehalten wird.

Die **Errichtungserklärung** bedarf anders als sonst nicht der Notariatsaktsform und die **Anmeldung** zur Eintragung im Firmenbuch bedarf nicht der beglaubigten Form, sondern hat in elektronischer Form nach der Vereinfachte GmbH-Gründungsverordnung, dh über das **Unternehmensserviceportal** zu erfolgen. Die Identifizierung erfolgt über die **Bürgerkarte**.

Das **Kreditinstitut** hat anlässlich der Einzahlung der Stammeinlage auf ein Konto des zukünftigen Gesellschafters und Geschäftsführers dessen **Identität** durch persönliche Vorlage seines amtlichen Lichtbildausweises festzustellen und zu überprüfen. Der Gesellschafter und Geschäftsführer hat die Musterzeichnungserklärung nicht beglaubigt, sondern vor dem Kreditinstitut zu zeichnen.

Das **Kreditinstitut** hat nach Einholung einer entsprechenden Entbindung vom Bankgeheimnis die Bankbestätigung, eine Kopie des Lichtbildausweises des zukünftigen Gesellschafters und Geschäftsführers sowie die Musterzeichnung auf elektronischem Weg direkt **an das Firmenbuch** zu übermitteln.

§ 9a tritt nach einer dreijährigen Testphase mit Ablauf des 31. 12. 2020 wieder außer Kraft.

Beachte:
Kurz zusammengefasst kann daher die Abwicklung von Neugründungen von Einpersonen-GmbH, bei denen der einzige Gesellschafter auch Geschäftsführer ist (rund 38 % aller GmbH-Gründungen) mit Muster-Gesellschaftsvertrag ohne Einschaltung eines Notars, sondern über eine Bank erfolgen.

2. Sachgründung

a) Allgemeines

Die Sachgründung erfolgt durch Sacheinlagen der Gesellschafter. Bei Sacheinlagen wird das Stammkapital anders als in bar aufgebracht. Sacheinlagevereinbarungen müssen **im Gesellschaftsvertrag** geregelt werden, anderenfalls ist die Sacheinlage unwirksam und die Gesellschafter haben ihre Einlage in Geld zu leisten. Es sind

- der einbringende Gesellschafter,
- der Gegenstand der Sacheinlage und
- der Geldwert, mit dem die Sacheinlage auf die Stammeinlage angerechnet wird,

genau und vollständig festzusetzen (§ 6 Abs 4; 7 Ob 129/07g). § 6 Abs 4 regelt seinem Wortlaut nach Sachübernahmen (dazu gleich unten), ist aber auch auf Sacheinlagen anzuwenden.

Gegenstand einer Sacheinlage kann all das sein, was einen feststellbaren, bilanzierungsfähigen Vermögenswert hat (vgl 1 Ob 253/03t). Die Vermögensgegenstände müssen **sofort in vollem Umfang** geleistet werden (§ 10).

> **Beispiele:**
> Gegenstand einer Sacheinlage können zB körperliche bewegliche und unbewegliche Sachen (zB Möbel, Fahrzeug), Betriebe, (Einzel-)Unternehmen, GmbH-Geschäftsanteile, Forderungen, Marken oder Patente sein.

Ist die Sacheinlage nicht so viel wert wie der Betrag der dafür übernommenen Stammeinlage (wird die Sacheinlage also überbewertet), hat der Gesellschafter verschuldensunabhängig in Höhe des Fehlbetrags eine Einlage in Geld zu leisten (**Differenzhaftung**, Deckungspflicht des Gesellschafters; § 10a Abs 1). Maßgeblicher Zeitpunkt für die Differenzhaftung ist die Anmeldung der Gesellschaft zur Eintragung in das Firmenbuch. Damit soll zum Schutz der Gläubiger die Aufbringung eines dem Stammkapital entsprechenden Vermögens sichergestellt werden. Der Anspruch der Gesellschaft verjährt in fünf Jahren ab Eintragung der Gesellschaft in das Firmenbuch (§ 10a Abs 2). Kann der geschuldete Differenzbetrag vom einlegenden Gesellschafter nicht erlangt werden, trifft die übrigen Gesellschafter die anteilige Ausfallshaftung nach § 70 Abs 1. Neben den Gründern haften auch die Geschäftsführer (§ 10 Abs 4).

Von der Sacheinlage ist die Sachübernahme zu unterscheiden. Bei der **Sachübernahme** besteht – im Unterschied zur Sacheinlage – zwar die Primärverpflichtung des Gesellschafters in der Leistung von Geld, die Gesellschaft erwirbt aber von dem Gesellschafter Vermögensgegenstände und rechnet die dafür geschuldete Gegenleistung auf die Stammeinlage an. Da mit Sachübernahmen ähnliche Gefahren wie mit Sacheinlagen verbunden sind, sind sie auch grundsätzlich wie Sacheinlagen zu behandeln, also insbesondere im Gesellschaftsvertrag zu regeln. Von der verdeckten Sacheinlage unterscheidet sich die Sachübernahme dadurch, dass die verdeckte Sacheinlage keine Grundlage im Gesellschaftsvertrag hat und die (übrigen) Sacheinlagevorschriften nicht eingehalten werden (vgl Seite 248).

> **Beispiel:**
> Ein Gesellschafter hat eine Bareinlage von 100.000 Euro zu leisten. Anstatt diesen Betrag in Geld zu leisten, verkauft der Gesellschafter der Gesellschaft eine Liegenschaft um 100.000 Euro. Diese geschuldete Gegenleistung von 100.000 Euro bezahlt nun die Gesellschaft nicht an den Gesellschafter, sondern rechnet sie auf die Stammeinlage an, sodass der Gesellschafter die Bareinlage von 100.000 Euro nicht in Geld leisten muss. Eine solche Sachübernahme ist wie eine Sacheinlage zu behandeln.

Auch bei der Sachgründung muss – sofern eine Gründungsprüfung vermieden werden soll – aus Gründen des Gläubigerschutzes Bargeld geleistet werden. **Mindestens die Hälfte des Stammkapitals** (nicht jeder einzelnen Stammeinlage) ist durch **Bareinlagen** voll aufzubringen (**Hälfteklausel**; § 6a Abs 1).

Es kann daher ein Gesellschafter nur eine Sacheinlage übernehmen, solange insgesamt die Hälfte des Stammkapitals bar aufgebracht wird.

> **Beispiel:**
> Das Stammkapital einer GmbH soll 40.000 Euro betragen. Die Gesellschaft soll zwei Gesellschafter haben. Einer leistet eine Sacheinlage von 4.000 Euro, der andere soll eine Bareinlage von 36.000 Euro leisten. Damit ist die Hälfteklausel eingehalten. Auf jede Bareinlage ist mindestens ein Viertel einzuzahlen, hier also 9.000 Euro. Da aber mindestens 17.500 Euro eingezahlt sein müssen (§ 10 Abs 1; siehe Seite 234) hat der Gesellschafter, der die Bareinlage leistet, zumindest 17.500 Euro einzuzahlen.

Von der Regelung, dass mindestens die Hälfte des Stammkapitals bei Gründung in bar aufzubringen ist, bestehen zwei Ausnahmen:

b) Unternehmensfortführung – § 6a Abs 2 und 3

Wird eine Gesellschaft

- zum ausschließlichen Zweck der **Fortführung eines seit mindestens fünf Jahren bestehenden Unternehmens** errichtet und
- sollen ihr nur der letzte Inhaber (Mitinhaber) des Unternehmens, dessen Ehegatte und Kinder als Gesellschafter angehören,

gilt Folgendes:

- Bareinlagen sind nicht erforderlich, soweit das Stammkapital durch das eingebrachte Unternehmen gedeckt ist. Die Hälfteklausel von § 6a Abs 1 findet daher nur für den Teil des Stammkapitals Anwendung, der in anderer Weise als durch die Anrechnung des Unternehmens auf die Stammeinlagen aufgebracht wird.
- Wird die Gesellschaft erst nach dem Tod des Inhabers (Mitinhabers) errichtet, stehen den erwähnten nahen Angehörigen sonstige zum Nachlass des bisherigen Inhabers (Mitinhabers) berufene Personen gleich.

Die Bestimmungen des § 6a Abs 2 finden auch dann Anwendung, wenn eine Gesellschaft zum ausschließlichen Zweck der **Fortführung zweier oder mehrerer Unternehmen** errichtet wird (§ 6a Abs 3).

c) Gründungsprüfung – § 6a Abs 4

Das gesamte Stammkapital kann als Sacheinlage aufgebracht werden, soweit die **aktienrechtlichen Vorschriften über die Gründung mit Sacheinlagen eingehalten** werden (§§ 20, 24 bis 27, 29 Abs 2 und 4, §§ 39 bis 44 sowie § 25 Abs 4 und 5 AktG; siehe dazu Seiten 356 ff). Die Hälfteklausel nach § 6a Abs 1 ist in diesem Fall nicht anzuwenden, sodass keine Bareinlagen geleistet werden müssen.

Im Wesentlichen ist Folgendes erforderlich:

- Im **Gesellschaftsvertrag** müssen (i) der Gegenstand der Sacheinlage, (ii) die Person, von der die Gesellschaft den Gegenstand erwirbt, und (iii) der Nennbetrag der dafür gewährten Stammeinlage beschrieben werden (§ 20 AktG; 7 Ob 129/07g).
- Die Gründer haben über die Gründung einen **Gründungsbericht** zu erstellen (§ 24 AktG).
- Auf Grundlage dieses Berichts erfolgt die (interne) **Gründungsprüfung** durch die Geschäftsführer und gegebenenfalls die Mitglieder des Aufsichtsrats (§§ 25 bis 27 AktG).
- Darüber hinaus hat auch eine Prüfung durch einen unabhängigen Sachverständigen, der Wirtschaftsprüfer sein muss (externer **Gründungsprüfer**), zu erfolgen. Gegenstand der Prüfung ist insbesondere die Richtigkeit und Vollständigkeit des Gründungsberichts der Gründer sowie ob der Wert der Sacheinlagen den Ausgabebetrag der dafür zu gewährenden Geschäftsanteile erreicht (§§ 25 bis 27 AktG).

d) Verdeckte Sacheinlage

Verdeckte Sacheinlagen sind Bareinlagen, die mit einem Rechtsgeschäft zwischen der Gesellschaft und dem einlegenden Gesellschafter in zeitlicher und sachlicher Hinsicht derart gekoppelt sind, dass – unter Umgehung der Sachgründungsvorschriften – wirtschaftlich der Erfolg einer Sacheinlage erreicht wird, etwa weil die Barmittel umgehend als Entgelt für eine Leistung des Gesellschafters an diesen zurückfließen. Folge ist – zum Schutz der Gläubiger –, dass die außerhalb des Gesellschaftsvertrags (und ohne Einhaltung der Sacheinlagevorschriften) getroffene Sacheinlagevereinbarung der Gesellschaft gegenüber unwirksam ist und der Gesellschafter nicht von seiner Verpflichtung zur Leistung der Bareinlage befreit wird. Er haftet daher weiter für die Erfüllung seiner Bareinlageverpflichtung. Er muss auch noch nach Jahren damit rechnen, im Fall einer Insolvenz der GmbH zur Erfüllung der übernommenen Bareinlageverpflichtung herangezogen zu werden (RS0114160). Die Lehre von der verdeckten Sacheinlage findet auch im Konzernverhältnis Anwendung (9 Ob 68/13k).

> **Beispiel:**
> Ein Gesellschafter leistet eine Bareinlage von 20.000 Euro. Gleichzeitig verkauft er der Gesellschaft ein Auto um 20.000 Euro, die Gesellschaft bezahlt den Kaufpreis von 20.000 Euro an den Gesellschafter. Der vom Gesellschafter als Bareinlage geleistete Betrag fließt also umgehend wieder an ihn zurück; der Gesellschaft bleibt das Auto. Dies ist nur dann zulässig, wenn die Sachgründungsvorschriften eingehalten werden.

3. Mantelgründung

Bei einer **Mantel- oder Vorratsgründung** wird eine GmbH mit der Absicht gegründet, zunächst noch kein Unternehmen zu betreiben. Der Sinn einer Mantelgründung besteht darin, bei Bedarf sofort eine Gesellschaft zur Verfügung zu haben. Zulässig ist die Mantelgründung dann, wenn im Gesellschaftsvertrag der vorläufige Zweck der Gesellschaft offengelegt wird, als Unternehmensgegenstand also die Verwaltung des Gesellschaftsvermögens angegeben ist (**offene Mantelgründung**). Von der offenen Mantelgründung ist die **verdeckte Mantelgründung** zu unterscheiden, bei der zwar die Gesellschaft vorerst auch noch kein Unternehmen betreiben soll, dies aber im Unternehmensgegenstand nicht offengelegt wird. Verdeckte Mantelgründungen sind unzulässig.

Beim **Mantelkauf** werden die Anteile einer GmbH, die kein Unternehmen betreibt, erworben, also einer GmbH aus einer Mantelgründung oder einer GmbH, deren Unternehmen nicht mehr betrieben wird. Strittig ist, ob auf einen Mantelkauf die Bestimmungen über die Gründung analog angewendet werden sollen, weil mit einem Mantelkauf die Gründungsvorschriften umgangen werden können. Dies ist vor allem dann – insbesondere aus Gläubigersicht – bedenklich, wenn die Mantelgesellschaft über kein Vermögen (mehr) verfügt.

4. Gründungshaftung

a) Handelndenhaftung

Häufig ist es erforderlich, bereits vor Eintragung in das Firmenbuch Rechtsgeschäfte abzuschließen, etwa Geschäftsräume zu mieten oder Arbeitnehmer anzustellen. Dabei stellt sich die Frage, wer für daraus entstehende Verbindlichkeiten haftet, weil ja die Gesellschaft erst mit Eintragung in das Firmenbuch entsteht. Dies ist insbesondere dann von Interesse, wenn es nicht zur Eintragung der Gesellschaft in das Firmenbuch kommt.

Wird vor der Eintragung der Gesellschaft in das Firmenbuch im Namen der GmbH gehandelt (also im Gründungsstadium), haften die Handelnden persönlich als Gesamtschuldner (**Handelndenhaftung**). Handelnder ist, wer als Geschäftsführer tätig wird. Die Handelnden haften primär auf **Erfüllung** des Vertrags (RS0059628; RS0059525). Die Haftung endet, sobald die GmbH in das Firmenbuch eingetragen ist und die Position des Handelnden eingenommen hat (vgl dazu § 2 Abs 2; RS0059604).

Einige Aspekte der Handelndenhaftung sind strittig, etwa ob die Ausführungen zur Handelndenhaftung auch gelten, wenn nicht im Namen der künftigen GmbH, sondern im Namen der Vorgesellschaft gehandelt wurde (bejahend wohl die überwiegende Ansicht).

b) Gründerhaftung

Von der Handelndenhaftung zu unterscheiden ist die Haftung der Gründer, also der Gesellschafter. Die **Gründer** trifft gegenüber der GmbH eine Differenzhaftung (auch Vorbelastungs-, Verlustdeckungs- oder Unterbilanzhaftung; strittig). Diese Haftung ist erforderlich, weil bereits vor Entstehung – auch nachteilige – Geschäfte abgeschlossen werden können. Es besteht daher **kein Vorbelastungsverbot**, dem zufolge die Gesellschaft nicht bereits im Zeitpunkt der Eintragung mit Verbindlichkeiten belastet sein darf (anders früher die Lehre). Dennoch soll zum Schutz der Gläubiger dafür gesorgt werden, dass in der Gesellschaft im Zeitpunkt ihrer Entstehung zumindest das Stammkapital vorhanden ist. Die Gesellschafter haften daher im Innenverhältnis gegenüber der GmbH für die Differenz zwischen Gesellschaftsvermögen und Stammkapital im Zeitpunkt der Eintragung, also für die Wiederherstellung eines dem Stammkapital entsprechenden Gesellschaftsvermögens, und tragen damit das wirtschaftliche Risiko der Tätigkeit der Vorgesellschaft. Sie haften anteilig im Verhältnis ihrer Beteiligung, nicht aber gesamtschuldnerisch. Diese Haftung soll nicht von der Eintragung abhängen, sondern auch schon vorher bestehen (daher auch Verlustdeckungshaftung).

D. Organe der GmbH

Die GmbH ist zwar rechtsfähig, als juristische Person aber nicht selbst handlungsfähig: Sie benötigt Organe, die den Willen der Gesellschaft bilden und die für die Gesellschaft handeln.

> Obligatorische Organe der GmbH sind
> - die **Geschäftsführer**, denen die Geschäftsführung und die Vertretung der GmbH obliegen. Sie unterliegen im Gegensatz zum Vorstand der AG den Weisungen der Generalversammlung (§ 20);
> - die **Generalversammlung** (Versammlung sämtlicher Gesellschafter);
> - der **Aufsichtsrat**, sofern die Voraussetzungen des § 29 vorliegen (siehe dazu noch unten Seiten 273 f). In allen anderen Fällen kann der Aufsichtsrat freiwillig eingerichtet werden;
> - der **Abschlussprüfer** zur Prüfung von Jahresabschluss und Lagebericht, es sei denn, es handelt sich um eine kleine, nicht aufsichtsratspflichtige GmbH (§ 268 UGB iVm § 221 Abs 1 UGB).[3]

Darüber hinaus können freiwillig weitere Organe, etwa ein Beirat, eingerichtet werden (zum Beirat siehe Seiten 274 f).

---

[3] *Krejci*, Gesellschaftsrecht I (2005) 84, lehnt die Bezeichnung des Abschlussprüfers als Gesellschaftsorgan ab.

1. Geschäftsführer

a) Allgemeines

Jede GmbH muss **zumindest einen** Geschäftsführer haben (§ 15 Abs 1). In Sondergesetzen oder im Gesellschaftsvertrag kann eine höhere Mindestzahl vorgesehen sein. Kreditinstitute in der Rechtsform einer GmbH müssen zB mindestens zwei Geschäftsführer haben (§ 5 Abs 1 Z 12 BWG).

Die Geschäftsführer müssen **physische, handlungsfähige Personen** sein. Sie können, müssen aber nicht Gesellschafter sein (**Drittorganschaft**). Sie dürfen nicht zugleich Aufsichtsratsmitglieder sein (§ 30e Abs 1), weil sich niemand selbst überwachen soll. Zumindest ein Geschäftsführer muss seinen gewöhnlichen Aufenthalt im Inland haben (vgl § 15a Abs 2). Im Gesellschaftsvertrag können die Gesellschafter für die Geschäftsführerbestellung weitere Erfordernisse vorsehen, etwa eine bestimmte Ausbildung oder ein Mindestalter.

Der handelsrechtliche Geschäftsführer ist vom **gewerberechtlichen** Geschäftsführer, den juristische Personen zur Ausübung eines Gewerbes zu bestellen haben, zu unterscheiden (vgl §§ 9, 39 GewO).

b) Bestellung

Die **Bestellung zum Geschäftsführer** kann erfolgen
- durch Gesellschafterbeschluss,
- im Gesellschaftsvertrag oder
- durch das Gericht (Not-Geschäftsführer).

Darüber hinaus können im Gesellschaftsvertrag Gesellschaftern Entsendungsrechte eingeräumt werden.

Beachte:
Von der Bestellung, mit der die Organstellung begründet wird, ist die **Anstellung**, das schuldrechtliche Verhältnis zwischen Geschäftsführer und GmbH, zu unterscheiden. In der Regel handelt es sich um echte oder freie Dienstverträge (vgl RS0027929). Die Parteien dieses Vertrags sind der Geschäftsführer und die Gesellschaft, vertreten durch die Gesellschafter (RS0059354).
Wesentlicher Inhalt des Anstellungsvertrags ist die Vergütung des Geschäftsführers. Die Abberufung und der Rücktritt bewirken mangels abweichender Vereinbarung nur die Beendigung der Organstellung, jedoch nicht automatisch auch die Auflösung des Anstellungsvertrags. Dieser ist unter Einhaltung der vertraglichen und gesetzlichen Regelungen über die Kündigung und Entlassung zu beenden (8 ObA 44/01f). Eine Vereinbarung im Dienstvertrag, wonach dieser gleichzeitig mit der Abberufung von der Geschäftsführerfunktion endet (**Koppelungsklausel**), ist grundsätzlich zulässig (vgl

> 1 Ob 190/09m). Für die Abwicklung des Geschäftsführerdienstvertrags des nicht mehr amtierenden GmbH-Geschäftsführers ist ein verbliebener oder ein neu bestellter Geschäftsführer zuständig. Solange die Organstellung nicht beendet wurde, obliegt die Beendigung des Anstellungsvertrags eines GmbH-Geschäftsführers der Generalversammlung (8 ObA 49/11f).

(1) Bestellung durch Gesellschafterbeschluss

Die Bestellung der Geschäftsführer kann durch **Gesellschafterbeschluss** (§ 15 Abs 1), für den **einfache Mehrheit** genügt (§ 39 Abs 1), erfolgen, sofern im Gesellschaftsvertrag nicht anderes vorgesehen ist. Soll ein Gesellschafter zum Geschäftsführer bestellt werden, ist er selbst stimmberechtigt (§ 39 Abs 5). Die Bestellung ist mit (auch konkludenter) **Zustimmung des Bestellten** unabhängig von der Eintragung in das Firmenbuch wirksam (RS0059880; 8 Ob 621/93). Die Kompetenz zur Bestellung von Geschäftsführern kann nicht von der Generalversammlung auf ein anderes Gesellschaftsorgan, etwa den Aufsichtsrat, übertragen werden (RS0132585).

(2) Bestellung im Gesellschaftsvertrag

Gesellschafter können – im Gegensatz zu Nichtgesellschaftern – auch im Gesellschaftsvertrag zu Geschäftsführern bestellt werden, jedoch nur für die Dauer ihrer Gesellschafterstellung (§ 15 Abs 1).

> **Beachte:**
> Überträgt ein im Gesellschaftsvertrag zum Geschäftsführer bestellter Gesellschafter seinen Geschäftsanteil und will er weiterhin Geschäftsführer bleiben, ist rechtzeitig ein entsprechender Gesellschafterbeschluss zu fassen, anderenfalls endet die Geschäftsführerstellung mit Wirksamkeit der Übertragung des Geschäftsanteils.

Die Bestellung kann nicht nur im ursprünglichen Gesellschaftsvertrag erfolgen, sondern auch durch Änderung des Gesellschaftsvertrags. Für eine solche Änderung ist eine **Mehrheit von drei Vierteln** der abgegebenen Stimmen erforderlich (§ 50 Abs 1). Die gesellschaftsvertragliche Bestellung eines Gesellschafters zum Geschäftsführer nach Gründung der Gesellschaft wird erst mit Eintragung der Änderung des Gesellschaftsvertrags in das **Firmenbuch rechtswirksam**. Werden im Gesellschaftsvertrag sämtliche Gesellschafter zu Geschäftsführern bestellt, sind nur jene Gesellschafter Geschäftsführer, die bei Festsetzung dieser Bestimmung bereits Gesellschafter sind (§ 15 Abs 2). Die Bestellung eines Geschäftsführers im Gesellschaftsvertrag bietet insbesondere für Minderheitsgesellschafter als Geschäftsführer in zwei Fällen einen Schutz vor grundloser Abberufung durch die Mehrheit:

1. Die Bestellung zum Geschäftsführer kann grundsätzlich jederzeit widerrufen werden (§ 16). Der **Widerruf** der Bestellung kann aber für Gesellschafter-Geschäftsführer, wenn die Bestellung im Gesellschaftsvertrag erfolgt ist, **auf wichtige Gründe beschränkt** werden (§ 16 Abs 3; zu den wichtigen Gründen siehe Seite 255). Diese können im Gesellschaftsvertrag näher umschrieben werden. Wurde die Zulässigkeit des Widerrufs der Bestellung eines Gesellschafter-Geschäftsführers auf wichtige Gründe beschränkt, kann die Bestellung bei Vorliegen eines wichtigen Grundes mit **Abberufungsbeschluss** – somit ohne Abberufungsklage – widerrufen werden. Der Geschäftsführer verliert sein Amt, sobald die Abberufung ihm gegenüber erklärt wird. Der Geschäftsführer kann den Abberufungsbeschluss aber mit Anfechtungsklage oder bei Nichtigkeit mit Feststellungsklage bekämpfen. Mit stattgebendem rechtskräftigen Urteil wird sein Amt *ex tunc* wiederhergestellt. Die Wirksamkeit der Abberufung kann mit einer einstweiligen Verfügung aufgeschoben werden (§ 42 Abs 4).

2. Die Gesellschafter können auch einem oder mehreren Gesellschaftern im Gesellschaftsvertrag ein **Sonderrecht auf Geschäftsführung** einräumen (8 Ob 563/89; 6 Ob 99/11v). Dieses Sonderrecht kann nur mit Zustimmung der Gesellschafter, denen das Sonderrecht zusteht, geändert oder aufgehoben werden (vgl § 50 Abs 4). Wurde die gesellschaftsvertragliche Bestellung zum Geschäftsführer durch ein Sonderrecht auf Geschäftsführung verstärkt, ist die Zustimmung dieses Geschäftsführers Voraussetzung für einen mängelfreien Abberufungsbeschluss (3 Ob 555/85). Gegen seinen Willen kann ein Gesellschafter-Geschäftsführer, dem ein Sonderrecht eingeräumt wurde, nicht mit Abberufungsbeschluss, sondern nur durch **Abberufungsklage** von seiner Funktion enthoben werden, wofür das Vorliegen eines wichtigen Grundes erforderlich ist. Bis zur rechtskräftigen Entscheidung des Gerichts bleibt der Geschäftsführer vorerst im Amt, sofern das Gericht nicht mit einstweiliger Verfügung die Ausübung der Geschäftsführerfunktion untersagt.

(3) Bestellung durch das Gericht (Not-Geschäftsführer)

Das Gericht kann in dringenden Fällen auf Antrag eines Beteiligten einen Geschäftsführer für den Zeitraum, in dem die zur Vertretung der GmbH erforderlichen Geschäftsführer fehlen (Vertretungsmangel), bestellen (**Not-Geschäftsführer**; § 15a).

Für die Bestellung eines Not-Geschäftsführers ist das Vorliegen eines **Vertretungsmangels** erforderlich. Dieser liegt vor, wenn Geschäftsführer fehlen, die in der Lage sind, die GmbH zu vertreten. Dies kann etwa durch Abberufung, Rücktritt, Verlust der Handlungsfähigkeit, Abwesenheit oder Tod der Fall sein. Ist das zur Vertretung der Gesellschaft berufene Organ zwar ausreichend besetzt, die Vertretung jedoch infolge Weigerung einzelner oder aller Geschäftsführer, ihr Amt zu erfüllen, lahmgelegt (RS0060010) oder liegt eine Interessenkollision vor (6 Ob 53/06x), kommt ebenfalls die Bestellung eines

Not-Geschäftsführers in Betracht. Lehnt ein Geschäftsführer bloß einzelne Geschäftsführungsakte ab, weil er der Auffassung ist, es würde damit der Gesellschaft Schaden zugefügt, ist die Bestellung eines Not-Geschäftsführers nicht zulässig (RS0059994). Hat keiner der Geschäftsführer seinen gewöhnlichen Aufenthalt im Inland, ist dies einem Vertretungsmangel gleichzuhalten, weil so Zustellungen erschwert oder unmöglich gemacht werden könnten (§ 15a Abs 2; uU ist eine Zustellanschrift im Inland ausreichend).

Eine Bestellung eines Not-Geschäftsführers durch das Gericht ist nur **in dringenden Fällen** möglich, also wenn ohne unverzügliche Abhilfe ein erheblicher Nachteil droht. Dies ist nicht der Fall, wenn die Gesellschaftsorgane den Vertretungsmangel in angemessener Frist beseitigen können (RS0059953). Für Gläubiger liegt ein dringender Fall vor, wenn ein Anspruch gegen die Gesellschaft nicht durchgesetzt werden kann (6 Ob 26/08d).

Die Bestellung von Not-Geschäftsführern ist nur **auf Antrag** eines Beteiligten möglich. **Beteiligter** ist jeder, der ein Interesse an der ordnungsgemäßen Organzusammensetzung hat. Einen Antrag können daher folgende Personen stellen (RS0113161):

- Gesellschafter,
- Organe der Gesellschaft sowie
- Personen, die einen gegen die Gesellschaft durchzusetzenden Anspruch behaupten.

Das **Firmenbuchgericht** prüft das Vorliegen der gesetzlichen Voraussetzungen. Liegen diese vor, wählt das Gericht einen Not-Geschäftsführer aus und bestellt diesen (RS0118770). Für die Beendigung der Funktion eines solchen Geschäftsführers ist grundsätzlich die Enthebung durch das Gericht erforderlich (6 Ob 292/06v).

Das Gericht kann die Geschäftsführungsbefugnis des Not-Geschäftsführers auch auf eine einzelne Rechtshandlung einschränken (6 Ob 292/06v). Die Vertretungsbefugnis des Not-Geschäftsführers ist Dritten gegenüber aber nicht beschränkbar (§ 20 Abs 2). Der Not-Geschäftsführer hat gegen die Gesellschaft Anspruch auf Ersatz von Barauslagen und auf Entlohnung (RS0108683).

c) Abberufung

Die Bestellung zum Geschäftsführer kann, unbeschadet allfälliger Entschädigungsansprüche aus bestehenden Verträgen, durch Beschluss der Gesellschafter **jederzeit widerrufen** werden (§ 16 Abs 1). Dies gilt **nicht**

- für Gesellschafter, die im Gesellschaftsvertrag zu Geschäftsführern bestellt werden, wenn die Zulässigkeit des Widerrufs ihrer Bestellung auf **wichtige Gründe beschränkt** ist (§ 16 Abs 3), und
- für Gesellschafter, denen im Gesellschaftsvertrag ein **Sonderrecht** auf Geschäftsführung eingeräumt worden ist (vgl § 50 Abs 4).

(1) Abberufung durch Gesellschafterbeschluss

Die Abberufung von Geschäftsführern erfordert einen **Gesellschafterbeschluss**. Mangels abweichender Regelung im Gesellschaftsvertrag ist **einfache Mehrheit** ausreichend. Dies gilt auch für Gesellschafter, die im Gesellschaftsvertrag zu Geschäftsführern bestellt wurden, weil die Abberufung eines im Gesellschaftsvertrag bestellten Geschäftsführers keine Änderung des Gesellschaftsvertrags bedeutet.

Die Abberufung des Geschäftsführers ist **mit Zugang** der Bekanntgabe des Beschlusses an den Geschäftsführer **wirksam**, bei dessen Anwesenheit bei der Beschlussfassung sofort. Die spätere Eintragung in das Firmenbuch hat lediglich deklarative Wirkung (RS0059467). Solange die Abberufung nicht in das Firmenbuch eingetragen und bekanntgemacht ist, kann sie Dritten nicht entgegengehalten werden, außer diesen war die Abberufung bekannt (vgl § 15 Abs 1 UGB; § 17 Abs 3; 1 Ob 257/02d).

(2) Abberufung durch das Gericht

Wenn ein **Gesellschafter** sich selbst zum **Geschäftsführer** bestellt oder als solcher abberufen werden soll, ist er bei der Beschlussfassung stimmberechtigt (§ 39 Abs 5). Verfügt ein Gesellschafter-Geschäftsführer über die erforderliche Mehrheit, ist daher seine Abberufung durch Gesellschafterbeschluss gegen seinen Willen nicht möglich. Aus diesem Grund sieht § 16 Abs 2 vor, dass ein Geschäftsführer **aus wichtigem Grund durch gerichtliche Entscheidung abberufen** werden kann (Abberufung durch Abberufungsklage). Die §§ 117 Abs 1 und 127 UGB über die Entziehung der Geschäftsführungsbefugnis und Vertretungsmacht bei der OG sind sinngemäß anzuwenden (6 Ob 212/10k, 6 Ob 211/11i; vgl Seiten 137 und 146 f).

Einen **wichtigen Grund** bilden insbesondere grobe Pflichtverletzung oder Unfähigkeit zur ordnungsgemäßen Geschäftsführung (RS0059403; 6 Ob 213/07b). Der wichtige Grund muss nicht in einem schuldhaften Verhalten des Gesellschafter-Geschäftsführers liegen, sodass zB auch unverschuldete dauernde Krankheit genügen kann. Ein wichtiger Grund ist immer dann anzunehmen, wenn das weitere Verbleiben als Geschäftsführer nach den Umständen des Einzelfalls und unter Abwägung der Interessen sämtlicher Gesellschafter den übrigen Gesellschaftern nicht mehr zumutbar ist, etwa weil die Fortdauer der Tätigkeit des Gesellschafter-Geschäftsführers die Belange der Gesellschaft erheblich gefährden würde (RS0059623).

> **Beispiele:**
> Wichtige Gründe können zB das Stellen eines unberechtigten Insolvenzantrags (9 Ob 33/04z), zerstörte Vertrauensbasis aufgrund bloß mangels an Beweisen erfolgten Freispruchs des Klägers vom Vorwurf der Untreue (8 Ob 563/89), schlechte Überwachung von Tochtergesellschaften (7 Ob 700/88) oder Verstoß gegen das Wettbewerbsverbot nach § 24 Abs 1 (3 Ob 555/85, 6 Ob 213/07b) sein.

Diese Regeln über die gerichtliche Abberufung werden auch angewandt, wenn Gesellschaftern im Gesellschaftsvertrag ein **Sonderrecht** auf Geschäftsführung eingeräumt wurde.

Die **Abberufungsklage** ist eine Rechtsgestaltungsklage. Mit Rechtskraft des Urteils ist der Beklagte nicht mehr Geschäftsführer. Das Gericht kann schon davor zur Sicherung des Anspruchs auf Abberufung aus wichtigem Grund dem Geschäftsführer die weitere Geschäftsführung und Vertretung der Gesellschaft durch einstweilige Verfügung untersagen, wenn ein der Gesellschaft drohender unwiederbringlicher Nachteil glaubhaft gemacht wird (§ 16 Abs 2).

Klageberechtigt sind die übrigen Gesellschafter. Der Anspruch kann von jedem einzelnen Gesellschafter geltend gemacht werden. Die Klage auf Abberufung eines Gesellschafter-Geschäftsführers ist gegen den abzuberufenden Gesellschafter-Geschäftsführer zu erheben (6 Ob 212/10k). Aufgrund der Treuepflicht sind alle Gesellschafter verpflichtet, an einer Abberufung mitzuwirken. Jene Gesellschafter, die nicht für die Abberufung des Geschäftsführers gestimmt haben, müssen auf Beklagtenseite auf Zustimmung zur Abberufungsklage in Anspruch genommen werden. Das Urteil ersetzt die Zustimmung jener Gesellschafter, die sich geweigert haben, an der Abberufungsklage mitzuwirken. Der durch das Urteil abberufene Gesellschafter-Geschäftsführer könnte sich in der Folge erneut zum Geschäftsführer bestellen, wenn er über die erforderliche Mehrheit verfügt. Dieser Bestellungsbeschluss wäre aber wegen Rechtsmissbrauchs mit Klage, allenfalls verbunden mit einem Antrag auf Erlassung einer einstweiligen Verfügung, bekämpfbar.

Die gerichtliche Abberufung von Geschäftsführern, die nicht Gesellschafter sind (**Fremdgeschäftsführer**), ist ebenfalls aus wichtigem Grund möglich (§ 16 Abs 2). Dies ist insbesondere dann wesentlich, wenn ein Fremdgeschäftsführer von der Mehrheit der Gesellschafter unterstützt wird, eine Minderheit diesen Geschäftsführer aber abberufen möchte. Dabei haben jene Gesellschafter, die für die Abberufung gestimmt haben, jene Gesellschafter, die nicht für den Abberufungsbeschluss gestimmt haben, **auf Zustimmung zu klagen** (6 Ob 212/10k). Das Urteil ersetzt die Zustimmung der beklagten Gesellschafter. Dem Geschäftsführer ist der Streit zu verkünden. Die Erlassung einer einstweiligen Verfügung ist möglich (§ 16 Abs 2).

d) Rücktritt

Geschäftsführer können auch (freiwillig) zurücktreten (§ 16a Abs 1). Liegt ein wichtiger Grund dafür vor, kann der **Rücktritt** mit sofortiger Wirkung erklärt werden, sonst wird der Rücktritt erst nach Ablauf von 14 Tagen wirksam. Damit soll der Gesellschaft Zeit gegeben werden, einen neuen Geschäftsführer zu bestellen. Der Rücktritt ist eine einseitige empfangsbedürftige Willenserklärung, die wirksam ist, sobald sie gegenüber der Generalversammlung, wenn dies in der Tagesordnung angekündigt wurde, ansonsten gegenüber allen Gesellschaftern, erklärt wurde (§ 16a Abs 2). Die spätere Löschung des zurückgetretenen Geschäftsführers im Firmenbuch ist nur deklarativ (6 Ob 2372/96h). Der Geschäftsführer hat allfällige Mitgeschäftsführer und, wenn ein Aufsichtsrat besteht, dessen Vorsitzenden vom Rücktritt zu verständigen.

e) Anmeldung zum Firmenbuch

Neubestellung und Ausscheiden eines Geschäftsführers sowie Erlöschen oder Änderung der Vertretungsbefugnis sind unverzüglich zum Firmenbuch anzumelden (§ 17 Abs 1). Die Eintragung der Bestellung und Abberufung von Geschäftsführern in das Firmenbuch hat nur deklarative Wirkung.

Die Geschäftsführer müssen in vertretungsbefugter Anzahl die anzumeldenden Tatsachen zum Firmenbuch anmelden. Das Erlöschen der Vertretungsbefugnis kann auch vom abberufenen oder zurückgetretenen Geschäftsführer angemeldet werden (§ 17 Abs 2).

Der Anmeldung ist der **Nachweis** der Bestellung oder der Änderung, also insbesondere der Gesellschafterbeschluss, in beglaubigter Form anzuschließen; für die Abberufung und den Rücktritt ist grundsätzlich ebenfalls ein Nachweis, aber keine beglaubigte Form erforderlich (§ 17 Abs 1). Die Geschäftsführer haben die Firmenbucheingabe in vertretungsberechtigter Anzahl beglaubigt zu unterfertigen (§ 11 UGB).

Bei der Bestellung von Geschäftsführern sind auch der Beginn und die Art ihrer Vertretungsbefugnis zur Eintragung in das Firmenbuch anzumelden (§ 3 Abs 1 Z 8 FBG). Zugleich mit der Anmeldung neuer Geschäftsführer haben diese ihre Unterschrift vor dem Gericht zu zeichnen oder die Zeichnung in beglaubigter Form vorzulegen (**Musterzeichnung**; § 17 Abs 1).

Ist jemand als Geschäftsführer im Firmenbuch eingetragen oder bekanntgemacht, kann ein Mangel seiner Bestellung einem Dritten nur dann entgegengehalten werden, wenn dieser den Mangel kannte (§ 17 Abs 3). Dritte können also grundsätzlich darauf vertrauen, dass jemand Geschäftsführer ist, wenn er als solcher im Firmenbuch eingetragen ist.

f) Vertretung

(1) Allgemeines

Die GmbH wird durch die Geschäftsführer **gerichtlich und außergerichtlich vertreten** (§ 18 Abs 1) und durch die von den Geschäftsführern in ihrem Namen geschlossenen Geschäfte berechtigt und verpflichtet (§ 19). Dabei ist gleichgültig, ob das Geschäft ausdrücklich im Namen der GmbH geschlossen worden ist oder ob sich aus den Umständen ergibt, dass es nach dem Willen der Beteiligten für die GmbH geschlossen werden sollte (§ 19). Fügt ein Geschäftsführer in Ausführung seiner Aufgaben einem Dritten einen Schaden zu, wird dieses Verhalten nach allgemeinen Regeln der GmbH zugerechnet und kann die GmbH schadenersatzpflichtig machen.

Die Vertretungsmacht ist grundsätzlich **unbeschränkt** und **unbeschränkbar** sowie **ausschließlich**. Ausschließliche Vertretungsmacht bedeutet, dass die Gesellschaft grundsätzlich nicht durch die Gesellschafter oder den Aufsichtsrat vertreten werden kann. Im Gesetz sind jedoch einige Ausnahmen vorgesehen, etwa in § 30l für Rechtsgeschäfte zwischen der Gesellschaft und den Geschäftsführern (siehe dazu Seite 286).

(2) Gesetzliche Regelung

Die Ausübung der **aktiven Vertretungsmacht**, also die Abgabe von Willenserklärungen der Gesellschaft, bedarf der Mitwirkung sämtlicher Geschäftsführer (**Gesamtvertretung**; § 18 Abs 2). Die Erklärungen können auch getrennt abgegeben werden, müssen aber übereinstimmen. Ein Gesamtvertreter kann auch von den anderen ermächtigt werden, eine Erklärung mit Wirkung für alle abzugeben (1 Ob 10/08i).

Die Abgabe einer Erklärung und Zustellungen an die Gesellschaft (**passive Vertretungsmacht**) können an jeden Geschäftsführer allein vorgenommen werden (§ 18 Abs 4). Für die Zurechnung von Wissen gilt Folgendes: Das Wissen eines Geschäftsführers ist der Gesellschaft zuzurechnen. Es ist gleichgültig, ob der wissende Geschäftsführer einzel- oder gesamtvertretungsberechtigt ist und ob er mit dieser Sache im Einzelfall tatsächlich befasst war oder nicht (RS0009172).

(3) Abweichende Regelung

Eine von der gesetzlichen Regelung abweichende Vertretungsregelung kann im Gesellschaftsvertrag vorgesehen sein (§ 18 Abs 2). Im Gesellschaftsvertrag kann auch geregelt werden, dass die Generalversammlung die Vertretungsbefugnis festlegt. Sehen die Gesellschafter im Gesellschaftsvertrag oder per Gesellschafterbeschluss ausdrücklich nur kollektive Vertretung der Geschäftsführer vor, kann bei Ausscheiden der übrigen Geschäftsführer der verbliebene letzte Geschäftsführer nicht alleine vertreten. Bei der Verfassung des Gesellschaftsvertrags ist daher zu berücksichtigen, dass für diesen Fall Einzelvertretungsbefugnis vorgesehen ist. Wird hingegen die gesetzliche Regelung beibehalten, gilt grundsätzlich Gesamtvertretung. Fallen von mehreren Geschäftsführern alle bis auf einen weg, ist dieser allein vertretungsbefugt, wenn nicht durch Gesellschafterbeschluss etwas anderes bestimmt ist.

Es kann allerdings auch jeder Geschäftsführer mit **Einzelvertretungsmacht** ausgestattet werden. Auch die Bestellung eines einzelnen oder mehrerer kollektiv vertretungsberechtigter Geschäftsführer neben einem oder mehreren einzelvertretungsberechtigten Geschäftsführern ist zulässig. Im Gesellschaftsvertrag kann, wenn mehrere Geschäftsführer vorhanden sind, auch eine Vertretung durch einen Geschäftsführer gemeinsam mit einem Prokuristen vorgesehen sein (unechte Gesamtvertretung; § 18 Abs 3). Die GmbH muss aber immer durch einen oder mehrere Geschäftsführer alleine, dh ohne Mitwirkung eines

Prokuristen, vertreten werden können. Der einzige Geschäftsführer darf daher zB nicht an die Mitwirkung eines Prokuristen gebunden werden (4 Ob 145/83).

Die Bestellung eines **Prokuristen** kann nur durch alle Geschäftsführer, der Widerruf der Prokura kann hingegen durch jeden Geschäftsführer erfolgen, wenn der Gesellschaftsvertrag nichts anderes bestimmt (§ 28 Abs 2; siehe dazu auch § 35 Abs 1 Z 4).

(4) Zeichnung

Zeichnung bedeutet Vertretungshandlung in Schriftform. Die Geschäftsführer haben zur **Firma** der Gesellschaft ihre **Unterschrift** hinzuzufügen (§ 18 Abs 2). Ist nicht klar, ob Geschäftsführer im eigenen Namen oder als Vertreter der GmbH handeln, ist die Zurechnung nach der Vertrauenstheorie zu beurteilen. Es ist daher darauf abzustellen, wie ein redlicher und verständiger Erklärungsempfänger die Erklärung der Geschäftsführer verstehen musste (RS0059974).

(5) In-Sich-Geschäft

Vertritt der Geschäftsführer bei Abschluss eines Rechtsgeschäfts die GmbH und tritt er bei diesem Rechtsgeschäft auch im eigenen Namen (**Selbstkontrahieren**) oder als Bevollmächtigter eines Dritten auf (**Doppelvertretung**), liegt ein **In-Sich-Geschäft** vor.

In-Sich-Geschäfte sind insoweit zulässig, als
- keine Interessenkollision droht und
- der Abschlusswille derart geäußert wird, dass die Erklärung unzweifelhaft feststeht und nicht unkontrollierbar zurückgenommen werden kann (RS0059793).

Danach sind In-Sich-Geschäfte zulässig, wenn
- das Geschäft dem Vertretenen nur Vorteile bringt,
- keine Gefahr der Schädigung des Vertretenen besteht oder
- der Vertretene – durch vorherige Einwilligung oder nachträgliche Genehmigung – zustimmt, wobei darauf zu achten ist, dass die Zustimmung oder Genehmigung nicht wieder vom Vertreter erteilt werden kann (RS0019350).

Geschäftsführer haben vor Abschluss eines In-Sich-Geschäfts die **Zustimmung** des Aufsichtsrats oder, wenn kein Aufsichtsrat besteht, sämtlicher übriger Geschäftsführer einzuholen, anderenfalls haften sie der GmbH für den aus diesem Rechtsgeschäft erwachsenen Schaden (§ 25 Abs 4); ein solcher kann etwa dann eintreten, wenn das Rechtsgeschäft nicht zu fremdüblichen Konditionen abgeschlossen wird. Ist nur ein Geschäftsführer vorhanden und kein Aufsichtsrat bestellt, hat der selbstkontrahierende Geschäftsführer die Zustimmung der Gesellschafter einzuholen (RS0059477, RS0059772).

§ 18 Abs 5 sieht für das Selbstkontrahieren bei der **Ein-Personen-Gesellschaft** eigene Regelungen vor. Über Rechtsgeschäfte, die der einzige Gesellschafter sowohl im eigenen Namen als auch im Namen der Gesellschaft abschließt, ist unverzüglich eine **Urkunde** zu errichten. Dabei ist sicherzustellen, dass nachträgliche Änderungen des Inhalts und Zweifel über den Zeitpunkt des Abschlusses ausgeschlossen sind. Zweifel über den Zeitpunkt des Abschlusses können zB durch eine notarielle Form (1 Ob 2044/96m) oder ein Protokoll über eine Tagsatzung zur mündlichen Streitverhandlung, in dem eine rechtsgeschäftliche Erklärung des Alleingesellschafters festgehalten wird (7 Ob 256/08k), ausgeschlossen werden. Diese Dokumentationspflicht ist kein Wirksamkeitserfordernis (2 Ob 246/08b). Die Bestellung eines Kurators ist in diesen Fällen nicht erforderlich. Eine Urkunde muss nicht errichtet werden, wenn das Geschäft zum gewöhnlichen Geschäftsbetrieb gehört und zu geschäftsüblichen Bedingungen abgeschlossen wird (§ 18 Abs 6).

(6) Beschränkungen/Missbrauch der Vertretungsmacht

Geschäftsführer sind der Gesellschaft gegenüber verpflichtet, alle Beschränkungen einzuhalten, die

- im Gesellschaftsvertrag,
- durch Beschluss der Gesellschafter oder
- in einer für die Geschäftsführer verbindlichen Anordnung des Aufsichtsrats

für den Umfang ihrer Vertretungsbefugnis festgesetzt sind (§ 20 Abs 1). Die Gesellschafter können daher durch Gesellschafterbeschluss **Weisungen** an die Geschäftsführer erteilen. Es sind neben Weisungen im Einzelfall auch generelle Weisungen, etwa in einer Geschäftsordnung (vgl Seite 262), möglich. Darüber hinaus können im Gesetz oder im Gesellschaftsvertrag Zustimmungserfordernisse für bestimmte Tätigkeiten vorgesehen sein. So enthält etwa § 30j Abs 5 eine Aufzählung von Geschäften, die nur mit Zustimmung des Aufsichtsrats vorgenommen werden dürfen. Dem Aufsichtsrat steht aber kein allgemeines Weisungsrecht gegenüber den Geschäftsführern zu (1 Ob 144/01k), ein solches kann ihm aber im Gesellschaftsvertrag eingeräumt werden. Vor Maßnahmen, die der Beschlussfassung der Gesellschafter unterliegen (§ 35 Abs 1), haben die Geschäftsführer die **Zustimmung der Gesellschafter** einzuholen. Dies gilt darüber hinaus auch bei **außergewöhnlichen Geschäften** oder wenn eine Handlung dem mutmaßlichen Willen der Mehrheit der Gesellschafter widersprechen würde. Ob ein außergewöhnliches Geschäft vorliegt, ist jeweils im Einzelfall zu beurteilen.

> **Beispiele:**
> Ein außergewöhnliches Geschäft kann etwa die Gewährung eines Kredits mit einer hohen Kreditvaluta oder die Übernahme einer Bürgschaft für einen Lieferanten sein, insbesondere wenn das zu erwartende Risiko hoch ist.

Die Geschäftsführer dürfen weiters nichts tun, was vom **Unternehmensgegenstand** nicht gedeckt ist.

Eine **Beschränkung** der Vertretungsbefugnis hat **Dritten gegenüber keine rechtliche Wirkung** (§ 20 Abs 2). Die GmbH wird daher grundsätzlich auch durch Rechtsgeschäfte berechtigt und verpflichtet, die ein Geschäftsführer in Überschreitung von Beschränkungen abgeschlossen hat, sofern der Vertragspartner schutzwürdig ist. Der Vertragspartner verliert seine Schutzwürdigkeit, wenn

- ihm der Missbrauch der Vertretungsmacht bekannt war oder sich ihm geradezu aufdrängen muss, dass der Geschäftsführer mit Schädigungsvorsatz handelt (Kenntnis oder fahrlässige Unkenntnis) oder
- er mit dem Geschäftsführer zum Schaden der Gesellschaft zusammenwirkt (Kollusion).

Da die Vertretungshandlung des Geschäftsführers in diesem Fall **unwirksam** ist, kommt das Rechtsgeschäft nicht zustande. Kollusion macht das Geschäft überdies wegen Sittenwidrigkeit ungültig, auch wenn der Vertreter innerhalb seiner Vertretungsmacht gehandelt hat (RS0016736).

Setzen kollektiv vertretungsberechtigte Geschäftsführer alleine Vertretungsakte, sind diese bis zur Genehmigung durch die erforderliche Anzahl von Geschäftsführern schwebend unwirksam (2 Ob 170/06y). Der allein handelnde Geschäftsführer haftet nach den Regeln über die Stellvertretung ohne Vollmacht, wenn die Genehmigung nicht erteilt wird (RS0059890). Handelt ein kollektiv vertretungsberechtigter Geschäftsführer alleine, kann dies unter Umständen auch aufgrund einer Anscheinsvollmacht rechtswirksam sein. Der äußere Tatbestand muss allerdings von den Kollektivvertretungsberechtigten gemeinsam gesetzt sein (RS0048336, RS0017976). Unterfertigt ein nicht einzelzeichnungsberechtigter Geschäftsführer unter Verwendung des Firmenstempels oder Geschäftspapiers der Gesellschaft, begründet dies aber noch keine Anscheinsvollmacht, weil es durchaus üblich ist, dass auch ein Gesamtvertreter über einen Firmenstempel oder über Geschäftspapier verfügt (RS0059740).

Nicht zur Vertretung der Gesellschaft gehören **Grundlagenentscheidungen**, die nicht zur Leitung der Gesellschaft gehören, sondern zwingend in die Kompetenz der Gesellschafter fallen. Sie sind nicht von der Vertretungsmacht umfasst, sodass die Geschäftsführer die Gesellschaft nicht wirksam verpflichten können (vgl RS0061670, RS0061683).

Beispiele:
Grundlagenentscheidungen sind etwa Änderungen des Gesellschaftsvertrages, der Abschluss von Unternehmensverträgen (siehe Seite 325) oder die Verschmelzung.

g) Geschäftsführung

Die Geschäftsführer haben nicht nur die Gesellschaft (nach außen) zu vertreten, sondern auch (im Innenverhältnis) ihre Geschäfte zu führen, also Maßnahmen und Vorkehrungen organisatorischer, kaufmännischer, technischer und personeller Art zu treffen, die erforderlich sind, den Gesellschaftszweck zu erfüllen. Ist nur ein Geschäftsführer bestellt, führt dieser die Geschäfte alleine, sind mehrere Geschäftsführer vorhanden, führen sie die Geschäfte gemeinsam, sodass keiner allein zur Geschäftsführung gehörende Handlungen vornehmen darf (**Gesamtgeschäftsführung**; § 21 Abs 1). Nach der gesetzlichen Regel sind einstimmige Beschlüsse erforderlich. Können sich die Geschäftsführer bei einer Geschäftsführungsmaßnahme nicht einigen, darf diese nicht vorgenommen werden.

Im Gesellschaftsvertrag kann eine von § 21 Abs 1 abweichende Geschäftsführungsbefugnis vorgesehen sein. Einzelne oder alle Geschäftsführer können einzelgeschäftsführungsbefugt sein. Erhebt bei Einzelgeschäftsführung allerdings einer der Geschäftsführer gegen eine zur Geschäftsführung gehörende Handlung Widerspruch, hat diese zu unterbleiben, wenn im Gesellschaftsvertrag nichts anderes bestimmt ist (§ 21 Abs 2).

Die Geschäftsführer sind verpflichtet, allfällige **Beschränkungen** einzuhalten. Die Geschäftsführung kann einem Geschäftsführer aber nicht ganz genommen werden (RS0059832).

Die **Aufgaben** der Geschäftsführer können im Gesellschaftsvertrag und durch Gesellschafterbeschluss zwischen den Geschäftsführern aufgeteilt werden (Ressortverteilung, Geschäftsordnung). Eine Arbeitsaufteilung zwischen mehreren Geschäftsführern bewirkt aber nicht, dass ein Geschäftsführer sich nur noch auf sein eigenes Arbeitsgebiet beschränken darf und sich um die Tätigkeit der anderen Geschäftsführer nicht mehr zu kümmern braucht. Auch bei einer – zulässigen – Geschäftsverteilung obliegt jedem Geschäftsführer die Pflicht zur Überwachung der anderen (siehe dazu gleich unten). Darüber hinaus besteht eine Verantwortung aller Geschäftsführer für die Bereiche, für die zwingend Gesamtverantwortung vorgeschrieben ist, etwa die Buchführung (vgl Seite 263), die Aufstellung des Jahresabschlusses oder die Stellung eines Insolvenzantrags (vgl Seite 264) (RS0023825). Eine von den Geschäftsführern selbst und nicht im Gesellschaftsvertrag oder durch Gesellschafterbeschluss vorgenommene Geschäftsverteilung wirkt sich nur im Innenverhältnis auf die Verantwortlichkeit der einzelnen Geschäftsführer aus (6 Ob 5/00d).

Die Geschäftsführer sind im Rahmen ihrer Verantwortung verpflichtet, die übrigen Geschäftsführer zu **überwachen** (RS0023825). Dabei müssen sich die Geschäftsführer jederzeit einen Überblick über die wirtschaftliche und finanzielle Lage der Gesellschaft verschaffen können. Erkennt ein Geschäftsführer Missstände, ist er verpflichtet, unverzüglich Maßnahmen zur Beseitigung zu setzen.

h) Sonstige Rechte und Pflichten

Die wesentlichsten weiteren Rechte und Pflichten der Geschäftsführer sind folgende:
- Buchführungspflicht,
- Stellung eines Antrags auf Eröffnung des Insolvenzverfahrens,
- Anmeldungen zum Firmenbuch,
- Berichte an den Aufsichtsrat,
- Einberufung der Generalversammlung,
- Wettbewerbsverbot,
- Verschwiegenheitspflicht,
- Auskunftspflicht.

(1) Buchführungspflicht

Die Geschäftsführer haben dafür zu sorgen, dass **Rechnungswesen und internes Kontrollsystem** den Anforderungen des Unternehmens entsprechen (§ 22 Abs 1). Die GmbH hat Bücher zu führen und in diesen ihre unternehmensbezogenen Geschäfte und die Lage ihres Vermögens nach den **Grundsätzen ordnungsgemäßer Buchführung** (GoB) ersichtlich zu machen (§ 190 Abs 1 UGB).

Die Geschäftsführer haben jedem Gesellschafter ohne Verzug nach Aufstellung des Jahresabschlusses (§§ 222 ff UGB), allenfalls samt Lagebericht (§ 243 UGB), Abschriften **zuzusenden** (§ 22 Abs 2). Die Gesellschafter haben über die Prüfung und Feststellung des Jahresabschlusses einen Beschluss zu fassen (§ 35 Abs 1 Z 1). Innerhalb von 14 Tagen vor dieser Gesellschafterversammlung oder vor Ablauf der für die schriftliche Abstimmung festgesetzten Frist kann jeder Gesellschafter in die Bücher und Schriften der Gesellschaft **Einsicht nehmen** (§ 22 Abs 2).

Den Gesellschaftern steht über das Bucheinsichtsrecht hinaus ein alle Geschäftsangelegenheiten umfassender **Informationsanspruch** zu (RS0060098; mit den kritischen Lehrmeinungen ua von *Kalss, Koppensteiner/Rüffler, Ch. Nowotny* und *U. Torggler* zur Rechtsprechung vom umfassenden Informationsanspruch hat sich der OGH in 6 Ob 198/12d nicht auseinandergesetzt). Den Informationsanspruch hat auch ein ausgeschiedener Gesellschafter, soweit die begehrte Einsicht Unterlagen betrifft, die in die Zeit fallen, in der dieser noch Gesellschafter war (6 Ob 69/03w, 6 Ob 128/16s). Nur rechtsmissbräuchlich erhobenen Informationsbegehren braucht nicht Rechnung getragen werden, dh wenn gesellschaftsfremde, die Gesellschaft schädigende Interessen verfolgt werden (RS0107752), etwa wenn der Gesellschafter die Erlangung von Geschäftsinformationen anstrebt, die er für sein Konkurrenzunternehmen verwenden will (6 Ob 11/08y, 6 Ob 178/09h). Der Anspruch auf Bucheinsicht ist im Verfahren außer Streitsachen zu verfolgen (RS0060104, vgl auch RS0005796).

(2) Antrag auf Eröffnung des Insolvenzverfahrens

Jeder Geschäftsführer ist unabhängig von einer allfälligen Geschäftsverteilung verpflichtet, **bei Zahlungsunfähigkeit** (§ 66 IO; vgl Seite 173) **oder Überschuldung** (§ 67 IO; vgl Seite 173) der GmbH einen **Antrag auf Eröffnung eines Insolvenzverfahrens** zu stellen (vgl auch § 69 IO und § 25 Abs 3 Z 2). Der Insolvenzantrag ist ohne schuldhaftes Zögern, spätestens aber 60 Tage nach dem Eintritt der Zahlungsunfähigkeit zu stellen (§ 69 Abs 2 IO). Verletzen die Geschäftsführer ihre Verpflichtung zur Stellung eines Antrags auf Eröffnung des Insolvenzverfahrens schuldhaft, haften sie persönlich gegenüber der Gesellschaft und den Gläubigern der Gesellschaft. Die Geschäftsführer und ein Gesellschafter, dessen Anteil an der Gesellschaft mehr als 50 % beträgt, haben einen Kostenvorschuss von bis zu 4.000 Euro zu leisten, wenn die Gesellschaft über kein kostendeckendes Vermögen verfügt, um die Anlaufkosten des Insolvenzverfahrens zu decken (§§ 72a ff IO).

Seit dem GesRÄG 2013 haben nach § 69 Abs 3a IO auch Gesellschafter, die mit mehr als 50 % am Stammkapital beteiligt sind, einen Antrag auf Eröffnung eines Insolvenzverfahrens zu stellen, wenn die Gesellschaft keinen Geschäftsführer hat. Dies gilt sowohl für in- als auch ausländische Kapitalgesellschaften (sofern österreichisches Insolvenzrecht auf sie anwendbar ist).

(3) Anmeldungen zum Firmenbuch

Die Geschäftsführer haben Anmeldungen zum Firmenbuch vorzunehmen. Insbesondere folgende Firmenbuchanmeldungen sind **beglaubigt** vorzunehmen:

- Eintragung der GmbH (§ 9 Abs 1),
- Neubestellung von Geschäftsführern und das Erlöschen oder eine Änderung der Vertretungsbefugnis (§ 17 Abs 1),
- Erteilung und Widerruf der Prokura (§ 28 Abs 2),
- Änderung des Gesellschaftsvertrags (§ 51 Abs 1),
- Einforderung weiterer Einzahlungen nicht voll eingezahlter Stammeinlagen (§ 64 Abs 1; strittig, ob beglaubigt oder unbeglaubigt),
- Auflösung der GmbH (§ 88 Abs 1),
- Errichtung einer Zweigniederlassung (§ 107),
- Verschmelzung (§ 96 iVm § 225 AktG und §§ 234 ff AktG),
- Spaltung (§ 12 SpaltG),
- Umwandlung (§ 3 UmwG und § 5 Abs 4 UmwG) und
- formwechselnde Umwandlung einer GmbH in eine AG (§ 245 AktG).

Eine **unbeglaubigte** Firmenbuchanmeldung unter Mitwirkung der Geschäftsführer in vertretungsberechtigter Anzahl ist insbesondere in folgenden Fällen erforderlich (vgl § 11 FBG):

- Bekanntgabe von Änderungen der für Zustellungen an die Gesellschaft maßgeblichen Geschäftsanschrift (§ 26 Abs 1),
- Übergang eines Geschäftsanteils (§ 26 Abs 1),

- Änderung des Namens, der für Zustellungen maßgeblichen Anschrift, einer Stammeinlage oder der geleisteten Einzahlung eines Gesellschafters (§ 26 Abs 1),
- Bekanntgabe des Geschäftszweiges (§ 3 Z 5 FBG),
- Neubestellung und Abberufung von Aufsichtsratsmitgliedern (§ 30f),
- Bekanntgabe des Vorsitzenden des Aufsichtsrats und seiner Stellvertreter (§ 30g) sowie
- Einreichung des Jahresabschlusses zum Firmenbuch (§ 277 Abs 1 UGB).

Die Geschäftsführer **haften** als Gesamtschuldner für einen Schaden, den sie durch schuldhaft falsche Angaben oder eine schuldhaft verzögerte Einreichung der Angaben nach § 26 Abs 1 verursacht haben (§ 26 Abs 2). Ersatzansprüche der Gesellschaft verjähren innerhalb von fünf Jahren ab Anmeldung der Angaben zum Firmenbuch. Ersatzansprüche Dritter verjähren gemäß den allgemeinen Verjährungsregeln in drei Jahren ab Kenntnis von Schaden und Schädiger. § 24 FBG sieht für die Nichteinhaltung der Anmeldepflichten **Zwangsstrafen** vor.

(4) Bericht an den Aufsichtsrat

Die Geschäftsführer haben gemäß § 28a dem Aufsichtsrat in folgenden Fällen zu berichten:
- mindestens einmal jährlich über grundsätzliche Fragen der künftigen Geschäftspolitik. Dabei ist auch die künftige Entwicklung der Vermögens-, Finanz- und Ertragslage anhand einer Vorschaurechnung darzustellen (**Jahresbericht**);
- regelmäßig, mindestens vierteljährlich, über den Gang der Geschäfte und die Lage des Unternehmens im Vergleich zur Vorschaurechnung unter Berücksichtigung der künftigen Entwicklung (**Quartalsbericht**); und
- unverzüglich über Umstände, die für die Rentabilität oder Liquidität von erheblicher Bedeutung sind (**Sonderbericht**). Bei **wichtigem Anlass** haben die Geschäftsführer (nur) dem **Vorsitzenden** des Aufsichtsrats unverzüglich zu berichten.

(5) Generalversammlung

Die Geschäftsführer haben, soweit nicht nach dem Gesetz oder dem Gesellschaftsvertrag auch andere Personen dazu befugt sind, die Generalversammlung mindestens einmal jährlich einzuberufen, in bestimmten Fällen auch darüber hinaus (§ 36 Abs 2; siehe dazu Seiten 291 f). Die Geschäftsführer haben weiters die Beschlüsse der Generalversammlung unverzüglich nach der Beschlussfassung in eine Niederschrift aufzunehmen (vgl § 40 Abs 1).

(6) Wettbewerbsverbot

Die Geschäftsführer dürfen **ohne Einwilligung** der Gesellschaft nach § 24 Abs 1

- keine Geschäfte im Geschäftszweig der GmbH für eigene oder fremde Rechnung tätigen,
- sich nicht an einer Gesellschaft des gleichen Geschäftszweigs als persönlich haftende Gesellschafter beteiligen,
- nicht in einer anderen Gesellschaft im Geschäftszweig der GmbH eine Funktion als Vorstand, Geschäftsführer oder Aufsichtsrat ausüben.

Dieses Verbot kann im Gesellschaftsvertrag, durch Gesellschafterbeschluss oder im Anstellungsvertrag verschärft werden, etwa indem auch bestimmte Geschäfte oder Tätigkeiten außerhalb des Geschäftszweigs der GmbH untersagt werden.

Die **Einwilligung** zu solchen Tätigkeiten kann durch Gesellschafterbeschluss oder im Gesellschaftsvertrag erteilt werden. Die Einwilligung ist außerdem anzunehmen, wenn bei Bestellung eines Gesellschafters zum Geschäftsführer den übrigen Gesellschaftern eine solche Tätigkeit oder Beteiligung bekannt war und trotzdem die Aufgabe dieser Tätigkeit nicht ausdrücklich verlangt wurde. Die Einwilligung ist jederzeit widerruflich (§ 24 Abs 2).

Geschäftsführer, die gegen das Konkurrenzverbot verstoßen, können **abberufen** werden, ohne dass die GmbH zu Schadenersatz verpflichtet wäre (§ 24 Abs 3). Die GmbH kann überdies

- **Schadenersatz** fordern oder
- stattdessen verlangen, dass die Gesellschaft in das für Rechnung des Geschäftsführers gemachte Geschäft, das gegen das Konkurrenzverbot verstößt, **eintritt** oder
- bei für fremde Rechnung geschlossenen Geschäften die Herausgabe der dafür bezogenen **Vergütung** oder Abtretung des Anspruchs auf die Vergütung begehren.

Diese Rechte der GmbH erlöschen

- innerhalb von **drei Monaten** ab dem Tag, ab dem sämtliche Mitglieder des Aufsichtsrats oder, wenn kein Aufsichtsrat besteht, die übrigen Geschäftsführer von der gegen das Wettbewerbsverbot verstoßenden Tätigkeit Kenntnis erlangt haben,
- jedenfalls aber unabhängig von der Kenntnis innerhalb von **fünf Jahren** ab Beginn dieser Tätigkeit.

Ehemalige Geschäftsführer unterliegen grundsätzlich keinem gesetzlichen Wettbewerbsverbot, auch wenn sie weiterhin Gesellschafter sind (4 Ob 123/07b). Allerdings kann für die Zeit nach dem Ausscheiden eines Geschäftsführers ein **nachvertragliches Wettbewerbsverbot** vereinbart werden. Dabei sind die Grenzen der Sittenwidrigkeit sowie allenfalls §§ 36 f AngG (zB darf die Dauer des Wettbewerbsverbots ein Jahr nicht überschreiten) zu beachten.

(7) Verschwiegenheitspflicht

Eine Verschwiegenheitspflicht des Geschäftsführers ist gesetzlich zwar nicht geregelt, ergibt sich aber aus der Sorgfalts- und Treuepflicht. Demgemäß hat der Geschäftsführer über vertrauliche Angaben Stillschweigen zu bewahren, sodass er Informationen, deren Weitergabe für das Unternehmen nachteilig sein könnte oder die die Gesellschaft nicht weitergeben will, nicht an außenstehende Dritte weitergeben darf.

(8) Auskunftspflicht

Die Geschäftsführer sind der GmbH gegenüber für die Dauer von **fünf Jahren nach Beendigung** ihrer Geschäftsführerfunktion verpflichtet, im Rahmen des Zumutbaren **Auskunft** über die Geschäfte und Vermögenswerte der Gesellschaft zu geben (§ 24a).

i) Haftung

(1) Haftung der Geschäftsführer gegenüber der Gesellschaft

Die Geschäftsführer sind der Gesellschaft gegenüber verpflichtet, bei ihrer Geschäftsführung die **Sorgfalt eines ordentlichen Geschäftsmanns** anzuwenden (§ 25 Abs 1). Es gilt ein objektiver Sorgfaltsmaßstab, sodass subjektiv geringere Fähigkeiten und Kenntnisse nicht eingewendet werden können (1 Ob 144/01k). Vorausgesetzt werden jene Kenntnisse und Fähigkeiten, die der Geschäftszweig der GmbH und die Größe des Unternehmens üblicherweise erfordert (1 Ob 20/03b). Geschäftsführer haben das Unternehmen unter Beachtung aller maßgeblichen Rechtsvorschriften zu leiten, sich stets ein genaues Bild von der Lage des Unternehmens, insbesondere von seiner Liquidität, zu verschaffen und alle Maßnahmen zu treffen, die geeignet sind, eine Schädigung dritter Personen hintanzuhalten (RS0059774). Auch ein – allenfalls die bloße Eigenschaft als „Strohmann" indizierendes – auffallend **geringes Entgelt** entbindet den Geschäftsführer nicht von seinen gesellschaftsrechtlichen Pflichten (6 Ob 139/15g). Ein Geschäftsführer kann sich nicht auf ein Verschulden nachgeordneter Mitarbeiter als anspruchsminderndes Mitverschulden der Gesellschaft berufen; der Geschäftsführer haftet nicht, weil er sich das Verhalten des Mitarbeiters zurechnen lassen müsste, sondern weil ihn eine Eigenhaftung trifft, insbesondere wenn er Überwachungspflichten verletzt (RS0131262).

Ein Geschäftsführer handelt jedenfalls im Einklang mit der Sorgfalt eines ordentlichen Geschäftsmanns, wenn er sich bei einer unternehmerischen Entscheidung nicht von sachfremden Interessen leiten lässt und auf der Grundlage angemessener Information annehmen darf, zum Wohle der Gesellschaft zu handeln (§ 25 Abs 1a). Damit hat der österreichische Gesetzgeber per 1. 1. 2016 mit dem Strafrechtsänderungsgesetz 2015 die **„Business-Judgement-Rule"** eingeführt. Der Wortlaut dieser Bestimmung bringt ihren Safe-Harbor-Charakter zum Ausdruck: Agiert das Organmitglied wie in § 25 Abs 1a beschrieben, handelt es sorgfaltsgemäß und hat keine nachteiligen Rechtsfolgen zu befürchten. Eine **Erfolgshaftung** trifft die Geschäftsführer nämlich **nicht**, denn das unternehmerische Risiko trägt die Gesellschaft (RS0059528).

> **Beachte:**
> Das österreichische Recht hatte zwar bis dato keine Business-Judgement-Rule vorgesehen, doch wurden deren Kriterien schon bisher herangezogen, um die Zulässigkeit unternehmerischen Handelns abzugrenzen: So gestattete der OGH den Organmitgliedern einer Kapitalgesellschaft schon bisher einen weiten unternehmerischen Ermessensspielraum und sah Pflichtverletzungen bei einer „eklatanten" (1 Ob 144/01 k) oder „geradezu unvertretbaren" (7 Ob 58/08t; jeweils zum Aufsichtsrat) Überschreitung des unternehmerischen Freiraums. Zugleich verlangte die Lehre schon bisher, dass Organmitglieder im Vorfeld einer unternehmerischen Entscheidung potenzielle Risiken auf Basis ausreichender Information analysieren, dass ihr Handeln auf keinem Interessenkonflikt beruht und sich aus einer *ex ante*-Sicht am ausschließlichen Gesellschaftswohl orientiert.

Geschäftsführer, die ihre Obliegenheiten verletzen, **haften** grundsätzlich **der Gesellschaft** gegenüber, nicht aber den einzelnen Gesellschaftern (RS0059432), **solidarisch** für den daraus entstandenen Schaden (§ 25 Abs 2). § 84 Abs 2 Satz 2 AktG, der eine Beweislastumkehr hinsichtlich des Verschuldens normiert, ist auf Geschäftsführer einer GmbH analog anzuwenden (RS0121916). Geschäftsführer haben daher zu beweisen, dass sie nicht schuldhaft gehandelt haben (RS0059608); Schaden und Pflichtwidrigkeit muss die Gesellschaft nachweisen (RS0110283).

Die Geschäftsführer sind insbesondere zum Ersatz verpflichtet, wenn

- gegen die Vorschriften des GmbHG oder des Gesellschaftsvertrags Gesellschaftsvermögen verteilt wird, etwa Stammeinlagen an Gesellschafter zurückgezahlt werden (§ 25 Abs 3 Z 1),
- nach dem Zeitpunkt, in dem die Insolvenzeröffnung beantragt hätte werden müssen, Zahlungen geleistet werden (§ 25 Abs 3 Z 2; RS0131905),
- sie ein In-Sich-Geschäft abschließen, ohne vorher die Zustimmung des Aufsichtsrats oder, wenn kein Aufsichtsrat besteht, sämtlicher übriger Geschäftsführer eingeholt zu haben (§ 25 Abs 4).

Handeln die Geschäftsführer in **Befolgung eines Gesellschafterbeschlusses**, haften sie für einen daraus entstehenden Schaden grundsätzlich nicht. Voraussetzung dafür ist allerdings, dass die Weisung verbindlich ist. **Nichtige Weisungsbeschlüsse** sind nicht verbindlich, sodass die Befolgung einer nichtigen Weisung nicht zu einer Entlassung aus der Haftung führt. Allenfalls kann eine Haftung wegen mangelnden Verschuldens des Geschäftsführers zu verneinen sein. Offen ist, ob Weisungen nicht zu befolgen sind, die den Geschäftsführerpflichten widersprechen oder gar die Existenz der Gesellschaft vernichten oder erheblich gefährden, sowie, ob ein **bloß anfechtbarer Weisungsbeschluss** Pflichten auslöst (3 Ob 287/02f). Wurde ein Weisungsbeschluss angefochten oder ist damit zu rechnen, hat der Geschäftsführer wohl nach pflichtgemäßem Ermessen zu entscheiden, ob er die Weisung auszuführen hat oder nicht.

Soweit der **Ersatz zur Befriedigung der Gläubiger** erforderlich ist, ein Gläubiger also von der GmbH nicht volle Befriedigung erhält (§ 25 Abs 5), haftet der Geschäftsführer auch dann, wenn er in Befolgung eines Gesellschafterbeschlusses (einer Weisung) gehandelt hat, unabhängig davon, ob die Weisung nichtig oder wirksam ist.

Für die Geltendmachung von Ersatzansprüchen, die der Gesellschaft aus der Geschäftsführung gegen die Geschäftsführer zustehen, sowie für die Bestellung eines Vertreters zur Prozessführung, wenn die Gesellschaft weder durch die Geschäftsführer noch durch den Aufsichtsrat vertreten werden kann (etwa weil es nur einen Geschäftsführer gibt und dieser von der Gesellschaft in Anspruch genommen wird), ist ein **Gesellschafterbeschluss** erforderlich (§ 35 Abs 1 Z 6; 9 ObA 5/10s). Gesellschafter, deren Stammeinlagen 10 % des Stammkapitals oder 700.000 Euro Nennbetrag erreichen, können Ansprüche gegen Geschäftsführer geltend machen, wenn die Verfolgung dieser Ansprüche mit Gesellschafterbeschluss abgelehnt wurde oder die Beschlussfassung verweigert wurde. Die Leistung hat an die Gesellschaft zu erfolgen (*actio pro socio*; § 48; 6 Ob 122/14f).

Die Ersatzansprüche **verjähren** innerhalb von **fünf Jahren** ab Kenntnis von Schaden und Schädiger (§ 25 Abs 6; 9 ObA 148/05p). Vergleiche und Verzichte haben keine rechtliche Wirkung, soweit der Ersatz zur Befriedigung der Gläubiger erforderlich ist (§ 25 Abs 7 iVm § 10 Abs 6).

> **Beachte:**
> Geschäftsführer haften nach § 25 nur der Gesellschaft gegenüber, nicht aber Gläubigern der Gesellschaft. § 25 ist kein Schutzgesetz iSd § 1311 ABGB zugunsten der Gläubiger der Gesellschaft, sodass § 25 keine taugliche Grundlage für einen unmittelbaren Anspruch eines Gesellschaftsgläubigers gegen einen Geschäftsführer einer GmbH ist (vgl dazu noch Seiten 270 f). Bei absichtlicher sittenwidriger Schädigung durch den Geschäftsführer kann allerdings eine unmittelbare Haftung des Geschäftsführers gegenüber Gesellschaftsgläubigern bestehen.

Neben § 25 sind noch folgende weitere wesentliche **Haftungstatbestände** gesetzlich geregelt:
- Für einen beim Gründungsvorgang durch falsche Angaben verursachten Schaden haften die Geschäftsführer der Gesellschaft solidarisch (§ 10 Abs 4).

- Die Gesellschaft kann bei Verstoß gegen das Wettbewerbsverbot Schadenersatz verlangen (§ 24 Abs 3).
- Die Geschäftsführer können bei unzulässigen Zahlungen an einen Gesellschafter haften (§ 83 Abs 2).

Wird über das Vermögen einer prüfpflichtigen GmbH (vgl § 268 UGB) ein **Insolvenzverfahren** eröffnet, haften die Geschäftsführer gegenüber der GmbH zur ungeteilten Hand, begrenzt mit 100.000 Euro pro Person, für die durch die Insolvenzmasse nicht gedeckten Verbindlichkeiten (**§ 22 URG**), wenn sie innerhalb der letzten zwei Jahre vor dem Antrag auf Eröffnung eines Insolvenzverfahrens

- einen Bericht des Abschlussprüfers erhalten haben, dem zufolge Reorganisationsbedarf zu vermuten ist, und nicht unverzüglich ein Reorganisationsverfahren beantragt oder nicht gehörig fortgesetzt haben oder
- einen Jahresabschluss nicht oder nicht rechtzeitig aufgestellt oder nicht unverzüglich den Abschlussprüfer mit dessen Prüfung beauftragt haben.

Neben der Haftung aus diesen Bestimmungen ist auch eine Haftung aus einem **Anstellungsvertrag** möglich (9 ObA 416/97k).

Die Gläubiger haben keinen unmittelbaren Anspruch darauf, dass die Gesellschaft die Ansprüche gegen die Geschäftsführer verfolgt, um Mittel zur Gläubigerbefriedigung zu erhalten. Gläubiger, die einen Exekutionstitel gegen die Gesellschaft besitzen, können aber Schadenersatzansprüche der Gesellschaft gegen den Geschäftsführer pfänden und sich zur Einziehung überweisen lassen (10 Ob 104/00t).

(2) (Ausnahmsweise) unmittelbare Haftung der Geschäftsführer gegenüber Gesellschaftsgläubigern

Die Geschäftsführer haften grundsätzlich nur der **Gesellschaft** gegenüber. In folgenden Fällen können sie jedoch den **Gläubigern** gegenüber haften (vgl etwa 8 Ob 62/16z):

- Die Geschäftsführer haften solidarisch für einen Schaden, den sie durch schuldhaft **falsche oder verzögerte Anmeldungen zum Firmenbuch** verursacht haben (§ 26 Abs 2).
- Machen die Geschäftsführer bei der Anmeldung einer **Kapitalherabsetzung falsche Angaben** über die Befriedigung oder die Sicherstellung von Gläubigern oder über das Ergebnis des Aufgebotsverfahrens, haften sie den Gläubigern für den dadurch verursachten Schaden solidarisch, soweit die Gläubiger aus dem Gesellschaftsvermögen keine Befriedigung erlangen konnten (§ 56 Abs 3).
- Die Geschäftsführer haften auch für den Schaden, der durch Unterlassung der Anmeldung von Angaben oder durch falsche Angaben über **Einforderungen weiterer Einzahlungen** auf nicht voll eingezahlte Stammeinlagen zum Firmenbuch entsteht (§ 64 Abs 2).

- Die Geschäftsführer der übertragenden Gesellschaft sind bei einer **Verschmelzung** als Gesamtschuldner zum Ersatz jenes Schadens verpflichtet, den die übertragende Gesellschaft, ihre Gesellschafter und ihre Gläubiger durch ihr schuldhaftes Verhalten durch die Verschmelzung erleiden (§ 96 Abs 2 bzw § 234 Abs 2 AktG iVm § 227 AktG).
- Die Geschäftsführer haften neben der GmbH für die **Abgaben** der GmbH insoweit, als die Abgaben nicht eingebracht werden können, weil die Geschäftsführer die ihnen auferlegten Pflichten schuldhaft verletzt haben (§ 9 Abs 1 BAO; siehe auch § 80 BAO).
- Die Geschäftsführer haften neben der GmbH für die von dieser zu entrichtenden **Sozialversicherungsbeiträge** insoweit, als die Beiträge infolge schuldhafter Verletzung der den Geschäftsführern auferlegten Pflichten nicht eingebracht werden können (§ 67 Abs 10 ASVG).
- Eine persönliche Haftung des Geschäftsführers unmittelbar gegenüber den Gesellschaftsgläubigern kann sich aus dem **allgemeinen Schadenersatzrecht** ergeben. Den Geschäftsführer kann etwa eine Haftung treffen, wenn er ein **Schutzgesetz** iSd § 1311 ABGB verletzt, das überwiegend oder ausschließlich dem Gläubigerschutz dient, und damit bei einem Dritten einen Schaden verursacht (RS0023887) oder bei vorsätzlicher sittenwidriger Schädigung (§ 1295 Abs 2 ABGB; 4 Ob 222/18b). Ebenso kann ein Geschäftsführer bei Erfüllung des Tatbestands des § 870 ABGB persönlich herangezogen werden, etwa wenn er durch wissentlich unrichtige Behauptungen über die Vermögenslage der GmbH jemanden dazu veranlasste, der Gesellschaft ein (uneinbringlich gewordenes) Darlehen zu geben (6 Ob 244/17a).

> **Beispiele:**
> Schutzgesetze sind zB § 69 IO (Insolvenzantragspflicht; RS0027441), § 133 StGB (Veruntreuung; 6 Ob 75/18z), § 156 StGB (betrügerische Krida; 3 Ob 29/15h) und § 159 StGB (grob fahrlässige Beeinträchtigung von Gläubigerinteressen; RS0023866); vgl auch RS0023677.

Geschäftsführer können neben der GmbH auch bei **Wettbewerbsverstößen** der GmbH vom Verletzten in Anspruch genommen werden, wenn sie den Wettbewerbsverstoß selbst begangen haben, daran beteiligt waren oder trotz Kenntnis oder fahrlässiger Unkenntnis vom Handeln eines Dritten nichts zur Unterbindung dieser Handlung unternommen haben (RS0079521, RS0079491).

Das **Unterlassen vorvertraglicher Aufklärungspflichten** über die voraussichtliche Insolvenzreife der GmbH kann die persönliche Haftung des Geschäftsführers zur Folge haben, wenn dieser ein persönliches, die Vertragsverhandlungen beeinflussendes Vertrauen des Vertragspartners in Anspruch genommen hat. Das Bestehen eines erheblichen unmittelbaren wirtschaftlichen Eigeninteresses am Vertragsabschluss kann ebenfalls eine Haftung des Geschäftsführers begründen (RS0023622).

j) Entlastung

Die Entlastung ist eine einseitige Erklärung der Gesellschaft, mit der sie ihre Geschäftsführer von Schadenersatzansprüchen befreit, die aus Verstößen der Geschäftsführer erwachsen können (RS0060000, 9 ObA 149/08i; vgl § 35 Abs 1 Z 1). Sie hat in der Regel eine ähnliche Wirkung wie ein Verzicht auf Ersatzansprüche oder ein Anerkenntnis des Nichtbestehens solcher Ansprüche (RS0060007). Mit der Entlastung wird die **Amtsführung der Geschäftsführer genehmigt**. Die Entlastung einzelner Geschäftsführer ist möglich (6 Ob 88/13d). Sie kann für ein einzelnes Geschäft oder für einen bestimmten Zeitraum erteilt werden. In der Regel erfolgt sie für das jeweils abgelaufene Geschäftsjahr. Sie ist eine Ermessensentscheidung der Gesellschafter (6 Ob 22/13y). Geschäftsführer haben keinen Anspruch auf Entlastung. Verweigern die Gesellschafter die Entlastung aber grundlos, kann dies den Geschäftsführer zur Amtsniederlegung und gegebenenfalls zur Geltendmachung von Schadenersatzansprüchen berechtigen.

Sind Ersatzansprüche aus den vorgelegten Unterlagen nicht erkennbar oder sind die Unterlagen nicht vollständig, können Ersatzansprüche auch nach der Entlastung geltend gemacht werden (RS0060019). Dies gilt auch dann, wenn die Geschäftsführer Verstöße verschleiern oder verschweigen. In diesem Rahmen befreit der Entlastungsbeschluss die Geschäftsführer nicht von ihrer Haftung.

Die Entlastung wird durch **Beschluss der Gesellschafter** erteilt. Ein Gesellschafter-Geschäftsführer hat bei der Beschlussfassung über seine Entlastung kein Stimmrecht (vgl § 39 Abs 4). Das Stimmverbot gilt wegen der gemeinsamen Verantwortung der Geschäftsführer grundsätzlich auch bei der Abstimmung über die Entlastung eines Mitgeschäftsführers, außer, wenn ausnahmsweise nicht einmal eine Billigung des Verhaltens des betreffenden Gesellschafter-Geschäftsführers durch den abstimmenden Mitgesellschafter in Frage kommt (RS0129022).

Zu beachten ist, dass die Entlastung insofern nicht wirkt, als Ersatzansprüche zur Befriedigung der Gläubiger erforderlich sind (§ 10 Abs 6 und § 25 Abs 7). Eine endgültige Entlastungswirkung tritt daher erst nach Ablauf der Verjährungsfrist von fünf Jahren ab Kenntnis des Schadens und der Person des Schädigers (§ 25 Abs 6) ein.

Von der Entlastung ist die **Generalbereinigung** zu unterscheiden, mit der die Geschäftsführer von bekannten oder für möglich gehaltenen Ansprüchen freigestellt werden sollen. Die Generalbereinigung wird als Verzicht oder als Vergleich qualifiziert.

2. Aufsichtsrat

a) Obligatorischer Aufsichtsrat

Ein Aufsichtsrat muss bestellt werden, wenn
- das Stammkapital **70.000 Euro** und die Anzahl der **Gesellschafter** (nicht der Arbeitnehmer) **50 übersteigen** (§ 29 Abs 1 Z 1), oder
- die Anzahl der **Arbeitnehmer im Durchschnitt 300 übersteigt** (§ 29 Abs 1 Z 2), außer die Gesellschaft steht unter einheitlicher Leitung einer aufsichtsratspflichtigen Kapitalgesellschaft oder wird von einer solchen aufgrund einer unmittelbaren Beteiligung von mehr als 50 % beherrscht, und die Anzahl der Arbeitnehmer der Gesellschaft übersteigt im Durchschnitt nicht 500 (§ 29 Abs 2 Z 1), oder
- die GmbH selbst andere Gesellschaften **einheitlich leitet** (Konzern), die Untergesellschaften aufsichtsratspflichtig sind und die Anzahl der **Arbeitnehmer aller Gesellschaften** zusammen **300 übersteigt** (§ 29 Abs 1 Z 3), oder
- die GmbH persönlich haftender Gesellschafter einer KG ist (**GmbH & Co KG**) und die Anzahl der **Arbeitnehmer** in ihrem Unternehmen und im Unternehmen der KG im Durchschnitt zusammen **300 übersteigt** (§ 29 Abs 1 Z 4), außer neben der GmbH ist eine natürliche Person, die von der Vertretung der KG nicht ausgeschlossen ist, persönlich haftender Gesellschafter der KG (§ 29 Abs 2 Z 2),
- bei einer aus einer grenzüberschreitenden Verschmelzung hervorgehenden Gesellschaft aufgrund des VIII. Teiles des ArbVG Arbeitnehmern Mitbestimmungsrechte im Aufsichtsrat zukommen (§ 29 Abs 1 Z 5), oder
- die Gesellschaft die Merkmale des § 189a Z 1 lit. a oder lit. d UGB hat (**Unternehmen von öffentlichem Interesse**).

Der Durchschnitt der Arbeitnehmeranzahl bestimmt sich nach den Arbeitnehmeranzahlen an den jeweiligen Monatsletzten innerhalb des vorangegangenen Kalenderjahres (§ 29 Abs 3). Die Geschäftsführer einer GmbH, bei der die Anzahl der Arbeitnehmer für die Aufsichtsratspflicht maßgeblich ist, haben jeweils am 1. Jänner eines Jahres den Durchschnitt der Arbeitnehmer im vergangenen Jahr festzustellen und dem Gericht bei Überschreiten der Durchschnittszahl von 300 bzw 500 dies mitzuteilen (§ 29 Abs 4; „Jännerliste").

Darüber hinaus kann ein Aufsichtsrat im Liquidationsverfahren bei Auflösung durch Verfügung einer Verwaltungsbehörde (§ 94 Abs 2) oder nach anderen gesetzlichen Vorschriften einzurichten sein, etwa für gemeinnützige Bauvereinigungen (§ 12 WGG), Verwaltungsgesellschaften nach dem InvFG 2011 (§ 6 Abs 2 Z 3 InvFG 2011) oder Glücksspielgesellschaften (§ 14 Abs 2 Z 1 GlücksspielG).

b) Fakultativer Aufsichtsrat

Sieht das Gesetz keine zwingende Bestellung eines Aufsichtsrats vor, kann die Bestellung eines Aufsichtsrats im Gesellschaftsvertrag festgesetzt werden (§ 29 Abs 6). Die nachträgliche Einführung eines solchen fakultativen Aufsichtsrats bedarf – obwohl eine Satzungsänderung – nur der einfachen Mehrheit (§ 50 Abs 2).

Wird ein fakultativer Aufsichtsrat bestellt, sind dennoch die **zwingenden gesetzlichen Bestimmungen zu beachten**, wie etwa § 110 ArbVG über die Entsendung von Arbeitnehmervertretern. Die zwingenden gesetzlichen Bestimmungen sind auch dann einzuhalten, wenn das Gremium zwar anders bezeichnet wird (etwa Beirat oder Verwaltungsrat), diesem allerdings die Kernkompetenzen eines Aufsichtsrats zugeordnet sind (9 ObA 130/05s; strittig).

> **Beachte:**
> Bei der Einrichtung eines Beirats ist daher darauf zu achten, welche Kompetenzen diesem übertragen werden. Denn davon ist abhängig, ob auf ihn die zwingenden gesetzlichen Bestimmungen über den Aufsichtsrat anzuwenden sind oder nicht.

Die Mitglieder eines fakultativen Aufsichtsrats haben **im gleichen Umfang Rechte und Pflichten** wie die Mitglieder eines obligatorischen Aufsichtsrats (1 Ob 144/01k). Auch die Haftung besteht im selben Umfang.

c) Aufsichtsratsmitglieder

(1) Zahl der Aufsichtsratsmitglieder

Der Aufsichtsrat hat aus mindestens **drei** Mitgliedern zu bestehen (§ 30). Die Mindestzahl von drei Aufsichtsratsmitgliedern betrifft **Kapitalvertreter**, also durch Gesellschafter bestellte oder entsandte Aufsichtsratsmitglieder und nicht vom Betriebsrat entsandte Arbeitnehmervertreter. Soweit im Gesellschaftsvertrag nichts anderes vorgesehen ist, können auch mehr Mitglieder bestellt werden. Im Gesellschaftsvertrag können eine bestimmte Anzahl oder eine variable Regelung vorgesehen werden. Empfehlenswert ist, im Gesellschaftsvertrag eine variable Regelung vorzusehen, weil in diesem Fall nicht bei jeder Änderung der Anzahl der Mitglieder des Aufsichtsrats der Gesellschaftsvertrag zu ändern ist.

> **Rechtsformunterschied:**
> Bei der GmbH ist im Gesetz keine Höchstzahl für Aufsichtsratsmitglieder vorgesehen. Demgegenüber bestimmt § 86 Abs 1 AktG, dass der Aufsichtsrat aus höchstens 20 Mitgliedern bestehen darf.

> **Beachte:**
> § 86 Abs 7 bis 9 AktG gilt bei der GmbH sinngemäß, sodass der Aufsichtsrat zu mindestens 30 % aus Frauen und zu mindestens 30 % aus Männern bestehen muss, wenn
> - bei der Gesellschaft dauernd mehr als 1.000 Arbeitnehmer beschäftigt sind,
> - der Aufsichtsrat aus mindestens sechs Mitgliedern (Kapitalvertretern) besteht und
> - die Belegschaft zu mindestens 20 % aus Arbeitnehmerinnen beziehungsweise Arbeitnehmern besteht.
>
> Diese Regelung wurde durch das Gleichstellungsgesetz von Frauen und Männern im Aufsichtsrat per 1. 1. 2018 eingeführt (vgl Seite 381).

Besteht ein (Zentral-)**Betriebsrat**, kann dieser aus dem Kreis der Betriebsratsmitglieder für je zwei nach dem GmbHG oder dem Gesellschaftsvertrag bestellte Aufsichtsratsmitglieder (Kapitalvertreter) einen **Arbeitnehmervertreter** in den Aufsichtsrat entsenden. Bei einer ungeraden Anzahl der bestellten Aufsichtsratsmitglieder ist ein weiterer Arbeitnehmervertreter zu entsenden (§ 110 Abs 1 iVm Abs 5 Z 1 ArbVG; **Drittelparität**). Ein Aufsichtsrat in einer mitbestimmungspflichtigen Gesellschaft besteht daher aus mindestens fünf Mitgliedern (drei Kapitalvertreter und zwei Arbeitnehmervertreter).

(2) Voraussetzungen

Mitglieder des Aufsichtsrats müssen natürliche Personen sein (§ 30a). Ein Aufsichtsratsmitglied kann **nicht zugleich Geschäftsführer** oder dauernd Vertreter von Geschäftsführern **der Gesellschaft oder deren Tochterunternehmen** sein (§ 30e Abs 1; dass ein Geschäftsführer einer Tochtergesellschaft Aufsichtsratsmitglied der Muttergesellschaft wird, ist nach § 30a Abs 2 Z 2 untersagt; dazu gleich). Dahinter steht die Überlegung, dass sich niemand selbst überwachen soll. Für einen im Voraus begrenzten Zeitraum können einzelne Aufsichtsratsmitglieder durch Gesellschafterbeschluss zu Vertretern von verhinderten Geschäftsführern, etwa bei Krankheit oder Abwesenheit, aber auch Tod, Abberufung oder Amtsniederlegung, bestellt werden. In dieser Zeit dürfen sie keine Tätigkeit als Aufsichtsratsmitglied ausüben (§ 30e Abs 2).

Angestellte einer Gesellschaft dürfen ebenfalls **nicht** Mitglieder des Aufsichtsrats sein, weil Geschäftsführer Angestellten Weisungen erteilen können und Angestellte daher als Aufsichtsratsmitglieder die Kontrolle über die Geschäftsführung nicht unabhängig ausüben könnten. Diese Regelung gilt allerdings nicht für die Arbeitnehmervertreter. Im Gesellschaftsvertrag können weitere Erfordernisse, etwa eine bestimmte Ausbildung oder ein Mindestalter, vorgesehen werden.

Nach § 30a Abs 2 kann **nicht** Mitglied des Aufsichtsrats sein, wer
- bereits in zehn Kapitalgesellschaften Aufsichtsratsmitglied ist. Dabei ist die Tätigkeit als Vorsitzender des Aufsichtsrats doppelt auf diese Höchstzahl anzurechnen (Z 1; **Mandatshöchstzahl**);
- gesetzlicher Vertreter (also insbesondere Geschäftsführer oder Vorstand) eines Tochterunternehmens der Gesellschaft ist (Z 2; **Verbot der Organbestellung gegen das Organisationsgefälle**; RS0122605); dies hat folgenden Hintergrund: einerseits ist das Aufsichtsratsmitglied, das „seine" Geschäftsführer kontrollieren soll, diesen in seiner zweiten Funktion als Geschäftsführer der Tochtergesellschaft gewissermaßen „untergeordnet", was Interessenkonflikte nach sich ziehen kann. Andererseits übt das Aufsichtsratsmitglied letztlich eine unerwünschte mittelbare Selbstkontrolle der eigenen Tätigkeit im Tochterunternehmen aus (6 Ob 34/08f); oder
- gesetzlicher Vertreter einer anderen Kapitalgesellschaft ist, deren Aufsichtsrat ein Geschäftsführer der Gesellschaft angehört, es sei denn, eine der Gesellschaften ist mit der anderen konzernmäßig verbunden oder an ihr unternehmerisch beteiligt (Z 3; **Verbot der Überkreuzverflechtung**). Zweck des Verbots der Überkreuzverflechtung ist, dass derjenige, der andere Personen überwacht, nicht selbst von einer der überwachten Personen überwacht werden darf. Eine Ausnahme gilt für Konzerne, weil das auf Dauer angelegte wirtschaftliche Interesse im Konzern eine effiziente Überwachung gewährleisten soll.

Beachte:
Grundsätzlich unzulässig ist demnach folgende Konstellation, es sei denn, A und B hätten zB eine gemeinsame Muttergesellschaft:

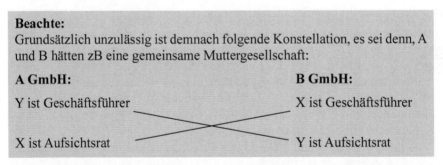

Auf die Höchstzahlen nach § 30a Abs 2 Z 1 sind bis zu zehn Sitze in Aufsichtsräten, in die das Mitglied gewählt oder entsandt ist, um die wirtschaftlichen Interessen eines mit der Gesellschaft konzernmäßig verbundenen oder an ihr unternehmerisch beteiligten Unternehmens zu wahren, nicht anzurechnen (§ 30a Abs 3; **Konzernprivileg**). In diesem Fall können daher bis zu 20 Aufsichtsratsmandate ausgeübt werden.

Der Tätigkeit als Aufsichtsratsmitglied ist die Tätigkeit als Verwaltungsratsmitglied einer SE (§§ 38 ff SEG) gleichzuhalten (§ 30a Abs 4).

Hat eine Person bereits so viele oder mehr Sitze in Aufsichtsräten inne, als gesetzlich zulässig ist, kann sie in den Aufsichtsrat einer Gesellschaft erst berufen werden, sobald hierdurch die gesetzliche Höchstzahl nicht mehr überschritten wird (§ 30a Abs 5).

(3) Bestellung und Entsendung von Aufsichtsratsmitgliedern

> Mitglied eines Aufsichtsrats kann man werden aufgrund einer
> - Bestellung durch Gesellschafterbeschluss,
> - Entsendung durch Gesellschafter, wenn ein solches Recht im Gesellschaftsvertrag eingeräumt wurde,
> - Bestellung durch Gericht oder
> - Entsendung durch Betriebsrat (Arbeitnehmervertreter).

Die Aufsichtsratsmitglieder werden in der Regel durch **Gesellschafterbeschluss**, für den mangels abweichender Regelung im Gesellschaftsvertrag **einfache Mehrheit** erforderlich ist, gewählt (§ 30b Abs 1). Selbstwahl ist zulässig (§ 39 Abs 5). Damit die Aufsichtsratsmitglieder wirksam bestellt sind, müssen sie die Wahl **annehmen**. Mit der Annahme entsteht eine schuldrechtliche Beziehung, in der Regel ein Auftragsverhältnis, zwischen Aufsichtsratsmitgliedern und der GmbH.

Sind mehrere Aufsichtsratsmandate zu besetzen, ist eine En-bloc-Abstimmung möglich, dh die Wahl mehrerer Aufsichtsratsmitglieder mit einer Abstimmung. Gesellschafter, die zusammen mindestens ein **Drittel** des bei der Generalversammlung vertretenen Stammkapitals repräsentieren, können – sofern wenigstens drei Aufsichtsratsmitglieder in derselben Generalversammlung zu wählen sind – die **gesonderte Wahl** für jedes zu bestellende Mitglied verlangen. Ergibt sich dann vor der Wahl des letzten zu bestellenden Mitglieds, dass wenigstens ein Drittel der abgegebenen Stimmen bei allen vorangegangenen Wahlen zugunsten derselben Person, aber ohne Erfolg abgegeben worden ist, muss diese Person ohne weitere Abstimmung als gewählt erklärt werden (§ 30b Abs 1). Damit kann ein Drittel des bei der Generalversammlung vertretenen Stammkapitals – auch gegen den Willen der Mehrheit – zumindest ein Aufsichtsratsmitglied wählen, wenn in einer Generalversammlung wenigstens drei Aufsichtsratsmitglieder zu wählen sind.

Die für die Wahl vorgeschlagenen Personen haben vor der Wahl den Gesellschaftern ihre fachliche Qualifikation, ihre beruflichen oder vergleichbaren Funktionen sowie alle Umstände darzulegen, welche die Besorgnis einer Befangenheit begründen könnten (§ 30b Abs 1a).

Der Gesellschaftsvertrag kann

- bestimmten, namentlich bezeichneten Gesellschaftern oder
- den jeweiligen Inhabern bestimmter Geschäftsanteile

das Recht einräumen, einzelne oder alle Mitglieder in den Aufsichtsrat zu **entsenden** (§ 30c Abs 1). Das Entsendungsrecht kann nur den Inhabern **vinkulier-**

ter **Geschäftsanteile**, also solcher Geschäftsanteile, deren Übertragung an die Zustimmung der Gesellschaft gebunden ist, eingeräumt werden (§ 30c Abs 2).

> **Rechtsformunterschied:**
> Bei der AG darf die Gesamtzahl der entsandten Mitglieder die Hälfte aller Aufsichtsratsmitglieder nicht übersteigen, bei börsenotierten AG darf sie ein Drittel nicht übersteigen (§ 88 Abs 1 AktG). Bei der GmbH ist im Gegensatz dazu keine solche Grenze vorgesehen.

Die Bestellung von Aufsichtsratsmitgliedern kann auch durch das Gericht erfolgen. Das **Gericht** hat auf Antrag

- der Geschäftsführer, die bei Vorliegen der Voraussetzungen verpflichtet sind, den Antrag zu stellen,
- eines Aufsichtsratsmitglieds oder
- eines Gesellschafters

so viele Aufsichtsratsmitglieder zu bestellen, wie für die Beschlussfähigkeit erforderlich sind, wenn dem Aufsichtsrat länger als drei Monate weniger als die zur Beschlussfähigkeit nötige Zahl von Mitgliedern angehört (§ 30d). Die Rechtsstellung der gerichtlich bestellten Aufsichtsratsmitglieder ist mit jener gewählter Aufsichtsratsmitglieder identisch. Wenn ein Aufsichtsrat nach Gesetz oder Gesellschaftsvertrag bestellt werden muss, hat das Gericht die Bestellung **von Amts wegen** vorzunehmen. Sind die Voraussetzungen weggefallen, hat das Gericht die von ihm bestellten Mitglieder wieder **abzuberufen.**

Arbeitnehmervertreter werden vom Betriebsrat bzw Zentralbetriebsrat aus dem Kreis der Betriebsratsmitglieder entsandt (§ 110 ArbVG iVm §§ 1, 15 AufsichtsratsVO). Voraussetzung ist daher, dass ein Betriebsrat besteht. Der Vorsitzende des Betriebsrats bzw Zentralbetriebsrats hat die Entsendung an den Vorsitzenden des Aufsichtsrats mitzuteilen. Mit dieser Mitteilung beginnt die Mitgliedschaft der Arbeitnehmervertreter im Aufsichtsrat (§ 8a AufsichtsratsVO).

(4) Dauer und Beendigung

Die Funktion eines **gewählten Aufsichtsratsmitglieds** beginnt mit der **Annahme** des Bestellungsbeschlusses durch das Aufsichtsratsmitglied. Sie endet spätestens mit dem Gesellschafterbeschluss, der über die Entlastung für das vierte Geschäftsjahr nach der Wahl beschließt. Dabei wird das Geschäftsjahr, in dem das Aufsichtsratsmitglied gewählt wurde, nicht mitgerechnet (§ 30b Abs 2). Daraus ergibt sich in der Regel eine Bestelldauer von **rund fünf Jahren**. Im Gesellschaftsvertrag oder bei der Wahl kann eine kürzere als die im Gesetz vorgesehene Funktionsdauer festgelegt werden.

Die Bestellung zum gewählten Aufsichtsratsmitglied kann vor Ablauf der Funktionsperiode durch einen Gesellschafterbeschluss mit **Dreiviertelmehr-**

heit, soweit im Gesellschaftsvertrag nicht Abweichendes geregelt ist, **widerrufen** werden (§ 30b Abs 3).

Die Bestellung des **ersten Aufsichtsrats** gilt bis zum Gesellschafterbeschluss, mit dem nach Ablauf eines Jahres seit der Eintragung der Gesellschaft in das Firmenbuch über die Entlastung beschlossen wird. Die Bestellung kann vor Ablauf dieses Zeitraums durch Gesellschafterbeschluss mit **einfacher Mehrheit** widerrufen werden (§ 30b Abs 4).

Im Unterschied zu gewählten Aufsichtsratsmitgliedern ist die Amtszeit der von Gesellschaftern **entsandten Aufsichtsratsmitgliedern** nicht beschränkt. Sie bleiben daher so lange Aufsichtsratsmitglieder, bis sie jener Gesellschafter, der sie entsandt hat, wieder **abberuft** (§ 30c Abs 3). Sind die Voraussetzungen des Entsendungsrechts weggefallen, endet die Amtszeit des entsandten Aufsichtsratsmitglieds nicht automatisch. Es kann aber durch Gesellschafterbeschluss mit einfacher Mehrheit abberufen werden (§ 30c Abs 4).

Das **Gericht** hat ein gewähltes oder von einem Gesellschafter entsandtes Aufsichtsratsmitglied **abzuberufen**, wenn dies eine Minderheit von Gesellschaftern beantragt, die gemeinsam 10 % des Stammkapitals repräsentieren, und ein wichtiger Grund vorliegt (§ 30b Abs 5).

Die **Niederlegung** des Aufsichtsratsmandats ist zulässig. Liegt kein wichtiger Grund vor, darf die Niederlegung aber nicht zur Unzeit erfolgen.

Die Mitgliedschaft der **Arbeitnehmervertreter** endet mit ihrer Mitgliedschaft zum Betriebsrat, wenn sie vom Betriebsrat bzw Zentralbetriebsrat durch Mehrheitsbeschluss abberufen werden, sie die Voraussetzungen für die Entsendung nicht mehr erfüllen oder sie zurücktreten (§ 110 Abs 3 ArbVG; §§ 9 f AufsichtsratsVO).

Die Geschäftsführer haben das Hinzukommen und das Ausscheiden von Aufsichtsratsmitgliedern unverzüglich mit Angabe von Namen und Geburtsdatum zur Eintragung in das **Firmenbuch** anzumelden (§ 30f Abs 1).

(5) Vergütung

Den Aufsichtsratsmitgliedern kann für ihre Tätigkeit eine Vergütung gewährt werden (§ 31 Abs 1). Die Vergütung hat mit den Aufgaben und mit der Lage der Gesellschaft in Einklang zu stehen. Die Vergütung kann im Gesellschaftsvertrag, durch Gesellschafterbeschluss sowie in einer Vereinbarung zwischen der Gesellschaft und dem Aufsichtsratsmitglied festgelegt werden. Die Arbeitnehmervertreter im Aufsichtsrat üben ihre Funktion ehrenamtlich aus. Sie haben Anspruch auf Ersatz der angemessenen Barauslagen (§ 110 Abs 3 ArbVG).

d) Organisation

Die Organisation des Aufsichtsrats kann in einer **Geschäftsordnung** geregelt werden. Die Geschäftsordnung kann im Gesellschaftsvertrag, durch Gesellschafterbeschluss oder durch Aufsichtsratsbeschluss festgelegt werden. Wird die Geschäftsordnung im Gesellschaftsvertrag festgelegt, ist zu beachten, dass Änderungen der Geschäftsordnung einer Änderung des Gesellschaftsvertrags bedürfen.

> **Beispiel:**
> In einer Geschäftsordnung eines Aufsichtsrats können insbesondere Regelungen über die Zusammensetzung, Aufgaben, Einberufung, Sitzungen, Beschlussfassung und Ausschüsse enthalten sein.

(1) Vorsitz

Aus der Mitte des Aufsichtsrats sind ein **Vorsitzender** und mindestens ein Stellvertreter zu bestellen (§ 30g Abs 1). Die Geschäftsführer haben zum Firmenbuch anzumelden, wer diese Funktionen ausübt. Der Vorsitzende hat die Tätigkeit des Aufsichtsrats zu leiten, also etwa Sitzungen einzuberufen.

(2) Sitzungen des Aufsichtsrats

Die **Einberufung** von Aufsichtsratssitzungen erfolgt grundsätzlich durch den **Aufsichtsratsvorsitzenden**. Dieser hat unverzüglich den Aufsichtsrat einzuberufen, wenn ein Aufsichtsratsmitglied oder die Geschäftsführer dies unter Angabe des Zwecks und der Gründe verlangen. Die Sitzung muss binnen zwei Wochen nach der Einberufung stattfinden (§ 30i Abs 1). Haben zwei Aufsichtsratsmitglieder oder die Geschäftsführer die Einberufung einer Aufsichtsratssitzung verlangt und beruft der Aufsichtsratsvorsitzende dennoch den Aufsichtsrat nicht ein, können die Antragsteller dies selbst tun (§ 30i Abs 2).

Weder Form noch Einberufungsfrist sind im Gesetz festgelegt. Es empfiehlt sich daher, im Gesellschaftsvertrag oder in einer Geschäftsordnung Form und Einberufungsfrist zu regeln. Die Einberufung hat insbesondere Ort und Zeit der Sitzung sowie eine Tagesordnung zu enthalten.

Der Aufsichtsrat muss mindestens vier Mal im Geschäftsjahr eine **Sitzung** abhalten, wobei die Sitzungen **vierteljährlich** (also in jedem Dreimonatszeitraum) stattzufinden haben (§ 30i Abs 3). Nicht zulässig wäre daher, vier Sitzungen im Zeitraum Jänner bis März abzuhalten und im restlichen Jahr keine Aufsichtsratssitzung mehr anzuberaumen. Diese Vorschrift ist zwingend. Bloße Information einzelner Aufsichtsratsmitglieder kann Aufsichtsratssitzungen nicht ersetzen (1 Ob 144/01k).

Die Aufsichtsratsmitglieder haben **persönlich** an den Sitzungen **teilzunehmen**. Im Gesellschaftsvertrag kann aber vorgesehen sein, dass ein Aufsichtsratsmitglied ein anderes schriftlich mit seiner Vertretung bei einer einzelnen Sitzung beauftragen kann (§ 30j Abs 6).

An Sitzungen des Aufsichtsrats und seiner Ausschüsse dürfen Personen, die weder dem Aufsichtsrat angehören noch Geschäftsführer sind, **nicht teilneh-**

men (§ 30h Abs 1). Sachverständige und Auskunftspersonen können jedoch zur Beratung über einzelne Gegenstände zugezogen werden. Protokollführer können zugelassen werden, wenn sich kein Aufsichtsratsmitglied dagegen ausspricht. Der Abschlussprüfer hat an Sitzungen, die sich mit der Prüfung des Jahresabschlusses (Konzernabschlusses), des Vorschlags für die Gewinnverteilung und des Lageberichts beschäftigen, teilzunehmen (§ 30h Abs 1). Andere Personen sind von der Teilnahme an Aufsichtsratssitzungen grundsätzlich ausgeschlossen.

Der Vorsitzende oder sein Stellvertreter haben dafür zu sorgen, dass über die Verhandlungen und Beschlüsse in Aufsichtsratssitzungen ein **Sitzungsprotokoll** angefertigt wird (§ 30g Abs 2).

(3) Aufsichtsratsbeschlüsse

Aufsichtsratsbeschlüsse werden durch Abstimmung in der **Aufsichtsratssitzung** gefasst. Weiters sind Beschlussfassungen außerhalb von Sitzungen durch **schriftliche Stimmabgabe** zulässig, wenn kein Mitglied diesem Verfahren widerspricht (§ 30g Abs 3). Dasselbe gilt für fernmündliche (also per Telefon) oder andere vergleichbare Formen (etwa E-Mail).

In **Sitzungen** ist der Aufsichtsrat nur dann beschlussfähig, wenn an der Sitzung mindestens **drei Mitglieder teilnehmen** (§ 30g Abs 5). Der Gesellschaftsvertrag kann eine höhere Zahl festsetzen. Vertretene Aufsichtsratsmitglieder werden für die Feststellung der Beschlussfähigkeit nicht mitgezählt (§ 30j Abs 6). Bei der Feststellung der Beschlussfähigkeit werden daher nur körperlich anwesende Mitglieder gezählt. Einzelne Mitglieder des Aufsichtsrats können schriftlich, fernmündlich oder in einer anderen vergleichbaren Form ihre Stimme abgeben, wenn der Gesellschaftsvertrag oder der Aufsichtsrat dies vorsieht (§ 30g Abs 5).

Mangels abweichender Regelung im Gesellschaftsvertrag entscheidet die **einfache Mehrheit** der abgegebenen Stimmen. Jedes Aufsichtsratsmitglied verfügt über eine Stimme. Einem Aufsichtsratsmitglied steht kein Stimmrecht zu, wenn über ein Rechtsgeschäft zwischen der Gesellschaft und ihm oder über die Einleitung oder Beilegung eines Rechtsstreits zwischen der Gesellschaft und ihm ein Beschluss zu fassen ist. Auch bei sonstigen Interessenkonflikten kann ein Stimmverbot in Betracht kommen.

Das GmbHG enthält keine Regelungen über die **Fehlerhaftigkeit von Aufsichtsratsbeschlüssen**. Nach hM sind Aufsichtsratsbeschlüsse entweder wirksam oder unwirksam/nichtig. Die Nichtigkeit von Aufsichtsratsbeschlüssen kann mit einer Feststellungsklage nach § 228 ZPO festgestellt werden. Eine Anfechtungsklage analog § 41 wird überwiegend abgelehnt (vgl dazu 5 Ob 554/94). Nach aA kommt eine analoge Anwendung von § 41 in Betracht, sodass – wie bei Gesellschafterbeschlüssen – zwischen nichtigen und anfechtbaren Beschlüssen zu unterscheiden ist.

(4) Ausschüsse

Der Aufsichtsrat kann aus seiner Mitte einen oder mehrere **Ausschüsse** bestellen, insbesondere um Verhandlungen und Beschlüsse vorzubereiten oder die Ausführung seiner Beschlüsse zu überwachen (§ 30g Abs 4). Einem Ausschuss haben mindestens zwei Mitglieder anzugehören. Die entsandten Arbeitnehmervertreter haben Anspruch darauf, dass in jedem Ausschuss des Aufsichtsrats nach dem Grundsatz der Drittelparität Mitglieder Sitz und Stimme haben, sodass die Mindestanzahl an Ausschussmitgliedern in arbeitnehmermitbestimmten Aufsichtsräten drei beträgt, nämlich zwei Kapitalvertreter und ein Arbeitnehmervertreter (§ 110 Abs 4 ArbVG hat § 30g Abs 4, der vorsieht, dass die Arbeitnehmervertreter [nur] Anspruch auf mindestens ein Ausschussmitglied haben, materiell derogiert). Nur bei Sitzungen und Abstimmungen, welche die Beziehungen zwischen der Gesellschaft und den Geschäftsführern betreffen, sind die Arbeitnehmervertreter nicht beizuziehen (§ 30g Abs 4).

Ein Ausschuss ist nur dann beschlussfähig, wenn an der **Sitzung** mindestens drei Mitglieder teilnehmen. Der Gesellschaftsvertrag kann eine höhere Zahl festsetzen. Besteht der Ausschuss aus weniger als drei Mitgliedern, ist der Ausschuss beschlussfähig, wenn sämtliche Ausschussmitglieder anwesend sind (§ 30g Abs 5).

In (i) Gesellschaften iSd § 189a Z 1 lit a und lit d UGB (Unternehmen von öffentlichem Interesse, va kapitalmarktorientierte Gesellschaften) sowie (ii) aufsichtsratspflichtigen (§ 29) großen Gesellschaften, bei denen das Fünffache eines der in Euro ausgedrückten Größenmerkmale einer großen Gesellschaft überschritten wird (fünffach große Gesellschaften, also Gesellschaften, die groß iSd § 221 Abs 3 erster Satz UGB sind und zusätzlich 100 Mio Euro Bilanzsumme oder 200 Mio Euro Umsatzerlöse in den letzten zwölf Monaten vor dem Abschlussstichtag überschreiten) ist ein **Prüfungsausschuss** zu bestellen (§ 30g Abs 4a). Eine Ausnahme von der Verpflichtung zur Einrichtung eines Prüfungsausschusses besteht für Gesellschaften, an denen ein Mutterunternehmen unmittelbar oder mittelbar mehr als 75 % der Anteile hält; diese müssen nämlich keinen Prüfungsausschuss bestellen, sofern das Mutterunternehmen einen solchen bestellt hat und dieser auch die Aufgaben eines Prüfungsausschusses im Tochterunternehmen wahrnimmt. Die Bestellung eines Prüfungsausschusses kann bei fünffach großen Gesellschaften auch unterbleiben, wenn der Aufsichtsrat aus nicht mehr als vier Mitgliedern (Kapitalvertreter) besteht, wie ein Prüfungsausschuss zusammengesetzt ist und dessen Aufgaben und sonstige Pflichten wahrnimmt.

Dem Prüfungsausschuss muss ein **Finanzexperte** angehören. Das ist eine Person, die über den Anforderungen des Unternehmens entsprechende Kenntnisse und praktische Erfahrung im Finanz- und Rechnungswesen und in der Berichterstattung verfügt.

Der Vorsitzende des Prüfungsausschusses und der Finanzexperte müssen **unabhängig** und unbefangen sein, dürfen also zB nicht in den letzten drei

Jahren Geschäftsführer, leitender Angestellter oder Abschlussprüfer der Gesellschaft gewesen sein.

Aufgabe des Prüfungsausschusses ist zB die Prüfung des Jahresabschlusses, des Vorschlags für die Gewinnverteilung und des Lageberichts sowie die Erstattung des Berichts über die Prüfungsergebnisse an den Aufsichtsrat, die Überwachung der Abschlussprüfung, die Überwachung des Rechnungslegungsprozesses sowie die Erteilung von Empfehlungen oder Vorschlägen zur Gewährleistung seiner Zuverlässigkeit, die Überwachung der Wirksamkeit des internen Kontrollsystems sowie die Vorbereitung eines Vorschlags für die Auswahl des Abschlussprüfers (§ 30g Abs 4a).

Der Abschlussprüfer ist den Sitzungen des Prüfungsausschusses, die sich mit der Prüfung des Jahresabschlusses (Konzernabschlusses) beschäftigen, zuzuziehen und hat über die Abschlussprüfung zu berichten.

e) Aufgaben

(1) Überwachung der Geschäftsführer

Hauptaufgabe des Aufsichtsrats ist es, die **Geschäftsführung** hinsichtlich Rechtmäßigkeit, Zweckmäßigkeit und Wirtschaftlichkeit zu **überwachen** (§ 30j Abs 1; RS0049302). Zu diesem Zweck haben die Geschäftsführer dem Aufsichtsrat nach § 28a Abs 1 Jahres-, Quartals- und Sonderberichte zu erstatten und sind gehalten, dem Aufsichtsrat von sich aus zu berichten, wenn dies erforderlich ist. Der Aufsichtsrat kann als Organ von den Geschäftsführern jederzeit einen **Bericht** über die Angelegenheiten der Gesellschaft verlangen. Stellt ein einzelnes Aufsichtsratmitglied ein solches Verlangen, sind die Geschäftsführer zur Berichterstattung nur dann verpflichtet, wenn das Verlangen von einem weiteren Aufsichtsratmitglied unterstützt wird. Keiner Unterstützung bedarf ein Verlangen des Aufsichtsratsvorsitzenden (§ 30j Abs 2).

Der Aufsichtsrat kann weiters die Bücher und Schriften der Gesellschaft sowie die Vermögensgegenstände einsehen und prüfen (§ 30j Abs 3).

Rechtsformunterschied:
Bei der AG gehört zu den Aufgaben des Aufsichtsrats weiters, den Vorstand zu bestellen und abzuberufen. Demgegenüber erfolgen die Bestellung und Abberufung der Geschäftsführer bei der GmbH durch Beschluss der Gesellschafter.

(2) Einberufung einer Generalversammlung

Der Aufsichtsrat hat eine Generalversammlung einzuberufen, wenn es das Wohl der Gesellschaft erfordert (§ 30j Abs 4).

(3) Genehmigungspflichtige Geschäfte

Folgende Geschäfte dürfen nur mit Zustimmung des Aufsichtsrats vorgenommen werden, wobei das „sollen" im Gesetz als „dürfen" zu verstehen ist (§ 30j Abs 5):

- der Erwerb und die Veräußerung von **Beteiligungen** sowie der Erwerb, die Veräußerung und die Stilllegung von Unternehmen und Betrieben; im Gesellschaftsvertrag können hierfür Betragsgrenzen vorgesehen werden (Z 1);
- der Erwerb, die Veräußerung und die Belastung von **Liegenschaften**, soweit dies nicht zum gewöhnlichen Geschäftsbetrieb gehört; in den Gesellschaftsvertrag können hierfür Betragsgrenzen aufgenommen werden (Z 2);
- die Errichtung und die Schließung von **Zweigniederlassungen** (Z 3);
- **Investitionen**, die bestimmte Anschaffungskosten im Einzelnen und insgesamt in einem Geschäftsjahr übersteigen; hierfür sind im Gesellschaftsvertrag Betragsgrenzen festzulegen (Z 4);
- die **Aufnahme von Anleihen, Darlehen und Krediten**, die einen bestimmten Betrag im Einzelnen und insgesamt in einem Geschäftsjahr übersteigen; auch hierfür sind im Gesellschaftsvertrag Betragsgrenzen festzulegen (Z 5);
- die **Gewährung von Darlehen und Krediten**, soweit sie nicht zum gewöhnlichen Geschäftsbetrieb gehört; hiefür sind ebenfalls Betragsgrenzen im Gesellschaftsvertrag festzulegen (Z 6);
- die Aufnahme und Aufgabe von **Geschäftszweigen** und Produktionsarten (Z 7);
- die Festlegung allgemeiner Grundsätze der **Geschäftspolitik** (Z 8);
- die Festlegung von Grundsätzen über die **Gewährung von Gewinn- oder Umsatzbeteiligungen und Pensionszusagen** an Geschäftsführer und leitende Angestellte (Z 9);
- der **Abschluss von Verträgen mit Aufsichtsratsmitgliedern**, durch die sich diese außerhalb ihrer Tätigkeit im Aufsichtsrat gegenüber der Gesellschaft oder einem Tochterunternehmen zu einer Leistung gegen ein nicht bloß geringfügiges Entgelt verpflichten. Dies gilt auch für Verträge mit Unternehmen, an denen ein Aufsichtsratsmitglied ein erhebliches wirtschaftliches Interesse hat (Z 10);
- die Übernahme einer leitenden Stellung in der Gesellschaft innerhalb von zwei Jahren nach Zeichnung des Bestätigungsvermerks durch den Abschlussprüfer oder durch den den jeweiligen Bestätigungsvermerk unterzeichnenden Wirtschaftsprüfer sowie eine für ihn tätige Person, die eine maßgeblich leitende Funktion bei der Prüfung ausgeübt hat, soweit dies nicht gemäß § 271c UGB untersagt ist (Z 11; **Cooling-Off-Period**). Bei den Gesellschaften mit den Merkmalen des § 271a Abs 1 UGB (siehe dazu oben Seiten 282 f) dürfen die genannten Personen innerhalb von zwei Jahren nach

Zeichnung des Bestätigungsvermerks weder eine Organfunktion noch eine leitende Stellung einnehmen, bei nicht von § 271a Abs 1 UGB umfassten Gesellschaften ist dies zwar erlaubt, aber nach Z 11 ist die Zustimmung des Aufsichtsrats einzuholen.

Sind zu den in den § 30j Abs 5 Z 4 bis Z 6 genannten Geschäften im Gesellschaftsvertrag keine Betragsgrenzen vorgesehen, müssen alle diese Rechtsgeschäfte unabhängig vom Betrag genehmigt werden (8 Ob 595/90).

Der Gesellschaftsvertrag oder der Aufsichtsrat können anordnen, dass weitere Arten von Geschäften nur mit Zustimmung des Aufsichtsrats vorgenommen werden dürfen (§ 30j Abs 5).

Wird keine Zustimmung eingeholt, ändert dies grundsätzlich nichts an der Wirksamkeit eines vom Geschäftsführer abgeschlossenen Rechtsgeschäfts. Der Abschluss eines zustimmungspflichtigen Geschäfts ohne Zustimmung ist aber regelmäßig eine Pflichtverletzung der Geschäftsführer. Die Zustimmung ist in der Regel vor Abschluss des Rechtsgeschäfts einzuholen. Die nachträgliche Zustimmung ist nur in dringenden Fällen ausreichend (vgl 7 Ob 534/93) und nur dann, wenn mit ihr zu rechnen ist. Verweigert der Aufsichtsrat seine Zustimmung zu einer Geschäftsführungsmaßnahme, kann diese (trotz fehlender Zustimmung des Aufsichtsrats) von der Generalversammlung mit einem Weisungsbeschluss durchgesetzt werden.

(4) Prüfungs- und Berichtspflichten

Der Aufsichtsrat hat den Jahresabschluss, einen allfälligen Konzernabschluss, gegebenenfalls einen Vorschlag für die Gewinnverwendung sowie den Lagebericht sowie einen allfälligen gesonderten nichtfinanziellen Bericht zu prüfen und der Generalversammlung darüber zu berichten (§ 30k Abs 1). Den Jahresabschluss und den Lagebericht erhält der Aufsichtsrat von den Geschäftsführern nach der Aufstellung (§ 222 Abs 1 UGB).

Darüber hinaus hat der Aufsichtsrat über zwischen der Gesellschaft und den Geschäftsführern geschlossene Geschäfte jeweils der nächsten Generalversammlung zu berichten (§ 32).

(5) Vertretung der Gesellschaft

In folgenden Fällen obliegt dem Aufsichtsrat (ausnahmsweise) die Vertretung der GmbH:

- Bei Rechtsgeschäften zwischen der GmbH und den Geschäftsführern kann der Aufsichtsrat die GmbH vertreten (§ 30l Abs 1);
- in durch Gesellschafterbeschluss beschlossenen Rechtsstreitigkeiten gegen Geschäftsführer kann der Aufsichtsrat vertreten (§ 30l Abs 1); die Gesellschafter können für Rechtsstreitigkeiten aber auch einen besonderen Vertreter bestellen; haben die Gesellschafter keinen solchen besonderen Vertreter

gewählt, hat der Aufsichtsrat die von den Gesellschaftern beschlossenen Rechtsstreitigkeiten zu führen (§ 30l Abs 2);
- wenn die Haftung eines Aufsichtsratsmitglieds infrage kommt, kann der Aufsichtsrat ohne Gesellschafterbeschluss und auch gegen den Beschluss der Gesellschafter die Geschäftsführer klagen (§ 30l Abs 3); und
- im Verfahren zur Nichtigerklärung eines Gesellschafterbeschlusses, wenn die Geschäftsführer selbst klagen (§ 42 Abs 1).

(6) Anfechtung von Gesellschafterbeschlüssen

Der Aufsichtsrat kann eine Klage auf Anfechtung eines Gesellschafterbeschlusses einbringen (§ 41 Abs 3). Könnten durch die Ausführung eines Gesellschafterbeschlusses die Mitglieder des Aufsichtsrats schadenersatzpflichtig oder strafbar werden, ist auch jedes einzelne Mitglied des Aufsichtsrats klageberechtigt.

(7) Sonstiges

Dem Aufsichtsrat können durch den Gesellschaftsvertrag oder durch Gesellschafterbeschluss weitere Aufgaben übertragen werden (§ 30l Abs 4).

f) Haftung

Der für die Geschäftsführer in den §§ 25 und 27 angeordnete Sorgfaltsmaßstab gilt auch für die Mitglieder des Aufsichtsrats (§ 33 Abs 1). Die Aufsichtsratsmitglieder sind daher der Gesellschaft gegenüber verpflichtet, bei ihrer Tätigkeit die Sorgfalt eines ordentlichen Geschäftsmannes anzuwenden. Jedes Aufsichtsratsmitglied muss über das Wissen und die Erfahrung verfügen, die zur kompetenten Bewältigung der dem Aufsichtsrat übertragenen Aufgaben erforderlich sind (1 Ob 144/01k, vgl zur Haftung von Aufsichtsratsmitgliedern auch 7 Ob 58/08t).

Aufsichtsratsmitglieder haften der GmbH gegenüber **solidarisch**. Sind die Mitglieder des Aufsichtsrats zugleich mit Geschäftsführern zum Ersatz eines Schadens verpflichtet, haften sie auch mit diesen solidarisch (§ 33 Abs 2).

Der Aufsichtsrat hat über die Einleitung eines Unternehmensreorganisationsverfahrens zu beschließen, wenn dies der Gesellschaftsvertrag oder der Aufsichtsrat anordnen (§ 30j Abs 5). Jene Mitglieder des Aufsichtsrats, die in einem solchen Fall gegen die Einleitung eines von den Geschäftsführern vorgeschlagenen Unternehmensreorganisationsverfahrens gestimmt haben oder die eine entsprechende Weisung erteilt haben, haften nach § 22 Abs 1 URG, aber begrenzt mit 100.000 Euro pro Person (§ 25 URG).

3. Generalversammlung

a) Allgemeines

Die Generalversammlung ist das **oberste Willensbildungsorgan** der GmbH und wird durch alle Gesellschafter gebildet. Sie ist für alle Angelegenheiten zuständig, die ihr nicht durch das Gesetz oder den Gesellschaftsvertrag entzogen sind oder die in die Kompetenz eines anderen Organs fallen.

b) Gesellschafterbeschluss

Gesellschafter einer GmbH können Beschlüsse auf folgende Weise fassen:
- Beschlussfassung in der Generalversammlung (Generalversammlungsbeschluss),
- Beschlussfassung außerhalb einer Generalversammlung (Gesellschafterbeschlüsse im engeren Sinn); eine Form der Beschlussfassung außerhalb der Generalversammlung ist der Umlaufbeschluss.

(1) Generalversammlungsbeschluss

Die Beschlussfassung der Gesellschafter in der Generalversammlung ist nach dem Gesetz der Regelfall (§ 34 Abs 1). Die persönliche Anwesenheit der Gesellschafter soll eine Erörterung des Beschlussgegenstands ermöglichen. Jeder **Gesellschafter** ist berechtigt, an der Generalversammlung teilzunehmen, unabhängig davon, ob er auch stimmberechtigt ist (2 Ob 170/03v). **Geschäftsführer** müssen und dürfen nur auf Verlangen der Gesellschafter teilnehmen.

Ein Beschluss kann nur über einen **Antrag** gefasst werden, der schriftlich (vor) oder mündlich in der Generalversammlung gestellt werden kann. Die Beschlussfassung über einen Antrag ist aber nur dann zulässig, wenn er im Rahmen der Tagesordnung erfolgt.

Beachte:
Protokolle über eine Generalversammlung sind gebührenpflichtig (§ 14 TP 7 Abs 1 Z 4 lit b GebG). Gesellschafterbeschlüsse außerhalb einer Generalversammlung sind gebührenfrei.

(2) Beschlussfassung außerhalb einer Generalversammlung

Die schriftliche Beschlussfassung ist nach § 34 Abs 1 außerhalb einer Generalversammlung zulässig, wenn

- der Beschluss **einstimmig** zustande kommt oder
- **alle** Gesellschafter mit der schriftlichen Beschlussfassung **einverstanden** sind, selbst wenn sie dem Gesellschafterbeschluss inhaltlich nicht zustimmen.

Schriftliche Gesellschafterbeschlüsse werden oft als **Umlaufbeschluss** gefasst, wenn die Gesellschafter nicht gleichzeitig anwesend sind. Ein schriftlicher Beschluss ist aber auch bei gleichzeitiger Anwesenheit aller Gesellschafter möglich. Gesellschafterbeschlüsse können auch **ohne Einhaltung des Schriftformerfordernisses** gefasst werden, wenn sich alle Gesellschafter einig sind (RS0059949).

Von einem Generalversammlungsbeschluss unterscheidet sich ein Beschluss außerhalb einer Generalversammlung im Wesentlichen dadurch, dass

- an der schriftlichen Beschlussfassung alle Gesellschafter mitwirken müssen, auch wenn sie in der Sache selbst gegen den Beschluss stimmen; Gesellschafter können daher für eine schriftliche Beschlussfassung, aber gegen den Beschlussantrag stimmen; sowie
- für die Mehrheitserfordernisse nicht die Zahl der abgegebenen, sondern die Gesamtzahl der allen Gesellschaftern zustehenden Stimmen zählt (§ 34 Abs 2). Bei der Berechnung der Mehrheit sind daher nicht wie in der Generalversammlung nur die abgegebenen Stimmen maßgeblich, sondern alle Stimmen, die den Gesellschaftern insgesamt zustehen, sodass Stimmenthaltungen wie Nein-Stimmen wirken (vgl Seite 287 f zur Beschlussfassung in der Generalversammlung).

Strittig ist, ob eine Beschlussfassung außerhalb einer Generalversammlung zulässig ist, wenn das Gesetz oder der Gesellschaftsvertrag eine Generalversammlung verlangt oder wenn eine notarielle Beurkundung erforderlich ist (zB Änderung des Gesellschaftsvertrags).

(3) Gegenstände der Beschlussfassung

§ 35 Abs 1 normiert folgende Beschlussgegenstände, über die zwingend die Gesellschafter abzustimmen haben:

- die Prüfung und Feststellung des **Jahresabschlusses**, die Verteilung des **Bilanzgewinns**, falls Letzterer im Gesellschaftsvertrag einer besonderen jährlichen Beschlussfassung vorbehalten ist, und die **Entlastung** der Geschäftsführer sowie eines allenfalls bestehenden Aufsichtsrats; diese Beschlüsse sind in den ersten acht Monaten jedes Geschäftsjahres für das abgelaufene Geschäftsjahr zu fassen (zwingend) (Z 1; RS0129021);
- die **Einforderung von Einzahlungen auf die Stammeinlagen** (Z 2);
- die **Rückzahlung von Nachschüssen** (zwingend) (Z 3);
- die Entscheidung, ob **Prokura** oder **Handelsvollmacht** zum gesamten Geschäftsbetrieb erteilt werden darf (Z 4);
- die Maßregeln zur Prüfung und **Überwachung der Geschäftsführung** (Z 5; 6 Ob 183/13v);
- die Geltendmachung von **Ersatzansprüchen**, die der Gesellschaft aus der Errichtung oder Geschäftsführung gegen die Geschäftsführer oder den Auf-

sichtsrat zustehen, sowie die Bestellung eines Vertreters zur Prozessführung, wenn die Gesellschaft weder durch die Geschäftsführer noch durch den Aufsichtsrat vertreten werden kann (zwingend) (Z 6; siehe auch das Minderheitsrecht gemäß § 48 auf Seite 310 f);

- der Abschluss von Verträgen, durch welche die Gesellschaft vorhandene oder herzustellende, dauernd zu ihrem Geschäftsbetrieb bestimmte Anlagen oder unbewegliche Gegenstände für eine Vergütung, die ein Fünftel des Stammkapitals übersteigt („**Großinvestitionen**"), erwerben soll, sowie die Änderung solcher Verträge zu Lasten der Gesellschaft, sofern es sich nicht um den Erwerb von Liegenschaften im Wege der Zwangsversteigerung handelt (Z 7) (zwingend während der ersten zwei Jahre nach Eintragung der Gesellschaft; gilt auch nach dem Ablauf von zwei Jahren ab Gründung weiter, wenn im Gesellschaftsvertrag nicht [ausdrücklich] abbedungen; 10 Ob 32/07i). Unter „Anlagen" sind auch (bewegliche) Maschinen und maschinelle Anlagen, Werkzeuge, Betriebs- und Geschäftsausstattung und dergleichen zu verstehen (10 Ob 32/07i). Für diesen Beschluss ist eine Mehrheit von drei Vierteln erforderlich.

Im Gesellschaftsvertrag kann vorgesehen werden, dass die Gesellschafter für bestimmte Beschlussgegenstände nicht zuständig sind und diese anderen Organen übertragen werden, sofern diese Beschlussgegenstände nicht zwingend den Gesellschaftern zugewiesen sind. Es können aber auch weitere Beschlussgegenstände den Gesellschaftern zugewiesen werden (§ 35 Abs 2), etwa durch einen umfassenden Vorbehalt der Zustimmung zu Geschäften.

Über § 35 hinaus sind insbesondere folgende wichtige **Beschlussgegenstände** den **Gesellschaftern vorbehalten**:

- Bestellung (§ 15 Abs 1) und Abberufung (§ 16 Abs 1) der Geschäftsführer,
- Wahl und Abberufung von Aufsichtsratsmitgliedern (§ 30b Abs 1 und Abs 3),
- Festsetzung der Vergütung für den ersten Aufsichtsrat (§ 31 Abs 2),
- (i) bei Verlust der Hälfte des Stammkapitals, (ii) wenn die Eigenmittelquote (§ 23 URG) weniger als 8 % und die fiktive Schuldentilgungsdauer (§ 24 URG) mehr als 15 Jahre beträgt (also Reorganisationsbedarf zu vermuten ist; vgl auch § 22 URG), oder (iii) wenn es sonst das Interesse der Gesellschaft erfordert (§ 36 Abs 2),
- Änderung des Gesellschaftsvertrags (§ 49 Abs 1), einschließlich der Erhöhung (§ 52) und Herabsetzung (§ 54) des Stammkapitals,
- Einforderung von Nachschüssen (§ 72),
- Auflösung der Gesellschaft (§ 84 Abs 1 Z 2),
- Verwertung des Gesellschaftsvermögens in der Liquidation durch Veräußerung des Vermögens als Ganzes (§ 90 Abs 4); dies gilt nicht nur im Falle der Liquidation der Gesellschaft, sondern generell (§ 237 AktG wird analog

angewendet; daher ist ein Beschluss mit Dreiviertelmehrheit erforderlich; RS0132064),
- Ausschluss von Gesellschaftern nach dem GesAusG (§ 4 GesAusG),
- Verschmelzung (§ 98 sowie § 96 Abs 2 iVm § 233 AktG und §§ 234 und 234a AktG und § 3 Abs 2 EU-VerschG),
- Spaltung (§ 8 SpaltG),
- verschmelzende und errichtende Umwandlung (§§ 2 und 5 UmwG),
- formwechselnde Umwandlung einer GmbH in eine AG (§ 245 AktG),
- Wahl der Abschlussprüfer (§ 270 Abs 1 UGB).

Vor Maßnahmen iSd § 35 Abs 1 haben die Geschäftsführer die Zustimmung der Gesellschafter einzuholen, weiters auch vor Abschluss von **außergewöhnlichen Geschäften** (3 Ob 59/07h; vgl Seite 260). Darüber hinaus fallen **Grundlagenbeschlüsse**, etwa die Änderung des Gesellschaftsvertrags, die Ausgliederung wesentlicher Unternehmensteile oder der Abschluss von Unternehmensverträgen (siehe Seiten 325), zwingend in die Zuständigkeit der Gesellschafter.

(4) Mehrheitserfordernisse

Die Beschlussfassung der Gesellschafter erfolgt, soweit das Gesetz oder der Gesellschaftsvertrag nichts anderes bestimmt, mit **einfacher Mehrheit** der abgegebenen Stimmen (§ 39 Abs 1). Folgende Beschlüsse sind grundsätzlich mit **Dreiviertelmehrheit** zu fassen:
- Änderung des Gesellschaftsvertrags (§ 50 Abs 1),
- vorzeitiger Widerruf der Bestellung zum Aufsichtsratsmitglied (§ 30b Abs 3),
- Genehmigung von Nachgründungen (Großinvestitionen; § 35 Abs 1 Z 7),
- Verwertung des Gesellschaftsvermögens durch Veräußerung als Ganzes im Zuge der Liquidation (§ 90 Abs 4),
- Verschmelzung (§ 98 und § 3 Abs 2 EU-VerschG),
- Formwechselnde Umwandlung einer GmbH in eine AG (§ 245 Abs 2 AktG),
- verhältniswahrende Spaltung (§ 8 Abs 1 SpaltG).

Darüber hinaus sind **im Gesetz folgende Mehrheitserfordernisse** vorgesehen:
- Änderung des Unternehmensgegenstands bedarf der Einstimmigkeit (§ 50 Abs 3);
- Ausschluss von Minderheitsgesellschaftern bedarf der einfachen Mehrheit der abgegebenen Stimmen und der Zustimmung durch den Hauptgesellschafter, der 90 % des Stammkapitals halten muss (§ 4 Abs 1 GesAusG);

- Einstimmigkeit bei Änderung von Bestimmungen des Gesellschaftsvertrags über den Ausschluss von Gesellschaftern nach dem GesAusG, wobei der Gesellschaftsvertrag auch eine andere Mehrheit vorsehen kann, die aber zumindest drei Viertel der abgegebenen Stimmen umfassen muss (§ 1 Abs 4 GesAusG);
- für die verschmelzende Umwandlung nach § 2 Abs 1 UmwG benötigt der Hauptgesellschafter Anteilsrechte an 90 % des Stammkapitals; für den Beschluss selbst ist Dreiviertelmehrheit erforderlich (§ 2 Abs 3 UmwG iVm § 98);
- errichtende Umwandlung nach § 5 UmwG bedarf der Zustimmung von 90 % des gesamten Stammkapitals, wenn ein Gesellschafter diese Anteile hält; ansonsten bedarf der Umwandlungsbeschluss der Zustimmung aller Gesellschafter (§ 5 Abs 2 UmwG);
- nicht verhältniswahrende Spaltung bedarf einer Kapitalmehrheit von drei Vierteln der abgegebenen Stimmen und der Zustimmung von 90 % des gesamten Stammkapitals; in bestimmten Fällen ist die Zustimmung aller Gesellschafter erforderlich (§ 8 Abs 1 und Abs 3 SpaltG).

Teilweise sind die gesetzlichen Mehrheitserfordernisse im Gesellschaftsvertrag abänderbar, nämlich dann, wenn diese nicht gesetzlich zwingend festgelegt sind.

Bei der Beschlussfassung in der Generalversammlung haben passives Verhalten oder auch ausdrückliche **Stimmenthaltung** bei der Stimmenzählung für das Mehrheitserfordernis eines Gesellschafterbeschlusses außer Betracht zu bleiben (zur schriftlichen Beschlussfassung, bei der Stimmenthaltungen wie Nein-Stimmen wirken, siehe Seite 288).

> **Beispiel:**
> Ist etwa bei einer Drei-Personen-GmbH ein Gesellschafter vom Stimmrecht ausgeschlossen und verhält sich einer passiv, bewirkt die Stimme des dritten Gesellschafters einen einstimmigen Beschluss (2 Ob 175/05g).

c) Einberufung der Generalversammlung

(1) Allgemeines

Grundsätzlich ist zur Abhaltung einer Generalversammlung deren **Einberufung** erforderlich. Die Generalversammlung kann aber, auch wenn sie nicht förmlich einberufen wurde, einen bindenden Beschluss fassen. Dies allerdings nur bei Anwesenheit oder ordnungsgemäßer Vertretung sämtlicher Gesellschafter, wenn diese mit der Abhaltung einverstanden sind.

Die Generalversammlung wird in der Regel durch die **Geschäftsführer** einberufen, wenn nicht nach dem Gesetz oder dem Gesellschaftsvertrag auch andere Personen dazu befugt sind (§ 36 Abs 1). Ein allenfalls bestellter Aufsichtsrat hat eine Generalversammlung einzuberufen, wenn es das Wohl der Gesellschaft erfordert (§ 30j Abs 4). Die Geschäftsführer sind verpflichtet, in folgenden Fällen eine Generalversammlung einzuberufen (§ 36 Abs 2):

- mindestens ein Mal jährlich, insbesondere zur Prüfung und Feststellung des Jahresabschlusses nach § 35 Abs 1 Z 1 (**ordentliche Generalversammlung**, alle übrigen Versammlungen werden außerordentliche Generalversammlungen genannt),
- bei den im Gesetz oder im Gesellschaftsvertrag ausdrücklich bestimmten Fällen (vgl § 37 Abs 1 und § 47 Abs 3),
- wenn es das Interesse der Gesellschaft erfordert, insbesondere (i) bei Verlust der Hälfte des Stammkapitals und (ii) seit dem GesRÄG 2013 auch wenn die Eigenmittelquote (§ 23 URG) weniger als 8 % und die fiktive Schuldentilgungsdauer (§ 24 URG) mehr als 15 Jahre beträgt (also Reorganisationsbedarf zu vermuten ist; vgl auch § 22 URG) (§ 36 Abs 2).

Verletzen die Geschäftsführer die Einberufungspflicht, haften sie für den der Gesellschaft daraus entstehenden Schaden (vgl § 25, siehe Seite 267).

Die Generalversammlung hat am Sitz der Gesellschaft stattzufinden, wenn im Gesellschaftsvertrag nichts anderes bestimmt ist (§ 36 Abs 1).

Die Generalversammlung darf nicht zu einem Zeitpunkt angesetzt werden, an dem bekanntermaßen Gesellschafter nicht anwesend sein werden. Die Verpflichtung, bei Wahl des Ortes und Termins auf die Interessen der Gesellschafter Bedacht zu nehmen, folgt aus der allgemeinen Treuepflicht (6 Ob 60/12k).

(2) Minderheitsrechte

Gesellschafter, deren Stammeinlagen **10 %** des Stammkapitals erreichen, können die Einberufung einer Generalversammlung (§ 37 Abs 1) oder die Aufnahme weiterer Tagesordnungspunkte verlangen (§ 38 Abs 3). Verlangen die Minderheitsgesellschafter schriftlich von der Gesellschaft die Einberufung einer Generalversammlung, haben die zur Einberufung der Generalversammlung befugten Organe, also in der Regel die Geschäftsführer, diese innerhalb von 14 Tagen einzuberufen, anderenfalls können die Minderheitsgesellschafter selbst die Generalversammlung einberufen (§ 37 Abs 2; 6 Ob 65/15z).

(3) Form der Einberufung

Die Einberufung hat durch **eingeschriebenen Brief** an die Gesellschafter zu erfolgen, wenn der Gesellschaftsvertrag nichts anderes vorsieht. Zwischen dem Tag der Aufgabe der Sendung zur Post oder der letzten Verlautbarung und dem Tag der Generalversammlung müssen mindestens **sieben Tage** liegen (§ 38 Abs 1), sodass die Generalversammlung erst am achten Tag nach der Einberufung stattfinden darf. Diese Frist kann im Gesellschaftsvertrag nur verlängert, nicht jedoch verkürzt werden. In der Einberufung der Generalversammlung sind der Ort und die Zeit der Generalversammlung anzugeben.

(4) Tagesordnung

Der Zweck der Generalversammlung ist in einer Tagesordnung anzugeben. Die **Ankündigung oder Ergänzung** der Tagesordnung hat spätestens **drei Tage** vor der Generalversammlung zu erfolgen. Sie kann also, muss aber nicht bereits mit der Einladung versendet werden. Die Tagesordnungspunkte sind möglichst präzise zu umschreiben, um den Gesellschaftern eine Vorbereitung zu ermöglichen (1 Ob 165/03a). Die beabsichtigten Anträge auf Beschlussfassung müssen in der Einladung aber nicht angegeben werden. Bei beabsichtigten Änderungen des Gesellschaftsvertrags ist deren wesentlicher Inhalt anzugeben (§ 38 Abs 2). Eine Kapitalerhöhung mit Sacheinlagen muss in der Einberufung ausdrücklich angekündigt werden (§ 52 Abs 6).

> **Beachte:**
> Zwischen Tagesordnungspunkt und Beschlussantrag ist zu unterscheiden. Unter dem Tagesordnungspunkt „Wahlen in den Aufsichtsrat" (Gegenstand der Beschlussfassung) kann zB der Antrag gestellt werden, Herrn XY in den Aufsichtsrat zu wählen (konkreter Beschluss). Siehe auch Seite 393 f.

(5) Folgen nicht ordnungsgemäßer Einberufung

Ist die Einberufung nicht ordnungsgemäß erfolgt oder soll über einen Gegenstand ein Beschluss gefasst werden, der nicht wenigstens drei Tage vor der Generalversammlung in der für die Einberufung vorgeschriebenen Weise angekündigt wurde, können Beschlüsse nur gefasst werden, wenn sämtliche Gesellschafter anwesend oder vertreten sind (§ 38 Abs 4; 6 Ob 65/15z). Sind daher alle Gesellschafter anwesend oder vertreten und mit der Abhaltung der Generalversammlung ausdrücklich einverstanden, bedarf es keiner Einberufung oder Bekanntgabe einer Tagesordnung. Sind nicht alle Gesellschafter anwesend oder vertreten, kann bei Einberufungs- oder Ankündigungsmängeln kein Beschluss gefasst werden. Dennoch gefasste Beschlüsse können abhängig vom Mangel **nichtig** (zB wenn die Einladung nicht gegenüber allen Gesellschaftern erfolgt) **oder anfechtbar** (zB Verstöße gegen Form, Frist oder Inhalt der Einladung) sein (vgl Seiten 297 ff).

d) Leitung der Generalversammlung

Das Gesetz enthält keine Regelungen über Leitung und Ablauf der Generalversammlung. Die Gesellschafter können einen Vorsitzenden wählen. Die Wahl des Vorsitzenden der Generalversammlung erfolgt mangels anderweitiger Festlegung in der Satzung mit einfacher Mehrheit (RS0127004).

Aufgabe des Vorsitzenden der Generalversammlung ist, den Ablauf der Generalversammlung festzulegen, die Abstimmungen durchzuführen sowie gegebenenfalls die Verhandlungs- und Abstimmungsergebnisse festzustellen (RS0127005).

e) Beschlussfähigkeit

Die Generalversammlung ist beschlussfähig, wenn Gesellschafter, die **10 % des Stammkapitals** halten, anwesend oder vertreten sind (§ 38 Abs 6). Im Gesellschaftsvertrag kann etwas anderes bestimmt sein. Ist die einberufene Generalversammlung nicht beschlussfähig, ist eine neue Generalversammlung einzuberufen, die auf die Gegenstände der beschlussunfähigen Generalversammlung beschränkt ist. Die zweite Generalversammlung ist, soweit im Gesellschaftsvertrag nicht Abweichendes vorgesehen ist, unabhängig von der Höhe des vertretenen Stammkapitals beschlussfähig (§ 38 Abs 7).

> **Beachte:**
> Die Nichtbeachtung des Präsenzquorums macht gefasste Beschlüsse nur anfechtbar, nicht aber nichtig. Wurde eine Generalversammlung ordnungsgemäß einberufen, kann ein nicht erschienener Gesellschafter die Nichtbeachtung eines Präsenzquorums daher nicht geltend machen, weil er – da nicht erschienen – in der Generalversammlung auch keinen Widerspruch erheben kann (RS0129016; zum Widerspruchserfordernis siehe Seite 299).

f) Stimmrecht

Grundsätzlich dürfen nur Gesellschafter, die **im Firmenbuch eingetragen** sind, mitstimmen (§ 78 Abs 1). Es ist aber möglich, dass die Gesellschaft, noch bevor ein neuer Gesellschafter ins Firmenbuch eingetragen ist, dem neuen Gesellschafter sein Stimmrecht in der Generalversammlung gewährt (RS0112377).

Je **10 Euro** einer übernommenen Stammeinlage gewähren **eine Stimme**, wobei Bruchteile unter 10 Euro nicht gezählt werden. Im Gesellschaftsvertrag kann Abweichendes geregelt werden (6 Ob 202/10i). Jedem Gesellschafter muss aber mindestens eine Stimme zustehen (§ 39 Abs 2). So ist etwa die Erhöhung oder Reduzierung des auf die einzelnen Geschäftsanteile entfallenden Stimmgewichts möglich. Die Abstimmung nach Köpfen ist ebenfalls zulässig. Das Stimmgewicht kann auch davon abhängig gemacht werden, welchen Teil der Stammeinlage die Gesellschafter einbezahlt haben. Der Gesellschaft steht aus eigenen Anteilen – also Anteilen an der GmbH, welche die GmbH selbst hält (siehe Seite 308 f) – kein Stimmrecht zu.

Das Stimmrecht für einen Geschäftsanteil kann grundsätzlich nur **einheitlich** ausgeübt werden. Eine uneinheitliche Stimmabgabe ist als Stimmenthaltung zu werten (6 Ob 202/10i). In Sonderkonstellationen, wie etwa bei Treuhandverhältnissen, wird eine uneinheitliche Stimmabgabe von einem Teil der Lehre zugelassen.

Die Ausübung des Stimmrechts durch einen **Bevollmächtigten** ist zulässig. Hierzu ist eine schriftliche, auf die Ausübung des Stimmrechts lautende Vollmacht erforderlich (§ 39 Abs 3).

Es gibt **kein generelles Stimmverbot** bei Interessenkollisionen (RS0086644). Ein Gesellschafter besitzt aber nach § 39 Abs 4 bei der Beschlussfassung dann **kein Stimmrecht**, wenn

- er durch die Beschlussfassung von einer Verpflichtung befreit werden soll (etwa bei Verzichten oder Entlastungsbeschlüssen; RS0049411),
- ihm ein Vorteil zugewendet werden soll,
- ein Rechtsgeschäft zwischen dem Gesellschafter und der Gesellschaft vorgenommen werden soll oder
- der Beschluss die Einleitung oder Erledigung eines Rechtsstreits zwischen ihm und der Gesellschaft betrifft (RS0059969; 6 Ob 49/09p).

Ist einer der Fälle des § 39 Abs 4 gegeben, dann erfasst der Stimmrechtsausschluss grundsätzlich jedenfalls die Stimmabgabe selbst. Das Stimmrecht entfällt aber auch bei Entscheidungen zu Verfahrensfragen, die auf den jeweiligen Beschlussantrag unmittelbaren Einfluss haben, wie beispielsweise die Absetzung von der Tagesordnung oder die Vertagung (6 Ob 191/18h). Bei der Wahl des Vorsitzenden der Generalversammlung sind aber auch Gesellschafter, die bei einem der Tagesordnungspunkte vom Stimmrecht ausgeschlossen sind, stimmberechtigt (6 Ob 99/11v, 6 Ob 23/13w, 6 Ob 38/18h).

Bei verbandsrechtlichen Beschlüssen, etwa über die Einforderung von ausstehenden Einlagen, greift das Stimmverbot des § 39 Abs 4 nicht ein (6 Ob 23/13w).

§ 39 Abs 4 ist auch dann anzuwenden, wenn etwa eine juristische Person Gesellschafter ist und einer oder mehrere ihrer Gesellschafter oder Vertreter befangen sind (6 Ob 49/09p). Ein Stimmverbot tritt aber nicht erst bei „Wesensgleichheit" des Gesellschafters mit dem Organmitglied ein, sondern schon dann, wenn eine von der Interessenkollision ungetrübte Stimmabgabe nicht zu erwarten ist (6 Ob 196/14p).

Bei ihrer Bestellung und Abberufung als Geschäftsführer, Aufsichtsrat oder Liquidator können die Gesellschafter mitstimmen (§ 39 Abs 5).

Ist ein Gesellschafter vom Stimmrecht ausgeschlossen, kann der Beschluss mit der Mehrheit der übrigen an der Abstimmung teilnehmenden Gesellschafter gefasst werden (RS0059874).

Gesellschafter können ihr zukünftiges Abstimmungsverhalten in einem Vertrag binden (**Stimmbindungs- oder Syndikatsverträge**). Der Syndikatsvertrag ist in der Regel als **GesbR** zu qualifizieren (7 Ob 59/03g, 6 Ob 80/11z).

Stimmbindungsverträge haben **nur schuldrechtliche Wirkung** (RS0022482) und binden grundsätzlich nur die Vertragspartner, nicht auch die Gesellschaft selbst (RS0049389), es kann aber zB ein echter Vertrag zugunsten Dritter, nämlich der Gesellschaft, vorliegen (3 Ob 72/09y). Stimmabgaben, mit denen der Syndikatsvertrag verletzt wird, sind daher **wirksam** (RS0059854). Eine Anfechtung des Beschlusses wegen Verletzung des Stimmbindungsvertrags scheidet somit in der Regel aus (RS0079236). Der den Stimmbindungsvertrag brechende Gesellschafter wird aber nach allgemeinen Regeln schadenersatzpflichtig. Bei einer personalistischen Struktur der Gesellschaft können jedoch Gesellschafterbeschlüsse anfechtbar sein, die unter Verletzung von Stimmbindungsvereinbarungen, die von sämtlichen Gesellschaftern eingegangen wurden, zustande kamen (2 Ob 46/97x). Stimmbindungsverträge können mit **Leistungsklage** durchgesetzt werden. Einer konkret drohenden Verletzung des Syndikatsvertrags kann mit vorbeugender Unterlassungsklage begegnet werden (RS0117682).

> **Beispiele:**
> Gegenstand von Syndikatsverträgen kann etwa sein: Abmachungen über das Stimmverhalten (RS0079236); Konventionalstrafen, um ihre Durchsetzung sicherzustellen; Informations- und Kontrollrechte; Bestimmungen zur Geschäftsführung; Finanzierungspflichten (RS0129666), Aufgriffs- und Vorkaufsrechte (dabei ist die Notariatsaktspflicht für die Übertragung von Geschäftsanteilen zu beachten; vgl Seiten 304 f).

g) Niederschrift

Die Geschäftsführer haben die Beschlüsse der Generalversammlung unverzüglich nach der Beschlussfassung in eine Niederschrift aufzunehmen (§ 40 Abs 1). Die Aufnahme in eine **Niederschrift** ist nicht Voraussetzung für die Wirksamkeit von Beschlüssen. Jedem Gesellschafter ist unverzüglich nach der Generalversammlung oder nach schriftlicher Beschlussfassung eine Kopie der gefassten Beschlüsse mittels eingeschriebenen Briefes zuzusenden (§ 40 Abs 2). Die Absendung der Kopie löst die Frist von einem Monat für die Klage nach § 41 aus (§ 41 Abs 4). Empfehlenswert ist folgender Inhalt:

- Ort und Datum der Generalversammlung,
- anwesende Gesellschafter und allenfalls anwesende sonstige Personen (zB Vertreter),
- Festhalten der ordnungsgemäßen Einberufung und Beschlussfähigkeit,
- Inhalt der gefassten Beschlüsse, wobei auch abgelehnte Beschlussanträge zu dokumentieren sind.

h) Fehlerhafte Beschlüsse

(1) Arten fehlerhafter Beschlüsse

Gesellschafterbeschlüsse können aus formellen oder materiellen Gründen **fehlerhaft** sein. Es gibt folgende Arten fehlerhafter Beschlüsse, wobei die Abgrenzung zwischen den verschiedenen Kategorien sowie die Rechtsfolgen umstritten sind:

- Ein **anfechtbarer Beschluss** ist grundsätzlich wirksam, kann aber mit einer Anfechtungsklage, die innerhalb einer Frist von einem Monat ab der Absendung der Kopie des Beschlusses an den Gesellschafter gemäß § 40 Abs 2 einzubringen ist, beseitigt werden (§ 41).

- **(Absolut) nichtige Beschlüsse** sind zwar rechtlich existent, aber *ipso iure*, also auch ohne Klage, nicht verbindlich. Vertreten wird aber auch, dass nichtige Beschlüsse so lange verbindlich sind, bis sie in einem gerichtlichen Verfahren erfolgreich bekämpft wurden. Die Nichtigkeit kann in einem Verfahren nach § 41 geltend gemacht werden, aber auch außerhalb der Anfechtungsfrist nach § 41 Abs 4 mit Feststellungsklage festgestellt werden. Einigkeit besteht im Wesentlichen darüber, dass Generalversammlungsbeschlüsse nichtig sind, die gegen ein Strafgesetz, durch ihren Inhalt gegen die guten Sitten sowie gegen zwingende Bestimmungen, insbesondere Gläubigerschutzvorschriften, verstoßen (6 Ob 290/98k). Das trifft etwa auf Beschlüsse zu, die gegen das Verbot der Einlagenrückgewähr (§ 82) verstoßen (3 Ob 287/02f).

- Ein **Scheinbeschluss** ist rechtlich nicht existent, weil er mit gravierenden Mängeln belastet ist. Da Scheinbeschlüsse wirkungslos sind, ist eine Anfechtung nicht notwendig. Die Mangelhaftigkeit kann aber durch Feststellungsklage nach § 228 ZPO geltend gemacht werden (7 Ob 179/98v). Scheinbeschlüsse sollten den nichtigen Beschlüssen zugeordnet werden. Ein Scheinbeschluss liegt etwa vor, wenn ein Beschluss von Nichtgesellschaftern gefasst wurde (6 Ob 290/98k, 7 Ob 143/10w).

- **(Schwebend) unwirksame Beschlüsse** sind zwar fehlerfrei zustande gekommene Beschlüsse, zu ihrer Rechtswirksamkeit fehlt aber noch ein weiteres Wirksamkeitserfordernis, etwa eine gesetzlich oder vertraglich vorgesehene Zustimmung wie etwa die pflegschaftsgerichtliche Genehmigung bei Beteiligung eines Minderjährigen. Liegt dieses Wirksamkeitserfordernis dann vor, wird der Beschluss ohne Weiteres voll wirksam.

- **Wirkungslose Beschlüsse** sind zwar gesellschaftsintern verbindlich, können aber die beabsichtigte Rechtsfolge nicht herbeiführen. Dies ist etwa bei einer Bestellung zum Geschäftsführer der Fall, wenn die Annahme durch den Geschäftsführer fehlt oder unwirksam ist. Die Abgrenzung zu (schwebend) unwirksamen Beschlüssen ist nicht eindeutig geklärt.

(2) Gerichtliche Anfechtung

Ein Gesellschafterbeschluss kann mittels Klage angefochten werden,

- wenn der Beschluss nach dem GmbHG oder dem Gesellschaftsvertrag als nicht zustande gekommen anzusehen ist (also aus **formellen** Gründen) oder
- wenn durch den Inhalt des Beschlusses zwingende Vorschriften des Gesetzes verletzt werden oder wenn der Beschluss, ohne dass bei der Beschlussfassung die Vorschriften über die Abänderung des Gesellschaftsvertrags eingehalten worden wären, mit dem Gesellschaftsvertrag in Widerspruch steht (also aus **materiellen** Gründen, wegen seines Inhalts; § 41 Abs 1).

> **Beispiele:**
> Zur Anfechtung berechtigen etwa
> - Einberufungs- und Ankündigungsmängel, zB Verletzung gesellschaftsrechtlicher Fristenregelungen oder mangelhafte Spezifizierung der Tagesordnungspunkte (RS0111765);
> - Einladung zur Generalversammlung an einen bekanntermaßen abwesenden Gesellschafter (RS0059965);
> - Mitwirkung eines vom Stimmrecht ausgeschlossenen Gesellschafters an einer Beschlussfassung (RS0059834, 6 Ob 139/06v);
> - Nichtbeachtung eines vorgesehenen Präsenzquorums (6 Ob 59/13i);
> - Fehler in der Beschlussergebnisfeststellung (RS0059839);
> - treuwidrige Stimmabgabe (RS0120599; 6 Ob 99/11v; zur Treuepflicht siehe Seite 316 f); die Interessen der Gesellschaft und der Gesellschafter sind im Rahmen der Treuepflicht zu berücksichtigen; Inhalt und Grenzen der Treuepflicht sind dabei unklar und lassen sich nur im Einzelfall beurteilen;
> - Stimmrechtsmissbrauch (RS0106227);
> - rechtswidriger Entzug von Sonderrechten (6 Ob 290/98k).

Nach der **Relevanztheorie** ist eine Anfechtungsklage nur dann erfolgversprechend, wenn der Mangel auch nicht abstrakt geeignet war, die Willensbildung zu beeinträchtigen, dh es kommt nur darauf an, ob durch den Fehler Teilnahme- oder Informationsrechte des Gesellschafters verletzt wurden. Bei der Relevanztheorie wird daher die Relevanz des Mangels für das Beschlussergebnis geprüft. Es wird danach gefragt, ob der Zweck der übertretenen Norm die Anfechtbarkeit des Beschlusses fordert (vgl etwa RS0121481). Die **Kausalitätstheorie** verlangt hingegen eine fehlende Auswirkung im konkreten Fall, Mängel müssen daher auf das Zustandekommen des angefochtenen Beschlusses Einfluss gehabt haben: Zu fragen ist daher, ob ohne Mangel ein Beschluss mit anderem Inhalt zustande gekommen wäre, also zB auch eine fehlerfrei einberufene spätere Generalversammlung zweifellos gleich entschieden hätte (vgl RS0059771, vgl auch RS0049471). Der Unterschied der beiden Theorien liegt darin, dass etwa bei einer Verweigerung des Auskunftsrechts der beklagten Gesellschaft nach der Relevanztheorie der Einwand des rechtmäßigen Alternativverhaltens verschlossen ist, während die Kausalitätstheorie den Beweis erlaubt, dass der Beschluss auch bei Ausübung des Auskunftsrechts zustande gekommen wäre (4 Ob 101/06s). Der OGH ist früher der Kausalitätstheorie gefolgt (RS0049471; 1 Ob 165/03a), hat sich aber in jüngerer Zeit in mittlerweile ständiger Rechtsprechung der Relevanztheorie angeschlossen (RS0121481; 6 Ob 65/15z).

Bei Beschlussfassung in der **Generalversammlung** ist jeder Gesellschafter **klageberechtigt**, der

- in der Generalversammlung erschienen ist und gegen den Beschluss **Widerspruch** zu Protokoll gegeben hat oder
- zur Generalversammlung unberechtigterweise nicht zugelassen oder durch Mängel in der Einberufung der Generalversammlung am Erscheinen gehindert worden ist (§ 41 Abs 2).

Bei Beschlussfassung auf **schriftlichem Weg** ist jeder Gesellschafter **klageberechtigt**,

- der seine Stimme gegen den Beschluss abgegeben hat oder
- der bei der Abstimmung übergangen worden ist (§ 41 Abs 2).

Darüber hinaus sind die Geschäftsführer, der Aufsichtsrat und, wenn der Gesellschafterbeschluss eine Maßnahme enthält, bei deren Ausführung die Geschäftsführer oder die Mitglieder des Aufsichtsrats ersatzpflichtig oder strafbar würden, auch jeder einzelne Geschäftsführer und jedes Mitglied des Aufsichtsrats klageberechtigt (§ 41 Abs 3).

Die Klage muss **innerhalb eines Monats** ab dem Tag der Absendung der Kopie des Beschlusses an den Gesellschafter gemäß § 40 Abs 2 bei Gericht einlangen (§ 41 Abs 4; 7 Ob 538/86, 6 Ob 88/13d). Die Klage ist **gegen die Gesellschaft** zu richten (RS0060224). Die Gesellschaft wird durch die Geschäftsführer, wenn jedoch die Geschäftsführer selbst klagen, durch den Aufsichtsrat vertreten. Ist kein Aufsichtsrat bestellt oder klagen sowohl Geschäftsführer als auch Mitglieder des Aufsichtsrats und ist kein anderer Vertreter der Gesellschaft vorhanden (etwa nicht klagende Geschäftsführer in vertretungsbefugter Zahl), hat das Gericht einen Kurator zu bestellen (§ 42 Abs 1; 6 Ob 186/08h).

Die Unwirksamkeit des mit Klage angefochtenen Generalversammlungsbeschlusses bewirkt erst das stattgebende rechtskräftige **Rechtsgestaltungsurteil** und zwar *ex tunc* (RS0060077). Jeder Gesellschafter kann dem Verfahren als Nebenintervenient beitreten (§ 42 Abs 5; RS0036021). Das Urteil wirkt für und gegen alle Gesellschafter (§ 42 Abs 6). Unterbleibt die Anfechtung, wird der Beschluss mit Ablauf der Anfechtungsfrist gültig. Macht die Gesellschaft einen drohenden unwiederbringlichen Nachteil glaubhaft, kann das Gericht die Ausführung des angefochtenen Beschlusses durch **einstweilige Verfügung** nach § 384 EO aufschieben (§ 42 Abs 4; 6 Ob 38/18h).

Bei bloßen Mängeln des Beschlusses infolge unzutreffender Ergebnisfeststellung kann die Anfechtungsklage mit dem Begehren auf Feststellung des tatsächlich zustande gekommenen Beschlusses verbunden werden („**positive Beschlussfeststellungsklage**"; RS0109584).

Beschlussmängelstreitigkeiten nach den §§ 41 f sind **schiedsfähig** (RS0045318). Die Einführung einer Schiedsklausel in den Gesellschaftsvertrag bedarf der Zustimmung aller Gesellschafter (RS0131908). Zu beachten ist, dass nach § 617 Abs 1 ZPO Schiedsvereinbarungen zwischen einem Unternehmer und einem Verbraucher nur wirksam sind, wenn sie für bereits entstandene Streitigkeiten abgeschlossen wurden (zur Verbrauchereigenschaft von Gesellschaftern siehe Seiten 227 f). Strittig ist, ob § 617 Abs 1 ZPO für Gesellschaftsverträge teleologisch zu reduzieren ist und damit, ob und wenn ja, unter welchen Voraussetzungen eine Schiedsklausel in den Gesellschaftsvertrag aufgenommen werden kann, wenn Verbraucher Gesellschafter sind (gegen eine teleologische Reduktion 6 Ob 43/13m; § 617 ZPO ist daher auch auf Schiedsvereinbarungen für gesellschaftsrechtliche Streitigkeiten anzuwenden).

Beschlussmängel können grundsätzlich mit einem **Bestätigungsbeschluss der Generalversammlung saniert** werden (6 Ob 241/98d).

4. Abschlussprüfer

Der **Jahresabschluss** und der **Lagebericht** sind durch einen Abschlussprüfer **zu prüfen**; nur bei kleinen GmbH, die nicht aufgrund gesetzlicher Vorschriften einen Aufsichtsrat haben müssen (§ 268 Abs 1 UGB iVm § 221 Abs 1 UGB), besteht keine Prüfungspflicht. Gegenstand und Umfang der Prüfung sind in § 269 UGB normiert. Der Abschlussprüfer hat das Ergebnis seiner Prüfung in einem **Prüfungsbericht** und einem **Bestätigungsvermerk** festzuhalten (§§ 273 f UGB). Erst nach der Prüfung kann die Feststellung des Jahresabschlusses durch die Generalversammlung erfolgen.

Die Abschlussprüfung ist nicht im GmbHG, sondern im UGB geregelt. Abschlussprüfer können insbesondere **Wirtschaftsprüfer** oder Wirtschaftsprüfungsgesellschaften sein (§ 1a A-QSG). Der Abschlussprüfer wird von den **Gesellschaftern** gewählt (§ 270 Abs 1 UGB); besteht ein Aufsichtsrat, hat dieser einen Vorschlag für die Wahl des Abschlussprüfers zu unterbreiten. Ist ein Prüfungsausschuss eingerichtet, hat dieser den Vorschlag des Aufsichtsrats für die Auswahl des Abschlussprüfers vorzubereiten (§ 30g Abs 4a Z 7). Unter bestimmten Voraussetzungen hat auf Antrag der Geschäftsführer oder des Aufsichtsrats oder von Gesellschaftern, deren Anteile zusammen 5 % des Stammkapitals oder 350.000 Euro erreichen, das Gericht einen anderen Abschlussprüfer zu bestellen, wenn dies aus einem in der Person des gewählten Prüfers liegenden wichtigen Grund geboten erscheint (§ 270 Abs 3 UGB). § 271 und § 271a UGB enthalten Regelungen über die Befangenheit und Ausgeschlossenheit; § 275 UGB regelt die Verantwortlichkeit von Abschlussprüfern.

Abschlussprüfer können bei Pflichtverletzungen nicht nur der Gesellschaft, sondern auch Dritten gegenüber ersatzpflichtig sein (vgl etwa RS0116077).

E. Rechtsstellung der Gesellschafter

1. Erwerb und Verlust der Gesellschafterstellung

a) Erwerb

Die Gesellschafterstellung kann **erworben** werden

- durch Übernahme des Geschäftsanteils durch die Gründer der GmbH,
- durch Eintritt in die Gesellschaft im Zuge einer Kapitalerhöhung (vgl Seiten 326 ff),
- durch Übertragung der Gesellschafterstellung (des Geschäftsanteils), zB durch Anteilskauf oder im Erbweg (bzw sonstige Gesamtrechtsnachfolge).

b) Verlust

Die Gesellschafterstellung kann **beendet** werden durch

- Übertragung der Gesellschafterstellung (des Geschäftsanteils) (vgl Seiten 303 ff),
- Kapitalherabsetzung (vgl Seiten 330 ff),
- Löschung der GmbH nach Auflösung und Liquidation (vgl Seiten 334 ff),
- Ausschluss im Wege des Kaduzierungsverfahrens (vgl Seiten 313 ff),
- Ausschluss von Minderheitsgesellschaftern nach dem GesAusG (vgl unten Seiten 302 ff),
- Ausschluss aus wichtigem Grund; ohne gesellschaftsvertragliche Regelung unzulässig (RS0059745; die überwiegende Lit bejaht die Möglichkeit eines Ausschlusses bei Vorliegen eines wichtigen Grundes); im Gesellschaftsvertrag kann nach der überwiegenden Ansicht der Ausschluss von Gesellschaftern geregelt werden (6 Ob 657/95, 6 Ob 80/11z; vgl RS0102055); da die Gesellschaft selbst keine eigenen Anteile erwerben darf, muss entweder eine Kapitalherabsetzung durchgeführt werden oder die anderen Gesellschafter übernehmen den Geschäftsanteil des ausscheidenden Gesellschafters,
- Austritt (Kündigung); zulässig, wenn im Gesellschaftsvertrag vorgesehen; nach überwiegender Lehre bei Vorliegen eines wichtigen Grundes auch ohne gesellschaftsvertragliche Regelung möglich.

Im **Gesellschaftsvertrag** können **Regeln für das Ausscheiden** von Gesellschaftern, insbesondere über die Abfindung, vorgesehen werden. Regelt der Gesellschaftsvertrag – etwa im Zusammenhang mit Aufgriffsrechten – die Abfindung ausscheidender Gesellschafter nicht, hat der ausscheidende Gesellschafter Anspruch auf den vollen Wert – den Verkehrswert – des Geschäftsanteils. Abfindungsklauseln in einem Gesellschaftsvertrag sind unwirksam, soweit sie zwingenden Regeln widersprechen. Ist daher etwa der Entgeltanspruch eines Gesellschafters nur für den Fall seines durch Insolvenzeröffnung bedingten Ausscheidens, nicht aber in einem vergleichbaren Fall auf weniger als den Verkehrswert beschränkt, ist diese Regelung wegen Gläubigerbenachteiligung sittenwidrig (6 Ob 142/05h).

c) Gesellschafterausschlussgesetz

Mit 20. 5. 2006 wurde das Gesellschafter-Ausschlussgesetz (GesAusG) eingeführt. Das GesAusG regelt den Ausschluss von Minderheitsgesellschaftern (**Squeeze-out**). Diese Form des Ausschlusses war bis zum Inkrafttreten des GesAusG nur im Wege der nicht verhältniswahrenden Spaltung, der verschmelzenden und der errichtenden Umwandlung möglich. Die Squeeze-out-Spaltung in der bisherigen Form wurde abgeschafft.

> Um Gesellschafter auszuschließen, kann
> - die Generalversammlung einer GmbH
> - auf Verlangen des Hauptgesellschafters
> - die Übertragung der Anteile der übrigen Gesellschafter auf den Hauptgesellschafter
> - gegen Gewährung einer angemessenen Barabfindung beschließen (§ 1 Abs 1 GesAusG).

Hauptgesellschafter ist, wem zum Zeitpunkt der Beschlussfassung Anteile in Höhe von mindestens 90 % des Stammkapitals gehören (§ 1 Abs 2 GesAusG; 6 Ob 210/12v). Als Anteile, die dem Hauptgesellschafter gehören, gelten auch Anteile anderer Unternehmen, die mit dem Hauptgesellschafter gemäß § 228 Abs 3 UGB (richtig: § 189a Z 7 UGB) verbunden sind. Diese konzernmäßige Verbindung muss im letzten Jahr vor der Beschlussfassung durchgehend bestanden haben (§ 1 Abs 3 GesAusG). Im Gesellschaftsvertrag kann vorgesehen sein, dass der Ausschluss von Gesellschaftern nach dem GesAusG nicht zulässig ist oder dass dem Hauptgesellschafter über 90 % des Stammkapitals gehören müssen (§ 1 Abs 4 GesAusG).

Der Hauptgesellschafter hat den ausgeschlossenen Gesellschaftern eine **angemessene Barabfindung** zu gewähren. Um die Leistung dieser Barabfindung sicherzustellen, ist diese (oder eine Bankgarantie in Höhe des Abfindungsbetrags) vor Einberufung der Generalversammlung, in der über den Gesellschafterausschluss beschlossen werden soll, bei einem **Treuhänder** zu hinterlegen (§ 2 GesAusG).

Im GesAusG sind einige Maßnahmen zum Schutz der auszuschließenden Minderheitsgesellschafter vorgesehen. So haben etwa die Geschäftsführung der Gesellschaft und der Hauptgesellschafter gemeinsam einen **Bericht** über den geplanten Ausschluss aufzustellen. Ein **sachverständiger Prüfer** hat die Richtigkeit dieses Berichts sowie die Angemessenheit der Barabfindung zu prüfen (§ 3 GesAusG).

Die Geschäftsführung hat eine **Generalversammlung** einzuberufen, in der über den Ausschluss der Minderheitsgesellschafter Beschluss gefasst werden soll. Der Beschluss bedarf der einfachen **Mehrheit** der abgegebenen Stimmen und der **Zustimmung** durch den Hauptgesellschafter (§ 4 GesAusG). Die Geschäftsführung hat den Beschluss über den Ausschluss der Minderheitsgesellschafter zur Eintragung in das **Firmenbuch** anzumelden. Mit der Eintragung in das Firmenbuch gehen alle Anteile der Minderheitsgesellschafter auf den Hauptgesellschafter über (§ 5 GesAusG). Der Treuhänder hat sodann die Barabfindung an die Minderheitsgesellschafter auszuzahlen. Ausgeschlossene Gesellschafter können die **Höhe der Barabfindung** in einem Verfahren gemäß §§ 225c bis 225m AktG **überprüfen** lassen (vgl dazu Seiten 478 f). Da Minderheitsgesellschafter dieses Verfahren in Anspruch nehmen können, kann die Anfechtung des Beschlusses nicht darauf gestützt werden, dass die Barabfindung nicht angemessen ist (§ 6 GesAusG; 6 Ob 210/12v).

§ 7 GesAusG sieht Sonderregelungen für den Gesellschafterausschluss nach einem **Übernahmeangebot** im Sinn des Übernahmegesetzes (vgl Seiten 353 f) vor (nur bei AG und SE möglich).

2. Geschäftsanteil

Der Geschäftsanteil ist die Summe aller Rechte und Pflichten der Gesellschafter. Die Größe des Geschäftsanteils bestimmt sich, soweit im Gesellschaftsvertrag nichts anderes geregelt ist, nach der Höhe der übernommenen Stammeinlage (§ 75 Abs 1; siehe dazu bereits oben Seite 235).

Jedem Gesellschafter steht nur ein Geschäftsanteil zu. Erwirbt ein Gesellschafter einen zweiten Geschäftsanteil von einem Mitgesellschafter, wird sein bisheriger Geschäftsanteil erhöht (§ 75 Abs 2). Ein Geschäftsanteil kann nicht in einem Order- oder Inhaberpapier, also einem handelbaren Wertpapier, verbrieft werden (§ 75 Abs 3).

a) Übertragung und Vererblichkeit

Bei der Übertragung ist zwischen folgenden zwei Möglichkeiten zu unterscheiden (vgl 2 Ob 134/07f):
- **Anteilskauf** (auch **share deal**): Es werden Geschäftsanteile an einer GmbH übertragen. Die GmbH bleibt, selbst wenn alle Anteile übertragen werden, weiterhin Rechtsträger des Unternehmens. Vertragspartner ist beim Anteilskauf der Gesellschafter.

- **Unternehmenskauf** (auch **asset deal**): Das ist der Kauf des Unternehmens vom bisherigen Unternehmensträger, also der GmbH, wodurch der Erwerber selbst Unternehmensträger wird. Beim Unternehmenskauf ist die Gesellschaft selbst Vertragspartner.

Im Folgenden wird die Übertragung von Geschäftsanteilen, also der Anteilskauf, näher dargestellt.

Die Geschäftsanteile sind übertragbar und vererblich (§ 76 Abs 1). Zur Übertragung von Geschäftsanteilen mittels Rechtsgeschäfts **unter Lebenden** bedarf es eines **Notariatsakts** (§ 76 Abs 2). Der gleichen Form bedürfen Vereinbarungen über die Verpflichtung eines Gesellschafters zur künftigen Abtretung eines Geschäftsanteils (RS0059756, RS0059900, RS0060256), etwa Vorvertrag (8 Ob 624/84), Option (1 Ob 518/86) oder Aufgriffsrecht (6 Ob 241/98d). Die Notariatsaktsform ist **zwingend**. Sowohl das Verpflichtungs- als auch das Verfügungsgeschäft, also etwa der Kauf- und Abtretungsvertrag, sind notariatsaktspflichtig (RS0115336, RS0060201; nach dem älteren RS0060263 sei der Notariatsakt nur für das Verfügungsgeschäft, nicht aber für das Verpflichtungsgeschäft notwendig; zur Treuhand siehe RS0060207, RS0010442). Für ein Aufgriffsrecht in der Satzung reicht die notarielle Beurkundung aus. Eine „doppelte Formvorschrift" dahingehend, dass zusätzlich zur für die Satzungsänderung erforderlichen notariellen Beurkundung auch die Notariatsaktspflicht des § 76 Abs 2 einzuhalten ist, besteht nicht (6 Ob 63/10y, 6 Ob 81/11x; anders die ältere Rechtsprechung; vgl RS0086638). Auch die Ausübung des Aufgriffsrechts bedarf der Notariatsaktsform (6 Ob 180/17i).

Fehlt die **Notariatsaktsform**, ist das Geschäft **nicht wirksam zustande gekommen**; es kann auch nicht auf Errichtung eines Notariatsakts geklagt werden (RS0060256). Eine Heilung durch Erfüllung ist ausgeschlossen (7 Ob 110/04h; die Frage, ob der Formmangel des Verfügungsgeschäfts heilbar ist, ließ der OGH in 6 Ob 1/10f offen). Zweck des Formgebots ist die Immobilisierung der Geschäftsanteile, der Übereilungsschutz, die möglichst weitgehende Evidenzhaltung der Gesellschafter und die Beweissicherung (RS0060234, RS0060244, 6 Ob 63/10y). Eine Vertretung bei Errichtung des Notariatsakts ist durch einen mit beglaubigter Vollmacht (§ 69 NO) ausgewiesenen Bevollmächtigten zulässig.

Mit Wirksamkeit des Verfügungsgeschäfts ist der Anteil abgetreten. Die **Eintragung** des Gesellschafterwechsels in das Firmenbuch ist **nicht konstitutiv** (RS0059827). Der Gesellschaft gegenüber gilt aber nur als Gesellschafter, wer im Firmenbuch eingetragen ist (§ 78 Abs 1). Der Gesellschafterwechsel ist von den Geschäftsführern zur Eintragung in das Firmenbuch anzumelden (§ 26 Abs 1). Der Erwerber selbst kann die Anmeldung nicht vornehmen. Er kann nur die Gesellschaft auf Vornahme der Anmeldung klagen (zB 6 Ob 64/06i, 6 Ob 167/17b). Die Gesellschaft kann dem neuen Gesellschafter schon vor Eintragung sein Stimmrecht in der Generalversammlung gewähren (RS0112377).

> **Rechtsformunterschied:**
> Die Übertragung eines Geschäftsanteils einer GmbH bedarf eines Notariatsakts. Demgegenüber ist für die Übertragung von Aktien kein Notariatsakt erforderlich. Die Form der Übertragung ist von der Art der Aktie abhängig (vgl Seiten 345 f).

Für die zur Zeit der Anmeldung des Übergangs eines Geschäftsanteils rückständigen (also fälligen, aber noch nicht erbrachten) Leistungen haftet der Erwerber solidarisch mit dem Rechtsvorgänger (§ 78 Abs 2; 4 Ob 341/98w). Ansprüche gegen den Rechtsvorgänger verjähren fünf Jahre nach der Anmeldung des Erwerbers (§ 78 Abs 3).

Die zivilrechtlichen **Gewährleistungsvorschriften** sind auch bei der Übertragung von Geschäftsanteilen anzuwenden (§§ 1397 ff ABGB, §§ 922 ff ABGB; 5 Ob 136/12d). Strittig ist, unter welchen Voraussetzungen Mängel des von der Gesellschaft betriebenen Unternehmens auch Mängel des Geschäftsanteils sind (vgl 5 Ob 136/12d). Mit dem Kauf aller Anteile wird auch das Unternehmen selbst veräußert (RS0018662), sodass in diesem Fall die für einen Unternehmenskauf geltenden Gewährleistungsregeln anzuwenden sind. Dies gilt wohl auch dann, wenn ein die Beherrschung sichernder Teil der Geschäftsanteile veräußert wird (vgl 4 Ob 44/11s).

Die Geschäftsanteile sind **frei vererblich** (§ 76 Abs 1). Strittig ist, ob die Vererblichkeit zwingend ist (so etwa RS0007884) oder ausgeschlossen werden kann. Zulässig ist, im Gesellschaftsvertrag Aufgriffsrechte für den Todesfall eines Gesellschafters vorzusehen (6 Ob 63/10y) oder Auflagen zu Lasten der Erben, etwa die Auflage, den Geschäftsanteil an die übrigen Gesellschafter zu übertragen.

b) Übertragung von Teilen eines Geschäftsanteils

Die Teilung eines Geschäftsanteils ist – außer bei der Vererbung – nur dann zulässig, wenn dies im Gesellschaftsvertrag gestattet ist (§ 79 Abs 1). Die Teilung eines Geschäftsanteils ohne Übertragung als selbstständige Maßnahme ist unzulässig, weil ein Gesellschafter immer nur einen Geschäftsanteil haben kann (§ 75 Abs 2). Bei Übertragung von Geschäftsanteilen im Wege der Vererbung ist die Teilung zulässig, wenn der Gesellschaftsvertrag nichts anderes bestimmt. Im Gesellschaftsvertrag kann die Zustimmung der Gesellschaft zur Teilung von Geschäftsanteilen verstorbener Gesellschafter unter den Erben vorbehalten werden (§ 79 Abs 2). Die Mindestbeträge der Stammeinlage und ihrer Bareinzahlung dürfen durch Teilung und Übertragung eines Teils eines Geschäftsanteils nicht unterschritten werden (§ 79 Abs 4).

c) Übertragungsbeschränkungen

Im Gesellschaftsvertrag kann die Übertragung von Voraussetzungen, insbesondere von der **Zustimmung der Gesellschaft**, abhängig gemacht werden (**Vinkulierung**; § 76 Abs 2). Die Aufnahme einer Vinkulierungsregelung bedarf der Zustimmung aller Gesellschafter (6 Ob 4/15d), weil damit die Übertragung der Geschäftsanteile erschwert wird. Soweit im Gesellschaftsvertrag nicht Abweichendes geregelt ist, ist für die Zustimmung der Gesellschaft ein **Gesellschafterbeschluss mit einfacher Mehrheit** erforderlich. Da die Zustimmung eine empfangsbedürftige Willenserklärung ist, haben nach überwiegender Ansicht die Geschäftsführer nach dem Gesellschafterbeschluss die Zustimmungserklärung abzugeben. Die Übertragung kann nicht nur von der Zustimmung der Gesellschaft, sondern auch von der **Zustimmung eines bestimmten Gesellschaftsorgans** oder aller oder einzelner Gesellschafter abhängig gemacht werden.

Fehlt die Zustimmung, ist der Übertragungsvertrag bis zur Zustimmung schwebend unwirksam (RS0039034). Die Übertragung von Geschäftsanteilen, mit denen ein Entsendungsrecht von Mitgliedern in den Aufsichtsrat verbunden ist, ist an die Zustimmung der Gesellschaft zu binden (§ 30c Abs 2). Dies gilt auch, wenn Nebenleistungen vereinbart werden (§ 8 Abs 2). Bedarf die Übertragung von Geschäftsanteilen nach dem Gesellschaftsvertrag der Zustimmung der Gesellschaft und wird diese versagt, kann das Gericht dem Gesellschafter, der seinen Geschäftsanteil übertragen will, auf dessen Antrag die Übertragung unter bestimmten Voraussetzungen gestatten. Erforderlich ist, dass die Stammeinlage voll eingezahlt ist, keine ausreichenden Gründe für die Verweigerung der Zustimmung vorliegen und die Übertragung des Geschäftsanteils zu keiner Schädigung der Gesellschaft, der übrigen Gesellschafter und der Gläubiger führt. Erteilt das Gericht die Zustimmung zur Übertragung, kann die Gesellschaft innerhalb eines Monats nach Rechtskraft der Entscheidung die Übertragung an einen von ihr bezeichneten Erwerber verlangen (§ 77).

Im Gesellschaftsvertrag kann der **Personenkreis**, an den übertragen werden darf, **eingeschränkt** werden. Es kann etwa vorgesehen werden, dass Anteile nur an Gesellschafter übertragen werden dürfen. Darüber hinaus können den Gesellschaftern **Vorkaufs- und Aufgriffsrechte** eingeräumt werden, um zu verhindern, dass Geschäftsanteile an Dritte übertragen werden. Beabsichtigt ein Gesellschafter in diesem Fall, seinen Geschäftsanteil zu übertragen, haben der oder die Aufgriffsberechtigten das Recht, die Abtretung des Geschäftsanteils zu verlangen. Vorkaufs- und Aufgriffsrechte, die im Gesellschaftsvertrag vereinbart sind, haben absolute Wirkung (RS0020381). Mit einem Aufgriffsrecht kann auch etwa für den Fall der Vererbung eines Anteils vorgesorgt werden. Nicht vereinbart werden kann bei der GmbH – anders als bei den Personengesellschaften des Handelsrechts –, dass der Anteil eines Gesellschafters einem anderen ohne Weiteres zuwächst (6 Ob 150/08i). Für den Fall des Verkaufs eines Geschäftsanteils durch einen Gesellschafter kann den übrigen

Gesellschaftern ein **Mitverkaufsrecht** (tag along right) eingeräumt werden: Der verkaufende Gesellschafter hat es den übrigen Gesellschaftern zu ermöglichen, ihre Geschäftsanteile ebenfalls – in der Regel zu denselben Bedingungen – zu verkaufen. Damit können die übrigen Gesellschafter ihre Geschäftsanteile veräußern, wenn ihnen etwa der neue Gesellschafter nicht genehm ist. Ist eine **Mitverkaufspflicht** (drag along right) vorgesehen, sind beim Verkauf eines Geschäftsanteils durch einen Gesellschafter die übrigen Gesellschafter verpflichtet, ihre Anteile ebenfalls an den Erwerber zu veräußern. Damit kann der Erwerber alle Geschäftsanteile erwerben und die vollständige Kontrolle über die Gesellschaft erlangen.

Im Gesellschaftsvertrag sollten **Abfindungsbestimmungen**, die die Höhe der Abfindung und die Auszahlungsmodalitäten regeln, etwa für den Fall der Beschränkung der freien Übertragbarkeit, vorgesehen werden.

d) Verpfändung

Geschäftsanteile können **formlos** verpfändet werden. Es ist also kein Notariatsakt erforderlich (§ 76 Abs 3), aber ein **Publizitätsakt**, etwa die Verständigung der Gesellschaft oder die Anbringung eines Buchvermerks in den Geschäftsbüchern des Pfandbestellers (§ 452 ABGB; RS0107695). Die Verpfändung umfasst nur die mit dem Geschäftsanteil verbundenen Vermögensrechte, nicht aber die Verwaltungsrechte (zB Informationsrecht), die beim Gesellschafter verbleiben (6 Ob 27/95). Die Verpfändung kann von der Zustimmung der Gesellschaft abhängig gemacht werden. Die Verwertung eines verpfändeten Anteils richtet sich nach § 461 ABGB, der Anteil ist also zu verkaufen (vgl § 332 EO; im Detail strittig).

> **Beachte:**
> Für die Übertragung eines GmbH-Geschäftsanteils ist ein Notariatsakt erforderlich. Die Verpfändung kann hingegen auch formlos erfolgen.

e) Übertragung im Exekutionsverfahren/Pfändung

Die Verwertung eines Geschäftsanteils im Exekutionsverfahren erfolgt durch **Verkauf** des Geschäftsanteils in einem mehrstufigen Verfahren, das aus der Pfändung, der Verwertung und der Verteilung des Erlöses besteht (vgl § 76 Abs 4; § 332 EO; RS0087047, RS0004163).

Für Geschäftsanteile, die nur mit Zustimmung der Gesellschaft übertragbar sind (vinkulierte Geschäftsanteile), sieht § 76 Abs 4 eine Sonderregelung vor: Das Exekutionsgericht hat den Geschäftsanteil **schätzen** zu lassen und die Gesellschaft sowie Gläubiger, die bis dahin die gerichtliche Pfändung des Geschäftsanteils erwirkt haben, von der Bewilligung des Verkaufs zu benachrichtigen. Die Gesellschaft kann einen ihr genehmen Käufer namhaft machen, der den Geschäftsanteil innerhalb von 14 Tagen nach Benachrichtigung übernimmt. Geschieht dies nicht, wird der Anteil ohne Zustimmung der Gesellschaft veräußert (vgl 3 Ob 83/08i; zur Einpersonengesellschaft vgl 3 Ob 172/08b). Ein im Gesellschaftsvertrag vorgesehenes Vorkaufs- oder Aufgriffsrecht ist nicht einem Zustimmungsrecht zur Veräußerung des Geschäftsanteils gleich zu halten, sodass bei einer exekutiven Verwertung § 76 Abs 4 nicht analog anzuwenden ist; wenn im Gesellschaftsvertrag aber allen Gesellschaftern für den Fall der Veräußerung eines Geschäftsanteils ein Zustimmungsrecht (Vetorecht) eingeräumt ist, bestehen bei einer exekutiven Verwertung keine Bedenken gegen die analoge Anwendung des § 76 Abs 4 (3 Ob 223/11g).

f) Mitberechtigung am Geschäftsanteil

An einem Geschäftsanteil können mehrere Personen **Miteigentum** haben, etwa bei Erben- oder ehelichen Gütergemeinschaften. Sie können ihre Rechte daraus nur **gemeinschaftlich** (einheitlich) ausüben. Sind sich die Mitberechtigten nicht einig, kann das Recht nicht ausgeübt werden. Mitberechtigte haften für Leistungen, die auf den Geschäftsanteil zu erbringen sind, solidarisch. Für Rechtshandlungen der Gesellschaft gegenüber dem Inhaber eines Geschäftsanteils genügt für deren Rechtswirksamkeit bei Vorhandensein von mehreren Mitberechtigten die Vornahme gegenüber einem von diesen, wenn nicht der Gesellschaft ein **gemeinsamer Vertreter** bekanntgegeben worden ist (§ 80).

g) Kein Erwerb eigener Anteile

Es wäre denkbar, dass die GmbH ihre eigenen Geschäftsanteile von ihren Gesellschaftern erwirbt. Damit würde aber unter anderem gegen das Verbot der Einlagenrückgewähr verstoßen werden, weil die Gesellschaft dem Gesellschafter den Preis für den Erwerb der Anteile bezahlen würde. Der **Erwerb eigener Geschäftsanteile** durch die Gesellschaft ist daher **verboten** und wirkungslos (§ 81; RS0129661), um das Gesellschaftsvermögen zu erhalten. Zulässig ist der Erwerb nur im Exekutionsweg zur Hereinbringung eigener Forderungen der Gesellschaft. Seit dem GesRÄG 2007 steht einem Minderheitsgesellschafter, der einem Rechtsformwechsel oder einer rechtsformübergreifenden Verschmelzung widerspricht, ein Austrittsrecht zu. Zum Zweck der Entschädigung dieser Minderheitsgesellschafter ist nun ein Erwerb eigener Geschäftsanteile zulässig. Darüber hinaus wurde mit dem GesRÄG 2007 die Zulässigkeit des unentgeltlichen Erwerbs voll eingezahlter eigener Anteile und des Erwerbs eigener Anteile im Weg der Gesamtrechtsnachfolge klargestellt. In diesen Fällen sind die für den Erwerb eigener Aktien geltenden Vorschriften sinngemäß anzuwenden (§ 81). Die Anteile sind möglichst rasch wieder zu veräußern.

Wechselseitige Beteiligungen führen mittelbar zum Erwerb eigener Anteile und sind daher ebenfalls grundsätzlich unzulässig. Die Gesellschaft hätte durch die Kontrolle der anderen Gesellschaft Einfluss auf das Abstimmungsverhalten in der eigenen Generalversammlung, und die Aufbringung und Erhaltung des Kapitals wäre gefährdet. In kleinem Umfang können wechselseitige Beteiligungen zulässig sein (strittig).

3. Rechte

Mit dem Geschäftsanteil sind bestimmte Rechte verbunden, etwa das Recht auf Beteiligung am Gewinn und am Liquidationserlös, das Stimmrecht und das Recht auf Information. Darüber hinaus sind mit dem Geschäftsanteil auch Pflichten, wie die Pflicht zur Leistung der Einlage sowie die Treuepflicht, verknüpft.

a) Vermögensrechte

Die Gesellschafter haben **Anspruch auf** den sich nach dem Jahresabschluss als Überschuss der Aktiva über die Passiva ergebenden **Bilanzgewinn**, soweit dieser nicht im Gesellschaftsvertrag oder durch einen Gesellschafterbeschluss von der Verteilung ausgeschlossen ist (§ 82 Abs 1; RS0130906). Die Verteilung des Bilanzgewinns erfolgt, soweit im Gesellschaftsvertrag nicht Abweichendes geregelt ist, **nach dem Verhältnis der eingezahlten**, nicht der übernommenen **Stammeinlagen** (§ 82 Abs 2). Soweit keine Ausschüttungssperren vorliegen (vgl § 235 UGB) oder nicht Abweichendes im Gesellschaftsvertrag geregelt ist, ist grundsätzlich der gesamte Bilanzgewinn an die Gesellschafter auszuschütten (Vollausschüttungsgebot). Wird aber den Geschäftsführern oder dem Aufsichtsrat zwischen dem Schluss des Geschäftsjahres und der Beschlussfassung der Gesellschafter über den Jahresabschluss bekannt, dass das Vermögen der Gesellschaft erheblich und voraussichtlich nicht bloß vorübergehend geschmälert worden ist, ist der Bilanzgewinn in einem der Schmälerung des Vermögens entsprechenden Betrag von der Verteilung ausgeschlossen (§ 82 Abs 5). Da § 82 Abs 5 den Gläubigerschutz bezweckt, haben die Geschäftsführer die Auszahlung selbst dann zu verweigern, wenn die Gesellschafter Gegenteiliges beschlossen haben sollten (6 Ob 100/12t). „Große" GmbH iSd § 221 UGB haben nach § 23 (iVm § 229 UGB) 5 % des Jahresgewinns in die gesetzliche Rücklage einzustellen, bis diese 10 % des Stammkapitals erreicht.

Darüber hinaus haben die Gesellschafter einen Anspruch auf einen **Anteil am Liquidationserlös** (§ 91 Abs 3).

b) Herrschafts- und Mitverwaltungsrechte

Den Gesellschaftern stehen insbesondere folgende Herrschafts- und Mitverwaltungsrechte zu:

- Bucheinsichtsrecht (§ 22 Abs 2; vgl Seite 263);
- Recht auf Zusendung des Jahresabschlusses samt Lagebericht (§ 22 Abs 2);

- Teilnahme-, Auskunfts- und Stimmrecht in der Generalversammlung (§ 39);
- Recht auf Einsicht in und Zusendung der Generalversammlungsbeschlüsse (§ 40);
- Recht zur Anfechtung fehlerhafter Generalversammlungsbeschlüsse (§ 41);
- Vorrecht zur Übernahme der neuen Stammeinlagen bei Erhöhung des Stammkapitals mangels abweichender Regelung im Gesellschaftsvertrag oder im Erhöhungsbeschluss (Bezugsrecht; § 52 Abs 3; vgl Seiten 328 f).

c) Minderheitsrechte

Gesellschaftern stehen folgende wesentliche Minderheitsrechte zu, abhängig vom Beteiligungsausmaß:

Gesellschafter, die allein oder gemeinsam mindestens ein **Drittel** des Stammkapitals halten, können einen **Minderheitsvertreter in den Aufsichtsrat** wählen (§ 30b Abs 1).

Gesellschaftern, deren Stammeinlagen allein oder gemeinsam 10 % des Stammkapitals oder den Nennbetrag von 700.000 Euro oder den im Gesellschaftsvertrag festgesetzten geringeren Betrag erreichen, stehen folgende Minderheitsrechte zu:

- Hat ein Gesellschafter einen Antrag auf Bestellung von sachverständigen Revisoren zur **Prüfung des letzten Jahresabschlusses** gestellt und ist dieser Antrag durch Beschluss der Gesellschafter abgelehnt worden, kann das Handelsgericht auf Antrag dieser Minderheit einen oder mehrere Revisoren bestellen (**Sonderprüfung**; vgl etwa 6 Ob 86/11g). Dabei muss glaubhaft gemacht werden, dass Unredlichkeiten oder grobe Verletzungen des Gesetzes oder des Gesellschaftsvertrags stattgefunden haben (§ 45). Hierzu zählen etwa die Verletzung von Buchführungs- und Rechnungslegungsvorschriften oder unzulässige Entnahmen. Grundsätzlich können auch bestimmte Geschäftsführungsvorgänge in die Sonderprüfung einbezogen werden, sofern sie die finanzielle Lage der Gesellschaft oder ihre Schilderung in der Bilanz zu beeinflussen vermochten (RS0060376). Sonderprüfer dürfen aber nicht generell mit der Kontrolle der Geschäftsführung beauftragt werden, sondern es muss sich um Vorgänge bestimmter Art handeln (RS0060372). Die Sonderprüfung soll den Minderheitsgesellschaftern jene Kenntnisse verschaffen, die notwendig sind, um mögliche Ansprüche gegen pflichtwidrig handelnde Organe verfolgen zu können oder sonstige Rechtsfolgen geltend zu machen (6 Ob 86/11g). Die Revisoren können in die Bücher, Schriften, Rechnungsbelege und Inventare einsehen und von Geschäftsführern, Mitgliedern des Aufsichtsrats oder Angestellten Auskünfte und Erläuterungen verlangen (§ 46 Abs 1). Die Revisoren haben einen Revisionsbericht zu verfassen und diesen unverzüglich den Geschäftsführern und dem Aufsichtsrat vorzulegen. Die Antragsteller haben das Recht, in den Bericht Einsicht zu nehmen. Die Geschäftsführer und der Aufsichtsrat sind verpflichtet, bei der

Einberufung der nächsten Generalversammlung den Revisionsbericht auf die Tagesordnung zu setzen (§ 47).

- Diese Minderheit kann auch **Ansprüche**, die der Gesellschaft gegen Gesellschafter, Geschäftsführer und Mitglieder des Aufsichtsrats zustehen, geltend machen, wenn die Verfolgung dieser Ansprüche für die Gesellschaft durch Gesellschafterbeschluss abgelehnt oder über einen entsprechenden Antrag nicht abgestimmt wurde (§ 48; 3 Ob 72/09y).
- Diese Minderheit kann weiters die gerichtliche Bestellung und Abberufung von Liquidatoren aus wichtigem Grund beantragen (§ 89 Abs 2 und 3).

Gesellschafter, die allein oder gemeinsam mindestens **10 %** des Stammkapitals halten, haben folgende Minderheitsrechte:

- gerichtliche Abberufung von Aufsichtsratsmitgliedern aus wichtigem Grund (§ 30b Abs 5),
- Einberufung der Generalversammlung (§ 37),
- Aufnahme von Tagesordnungspunkten (§ 38 Abs 3),
- Verlangen der Erstellung eines Teilkonzernabschlusses trotz Einbeziehung in einen Konzernabschluss (§ 245 Abs 1 UGB; dieses Recht kann auch von Gesellschaftern, deren Anteile am Stammkapital 1,4 Mio Euro erreichen, geltend gemacht werden; bei Einbeziehung in einen ausländischen Konzernabschluss reichen 5 % des Stammkapitals bzw 700.000 Euro).

Gesellschafter, die allein oder gemeinsam mindestens **5 %** des Stammkapitals oder den anteiligen Betrag von 350.000 Euro erreichen, können

- die gerichtliche Bestellung von Abschlussprüfern beantragen (§ 270 Abs 3 UGB) und
- in der Liquidation die Prüfung des Jahresabschlusses verlangen (§ 91 Abs 1 iVm § 211 Abs 3 AktG).

Negative Minderheitsrechte ergeben sich aus den für Beschlüsse erforderlichen Mehrheiten. Beschlüsse, die etwa einer Mehrheit von drei Vierteln der abgegebenen Stimmen bedürfen, zB Änderungen des Gesellschaftsvertrags, können mit über 25 % der abgegebenen Stimmen verhindert werden (**Sperrminorität**).

Im Gesellschaftsvertrag können weitere Minderheitsrechte vorgesehen sein.

4. Pflichten

a) Leistung der Einlage

(1) Einlagepflicht

Jeder Gesellschafter ist verpflichtet, die von ihm übernommene Stammeinlage in voller Höhe nach Maßgabe des Gesellschaftsvertrags und der von den Gesellschaftern gefassten Beschlüsse einzuzahlen (§ 63 Abs 1; vgl dazu bereits Seite 232). Alle Gesellschafter haben nach dem Verhältnis ihrer Bareinlagen Einzahlungen auf die Stammeinlagen zu leisten, soweit durch den Gesellschaftsvertrag oder durch einen Abänderungsbeschluss nichts anderes bestimmt ist (Gleichbehandlungsgrundsatz; § 63 Abs 2).

Die Leistung der Einlage durch Aufrechnung mit einer Forderung an die Gesellschaft durch den Gesellschafter ist nicht zulässig (§ 63 Abs 3). Die Gesellschaft selbst kann aber grundsätzlich aufrechnen (RS0059967). Beabsichtigt der Gesellschafter, mit einer Forderung gegen die Gesellschaft aufzurechnen, müssen die Sacheinlagevorschriften angewendet werden.

Säumige Gesellschafter sind zur Zahlung von Verzugszinsen verpflichtet. Im Gesellschaftsvertrag können für diesen Fall Konventionalstrafen vereinbart werden (§ 65 Abs 1).

Eine Leistung auf die Stammeinlage in Form einer Sacheinlage oder Sachübernahme befreit den Gesellschafter von seiner Verpflichtung zur Zahlung der Stammeinlage nur, wenn dies im Gesellschaftsvertrag festgelegt ist (§ 63 Abs 5; vgl auch Seiten 245 ff). Vorbehalte und Einschränkungen bei der Übernahme oder Zahlung von Stammeinlagen sind wirkungslos (§ 63 Abs 6). Ein Verzicht auf die Einforderung weiterer Einzahlungen auf die übernommenen, nicht voll eingezahlten Stammeinlagen ist eine Abänderung des Gesellschaftsvertrags und ist als Herabsetzung des Stammkapitals anzusehen (§ 54 Abs 2).

(2) Einforderung der nicht voll einbezahlten Stammeinlage

Haben die Gesellschafter die auf die Stammeinlagen geforderten Einzahlungen noch nicht voll geleistet, haben die Geschäftsführer die Gesellschafter mit eingeschriebenem Brief zur Einzahlung **aufzufordern**, wenn der Gesellschaftsvertrag nicht Abweichendes regelt (§ 65 Abs 2). Mangels anderer Regelung im Gesellschaftsvertrag ist die vorherige Zustimmung durch **Gesellschafterbeschluss** einzuholen (§ 35 Abs 1 Z 2). Jede Einforderung weiterer Einzahlungen nicht voll eingezahlter Stammeinlagen ist unter Angabe des eingeforderten Betrags von sämtlichen Geschäftsführern zum **Firmenbuch anzumelden** und zu veröffentlichen (§ 64 Abs 1). Die erfolgte Einzahlung der auf die Stammeinlagen ausständigen Beträge ist ebenfalls beim Firmenbuchgericht anzumelden (§ 26 Abs 1). Für einen durch Unterlassung der Anmeldung oder durch falsche Angaben verursachten Schaden haften die Geschäftsführer dem Geschädigten solidarisch. Diese Ersatzansprüche verjähren innerhalb von fünf Jahren ab jenem Tag, an dem der Geschädigte von der Einforderung Kenntnis erlangte (§ 64 Abs 2).

Der Anspruch der GmbH gegen die Gesellschafter auf Einzahlung ihrer Stammeinlagen kann durch einen Gläubiger der Gesellschaft im Weg der **Forderungsexekution** durch Pfändung und Überweisung verwertet werden (vgl §§ 294 und 303 EO; 8 Ob 604/91). Die ausständige Einlage kann von der GmbH durch **Leistungsklage** vom säumigen Gesellschafter verlangt werden.

Darüber hinaus kann mit dem Kaduzierungsverfahren der Ausschluss des säumigen Gesellschafters herbeigeführt werden.

(3) Kaduzierung

> Die wesentlichsten Schritte im Zusammenhang mit dem Kaduzierungsverfahren lassen sich wie folgt zusammenfassen:
> - Voraussetzung ist, dass ein Gesellschafter die **Stammeinlage nicht rechtzeitig leistet**.
> - Dem säumigen Gesellschafter ist der Ausschluss unter Setzung einer Nachfrist **anzudrohen**.
> - Nach fruchtlosem Ablauf der Nachfrist wird der säumige Gesellschafter für **ausgeschlossen erklärt**.
> - **Rechtsvorgänger** des säumigen Gesellschafters **haften** für den vom ausgeschlossenen Gesellschafter nicht bezahlten Betrag.
> - Können die Rechtsvorgänger nicht zahlen, wird der **Geschäftsanteil verkauft**.
> - Für danach noch offene Beträge **haften** die **Mitgesellschafter**.

Erfolgt die Einzahlung der Stammeinlage nicht rechtzeitig, kann die Gesellschaft den säumigen Gesellschaftern unter Setzung einer Nachfrist für die Einzahlung von mindestens einem Monat den **Ausschluss** aus der Gesellschaft **androhen**. Das Kaduzierungsverfahren muss gegen **alle** säumigen Gesellschafter eingeleitet werden (§ 66 Abs 1).

Nach fruchtlosem Ablauf der Nachfrist haben die Geschäftsführer die säumigen Gesellschafter **als ausgeschlossen zu erklären** und davon zu benachrichtigen. Mit dem Zugang der Erklärung der Ausschließung **verlieren** die ausgeschlossenen Gesellschafter **alle Rechte** aus dem Geschäftsanteil und auf die darauf geleisteten Zahlungen (§ 66 Abs 2).

Die **Rechtsvorgänger** des ausgeschlossenen Gesellschafters, die innerhalb der letzten fünf Jahre vor der Einzahlungsaufforderung Gesellschafter waren, **haften** für den von dem ausgeschlossenen Gesellschafter nicht bezahlten Betrag der Stammeinlagen samt Verzugszinsen, im **Reihenregress** (§ 67 Abs 1). Ein früherer Rechtsvorgänger haftet daher nur, soweit die Zahlung von seinem Rechtsnachfolger nicht zu erlangen ist; dies wird vermutet, wenn der Rechtsnachfolger innerhalb eines Monats nach Zugang der Zahlungsaufforderung und der Benachrichtigung seines unmittelbaren Rechtsvorgängers hiervon nicht gezahlt hat (§ 67 Abs 2). Die Haftung des Vormannes für eine nicht gezahlte Stammeinlage setzt die wirksame Kaduzierung des Anteils, auf den die rückständige Leistung entfällt, voraus (RS0111451). Der Rechtsvorgänger erwirbt gegen Zahlung des geschuldeten Betrags den Geschäftsanteil des ausgeschlossenen Gesellschafters (§ 67 Abs 3).

Hat die GmbH gegenüber allen Rechtsvorgängern erfolglos die Zahlung der auf den kaduzierten Geschäftsanteil eingeforderten Stammeinlage verlangt, kann sie den **Geschäftsanteil verkaufen** oder versteigern (§ 68). Übersteigt der Erlös den geschuldeten Betrag, ist der Überschuss zuerst auf den noch unberichtigten Teil der Stammeinlage anzurechnen. Ein weiterer Überschuss fließt dem ausgeschlossenen Gesellschafter zu (§ 68 Abs 5).

Der **säumige Gesellschafter haftet** unabhängig von seinem Ausschluss für den rückständigen Betrag und für zukünftig fällig werdende Einzahlungen (§ 69).

Die **übrigen Gesellschafter** trifft der Gesellschaft gegenüber im Verhältnis ihrer Stammeinlagen eine **Ausfallshaftung** für jene Beträge, die weder durch die Geltendmachung der Haftung gegenüber den Rechtsvorgängern noch durch den Verkauf des Geschäftsanteils hereingebracht werden können (§ 70 Abs 1).

> **Rechtsformunterschied:**
> Bei der AG gibt es im Gegensatz zur GmbH keine Ausfallshaftung der Aktionäre (vgl Seite 411).

Voraussetzung der Haftung ist die vorherige Kaduzierung des Anteils (2 Ob 111/00p). Mit Zahlung erwerben die übrigen Gesellschafter zwar nicht den Anteil selbst, sie haben aber Anspruch auf den Gewinn und den Liquidationserlös aus diesem Geschäftsanteil. Beträge, die von einzelnen Gesellschaftern nicht zu erlangen sind, werden auf die übrigen nach dem Verhältnis der Stammeinlagen aufgeteilt (§ 70 Abs 2). Ist ein Verkauf nachträglich möglich, sind aus dem Erlös den Gesellschaftern die geleisteten Beträge zurückzuerstatten (§ 70 Abs 3).

Der **Ausgeschlossene verliert** demnach den **Geschäftsanteil** und die bisher geleisteten Einzahlungen ohne Vergütung, er **haftet** aber neben seinen Rechtsvorgängern und dem Anteilserwerber **weiter** für den rückständigen Betrag und auch für in Zukunft fällig werdende Einzahlungen (§ 69).

Die in den §§ 67 bis 70 festgelegten Verpflichtungen sind zwingend (§ 71).

> **Beachte:**
> Wer sich als Gesellschafter vor den mit § 70 verbundenen Gefahren schützen will, muss sich bei Gründung der Gesellschaft oder beim Eintritt in diese vergewissern, dass die übrigen Gesellschafter ihre Anteile voll eingezahlt haben (1 Ob 2085/96s).

b) Nachschusspflicht

Nachschüsse sind Einzahlungen der Gesellschafter, mit denen die Gesellschafter der Gesellschaft Finanzmittel zur Verfügung stellen. Einzuordnen sind sie zwischen Stammeinlage und Gesellschafterdarlehen. Sie erhöhen nicht die Stammeinlagen und damit auch nicht das Stammkapital. Von einem Gesellschafterdarlehen unterscheiden sich Nachschüsse dadurch, dass Letztere im Gesellschaftsvertrag geregelt werden müssen. Von einer Kapitalerhöhung unterscheiden sie sich vor allem durch die grundsätzliche Rückzahlbarkeit, ohne eine Kapitalherabsetzung durchführen zu müssen (vgl 6 Ob 194/17y). Nachschüsse kommen in der Praxis selten vor.

Die Nachschusspflicht muss im **Gesellschaftsvertrag** vorgesehen sein. Ist im Gesellschaftsvertrag nichts anderes vereinbart, muss ein Gesellschafter gegen seinen Willen – auch in der Krise oder im Sanierungsfall – keine Nachschüsse leisten (6 Ob 47/11x). Der Umfang der Nachschusspflicht muss auf einen nach dem Verhältnis der Stammeinlagen bestimmten Betrag **beschränkt** sein (§ 72 Abs 2; RS0131801). Eine Nachschussverpflichtung kann auch nachträglich durch Änderung des Gesellschaftsvertrags eingeführt werden. Dies bedarf jedoch der Zustimmung aller Gesellschafter (vgl § 50 Abs 4; RS0128294). Voraussetzung ist weiters die Einforderung durch **Gesellschafterbeschluss** (§ 72 Abs 1).

Die Einzahlung der Nachschüsse ist von sämtlichen Gesellschaftern nach dem Verhältnis ihrer Stammeinlagen zu leisten (§ 72 Abs 3). Ist ein Gesellschafter mit der Einzahlung eines eingeforderten Nachschusses säumig, kann die Gesellschaft nach den für die Einzahlung von Stammeinlagen geltenden Vorschriften (§§ 66 bis 69; Kaduzierungsverfahren; vgl Seiten 313 ff) vorgehen, wenn im Gesellschaftsvertrag nicht Abweichendes geregelt ist (§ 73 Abs 1).

Eingezahlte Nachschüsse können unter folgenden Voraussetzungen an die Gesellschafter **zurückgezahlt** werden:
- Die eingezahlten Nachschüsse dürfen nicht zur Deckung eines bilanzmäßigen Verlusts am Stammkapital erforderlich sein (§ 74 Abs 1). Rückzahlungen, die zur Folge hätten, dass die Aktiva abzüglich der Passiva niedriger sind als das Stammkapital, sind daher unzulässig.
- Die Gesellschafter haben über die beabsichtigte Rückzahlung einen Beschluss zu fassen (§ 74 Abs 2).
- Die Rückzahlung kann nur an sämtliche Gesellschafter nach dem Verhältnis ihrer Stammeinlagen erfolgen (§ 74 Abs 2).
- Nach Veröffentlichung des Rückzahlungsbeschlusses ist eine dreimonatige Sperrfrist abzuwarten (§ 74 Abs 2).
- Das Stammkapital ist voll einzuzahlen (§ 74 Abs 3).

Erfolgen Rückzahlungen ohne Vorliegen dieser Voraussetzungen, haften der Empfänger der Rückzahlung, die Geschäftsführer und die übrigen Gesellschafter (§ 74 Abs 4 iVm §§ 25, 83).

Von Nachschüssen zu unterscheiden sind **Zuschüsse**. Zuschüsse sind „freiwillige" zusätzliche Leistungen einzelner Gesellschafter, die auf einem allgemeinen schuldrechtlichen und nicht auf einem gesellschaftsvertraglichen Verpflichtungsgrund beruhen. Zuschüsse werden in der Regel spontan vereinbart, um aufgetretene Verluste zu decken. Sie fließen ebenso wie Nachschüsse in das Vermögen der Gesellschaft. Zuschüsse unterscheiden sich von Nachschüssen dadurch, dass deren Erbringung regelmäßig nicht gesellschaftsvertraglich geregelt ist (RS0129664).

Finanzierungspflichten, die in einem Syndikatsvertrag enthalten sind, unterscheiden sich von Nachschusspflichten vor allem durch den Rechtsgrund. **Syndikatsvertragliche Finanzierungspflichten** beruhen auf einer rein schuldrechtlichen und nicht auf einer gesellschaftsvertraglichen Vereinbarung. Eine syndikatsvertragliche Finanzierungspflicht unterliegt nicht den §§ 72 bis 74 (RS0129666).

c) Nebenleistungspflichten

Im Gesellschaftsvertrag können weitere Pflichten der Gesellschafter vorgesehen werden. Dies können etwa wiederkehrende, nicht in Geld bestehende, aber einen Vermögenswert darstellende Leistungen sein. Dabei kann es sich etwa um die Lieferung von Erzeugnissen handeln. In diesem Fall hat der Gesellschaftsvertrag Umfang und Voraussetzung dieser Leistungen, für den Fall des Verzugs allenfalls Konventionalstrafen sowie die Grundlagen für die Bemessung einer von der Gesellschaft für die Leistungen zu gewährenden Vergütung zu enthalten (§ 8 Abs 1; vgl auch § 82 Abs 4).

d) Treuepflicht

Die Gesellschafter einer GmbH unterliegen der **Treuepflicht** der Gesellschaft und den Mitgesellschaftern gegenüber. Diese orientiert sich an den Grundsätzen von Treu und Glauben sowie des redlichen Verkehrs und am Gebot der guten Sitten (RS0026106). Der Inhalt der Treuebindung unter den Gesellschaftern besteht darin, auf gesellschaftliche **Interessen der anderen Gesellschafter Rücksicht zu nehmen**, auch bei Ausübung des Stimmrechts (RS0060175). Die Gesellschafter dürfen etwa die Gesellschaft nicht schädigen, zB Kunden der GmbH abwerben. Aus der Treuepflicht ist jedoch grundsätzlich **kein Wettbewerbsverbot** der Gesellschafter ableitbar, ein solches kann aber vereinbart werden (vgl 8 Ob 141/08f, 6 Ob 99/11v). Aus der Treuepflicht im Verhältnis der Gesellschafter untereinander und im Verhältnis zwischen Gesellschaft und Gesellschafter kann auch in Notsituationen keine Pflicht eines Gesellschafters zu **zusätzlichen finanziellen Leistungen** abgeleitet werden, weil dies § 50 Abs 4 und § 72 widerspräche (6 Ob 47/11x). Die Treuepflicht gebietet einem Gesellschafter grundsätzlich auch **nicht**, die **Interessen der Gesellschaft über seine eigenen zu stellen** und zB immer schon dann gegen die Ausschüttung des Bilanzgewinns zu stimmen, wenn die Thesaurierung für die Gesellschaft günstiger als die Ausschüttung ist.

Anderes gilt aber zB dann, wenn die Rücklagenbildung für die Überlebensfähigkeit der Gesellschaft erforderlich ist (6 Ob 100/12t, 6 Ob 17/13p).

Mit dem Grad der personalistischen Ausrichtung der Gesellschaft steigert sich auch die Intensität der einzuhaltenden Treuepflichten (6 Ob 37/08x). **Treuwidrige Beschlüsse** sind **anfechtbar** (siehe Seite 298 f). Ein Verstoß gegen die Treuepflicht kann überdies **schadenersatzpflichtig** machen (5 Ob 74/05a). Auch die Gesellschaft trifft den Gesellschaftern gegenüber grundsätzlich eine Treuepflicht.

e) Gleichbehandlung

Der Grundsatz der **Gleichbehandlung** ist nicht als Gebot einer schematischen Gleichbehandlung aller Gesellschafter, sondern als Verbot ihrer willkürlichen Ungleichbehandlung zu sehen, die sich bei einer redlichen und vernünftigen Beurteilung nicht rechtfertigen ließe. Dieser Grundsatz ist eine zwingende Schranke für die Gestaltungsfreiheit der Gesellschaftermehrheit bei der Beschlussfassung der Generalversammlung (5 Ob 649/80).

5. Verbot der Einlagenrückgewähr

a) Einlagenrückgewähr

Die Gesellschafter können ihre Stammeinlagen während des Bestehens der GmbH nicht zurückfordern. Sie haben **nur Anspruch auf** den nach dem Jahresabschluss als Überschuss der Aktiven über die Passiven sich ergebenden **Bilanzgewinn** (§ 82 Abs 1; vgl Seiten 309 f). Diese Regelung ist zwingend. Zweck dieser Bestimmung ist, das **Stammkapital** als dauernden Grundstock der Gesellschaft und als einziges dem Zugriff der Gläubiger freigegebenes Befriedigungsobjekt gegen Schmälerung durch Leistung an die Gesellschafter **abzusichern** (RS0105518, RS0129848). Die Kapitalerhaltungsvorschriften sollen daher jede (unmittelbare oder mittelbare) Leistung an einen Gesellschafter erfassen, der keine gleichwertige Gegenleistung gegenübersteht und die wirtschaftlich das Vermögen verringert (RS0105532; vgl dazu auch die *Fehringer*-Entscheidung 4 Ob 2078/96h). Auch Leistungen an ehemalige und zukünftige Gesellschafter sind erfasst, sofern sie im Hinblick auf die ehemalige bzw zukünftige Gesellschafterstellung erbracht werden (vgl 6 Ob 132/10w, 6 Ob 29/11z, 6 Ob 14/14y). Das Verbot der Einlagenrückgewähr betrifft nur Gesellschafter, deren Einlage „Eigenkapital" ist. Stille Gesellschafter sind daher nur dann vom Verbot der Einlagenrückgewähr umfasst, wenn ihre Einlagen als Eigenkapital zu qualifizieren sind (RS0131723). Auch auf Veranlassung eines Gesellschafters vorgenommene Zuwendungen der Gesellschaft an einen dem Gesellschafter nahestehenden Dritten, zB an eine Gesellschaft, an der der Gesellschafter selbst beteiligt ist, sind verboten (zB 6 Ob 288/99t, 6 Ob 29/11z, 6 Ob 14/14y).

Offene Verstöße gegen das Verbot der Einlagenrückgewähr liegen dann vor, wenn Vermögenswerte von der Gesellschaft an einen Gesellschafter übertragen werden, ohne dass dem ein Gegenwert gegenübersteht.

> **Beispiel:**
> Dies ist etwa dann der Fall, wenn die Gesellschaft rechtsgrundlose Zahlungen an Gesellschafter leistet, zB Kosten für private Anschaffungen eines Gesellschafters trägt, bei Zahlungen auf Grundlage eines nichtigen Jahresabschlusses oder bei Vorabgewinnausschüttungen, die bei der GmbH – im Gegensatz zur AG (§ 54a AktG) – nicht zulässig sind.

Unter das Verbot der Einlagenrückgewähr fallen aber nicht nur offene Zahlungen an die Gesellschafter, sondern auch im Gewand anderer Rechtsgeschäfte erfolgte **verdeckte** Leistungen (6 Ob 271/05d, 7 Ob 35/10p). Dies ist dann der Fall, wenn bei Geschäften zwischen der Gesellschaft und einem Gesellschafter zwar Leistung und Gegenleistung erbracht werden, die Gesellschaft dabei aber zu hohe Geld- oder Sachleistungen erbringt.

> **Beispiele:**
> Zu nennen sind etwa überhöhte Gehälter oder Pensionszusagen, der Erwerb einer Liegenschaft durch die Gesellschaft von einem Gesellschafter zu einem überhöhten Kaufpreis, die Vermietung einer Liegenschaft des Gesellschafters an die Gesellschaft zu einem überhöhten Mietzins (vgl zB 6 Ob 110/12p, 8 Ob 20/13v) oder die Überlassung eines Kfz der Gesellschaft zur privaten Nutzung. Gegen das Verbot der Einlagenrückgewähr kann etwa auch dann verstoßen werden, wenn die Gesellschaft eine fremde Verbindlichkeit, etwa eines Gesellschafters, besichert (vgl zB RS0105534; 3 Ob 287/02f, 6 Ob 29/11z) oder die Gesellschaft selbst einen Kredit aufnimmt, um einem Erwerber von Anteilen an der Gesellschaft die Mittel für den Anteilserwerb zur Verfügung zu stellen (vgl zB 6 Ob 48/12w, 6 Ob 50/13v, zu alldem RS0105540).

Zu Vorteilszuwendungen an Gesellschafter kommt es öfter in **Konzernen**.

Ob eine Zuwendung als verbotene Einlagenrückgewähr zu qualifizieren ist, hängt nicht allein vom **objektiven Missverhältnis** zwischen Leistung und Gegenleistung ab. Ein solches lässt zunächst nur auf verbotswidriges Handeln schließen. Die auf die Inäquivalenz von Leistung und Gegenleistung gestützte Vermutung des Gesellschaftergeschäfts kann im Wege eines **Drittvergleichs** (Fremdvergleich) widerlegt werden. Im Rahmen des Drittvergleichs ist zu prüfen, ob das fragliche Geschäft auch mit einem anderen, unbeteiligten Dritten und bejahendenfalls auch zu diesen Bedingungen geschlossen worden wäre (6 Ob 110/12p, 6 Ob 153/12m, 8 Ob 20/13v, 6 Ob 114/17h). Eine verdeckte Einlagenrückgewähr kann auch damit **gerechtfertigt** werden, dass **besondere**

betriebliche Gründe im Interesse der Gesellschaft vorliegen, wenn dies nach der Formel des Fremdvergleichs dahin gedeckt ist, dass das Geschäft, das mangels objektiver Wertäquivalenz ein Vermögensopfer der Gesellschaft bedeutet, **auch mit einem Außenstehenden geschlossen worden wäre** (RS0120438).

> **Beachte:**
> Einlagenrückgewähr sind daher alle Leistungen der Gesellschaft an die Gesellschafter, außer es handelt sich um
> - die Verteilung des Bilanzgewinns,
> - ein Geschäft, das einem Fremdvergleich standhält, oder
> - eine im Gesetz vorgesehene Ausnahme (vgl § 54 über die Kapitalherabsetzung und § 74 über die Rückzahlung von Nachschüssen).

b) Folgen

Vereinbarungen und Gesellschafterbeschlüsse, die gegen das Verbot der Einlagenrückgewähr verstoßen, sind *ex tunc* **nichtig** (3 Ob 50/13v, 6 Ob 14/14y). Gesellschafter, zu deren Gunsten gegen die Vorschriften des GmbHG, gegen die Bestimmungen des Gesellschaftsvertrags oder entgegen einem Gesellschafterbeschluss Zahlungen von der Gesellschaft geleistet worden sind, sind der Gesellschaft **zum Rückersatz verpflichtet**. Davon ausgenommen ist ein gutgläubig bezogener Gewinnanteil (§ 83 Abs 1). Die Rechtsfolgen sind im Detail strittig. Nach 7 Ob 248/08h und 6 Ob 132/10w hängt vom hypothetischen Parteiwillen ab, ob der Vertrag teilweise aufrecht bleibt (Teilnichtigkeit) oder nicht (Gesamtnichtigkeit). Nach 6 Ob 110/12p ist ein Vertrag teilnichtig, wenn dies entweder dem (hypothetischen) Willen beider Parteien entspricht oder der Gesellschafter nicht schutzwürdig ist, weil ihm zumindest grobe Fahrlässigkeit vorzuwerfen ist. Nach 6 Ob 110/12p besteht zwischen Gesamtnichtigkeit und bereicherungsrechtlicher Rückabwicklung einerseits und Teilnichtigkeit mit Reduktion des Mietzinses auf das angemessene Maß für die Vergangenheit kein Unterschied, sodass die Frage der Teil- oder Gesamtnichtigkeit nur für die Zukunft Bedeutung hätte. Der Gesellschafter kann das Grundgeschäft nicht gegen den Willen der Gesellschaft durch „Aufzahlung" auf einen angemessenen Preis retten (6 Ob 195/18x).

Ist weder vom Empfänger noch von den Geschäftsführern Rückersatz zu erlangen, haften die Gesellschafter im Verhältnis der übernommenen Stammeinlagen für den Betrag, um den das Vermögen der Gesellschaft geringer ist als das Stammkapital (Ausfallshaftung; § 83 Abs 2). Beträge, die von einzelnen Gesellschaftern nicht zu erlangen sind, werden nach dem Verhältnis der übernommenen Stammeinlagen auf die übrigen Gesellschafter aufgeteilt (§ 83 Abs 3). Auf diese Ersatz- und Haftungsansprüche der Gesellschaft kann weder ganz noch teilweise verzichtet werden (§ 83 Abs 4). Die Ansprüche der Gesellschaft verjähren fünf Jahre ab widerrechtlicher Zahlung (RS0131907). Kannte der Zahlungsempfänger jedoch die Widerrechtlichkeit, gilt die allgemeine dreißig bzw vierzigjährige Verjährungsfrist (§ 83 Abs 5; 6 Ob 110/12p). Der Rückforderungsanspruch nach § 83 konkurriert mit der Rückforderung von verbotswidrigen Leistungen nach allgemeinem Bereicherungsrecht, sodass neben der Verjährungsfrist des § 83 Abs 5 auch die allgemeine (lange) Verjährungsfrist zum Tragen kommt (RS0128167; strittig). Eine Aufrechnung gegen Ansprüche aus verbotener Einlagenrückgewähr ist nicht zulässig (RS0130869); stützt sich die Gesellschaft hingegen auf allgemeines Bereicherungsrecht, besteht kein Aufrechnungsverbot (RS0132431).

Schuldner des Rückforderungsanspruchs ist grundsätzlich der Gesellschafter. **Nicht-Gesellschafter**, die durch Verstoß gegen das Verbot der Einlagenrückgewähr Vermögen von der GmbH erlangen, sind grundsätzlich nicht zum Rückersatz verpflichtet. Nicht-Gesellschafter sind aber etwa bei Kollusion (vgl auch Seite 261), oder wenn sie vom Verstoß gewusst haben oder wenn sich ihnen der Verstoß geradezu aufdrängen musste, **rückgabepflichtig** (RS0105536). Auch bei Zahlungen etwa an Treugeber oder nahe Angehörige eines Gesellschafters kann Rückgabepflicht bestehen.

Die **Geschäftsführer haften** der Gesellschaft für den erlittenen Schaden (vgl § 25; Seiten 268 ff).

c) Verdeckte Gewinnausschüttung

Das **steuerrechtliche Pendant** zur verdeckten Einlagenrückgewähr sind verdeckte (Gewinn-)Ausschüttungen (§ 8 Abs 2 KStG). **Verdeckte Ausschüttungen** sind alle außerhalb der gesellschaftsrechtlichen Gewinnverteilung gelegenen Zuwendungen einer Kapitalgesellschaft an Gesellschafter, die das Einkommen der Gesellschaft vermindern und ihre Wurzel in der Gesellschafterstellung haben, die die Gesellschaft also anderen Personen, die nicht ihre Gesellschafter sind, nicht oder nicht unter den gleichen günstigen Bedingungen zugestehen würde (zB VwGH 16. 12. 2010, 2007/15/0013; 5. 9. 2012, 2010/15/0018; 22. 11. 2018, Ra 2018/15/0037). Verdeckte Ausschüttungen können das Eigentum der Gesellschaft in zwei Formen mindern. Entweder liegen überhöhte scheinbare Aufwendungen oder zu geringe fehlende Einnahmen vor (zB VwGH 19. 9. 2007, 2004/13/0108). Vereinbarungen zwischen einer Kapitalgesellschaft und ihren Gesellschaftern sind steuerlich nur dann anzuerkennen, wenn sie nach außen ausreichend zum Ausdruck kommen, einen klaren und eindeutigen Inhalt haben und auch zwischen Fremden unter den gleichen Bedingungen abgeschlossen worden wären (**Fremdvergleich**; zB VwGH 5. 9. 2012, 2010/15/0018). Liegt diese Voraussetzung nicht vor, hat die Abgabenbehörde korrigierend auf der Ebene der Gesellschaft fremdübliche Erträge und auf der Ebene des Gesellschafters, soweit dort die Nutzung der Einkünfteerzielung dient, korrespondierende Aufwendungen anzusetzen (VwGH 25. 11. 1999, 97/15/0065). Verdeckte Gewinnausschüttungen mindern daher nicht den steuerpflichtigen Gewinn der Gesellschaft und führen beim Gesellschafter zu Einnahmen aus der Beteiligung. Sie sind daher steuerrechtlich grundsätzlich wie offene Gewinnausschüttungen zu behandeln.

> **Beispiele:**
> In der Praxis kommen überhöhte Gehälter und Pensionszusagen zugunsten von Gesellschafter-Geschäftsführern (VwGH 27. 11. 2003, 99/15/0178), zinsenlose oder zinsgünstige Kredite der Gesellschaft an Gesellschafter (VwGH 28. 1. 1998, 95/13/0141) oder die Übernahme von Versicherungsprämien für Gesellschafter durch die Gesellschaft vor (VwGH 22. 10. 1991, 91/14/0020).

6. Eigenkapital ersetzende Gesellschafterleistungen

a) Einleitung

Befindet sich eine GmbH in wirtschaftlichen Schwierigkeiten, sind Banken oft nicht bereit, Kredite zu gewähren. In dieser Situation gibt es für die Gesellschafter im Wesentlichen zwei Möglichkeiten: Erstens können die Gesellschafter der Gesellschaft im Wege einer Kapitalerhöhung neues Kapital zuführen. Zweitens kommt auch eine Kreditgewährung durch die Gesellschafter infrage. Einen Kredit können die Gesellschafter in einer finanziellen Krise leichter abziehen als Eigenkapital. Die Gesellschafter gewähren der Gesellschaft daher eher einen Kredit, als ihr neues Eigenkapital zuzuführen. Dadurch sollen die Kapitalerhaltungsvorschriften umgangen und das wirtschaftliche Risiko der Sanierung zu Lasten der Fremdgläubiger der Gesellschaft reduziert werden. Eigenkapital ist auch im Insolvenzverfahren nicht rückforderbar, wogegen die Gesellschafter Forderungen aus der Zuführung von Fremdkapital, etwa Krediten, in der Höhe der Quote im Insolvenzverfahren erhalten würden. Die Finanzierung mit Fremdkapital würde daher das Risiko teilweise von den Gesellschaftern auf die Gläubiger der Gesellschaft verlagern.

Aus diesem Grund hat die Rechtsprechung schon lange Kredite und vergleichbare Gesellschafterleistungen, die einer kreditunwürdigen Kapitalgesellschaft gewährt werden, wie Eigenkapital behandelt (**Eigenkapital ersetzende Gesellschafterleistungen**). Die Rückforderung eines Eigenkapital ersetzenden Kredits kann in der Insolvenz der Gesellschaft daher nicht geltend gemacht werden (RS0060076; bis zum Inkrafttreten des EKEG [dazu gleich] wurde dies aus einer analogen Anwendung des § 74 – Rückzahlungsvoraussetzungen von Nachschüssen – abgeleitet). Eine dennoch vorgenommene Rückzahlung wird wie eine Einlagenrückgewähr behandelt (vgl Seiten 316 ff).

Seit 1. 1. 2004 werden derartige Sachverhalte durch das Eigenkapitalersatz-Gesetz (EKEG) geregelt.

Das EKEG ist anzuwenden, wenn
- ein **Gesellschafter**
- einer **Gesellschaft**
- in der **Krise** der Gesellschaft
- einen **Kredit** gewährt.

Liegen diese Voraussetzungen vor, ist der Kredit **Eigenkapital ersetzend** (§ 1 EKEG). Der Kredit kann dann so lange nicht zurückgefordert werden, als die Gesellschaft nicht saniert ist (siehe unten Seiten 323 f).

b) Gesellschafter

Gesellschafter ist nach § 5 Abs 1 EKEG, wer
- an einer Gesellschaft **kontrollierend beteiligt** ist, etwa aufgrund einer Stimmrechtsmehrheit oder Personalhoheit (siehe § 5 Abs 2 EKEG) oder
- mit einem Anteil von **zumindest 25 %** am Stammkapital beteiligt ist oder
- wie ein Gesellschafter, dem die Mehrheit der Stimmrechte zusteht, einen **beherrschenden Einfluss** auf eine Gesellschaft ausübt, selbst wenn er an dieser nicht beteiligt ist, etwa über einen Beherrschungsvertrag; in diesem Fall werden daher auch Nichtgesellschafter umfasst.

Klein- und Kleinstgesellschafter sind daher grundsätzlich ausgenommen, wenn sie nicht beherrschenden Einfluss ausüben (vgl 9 Ob 44/07x). Gesellschafter werden auch dann dem EKEG unterstellt, wenn die Kredite aufgrund abgestimmten Verhaltens durch mehrere Gesellschafter oder durch einen Gesellschafter aufgrund einer Absprache mit anderen gewährt werden, wenn sie und die an der Absprache beteiligten Gesellschafter zusammen im Ausmaß des § 5 EKEG beteiligt sind (§ 6 EKEG). Treuhänder oder Treugeber (§ 7 EKEG), verbundene Unternehmen (§ 8 EKEG) und Konzernmitglieder (§ 9 EKEG) können wie stille Gesellschafter (§ 10 EKEG) und Kommanditisten einer GmbH & Co KG (§ 11 EKEG) ebenfalls als Gesellschafter im Sinne des EKEG zu behandeln sein. Nicht vom Gesellschafterbegriff des EKEG erfasst sind Beteiligungen im Rahmen des BeteilFG, InvFG, PKG, BetrMVG oder des Mittelstandfinanzierungsgeschäfts nach § 6b KStG (§ 12 EKEG).

c) Gesellschaft

Nach § 4 EKEG sind
- Kapitalgesellschaften,
- Genossenschaften mit beschränkter Haftung sowie
- Personengesellschaften, bei denen kein unbeschränkt haftender Gesellschafter eine natürliche Person ist (etwa GmbH & Co KG im engsten Sinn, siehe Seite 206),

erfasst.

d) Krise

Eine Gesellschaft befindet sich nach § 2 Abs 1 EKEG **in der Krise**, wenn sie
- **zahlungsunfähig** (§ 66 IO; zu diesem Begriff siehe Seite 173) oder
- **überschuldet** (§ 67 IO; zu diesem Begriff siehe Seite 173) ist oder wenn
- die Kriterien für die **Vermutung des Reorganisationsbedarfs** erfüllt sind, also die Eigenmittelquote (§ 23 URG) der Gesellschaft weniger als 8 % und die fiktive Schuldentilgungsdauer (§ 24 URG) mehr als 15 Jahre betragen, es sei denn, die Gesellschaft bedarf nicht der Reorganisation. In diesem Fall ist auch erforderlich, dass der Reorganisationsbedarf aus dem letzten Jahresabschluss ersichtlich ist, dies aus einem rechtzeitig aufgestellten Jahresabschluss ersichtlich wäre oder der Kreditgeber weiß oder es für ihn offensichtlich ist, dass ein Jahres- oder Zwischenabschluss Reorganisationsbedarf aufzeigen würde (§ 2 Abs 2 EKEG).

e) Kredit

Eigenkapital ersetzenden Krediten gleichgestellt sind Eigenkapital ersetzende **Gesellschaftersicherheiten**, wenn etwa ein Dritter der Gesellschaft einen Kredit gewährt, für den ein Gesellschafter Sicherheit leistet, etwa durch Bürgschaft oder Pfand. Der Dritte kann sich bis zur Sanierung der Gesellschaft trotz entgegenstehender Vereinbarung wegen der Rückzahlung des Kredits direkt aus der Sicherheit befriedigen, ohne zuerst gegen die Gesellschaft vorgehen zu müssen. Bezahlt der Gesellschafter diese fremde Schuld, kann er gegen die Gesellschaft nicht Regress nehmen, solange diese nicht saniert ist (§ 15 EKEG).

Eine **Kreditgewährung** liegt nach § 3 Abs 1 EKEG **nicht** vor, wenn
- ein Geldkredit für nicht mehr als 60 Tage oder
- ein Waren- oder sonstiger Kredit für nicht mehr als sechs Monate zur Verfügung gestellt wird oder
- ein vor der Krise gewährter Kredit verlängert oder dessen Rückzahlung gestundet wird („Stehenlassen"; anders die Judikatur vor dem EKEG; vgl etwa 8 Ob 254/97d).

f) Sanierungsprivileg

Erwirbt jemand an einer in der Krise befindlichen Gesellschaft eine Beteiligung zum Zweck der Überwindung der Krise, sind die im Rahmen eines Sanierungskonzepts zu diesem Zweck neu gewährten Kredite nicht Eigenkapital ersetzend (Sanierungskredit oder **Sanierungsprivileg**; § 13 EKEG). Eine Stundung des für Gebrauchsüberlassungen und Dienstleistungen zustehenden Entgelts kann als Eigenkapital ersetzend zu qualifizieren sein, nicht aber die Nutzungsüberlassung oder die Erbringung der Dienstleistung selbst (§ 3 Abs 3 EKEG).

g) Folgen

Einen Eigenkapital ersetzenden Kredit samt den darauf entfallenden Zinsen kann der Gesellschafter nicht zurückfordern, solange die Gesellschaft nicht saniert ist (**Rückzahlungssperre**). Dennoch geleistete Zahlungen hat der Gesellschafter der Gesellschaft **zurückzuerstatten** (§ 14 Abs 1 EKEG). In der Insolvenz werden Ansprüche aus Eigenkapital ersetzenden Leistungen als **nachrangige Insolvenzforderungen** behandelt (§ 57a IO). Wurde das Insolvenzverfahren nach einem bestätigten Sanierungsplan aufgehoben, erhält der Gesellschafter nur mehr die Sanierungsplanquote (§ 14 Abs 1 EKEG). Der Rückerstattungsanspruch der Gesellschaft verjährt in fünf Jahren ab Zahlung oder sonstiger Befriedigung, außer diese beweist, dass der Ersatzpflichtige die Widerrechtlichkeit der Zahlung kannte (§ 14 Abs 3 EKEG).

F. Änderungen des Gesellschaftsvertrags

Eine Änderung des Gesellschaftsvertrags kann nur durch **notariell beurkundeten Gesellschafterbeschluss** erfolgen (§ 49 Abs 1). Änderungen des Gesellschaftsvertrags können grundsätzlich nur mit einer **Mehrheit von drei Vierteln** der abgegebenen Stimmen beschlossen werden. Die Änderung kann im Gesellschaftsvertrag an weitere Erfordernisse geknüpft sein (§ 50 Abs 1). Die Vereinbarung eines niedrigeren Mehrheitserfordernisses ist unzulässig. Für folgende Beschlussgegenstände sind im Gesetz von der Dreiviertelmehrheit **abweichende Mehrheitserfordernisse** vorgesehen:

- Die Änderung des Unternehmensgegenstands bedarf der **Einstimmigkeit** (§ 50 Abs 3). Dieses Erfordernis kann im Gesellschaftsvertrag bis zur Dreiviertelmehrheit herabgesenkt werden.
- Obwohl sie Änderungen des Gesellschaftsvertrags beinhalten, bedürfen folgende Beschlüsse nur der **einfachen Mehrheit** (§ 50 Abs 2):
  – die Bestimmung über die nachträgliche Einführung eines fakultativen Aufsichtsrats und
  – die Herabsetzung der den Geschäftsführern oder den Aufsichtsratsmitgliedern nach dem Gesellschaftsvertrag zukommenden Entlohnung.
- Strittig ist, ob die Änderung **unechter (formeller) Satzungsbestandteile** (vgl Seite 240) einfache oder qualifizierte Mehrheit erfordert. Davon unberührt bleiben schuldrechtliche Erfordernisse für die Änderung des Rechtsverhältnisses, das der Regelung im Gesellschaftsvertrag zugrunde liegt.

Eine **Vermehrung** der den Gesellschaftern nach dem Gesellschaftsvertrag obliegenden **Leistungen** oder eine **Verkürzung** der einzelnen Gesellschaftern durch den Gesellschaftsvertrag eingeräumten **Sonderrechte** kann **nur mit Zustimmung** aller von der Vermehrung oder Verkürzung betroffenen Gesellschafter beschlossen werden (§ 50 Abs 4). Dies gilt insbesondere für Änderungen der Pflichten über die Einzahlungen auf die Stammeinlagen (§ 50 Abs 5). Wenn etwa einem Gesellschafter ein Sonderrecht auf Geschäftsführung oder ein Entsendungsrecht in den Aufsichtsrat eingeräumt wurde, ist dessen Zustimmung Voraussetzung für die Entziehung dieses Sonderrechts. Gesellschafterrechte, die zum **Kernbereich** der Gesellschafterstellung zählen, können ebenfalls grundsätzlich nur mit Zustimmung der Betroffenen entzogen werden.

> **Beispiele:**
> Zum Kernbereich gehören zB die Änderung der Gewinnverteilung oder des Stimmgewichts.

Sämtliche Geschäftsführer haben jede Änderung des Gesellschaftsvertrags **zum Firmenbuch anzumelden**. Der Anmeldung ist der notariell beurkundete Abänderungsbeschluss mit dem Nachweis des gültigen Zustandekommens anzuschließen. Der Anmeldung ist weiters der vollständige aktuelle Wortlaut des Gesellschaftsvertrags beizufügen. Ein Notar muss beurkunden, dass die geänderten Bestimmungen mit dem Änderungsbeschluss und die unveränderten Bestimmungen mit dem zuletzt zum Firmenbuch eingereichten Wortlaut des Gesellschaftsvertrags übereinstimmen (§ 51 Abs 1; vgl 6 Ob 166/10w). Die Änderung erlangt erst mit der **Eintragung** in das Firmenbuch ihre rechtliche Wirkung; die Eintragung hat daher **konstitutive Wirkung** (§ 49 Abs 2; 6 Ob 184/05k).

Unternehmensverträge, etwa Beherrschungsverträge (die Gesellschaft unterstellt sich der Leitung eines anderen Unternehmens), Gewinnabführungsverträge (die Gesellschaft verpflichtet sich, ihren Gewinn zB an ein anderes Unternehmen abzuführen; vgl 6 Ob 86/99m) oder Betriebspachtverträge (die Gesellschaft verpachtet den Betrieb ihres Unternehmens), aber auch Betriebsüberlassungs-, Betriebsführungs- oder Geschäftsführungsverträge, können den Gesellschaftsvertrag überlagern. Aus diesem Grund wird diskutiert, ob bei jener Gesellschaft, die die charakteristische Leistung erbringt, die §§ 49 ff einzuhalten sind. Die Frage, ob Dreiviertelmehrheit genügt oder Einstimmigkeit erforderlich ist, wird ebenfalls uneinheitlich beantwortet. Auch bei der anderen Gesellschaft, die Vertragspartner ist, kann ein außergewöhnliches Geschäft vorliegen, für das die Zustimmung der Gesellschafter einzuholen ist (vgl dazu auch Seite 290).

Strittig ist, ob und unter welchen Voraussetzungen mit Gesellschafterbeschluss vom Gesellschaftsvertrag abgewichen werden kann, wenn die Voraussetzungen für eine Änderung des Gesellschaftsvertrags nicht eingehalten werden (**Satzungsdurchbrechung**). In der Regel wird danach unterschieden, ob für einen Einzelfall ein mit dem Gesellschaftsvertrag nicht vereinbarer Beschluss gefasst wird, der jedoch den Gesellschaftsvertrag nicht ändern soll (bloße „Satzungsverletzung" oder „punktuelle Satzungsdurchbrechung") oder ob ein Beschluss Dauerwirkung entfalten soll (sog „zustandsbegründende Satzungsdurchbrechung"). Beschlüsse, die eine bloße Satzungsverletzung zum

Gegenstand haben, sind nach hM grundsätzlich anfechtbar, wenn nicht alle Gesellschafter zugestimmt haben. Beschlüsse, die eine Dauerwirkung entfalten sollen, werden in der Regel als unwirksam angesehen, wenn nicht die Erfordernisse für die Änderung des Gesellschaftsvertrags eingehalten werden.

G. Kapitalmaßnahmen

1. Kapitalerhöhung

Die Erhöhung des Stammkapitals dient der Zuführung neuen Eigenkapitals. Dies ist etwa dann erforderlich, wenn das Unternehmen der Gesellschaft expandiert und das vorhandene Gesellschaftsvermögen hierfür nicht mehr ausreicht. Die Zufuhr von Eigenkapital kann auch zur Überwindung wirtschaftlicher Schwierigkeiten notwendig sein.

Da die Höhe des Stammkapitals Bestandteil des Gesellschaftsvertrags ist (§ 4 Abs 1 Z 3), sind eine **Änderung des Gesellschaftsvertrags** (§ 52 Abs 1) sowie die Vergrößerung bestehender und/oder Schaffung neuer Geschäftsanteile Voraussetzung für die Erhöhung des Stammkapitals.

Zu unterscheiden sind folgende Arten der Kapitalerhöhung:
- **ordentliche oder effektive Kapitalerhöhung:** Das Stammkapital wird durch zusätzliches Vermögen von außen erhöht; das Gesellschaftsvermögen erhöht sich dadurch;
- **nominelle Kapitalerhöhung:** Das Stammkapital wird durch Gesellschaftsmittel (dh bereits in der Gesellschaft vorhandene Mittel) erhöht, es erfolgt also kein Vermögenszufluss von außen; das Gesellschaftsvermögen bleibt unverändert. Es handelt sich nur um einen Umbuchungsvorgang offener Rücklagen in Stammkapital (auf der Passivseite der Bilanz).

Rechtsformunterschied:
Anders als bei der AG gibt es bei der GmbH nicht die Möglichkeit der bedingten Kapitalerhöhung (vgl Seiten 417 ff) und des genehmigten Kapitals (vgl Seiten 419 ff) nicht.

a) Ordentliche Kapitalerhöhung

(1) Verfahren

Die wesentlichen Schritte einer ordentlichen Kapitalerhöhung sind:
- Voraussetzung für die Kapitalerhöhung ist ein **Gesellschafterbeschluss**.
- Sodann müssen die Übernehmer erklären, den auf sie entfallenden Teil der Kapitalerhöhung zu übernehmen (**Übernahmserklärung**).

- Daran anschließend sind die **Einlagen zu leisten**.
- Danach ist die Kapitalerhöhung zur **Eintragung in das Firmenbuch** anzumelden. Mit Eintragung in das Firmenbuch wird die Kapitalerhöhung wirksam.

Voraussetzung für die Erhöhung des Stammkapitals ist ein **Gesellschafterbeschluss** auf Änderung des Gesellschaftsvertrags (§ 52 Abs 1). Dieser Beschluss kann nur in der Generalversammlung gefasst werden und ist notariell zu beurkunden (§ 49 Abs 1). Der Beschluss bedarf einer Mehrheit von **drei Vierteln** der abgegebenen Stimmen (§ 52 Abs 1 iVm § 50 Abs 1). Er hat insbesondere den Erhöhungsbetrag zu enthalten. Darüber hinaus sollten auch die erforderlichen Abänderungen des Gesellschaftsvertrags geregelt werden. Der Erhöhungsbetrag kann ein fixer Betrag sein. Ist nicht sicher, ob die neuen Stammeinlagen zur Gänze übernommen werden, kann im Beschluss ein Höchstbetrag festgesetzt werden, bis zu dem die Kapitalerhöhung durchgeführt werden kann.

Nach der Beschlussfassung hat der Übernehmer eine **Übernahmserklärung** abzugeben. Diese enthält die Verpflichtung zur Übernahme des auf den Übernehmer nach dem Erhöhungsbeschluss entfallenden Teiles der Kapitalerhöhung und zur Leistung der im Erhöhungsbeschluss festgelegten Einlage. Die Übernahme der Kapitalerhöhung ist ein **Vertrag** zwischen der Gesellschaft und den Übernehmern. Strittig ist, ob dieser Vertrag durch Errichtung der Übernahmserklärung als **Notariatsakt** durch den Übernehmenden (§ 52 Abs 4) und Annahme durch die Gesellschaft zustande kommt oder ob der Kapitalerhöhungsbeschluss das Angebot und die Übernahmserklärung bereits die Annahme ist. Ein Übernehmer, der bisher noch nicht Gesellschafter der GmbH war, tritt durch die in die Übernahmserklärung aufzunehmende Beitrittserklärung der Gesellschaft bei. In der Übernahmserklärung Dritter sind neben dem Betrag der Stammeinlage auch die sonstigen Leistungen, zu denen der Übernehmer nach dem Gesellschaftsvertrag verpflichtet sein soll, anzugeben (§ 52 Abs 5). Ist der Übernehmer Gesellschafter, erhöht sich sein bestehender Geschäftsanteil (§ 75 Abs 2), ist er noch nicht Gesellschafter, entsteht ein neuer Geschäftsanteil.

Anschließend an die Übernahmserklärung sind die Einlagen zu leisten. Die Kapitalerhöhung kann durch **Bareinlage oder** durch **Sacheinlage** erfolgen. Dabei sind die Kapitalaufbringungsbestimmungen für die Gründung der Gesellschaft anzuwenden (§ 52 Abs 6; siehe Seiten 241 f und 245 ff). Sollen auf die neuen Stammeinlagen Sacheinlagen oder -übernahmen geleistet werden, sind im Beschluss die Gegenstände und der Wert, zu dem die Gegenstände übernommen werden, sowie die leistende Person anzugeben.

Sobald das erhöhte Stammkapital durch Übernahme der Stammeinlagen gedeckt und deren Einzahlung erfolgt ist, ist der Beschluss über die Kapitalerhöhung **zum Firmenbuch anzumelden** (§ 53 Abs 1). Das Firmenbuchgesuch ist von allen Geschäftsführern beglaubigt zu unterfertigen. Die Kapitalerhöhung wird erst **mit** der **Eintragung** im Firmenbuch **wirksam** (§ 49 Abs 2).

(2) Bezugsrecht und Bezugsrechtsausschluss

Zur Übernahme der neuen Stammeinlagen können von der Gesellschaft die **bisherigen Gesellschafter oder Dritte** zugelassen werden (§ 52 Abs 2). Den bisherigen Gesellschaftern steht aber binnen vier Wochen vom Tag der Beschlussfassung an ein **Vorrecht** zur Übernahme der neuen Stammeinlagen nach dem Verhältnis der bisherigen Stammeinlagen zu, soweit im Gesellschaftsvertrag oder im Erhöhungsbeschluss nicht Abweichendes geregelt ist (§ 52 Abs 3). Damit sollen die Gesellschafter die bisherige Quote ihrer Beteiligung, und damit insbesondere den Anteil am Gewinn und an den Stimmen, wahren können (vgl 6 Ob 155/12f). Nimmt ein Gesellschafter sein Bezugsrecht nicht wahr, wächst dieses den anderen Gesellschaftern anteilig zu. Eine abweichende Regelung des Bezugsrechts im Gesellschaftsvertrag ist grundsätzlich zulässig. Eine Kapitalerhöhung ist nicht dadurch ausgeschlossen, dass ein Gesellschafter wirtschaftlich nicht in der Lage ist, das Bezugsrecht auszuüben und die neuen Stammeinlagen zu übernehmen (RS0115676).

Das **Bezugsrecht** der Gesellschafter kann durch Gesellschafterbeschluss **ausgeschlossen** werden. Dabei muss aber der Grundsatz der Gleichbehandlung der Gesellschafter gewahrt werden. Wird das Bezugsrecht für alle Gesellschafter zur Gänze oder nach dem Verhältnis ihrer bisherigen Beteiligung am Stammkapital teilweise ausgeschlossen und im Umfang des Ausschlusses des Bezugsrechts einem Dritten das Bezugsrecht gewährt, ist der Grundsatz der gleichmäßigen Behandlung der Gesellschafter nicht verletzt. Bei der Bevorzugung einzelner Gesellschafter muss (i) die Benachteiligung der betroffenen Gesellschafter im **Interesse der Gesellschaft** liegen (zB wenn im Wege einer Sacheinlage eine Liegenschaft eingebracht werden soll, an der die Gesellschaft ein besonderes Interesse hat), (ii) sie muss **sachlich gerechtfertigt** sein und (iii) den Gesellschaftern muss für den damit verbundenen Vermögensnachteil ein **angemessener Ausgleich** gewährt werden. Nur in solchen Fällen ist der Bezugsrechtsausschluss zulässig. Der neue Geschäftsanteil darf dem Dritten oder dem bevorzugten Gesellschafter nur zu einem **angemessenen Übernahmspreis** überlassen werden, dh dass allenfalls ein Agio (also eine die Höhe der Stammeinlage übersteigende Leistung), das von der Höhe des tatsächlichen Wertes des neuen Geschäftsanteils abhängig ist, festzusetzen ist. Damit sollen die vom Bezugsrecht ausgeschlossenen Gesellschafter vor einer Verwässerung ihrer Anteile geschützt werden (6 Ob 155/12f). Liegen diese Voraussetzungen nicht vor, steht den überstimmten Gesellschaftern das Recht zur Anfechtung des Beschlusses nach § 41 Abs 1 Z 2 zu (5 Ob 649/80).

b) Nominelle Kapitalerhöhung

Bei der nominellen Kapitalerhöhung (**Kapitalberichtigung**) wird die Kapitalerhöhung aus **Gesellschaftsmitteln** durchgeführt. Sie führt der Gesellschaft keine neuen Mittel zu. Das Gesellschaftsvermögen ändert sich nicht. Es werden durch einen **Umbuchungsvorgang** Rücklagen oder Gewinnvorträge in Stammkapital umgewandelt (3 Ob 86/10h). Es werden also die Nennwerte der Stammeinlagen der Gesellschafter erhöht, ohne dass Einzahlungen erfolgen (6 Ob 2404/96i). Damit bleiben Gesellschaftsmittel in der Gesellschaft gebunden. Dies kann die Kreditwürdigkeit verbessern. Rechtsgrundlage der nominellen Kapitalerhöhung ist das Kapitalberichtigungsgesetz (KapBG).

Auch die nominelle Kapitalerhöhung stellt eine Satzungsänderung dar. Über die Kapitalerhöhung aus Gesellschaftsmitteln beschließt ebenfalls die Generalversammlung mit der Mehrheit, die für die Beschlussfassung über eine Erhöhung des Stammkapitals nach dem Gesetz oder dem Gesellschaftsvertrag erforderlich ist (§ 2 Abs 1 KapBG), in der Regel also mit einer Mehrheit von drei Vierteln der abgegebenen Stimmen. Da der **Jahresabschluss** Grundlage für die Kapitalerhöhung aus Gesellschaftsmitteln ist, kann eine solche Kapitalerhöhung nur in einer Generalversammlung beschlossen werden, der der vorausgehende beschlossene Jahresabschluss vorliegt oder die über diesen beschlossen hat (§ 2 Abs 2 KapBG). Der der Kapitalerhöhung zugrunde gelegte Jahresabschluss muss zu einem Stichtag aufgestellt sein, der **nicht mehr als neun Monate** vor der Anmeldung des Beschlusses über diese Kapitalerhöhung zur Eintragung in das Firmenbuch liegt (§ 2 Abs 4 KapBG).

Der **Bilanzgewinn** als solcher kann zur nominellen Kapitalerhöhung nicht herangezogen werden. Die Kapitalerhöhung setzt vielmehr eine in der Bilanz gebildete Rücklage beziehungsweise einen Gewinnvortrag voraus (6 Ob 101/04b). Für bestimmte Zwecke gebildete Rücklagen können nur umgewandelt werden, soweit dies mit ihrer Zweckbestimmung vereinbar ist. Die gebundenen Rücklagen können nur umgewandelt werden, soweit sie die Mindestquote von 10 % oder den im Gesellschaftsvertrag bestimmten höheren Teil des Stammkapitals nach der Umwandlung übersteigen (§ 2 Abs 3 KapBG). Für eine Kapitalerhöhung können nur darüber hinausgehende Beträge verwendet werden.

Die neuen Anteilsrechte wachsen zwingend den Gesellschaftern im Verhältnis ihrer bisherigen Beteiligung zu (§ 3 Abs 4 KapBG). Dadurch erhöhen sich deren Geschäftsanteile (vgl § 75 Abs 2). Das Verhältnis der mit den Anteilen verbundenen Rechte zueinander, etwa ein von der Höhe des Geschäftsanteils abhängiges Gewinnvorrecht, wird durch die Kapitalerhöhung aus Gesellschaftsmitteln nicht berührt. Der Gesellschaftsvertrag ist entsprechend anzupassen (§ 5 Abs 1 KapBG).

Sämtliche Geschäftsführer haben den Kapitalerhöhungsbeschluss mit beglaubigt unterfertigter Firmenbucheingabe zur Eintragung in das **Firmenbuch** anzumelden. Die Geschäftsführer haben eine Erklärung abzugeben, dass nach ihrer Kenntnis seit dem Bilanzstichtag bis zum Tag der Anmeldung keine Vermögensminderung eingetreten ist, die der Kapitalerhöhung entgegenstünde, wenn diese am Tag der Anmeldung beschlossen worden wäre (§ 3 Abs 1 KapBG).

2. Kapitalherabsetzung

Kapitalherabsetzung ist jede **Verminderung der** im Gesellschaftsvertrag festgelegten **Höhe des Stammkapitals** der Gesellschaft (§ 54 Abs 2).

Die Herabsetzung des Stammkapitals kann im Wesentlichen erfolgen durch
- **ordentliche effektive Kapitalherabsetzung:** Rückzahlung von Stammeinlagen an die Gesellschafter oder Befreiung von Verpflichtungen zur Einzahlung der Stammeinlagen; dadurch vermindert sich das Gesellschaftsvermögen;
- **ordentliche nominelle Kapitalherabsetzung:** Herabsetzung des Nennbetrags der Stammeinlagen; es kommt zu keiner Verminderung des Gesellschaftsvermögens;
- **vereinfachte (nominelle) Kapitalherabsetzung:** nominelle Kapitalherabsetzung, die dazu dient, einen sonst auszuweisenden Bilanzverlust zu decken.

Eine Herabsetzung des Stammkapitals auf unter 35.000 Euro ist unzulässig. Erfolgt die Herabsetzung durch Rückzahlung von Stammeinlagen oder durch Befreiung von der Volleinzahlung, darf der verbleibende Betrag jeder Stammeinlage nicht auf unter 70 Euro herabgesetzt werden (§ 54 Abs 3). Nur wenn zugleich mit der Herabsetzung des Stammkapitals eine Erhöhung des Stammkapitals auf mindestens 35.000 Euro beschlossen wird, kann das Mindeststammkapital unterschritten werden (§ 54 Abs 4; vgl Seiten 333 f).

a) Ordentliche Kapitalherabsetzung

Die **ordentliche effektive Kapitalherabsetzung** führt zu einer **Rückzahlung von Stammeinlagen** an die Gesellschafter oder zu einer Befreiung von Einlageverpflichtungen. Zweck ist etwa die Auszahlung von nicht benötigtem Vermögen der Gesellschaft an die Gesellschafter oder die Abfindung ausscheidender Gesellschafter.

Bei der **ordentlichen nominellen Kapitalherabsetzung** erfolgt im Gegensatz zur ordentlichen effektiven Kapitalherabsetzung **keine Auszahlung** an die Gesellschafter und auch keine Befreiung von Verpflichtungen zur Einzahlung von Stammeinlagen, sodass es im Gegensatz zur ordentlichen effektiven Kapitalherabsetzung zu keiner Verminderung des Gesellschaftsvermögens kommt. Das **Stammkapital** wird hier **an das Gesellschaftsvermögen** angepasst, um so Gesellschaftsverluste ausgleichen zu können. Auf die ordentliche nominelle Kapitalherabsetzung ist das Verfahren über die ordentliche effektive Kapitalherabsetzung anzuwenden.

> Da bei der ordentlichen (effektiven) Kapitalherabsetzung das Vermögen der Gesellschaft vermindert wird, ist zum Schutz der Gläubiger folgendes besondere Verfahren vorgesehen:
> - **Gesellschafterbeschluss** auf Herabsetzung des Stammkapitals,
> - **Anmeldung** des Beschlusses über die **beabsichtigte Kapitalherabsetzung** zur Eintragung in das Firmenbuch,
> - **Aufgebotsverfahren** unter Einhaltung einer dreimonatigen Sperrfrist, also Bekanntmachung und Gläubigeraufruf sowie Befriedigung oder Sicherstellung der Gläubiger,
> - **Anmeldung der Durchführung** der Kapitalherabsetzung zur Eintragung in das Firmenbuch.

Die ordentliche Kapitalherabsetzung ist eine Änderung des Gesellschaftsvertrags und bedarf damit eines **notariell beurkundeten Generalversammlungsbeschlusses** mit Dreiviertelmehrheit (§ 54 Abs 1). Der Herabsetzungsbeschluss hat folgenden Inhalt:

- **Herabsetzungsbetrag**, wobei auch ein Höchstbetrag der Kapitalherabsetzung festgelegt werden kann,
- **Zweck** der Kapitalherabsetzung (Rückzahlung an die Gesellschafter, Herabsetzung des Nennbetrags der Stammeinlagen oder Befreiung der Gesellschafter von Verpflichtungen zur Einzahlung der Stammeinlagen; vgl § 54 Abs 2),
- **Art** der Durchführung der Kapitalherabsetzung (effektive oder nominelle, ordentliche oder vereinfachte Herabsetzung).

Bei der Kapitalherabsetzung ist der **Gleichbehandlungsgrundsatz** zu beachten. Die Stammeinlagen sind also gleichmäßig herabzusetzen, sofern eine Ungleichbehandlung der Gesellschafter nicht sachlich gerechtfertigt ist.

Sämtliche Geschäftsführer haben die beabsichtigte Herabsetzung des Stammkapitals zum **Firmenbuch anzumelden** (§ 55 Abs 1). Die Geschäftsführer haben unverzüglich nach Benachrichtigung über die erfolgte Eintragung im Firmenbuch die beabsichtigte Herabsetzung des Stammkapitals in den Bekanntmachungsblättern der Gesellschaft zu **veröffentlichen** (§ 55 Abs 2). Es ist bekannt zu geben, dass die Gesellschaft allen Gläubigern, deren Forderungen am Tag der letzten Veröffentlichung dieser Mitteilung bestehen, auf Verlangen Befriedigung oder Sicherstellung leistet und dass davon ausgegangen wird, dass Gläubiger, die sich nicht binnen drei Monaten ab der letzten Veröffentlichung melden, der beabsichtigten Herabsetzung des Stammkapitals zustimmen. Bekannte Gläubiger sind unmittelbar zu verständigen (§ 55 Abs 2). Melden sich

Gläubiger innerhalb der Frist von drei Monaten, sind ihre fälligen Forderungen zu befriedigen, für nicht fällige Forderungen ist Sicherheit zu leisten.

Nach Ablauf der zum Schutz der Gläubiger vorgesehenen dreimonatigen Sperrfrist ab der letzten Veröffentlichung können sämtliche Geschäftsführer die Durchführung der Kapitalherabsetzung zur Eintragung in das **Firmenbuch** anmelden (§ 56 Abs 1). Die Unterschriften der Geschäftsführer müssen beglaubigt sein. Die Beilagen zur Firmenbucheingabe sind in § 56 Abs 2 angeführt. Da die ordentliche Kapitalherabsetzung eine Änderung des Gesellschaftsvertrags ist, ist auch § 51 Abs 1 über die Anmeldung der Änderung des Gesellschaftsvertrages zum Firmenbuch zu beachten (vgl Seite 324 f).

Ist der Nachweis der Befriedigung oder Sicherstellung von Gläubigern oder die Erklärung über das Ergebnis des Aufgebotsverfahrens falsch, **haften** sämtliche **Geschäftsführer** den Gläubigern solidarisch. Die Haftung ist einerseits mit dem Betrag der Kapitalherabsetzung begrenzt und andererseits besteht die Haftung nur, soweit aus dem Gesellschaftsvermögen keine Befriedigung erlangt werden konnte (**Ausfallshaftung**; § 56 Abs 3). Die Haftung besteht nicht, wenn der Geschäftsführer beweist, dass er die Unrichtigkeit des Nachweises oder der Erklärung auch bei Anwendung der Sorgfalt eines ordentlichen Geschäftsmanns nicht gekannt habe (§ 56 Abs 4).

Die Kapitalherabsetzung wird **mit Eintragung** der Durchführung **im Firmenbuch wirksam** (vgl § 49 Abs 2). Erst ab diesem Zeitpunkt sind daher Zahlungen an die Gesellschafter aufgrund der Herabsetzung des Stammkapitals zulässig (§ 57 Abs 1) und Befreiungen von der Verpflichtung zur Leistung von Einlagen auf nicht voll eingezahlte Stammeinlagen wirksam (§ 57 Abs 2).

b) Vereinfachte (nominelle) Kapitalherabsetzung

Die vereinfachte Kapitalherabsetzung soll dazu dienen, einen **sonst auszuweisenden Bilanzverlust zu decken** und allenfalls Beträge in die gebundene Kapitalrücklage einzustellen (§ 59 Abs 1). Dabei handelt es sich um eine nominelle Kapitalherabsetzung. Das Vermögen der Gesellschaft ändert sich nämlich nicht. Vielmehr wird nur das Stammkapital an das niedrigere Vermögen der Gesellschaft angepasst. In dem Umfang, in dem das Stammkapital herabgesetzt wird, verringert sich der Bilanzverlust.

Im Unterschied zur nominellen Kapitalherabsetzung ist bei der vereinfachten Kapitalherabsetzung das Aufgebotsverfahren zum Gläubigerschutz vor Durchführung der Kapitalherabsetzung nicht erforderlich. Hintergrund ist, dass diese Maßnahme zur **Sanierung** der Gesellschaft eingesetzt wird und daher in der Regel rasch umgesetzt werden muss. Das Aufgebotsverfahren vor Durchführung der Kapitalherabsetzung kann entfallen, weil **keine Zahlungen an** die Gesellschafter geleistet werden und dadurch das Gesellschaftsvermögen nicht vermindert wird und darüber hinaus die **Gewinnausschüttung beschränkt** ist (§ 59 Abs 1 iVm § 187 AktG). Sind Verluste in der angenommenen Höhe nicht eingetreten oder ausgeglichen, ist der entsprechende Betrag in eine (gebundene) Rücklage einzustellen (§ 59 Abs 1 iVm § 185 AktG) und darf daher nicht an die Gesellschafter ausgeschüttet werden.

Voraussetzung für eine vereinfachte Kapitalherabsetzung ist, dass insbesondere die Rücklagen aufgelöst werden. Bei der „großen" GmbH sind die gebundenen Rücklagen mit jenem Teil aufzulösen, der 10 % des nach der Kapitalherabsetzung verbleibenden Stammkapitals übersteigt (§ 59 Abs 1 iVm § 183 AktG). Es ist ein Beschluss der Generalversammlung mit Dreiviertelmehrheit erforderlich. Die Firmenbuchanmeldung haben sämtliche Geschäftsführer zu unterfertigen.

c) Kapitalherabsetzung durch Einziehung von Geschäftsanteilen

Bei **Substanzgesellschaften** wird die Vermögenssubstanz durch den Geschäftsbetrieb naturgemäß ganz oder größtenteils aufgezehrt.

Beispiele:
Dies ist etwa bei Patentverwertungs- oder Bergwerksgesellschaften der Fall.

Dabei können Stammeinlagen ohne Durchführung des Aufgebotsverfahrens und ohne Rücksicht auf die Höhe des übrig bleibenden Stammkapitals zurückgezahlt werden. Eine diesbezügliche Regelung im Gesellschaftsvertrag ist erforderlich. Voraussetzung ist, dass diese Zurückzahlung nach vollständiger Einzahlung der Stammeinlage und nur aus dem im jeweiligen Bilanzjahr erzielten oder den in den Vorjahren reservierten Reinerträgnissen erfolgt. Die Mindesthöhe des Stammkapitals kann hier auch unterschritten werden. Nur im Fall einer teilweisen Zurückzahlung darf eine Stammeinlage nicht auf unter 70 Euro herabgesetzt werden (§ 58). Diese Regelung ist in der Praxis nicht bedeutsam.

d) Kapitalherabsetzung verbunden mit Kapitalerhöhung (Kapitalschnitt)

Zur **Sanierung** einer GmbH kann eine vereinfachte Kapitalherabsetzung mit einer Kapitalerhöhung verbunden werden (Kapitalschnitt). Eine vereinfachte Kapitalherabsetzung bewirkt nur die buchmäßige Sanierung, es wird nur ein sonst auszuweisender Bilanzverlust gedeckt. Um neues Eigenkapital, etwa durch Aufnahme neuer Gesellschafter als Kapitalgeber, zuzuführen, kann mit der Kapitalherabsetzung eine Kapitalerhöhung verbunden werden. Sowohl Kapitalherabsetzung als auch Kapitalerhöhung können rückwirkend im letzten Jahresabschluss ausgewiesen werden, um kontinuierlich eine ausgeglichene Bilanz darzustellen. Dafür ist erforderlich, dass sowohl Kapitalherabsetzung als auch Kapitalerhöhung gleichzeitig, also in derselben Generalversammlung, beschlossen werden. Die Voraussetzungen entsprechen im Wesentlichen jenen der vereinfachten Kapitalherabsetzung und der Kapitalerhöhung. Für die Ka-

pitalerhöhung müssen aber beim Kapitalschnitt vor Beschlussfassung folgende Voraussetzungen erfüllt sein (§ 60 Abs 1):
- Die neuen Stammeinlagen müssen **übernommen** sein.
- Die Kapitalerhöhung kann nur durch **Bareinlagen** erfolgen.
- Auf jede erhöhte Stammeinlage muss mindestens ein Viertel, wenigstens aber 70 Euro **eingezahlt** sein (vgl § 10 Abs 1).

Die Beschlüsse über die Herabsetzung und die Erhöhung des Stammkapitals müssen binnen drei Monaten nach der Beschlussfassung in das Firmenbuch eingetragen werden (§ 60 Abs 2).

H. Beendigung der GmbH

1. Auflösung

a) Allgemeines

Mit **Auflösung** tritt die Gesellschaft vom Stadium der normalen (werbenden) Tätigkeit in das Stadium der Abwicklung (das Liquidationsstadium). Der **Abwicklungszweck** tritt dabei an die Stelle des ursprünglichen Gesellschaftszwecks. Durch die Auflösung der GmbH bleibt ihre Rechtssubjektivität unberührt. Rechtsverhältnisse bestehen weiter (RS0106409; 8 ObA 46/06g). Nach Auflösung der Gesellschaft erfolgt die **Liquidation**, die Abwicklung der Geschäfte der aufgelösten Gesellschaft mit dem Ziel der wirtschaftlichen Auflösung und Löschung. Durch die Auflösung hört die Gesellschaft daher noch nicht auf zu existieren.

> **Beachte:**
> Die Gesellschaft ist erst dann beendet, wenn sie vermögenslos ist **und** ihre Löschung im Firmenbuch eingetragen ist (8 ObA 46/06g). Die Eintragung der Löschung der Gesellschaft hat daher nur deklarative Wirkung (RS0050186).

Bei einem **anhängigen Zivilprozess** gilt Folgendes: Macht die Gesellschaft selbst einen Leistungsanspruch geltend, kann Vollbeendigung von vornherein nicht eintreten, weil dann das Gesellschaftsvermögen wenigstens noch den behaupteten Anspruch umfasst und somit noch nicht vollständig abgewickelt ist (RS0062191). Wird eine beklagte GmbH während eines anhängigen Prozesses gelöscht, ist das Verfahren auf Begehren des Klägers fortzusetzen. Strebt der Kläger die Fortsetzung des Verfahrens gegen die gelöschte Gesellschaft nicht an, ist die Klage zurückzuweisen und das bisherige Verfahren für nichtig zu erklären (RS0110979; 8 ObA 2344/96f [verst Senat]).

b) Auflösungstatbestände

Die GmbH wird **aufgelöst** durch (§ 84 Abs 1):

- Ablauf der im Gesellschaftsvertrag bestimmten Zeit (in der Praxis selten),
- notariell beurkundeten Gesellschafterbeschluss,
- Verschmelzung,
- Eröffnung des Konkursverfahrens oder mit der Rechtskraft eines Beschlusses, durch den das Insolvenzverfahren mangels kostendeckenden Vermögens nicht eröffnet oder aufgehoben wird (vgl auch § 39 FBG),
- verwaltungsbehördliche Verfügung (vgl § 86),
- Beschluss des Handelsgerichts, etwa Löschung wegen Fehlens gesellschaftsvertraglicher Bestimmungen über Firma, Höhe des Stammkapitals oder Unternehmensgegenstand oder wegen rechts- oder sittenwidrigen Unternehmensgegenstands (§ 10 Abs 2 und Abs 3 FBG) oder Löschung wegen Vermögenslosigkeit (§ 40 Abs 1 FBG; vgl 6 Ob 4/08v).

Im Gesetz sind insbesondere folgende weitere Auflösungsgründe normiert:

- Verstaatlichung (§ 95),
- Umwandlung (§ 2 Abs 1, Abs 2 Z 2 UmwG und § 5 UmwG),
- Aufspaltung (§ 1 Abs 2 Z 1 SpaltG; § 14 Abs 2 Z 2 SpaltG).

Im **Gesellschaftsvertrag** können weitere Auflösungsgründe festgesetzt werden (§ 84 Abs 2).

> **Beispiele** für solche Auflösungsgründe sind:
> - Kündigung durch einen Gesellschafter (vgl 2 Ob 189/01k; ist im Gesellschaftsvertrag kein Kündigungsrecht vereinbart, haben die Gesellschafter kein Recht zur Kündigung),
> - Erreichen des Zwecks der Gesellschaft,
> - Entziehung einer Konzession oder
> - Ableben eines Gesellschafters.

Eine Auflösungsklage analog § 133 UGB wird von der Rechtsprechung abgelehnt (3 Ob 57/00d; aA die überwiegende Lehre). Eine Klage auf Nichtigerklärung der Gesellschaft analog §§ 216 ff AktG ist nach der hA möglich.

Die Auflösung durch notariell beurkundeten Beschluss der Gesellschafter beinhaltet regelmäßig keine Abänderung des Gesellschaftsvertrags, sodass **einfache Mehrheit** genügt. Die Gesellschafter können im Gesellschaftsvertrag eine andere Mehrheit vorsehen.

Die GmbH kann darüber hinaus durch Verfügung einer **Verwaltungsbehörde** aufgelöst werden,

- wenn die Gesellschaft die durch § 1 Abs 2 gezogenen Grenzen ihres Wirkungskreises überschreitet (dh Versicherungsgeschäfte betreibt oder als politischer Verein tätig ist), oder

- wenn die Geschäftsführer im Betrieb des gesellschaftlichen Unternehmens sich einer gerichtlich strafbaren Handlung schuldig machen und nach der Art der begangenen strafbaren Handlung und Art des gesellschaftlichen Unternehmens Missbrauch zu befürchten wäre, wenn das Unternehmen weiter betrieben werden würde (§ 86 Abs 1).

c) Firmenbuch

Die **Geschäftsführer** haben die **Auflösung** der Gesellschaft durch Zeitablauf oder Beschluss der Gesellschafter sofort **zum Firmenbuch anzumelden**. Strittig ist, ob sämtliche Geschäftsführer oder nur Geschäftsführer in vertretungsbefugter Zahl die Auflösung anzumelden haben. Die von der Verwaltungsbehörde rechtskräftig verfügte Auflösung ist dem Handelsgericht von Amts wegen mitzuteilen (§ 88 Abs 1). Das Gericht hat bei Konkurseröffnung und Beschluss durch das Firmenbuchgericht die Auflösung von Amts wegen in das **Firmenbuch einzutragen** (§ 88 Abs 2). Kommen die Geschäftsführer einer an sie ergangenen Aufforderung des Gerichts zur Erstattung der ihnen obliegenden Anmeldung der Auflösung nicht nach, ist die Aufforderung unter Bestimmung einer Frist zu wiederholen und darauf hinzuweisen, dass nach Ablauf der Frist die Auflösung unter gleichzeitiger Ernennung der Liquidatoren durch das Gericht von Amts wegen eingetragen würde (§ 88 Abs 3).

d) Fortsetzung der aufgelösten Gesellschaft

Eine aufgelöste GmbH kann in analoger Anwendung des § 215 AktG aufgrund eines Gesellschafterbeschlusses grundsätzlich fortgesetzt werden. Hierfür ist die Beseitigung des Auflösungsgrunds erforderlich. Die Fortsetzung wird so lange als zulässig angesehen, als die GmbH noch nicht beendet ist und noch nicht mit der Verteilung des Gesellschaftsvermögens begonnen wurde (6 Ob 87/04v). Nach der Löschung einer Gesellschaft im Firmenbuch kann eine Fortsetzung der Gesellschaft nicht mehr erfolgen (6 Ob 216/05s). Der Wiedereintritt in das Geschäftsleben kann nur durch Neugründung erfolgen (6 Ob 330/98t).

2. Abwicklung/Liquidation

a) Ablauf

An die Auflösung der Gesellschaft schließt zwingend die Liquidation an (§ 89 Abs 1). Dies gilt nicht bei völliger Vermögenslosigkeit, Konkurs und folgenden Fällen der Gesamtrechtsnachfolge: Verschmelzung, Aufspaltung, Umwandlung und Verstaatlichung. Die Vorschriften über die Liquidation dienen dem Gläubigerschutz (RS0103902). Die Liquidation gliedert sich in folgende Phasen:

- Erstellung einer Liquidationseröffnungsbilanz (§ 91 Abs 1); während der Liquidation sind wie bei der werbenden GmbH Jahresabschluss und allenfalls Lagebericht aufzustellen,

- Gläubigeraufruf in den Bekanntmachungsblättern und direkte Mitteilung an bekannte Gläubiger (§ 91 Abs 1; vgl 6 Ob 119/00v),
- Beendigung der laufenden Geschäfte, Verwertung des Gesellschaftsvermögens,
- Befriedigung oder Sicherstellung der Gläubiger (§ 91 Abs 2),
- Verteilung des verbleibenden restlichen Vermögens auf die Gesellschafter im Verhältnis der eingezahlten Stammeinlagen nach einer dreimonatigen Wartefrist ab dem Tag des Gläubigeraufrufs (§ 91 Abs 3),
- Entlastung der Liquidatoren (§ 93 Abs 1),
- Löschung der Gesellschaft im Firmenbuch (§ 93 Abs 1).

b) Liquidatoren

Liquidatoren sind die **Geschäftsführer** („geborene" Liquidatoren), wenn nicht durch den Gesellschaftsvertrag oder einen Gesellschafterbeschluss eine oder mehrere andere Personen dazu bestellt werden („gekorene" Liquidatoren; § 89 Abs 2). In folgenden Fällen kann es zur gerichtlichen Ernennung von Liquidatoren kommen:

- Eine den Geschäftsführern vom Firmenbuchgericht gesetzte Frist zur Anmeldung der Liquidation ist ungenützt verstrichen (§ 89 Abs 2 iVm § 88 Abs 3).
- Ein allenfalls bestellter Aufsichtsrat beantragt wegen eines wichtigen Grundes die Ernennung von Liquidatoren (§ 89 Abs 2).
- Minderheitsgesellschafter, deren Stammeinlagen 10 % des Stammkapitals oder den Nennbetrag von 700.000 Euro oder eine im Gesellschaftsvertrag festgelegte geringere Höhe erreichen, beantragen wegen eines wichtigen Grundes die gerichtliche Ernennung der Liquidatoren (§ 89 Abs 2).
- Die Auflösung erfolgt durch Verfügung der Verwaltungsbehörde unter Anordnung, dass die Gesellschaftsorgane sofort ihre Tätigkeit einzustellen haben (§ 94 Abs 2).
- Ein Beteiligter beantragt die Bestellung eines Notliquidators (§ 92 Abs 1 iVm § 15a).

Gerichtlich ernannte Liquidatoren können aus wichtigen Gründen durch das Gericht abberufen werden. Nicht durch das Gericht ernannte Liquidatoren können durch Gesellschafterbeschluss abberufen werden. Aus wichtigem Grund können auch nicht durch das Gericht ernannte Liquidatoren gerichtlich abberufen werden (§ 89 Abs 3; vgl RS0132583).

Die ersten Liquidatoren und deren Vertretungsbefugnis, jeden Wechsel der Liquidatoren und jede Änderung ihrer Vertretungsbefugnis haben die Liquidatoren selbst anzumelden. Die Eintragung der gerichtlichen Ernennung oder Abberufung von Liquidatoren erfolgt von Amts wegen (§ 89 Abs 4).

Bei der Bestellung der Liquidatoren ist auch über deren Vertretungsbefugnis zu beschließen, wenn im Gesellschaftsvertrag keine Regelung enthalten ist. Im Zweifel sind die Liquidatoren **gesamtvertretungsberechtigt** (§ 90 Abs 1 iVm § 150 Abs 1 UGB). Die Vertretungsbefugnis der Liquidatoren ist seit dem HaRÄG nicht mehr auf die Liquidationsaufgaben beschränkt (4 Ob 207/07f).

Eine direkte **Haftung** pflichtwidrig handelnder Liquidatoren einer GmbH gegenüber den Gesellschaftsgläubigern ist möglich (2 Ob 184/97s). Der Gesellschaft gegenüber können die Liquidatoren nach Maßgabe der §§ 92, 25 haften.

c) Zweck und Besonderheiten

Der Firma ist ein **Firmenzusatz** beizufügen, der ausdrückt, dass sich die Gesellschaft in Liquidation befindet, zB „XY GmbH in Liqu" (§ 90 iVm § 153 UGB).

Aufgabe der Liquidatoren ist es, die laufenden Geschäfte zu beenden, die Forderungen der Gesellschaft einzuziehen, das Sachvermögen der Gesellschaft zu verwerten, die Gesellschaftsgläubiger zu befriedigen oder sicherzustellen und das Restvermögen auf die Gesellschafter zu verteilen (4 Ob 207/07f). Eine **Verwertung** des Gesellschaftsvermögens durch Veräußerung **als Ganzes** kann nur aufgrund eines Gesellschafterbeschlusses mit **Dreiviertelmehrheit** erfolgen (§ 90 Abs 4). Können nicht alle Gläubiger befriedigt werden, ist ein Antrag auf Eröffnung eines Insolvenzverfahrens zu stellen.

Die **Verteilung** hat nach dem Verhältnis der **einbezahlten** Stammeinlagen zu erfolgen, wenn im Gesellschaftsvertrag nicht Abweichendes geregelt ist (§ 91 Abs 3). Mit der Verteilung darf erst begonnen werden, wenn seit dem Gläubigeraufruf mindestens drei Monate verstrichen sind und bekannte Gläubiger befriedigt oder – bei nicht fälligen, bestrittenen oder schwebenden Forderungen – sichergestellt wurden. Nicht rechtmäßige Verteilung ist rechtswidrig und kann gegen § 82 Abs 1 (Verbot der Einlagenrückgewähr) verstoßen, sodass die Gesellschafter die verteilten Beträge zurückzuzahlen haben, sofern diese zur Befriedigung der Gläubiger erforderlich sind. Darüber hinaus kann es auch zu einer Außenhaftung der Liquidatoren kommen, weil § 91 Abs 2 und Abs 3 als Schutzgesetz zugunsten der Gläubiger qualifiziert werden (2 Ob 184/97s).

Soweit in den §§ 89 bis 91 nicht Abweichendes geregelt ist, gelten die Bestimmungen über die Geschäftsführer für die Liquidatoren sinngemäß (§ 92 Abs 1). Das Wettbewerbsverbot für Geschäftsführer (§ 24) findet auf die Liquidatoren keine Anwendung (§ 89 Abs 5). Auch hinsichtlich der Rechtsverhältnisse der Gesellschafter untereinander und gegenüber der Gesellschaft sowie der Gesellschaft zu Dritten sowie der Rechte und Pflichten und der Verantwortlichkeit des Aufsichtsrats kommen die im **GmbHG** getroffenen Bestimmungen **sinngemäß** zur Anwendung, soweit sich aus den Bestimmungen über die Liquidation und aus dem Zweck der Liquidation nicht etwas anderes ergibt (§ 92 Abs 2).

Nach Beendigung der Liquidation, wenn also die Gesellschaft kein Vermögen mehr hat, sind die Liquidatoren mit Gesellschafterbeschluss zu **entlasten**. Danach haben die Liquidatoren die Löschung der Gesellschaft im Firmenbuch zu beantragen, worauf die **Gesellschaft im Firmenbuch zu löschen** ist (§ 93 Abs 1). Die Löschung der Gesellschaft darf aber erst nach Vorlage einer steuerlichen Unbedenklichkeitsbescheinigung erfolgen (§ 160 Abs 3 BAO). Mit der Löschung der Gesellschaft im Firmenbuch ist konstitutiv der Wegfall der organschaftlichen Vertretung der bisherigen Geschäftsführer oder Liquidatoren verbunden (3 Ob 113/07z).

Die Bücher und Schriften der aufgelösten Gesellschaft sind einem der Gesellschafter oder einem Dritten auf die Dauer von sieben Jahren nach dem Schluss des Kalenderjahres, in dem die Liquidation beendet wurde, zur **Aufbewahrung** zu übergeben. Der Verwahrer kann im Gesellschaftsvertrag oder durch Gesellschafterbeschluss festgelegt werden, mangels einer Wahl auch durch das Handelsgericht (§ 93 Abs 3). Die Gesellschafter und ihre Rechtsnachfolger behalten das Recht auf Einsicht und Benützung der Bücher und Schriften. Gläubiger der Gesellschaft können vom Gericht zur Einsicht ermächtigt werden (§ 93 Abs 4; vgl RS0118726).

d) Nachtragsliquidation

Nachtragsliquidation ist möglich, wenn nach Beendigung der Liquidation und Löschung der Gesellschaft noch **weiteres Vermögen hervorkommt** (§ 93 Abs 5). Auf Antrag eines Beteiligten hat das Gericht Nachtragsliquidatoren zu berufen. Antragsberechtigt ist jeder Beteiligte. Als Beteiligte kommen Gesellschafter, frühere Gesellschaftsorgane und Dritte in Betracht, die ein Interesse an der Verwertung, Befriedigung oder Verteilung von vorhandenem Gesellschaftsvermögen haben, insbesondere Gesellschaftsgläubiger (RS0060143, RS0114803). Der Antragsteller hat das neu hervorgekommene Vermögen zu bescheinigen (vgl RS0060128). Vermögen sind Ansprüche der Gesellschaft gegen frühere Gesellschafter, Geschäftsführer oder Liquidatoren sowie gegen andere Dritte, etwa Gewährleistungs- und Schadenersatzansprüche oder ein Anspruch der Gesellschaft gegen den Haftpflichtversicherer (RS0060134).

I. Wechsel der Rechtsform

Folgende Möglichkeiten stehen zur Änderung der Rechtsform der GmbH zur Verfügung:

- Ein Wechsel in eine **AG** ist durch Verschmelzung, formwechselnde Umwandlung oder Spaltung möglich.

- Die GmbH kann auch in eine **Personengesellschaft** (errichtend oder verschmelzend) umgewandelt werden.

VIII. Aktiengesellschaft

A. Begriff, Rechtsnatur und Grundlagen

> Die AG ist
> - eine Gesellschaft mit eigener Rechtspersönlichkeit,
> - deren Gesellschafter mit Einlagen auf das in Aktien zerlegte Grundkapital beteiligt sind,
> - ohne persönlich für die Verbindlichkeiten der Gesellschaft zu haften (§ 1 AktG[1]).

Geregelt ist die AG im AktG. Die letzten maßgeblichen Änderungen des AktG erfolgten durch das GesRÄG 2005, das HaRÄG 2005, das PuG, das GesRÄG 2007, das URÄG 2008, das AktRÄG 2009, das GesRÄG 2011, das 2. StabG 2012, das RÄG 2014, das Strafrechtsänderungsgesetz 2015, das APRÄG 2016, das GFMA-G, das Börsegesetz 2018 und Wertpapieraufsichtsgesetz 2018, das STS-VVG sowie zuletzt das AktRÄG 2019.

1. Eigenschaften

Die AG hat im Wesentlichen die gleichen Eigenschaften wie die GmbH (vgl Seiten 227 ff).

- Sie ist eine **Kapitalgesellschaft**.
- Sie ist eine **juristische Person**, damit rechtsfähig und selbst Trägerin von Rechten und Pflichten (Außengesellschaft).
- Sie ist **Unternehmerin kraft Rechtsform** (§ 2 UGB). Hingegen sind die Aktionäre in ihrer Eigenschaft als Gesellschafter einer AG nicht Unternehmer. In der Literatur wird allerdings vertreten, dass zumindest dem am Unternehmen maßgeblich beteiligten Aktionär die Unternehmereigenschaft zuerkannt werden sollte.
- Die AG entsteht mit Firmenbucheintragung wirksam (**konstitutive Wirkung der Firmenbucheintragung**). Sie wird erst mit Eintragung im Firmenbuch partei- und rechtsfähig (RS0035030, 7 Ob 556/93). Sie unterliegt dem **Normativsystem**.
- Sie ist ebenfalls wie die GmbH nach dem Prinzip der **Drittorganschaft** organisiert. Dennoch können Aktionäre auch zugleich Organmitglieder sein.
- Wer Gesellschafter einer GmbH sein kann, kann auch **Aktionär** sein. Jede AG benötigt mindestens einen Aktionär.
- Die **Firma** einer AG hat zwingend einen Hinweis auf die Rechtsform AG zu enthalten (§ 4). Bei der AG ist es ohne Belang, an welcher Stelle der Rechts-

---

[1] Paragraphenangaben beziehen sich in diesem Abschnitt, sofern nicht anders angegeben, auf das **AktG**.

formzusatz in den Firmenwortlaut aufgenommen wird, solange die Firma dadurch nicht unklar oder täuschend wird. Zulässig ist daher beispielsweise die „mittige" Platzierung des Rechtsformzusatzes, wenn dem Rechtsformzusatz nur eine geographische Bezeichnung nachfolgt (zB Energie AG Oberösterreich, RS0113059, 6 Ob 98/99a).
- Die aktienrechtliche Bestimmung über den **Sitz** ist ebenso mit jener im GmbHG identisch (§ 5).
- Eine ausländische AG kann auch eine **Zweigniederlassung** in Österreich betreiben. Dabei muss die ausländische Gesellschaft (nicht die Zweigniederlassung) ins Firmenbuch eingetragen werden (§ 12 UGB, § 254).
- Auch für die AG gelten die Größenklassen nach § 221 UGB.

Beachte:
Der OGH hat die AG wie folgt definiert: Das Wesen der AG ist insbesondere durch ihre Eigenpersönlichkeit als juristische Person, die darauf beruhende Trennung der Rechtssphäre der AG von jener ihrer Mitglieder, das Grundkapital und seine Zerlegung in Aktien, die fehlende Haftung der Aktionäre, die Struktur der Organe als Folge von Aufbau und Organisation, die Dividendenausschüttung nur aus Reingewinnen (nunmehr Bilanzgewinn) und andere im Wesentlichen gleichgewichtige Kriterien charakterisiert (RS0080300, 1 Ob 586/94).

Dennoch **unterscheidet** sich die AG von der GmbH in manchen Bereichen, zB:

- im **praktischen** Anwendungsbereich (siehe Seiten 236 f, 351 f);
- bei der **Gründung** und den Kapitalaufbringungsvorschriften (vgl Seiten 236 ff, 354 ff);
- bei den Möglichkeiten der Gestaltung der **Satzung**, weil bei der AG – im Vergleich zur GmbH – eine Satzungsstrenge (siehe Seite 47, siehe aber auch RS0128830, 6 Ob 28/13f) vorzufinden ist;
- bei der Position des **Geschäftsleitungsorgans**, weil der Vorstand bei der AG – im Unterschied zum Geschäftsführer bei der GmbH – weisungsfrei ist;
- bei den zwingend vorgesehenen **Organen** (vgl Seiten 250, 365 f);
- bei der **Verfügung** über die Anteile: Aktien sind im gesetzlichen Regelfall leicht handelbar. Die Übertragung eines GmbH-Anteils ist notariatsaktspflichtig. Die Verbriefung eines GmbH-Geschäftsanteils ist – im Gegensatz zu Aktien – unzulässig.
- die AG weist den **höchsten Organisationsgrad** aller Gesellschaften auf und damit auch einen höheren als bei der GmbH, weil im gesetzlichen Regelfall zahlreiche Geldgeber ohne großen Einfluss vorhanden sind und überwiegend durch Drittorgane gehandelt wird.

2. Trennungsprinzip/Haftungsprivileg/Durchgriff

Aus der eigenen Rechtpersönlichkeit der AG ist – wie bei der GmbH – das Trennungsprinzip abzuleiten. Die AG ist als eigenständiger Rechtsträger ein selbstständiges Zuordnungssubjekt für Rechte und Pflichten, das von den Aktionären getrennt ist (Sphärentrennung). Aus § 1 (Legaldefinition) ergibt sich das **Haftungsprivileg**: Die Aktionäre einer AG haften nicht für Schulden der Gesellschaft, Gläubiger der AG können damit nur das Gesellschaftsvermögen als Haftkapital heranziehen (vgl im Übrigen die Ausführungen zur GmbH Seiten 229 ff).

3. Gesellschaftszweck und Unternehmensgegenstand

Die AG kann grundsätzlich – wie die GmbH auch – zu jedem gesetzlich zulässigen Zweck gegründet werden (zB materiell, ideell, gemeinnützig). Im Regelfall verfolgt die AG wirtschaftliche Interessen, wie Gewinnerzielung. Zu einer Änderung des Unternehmenszwecks kommt es etwa bei Abwicklung der Gesellschaft (Zweck der Abwicklung).

Vom Gesellschaftszweck zu unterscheiden ist der **Unternehmensgegenstand**. Letzterer dient zur Verwirklichung des Gesellschaftszwecks und ist zwingender Bestandteil der **Satzung** (§ 17 Z 2). Zu beachten ist, dass nicht alle Tätigkeiten in der Rechtsform einer AG betrieben werden können (zB Rechtsanwaltschaft; § 1a RAO) und dass manche Tätigkeiten bestimmten Rechtsformen vorbehalten sind (zB für eine Pensionskasse ist zwingend eine AG zu wählen – § 6 Abs 1 PKG; für eine Mitarbeitervorsorgekasse zwingend die AG oder die GmbH – § 19 Abs 1 BMSVG).

> **Beachte:**
> Die Satzung ist das Pendant zum Gesellschaftsvertrag bei der GmbH.

4. Einlage/Aktie/Grundkapital/Gesellschaftsvermögen

a) Begriffe

Sowohl die GmbH als auch die AG zählen zu den Kapitalgesellschaften. Vieles ist daher ähnlich oder identisch. Allerdings werden bei der AG häufig andere Begriffe verwendet.

> Im Zusammenhang mit dem Kapital der AG ist zu unterscheiden zwischen (auf die bei der GmbH gebräuchlichen Begriffe wird jeweils in Klammer hingewiesen):
> - **Einlage**: Einzahlungsverpflichtung des Aktionärs; Teil des Grundkapitals; von der Höhe der Einlage hängt etwa das Stimmgewicht oder der Anteil am Gewinn ab (bei der GmbH wird der Begriff „Stammeinlage" verwendet).

- **Aktie**: Aktie bedeutet Anteil am Grundkapital, Mitgliedschaft und Wertpapier (bei der GmbH wird der Begriff „Geschäftsanteil" verwendet, wobei bei der GmbH jeder Gesellschafter nur einen Geschäftsanteil haben kann; bei der AG kann ein Aktionär hingegen mehrere Aktien haben).
- **Grundkapital**: Summe der Einlagen der Aktionäre und überdies Rechengröße, die auf der Passivseite der Bilanz (§ 224 UGB) verbucht wird (bei der GmbH wird der Begriff „Stammkapital" verwendet).
- **Gesellschaftsvermögen**: Vermögen der AG, das sich durch Gewinne und Verluste ändert (gleicher Begriff wie bei der GmbH).

Die **Aktie** verbrieft einen **Anteil am Grundkapital** einer AG. Damit wird ein bestimmtes Beteiligungsverhältnis zum Ausdruck gebracht. Abhängig davon, ob Nennbetragsaktien oder Stückaktien ausgegeben werden (siehe Seite 346), ist das Beteiligungsverhältnis unterschiedlich zu ermitteln.

Die Aktie ist **nicht teilbar** (§ 8 Abs 5), es kann aber Miteigentum daran begründet werden. Die mit der Aktie verbundenen Rechte werden dabei von einem gemeinschaftlichen Vertreter ausgeübt (§ 63). Für die Leistungen auf die Aktie haften mehrere Berechtigte als Gesamtschuldner.

Mit der Aktie wird weiters auch eine **Mitgliedschaft** an einer AG zum Ausdruck gebracht. Mit jeder Aktie sind bestimmte Rechte und Pflichten verbunden (zB Einlagepflicht; siehe zu den Rechten und Pflichten Seiten 407 ff).

Die Aktie ist weiters ein **Wertpapier**, welches das Mitgliedschaftsrecht verbrieft (Aktienurkunde). Sie besteht aus drei Komponenten: der Haupturkunde, dem Dividenden-(Gewinnanteil-, Gewinn-)schein (oftmals werden diese für mehrere Jahre in Form eines Bogens ausgegeben, von welchem die einzelnen Kupons bei Bedarf abgetrennt werden können) sowie den Talons (Erneuerungsscheine), die zum Bezug neuer Gewinnanteilsscheine berechtigen. Die Aktienurkunde kann grundsätzlich entweder als Inhaber- oder als Namensaktie ausgestaltet sein (siehe dazu sogleich), wobei in der Praxis bei börsenotierten AG keine Urkunden mehr ausgegeben werden, sondern eine Dauersammelurkunde bei einer Wertpapiersammelbank hinterlegt ist (vgl Seite 348).

b) Aktiengattungen und -typen

Mit Aktien können unterschiedliche Rechte und Pflichten verbunden sein (zB Stammaktie, Vorzugsaktie; siehe dazu sogleich). Diesfalls wird die Bezeichnung „**Aktiengattung**" verwendet. Der zulässige Inhalt der Rechte, die einer Aktiengattung eingeräumt werden, ist im Gesetz nicht näher bestimmt und kann deshalb von der Satzung frei gestaltet werden (RS0080296, 1 Ob 586/94). Zieht die Differenzierung hingegen keine unterschiedliche Rechtsstellung nach sich (zB Inhaberaktie, Namensaktie), spricht man von **Aktientypen**. Im Folgenden werden die wichtigsten Begriffspaare und Aktienbezeichnungen erläutert:

(1) Inhaber- und Namensaktien

Nach der Art ihrer Übertragbarkeit wird zwischen Inhaberaktien und Namensaktien unterschieden. Die Entscheidung für einen bestimmten Aktientyp ist bereits in der Satzung zu treffen (§ 17 Z 3), wobei in der Satzung einer börsenotierten AG auch eine Grundsatzentscheidung für eine Mischung getroffen werden kann.

Inhaberaktien, bei denen der Eigentümer nicht namentlich genannt wird und der Besitz maßgebend ist, stellten bis 31. 12. 2013 in Österreich die häufigste Aktienkategorie dar. Aktien können seit dem GesRÄG 2011 nur mehr dann auf Inhaber lauten, wenn die AG börsenotiert ist oder wenn die Aktien nach der Satzung zum Handel an der Börse zugelassen werden sollen (§ 10 Abs 1). Der Ausgabebetrag muss voll einbezahlt sein (§ 10 Abs 2). Die frühere Option, vor Volleinzahlung Zwischenscheine auszugeben, wurde mit dem GesRÄG 2011 beseitigt. Ab 1. 1. 2014 gelten bereits ausgegebene Zwischenscheine als Namensaktien. Inhaberaktien können an der Börse gehandelt werden. Sie werden in der Praxis bei einem Kreditinstitut auf einem Wertpapierdepot verwahrt. Für die Ausübung der Aktionärsrechte ist anstelle der Aktienurkunde eine Depotbestätigung des Kreditinstituts ausreichend (§ 10a). Die Übertragung von Inhaberaktien erfolgt nach sachenrechtlichen Grundsätzen. Inhaberaktien sind nur mehr für börsenotierte Gesellschaften iSd § 3 zulässig. Das sind Gesellschaften, deren Aktien zum Handel an einer anerkannten Börse gem Art 4 Abs 1 Nummer 72 der VO (EU) 575/2013 oder einem gleichwertigen Markt mit Sitz in einem Drittland zugelassen sind. Nicht börsenotierte AG, deren Satzung bisher Inhaberaktien vorsah, hatten ihre Satzung bis 31. 12. 2013 an die Neuerungen anzupassen. Ab Anfang 2014 gelten Inhaberaktien, die den nunmehrigen Vorgaben des § 10 nicht entsprechen, als Namensaktien (vgl § 262 Abs 27 ff).

Namensaktien waren bis 31. 12. 2013 vergleichsweise selten. Aufgrund des **GesRÄG 2011** sind die Namensaktien nunmehr – im Bereich der nicht börsenotierten AG – als **Standardaktien** vorgesehen. Sie werden auf eine bestimmte Person ausgestellt und als Orderpapier durch Indossament, Zession oder Gesamtrechtsnachfolge übertragen. Eine Rektaklausel (negative Orderklausel), also ein Ausschluss der Übertragung durch Indossament, ist nach hA wirkungslos. Namensaktien werden meist in einem sehr kleinen Kreis gehandelt und kommen häufig bei Familien-AG vor. Aktien haben (außer in den in § 10 geregelten Ausnahmefällen) auf Namen zu lauten.

Beachte:
Da bei Inhaberaktien im Vergleich zu Namensaktien die Identität des Aktionärs schwerer zu ermitteln ist, wurden **nicht börsenotierte AG** mit dem GesRÄG 2011 zur Umstellung auf **Namensaktien** verpflichtet. **Börsenotierte AG** sollen hingegen auch künftig die **Wahl zwischen Inhaber- und Namensaktien** haben, allerdings müssen Inhaberaktien künftig in einer

> Sammelurkunde verbrieft und bei einer Wertpapiersammelbank hinterlegt werden. Damit sollen Aktientransaktionen auch bei börsenotierten AG nachvollziehbar bleiben.

Namensaktien sind in das vom Vorstand zu führende **Aktienbuch** einzutragen; im Verhältnis zur Gesellschaft gilt nur der Eingetragene als Aktionär (§ 61 Abs 2). Nur der genannte Aktionär darf alle mit dem Besitz der Urkunde verbundenen Rechte ausüben, wobei zum Nachweis des Aktienbesitzes zur Ausübung von Rechten bei depotverwahrten Inhaberaktien eine Depotbestätigung des depotführenden Kreditinstituts genügt (§ 10a). Bei Übertragung der Namensaktie erfolgt die Löschung des bisherigen Aktionärs und die Neueintragung des Erwerbers im Aktienbuch. Die Aktie ist bei Anmeldung zur Eintragung des Erwerbers vorzulegen, die AG hat die Legitimation des einzutragenden Aktionärs zu überprüfen. Dennoch wirkt die Eintragung im Aktienbuch für die Frage des Eigentumserwerbes nur deklarativ. Jeder Aktionär hat ein Recht auf Einsichtnahme in das Aktienbuch.

(2) Nennbetrags- und Stückaktien

Gemäß § 8 Abs 1 können Aktien entweder als Nennbetragsaktien oder als Stückaktien begründet werden. Beide Aktientypen dürfen in einer AG nicht nebeneinander bestehen. **Nennbetragsaktien** müssen auf mindestens einen Euro oder auf ein Vielfaches lauten (§ 8 Abs 2). Aktien, die auf einen anderen Nennbetrag lauten, sind nichtig. Der Anteil am Grundkapital bemisst sich nach dem Verhältnis des Nennbetrags zum Grundkapital. **Stückaktien** haben hingegen gemäß § 8 Abs 3 keinen Nennbetrag. Jede Stückaktie ist am Grundkapital im gleichen Ausmaß beteiligt. Der Anteil bemisst sich nach der Zahl der ausgegebenen Aktien. Der Anteil am Grundkapital, der auf die einzelne Aktie entfällt, muss jedoch bei sonstiger Nichtigkeit mindestens einen Euro betragen. Im Firmenbuch ist ersichtlich, ob Nennbetrags- oder Stückaktien bestehen (§ 5 Z 2 FBG).

> **Beachte:**
> Stückaktien werden häufig auch als „nennwertlose Aktien" oder „unechte Quotenaktien" bezeichnet. Dies deshalb, weil alle Stückaktien gleich groß sind, also im gleichen Umfang am Grundkapital beteiligt sind. Es errechnet sich der Nennbetrag am Grundkapital nur fiktiv.

(3) Stamm- und Vorzugsaktien

Aktien können auch mit unterschiedlichen Rechten ausgestaltet werden. **Stammaktien** vermitteln ein Stimmrecht in der Hauptversammlung. Das Stimmgewicht hängt von der Höhe der Beteiligung ab. Besitzer von **Vorzugsaktien** haben hingegen oft kein Stimmrecht („stimmrechtslose Vorzugsaktien"). Sie genießen in aller Regel den Vorteil einer höheren Dividendenzahlung. Hintergrund für die Ausgabe von Vorzugsaktien ist, dass einzelne Kapitalgeber mehr Wert auf höheren Ertrag als auf Mitbestimmungsrechte legen. Durch die Neuausgabe stimmrechtsloser Vorzugsaktien wird vor allem auch der Einfluss der bisherigen Aktionäre abgesichert, weil sich durch deren Ausgabe das Stimmgewicht nicht verschiebt. Das Stimmrecht lebt allerdings bei qualifiziertem Auszahlungsrückstand des Vorzugsbetrages wieder auf (§ 12a Abs 2). Stimmrechtslose Vorzugsaktien dürfen nur bis zu einem Drittel des Grundkapitals ausgegeben werden (§ 12a Abs 2). Wird von „Aktien" gesprochen, sind meist Stammaktien gemeint. Die Ausgabe von Aktien mit einem höheren Stimmgewicht als dem Nennbetrag (Mehrstimmrechtsaktien) ist unzulässig (§ 12 Abs 3).

(4) Nebenleistungsaktie

Die Satzung kann eine Verpflichtung – auch nur einzelner Aktionäre – zu Nebenleistungen (zB Überlassung künftiger Patente bzw anderer wiederkehrender, nicht in Geld bestehender Leistungen, Lieferung von Rohstoffen) vorsehen (§ 50). Ist dies der Fall, besteht eine diesbezügliche schuldrechtliche Verpflichtung neben der Verpflichtung zur Leistung von Einlagen. Dies hat keine Auswirkungen auf das Grundkapital. Diese schuldrechtliche Verpflichtung kann nur in vinkulierten Namensaktien verbrieft werden.

(5) Vinkulierte (gebundene) Aktien

Wird die Übertragung einer Namensaktie an die Zustimmung der Gesellschaft gebunden, handelt es sich um eine **vinkulierte Aktie** (§ 62). Die Zustimmung zur Übertragung wird mangels abweichender Regelung in der Satzung vom Vorstand erteilt und darf nur aus wichtigem Grund verweigert werden (zB der Erwerber will der Gesellschaft einen Schaden zufügen oder der Erwerber könnte nicht wie der übertragende Aktionär eine vereinbarte Nebenleistung erbringen). Vergleichbar mit dem GmbH-Recht kann der veräußerungswillige Aktionär im Fall der Verweigerung der **Zustimmung** eine gerichtliche Nachprüfung bzw Zustimmung beantragen (Außerstreitverfahren). Wenn das Gericht im Zuge seiner Überprüfung einen wichtigen Grund verneint und der Übertragung der Aktie zustimmt, kann die Gesellschaft einen Ersatzerwerber zu denselben Konditionen benennen. In der Praxis kommt eine Vinkulierung insbesondere bei Familiengesellschaften vor. Gesetzlich ist eine Vinkulierung zwingend vorgesehen bei Nebenleistungsverpflichtungen (§ 50 Abs 1), bei einem Entsendungsrecht von Mitgliedern in den Aufsichtsrat (§ 88 Abs 2) und in bestimmten Sondergesetzen (zB PKG oder WGG). Wird die Zustimmung nicht eingeholt, ist die Übertragung nach hA unwirksam.

(6) Vorratsaktien

Unter Vorratsaktien (auch als Verwaltungs- oder Verwertungsaktien bezeichnet) sind Aktien zu verstehen, die Gründer oder Zeichner in Ausübung eines **Bezugsrechts** für Rechnung der Gesellschaft oder eines Tochterunternehmens übernommen haben (§ 51 Abs 3). Der Inhaber ist verpflichtet, die Rechte nach Weisung der Gesellschaft auszuüben. Der Aktionär haftet dabei auf die gesamte Einlage. Die Berufung darauf, die Aktie nicht für eigene Rechnung übernommen zu haben, ist ihm nicht möglich (vgl § 51 Abs 3). Rechte aus der Aktie stehen erst dann zu, wenn diese für eigene Rechnung übernommen ist (vgl § 51 Abs 3 Satz 3).

(7) Gratisaktien

Gratisaktien spielen im Zusammenhang mit der **nominellen Kapitalerhöhung** (= **Kapitalberichtigung**) eine Rolle (vgl Seite 421). Hier werden umwandlungsfähige Rücklagen oder ein Gewinnvortrag in Grundkapital umgewandelt. Dadurch erhöht sich dieses, ohne dass es zu einer Vermögensänderung kommt. Die anlässlich dieser Kapitalerhöhung ausgegebenen Aktien sind daher mangels eines Vermögensflusses „gratis".

(8) Junge Aktien

Unter jungen Aktien sind jene Aktien zu verstehen, die im Rahmen der **Gründung** der AG oder einer effektiven **Kapitalerhöhung** neu ausgegeben werden. Der Erwerb junger Aktien ist steuerbegünstigt (§ 18 Abs 1 Z 4 EStG).

(9) Globalaktie

Wird gemäß § 9 Abs 3 in der Satzung der Anspruch eines Aktionärs auf Verbriefung seines Anteils ausgeschlossen oder eingeschränkt, besteht für die Gesellschaft die Möglichkeit, die Aktien in einer **Dauersammelurkunde** („Globalaktie") zu verbriefen. In der heutigen Praxis erhalten Aktionäre börsenotierter Gesellschaften keine Aktienurkunden mehr ausgehändigt, vielmehr werden diese in einer Dauersammelurkunde bei einer Wertpapiersammelbank (zB OeKB) hinterlegt und es werden dem einzelnen Aktionär die ihm zugeordneten Stücke bei seiner Bank im Depot verbucht. Der Handel mit den Aktien erfolgt durch Anweisung an die Depotbank und entsprechende Umbuchung.

(10) Zwischenscheine

Zwischenscheine stellten eine Art vorläufige Aktie dar. Sie lauteten (zur Absicherung der Gesellschaft) stets auf den Namen und wurden insbesondere dann ausgegeben, wenn der volle Ausgabebetrag einer Inhaberaktie noch nicht geleistet wurde und daher die Ausgabe von Inhaberaktien noch nicht zulässig war. Aber auch bei Namensaktien konnte vorab ein Zwischenschein zur Verbriefung der Mitgliedschaft ausgegeben werden, wenn etwa die Aktienurkunde noch nicht fertig gestellt war. Bei manchen Gesellschaften mit kleinem Aktionärskreis kam es aber auch vor, dass das Provisorium „Zwischenschein" über Jahrzehnte hinweg Bestand hatte.

Begriff, Rechtsnatur und Grundlagen

> **Beachte:**
> Die Ausgabe von Zwischenscheinen ist seit dem GesRÄG 2011 nicht mehr zulässig. Nach der früheren Rechtslage ausgegebene Zwischenscheine mussten innerhalb der durch §§ 262 Abs 27 ff vorgegebenen Übergangsfrist (bis zum 31. 12. 2013) gegen Namens- bzw (soweit zulässig) Inhaberaktien ausgetauscht werden.

(11) Eigene Aktien

Eigene Aktien sind Aktien, die durch die AG selbst erworben werden. Der Erwerb eigener Aktien durch die Gesellschaft (oder durch Tochterunternehmen iSd §189a Z 7 UGB, durch Treuhänder der Gesellschaft oder eines Tochterunternehmens) ist grundsätzlich gemäß §§ 65 f verboten. Denn der Erwerb eigener Aktien würde zu einem Abfluss von Vermögen und Liquidität führen. Eigene Aktien würden für die Gesellschaft einen unsicheren Vermögenswert darstellen, der bei negativer Entwicklung der Gesellschaft den Gläubigern keine adäquate Sicherheit bietet. Beides ist mit dem **Schutz des Vermögens der Gesellschaft** nicht vereinbar. Aus diesen Gründen ist der Erwerb eigener Aktien bei Gründung oder Kapitalerhöhung (**originärer Erwerb**) **absolut verboten** und der Erwerb der bereits zuvor (an Dritte) begebener Aktien (**derivativer Erwerb**), der grundsätzlich eine unzulässige Rückgewähr der Einlage an die Aktionäre iSd § 52 darstellt, nur in **bestimmten Konstellationen** zulässig. Diese sind in § 65 abschließend festgelegt. Dazu zählen:

- der **Erwerb zur Schadensabwehr** (Z 1): Diese Bestimmung ist restriktiv zu handhaben und kommt nur in außergewöhnlich gelagerten Fällen zur Anwendung, wenn der Aktienerwerb notwendiges und taugliches Mittel zur Schadensabwehr ist und keine anderen Möglichkeiten bestehen, etwa bei außergewöhnlichen Kursstürzen, sofern diese wirtschaftlich nicht gerechtfertigt sind und auch nicht einfach der allgemeinen Marktentwicklung entsprechen (zB gezielte Spekulation auf fallende Kurse eines Marktteilnehmers, die eine Kreditgefährdung zur Folge hat). Bloße Kurspflegemaßnahmen fallen hingegen nicht unter diesen Erwerbstatbestand. Voraussetzung für diesen Erwerbstatbestand ist, dass die Einlage voll geleistet wurde. Im Übrigen sind die Erwerbsgrenze iHv 10 % des Grundkapitals gemäß § 65 Abs 2 Satz 1 und die Kapitalgrenze gemäß § 65 Abs 2 Satz 2 (der Abzug vom Nennkapital und eine Rücklagenbildung sind erforderlich, sodass sichergestellt ist, dass der Erwerb aus ungebundenem Gesellschaftsvermögen erfolgt, dh aus ausschüttbarem Vermögen) zu beachten.
- der **unentgeltliche Erwerb** (Z 2, Fall 1): Dieser Tatbestand ist an die Voraussetzung geknüpft, dass der Erwerb zur Gänze unentgeltlich ist (zB Schenkung, Vermächtnis) und die Einlage bereits voll geleistet wurde. Denn dann kommt es zu keinem Vermögensabfluss und es wird durch den Erwerb der Kapitalschutz nicht tangiert.

- die **Einkaufskommission** (Z 2, Fall 2): Von diesem Erwerbstatbestand können nur Kreditinstitute (§ 1 Abs 1 BWG) Gebrauch machen, sofern ein Auftrag zur Einkaufskommission bereits besteht. Damit soll den Kreditinstituten die Verfolgung ihres Geschäftsbetriebs ermöglicht werden. Ein vorsorglicher Erwerb für künftige Bedarfsfälle ist nicht gestattet. Weiters ist Voraussetzung auch hier, dass die Einlagen voll geleistet wurden.
- die **Gesamtrechtsnachfolge** (Z 3): Erfasst sind damit sowohl die erbrechtliche Gesamtrechtsnachfolge als auch Fälle der Gesamtrechtsnachfolge im Gesellschafts- und Umgründungsrecht. Beispiele dafür sind Verschmelzung, Umwandlung, Spaltung oder der Vermögensübergang nach § 142 UGB.
- der **Erwerb für Arbeitnehmer, leitende Angestellte und Organmitglieder** (Z 4): Erfasst sind damit die Mitarbeiterbeteiligungen im klassischen Sinn, bei welchen den Mitarbeitern etc direkt Aktien angeboten werden, sowie die Bedienung von Aktienoptionen, bei denen die Begünstigten nur ein Erwerbsrecht in der Zukunft erhalten, das dann allenfalls später ausgeübt werden kann. Voraussetzung für diesen Erwerbsfall ist eine Ermächtigung durch die Hauptversammlung, die eine Gültigkeit von höchstens 30 Monaten aufweisen kann, sowie die vollständige Leistung der Einlage. Im Übrigen sind die Erwerbsgrenze iHv 10 % des Grundkapitals gemäß § 65 Abs 2 Satz 1 sowie die Kapitalgrenze des § 65 Abs 2 Satz 2 zu beachten.
- die **Entschädigung von Minderheitsaktionären**, soweit dies gesetzlich vorgesehen ist (Z 5): Anwendungsvoraussetzung ist die rechtliche Verpflichtung zur Rücknahme. Dies ist etwa dann der Fall, wenn den Aktionären ein Austrittsrecht zusteht (zB §§ 9, 11 SpaltG, § 10 EU-VerschG). Die Einlage muss voll geleistet sein. Im Übrigen sind die Grenzen des § 65 Abs 2 Satz 1 und 2 zu beachten.
- die **Einziehung** (Z 6): Anwendungsfall ist hier die Kapitalherabsetzung durch Einziehung von Aktien (vgl Seite 426).
- der **Wertpapierhandel durch ein Kreditinstitut** (Z 7): Damit wird Aktienbanken als Kreditinstituten (§ 1 Abs 1 BWG) die Verfolgung ihres Geschäftsbetriebes auf den Wertpapiermärkten erleichtert. Mit dem Begriff des Wertpapierhandels ist der Eigenhandel in den betreffenden Papieren gemeint. Umfasst sind damit auch der außerbörsliche Handel wie Termingeschäfte oder Hedginggeschäfte. Die Einlage muss voll geleistet sein. Es ist ein auf 30 Monate begrenzter Ermächtigungsbeschluss der Hauptversammlung notwendig, der zu bestimmen hat, dass der Handelsbestand der zu diesem Zweck zu erwerbenden Aktien 5 % des Grundkapitals am Ende jeden Tages nicht übersteigen darf und den niedrigsten und den höchsten Gegenwert festlegen muss. Im Übrigen sind die Erwerbsgrenze iHv 10 % des Grundkapitals gemäß § 65 Abs 2 Satz 1 und die Kapitalgrenze gemäß § 65 Abs 2 Satz 2 zu beachten.
- der **zweckneutrale Aktienrückerwerb bei Börsenotierung** (Z 8): Börsenotierte Gesellschaften können diesen Tatbestand grundsätzlich zu jedem erlaubten Zweck einsetzen (zB Kurspflege). Ausgenommen ist jedoch der

Handel in eigenen Aktien (fortlaufender An- und Verkauf von eigenen Aktien). Weiters unzulässig sind Zwecke, die aus anderen Gründen verboten sind (zB Ankauf von Aktien als Abwehrmaßnahme entgegen den Vorgaben des Verhinderungsverbots und Objektivitätsgebot des § 12 ÜbG). Voraussetzung ist eine Ermächtigung durch die Hauptversammlung, die eine Gültigkeit von höchstens 30 Monaten aufweisen kann. Weiters sind die Erwerbsgrenze iHv 10 % des Grundkapitals gemäß § 65 Abs 2 Satz 1 und die Kapitalgrenze gemäß § 65 Abs 2 Satz 2 zu beachten.

Neben dem Erwerb eigener Aktien wird auch die Inpfandnahme eigener Aktien erfasst (§ 65b).

Aus Aktien, die von der Gesellschaft selbst oder von deren Tochterunternehmen iSd § 189a Z 7 UGB oder von einem Treuhänder der Gesellschaft bzw des Tochterunternehmens gehalten werden, resultieren **grundsätzlich keine Rechte**. Aus diesen Aktien kann weder ein Stimm- noch ein Bezugsrecht ausgeübt werden (§ 65 Abs 5). Hinsichtlich des Dividendenanspruchs ist zu differenzieren: Dieser steht zwar der Gesellschaft selbst nicht zu (§ 65 Abs 5 Satz 1), sehr wohl aber einem Tochterunternehmen oder einem Treuhänder (§ 65 Abs 5 Satz 2 *e contrario*).

Nach § 65 Abs 4 Satz 2 führt ein **Verstoß** gegen die Vorgaben des § 65 Abs 1, 1a, 1b und 2 zur **Unwirksamkeit des Titelgeschäfts** (zB Kaufvertrag) über den Erwerb der eigenen Aktien. Die Übertragung der Aktien selbst, also das **Verfügungsgeschäft**, bleibt aber nach § 65 Abs 4 Satz 1 **wirksam**. Mit dieser Regelung wird das Prinzip der kausalen Tradition (die Wirksamkeit des Verfügungsgeschäfts ist abhängig vom Vorhandensein eines gültigen Erwerbstitels) durchbrochen. Die Unwirksamkeit des Titelgeschäfts führt einerseits dazu, dass etwaige noch offene Leistungspflichten aus dem Titelgeschäft nicht durchgesetzt werden können, und berechtigt andererseits zur **Rückabwicklung**. Des Weiteren **haften** die Aktionäre gegenüber den Gläubigern für die Verbindlichkeiten der Gesellschaft, soweit sie entgegen aktienrechtlichen Vorschriften Zahlungen von der Gesellschaft empfangen haben (§ 56). Auch können Verstöße gegen die Bestimmungen über eigene Aktien Haftungsansprüche der AG gegenüber den Organmitgliedern nach sich ziehen (§§ 84, 99). Im Übrigen hat die Gesellschaft bei Erwerb eigener Aktien entgegen den gesetzlichen Bestimmungen diese Aktien binnen einem bzw drei Jahren wieder zu **veräußern** (§ 65a Abs 1, 2), bei sonstigem **Einzug** nach § 192.

B. Bedeutung und Anwendungsbereich

Die AG wird vor allem von Großunternehmen mit einem hohen Kapitalbedarf gewählt. Dieser Kapitalbedarf kann etwa über die Börse gedeckt werden. Die – im Vergleich zur AG – „günstigere" GmbH steht dafür nicht zur Verfügung, denn eine Börsenotierung der Anteile ist nur bei einer AG (oder SE) möglich.

Nur bei diesen sind die Aktien an einer Wertpapierbörse handelbar. Allerdings muss nicht jede AG zugleich auch an der Börse notieren. Nur bei etwa 10 % der österreichischen AG werden die Anteile an der Börse gehandelt (siehe auch www.wienerboerse.at).

Die AG kann aber auch als Familiengesellschaft verwendet werden. So kann eine AG beispielsweise mit vinkulierten Namensaktien (vgl Seite 345) ausgestaltet werden, sodass auch bei einer AG im Ergebnis die Mitgliederzahl geschlossen ist.

C. Rechtsquellen

1. Für sämtliche AG maßgebliche Rechtsquellen

Rechtsgrundlage für die AG ist das AktG. Dort finden sich die Grundcharakteristika einer AG, die Gründungsvorschriften sowie Regelungen zur Organisation der AG („die Verfassung"). Darüber hinaus ist im AktG normiert, wie die Satzung nach der Gründung geändert werden kann, insbesondere wie das Grundkapital erhöht oder verringert werden kann. Des Weiteren ist festgelegt, welche Mängel eines Hauptversammlungsbeschlusses zur Anfechtbarkeit und welche zur Nichtigkeit führen. Zuletzt finden sich im AktG noch Vorschriften zur Beendigung der AG sowie umfangreiche Vorschriften zur Verschmelzung einer AG.

Darüber hinaus können **andere Gesetze** anwendbare Bestimmungen enthalten, so etwa das UGB, in dem im Dritten Buch Regelungen über die Rechnungslegung zu finden sind (§§ 189 ff UGB).

2. Für börsenotierte AG maßgebliche Rechtsquellen

Für börsenotierte Gesellschaften sind einige Besonderheiten zu beachten, weil börsenotierte Gesellschaften strenger reglementiert werden als nicht börsenotierte Gesellschaften:

Einige Bestimmungen im **AktG** sind nur dann auf eine AG anwendbar, wenn Aktien einer AG an der Börse notieren (siehe zB Zulässigkeit von Inhaberaktien bei Börsenotierung nach § 10 Abs 1; verpflichtende Hinterlegung der Sammelurkunde nach § 10 Abs 2; Aktienrückerwerb nach § 65 Abs 1 Z 8; Zusammensetzung des Aufsichtsrats nach § 86 Abs 4; Hauptversammlung auch am Sitz der Börse möglich nach § 102 Abs 2).

Auch im **Firmenbuch** gelten erweiterte Offenlegungspflichten (Offenlegung des Umstandes der Börsenotierung und Eintragung der Internetadresse der Gesellschaft im Firmenbuch gemäß § 5 Z 4b FBG).

Weiters ist für jene AG, die an der Börse notieren, das jeweilige Börserecht zu beachten: Für an der Wiener Börse notierte AG ist das **BörseG**, das 2018 neu gefasst wurde, maßgeblich. Dort ist insbesondere das Verhältnis zwischen den Börsemitgliedern und den Börsebesuchern (dh Börsehändler und -kunden) einerseits und dem Börseunternehmen andererseits geregelt. Das BörseG enthält weiters Bestimmungen, die die Zulassung von Verkehrsgegenständen zu geregelten Märkten, die Pflichten von Emittenten (= Gesellschaft oder Körperschaft, die zum Zwecke der Kapitalbeschaffung Wertpapiere ausgibt) sowie teilweise die Finanzmarktaufsicht betreffen. In der Praxis wichtig sind auch die dort zahlreich normierten Compliance-Regelungen, die oft übersehen werden. So ist etwa vor jeder beabsichtigten Satzungsänderung die FMA zu informieren (§ 123 BörseG 2018).

Werden Wertpapiere ausgegeben, ist auch das **KMG** zu beachten: Dort ist primär geregelt, in welchen Fällen der Ausgabe von Wertpapieren ein Prospekt zu erstellen ist, der den Zweck hat, dem erwerbenden Anleger die für seine Entscheidung notwendigen Informationen zur Verfügung zu stellen (vgl dazu § 7 Abs 1 KMG). Die Billigung des Prospekts hat durch die FMA zu erfolgen (§ 8a KMG). Die Einhaltung der im KMG normierten Prospektpflicht wird neben speziellen Straftatbeständen und Eingriffsbefugnissen der Behörde durch die Prospekthaftung gemäß § 11 KMG abgesichert.

Überdies ist für börsenotierte AG das **ÜbG** zu beachten. Diesem liegt folgende Überlegung zugrunde: Mit jedem Paket an stimmberechtigten Aktien ist eine gewisse Machtposition in der Gesellschaft verbunden. Je größer das gehaltene Aktienpaket ist, umso eher hat der Aktionär die Möglichkeit, in der Hauptversammlung entsprechend seinem Interesse Beschlüsse zu fassen. Abhängig davon, ob an der AG ein Aktionär mit einer solchen Kontrolle beteiligt ist oder nicht, ist der Wert der von den anderen Aktionären gehaltenen Aktien, weil ein Aktionär mit einem größeren Aktienanteil seine Interessen besser durchsetzen kann. Um der Kontrolle zu entgehen, kann der Kleinaktionär die Aktien nur – notfalls – zu einem relativ geringen Wert verkaufen. Eine andere Möglichkeit hat er nicht. Insbesondere hat er kein Austrittsrecht oder eine Kündigungsmöglichkeit.

Im ÜbG ist aus diesem Grund Folgendes geregelt: Erwirbt jemand ein entsprechend großes Aktienpaket (kontrollierende Beteiligung) an einer in Österreich börsenotierten AG (oder SE) mit Sitz in Österreich („Zielgesellschaft"), hat er – aufgrund seiner Kontrollerlangung – allen anderen Aktionären dieser Zielgesellschaft anzubieten, ihre Aktien zu kaufen (**Pflichtangebot**).

> **Beachte:**
> Das doppelte Inlandserfordernis des ÜbG (Sitz und Börsenotierung in Österreich) ist durch die §§ 27b und 27c ÜbG etwas abgeschwächt: Bei Konstellationen mit nur einem Inlandserfordernis (zB österreichische AG mit Auslandsnotierung, ausländische AG mit Inlandsnotierung) ist das ÜbG teilweise anwendbar.

Entscheidend für die Angebotspflicht (§§ 22 ff ÜbG) ist, ob eine unmittelbare oder mittelbare **kontrollierende Beteiligung** erlangt wird. Dieses Kriterium ist erfüllt, wenn die Beteiligung mehr als 30 % der auf die ständig stimmberechtigten Aktien entfallenden Stimmrechte vermittelt. Gemeinsam vorgehende Rechtsträger werden dabei zusammengerechnet (§ 1 Z 6 ÜbG iVm § 22a ÜbG). Ausnahmsweise besteht trotz Erlangung einer kontrollierenden Beteiligung keine Angebotspflicht (§ 24 ÜbG). Die für die Angebotspflicht erforderliche Kontrollerlangung kann auch ohne aktives Zutun vorliegen (**„passive Kontrollerlangung"**), beispielsweise dann, wenn der bisherige Großaktionär sein Aktienpaket in Tranchen veräußert, sodass der bisher zweitgrößte Aktionär plötzlich eine kontrollierende Beteiligung hält (siehe dazu § 22b ÜbG und die dort normierten Rechtsfolgen).

Für den anzubietenden und zu bezahlenden **Preis** enthält das ÜbG eine doppelte Untergrenze (§ 26 ÜbG): Der Preis darf die höchste vom Bieter innerhalb der letzten zwölf Monate gewährte oder vereinbarte Gegenleistung für diese Beteiligungspapiere nicht unterschreiten; daneben ist auch der durchschnittliche, umsatzgewichtete Börsenkurs der Aktie innerhalb der letzten sechs Monate vor Bekanntgabe der Absicht, ein Übernahmeangebot zu legen, relevant. Damit wird eine Vermögenseinbuße der Minderheitsgesellschafter resultierend aus der Kontrollerlangung eines anderen Aktionärs verhindert und der Minderheitsgesellschafter kann an der **Kontrollprämie** (ein Aktionär ist dann bereit, mehr für die Aktien zu bezahlen, wenn er eine Kontrollposition erlangt) partizipieren.

Verletzt der Anbieter die Vorschriften des ÜbG, drohen ihm sowohl zivil- als auch verwaltungsstrafrechtliche **Sanktionen**, insbesondere das Ruhen seines Stimmrechts (vgl §§ 34 ff ÜbG).

Des Weiteren ist der **Österreichische Corporate Governance Kodex** (ÖCGK) zu beachten. Dieser stellt zwar keine normative Rechtsquelle dar, wird aber durch Unterwerfungserklärung der Gesellschaft verbindlich. Mit dieser freiwilligen Selbstregulierungsmaßnahme soll das Vertrauen der Aktionäre durch mehr Transparenz, durch eine Qualitätsverbesserung im Zusammenwirken zwischen Aufsichtsrat, Vorstand und den Aktionären und durch die Ausrichtung auf langfristige Wertschaffung gefördert werden. Mit dem ÖCGK soll österreichischen AG ein Ordnungsrahmen für die Leitung und Überwachung des Unternehmens zur Verfügung gestellt werden. Der Kodex richtet sich vorrangig, aber nicht nur, an österreichische börsenotierte AG. Im ÖCGK sind auch Regelungen enthalten, die sich bereits aus dem AktG ergeben.

D. Gründung der AG

Bei der AG gilt – wie bei der GmbH – grundsätzlich das Normativsystem (vgl Seiten 60 f, 228): Werden die gesetzlichen Vorschriften erfüllt, besteht ein Anspruch auf Eintragung der Gesellschaft im Firmenbuch. Damit entsteht die AG wirksam.

Begriffspaare:
- **Einheitsgründung – Stufengründung:**
Übernehmen die Gründer alle Aktien, liegt eine Einheitsgründung (auch als Simultangründung bezeichnet) vor.
Übernehmen die Gründer hingegen nur einen Teil der Aktien (zB je Gründer eine Aktie) und wurde der Rest gleich dem Publikum angeboten, lag eine Stufengründung (Sukzessivgründung) vor, die entsprechend dem in § 30 idF vor dem AktRÄG 2009 normierten, komplizierten Verfahren abzuwickeln war. Dieses Verfahren war praktisch bedeutungslos und wurde mit dem AktRÄG 2009 abgeschafft. Im GmbHG war eine Stufengründung nicht vorgesehen.

- **Einfache – qualifizierte Gründung:**
Bei einer qualifizierten Gründung werden besondere Vereinbarungen getroffen. Diese können drei Bereiche betreffen:
(i) Aktionären oder Dritten können Sondervorteile (zB Begünstigung bei der Verteilung des Gewinns) ohne eine entsprechende Gegenleistung eingeräumt werden (§ 19 Abs 1).
(ii) Aktionäre oder Dritte können für den Gründungsaufwand eine Entschädigung oder eine Gründungsbelohnung erhalten (§ 19 Abs 2).
(iii) Aktionäre können anstelle von Geld Vermögensgegenstände einbringen (Sacheinlage) oder Vermögensgegenstände in Anrechnung auf die in bar zu leistende Einlage der AG zur Verfügung stellen (Sachübernahme).

In allen drei Fällen sind bei der Gründung zusätzliche Vorschriften einzuhalten.
Bei einer einfachen Gründung fehlen hingegen solche Vereinbarungen (zB klassische Bargründung ohne besondere Vereinbarungen betreffend Sondervorteile, Gründungsaufwand und Gründungsbelohnung).

1. Ablauf einer einfachen (Bar-)Gründung

Die Gründung einer AG lässt sich in folgende Phasen einteilen:
- Wird ein (fakultativer) Vorvertrag abgeschlossen, tritt die AG in das **Vorgründungsstadium** ein, das bis zur Feststellung der Satzung dauert.
- Mit Feststellung der Satzung beginnt für die AG das **Gründungsstadium**; damit ist diese **errichtet**.
- Mit Eintragung im Firmenbuch **entsteht** die AG.

Die Phase zwischen Errichtung und Entstehung wird als „Stadium der **Vorgesellschaft**" bzw „**Gründungsstadium**" bezeichnet (zum Zeitablauf siehe auch die Grafik auf Seite 236).

a) Phase 1: Vorgründungsstadium

In der Praxis kommt es manchmal vor, dass die Gründer vor Abschluss der Satzung einen **Vorvertrag** (§ 936 ABGB) abschließen, auf Basis dessen die weitere Gründung der AG zu erfolgen hat. In einem solchen Vorvertrag werden bereits die **wesentlichen Punkte der Satzung** festgelegt. Wird dieser Vorvertrag in **Notariatsaktsform** abgeschlossen, resultiert daraus für die Gründer die Pflicht, eine Satzung aufzustellen. Das ist der eigentliche Zweck der Vorgründungsgesellschaft. Ein formloser Vorvertrag entfaltet hingegen keine solche Wirkung, denn ist der eigentliche Hauptvertrag (Satzung) formbedürftig (so § 16 Abs 1), gilt dies auch für den Vorvertrag.

Die Vorgründungsgesellschaft wird in der Regel als **GesbR** qualifiziert (RS0022293). Die künftigen Gründer haften für die Verbindlichkeiten der Vorgründungsgesellschaft persönlich, unbeschränkt und solidarisch. Die Handelndenhaftung (§ 34 Abs 1) kommt im Stadium der Vorgründungsgesellschaft nicht in Betracht (strittig). Im Vorgründungsstadium gibt es keine wesentlichen Unterschiede zur GmbH (siehe daher auch Seiten 236 f).

b) Phase 2: Gründungsstadium

Mit Errichtung der Gesellschaft endet das Vorgründungsstadium und das Gründungsstadium beginnt. Eine AG ist mit Feststellung einer Satzung in Notariatsaktsform durch mindestens eine Person sowie mit Übernahme der Aktien durch die Gründer errichtet (§ 21). Sobald die Gründer Aktien der errichteten AG übernehmen, spricht man von einer Vor-AG (siehe dazu gleich), die mit der Eintragung ins Firmenbuch endet.

(1) Feststellung der Satzung durch mindestens eine Person in Notariatsaktsform

Die Satzung ist durch **mindestens eine Person in Notariatsaktsform** festzustellen. Seit dem GesRÄG 2004 ist – wie bei der GmbH – eine einzige Person bereits ausreichend, um eine Satzung festzustellen (§§ 2, 35).

Ist die Satzung der AG festgestellt, der Gründungsvertrag also errichtet, sind die Gründer einander von diesem Zeitpunkt an gesellschaftsrechtlich verpflichtet; sie und die bestellten Gesellschaftsorgane sind verhalten, alles zur Entstehung der AG Erforderliche zu tun (RS0049338, 1 Ob 12/92, 9 Ob 198/99d).

Die Satzung hat gemäß § 17 folgenden **Mindestinhalt** aufzuweisen: Firma und Sitz der Gesellschaft, den Unternehmensgegenstand, die Höhe des Grundkapitals (**mindestens 70.000 Euro**) sowie ob Inhaber- und/oder Namensaktien ausgegeben werden sollen. Weiters ist in der Satzung anzugeben, ob das Grundkapital in Stück- oder Nennbetragsaktien zerlegt ist (beide Aktienarten dürfen in der Gesellschaft nicht nebeneinander bestehen, § 8 Abs 1). Bei Stückaktien ist weiters die konkrete Anzahl anzugeben, bei Nennbetragsaktien der Nennbetrag (zu den Aktienbegriffen siehe Seiten 344 ff). Damit kann das jeweilige durch eine Aktie vermittelte Beteiligungsverhältnis berechnet werden. Überdies ist die Gattung der einzelnen Aktien anzugeben, etwa ob (neben Stammaktien) auch Vorzugsaktien ausgegeben werden oder ob Nebenleistungsaktien vorgesehen sind. Weiters ist die Zahl der Vorstandsmitglieder anzugeben (RS0049312) sowie wo Veröffentlichungen der Gesellschaft vorgenommen werden (zB Wiener Zeitung, elektronische Informationsmedien; § 18).

(2) Übernahme der Aktien

In weiterer Folge haben die Gründer die Aktien zu übernehmen. Mit Feststellung der Satzung und Übernahme aller Aktien durch die Gründer ist die AG errichtet (§ 21). In diesem Stadium wird die Gesellschaft als **Vor-AG** bezeichnet.

Für die Vor-AG gilt im Wesentlichen dasselbe wie für die Vor-GmbH (siehe dort Seiten 218 f): Die Vor-AG ist eine **Rechtsform** *sui generis* (also weder OG noch GesbR). Die Vorgesellschaft ist rechtsfähig (nach einem Teil der Lehre ist sie nur teilrechtsfähig oder gar nicht rechtsfähig). Die Vorgesellschaft kann daher Träger von Rechten und Pflichten sein.

Die **Handelndenhaftung** ist analog wie bei der GmbH geregelt (§ 34 Abs 1): Vor Eintragung haften die Handelnden persönlich und solidarisch (siehe Seite 249; zur Haftung im Vorgründungsstadium siehe Seite 356).

(3) Bestellung der ersten Organe

Als nächsten Schritt haben die Gründer die **ersten Organe** mit notariell beurkundetem Beschluss zu bestellen: den ersten Aufsichtsrat und den ersten Abschlussprüfer (§ 23 Abs 1). Der erste Vorstand wird sodann vom ersten Aufsichtsrat bestellt (§ 23 Abs 2). Der Vorstand vertritt die Vor-AG (RS0123385, 2 Ob 65/08k).

(4) Gründungsbericht und interne Gründungsprüfung

Danach haben die Gründer – im Unterschied zur GmbH – stets (also nicht nur bei einer qualifizierten Gründung) einen schriftlichen Bericht über den Hergang der Gründung zu erstatten (**Gründungsbericht**, § 24 Abs 1). In diesem ist unter anderem darzulegen, ob und in welchem Umfang bei der Gründung für Rechnung eines Vorstands- oder Aufsichtsratsmitglieds Aktien übernommen worden sind und ob und in welcher Weise ein Vorstands- oder Aufsichtsratsmitglied sich einen besonderen Vorteil oder für die Gründung oder ihre Vorbereitung eine Entschädigung oder Belohnung ausbedungen hat (§ 24 Abs 3). Bei einer qualifizierten Gründung (etwa bei Sacheinlagen) sind überdies besondere Angaben zu machen (§ 24 Abs 2; siehe dazu noch Seiten 360 ff).

Auf Grundlage dieses Berichts erfolgt eine **interne Gründungsprüfung** (§ 25 Abs 1) durch Vorstand, Aufsichtsrat und in den Fällen des § 25 Abs 2 durch unabhängige Gründungsprüfer (wenn ein Mitglied des Vorstands oder

Aufsichtsrats sich einen besonderen Vorteil oder eine Gründungsentschädigung oder -belohnung ausbedungen hat, bzw bei Gründung mit Sacheinlagen oder Sachübernahmen). Bei dieser Prüfung ist zu untersuchen, ob die Angaben der Gründer über die Übernahme der Aktien, über die Einlagen auf das Grundkapital, über Sondervorteile und Gründungsaufwand sowie die Bewertung von Sacheinlagen und Sachübernahmen richtig und vollständig sind. Über diese Prüfung ist wiederum ein Bericht zu verfassen, der auch dem Gericht zur Verfügung zu stellen ist (§ 26).

Sowohl beim Gründungsbericht als auch bei der Gründungsprüfung steht insbesondere der **Schutz** der künftigen **Gläubiger** im Vordergrund. Es soll sichergestellt werden, dass das festgelegte Grundkapital auch tatsächlich zur Verfügung gestellt und nicht durch Falschbewertungen oder übermäßigen Gründungsaufwand belastet wird.

(5) Erforderliche Genehmigungen

Darüber hinaus sind etwaige **Behördengenehmigungen** beizubringen, wie etwa bei Bankgründungen eine Genehmigung der FMA.

Bis 31. 12. 2015 bestand noch die Verpflichtung zur Vorlage einer Selbstberechnungserklärung betreffend **Gesellschaftsteuer** bzw einer **steuerlichen Unbedenklichkeitsbescheinigung** des Finanzamtes. Diese ist mit 01. 01. 2016 aufgrund des Außer-Kraft-Tretens der Bestimmungen in Teil I des KVG und somit der Abschaffung der Gesellschaftsteuer in Österreich entfallen.

Beachte:
Ist für den Betrieb des konkreten Unternehmens auch eine Gewerbeberechtigung beizubringen, ist dies auch nach Eintragung der Gesellschaft möglich. Grundsätzlich darf dann, wenn bei der Gewerbeanmeldung alle Voraussetzungen erfüllt sind, mit Anmeldung die Tätigkeit ausgeübt werden. Nur bei einigen speziellen Gewerben darf mit der Tätigkeit erst mit Rechtskraft des Erteilungsbescheides begonnen werden, widrigenfalls Verwaltungsstrafen verhängt und Unterlassungsklagen wegen Wettbewerbsverstoßes (§ 1 UWG) gegen die Gesellschaft eingebracht werden könnten.

(6) Leistung der Mindesteinlagen

Zuletzt sind die Einlagen zu leisten: Bei Bareinlagen ist der gesamte eingeforderte Betrag aufzubringen, wobei der eingeforderte Betrag **mindestens ein Viertel des geringsten Ausgabebetrages** (Nennbetrag bei Nennbetragsaktien; Mindestausgabebetrag bei Stückaktien) sowie des **gesamten allfälligen Agios** (Mehrbetrag) umfassen muss (§ 28a Abs 1; zu Sacheinlagen siehe unten Seiten 360 f).

Bei einer Minimum-Gründung müssen daher mindestens 17.500 Euro aufgebracht werden (sofern vom Vorstand nicht mehr eingefordert wird).

> **Beachte:**
> Sollen Aktien zu einem Preis ausgegeben werden, der unter dem Nennwert liegt, spricht man von einer Unter-pari-Emission. Diese ist unzulässig (§ 8a Abs 1). Der Differenzbetrag zum Nennwert wird als Disagio bezeichnet. Werden Aktien zu einem Preis ausgegeben, der über dem Nennwert liegt, spricht man von einer Über-pari-Emission. Der den Nennwert übersteigende Betrag wird als Agio bezeichnet.

c) Phase 3: Entstehung

(1) Anmeldung der AG zur Eintragung im Firmenbuch

Nun kann die AG zur Eintragung im Firmenbuch angemeldet werden. Die Anmeldung ist von sämtlichen Gründern, Vorstands- und Aufsichtsratsmitgliedern vorzunehmen (§ 28).

Der Anmeldung ist eine **Erklärung** beizuschließen, dass auf jede Aktie (soweit nicht Sacheinlagen vereinbart sind) der eingeforderte Betrag ordnungsgemäß eingezahlt worden ist und, soweit er nicht bereits zur Bezahlung der bei der Gründung angefallenen Abgaben, Gebühren und Kosten verwendet wurde, endgültig zur freien Verfügung des Vorstands steht.

Durch Vorlage einer **Bankbestätigung** ist zudem der Nachweis zu erbringen, dass der Vorstand über den eingezahlten Betrag nicht, namentlich nicht durch Gegenforderungen, beschränkt ist (§ 29 Abs 1). Weiters sind der Anmeldung insbesondere die Satzung, Dokumentation allfälliger Sondervorteile und des Gründungsaufwandes, Bestellungsunterlagen betreffend Vorstand und Aufsichtsrat, Gründungsbericht und Prüfungsbericht, allfällige behördliche Genehmigungen sowie eine Unterschriftsprobe der Vorstandsmitglieder beizuschließen (§ 29 Abs 2, 3). Die Vertretungsregelung ist ebenfalls bekannt zu geben.

Bei einer Einpersonen-AG ist überdies der Umstand mitzuteilen, dass alle Aktien an der AG einem Aktionär gehören, sowie dessen Name, gegebenenfalls Geburtsdatum bzw Firmenbuchnummer (§ 35 Abs 1).

(2) Prüfung durch das Firmenbuchgericht

Das Firmenbuchgericht prüft aufgrund der Anmeldung die Einhaltung der formellen Voraussetzungen der Gründung (zB Richtigkeit des Gründungsberichts) einschließlich der Gesetzeskonformität der Satzung (§ 31). Bei Beanstandungen ist ein Verbesserungsauftrag zu erteilen (§ 31 Abs 2 Satz 2; § 17 FBG).

(3) Eintragung und Bekanntmachung

Liegen sämtliche Voraussetzungen vor, hat das Firmenbuchgericht die **Eintragung** vorzunehmen sowie die Eintragung im Amtsblatt zur Wiener Zeitung und in der Ediktsdatei bekannt zu machen (§ 33; § 10 UGB; § 89j GOG).

Eingetragen werden zumindest Firma und Sitz der Gesellschaft, Zustellanschrift, Tag der Feststellung der Satzung, Name und Geburtsdatum der Aufsichtsratsmitglieder sowie deren Vorsitzenden- bzw Stellvertretereigenschaft, Name, Geburtsdatum und Vertretungsbefugnis der Vorstandsmitglieder sowie die Höhe des Grundkapitals (§ 32). Enthält die Satzung auch Bestimmungen über die Zeitdauer der Gesellschaft oder über das genehmigte Kapital (siehe Seiten 419 ff), sind auch diese Bestimmungen einzutragen. Seit dem GesRÄG 2011 sind bei börsenotierten AG auch verpflichtend die Tatsache der Börsenotierung sowie die Internetadresse der Gesellschaft im Firmenbuch einzutragen (§ 5 Z 4b FBG).

Erst mit Firmenbucheintragung entsteht die AG (§ 34 Abs 1). Mit Eintragung gehen die der Vorgesellschaft zugeordneten Rechtspositionen von der Vor-AG automatisch auf die AG über, und die Handelndenhaftung entfällt (im Detail ist hier vieles strittig; zur GmbH siehe Seiten 242 f).

2. Ablauf einer qualifizierten Gründung

Bei der Gründung (i) können anstelle von Bareinlagen auch Sacheinlagen geleistet werden, (ii) kann Aktionären oder anderen Personen eine Entschädigung für den Gründungsaufwand oder eine Gründungsentschädigung gewährt werden und (iii) können Aktionären oder Dritten im Rahmen der Gründung Sondervorteile eingeräumt werden. Damit geht eine Gefährdung des Grundkapitals einher. Aus diesem Grund sind bei derartigen Maßnahmen (= qualifizierte Gründung) zusätzlich zum normalen Gründungsablauf (Seiten 355 ff) Besonderheiten zu beachten:

a) Phase 2: Gründungsstadium

(1) Festlegung in der Satzung

Liegt eine qualifizierte Gründung vor, ist in der Satzung bei sonstiger Unwirksamkeit entsprechend darauf hinzuweisen (nach Eintragung ist eine Heilung durch Satzungsänderung nicht möglich):

Bei **Sacheinlagen oder Sachübernahmen** ist der konkrete Gegenstand festzusetzen, weiters die Person, von der die Gesellschaft den Gegenstand erwirbt, bei Nennbetragsaktien der Nennbetrag, bei Stückaktien die Zahl der zu gewährenden Aktien bzw die bei der Sachübernahme zu gewährende Vergütung (§ 20). Sacheinlagen und Sachübernahmen können nur Vermögensgegenstände sein, deren wirtschaftlicher Wert feststellbar ist (RS0118302, 1 Ob 253/03t), wie etwa bewegliche oder unbewegliche Sachen, Forderungen oder Gebrauchs- und Nutzungsrechte.

In der Satzung ist auch der gesamte **Gründungsaufwand** festzusetzen, der zu Lasten der Gesellschaft an Aktionäre oder an andere Personen als Entschädigung oder als Belohnung für die Gründung oder ihre Vorbereitung gewährt wird (§ 19 Abs 2).

Ebenso ist in der Satzung der einem Aktionär oder einem Dritten eingeräumte **Sondervorteil** unter Bezeichnung des Berechtigten aufzunehmen (§ 19 Abs 1).

(2) Angaben im Gründungsbericht, Umfang der internen Gründungsprüfung
Wie bei der Bargründung ist auch bei der qualifizierten Gründung ein Gründungsbericht zu erstellen. Der Umfang des Gründungsberichts sowie der internen Gründungsprüfung ist bei einer qualifizierten Gründung jedoch umfassender: So ist etwa ein besonderes Augenmerk darauf zu legen, ob der Wert der **Sacheinlagen** bzw Sachübernahmen den Ausgabebetrag der dafür zu gewährenden Aktien oder den Wert der dafür zu gewährenden Leistungen erreicht (§ 26 Abs 1 Z 2 und Abs 2).

> **Beachte:**
> Handelt es sich bei der eingebrachten Sache um eine Forderung, hat sich die Prüfung nicht darauf zu beschränken, ob die eingebrachte Forderung tatsächlich besteht, sondern darüber hinaus ist zu ermitteln, ob sie auch „vollwertig" (einbringlich) ist, also der Schuldner in der Lage ist, diese vollständig zu erfüllen (RS0123694, 1 Ob 128/07s).

(3) Externe Gründungsprüfung
Bei Sacheinlagen bzw Sachübernahmen sowie bei Vorteilsgewährung bzw Entschädigung für den Gründungsaufwand an Vorstands- oder Aufsichtsratsmitglieder ist neben dem Gründungsbericht und einer internen Gründungsprüfung auch eine externe Gründungsprüfung durch einen vom Gericht zu bestellenden Gründungsprüfer (Wirtschaftsprüfer oder Wirtschaftsprüfungsgesellschaft) durchzuführen (§ 25 Abs 2). Bei dieser externen Gründungsprüfung ist – ebenso wie bei der internen Gründungsprüfung – ein besonderes Augenmerk auf die Sacheinlagen bzw Sachübernahmen zu legen (§ 26 Abs 1 Z 2 und Abs 2): Die Einlage ist konkret zu beschreiben und die Bewertungsmethode ist anzugeben. Bei sorgfaltswidriger Vornahme der Sacheinlageprüfung ist eine Haftung des Sacheinlagenprüfers denkbar (RS0123693; RS0120539, zuletzt 1 Ob 128/07s).

(4) Leistung der Mindesteinlage
Sacheinlagen müssen – wie bei der GmbH – sofort in vollem Umfang aufgebracht werden. Der Wert muss den Ausgabebetrag der Aktien erreichen (§ 28a Abs 2).

b) Phase 3: Entstehung

(1) Besondere Angaben bei Anmeldung der AG zur Eintragung in das Firmenbuch
Der Firmenbuchanmeldung ist zusätzlich der Sacheinlage- und Sachübernahmsvertrag (Vertrag zwischen Sacheinleger und der übernehmenden Ge-

sellschaft über die Sacheinlage) anzuschließen. Die Firmenbuchanmeldung hat weiters die Erklärung zu beinhalten, dass die Sacheinlagen in der freien Verfügung des Vorstands stehen. Der Anmeldung ist auch – wenn von dem eingezahlten Betrag Kosten bezahlt wurden – ein Nachweis über Art und Höhe beizuschließen (§ 29).

(2) Prüfung durch das Firmenbuchgericht
Das Firmenbuchgericht hat sich davon zu überzeugen, dass der Wert der Sacheinlagen bzw Sachübernahmen nicht wesentlich hinter dem Ausgabebetrag der dafür zu gewährenden Aktien oder dem Wert der dafür zu gewährenden Leistungen zurückbleibt. Eine nur unwesentliche Fehlbeurteilung führt nicht bereits zur Ablehnung des Firmenbuchantrages. Auch ein im Ergebnis positiver Prüfbericht darf vom Gericht seiner Entscheidung nicht zugrunde gelegt werden, wenn er erkennbar unschlüssig oder unvollständig ist (RS0123696, 1 Ob 128/07s).

3. Nachgründung

Da Sachgründungen strengeren und umfassenderen Vorschriften unterliegen als Bargründungen, könnten Gründer auf die Idee kommen, zunächst eine Gesellschaft unter ausschließlicher Aufbringung von Barmitteln zu gründen und sodann, also nach erfolgter Gründung, der Gesellschaft durch Abschluss entsprechender Verträge (zB Kaufverträge) Sachmittel gegen Leistung eines Entgelts (zB Kaufpreis) zur Verfügung zu stellen. Die wirtschaftliche Gefahr dabei ist die gleiche wie bei Sacheinlagen: Im Ergebnis wird trotz formeller Bargründung eine Sacheinlage erbracht, allerdings unter Außerachtlassung der Vorschriften über die Sachgründung. Gläubiger können durch übermäßige Zahlungen an die Aktionäre und daraus resultierende Schmälerung des Haftungsfonds gefährdet werden.

Um derartige **Umgehungsmöglichkeiten** zu verhindern bzw zumindest zu erschweren, sind im AktG (§§ 45 ff) besondere Regelungen für Nachgründungen vorgesehen, die genau jenen Schutz bieten sollen wie die Vorschriften bei der qualifizierten Gründung:

Soll die Gesellschaft von einem Gründer (oder zB seinen nahen Angehörigen, aber auch Konzernunternehmen) vorhandene oder herzustellende Anlagen oder sonstige Vermögensgegenstände für eine Vergütung von mindestens 10 % des Grundkapitals innerhalb von zwei Jahren seit der Eintragung der Gesellschaft im Firmenbuch erwerben, sind gemäß §§ 45 f folgende **Voraussetzungen** einzuhalten:

- Der Vertrag ist schriftlich abzuschließen.
- Der Aufsichtsrat hat den Vertrag zu prüfen und einen Bericht (Nachgründungsbericht) zu erstatten.
- Weiters hat eine Prüfung durch einen oder mehrere Gründungsprüfer zu erfolgen.

- Sodann ist die Zustimmung der Hauptversammlung einzuholen. Es ist zumindest eine Kapitalmehrheit von drei Vierteln des bei der Beschlussfassung vertretenen Grundkapitals erforderlich. Wird der Vertrag im ersten Jahr nach Eintragung der Gesellschaft im Firmenbuch geschlossen, sind weitere Mehrheitserfordernisse zu erfüllen (siehe § 45 Abs 4).
- Schließlich ist eine Eintragung im Firmenbuch zu veranlassen.

Sowohl die Zustimmung der Hauptversammlung (ausnahmsweise Außenwirkung!) als auch die Firmenbucheintragung sind Wirksamkeitsvoraussetzungen (§ 45 Abs 1 Satz 1, 2. Satzteil) und beschränken die Vertretungsmacht des Vorstands. Der unter § 45 fallende Vertrag bleibt bis zur Erfüllung beider Wirksamkeitsvoraussetzungen schwebend **unwirksam**.

Werden derartige Verträge hingegen mehr als **zwei Jahre nach der Eintragung der Gesellschaft im Firmenbuch** abgeschlossen, finden §§ 45 f keine Anwendung. Es sind weder besondere Gründungs- noch Nachgründungsvorschriften einzuhalten. Allerdings sind alle übrigen aktienrechtlichen Bestimmungen einzuhalten, wie etwa das Verbot der Einlagenrückgewähr (siehe dazu unten Seite 408 sowie oben Seiten 317 ff).

§ 45 findet keine Anwendung bei Erwerb der Vermögensgegenstände, die den Gegenstand des Unternehmens bilden, oder bei Erwerb von Vermögensgegenständen in der Zwangsvollstreckung (§ 46 Abs 4).

Beachte:
Das GmbHG enthält keine spezielle Nachgründungsvorschrift. Es ist daher die allgemeine Regelung (§ 63 Abs 5 GmbHG; verdeckte Sacheinlage) anzuwenden. Zu beachten ist auch § 35 Abs 1 Z 7 GmbHG (vgl Seiten 288 f).

4. Mantelgründung

Die Ausführungen bei der GmbH gelten sinngemäß (siehe Seiten 249 f). Eine offene Mantelgründung ist zulässig, eine verdeckte hingegen nicht. Sollte eine verdeckte Mantelgründung doch ausnahmsweise zu einer Eintragung führen, ist die AG nach § 216 Abs 3 (amtswegige Löschung wegen Nichtigkeit einer Satzungsbestimmung) zu löschen.

5. Gründungshaftung

Die Einhaltung der Gründungsvorschriften sowie die Richtigkeit und Vollständigkeit der im Rahmen der Gründung erfolgten Angaben werden insbesondere zum Schutz der Gläubiger durch besondere Haftungsvorschriften abgesichert. Für alle an der Gründung beteiligten Akteure finden sich in den §§ 39 ff Haftungsvorschriften; Ansprüche daraus verjähren innerhalb von fünf Jahren ab Eintragung (§ 44):

- Die **Gründer** haften für die Richtigkeit und Vollständigkeit der Angaben, die zum Zweck der Gründung der Gesellschaft über Übernahme der Aktien, Einzahlung auf die Aktien, Verwendung eingezahlter Beträge, Sondervorteile, Gründungsaufwand, Sacheinlagen und Sachübernahmen gemacht worden sind, sowie dafür, dass die eingezahlten Beträge zur freien Verfügung des Vorstands stehen (§ 39 Abs 1).
- Personen, für deren Rechnung die Gründer Aktien übernommen haben (zB **Treugeber**), haften ebenso (§ 39 Abs 5).
- Weiters haften „**Gründergenossen**", wenn sie zB durch Einlagen oder Sachübernahmen an der vorsätzlichen oder grob fahrlässigen Schädigung der Gesellschaft mitgewirkt haben oder wenn sie die Verkehrseinführung der Aktien öffentlich ankündigten (zB beteiligte Emissionsbank, weitere Beispiele in § 40).
- **Vorstands- und Aufsichtsratsmitglieder** haften bei Missachtung der ihnen auferlegten Sorgfaltspflicht (§ 41).
- Ebenso kann der **Gründungsprüfer** bei entsprechender Verfehlung zur Haftung herangezogen werden. Seine Haftung ist wie jene des Abschlussprüfers zu beurteilen (§ 42 iVm § 275 UGB).

Zu beachten ist weiters, dass auf diese Haftungsansprüche nach §§ 39 bis 41 nur innerhalb gewisser Grenzen wirksam verzichtet werden kann: So ist ein **Verzicht bzw Vergleich** nur nach Ablauf von fünf Jahren seit Eintragung der Gesellschaft im Firmenbuch möglich. Weiters ist die Zustimmung der Hauptversammlung erforderlich sowie dass keine Minderheit (20 %) dem Verzicht bzw Vergleich widersprochen hat (§ 43).

Für die Nachgründungen gelten die §§ 39, 40, 42 bis 44 über die Ersatzansprüche der Gesellschaft sinngemäß. An die Stelle der Gründer treten die **Vorstands- und Aufsichtsratsmitglieder** (§ 47).

Überdies können zur Haftung herangezogen werden:
- der **Sacheinleger** bei überbewerteten Sacheinlagen für die Differenz zwischen tatsächlichem und angenommenem Wert der Sacheinlagen (§§ 28, 29, 49). Ein solcher Anspruch verjährt gemäß § 1485 ABGB innerhalb von 40 Jahren.
- die **Bank** bei unrichtiger Bankbestätigung (Bestätigung, dass die Einzahlung zur freien Verfügung des Vorstands erfolgt ist; § 29). Die Bank haftet für den Betrag, der trotz Bestätigung nicht zur freien Verfügung des Vorstands geleistet wurde, und für darüber hinausgehende Schäden nach allgemeinen schadenersatzrechtlichen Grundsätzen. Ein solcher Anspruch verjährt innerhalb von fünf Jahren ab Eintragung der Gesellschaft in das Firmenbuch (RS0049330, 8 Ob 629/93).

Lehnt die Hauptversammlung einen Antrag auf Bestellung von Sonderprüfern zur Prüfung eines Gründungsvorganges ab, sind auf Antrag einer Aktionärsminderheit von 10 % des Grundkapitals vom Gericht Sonderprüfer zur Prüfung des Gründungsvorganges zu bestellen (§ 130 Abs 2).

6. Geltendmachung von Gründungsmängeln

Ist die Gründung mit einem Mangel behaftet, kann dieser – wenn auch im Interesse des Rechtsverkehrs nur sehr eingeschränkt – mit **Klage auf Nichtigerklärung** der Gesellschaft (Rechtsgestaltungsklage) releviert werden (§§ 216 f).

Diese Klagsführung ist nur möglich, wenn die Satzung
- keine Bestimmung über die Firma,
- keine Bestimmung über die Höhe des Grundkapitals,
- keine Bestimmung über den Unternehmensgegenstand oder
- einen sitten- oder rechtswidrigen Unternehmensgegenstand enthält.

Weiters ist die Klagsführung bei heilbaren Mängeln (§ 217; zB mangelhafter Firmenwortlaut) nur dann möglich, wenn die Gesellschaft aufgefordert wurde, den Mangel zu beseitigen, und sie der Aufforderung innerhalb von drei Monaten nicht nachgekommen ist.

Die Klage kann sich nur gegen eine im Firmenbuch eingetragene Gesellschaft richten und muss **innerhalb eines Jahres** seit der Eintragung erhoben werden. Nur eine amtswegige Löschung der Gesellschaft iSd § 10 Abs 3 FBG ist auch nach diesem Zeitpunkt möglich. Die rechtskräftige Stattgebung der Klage führt mit der Eintragung der Nichtigkeit in das Firmenbuch zum Übertritt der Gesellschaft in das Abwicklungsstadium (§ 218 Abs 1) und wirkt daher wie eine Auflösung.

Klageberechtigt sind jeder Aktionär, jedes Vorstands- und jedes Aufsichtsratsmitglied.

Beachte:
Im GmbHG befindet sich keine Parallelbestimmung. In § 10 Abs 3 FBG wird allerdings auf die GmbH verwiesen, sodass uE § 216 f auch für die GmbH anzuwenden ist.

E. Organe der AG

Beachte:
Jede AG hat **zwingend** vier Organe (**obligatorische Organe**):
- **Vorstand**: Dieser führt die Geschäfte der AG (weisungsfrei) und vertritt diese (entspricht dem Geschäftsführer bei der GmbH). Dem Vorstand kommt das Geschäftsführungs- und Vertretungsmonopol in der AG zu.
- **Aufsichtsrat**: Dieser überwacht den Vorstand, bestellt diesen und beruft ihn gegebenenfalls auch ab.
- **Hauptversammlung**: Dieser obliegt die Bestellung und Abberufung des Aufsichtsrats und des Abschlussprüfers. Außerdem beschließt die Hauptversammlung über Satzungsänderungen (zB Kapitalerhöhung, -herabset-

zung) und über die Gewinnverteilung (entspricht der Generalversammlung bei der GmbH). Eine Weisungsbefugnis gegenüber dem Vorstand hat die Hauptversammlung aber nicht (Unterschied zu GmbH!).
- **Abschlussprüfer:** Dieser kontrolliert die Rechnungslegung und erteilt den Bestätigungsvermerk zum Jahresabschluss.[2] Darüber hinaus können bei der AG weitere Organe eingerichtet werden (fakultative Organe):
- **Beirat**: Das häufigste fakultative Organ ist in der Praxis der Beirat, der beratend dem Vorstand zur Seite steht. Dieser darf allerdings nicht in zwingende Kompetenzen der anderen Organe eingreifen.

1. Vorstand

a) Allgemeines

Der Vorstand kann aus einer oder mehreren voll geschäftsfähigen **natürlichen Personen** bestehen (§ 70 Abs 2; Sondergesetze sehen im Einzelnen eine Mindestanzahl von zwei Personen vor; vgl etwa § 5 Abs 1 Z 12 BWG). Die Zahl der Vorstandsmitglieder ist in die Satzung aufzunehmen (§ 17 Z 5), wobei ein bestimmter Zahlenrahmen festgelegt werden kann. Die Vorstandsmitglieder können, müssen aber nicht Aktionäre sein (**Drittorganschaft**). Eine juristische Person oder Personengesellschaft kann nicht zum Vorstandsmitglied bestellt werden (§ 75 Abs 2). Werden mehrere Personen zu Vorstandsmitgliedern bestellt, kann der Aufsichtsrat ein Mitglied zum Vorsitzenden des Vorstands ernennen (§ 75 Abs 3).

Wer Vorstandsmitglied ist, kann **nicht** zugleich auch **Aufsichtsratsmitglied** sein (§ 90 Abs 1), denn niemand soll sich selbst überwachen. Basierend auf diesem Grundsatz kann auch ein Aufsichtsratsmitglied nicht Vorstandsmitglied eines Tochterunternehmens sein (RS0122605, 6 Ob 20/07w, 6 Ob 34/08f). Allerdings hat der Aufsichtsrat die Möglichkeit, für einen im Voraus begrenzten Zeitraum einzelne seiner Mitglieder zu Vertretern von verhinderten Vorstandsmitgliedern zu bestellen, sofern das betroffene Mitglied während dieser Zeit nicht zugleich die Tätigkeit als Aufsichtsratsmitglied ausübt (§ 90 Abs 2).

b) Bestellung

Die **Bestellung** zum Vorstandsmitglied kann erfolgen
- durch den Aufsichtsrat oder
- durch das Gericht.

---

[2] Die Stellung des Abschlussprüfers als Organ ist umstritten (siehe FN 3 auf Seite 250).

(1) Bestellung durch den Aufsichtsrat

Der Vorstand wird durch **Beschluss des Aufsichtsrats** bestellt (§ 75 Abs 1). Der Beschluss des Aufsichtsrats bedarf einer **zweifachen Mehrheit**:

- der einfachen Mehrheit aller Aufsichtsratsmitglieder (also der Kapitalvertreter und der Arbeitnehmervertreter) sowie
- einer einfachen Mehrheit der nach dem AktG oder der Satzung bestimmten Mitglieder, also der Kapitalvertreter (§ 110 Abs 3 Satz 4 ArbVG).

Gegen den mehrheitlichen Willen der Kapitalvertreter kann daher kein Vorstandsmitglied bestellt werden. Dadurch soll verhindert werden, dass ein Beschluss zustande kommt, der durch eine Koalition zwischen Arbeitnehmervertretern und einer Minderheit der Eigentümervertreter entsteht (daher auch die Bezeichnung als **Aktionärsschutzklausel**). Der Aufsichtsrat ist bei seiner Wahl nicht an die Hauptversammlung gebunden, sodass Vorstandsmitglieder grundsätzlich auch gegen den Willen der Hauptversammlung als solche bestellt werden können. Allerdings kann die Wahl eines Vorstandsmitglieds, das nicht mehrheitlich von der Hauptversammlung gestützt wird, ein Misstrauensvotum nach sich ziehen.

Die Bestellung zum Vorstandsmitglied bedarf für ihre Wirksamkeit der (zumindest konkludenten) **Annahme** durch das Vorstandsmitglied (RS0049381). Sie ist mit **fünf Jahren** begrenzt (§ 75 Abs 1). Wenn die Bestellung eines Vorstandsmitglieds auf eine bestimmte längere Zeit, auf unbestimmte Zeit oder ohne Zeitangabe erfolgt, ist sie fünf Jahre wirksam. Eine **Wiederbestellung** ist möglich, bedarf aber zu ihrer Wirksamkeit der schriftlichen Bestätigung durch den Vorsitzenden des Aufsichtsrats (§ 75 Abs 1). Eine durch Zeitablauf unwirksam gewordene Bestellung eines Vorstandsmitglieds kann daher nicht durch konkludente Handlungen – wie etwa durch die fortgesetzte Tätigkeit als Vorstandsmitglied – wirksam erneuert werden (RS0049406, 3 Ob 546/77).

> **Beachte:**
> Es ist bei der Bestellung zwischen der Organstellung und dem ihr zugrunde liegenden schuldrechtlichen Vertragsverhältnis zu unterscheiden (RS0049399): Die gesellschaftsrechtliche Funktion des Vorstands ergibt sich aus der Bestellung; das schuldrechtliche Verhältnis zur Gesellschaft wird durch einen schuldrechtlichen Vertrag begründet.

Der **Vertrag** mit dem Vorstandsmitglied ist zumeist, insbesondere aufgrund der Weisungsfreiheit, kein Arbeitsvertrag, sondern ein freier Dienstvertrag (RS0027993, RS0027929), der vom Aufsichtsrat als Vertreter des Dienstgebers (der AG) zu unterfertigen ist. Im Vertrag werden insbesondere **Vergütung** (§ 78 Abs 1: „angemessene Vergütung"; siehe 7 Ob 58/08t zur Angemessenheit bei Zahlung freiwilliger Abfertigung in Zusammenhang mit der Beendigung von Vorstandsmandaten), Urlaub, Abfertigung und Ruhegenuss geregelt.

§ 77 über die Gewinnbeteiligung von Vorstandsmitgliedern ist anlässlich des AktRÄG 2019 entfallen. Bei börsenotierten Gesellschaften hat der Aufsichtsrat Grundsätze über die Vergütung der Vorstandsmitglieder aufzustellen (Vergütungspolitik), worüber die Hauptversammlung einen empfehlenden Beschluss zu fassen hat, weiters ist von Vorstand und Aufsichtsrat ein Vergütungsbericht zu erstellen (vgl die anlässlich des AktRÄG 2019 neugeschaffenen Regelungen §§ 78a – 78e AktG). Im Vertrag werden Vorstandsmitgliedern oft Optionen eingeräumt, die sie berechtigen, nach Ablauf einer bestimmten Zeit Aktien der Gesellschaft zu einem bestimmten Preis zu kaufen (die Aktien sind zB durch Kapitalerhöhung bereitzustellen, vgl Seiten 413 ff). Damit soll das Vorstandsmitglied nicht nur an das Unternehmen gebunden werden, sondern auch angespornt werden, langfristig den Unternehmenserfolg zu steigern. In den Verträgen sind auch zumeist Bestimmungen über die Beendigung der organschaftlichen Stellung des Vorstandsmitglieds enthalten (sogenannte „Koppelungsklausel" – der Dienstvertrag erlischt automatisch mit Widerruf der organschaftlichen Bestellung zum Vorstand ohne Einhaltung einer Kündigungsfrist – siehe RS0123190, 3 Ob 251/07v, 1 Ob 190/09m; liegt kein wichtiger Grund für die vorzeitige Auflösung vor, ist die Auflösung dennoch wirksam und dem Vorstandsmitglied gebührt nur Schadenersatz [Kündigungsentschädigung], 8 Ob 134/10d; anders beim GmbH-Geschäftsführer, der einen umfassenden Arbeitnehmerschutz genießt).

In der Vergangenheit waren immer wieder Versuche zu beobachten, dass aus Steueroptimierungsgründen bei der Ausübung von höchstpersönlichen Tätigkeiten Kapitalgesellschaften zwischengeschaltet wurden, über die in weiterer Folge die Leistungsentgeltung geregelt wurde („Managementverträge"). Dieser Praxis stand bereits Rechtsprechung des VwGH aus dem Jahre 2014 (VwGH 2011/15/0149) entgegen. Durch das Abgabenänderungsgesetz 2015 wurde nunmehr eindeutig bestimmt, dass bei bestimmten höchstpersönlichen Tätigkeiten, zu denen ua die organschaftliche Vertretung einer Körperschaft (Vorstand, Aufsichtsrat) zählt, trotz Zwischenschaltung einer Kapitalgesellschaft die erzielten Einkünfte grundsätzlich unmittelbar der natürlichen Person zugerechnet und bei dieser steuerlich abgegolten werden, die diese Leistungen erbringt.

(2) Bestellung durch das Gericht
Soweit die zur Vertretung der Gesellschaft erforderlichen Vorstandsmitglieder fehlen, sind diese in **dringenden Fällen** vom Gericht auf Antrag eines Beteiligten (zB Aktionär oder Gläubiger) für die Zeit bis zur Behebung des Mangels zu bestellen (§ 76 Abs 1; „Not-Vorstandsmitglied"; vgl die Ausführungen zum Not-Geschäftsführer Seiten 253 f).

c) Abberufung

Nur wenn ein **wichtiger Grund** vorliegt, kann der **Aufsichtsrat** – vor Ablauf der Funktionsperiode – einzelne Vorstandsmitglieder abberufen (§ 75 Abs 4).

Einen solchen wichtigen Grund bilden etwa grobe Pflichtverletzung, Unfähigkeit zur ordnungsgemäßen Geschäftsführung oder Entziehung des Vertrauens durch die Hauptversammlung, es sei denn, dass das Vertrauen aus offenbar unsachlichen Gründen entzogen worden ist (zur Unsachlichkeit siehe RS0110180; zuletzt 1 Ob 190/09m). Zu grober Pflichtverletzung zählt auch mangelnde Offenheit gegenüber dem Aufsichtsrat, ist dieser doch nach § 95 Abs 2 berechtigt, jederzeit vom Vorstand einen Bericht über die Angelegenheiten der Gesellschaft zu verlangen. Auch die Nichtbefassung des Aufsichtsrats in wichtigen Angelegenheiten zählt zu den groben Pflichtverletzungen (RS0112071, zuletzt 6 Ob 83/12t). Der Katalog der Abberufungsgründe in § 75 ist demonstrativ (RS0110181). Der wichtige Grund muss nicht verschuldet sein (RS0110178), sodass auch eine längere Krankheit einen wichtigen Grund darstellen kann. Eine Abberufung ohne wichtigen Grund berechtigt den Vorstand zur Geltendmachung von Schadenersatzansprüchen (8 Ob 134/10d).

Beachte:
Ein bedingter Aufsichtsratsbeschluss, mit dem ein Vorstandsmitglied unter der Voraussetzung abberufen wird, dass die Hauptversammlung dem Vorstandsmitglied das Vertrauen entziehen wird, ist unzulässig. Der Abberufung muss ein bereits erfolgter Vertrauensentzug durch die Aktionäre zugrunde liegen. Ein ohne diese Voraussetzung gefasster Aufsichtsratsbeschluss kann von der Hauptversammlung nicht nachträglich genehmigt werden. Der Aufsichtsrat hat einen neuerlichen Abberufungsbeschluss zu fassen. Ohne einen solchen kann der nachträgliche Vertrauensentzug durch die Hauptversammlung im Anfechtungsprozess auch nicht „nachgeschoben" werden (RS0049410, 1 Ob 11/99w).

Der Widerruf der Bestellung ist wirksam, solange nicht über seine Unwirksamkeit im Rahmen einer Anfechtungsklage rechtskräftig entschieden ist. Das rechtskräftige, stattgebende Urteil hebt die Abberufung mit Wirkung *ex tunc* auf: Das Vorstandsmitglied wird rückwirkend wieder in seine Funktion mit denselben Rechten und Pflichten wie vor der Abberufung eingesetzt. Die Vorstandsfunktion gilt dann als ununterbrochen.

Beachte:
Im gerichtlichen Verfahren über die Rechtswirksamkeit des Widerrufs einer Vorstandsbestellung nach § 75 Abs 4 können grundsätzlich über die im Widerrufbeschluss des Aufsichtsrats genannten Gründe hinaus weitere Gründe nur unter der Voraussetzung „nachgeschoben" werden, dass auch für diese Gründe ein gültiger Aufsichtsratsbeschluss vorliegt. Zu beachten ist allerdings die Prozessförderungspflicht nach § 178 Abs 2 ZPO: eine glaubwürdige Begründung für verspätetes Vorbringen ist notwendig. Läuft während eines anhängigen Gerichtsverfahrens die Funktionsperiode des klagenden

> Vorstandsmitglieds ab, nimmt dies dem abberufenen Vorstandsmitglied das Rechtsschutzinteresse für eine entsprechende Rechtsgestaltungsklage; eine Wiedereinsetzung in seine Organstellung aufgrund der mittlerweile abgelaufenen Vorstandsfunktion ist nicht mehr möglich. Es kann aber eine Klage auf Feststellung der Rechtsunwirksamkeit seiner früheren Abberufung erhoben werden (1 Ob 11/99w).

Zu beachten ist, dass eine Anfechtungsklage nach § 75 Abs 4 zeitlich nur begrenzt mit Erfolg erhoben werden kann. Dies ergibt sich schon aus dem evidenten Klarstellungsinteresse der Gesellschaft, welche einerseits – im Fall eines stattgebenden Urteils – die laufenden Vorstandsgehälter nachzahlen, aber andererseits in der Regel hinsichtlich der Bestellung eines allenfalls erforderlichen anderen Vorstandsmitglieds disponieren muss. Das abberufene Vorstandsmitglied muss daher ohne schuldhafte Verzögerung, dh innerhalb einer den konkreten Umständen angemessenen **Frist**, Klage erheben (RS0119069, zuletzt 6 Ob 41/14v).

Von der Abberufung **unberührt** bleibt (mangels abweichender Regelung, siehe zur Zulässigkeit von Koppelungsklauseln Seite 367) der **Anstellungsvertrag** (§ 75 Abs 4 letzter Satz). Der Anstellungsvertrag muss gesondert, etwa durch Kündigung oder Entlassung, beendet werden. Für die wirksame Auflösung des Anstellungsvertrags muss – im Gegensatz zum organschaftlichen Widerruf – kein wichtiger Grund vorliegen. Fehlt ein solcher, kann der Vorstand allerdings Schadenersatzansprüche aus dem Anstellungsvertrag (Kündigungsentschädigung) geltend machen (8 Ob 134/10d).

d) Rücktritt

Das Vorstandsmitglied selbst kann jederzeit – bei Vorliegen eines wichtigen Grundes und mangels offensichtlichen Rechtsmissbrauchs – sein Amt niederlegen. Fehlt es an einem wichtigen Grund, ist dies nur möglich, wenn der Aufsichtsrat den Rücktritt annimmt. Ein grundloser Rücktritt ist rechtswidrig, aber in seiner Beendigungswirkung nicht bekämpfbar (6 Ob 3/94), sodass ein solcher Rücktritt das Vorstandsmitglied zum Schadenersatz verpflichtet.

e) Anmeldung zum Firmenbuch

Das Ausscheiden und die Neubestellung eines Vorstandsmitglieds sowie das Erlöschen oder eine Änderung der Vertretungsbefugnis sind unverzüglich zum Firmenbuch anzumelden (§ 73 Abs 1). Namensänderungen sind ebenfalls anmeldebedürftig. Die Eintragung der Bestellung und Abberufung von Vorstandsmitgliedern im Firmenbuch hat nur deklarative Wirkung.

Die Vorstandsmitglieder in vertretungsbefugter Anzahl müssen die anzumeldenden Tatsachen zum Firmenbuch beglaubigt anmelden.

Der Anmeldung ist der **Nachweis** der Bestellung oder der Änderung, also insbesondere der Aufsichtsratsbeschluss, in **Urschrift oder beglaubigter Form** anzuschließen (§ 73 Abs 2). Bei der Bestellung von Vorstandsmitgliedern ist auch der Beginn der Vertretungsbefugnis zur Eintragung in das Firmenbuch anzumelden (§ 3 Abs 1 Z 8 FBG). Zugleich mit der Anmeldung neuer Vorstandsmitglieder haben diese ihre Zeichnung in beglaubigter Form vorzulegen (Musterzeichnung; § 73 Abs 3).

Ist jemand als Vorstandsmitglied im **Firmenbuch** eingetragen, kann ein Mangel seiner Bestellung einem Dritten nur dann entgegengehalten werden, wenn dieser den Mangel kannte (§ 73 Abs 4). Dritte können also grundsätzlich darauf **vertrauen**, dass jemand Vorstandsmitglied ist, wenn er als solches im Firmenbuch eingetragen ist.

f) Kompetenzen

Beachte:
Der Vorstand hat das Geschäftsführungs- und Vertretungsmonopol der AG.

(1) Geschäftsführung

Der Vorstand hat die Gesellschaft **weisungsfrei** unter eigener Verantwortung so zu leiten, wie es das **Wohl** des **Unternehmens** unter Berücksichtigung der Interessen der **Aktionäre** und der **Arbeitnehmer** sowie des **öffentlichen Interesses** erfordert (§ 70 Abs 1). Auch wenn die Interessen der **Gläubiger** in § 70 Abs 1 nicht explizit genannt sind, hat der Vorstand auch diese zu beachten, weil offensichtlich eine Lücke vorliegt; ist doch das gesamte AktG von zwingenden Gläubigerschutzbestimmungen durchzogen. Zu den dem Vorstand explizit zugewiesenen Aufgaben gehört es, für die Einrichtung eines den Anforderungen des Unternehmens entsprechenden Rechnungswesens und eines internen Kontrollsystems zu sorgen (§ 82).

In § 70 Abs 1 wird dem Vorstand die ausschließliche Zuständigkeit zur Leitung des von der AG betriebenen Unternehmens übertragen. Der Vorstand hat daher das Unternehmen unter eigener Verantwortung grundsätzlich selbstständig zu leiten; er ist das willensbildende Organ der Gesellschaft und hat keinen Vorgesetzten. Er bestimmt seine Tätigkeit selbst (RS0049378; die Frage, inwiefern eine im Dienstvertrag verankerte Verpflichtung des Vorstandsmitglieds, auf Verlangen der Gesellschaft andere Konzernfunktionen zu übernehmen, gegen die Weisungsfreiheit des Vorstands verstößt, hat der OGH offengelassen; 9 ObA 28/07v).

Sind mehrere Vorstandsmitglieder bestellt, führen sie die Geschäfte gemeinsam nach dem Mehrstimmigkeitsprinzip, sodass keiner allein zur Geschäftsführung gehörende Handlungen vornehmen darf (**Gesamtgeschäftsführung**; § 70 Abs 2). In der Satzung kann allerdings Einzelgeschäftsführungsbefugnis vorgesehen werden, sofern dem nicht zwingende aktienrechtliche Bestimmungen entgegenstehen.

Es kann auch eine **Ressortverteilung** zwischen den Vorstandsmitgliedern vereinbart werden. Zu beachten ist allerdings, dass bestimmte Aufgaben und Handlungen des Vorstands nicht übertragbar und immer vom Gesamtvorstand zu verantworten sind. Zu diesen „**Mindestzuständigkeiten**" gehören etwa die Pflichten des Vorstands bei Verlust in der Höhe des halben Grundkapitals, Überschuldung oder Zahlungsunfähigkeit der Gesellschaft; sie obliegen allen Vorstandsmitgliedern (RS0049357, 3 Ob 536/77). Für die übrigen Gesamtgeschäftsführungsangelegenheiten kann eine Ressortverteilung entweder in der Satzung oder vom Aufsichtsrat festgelegt werden. Eine von den Vorstandsmitgliedern selbst vorgenommene Geschäftsverteilung hat demgegenüber Nachrang. Eine Ressortverteilung befreit die übrigen Vorstandsmitglieder aber nicht jedenfalls von ihrer Verantwortung: Sie haben die übrigen Vorstandsmitglieder (soweit zumutbar) zu überwachen und haften bei Missachtung dieser Kontrollpflicht (RS0049363, 3 Ob 536/77).

Sofern in der Satzung nicht anderes festgelegt ist, gibt die Stimme des Vorsitzenden bei Stimmengleichheit den Ausschlag (**Dirimierungsrecht**; § 70 Abs 2). In der Satzung kann Abweichendes festgelegt werden: Dem Vorsitzenden kann ein Alleinentscheidungs- oder Vetorecht eingeräumt werden.

Das **Geschäftsführungsmonopol** des Vorstands ist allerdings in mehrfacher Hinsicht **beschränkt**:

- **Jahresabschluss**
  Der **Vorstand** hat den Jahresabschluss und Lagebericht in den ersten fünf Monaten des Geschäftsjahres für das vorangegangene Geschäftsjahr zu erstellen (§ 222 UGB; § 96). Abhängig von der Größe der AG (kleinst, klein, mittelgroß, groß; § 221 UGB) können größenabhängige Erleichterungen bei Aufstellung und Offenlegung in Anspruch genommen werden (zB § 242 UGB; §§ 277 ff UGB).

  Der Jahresabschluss ist sodann vom **Abschlussprüfer** zu prüfen und gegebenenfalls mit einem Bestätigungsvermerk zu versehen (§§ 268 ff UGB). Der Abschlussprüfer hat sein Ergebnis in einem Prüfungsbericht darzulegen. Dieser Bericht ist dem Vorstand und dem Aufsichtsrat vorzulegen.

  In weiterer Folge nimmt der **Aufsichtsrat** (unter den Voraussetzungen des § 92 Abs 4a der Prüfungsausschuss) eine weitere Prüfung vor (§ 96 Abs 4), wobei er sich dabei durchaus auf die Prüfungstätigkeit des Abschlussprüfers verlassen darf und diese daher nicht nochmals vollständig wiederholen muss. Der Aufsichtsrat hat vielmehr eine Plausibilitätsprüfung vorzunehmen.

> **Beachte:**
> Mit dem URÄG 2008 wurden die Aufgaben des Prüfungsausschusses erheblich erweitert (§ 92 Abs 4a; siehe Seiten 282 f). Insofern die dort genannten

Aufgaben über die vom Abschlussprüfer wahrzunehmenden Aufgaben hinausgehen (zB Wirksamkeit des internen Kontrollsystems), wird eine Plausibilitätsprüfung nicht reichen.

Über das Ergebnis dieser Prüfung hat der Aufsichtsrat der **Hauptversammlung** zu berichten.

Danach erfolgt die **Feststellung** des Jahresabschlusses (= die rechtliche Verbindlichmachung des Jahresabschlusses samt Entscheidung über die Höhe des Jahresergebnisses und des verteilungsfähigen Bilanzgewinns)
- entweder durch den **Aufsichtsrat**, wenn dieser den Jahresabschluss billigt und sich nicht gemeinsam mit dem Vorstand für eine Feststellungskompetenz der Hauptversammlung entscheidet,
- oder (in allen anderen Fällen) durch die **Hauptversammlung**.

- **Gewinnverwendung**
Der **Vorstand** hat dem Aufsichtsrat einen Vorschlag für die Gewinnverwendung vorzulegen (§ 96 Abs 1). Dieser wiederum wird gemeinsam mit dem Prüfbericht des Aufsichtsrats der Hauptversammlung vorgelegt (§ 104). Die Hauptversammlung beschließt sodann über die Verwendung des Bilanzgewinns. Sie ist dabei nur dann an den Jahresabschluss (und den dort ausgewiesenen Bilanzgewinn) gebunden, wenn dieser vom Aufsichtsrat festgestellt wurde, nicht aber an den Gewinnverwendungsvorschlag. Soweit Gesetz oder Satzung den festgestellten Bilanzgewinn nicht von der Verteilung ausschließen, erlangt der Aktionär mit der Feststellung eines einen Gewinn ausweisenden Jahresabschlusses einen Gewinnanspruch (RS0103131).

Beachte:
Wenn der Vorstand von seinem Recht auf Rücklagenbildung nicht Gebrauch macht und einen Gewinnvortrag und den Jahresgewinn in den Bilanzgewinn einstellt, ist nach Feststellung des Jahresabschlusses bindend festgelegt, dass der Bilanzgewinn an die Aktionäre zu verteilen ist. Die Hauptversammlung darf ohne satzungsmäßige Grundlage den Bilanzgewinn weder ganz noch teilweise von der Verteilung ausschließen, auch nicht im Wege eines Gewinnvortrags auf neue Rechnung. Die Verletzung dieser gesetzlichen Verteilungsvorschriften macht den Hauptversammlungsbeschluss nicht absolut nichtig, sondern bloß anfechtbar. Ein Verstoß gegen die nicht zwingende Bestimmung des § 104 Abs 4 kann durch einen einstimmigen Aktionärsbeschluss geheilt werden (3 Ob 59/07h, 6 Ob 169/16w).

- **Zustimmung des Aufsichtsrats**
Bei bestimmten Maßnahmen der Geschäftsführung hat der Vorstand die Zustimmung des Aufsichtsrats einzuholen (vgl den **Katalog in § 95 Abs 5, § 95a**; siehe dazu noch Seiten 387 f). Wird dies vom Vorstand verabsäumt

und die Maßnahme ohne Zustimmung vorgenommen, ist das Geschäft dennoch wirksam zustande gekommen (die Zustimmung des Aufsichtsrats ist **keine Wirksamkeitsvoraussetzung**; vgl § 74 Abs 2). Der Vorstand hat sich aber uU einem Schadenersatzanspruch ausgesetzt. Darüber hinaus kann ein wichtiger Grund für eine vorzeitige Abberufung vorliegen.

- **Zustimmung der Hauptversammlung**
  Bestimmte Geschäfte bedürfen überdies der Zustimmung der Hauptversammlung, etwa Nachgründungen (§ 45), Verschmelzungen (§ 221), Übertragungen des gesamten Vermögens der Gesellschaft (§§ 236 f), Verträge über eine Gewinngemeinschaft (§ 238 Abs 1), Unternehmenspacht-, Betriebsführungs- und Betriebsüberlassungsverträge (§ 238 Abs 2), Ausgabe von Wandel- und Gewinnschuldverschreibungen sowie Einräumung von Genussrechten (§ 174; siehe dazu noch Seiten 423 f), und die Vornahme von bestimmten „Strukturmaßnahmen" (vgl Seite 392). In all diesen Fällen ist die Zustimmung der Hauptversammlung **Wirksamkeitsvoraussetzung** (strittig bei den „Strukturmaßnahmen"). Ohne Zustimmung der Hauptversammlung ist der Vertrag unwirksam. Damit wird – ausnahmsweise – die unbeschränkte Vertretungsmacht des Vorstands durchbrochen.

  Überdies hat die Hauptversammlung bei vom Vorstand vorgelegten Geschäften eine Zustimmungskompetenz sowie bei Geschäften iSd § 95 Abs 5, sofern dies der Aufsichtsrat verlangt (§ 103 Abs 2). In diesen Fällen können Geschäfte auch ohne Zustimmung der Hauptversammlung wirksam zustande kommen (**keine Wirksamkeitsvoraussetzung**). Der Vorstand setzt sich aber uU einem Schadenersatzanspruch aus.

> **Beachte:**
> Nur die im Gesetz ausdrücklich genannten Rechtsgeschäfte, wie zB Verschmelzung, Verpachtung eines Unternehmens, Gewinngemeinschaften, sind ohne Zustimmung der Hauptversammlung unwirksam. Alle anderen Rechtsgeschäfte bzw Rechtshandlungen des Vorstands sind wirksam, gleichgültig, ob die intern nötige Zustimmung der Hauptversammlung oder eines anderen Organs, zB des Aufsichtsrats, eingeholt wurde oder nicht (RS0113709, 8 Ob 327/99t).

- Ein weiterer Einfluss der Hauptversammlung auf die Geschäftsführung besteht insofern, als die Hauptversammlung über die **Entlastung** des Vorstands entscheidet (§ 104; vgl Seite 391), mit einfacher Mehrheit eine **Sonderprüfung** beschließt (§§ 130 ff; vgl Seite 391) und dem Vorstand oder einzelnen Vorstandsmitgliedern das **Misstrauen** aussprechen kann (§ 75 Abs 4).

(2) Vertretung

Der Vorstand hat nicht nur das Geschäftsführungs-, sondern auch das **Vertretungsmonopol** in der AG: Die AG wird durch den Vorstand gerichtlich und außergerichtlich vertreten (§ 71 Abs 1), die Vertretungsmacht ist daher grundsätzlich umfassend. Eine Beschränkung der Vertretungsbefugnis ist Dritten gegenüber unwirksam (§ 74 Abs 2).

Die Ausübung der **aktiven Vertretungsmacht**, also die Abgabe von Willenserklärungen der Gesellschaft, bedarf – sofern mehrere Vorstandsmitglieder bestellt sind – der Mitwirkung sämtlicher Vorstandsmitglieder (**Gesamtvertretung**; § 71 Abs 2). Gesamtvertretung bedeutet, dass rechtsgeschäftliche Erklärungen der Gesellschaft grundsätzlich erst dann wirksam werden, wenn sich sämtliche oder die nach der Satzung erforderliche Zahl von Vorstandsmitgliedern an ihnen beteiligen (RS0052924, 1 Ob 538/95).

> **Beispiele:**
> Wirksame Gesamtvertretungsakte sind rechtstechnisch in verschiedener Weise denkbar. In Betracht kommt zunächst die gemeinschaftliche Abgabe einer Erklärung, etwa durch gemeinsame Zeichnung eines Schriftstücks, durch gemeinsame Anwesenheit bei einem mündlichen Vertragsabschluss, durch Ermächtigung eines Gesamtvertreters zur Vornahme von Rechtsgeschäften sowie durch die (vorherige oder nachträgliche) Zustimmung der übrigen Gesamtvertreter zu einer rechtsgeschäftlichen Willenserklärung eines von ihnen (RS0052927, 2 Ob 170/06y).

Die Abgabe von Erklärungen und Zustellungen an die Gesellschaft (**passive Vertretungsmacht**) kann wirksam an jedes Vorstandsmitglied allein vorgenommen werden.

In der Praxis wird die Gesamtvertretung oft zu einer **unechten Gesamtvertretung** modifiziert (§ 71 Abs 3): Auch ein Prokurist ist gemeinsam mit einem Vorstandsmitglied zur Vertretung befugt. Bei einem solchen Vertretungsmodell ist aber jedenfalls sicherzustellen, dass die Gesellschaft vom Vorstand auch ohne Mitwirkung eines Prokuristen vertreten werden kann. Denn eine Satzungsbestimmung, die eine organschaftliche Vertretung ua allein durch zwei Prokuristen vorsieht, verstößt gegen zwingende Bestimmungen des AktG und ist unzulässig (OLG Wien 28 R 178/07p). Zulässig wäre daher beispielsweise, dass die AG entweder von zwei Vorstandsmitgliedern gemeinsam oder von einem Vorstandsmitglied gemeinsam mit einem Prokuristen vertreten wird.

In der Satzung kann auch Einzelvertretungsbefugnis eingeräumt werden oder es kann der Aufsichtsrat ermächtigt werden, die Vertretungsbefugnis oder Vorstandsmitglieder festzulegen.

Die Vertretungsbefugnis jedes einzelnen Vorstandsmitglieds ist im **Firmenbuch** anzumelden, ebenso wie jede Änderung derselben (§ 73 Abs 1). Einem Dritten kann ein Bestellungsmangel eines eingetragenen Vorstandsmitglieds nur dann entgegengehalten werden, wenn dem Dritten der Mangel bekannt war (§ 73 Abs 4).

g) Pflichten des Vorstands bzw einzelner Vorstandsmitglieder

Unabhängig von einer allfälligen Ressortverteilung treffen den **gesamten Vorstand** folgende wesentliche Pflichten:

- **Berichtspflicht**
  Der Vorstand hat den Aufsichtsrat, damit dieser seiner Überwachungsaufgabe nachkommen kann, umfassend zu informieren. Jedes Vorstandsmitglied ist dem Aufsichtsrat gegenüber zu unbedingter Offenheit verpflichtet (RS0103140). Das Gesetz sieht dafür drei Arten von Berichten vor (§ 81):
  - den **Jahresbericht**, mit dem der Aufsichtsrat mindestens einmal jährlich über grundsätzliche Fragen der künftigen Geschäftspolitik sowie über die künftige Entwicklung der Vermögens-, Finanz- und Ertragslage zu informieren ist;
  - den **Quartalsbericht**, mit dem der Aufsichtsrat mindestens vierteljährlich über den Gang der Geschäfte und die Lage des Unternehmens im Vergleich zur Vorschaurechnung unter Berücksichtigung der künftigen Entwicklung zu informieren ist;
  - den **Sonderbericht**, mit dem der Aufsichtsratsvorsitzende unverzüglich bei wichtigem Anlass sowie der Gesamtaufsichtsrat über Umstände, die für die Rentabilität oder Liquidität der Gesellschaft von erheblicher Bedeutung sind, zu informieren ist.

- **Buchführungspflicht**
  Der Vorstand hat dafür zu sorgen, dass ein Rechnungswesen und ein internes Kontrollsystem geführt werden, die den konkreten Anforderungen des Unternehmens aufgrund ihrer Beschaffenheit entsprechen (§ 82). Verletzungen dieser Pflicht können Schadenersatzansprüche nach sich ziehen.

- **Verlustanzeigepflicht**
  Der Vorstand hat die Hauptversammlung unverzüglich einzuberufen, wenn ein Verlust in zumindest halber Höhe des Grundkapitals eingetreten ist (§ 83). Es ist dabei nicht der in der Bilanz ausgewiesene Verlust heranzuziehen, sondern der tatsächliche Verlust, der sich nach Auflösung von zur Verlustabdeckung bestimmten oder geeigneten Passivposten der Bilanz ergibt. Es sind daher auch offene Rücklagen und stille Reserven (sofern sie zur Verlustabdeckung aufgelöst werden dürfen) heranzuziehen.

- **Antrag auf Eröffnung des Insolvenzverfahrens**
  Jedes Vorstandsmitglied ist verpflichtet, bei Zahlungsunfähigkeit (§ 66 IO) oder Überschuldung (§ 67 IO) der AG ohne schuldhaftes Zögern einen Antrag auf Eröffnung des Insolvenzverfahrens zu stellen (siehe dazu Seiten 172 f, 264).

Darüber hinaus treffen jedes **einzelne Vorstandsmitglied** folgende wesentliche Pflichten:

- **Verschwiegenheitspflicht**
  Die Vorstandsmitglieder haben über vertrauliche Angaben Stillschweigen zu bewahren (§ 84 Abs 1 Satz 2), und zwar auch nach Beendigung der Vorstandsfunktion (strittig).

- **Wettbewerbsverbot**
  Die Vorstandsmitglieder dürfen ohne Einwilligung des Aufsichtsrats gemäß § 79 Abs 1
  - weder ein Unternehmen betreiben
  - noch Aufsichtsratsmandate in Gesellschaften annehmen, die mit der Gesellschaft nicht konzernmäßig verbunden sind oder an denen die Gesellschaft nicht unternehmerisch beteiligt ist,
  - noch im Geschäftszweig der Gesellschaft auf eigene oder fremde Rechnung Geschäfte machen,
  - noch sich an einer anderen unternehmerisch tätigen Gesellschaft als unbeschränkt haftende Gesellschafter beteiligen.

Verstößt ein Vorstandsmitglied gegen dieses Verbot, kann die Gesellschaft gemäß § 79 Abs 2
- Schadenersatz fordern,
- stattdessen verlangen, dass die Gesellschaft in das gegen das Wettbewerbsverbot verstoßende Rechtsgeschäft eintritt, oder
- bei für fremde Rechnung geschlossenen Geschäften die Herausgabe der dafür bezogenen Vergütung oder die Abtretung des Anspruchs auf die Vergütung begehren.

Diese Rechte der AG verjähren gemäß § 79 Abs 3
- innerhalb von drei Monaten ab dem Tag, ab dem sämtliche Mitglieder des Vorstands und des Aufsichtsrats von der gegen das Wettbewerbsverbot verstoßenden Tätigkeit Kenntnis erlangt haben,
- jedenfalls aber unabhängig von dieser Kenntnis innerhalb von fünf Jahren ab Beginn dieser Tätigkeit.

Ehemalige Vorstandsmitglieder unterliegen keinem gesetzlichen Wettbewerbsverbot. Für die Zeit nach dem Ausscheiden eines Vorstandsmitglieds kann aber ein **nachvertragliches Wettbewerbsverbot** vereinbart werden. Dabei sind die Grenzen der Sittenwidrigkeit sowie allenfalls §§ 36 f AngG zu beachten (siehe Seite 265 zum Wettbewerbsverbot bei der GmbH).

h) Haftung

Die Vorstandsmitglieder sind der Gesellschaft gegenüber verpflichtet, bei ihrer Geschäftsführung die **Sorgfalt eines ordentlichen und gewissenhaften Geschäftsleiters** anzuwenden (§ 84 Abs 1). Es gilt ein objektiver Sorgfaltsmaßstab (RS0049463), der auf die Branche des Unternehmens, aber auch auf andere Faktoren, wie dessen Größe, dessen Marktposition und auf ähnliche Umstände abstellt (RS0116167, 1 Ob 144/01k). Im Einklang mit der Sorgfalt eines ordentlichen und gewissenhaften Geschäftsleiters handelt ein Vorstandsmitglied jedenfalls dann, wenn er sich bei einer unternehmerischen Entscheidung nicht von sachfremden Interessen leiten lässt und auf der Grundlage angemessener Information annehmen darf, zum Wohle der Gesellschaft zu handeln (§ 84 Abs 1a). Im Fall einer **Ressortverteilung** befreit die primäre Zuständigkeit eines Vorstandsmitglieds für einen Aufgabenbereich die anderen Vorstandsmitglieder nicht vollständig von deren Haftung. Vielmehr trifft sie für die anderen Ressorts eine Überwachungspflicht, deren Verletzung ebenso eine Haftung nach sich zieht.

> **Beispiel:**
> Eine reine Kursverschlechterung der Aktien ist kein Eigenschaden des Aktionärs, den er als über die Schädigung der Gesellschaft hinausgehend gegen die Verwaltungsmitglieder geltend machen könnte (3 Ob 288/02b). Das Fehlschlagen unternehmerischer Entscheidungen ist nur bei Verletzung branchenadäquater, größenadäquater und situationsadäquater Bemühungen pflichtwidrig (RS0110282, 3 Ob 34/97i).
> Auch ein Aktienverkauf kann wegen wesentlicher Wertsteigerung nicht angefochten werden (6 Ob 148/07v – Brau Union).

Vorstandsmitglieder, die ihre Obliegenheiten verletzen, haften grundsätzlich der Gesellschaft, nicht aber den einzelnen Aktionären gegenüber, solidarisch für den daraus entstandenen Schaden (**Innenhaftung**), sofern sie nicht beweisen können, dass sie die Sorgfalt eines ordentlichen und gewissenhaften Geschäftsleiters angewendet haben (**Beweislastumkehr** betreffend Verschulden § 84 Abs 2 Satz 2; allerdings ist die Vermutung keine reine Verschuldensvermutung, sondern bezieht sich auch auf die Rechtswidrigkeit, wenn die Gesellschaft Tatsachen nachweist, die nach der Lebenserfahrung den Schluss nahelegen, dass das Vorstandsmitglied rechtswidrig gehandelt hat und die Schadensursache seinem Verantwortungsbereich zuzuordnen ist): Das Vorstandsmitglied hat den Beweis zu erbringen, dass es die Sorgfalt eines ordentlichen und gewissenhaften Geschäftsleiters angewendet hat, also weder objektiv (dh rechtswidrig) noch subjektiv (dh schuldhaft) pflichtwidrig gehandelt hat. Diese Umkehr der Beweislast bestimmt das Aktienrecht ausdrücklich, denn es vermutet das pflichtwidrige Verhalten des Vorstands im Schadensfall der Gesellschaft (RS0049492). Die Vorstandsmitglieder sind insbesondere (im Sinne einer demonstrativen Aufzählung) **zum Ersatz verpflichtet** (§ 84 Abs 3), wenn entgegen dem AktG

- Einlagen an die Aktionäre zurückgewährt werden (Z 1),
- den Aktionären Zinsen oder Gewinnanteile gezahlt werden (Z 2),
- eigene Aktien der Gesellschaft oder einer anderen Gesellschaft gezeichnet, erworben, als Pfand genommen oder eingezogen werden (Z 3),

- Aktien vor der vollen Leistung des Ausgabebetrages ausgegeben werden (Z 4),
- Gesellschaftsvermögen verteilt wird (Z 5),
- Zahlungen geleistet werden, nachdem die Zahlungsunfähigkeit der Gesellschaft eingetreten ist oder sich ihre Überschuldung ergeben hat; dies gilt nicht bei Zahlungen, die auch nach diesem Zeitpunkt mit der Sorgfalt eines ordentlichen und gewissenhaften Geschäftsleiters vereinbar sind (Z 6),
- Kredit an Vorstandsmitglieder, leitende Angestellte und diesen gleichgestellte Personen (zB Ehegatten) gewährt wird (Z 7) oder
- bei der bedingten Kapitalerhöhung außerhalb des festgesetzten Zwecks oder vor der vollen Leistung des Gegenwerts Bezugsaktien ausgegeben werden (Z 8).

Ausnahmsweise **haften** die Vorstandsmitglieder aber auch den **Gesellschaftsgläubigern gegenüber (Außenhaftung)**, und zwar dann, wenn diese von der Gesellschaft keine Befriedigung erlangen können und sie grob fahrlässig oder vorsätzlich gehandelt haben (§ 84 Abs 5). Wurde jedoch eine in § 84 Abs 3 aufgezählte Pflicht verletzt, haften die Vorstandsmitglieder den Gesellschaftsgläubigern gegenüber bereits bei leichter Fahrlässigkeit (§ 84 Abs 5).

Beruht die Handlung der Vorstandsmitglieder auf einem gesetzmäßigen **Beschluss der Hauptversammlung**, haften sie für einen daraus entstehenden Schaden nicht gegenüber der Gesellschaft, sondern nur gegenüber den Gesellschaftsgläubigern (§ 84 Abs 4 und 5). Es entfällt demnach die Innenhaftung, nicht jedoch auch die Außenhaftung. Die Befreiung von der Innenhaftung tritt allerdings nur dann ein, wenn der Beschluss wirksam ist.

Die **Billigung** einer Handlung durch den **Aufsichtsrat** führt allerdings zu keiner Befreiung von der Haftung (§ 84 Abs 4), auch nicht im Innenverhältnis gegenüber der Gesellschaft: Vorstandsmitglieder haften in diesem Fall sowohl gegenüber der Gesellschaft als auch gegenüber den Gesellschaftsgläubigern.

Die Ersatzansprüche **verjähren** innerhalb von **fünf Jahren** (§ 84 Abs 6) ab Kenntnis von Schaden und Schädiger (§ 1489 ABGB). Die Gesellschaft kann erst nach fünf Jahren ab der Entstehung (!) des Anspruchs (nicht Erkennbarkeit) auf Ersatzansprüche verzichten oder sich vergleichen, sofern die Hauptversammlung zustimmt und eine Minderheit von zumindest 20 % dem **Verzicht** bzw **Vergleich** nicht widerspricht (§ 84 Abs 4). Die zeitliche Beschränkung entfällt bei Insolvenz des Ersatzpflichtigen und Abschluss eines Vergleiches mit den Gläubigern zur Abwendung der Insolvenz. Ein Verstoß gegen die Regelung des § 84 Abs 4 dritter Satz bewirkt lediglich relative Nichtigkeit; darauf berufen können sich nur die vom Regelungszweck erfassten Personen (nämlich insbesondere Minderheitsaktionäre und der Gesellschaftsgläubiger, nicht aber zB ein Vorstandsmitglied, siehe 7 Ob 248/08h). Verzichte oder Vergleiche lassen aber jedenfalls die Ersatzansprüche der Gesellschaftsgläubiger gegenüber Vorstandsmitgliedern unberührt (§ 84 Abs 5).

Neben § 84 bestehen noch folgende wesentliche **Haftungstatbestände**:

- Handeln zum Schaden der Gesellschaft zwecks Erlangung gesellschaftsfremder Vorteile (§§ 100 f): Wird ein Organmitglied zu gesellschaftsschädigenden Handlungen unter Ausnutzung von Einfluss auf die Gesellschaft und zu dem Zweck angestiftet, für sich oder andere Personen gesellschaftsfremde Sondervorteile vorsätzlich zu erlangen, haften sowohl der **Anstifter** (zB Aktionär) als auch das Organmitglied. Anspruchsberechtigt sind die Gesellschaft und die geschädigten Aktionäre; überdies auch die Gesellschaftsgläubiger, sofern sie von der Gesellschaft keine Befriedigung erlangen können.

> **Beachte:**
> Soweit der Aktionär durch eine Schädigung der Gesellschaft und die dadurch bedingte Verminderung des Wertes seiner Aktien einen Schaden erleidet, kann er diesen Schaden nicht geltend machen, weil es sich um einen mittelbaren Schaden handelt (RS0029390, 2 Ob 591/94).

- Eine persönliche Haftung der Vorstandsmitglieder unmittelbar gegenüber den Gesellschaftsgläubigern kann sich auch aus den **allgemeinen Grundsätzen des Schadenersatzrechts** ergeben (zB Verletzung von Schutzgesetzen; siehe dazu oben Seite 271).
- Haftung nach **§ 22 URG** (siehe Seiten 270).

i) Entlastung

Die Hauptversammlung beschließt alljährlich in den ersten acht Monaten des Geschäftsjahres über die **Entlastung** der Vorstandsmitglieder (§ 104 Abs 2 Z 3). Mit der Entlastung wird die Geschäftsführung für die abgelaufene Periode **pauschal genehmigt**. Insbesondere aufgrund des pauschalen Charakters können einzelne Geschäftsvorfälle ungeachtet einer erteilten Entlastung einer Sonderprüfung unterzogen werden; die Geschäftsführung wird ja nur pauschal genehmigt (RS0123705, 6 Ob 28/08y).

Die Entlastung ist **nicht gleichzusetzen mit einem Verzicht** (ein solcher könnte erst nach fünf Jahren erteilt werden; vgl § 84 Abs 4). Nur wenn sämtliche Aktionäre die Entlastung erteilen, ist die Entlastung als Verzicht der Gesellschaft auf Ersatzansprüche gegen die entlasteten Vorstandsmitglieder anzusehen.

> **Rechtsformunterschied:**
> Bei der GmbH hat die Entlastung eine haftungsbefreiende Wirkung; bei der AG nur dann, wenn die Entlastung einstimmig erteilt wurde.

2. Aufsichtsrat

Rechtsformunterschied:
Anders als bei der GmbH ist bei jeder AG zwingend ein Aufsichtsrat einzurichten.

a) Allgemeines

(1) Zahl der Aufsichtsratsmitglieder

Dem Aufsichtsrat haben gemäß § 86 Abs 1 **mindestens drei Kapitalvertreter** (zu diesem Begriff siehe Seite 274) anzugehören. Die Satzung kann eine höhere Mindestanzahl vorsehen; die absolute Höchstgrenze liegt bei 20 Personen.

Besteht ein (Zentral-)Betriebsrat, kann dieser aus dem Kreis der Betriebsratsmitglieder für je zwei Kapitalvertreter einen Arbeitnehmervertreter in den Aufsichtsrat entsenden; ist die Anzahl der Kapitalvertreter ungerade, ist ein weiterer Arbeitnehmervertreter zu entsenden (§ 110 ArbVG; **Drittelparität**): Ist ein Betriebsrat vorhanden und macht dieser vollständig von seinem Entsendungsrecht Gebrauch, besteht der Aufsichtsrat aus mindestens fünf Personen: drei Kapitalvertretern und zwei Arbeitnehmervertretern.

Beachte:
Will man den Einfluss der Arbeitnehmervertreter möglichst gering halten, sollte die Anzahl der Kapitalvertreter stets eine gerade (zB vier) sein: Denn sowohl auf drei als auch auf vier Kapitalvertreter entfallen jeweils zwei Arbeitnehmervertreter.

Überdies ist unter gewissen Voraussetzungen bei der Besetzung des Aufsichtsrats auf die Mindestquoten für Frauen und Männer zu achten (vgl §§ 86 Abs 7 bis 9 AktG; siehe dazu oben Seite 275).

(2) Voraussetzungen

Mitglieder des Aufsichtsrats müssen **natürliche Personen** sein (§ 86 Abs 1). Juristische Personen oder Personengesellschaften können nicht Aufsichtsratsmitglieder sein.

Aufsichtsratsmitglied kann **nicht** sein (vgl zur GmbH Seiten 276 f),

- wer gleichzeitig **Vorstandsmitglied** der AG ist („Niemand soll sich selbst überwachen.") Darüber hinaus kann – im Fall einer börsenotierten AG – grundsätzlich nicht zum Aufsichtsratsmitglied gewählt werden, wer in den letzten zwei Jahren vor der Wahl zum Aufsichtsrat Vorstandsmitglied war („Cooling-Off"-Periode, es sei denn, die Wahl erfolgt auf Vorschlag von Aktionären, die mehr als 25 % der Stimmrechte halten; neu eingeführt mit dem 2. StabG 2012 in § 86 Abs 4 Z 2). Nur für einen im Voraus begrenzten Zeitraum kann der Aufsichtsrat einzelne seiner Mitglieder zu Vertretern von

verhinderten Vorstandsmitgliedern bestellen (§ 90 Abs 2). Das Aufsichtsratsmandat darf in dieser Zeit freilich nicht ausgeübt werden.
- wer **Angestellter** der Gesellschaft ist (§ 90 Abs 1).
- wer bereits in **zehn** Kapitalgesellschaften Aufsichtsratsmitglied ist, wobei die Tätigkeit als Vorsitzender doppelt auf diese **Mandatshöchstzahl** anzurechnen ist (§ 86 Abs 2 Z 1): Ist also jemand fünffacher Aufsichtsratsvorsitzender, kann er kein Aufsichtsratsmandat mehr annehmen (außer andere Aufsichtsratsmandate werden niedergelegt). Bei börsenotierten Gesellschaften beträgt die zulässige Höchstzahl **acht** (§ 86 Abs 4). Wie bei der GmbH auch (vgl Seiten 276 f) kann allerdings ein **Konzernprivileg** in Anspruch genommen werden, sodass – wenn die Voraussetzungen vorliegen – 20 „einfache" Aufsichtsratsmandate ausgeübt werden können bzw zehn Vorsitze.
- wer gesetzlicher Vertreter eines Tochterunternehmens der Gesellschaft ist (**Verbot der Organbestellung gegen das Organisationsgefälle**; §§ 86 Abs 2 Z 2; 90 Abs 1; siehe dazu Seite 276).
- wer gesetzlicher Vertreter einer anderen Kapitalgesellschaft ist, deren Aufsichtsrat ein Vorstandsmitglied der Gesellschaft angehört, es sei denn, eine der Gesellschaften ist mit der anderen konzernmäßig verbunden oder an ihr unternehmerisch beteiligt (**Verbot der Überkreuzverflechtung**; § 86 Abs 2 Z 3; vgl Seite 276).

Der Tätigkeit als Aufsichtsratsmitglied ist die Tätigkeit als Verwaltungsratsmitglied einer SE gleichzuhalten (§ 86 Abs 5).

b) Bestellung

Die Bestellung des **ersten Aufsichtsrats** erfolgt durch
- die Gründer.

Die **Kapitalvertreter** werden in weiterer Folge bestellt durch
- einen Hauptversammlungsbeschluss,
- einen Aktionär, wenn diesem ein Sonderrecht auf Entsendung von Aufsichtsratsmitgliedern eingeräumt wurde,
- das Gericht.

Die **Arbeitnehmervertreter** werden bestellt durch
- den (Zentral-)Betriebsrat.

Der **erste Aufsichtsrat** wird durch die Gründer bestellt. Die Bestellung ist notariell zu beurkunden (§ 23; vgl Seite 357).

In weiterer Folge werden die **Kapitalvertreter** idR durch Beschluss der **Hauptversammlung** bestellt: Bei der Wahl hat die Hauptversammlung auf die fachliche und persönliche **Qualifikation** der Mitglieder sowie im Hinblick auf die Struktur und das Geschäftsfeld der Gesellschaft auf eine fachlich ausgewogene Zusammensetzung des Aufsichtsrats zu achten. Weiters sind Aspekte der

Diversität des Aufsichtsrats im Hinblick auf die Vertretung beider **Geschlechter** und die **Altersstruktur** sowie bei börsenotierten Gesellschaften auch im Hinblick auf die **Internationalität** der Mitglieder angemessen zu berücksichtigen. Es ist auch darauf zu achten, dass niemand zum Aufsichtsratsmitglied gewählt wird, der rechtskräftig wegen einer gerichtlich strafbaren Handlung verurteilt worden ist, die seine berufliche Zuverlässigkeit infrage stellt (§ 87 Abs 2a).

Die Aufsichtsratsmitglieder werden mangels abweichender Regelung in der Satzung mit **einfacher Stimmenmehrheit** gewählt (§§ 87 Abs 1 iVm 121 Abs 2). Eine Wiederwahl ist zulässig. Werden in einer Hauptversammlung einer nicht börsenotierten Gesellschaft mehrere Mitglieder gleichzeitig gewählt, kann *en bloc* abgestimmt werden, sofern sich kein Aktionär dagegen ausspricht. Es soll somit die abgesonderte Abstimmung hinsichtlich eines jeden Mitglieds die Regel sein (§ 87 Abs 3). Stellt sich bei dieser Einzelabstimmung (die bei börsenotierten Gesellschaften zwingend ist) heraus, dass zumindest ein Drittel der abgegebenen Stimmen bei allen vorangegangen Wahlen zugunsten derselben Person abgestimmt hat, gilt diese Person – ohne dass eine weitere Abstimmung erforderlich ist – als für den letzten im Aufsichtsrat zur Verfügung stehenden Platz gewählt, sofern sie auch für diese Stelle kandidiert (§ 87 Abs 4).

Vor der Wahl haben die Aufsichtsratsmitglieder ihre fachlichen **Kompetenzen** zu belegen. Sie haben in einer Erklärung berufliche oder vergleichbare Funktionen sowie alle Umstände darzulegen, die die Besorgnis einer Befangenheit begründen könnten (§ 87 Abs 2). Die Aufsichtsratsmitglieder müssen nämlich unabhängig sein und ausreichend Zeit haben, um ihren Verpflichtungen als Aufsichtsratsmitglied nachkommen zu können.

Es ist auch möglich, dass in der Satzung entweder bestimmten, namentlich bezeichneten **Aktionären** oder den jeweiligen Inhabern bestimmter Aktien das Recht eingeräumt wird, Aufsichtsratsmitglieder (maximal ein Drittel aller Aufsichtsratsmitglieder; in nicht börsenotierten Gesellschaften maximal die Hälfte) zu entsenden (§ 88). Die Entsendungsberechtigten haben auch ein Abberufungsrecht.

> **Rechtsformunterschied:**
> Bei der GmbH ist diese Bestellungsmöglichkeit ebenso vorgesehen (vgl Seite 277), allerdings nicht anzahlmäßig begrenzt.

Gehört dem Aufsichtsrat länger als drei Monate weniger als die zur Beschlussfähigkeit nötige Zahl von Mitgliedern an, hat das **Gericht** auf Antrag Not-Aufsichtsratsmitglieder (nur für Kapitalvertreter!) zu bestellen (§ 89). Das Mitglied ist abzuberufen, sobald die Voraussetzungen seiner Bestellung wieder weggefallen sind.

Wie bei der GmbH werden die Arbeitnehmervertreter durch den **Betriebsrat** entsandt (§ 110 ArbVG; vgl Seite 278).

Der Vorstand hat die bestellten Aufsichtsratsmitglieder zum Firmenbuch anzumelden (§ 91).

c) Dauer und Beendigung

Abhängig von der Bestellungskompetenz ist die Amtszeit des Aufsichtsrats unterschiedlich lang:

Die Bestellung des **ersten Aufsichtsrats** gilt bis zur Beendigung der ersten Hauptversammlung, die nach **Ablauf eines Jahres** seit der Eintragung der Gesellschaft in das Firmenbuch zur Beschlussfassung über die Entlastung stattfindet (§ 87 Abs 9). Damit soll sichergestellt werden, dass der Einfluss der Gründer nur von kurzer Dauer ist.

Die von der **Hauptversammlung** bestellten Aufsichtsratsmitglieder haben grundsätzlich eine Funktionsperiode von **rund fünf Jahren**: Sie werden bis zur Beendigung der Hauptversammlung gewählt, die über die Entlastung für das vierte Geschäftsjahr nach der Wahl beschließt, wobei das Geschäftsjahr, in dem das Aufsichtsratsmitglied gewählt wurde, nicht mitgerechnet wird (§ 87 Abs 7). Allerdings kann die Tätigkeit des Aufsichtsratsmitglieds auch vorzeitig, nämlich durch Hauptversammlungsbeschluss mit – sofern in der Satzung nicht anders festgelegt ist – einer Stimmenmehrheit von drei Vierteln der abgegebenen Stimmen, grundlos beendet werden (§ 87 Abs 8). Auch kann das Gericht auf Antrag einer Minderheit von zumindest 10 % des Grundkapitals bei Vorliegen eines wichtigen Grundes die Abberufung vornehmen. Der wichtige Grund muss so beschaffen sein, dass die Aufrechterhaltung der Aufsichtsratsmitgliedschaft für die Gesellschaft unzumutbar ist. Die Abberufungsentscheidung des Gerichts ist rechtsgestaltend. Mit Rechtskraft der Entscheidung ist die Aufsichtsratsmitgliedschaft des Betreffenden erloschen (RS0122607, 6 Ob 20/07w).

Die von **Aktionären** entsandten Mitglieder können **jederzeit** (auch ohne wichtigen Grund) vom Entsendungsberechtigten auch auf unbestimmte Zeit entsandt und wieder abberufen und durch andere ersetzt werden. Liegt ein wichtiger Grund für die Abberufung eines entsandten Aufsichtsratsmitglieds vor, kann auch das Gericht auf Antrag einer Aktionärsminderheit von 10 % des Grundkapitals die Abberufung vornehmen (§ 88 Abs 4). Ausnahmsweise obliegt die Abberufung der Hauptversammlung, nämlich dann, wenn die in der Satzung bestimmten Voraussetzungen des Entsendungsrechts weggefallen sind (§ 88 Abs 5).

Wurde das Aufsichtsratsmitglied vom **Gericht** bestellt, kann dieses – sobald die Voraussetzungen für die Notbestellung weggefallen sind – das Not-Aufsichtsratsmitglied auch wieder abberufen (§ 89 Abs 2).

Die Abberufung der **Arbeitnehmervertreter** erfolgt durch Mehrheitsbeschluss des Betriebsrats bzw Zentralbetriebsrats.

Ein Aufsichtsratsmitglied kann auch von sich aus seine Funktion niederlegen. Ein solcher **Rücktritt** ist bei Vorliegen eines wichtigen Grundes jederzeit möglich. Ohne wichtigen Grund kann das Mandat zurückgelegt werden, wenn dies nicht zur Unzeit erfolgt. In der Praxis wird das Rücktrittsrecht zumeist an keinen Grund, aber an die Einhaltung einer Frist gebunden, der Rücktritt muss so rechtzeitig erklärt werden, dass ein adäquates Ersatzmitglied gefunden werden kann.

d) Vergütung/Aufwandersatz

Den Kapitalvertretern im Aufsichtsrat kann für ihre Tätigkeit eine Vergütung gewährt werden (§ 98; bei einer börsenotierten Gesellschaft sind in sinngemäßer Anwendung der §§ 78a – 78e Vergütungspolitik und Vergütungsbericht zu erstellen, § 98a), es besteht jedoch keine gesetzliche Verpflichtung zur Gewährung einer Vergütung. Die Vergütung kann in der Satzung, durch Beschluss der Hauptversammlung oder durch einzelvertragliche Vereinbarung (zB Auftrag) festgelegt werden (zur Vergütung der Arbeitnehmervertreter siehe Seite 279). Ist die Vergütung in der Satzung festgelegt, stellt jede Änderung eine Satzungsänderung dar, für die grundsätzlich einfache Stimmenmehrheit sowie eine Kapitalmehrheit von drei Vierteln des vertretenen Grundkapitals erforderlich ist (§ 146 Abs 1). Die Herabsetzung der satzungsmäßig festgelegten Vergütung wird allerdings erleichtert: Es reicht – obwohl es sich um eine Satzungsänderung handelt – die einfache Stimmenmehrheit (§ 98 Abs 1). Die Arbeitnehmervertreter üben ihre Tätigkeit ehrenamtlich aus.

Die Aufsichtsratsmitglieder haben aufgrund des Organverhältnisses jedenfalls einen Anspruch auf Ersatz ihrer Aufwendungen. Begründet kann dies auch mit § 1014 ABGB werden.

e) Organisation

(1) Vorsitz

Aus der Mitte des Aufsichtsrats sind ein **Vorsitzender** und mindestens ein Stellvertreter zu wählen (§ 92 Abs 1; zum doppelten Mehrheitserfordernis vgl § 110 Abs 3 Satz 5 ArbVG; siehe auch Seite 367). Diese Funktionen sind zum Firmenbuch anzumelden. Der Vorsitzende hat die Aufsichtsratssitzungen und die Hauptversammlungen zu leiten. Ein Mitglied des Aufsichtsrats einer börsenotierten Gesellschaft, das in den letzten zwei Jahren Vorstandsmitglied dieser Gesellschaft war, kann nicht zum Vorsitzenden des Aufsichtsrats gewählt werden (§ 92 Abs 1a).

(2) Sitzungen des Aufsichtsrats

Im Wesentlichen gilt betreffend Sitzungen das zur GmbH Ausgeführte sinngemäß (vgl Seiten 259 f; §§ 92 bis 94): Der Aufsichtsrat hat sich vier Mal im Jahr, **einmal pro Quartal**, zu treffen (§ 94 Abs 3). Auf Verlangen eines Aufsichtsratsmitglieds oder des Vorstands hat der Vorsitzende unverzüglich eine Aufsichtsratssitzung einzuberufen (§ 94 Abs 1).

(3) Aufsichtsratsbeschlüsse

Die Aufsichtsratsbeschlüsse werden im Wesentlichen wie bei der GmbH (vgl Seiten 281 f) gefasst: Der Aufsichtsrat ist beschlussfähig, sofern mindestens drei Mitglieder teilnehmen (§ 92 Abs 5; sofern die Satzung kein höheres Quorum vorsieht). Die Beschlussfassung erfolgt nach dem **Mehrheitsprinzip** und ist ausnahmsweise auch schriftlich, fernmündlich oder auf andere vergleichbare Formen möglich (§ 92 Abs 3). Findet sich keine Mehrheit (etwa bei Stimmengleichheit), dann entscheidet nur dann die Stimme des Vorsitzenden (Dirimierungsrecht), wenn dies in der Satzung oder in der Geschäftsordnung festgelegt wurde. Fehlerhafte Beschlüsse des Aufsichtsrats, dh Beschlüsse, die ihrem Inhalt nach oder in der Form ihres Zustandekommens gegen Gesetz oder Satzung verstoßen, sind grundsätzlich nichtig (im Detail ist hier einiges strittig: manche Autoren differenzieren auch – je nach Schwere des Fehlers – zwischen Nichtigkeit und Anfechtbarkeit).

(4) Ausschüsse

Der Aufsichtsrat kann aus seiner Mitte einen oder mehrere **Ausschüsse** bestellen (vgl dazu ausführlich Seiten 282 f, in der Praxis zB Personalausschuss). Die Einrichtung eines Prüfungsausschusses ist verpflichtend für kapitalmarktorientierte AG oder für AG mit einer entsprechenden Größe (§ 92 Abs 4a). Bei unmittelbarem oder mittelbarem fünfundsiebzigprozentigem Anteilsbesitz kann die Ausnahmebestimmung des § 92 Abs 4a Z 3 in Anspruch genommen werden; in diesem Fall ist kein Prüfungsausschuss einzurichten.

f) Aufgaben

(1) Bestellung und Abberufung des Vorstands

Der Aufsichtsrat hat den **Vorstand** zu **bestellen** und gegebenenfalls auch abzuberufen (§ 75 Abs 1 und 4). Der Aufsichtsrat hat bei Bestellung des Vorstands die absolute, durch nichts gebundene Beschlussfreiheit (RS0116595, 4 Ob 163/02b).

> **Rechtsformunterschied:**
> Bei der GmbH wird der Geschäftsführer durch die Generalversammlung bestellt und abberufen.

(2) Überwachung des Vorstands

Hauptaufgabe des Aufsichtsrats einer AG ist es – wie bei der GmbH –, die Geschäftsführung des Vorstands auf ihre Rechtmäßigkeit, Zweckmäßigkeit und Wirtschaftlichkeit zu überwachen (§ 95 Abs 1; RS0049302, 1 Ob 144/01k, 8 Ob

262/02s). Um dieser Aufgabe nachkommen zu können, benötigt der Aufsichtsrat umfassende Informationen (zB Jahres-, Quartals- oder Sonderberichte). Er kann daher vom Vorstand jederzeit einen Bericht über die Angelegenheiten der Gesellschaft verlangen (§ 95 Abs 2; siehe auch § 81; vgl Seiten 376 f) sowie die Bücher und Schriften der Gesellschaft, die Gesellschaftskasse, die Bestände an Wertpapieren und Waren einsehen und prüfen (§ 95 Abs 3).

Der Aufsichtsrat kann dem Vorstand zwar **keine Weisungen** erteilen, er muss aber dennoch Mängel in der Geschäftsführung beanstanden und die erforderlichen Ratschläge erteilen. Reichen diese Maßnahmen nicht aus, hat der Aufsichtsrat anzuordnen, dass der Vorstand bestimmte Arten von Geschäften nur mit seiner Zustimmung vornehmen darf (§ 95 Abs 5; RS0049305, 5 Ob 306/76).

(3) Einberufung einer Hauptversammlung

Wenn es das Wohl der Gesellschaft erfordert, hat der Aufsichtsrat (wie bei der GmbH) eine Hauptversammlung einzuberufen (§ 95 Abs 4).

(4) Genehmigungspflichtige Geschäfte

Wie im GmbHG ist auch im AktG (§ 95 Abs 5) ein **Katalog** von Geschäften festgelegt, die nur mit Zustimmung des Aufsichtsrats vorgenommen werden dürfen (in § 95 Abs 5 ist „sollen" als „dürfen" zu lesen). Wird die Zustimmung nicht eingeholt, ist das Geschäft zwar nach außen wirksam (zumal der Vorstand eine umfassende Vertretungsbefugnis hat), im Innenverhältnis kann dies aber zu einer Haftung oder gar Abberufung des Vorstands aus wichtigem Grund führen.

Die zustimmungspflichtigen Geschäfte in § 95 Abs 5 entsprechen jenen des § 30j Abs 5 GmbHG (vgl Seiten 284 f): Nur die Ziffern 10 und 11 sind **zusätzlich** im AktG enthalten, das sind:

- die **Einräumung von Optionen** auf Aktien der Gesellschaft an Arbeitnehmer und leitende Angestellte der Gesellschaft oder eines mit ihr verbundenen Unternehmens sowie an Mitglieder des Vorstands und des Aufsichtsrats von verbundenen Unternehmen und
- die Erteilung der **Prokura**.

Die Satzung oder der Aufsichtsrat können anordnen, dass weitere Arten von Geschäften nur mit Zustimmung des Aufsichtsrats vorgenommen werden dürfen (§ 95 Abs 5 letzter Satz), jedoch ist dabei sicherzustellen, dass die Geschäftsführungskompetenz beim Vorstand verbleibt.

Gemäß § 95a bedürfen bei börsenotierten Gesellschaften weiters wesentliche Geschäfte mit nahestehenden Unternehmen oder Personen grundsätzlich der Zustimmung des Aufsichtsrats oder einer öffentlichen Bekanntmachung.

(5) Prüfungs- und Berichtspflichten

Der Aufsichtsrat hat weiters die Aufgabe, den **Jahresabschluss**, den Vorschlag für die **Gewinnverwendung** und den **Lagebericht** sowie gegebenenfalls den **Konzernabschluss und -lagebericht** zu prüfen. Weiters hat er dem Vorstand gegenüber innerhalb von zwei Monaten nach Vorlage eine diesbezügliche Erklärung abzugeben und der Hauptversammlung darüber zu berichten (§ 96 Abs 1 und 3). Den Sitzungen für die Prüfung, Vorbereitung und Feststellung des Jahresabschlusses ist der Abschlussprüfer beizuziehen (§ 93 Abs 1).

In seinem Bericht hat der Aufsichtsrat mitzuteilen, in welcher Art und in welchem Umfang er die Geschäftsführung der Gesellschaft während des Geschäftsjahres geprüft hat, welche Stelle den Jahresabschluss und den Lagebericht geprüft hat und ob diese Prüfungen nach ihrem abschließenden Ergebnis zu wesentlichen Beanstandungen Anlass gegeben haben (§ 96 Abs 2).

(6) (Ausnahmsweise) Vertretung der Gesellschaft

In folgenden Fällen obliegt dem Aufsichtsrat – in **Durchbrechung des Vertretungsmonopols** des Vorstands – die Vertretung der AG:

- Bei Rechtsgeschäften zwischen der AG und dem Vorstand (§ 97 Abs 1),
- in durch Hauptversammlungsbeschluss beschlossenen Rechtsstreitigkeiten gegen den Vorstand (§ 97 Abs 1),
- wenn die Haftung eines Aufsichtsratsmitglieds infrage kommt, kann der Aufsichtsrat ohne und auch gegen einen Hauptversammlungsbeschluss Vorstandsmitglieder klagen (§ 97 Abs 2),
- bei Führung von Anfechtungs- und Nichtigkeitsprozessen betreffend Hauptversammlungsbeschlüsse (§ 197 Abs 2; § 201 Abs 1; § 216 Abs 1),
- bei Bestellung und Abberufung der Vorstandsmitglieder (§ 75 Abs 1 und 4), Festlegung ihrer Bezüge (§§ 78 ff), Ernennung des Vorstandsvorsitzenden sowie Widerruf dieser Ernennung (§ 75 Abs 3 und 4),
- bei (teilweiser) Aufhebung des Wettbewerbsverbots des Vorstands durch Einwilligung (§ 79 Abs 1).

Die Vertretung der AG gegenüber Dritten obliegt nur in diesen im AktG erschöpfend aufgezählten Fällen dem Aufsichtsrat; dadurch soll die abstrakte Gefährdung von Gesellschaftsinteressen durch möglicherweise auftretende Interessenkonflikte vermieden werden. Der Aufsichtsrat ist daher nicht in allen Fällen Dritten gegenüber vertretungsbefugt, in denen Interessen der AG gegenüber dem Vorstand als Organ oder einzelnen Organmitgliedern des Vorstands wahrzunehmen sind (RS0049403). Grundsätzlich vertritt nach § 97 nur der gesamte Aufsichtsrat; soll der Aufsichtsratsvorsitzende alleine vertreten, muss er eine ihm erteilte Vollmacht (etwa durch Vorlage eines Aufsichtsratsprotokolls) vorweisen (9 Ob 42/09f).

(7) Firmenbuchanmeldungen

Grundsätzlich hat nur der **Vorstand** eine Satzungsänderung zur Eintragung in das Firmenbuch anzumelden (§ 148). Wird jedoch die Satzung infolge einer Erhöhung oder Herabsetzung des Grundkapitals geändert, obliegt die Anmeldung dem Vorstand gemeinsam mit dem Aufsichtsratsvorsitzenden (§§ 151 ff).

(8) Sonstiges

Durch die Satzung oder einen Aufsichtsratsbeschluss können **zusätzlich** zu den gesetzlichen **Genehmigungsfällen** bestimmte Arten von Geschäften an die beschlussmäßige Zustimmung des Aufsichtsrats gebunden werden (§ 95 Abs 5 letzter Satz). Dabei ist allerdings zu beachten, dass die dem Vorstand zukommende Geschäftsführungskompetenz nicht faktisch lahmgelegt wird.

g) Haftung

Der für die Vorstandsmitglieder angeordnete Sorgfaltsmaßstab gilt auch für die Mitglieder des Aufsichtsrats (§ 99): Aufsichtsratsmitglieder haben bei Erfüllung ihrer Aufgaben die **Sorgfalt eines ordentlichen Aufsichtsratsmitglieds** anzuwenden (vgl die Ausführungen zum Vorstand, Seiten 378 ff). Das Aufsichtsratsmitglied hat jene Sorgfalt anzuwenden, die man von einem ordentlichen Aufsichtsratsmitglied nach der besonderen Lage des Einzelfalles erwarten kann. Jedes Aufsichtsratsmitglied muss über das Wissen und die Erfahrung verfügen, die zur kompetenten Bewältigung der dem Aufsichtsrat übertragenen Aufgaben erforderlich ist. In Zweifelsfällen und bei „schwierigen Deckungsgeschäften" sind Sachverständige zu Rate zu ziehen, soweit solche nicht innerhalb des Aufsichtsrats selbst zur Verfügung stehen (1 Ob 144/01k; zur Haftung von Aufsichtsratsmitgliedern siehe 7 Ob 58/08t).

Darüber hinaus kommt auch eine Haftung nach § 25 URG in Betracht (Verweigerung der Zustimmung zur Einleitung eines Reorganisationsverfahrens bei Vorlage der Entscheidung durch den Vorstand, oder bei besonderer Zuständigkeit auf der Grundlage von § 95 Abs 5).

3. Hauptversammlung

a) Allgemeines

Die Hauptversammlung ist die **Versammlung der Aktionäre**. Sie dient der gemeinsamen Willensbildung der Aktionäre in Gesellschaftsangelegenheiten (§ 102 Abs 1).

> **Rechtsformunterschied:**
> Bei der GmbH ist die Generalversammlung das oberste willensbildende Organ (siehe Seite 287). Für die AG trifft dies nur zum Teil zu: Die Hauptversammlung entscheidet nur in jenen Angelegenheiten, die ihr durch Gesetz

oder Satzung zugewiesen werden. Ihre Kompetenzen sind gegenüber den anderen Organen streng abgegrenzt. Darüber hinausgehende Agenden, die zwingend anderen Organen zugewiesen sind, kann die Hauptversammlung der AG nicht einfach an sich ziehen. Auch kann sie anderen Organen keine Weisungen erteilen. Außer im Fall des § 103 Abs 2 (Vorlage durch Vorstand oder Aufsichtsrat) ist die Hauptversammlung auch nicht zur Entscheidung in Geschäftsführungsfragen zuständig, außer im Fall des § 96 Abs 4 auch nicht für die Feststellung des Jahresabschlusses.

Die jährlich einzuberufende ordentliche Hauptversammlung hat in den ersten acht Monaten des Geschäftsjahres stattzufinden. Im Rahmen der **ordentlichen Hauptversammlung** ist zwingend der Jahresabschluss samt Lagebericht (und allenfalls der Corporate-Governance-Bericht sowie der Konzernabschluss samt Konzernlagebericht) vorzulegen sowie über die Gewinnverwendung und Entlastung von Vorstand und Aufsichtsrat zu beschließen (§ 104). Wird die Hauptversammlung aus anderen Gründen einberufen, wird sie als **außerordentliche Hauptversammlung** bezeichnet. Bei einem Verlust in Höhe des halben Grundkapitals ist eine solche außerordentliche Hauptversammlung (vom Vorstand) verpflichtend einzuberufen (§ 83).

b) Willensbildung durch Aktionärsbeschluss

Wie bei der GmbH erfolgt die Willensbildung grundsätzlich durch Beschlüsse. Die Hauptversammlung ist das Forum für das Mitbestimmungsrecht der Aktionäre. Dort wird der kollektive Wille der Aktionäre durch einen Notar dokumentiert, wenngleich einzelne Aktionärsrechte außerhalb der Hauptversammlung ausgeübt werden können (§ 89 Abs 1 – Antrag auf Bestellung von fehlenden Aufsichtsratsmitgliedern durch das Gericht; § 108 Abs 5 – Übermittlung der Hauptversammlungsunterlagen über Verlangen; § 109 Abs 1 – Ergänzung der Tagesordnung; § 214 Abs 3 – Bucheinsicht aufgrund gerichtlicher Genehmigung).

Rechtsformunterschied:
Aktionäre können Beschlüsse nur in der Hauptversammlung fassen. Eine Willensbildung im Wege eines Umlaufbeschlusses ist – anders als bei der GmbH (siehe Seite 287) – nicht möglich.

c) Kompetenzen der Hauptversammlung/Gegenstände der Beschlussfassung

Der Hauptversammlung sind insbesondere folgende Angelegenheiten zur Beschlussfassung vorzulegen:

- **Feststellung des Jahresabschlusses**, sofern sich Vorstand und Aufsichtsrat gemeinsam für eine Kompetenz der Hauptversammlung zur Beschlussfassung entscheiden (§ 96 Abs 4),

- **Verwendung des Bilanzgewinns** (§ 104),
- **Wahl der Aufsichtsratsmitglieder** (§ 87 Abs 1) und (über Vorschlag des Aufsichtsrats) des Abschlussprüfers (§ 270 UGB).
- Die Hauptversammlung kann zur Prüfung von Vorgängen bei der Gründung oder der Geschäftsführung **Sonderprüfer** bestellen (§ 130).
- Jede **Satzungsänderung** bedarf eines Beschlusses der Hauptversammlung (§ 145; zB Kapitalerhöhungen, -herabsetzungen; siehe dazu unten Seiten 413 ff). Die Zuständigkeit der Hauptversammlung zu Entscheidungen über Satzungsänderungen ist zwingend. Nur in den Fällen des § 145 Abs 1 Satz 2 (Änderungen, die nur die Fassung betreffen; RS0115720, 6 Ob 221/01w) kann eine Zuständigkeit des Aufsichtsrats begründet werden (RS0080293, 1 Ob 586/94).
- Soll im Rahmen einer Kapitalerhöhung das **Bezugsrecht** ganz oder teilweise **ausgeschlossen** werden, ist ein Beschluss der Hauptversammlung erforderlich (§ 153 Abs 3).
- **Bestimmte Geschäfte** bedürfen der Zustimmung der Hauptversammlung, etwa Nachgründungen (§ 45), Verschmelzungen (§ 221), Übertragungen des gesamten Vermögens (§§ 236 f), Verträge über eine Gewinngemeinschaft (§ 238 Abs 1), Unternehmenspacht-, Betriebsführungs- und Betriebsüberlassungsverträge (§ 238 Abs 2) oder die Ausgabe von Wandel- und Gewinnschuldverschreibungen (§ 174; siehe dazu Seiten 422 ff).
- Die Hauptversammlung hat überdies über jene **Geschäftsführungsangelegenheiten** zu entscheiden, die vom Vorstand oder Aufsichtsrat diesem zur Entscheidung **vorgelegt** wurden (§ 103 Abs 2; dies steht aber nicht dem Prinzip der Weisungsfreiheit des Vorstands entgegen, RS0129740).
- Die Hauptversammlung beschließt auch über die **Entlastung des Vorstands und des Aufsichtsrats** (§ 104 Abs 2) sowie bei Börsenotierung über die Vergütungspolitik und den Vergütungsbericht (§ 104 Abs 2a).
- Die Hauptversammlung kann dem Vorstand das **Vertrauen entziehen** (§ 75 Abs 4). Mit dieser Kompetenz wird dem Umstand Rechnung getragen, dass der Vorstand einer AG fremdes Vermögen verwaltet und dass es sich um Fremd- bzw Drittorganschaft handelt. Die eigenverantwortliche Stellung eines Vorstandsmitglieds hat nur so lange ihre Berechtigung, als sie vom Vertrauen der Hauptversammlung getragen ist (4 Ob 127/06i).
- Die Geltendmachung von **Ersatzansprüchen** gegenüber Vorstands- und/oder Aufsichtsratsmitgliedern bedarf ebenso eines Hauptversammlungsbeschlusses (§ 134 Abs 1). Zur Führung des Rechtsstreites kann die Hauptversammlung besondere Vertreter bestellen (§ 134 Abs 2).

Ob die Hauptversammlung **über die gesetzlichen Kompetenzen des AktG hinaus eine Mitwirkungsbefugnis** hat, ist in der österreichischen Rechtsprechung bisher nicht entschieden (in 1 Ob 566/95, 6 Ob 77/14p konnte der OGH die Frage offenlassen).

In Deutschland hat der BGH hingegen in den Entscheidungen *Holzmüller* (BGH II ZR 174/80) und *Gelatine* (BGH II ZR 154/02, 155/02) ausgesprochen, dass eine Mitwirkung der Hauptversammlung über die gesetzlich geregelten Fälle hinaus in Ausnahmefällen in Betracht kommt. Ein solcher Ausnahmefall läge etwa vor, wenn der Vorstand eine **Maßnahme** beschließt, die die Kernkompetenz der Hauptversammlung berührt, die Rechte der Aktionäre tiefgreifend verändert und die in ihren Auswirkungen einem Zustand nahekommt, der allein durch eine Satzungsänderung der Gesellschaft herbeigeführt werden kann. Im Fall *Macrotron* unterschied der BGH (II ZR 133/01) weiter zwischen der Zuständigkeit der Hauptversammlung im Bereich strukturändernder Maßnahmen (zB Übertragung eines Teilbetriebs) und der Zuständigkeit im Bereich des Eigentumsschutzes der Aktionäre (zB Delisting).

Eine Übernahme dieser Rechtsprechung durch den OGH würde bedeuten, dass zB für Strukturmaßnahmen, die wesentliche Teile (zB 80 %) des Gesellschaftsvermögens betreffen, Veräußerung von bedeutsamen Beteiligungen, aber auch Delisting (Börsenrückzug) die Zustimmung der Hauptversammlung einzuholen wäre. Für einen solchen Zustimmungsbeschluss wäre (nach der deutschen Rechtsprechung) eine Mehrheit von drei Vierteln (bei Strukturmaßnahmen) bzw einfache Mehrheit (bei Zuständigkeiten im Bereich des Eigentumsschutzes der Aktionäre) erforderlich (BGH II ZR 133/01).

d) Einberufung der Hauptversammlung

Grundsätzlich ist zur Abhaltung der Hauptversammlung deren Einberufung erforderlich (§ 105). Nur wenn die Einberufung von einem hierzu Befugten erfolgt ist und einen bestimmten und entsprechend bekannt gemachten Mindestinhalt aufweist, können wirksame, mangelfreie Beschlüsse gefasst werden. Sind allerdings alle Aktionäre erschienen oder vertreten, können auch ohne formgerechte Einberufung Beschlüsse wirksam gefasst werden (§ 199 Abs 1 Z 1 iVm § 105 Abs 5).

(1) Berechtigung zur Einberufung

Zur Einberufung berechtigt sind:

- der **Vorstand**, und zwar zur Einberufung der ordentlichen und außerordentlichen Hauptversammlungen (§ 105 Abs 1), zB auch bei Verlust des halben Grundkapitals (§ 83) oder bei einem Antrag einer Aktionärsminderheit von 5 % (§ 105 Abs 3);
- der **Aufsichtsrat**, wenn es nach pflichtgemäßem Ermessen das Wohl der Gesellschaft erfordert (§ 95 Abs 4);
- von der **Satzung ermächtigte Personen** (§ 105 Abs 1), zB bestimmte Aktionäre oder der Aufsichtsratsvorsitzende;
- eine **Aktionärsminderheit von 5 % des Grundkapitals** (§ 105 Abs 3 und 4), und zwar dann, wenn weder Vorstand noch Aufsichtsrat dem Verlangen auf Einberufung einer Hauptversammlung nachkommen und das Gericht die Aktionäre, die das Verlangen gestellt haben, zur Einberufung der Haupt-

versammlung ermächtigt. Die Antragsteller müssen seit mindestens drei Monaten vor Antragstellung Inhaber der Aktien sein und die Aktien bis zur Entscheidung über den Antrag halten;
- **Aufsichtsbehörden** aufgrund sondergesetzlicher Bestimmungen (zB Finanzmarktaufsicht gemäß § 276 VAG 2016 bei Versicherungs-AG).

Die Einberufung durch einen Nichtberechtigten führt zur **Nichtigkeit** sämtlicher in dieser Hauptversammlung gefasster Beschlüsse, es sei denn, sämtliche Aktionäre sind in der Hauptversammlung erschienen oder vertreten (§ 199 Abs 1 Z 1 iVm § 105 Abs 5).

(2) Einberufungsverfahren

Das Einberufungsverfahren ist seit dem AktRÄG 2009 neu in den §§ 105 ff festgelegt und stellt sich vereinfacht wie folgt dar:
- Zunächst muss die Einberufung in den **Bekanntmachungsblättern** der AG (idR Wiener Zeitung; vgl § 18) veröffentlicht werden (§ 107 Abs 2). Sind in der AG ausschließlich Namensaktien ausgegeben (und sind damit sämtliche Aktionäre namentlich bekannt), kann die Hauptversammlung auch mit eingeschriebenem Brief einberufen werden, wenn dies in der Satzung nicht ausgeschlossen ist. Bei Inhaberaktien wäre dies in der Regel nicht möglich, weil die Aktionäre nicht namentlich bekannt sind. Aktionäre können aber auch in die Einberufung per E-Mail einwilligen (§ 107 Abs 2). Eine börsenotierte AG hat die Einberufung zusätzlich auch in einem Medium bekannt zu machen, das die Informationen in der gesamten EU öffentlich verbreitet (Ausnahme siehe in § 107 Abs 3).
- Die Einberufung der Hauptversammlung ist spätestens am **28. Tag vor einer ordentlichen Hauptversammlung, ansonsten** spätestens am **21. Tag** vor der Hauptversammlung bekannt zu machen, sofern die Satzung keine längeren Fristen vorsieht (§ 107 Abs 1). Diese Fristen werden stets vom Tag der Hauptversammlung aus berechnet. Dadurch soll den Aktionären ausreichend Vorbereitungszeit im Vorfeld der Hauptversammlung gewährt werden.
- § 106 regelt den **Inhalt der Einberufung** und listet die **Mindestangaben** auf, die in der Einberufung enthalten sein müssen, wie zB Firma der Gesellschaft, Tag, Beginnzeit und Ort der Hauptversammlung, die vorgeschlagene Tagesordnung, Angaben über die Möglichkeiten der Aktionäre, in Unterlagen Einsicht zu nehmen, und die Voraussetzungen für die Teilnahme an oder Vertretung in der Hauptversammlung.
- Eine **börsenotierte AG** hat ab dem 21. Tag vor der Hauptversammlung weiters die in § 108 Abs 4 aufgezählten Informationen (Einberufung, Unterlagen etc) auf ihrer Homepage zugänglich zu machen. Eine **nicht-börsenotierte AG** hat jedem Aktionär auf Verlangen kostenlos eine Kopie der in § 108 Abs 3 aufgezählten Unterlagen zu übermitteln (§ 108 Abs 5).
- Gemäß § 108 sind vom Vorstand und Aufsichtsrat zu jedem **Punkt der Tagesordnung,** über den die Hauptversammlung beschließen soll, **Vor-**

schläge zur Beschlussfassung zu machen. Zu Wahlen in den Aufsichtsrat, zur Beschlussfassung über die Vergütungspolitik sowie zur Bestellung von Abschluss- und Sonderprüfern hat nur der Aufsichtsrat Vorschläge zu unterbreiten (§ 108 Abs 1). Ein Beschlussvorschlag muss so formuliert sein, dass er sich als Antrag und in der Folge als Beschlusstext eignet.

> **Beispiel:**
> Der Unterschied zwischen Tagesordnungspunkt und Beschlussvorschlag soll anhand des folgenden Beispiels dargelegt werden:
> - Tagesordnungspunkt: „Wahlen in den Aufsichtsrat"
> - Beschlussvorschlag: „Herr XY wird bis zum Ende jener Hauptversammlung, die über die Entlastung der Vorstands- und Aufsichtsratsmitglieder für das am 31. Dezember 2019 endende Geschäftsjahr beschließt, in den Aufsichtsrat der ABC AG gewählt."

Bei der Formulierung der Tagesordnung ist darauf zu achten, dass die beabsichtigten Anträge unter einen konkreten Tagesordnungspunkt subsumiert werden können, anderenfalls kann nicht darüber abgestimmt werden. So kann etwa nach hA unter dem Tagesordnungspunkt „Entlastung" kein Antrag auf Geltendmachung von Ersatzansprüchen gestellt werden (RS0049412, 4 Ob 1588/90).

> **Beachte:**
> Die Tagesordnung einer ordentlichen Hauptversammlung hat jedenfalls folgende Punkte, die um weitere Anliegen (zB Kapitalmaßnahmen) erweitert werden können, zu enthalten (§ 104 Abs 2; vgl auch § 270 UGB):
> - Vorlage des Jahresabschlusses und des Lageberichts für das Geschäftsjahr ... mit dem Bericht des Aufsichtsrats (allenfalls: Vorlage des Konzernabschlusses und des Konzernlageberichtes für das Geschäftsjahr ...).
> - Beschlussfassung über die Verwendung des Bilanzgewinns des Geschäftsjahres ... .
> - Beschlussfassung über die Entlastung der Mitglieder des Vorstands und des Aufsichtsrats für das Geschäftsjahr ... .
> - Wahl des Abschlussprüfers für das Geschäftsjahr ... .
>
> Weitere mögliche Tagesordnungspunkte können zB sein:
> - Beschlussfassung über die Erhöhung des Grundkapitals aus Gesellschaftsmitteln.
> - Änderung der Satzung in ... (mit Angabe der wesentlichen Inhalte).
> - Wahlen in den Aufsichtsrat.

- Die Beschlussvorschläge sind mit weiteren **bestimmten Informationen** ab dem 21. Tag vor der Hauptversammlung am Sitz der Gesellschaft aufzulegen oder auf einer im Firmenbuch eingetragenen Homepage zugänglich zu

machen (siehe § 108 Abs 3); zB Erklärungen gemäß § 87 Abs 2, Erläuterungen oder Begründungen zu Tagesordnungspunkten, im Fall der ordentlichen Hauptversammlung zB Jahresabschluss mit Lagebericht, Vorschlag über die Gewinnverwendung, Bericht des Aufsichtsrats nach § 96, sowie alle sonstigen Berichte und Unterlagen, die der Hauptversammlung vorzulegen sind.
- Aktionäre, deren Anteile zusammen **5 % des Grundkapitals** erreichen, können schriftlich verlangen, dass Punkte auf die Tagesordnung der nächsten Hauptversammlung gesetzt werden. Die antragstellenden Aktionäre müssen seit **mindestens drei Monaten** vor Antragstellung **Inhaber** der Aktien sein (§ 109 Abs 1). Ein solches Verlangen ist nur dann beachtlich, wenn es der Gesellschaft spätestens am **21. Tag** vor der ordentlichen Hauptversammlung, ansonsten spätestens am **19. Tag** vor der Hauptversammlung, zugeht. Ist das Verlangen vor der Einberufung gestellt worden, kann der Vorstand die beantragten Tagesordnungspunkte sogleich in der Einberufung berücksichtigen, andernfalls muss die ergänzte Tagesordnung nachträglich, spätestens am 14. Tag vor der Hauptversammlung, bekannt gemacht werden (§ 109 Abs 2).
- In börsenotierten Gesellschaften können Aktionäre, deren Anteile **1 % des Grundkapitals** erreichen, darüber hinaus der Gesellschaft bis spätestens am 7. Werktag vor der Hauptversammlung zu jedem Punkt der Tagesordnung Vorschläge zur Beschlussfassung übermitteln und verlangen, dass diese auf der Homepage der Gesellschaft veröffentlicht werden (§ 110; Gegen- und Ergänzungsanträge). Damit sollen Aktionäre einer börsenotierten Gesellschaft die Homepage der Gesellschaft als Plattform benützen können, um unter den Aktionären um Zustimmung für ihre Beschlussvorschläge zu werben.

Wird die Hauptversammlung nicht gehörig bekannt gemacht, sind in der betroffenen Hauptversammlung gefasste Beschlüsse nichtig, es sei denn, alle Aktionäre sind erschienen oder vertreten (§ 199 Abs 1 Z 1 iVm § 105 Abs 5). Andere **Mängel** (zB die Missachtung der Einberufungsfrist) bewirken lediglich einen anfechtbaren Beschluss (§§ 195 ff).

e) Gang der Hauptversammlung

(1) Vorsitzender und seine Aufgaben

Der Vorsitz in der Hauptversammlung wird vom Vorsitzenden des Aufsichtsrats oder seinem Stellvertreter geführt, fehlen diese, ist die Versammlung bis zur Wahl eines Vorsitzenden vom Notar (§ 120 Abs 1) zu leiten (§ 116 Abs 1). Ihm kommt eine wichtige Position zu, weil der Vorsitzende der Hauptversammlung die **Sitzungspolizei** innehat: Er kann einzelne Teilnehmer bei Vorliegen wichtiger Gründe von der Teilnahme an der Hauptversammlung ausschließen, er entscheidet generell über die Zulassung von Personen zur Hauptversammlung, er legt auch die **Art der Abstimmung** fest (sofern in der Satzung nichts anderes vorgegeben ist), er bestimmt, in welcher Reihenfolge über einzelne Anträge abzustimmen ist, und stellt das **Beschlussergebnis** fest. Damit legt er gleichzeitig (indirekt) auch fest, wer eine etwaige Anfechtungsklage einzubringen hat.

Der Vorsitzende eröffnet die Hauptversammlung und erörtert zunächst **Organisatorisches** (zB Verlassen und Betreten des Raumes, Abwicklung der Abstimmungsvorgänge, Hinweis auf das den Aktionären zustehende Frage- und Antragsrecht). Dann hat der Vorsitzende festzustellen, ob die Hauptversammlung **beschlussfähig** ist (siehe dazu sogleich).

Im Anschluss daran werden die **Tagesordnungspunkte** abgearbeitet. Der Vorsitzende hat zu diesem Zweck den jeweils konkreten Tagesordnungspunkt anzukündigen, etwaige Anträge zu diesem konkreten Tagesordnungspunkt (samt allfälliger Erläuterungen) zu verlesen und den Aktionären die Möglichkeit zu eröffnen, Fragen zu stellen. Im Anschluss daran hat der Vorsitzende die Abstimmung über die jeweiligen Anträge zu veranlassen und das Beschlussergebnis festzustellen (§ 128). Ist die gesamte Tagesordnung abgearbeitet, stellt der Vorsitzende das Ende der Hauptversammlung fest und unterfertigt das Teilnehmerverzeichnis (Verzeichnis der anwesenden oder vertretenen Aktionäre).

(2) Beschlussfähigkeit

Die Beschlussfähigkeit der Hauptversammlung ist grundsätzlich – im Unterschied zur GmbH (vgl Seite 294) und sofern Gesetz oder Satzung nichts anderes bestimmen – an **kein Präsenzquorum** gebunden: Sie ist unabhängig von der Anzahl der erschienenen oder vertretenen Aktionäre oder der vertretenen Stimmen beschlussfähig (§ 121). Es können daher Beschlüsse bei Anwesenheit, oder bei Fernabstimmung oder Abstimmung per Brief durch einen einzigen stimmberechtigten Aktionär, unabhängig von der Höhe seiner Beteiligung, gefasst werden.

Die erschienenen (oder vertretenen) Aktionäre sind in einem **Teilnehmerverzeichnis** aufzunehmen (§ 117). Dieses Verzeichnis ist während der Hauptversammlung laufend zu aktualisieren (zB Aktionäre, die verspätet erscheinen oder zwischendurch die Hauptversammlung verlassen). Das Verzeichnis ist vor der ersten Abstimmung zur Einsicht aufzulegen und vom Vorsitzenden am Ende der Hauptversammlung zu unterzeichnen.

(3) Teilnahmeberechtigung

Teilnahmeberechtigt sind grundsätzlich die Aktionäre (zB auch Inhaber von stimmrechtsbezogenen Vorzugsaktien, nicht der Inhaber von Vorratsaktien) und Aktionärsvertreter sowie die Mitglieder des Vorstands und des Aufsichtsrats, der Abschlussprüfer und diejenigen Personen, die zur Abwicklung der Hauptversammlung benötigt werden (etwa Notar, Rechtsanwalt, Stimmzähler, Ordnungskräfte). Weitere Teilnehmer, insbesondere auch Pressevertreter, kann der Vorsitzende der Hauptversammlung zulassen.

Bei der Frage, welche Aktionäre konkret zur Teilnahme an einer Hauptversammlung berechtigt sind, ist zwischen börsenotierten und nicht-börsenotierten AG zu unterscheiden.

- Bei **börsenotierten AG** richtet sich die Berechtigung zur Teilnahme an der Hauptversammlung und zur Ausübung der Aktionärsrechte im Rahmen der Hauptversammlung bei **Inhaberaktien** nach dem Anteilsbesitz am Ende des **10. Tages vor der Hauptversammlung (Nachweisstichtag bzw Record-Date**; § 111). In der Praxis werden bei börsenotierten AGs keine Aktienurkunden ausgestellt, sondern die Aktien auf einem Wertpapierdepot einer Bank verwahrt. Bei solchen depotverwahrten Inhaberaktien genügt für den Nachweis des Anteilsbesitzes am Nachweisstichtag eine **Depotbestätigung** gemäß § 10a. Diese muss der Gesellschaft spätestens am dritten Werktag vor der Hauptversammlung zugehen. Die Teilnahmeberechtigung darf nicht von einer Hinterlegung der Aktien abhängig gemacht werden. Bei **Namensaktien** ist die **Eintragung im Aktienbuch** am Ende des 10. Tages vor der Hauptversammlung maßgeblich, sofern die Satzung nicht auf den Stand des Aktienbuches am Beginn des Tages der Hauptversammlung abstellt. Bei Namensaktien kann in der Einberufung die Teilnahme an der Hauptversammlung davon abhängig gemacht werden, dass sich die Aktionäre spätestens am dritten Werktag vor der Hauptversammlung anmelden.
- Bei **nicht-börsenotierten AG** (Namensaktien!) richtet sich die Teilnahmeberechtigung gemäß § 112 nach dem Anteilsbesitz (Eintragung im Aktienbuch) zu Beginn der Hauptversammlung, sofern nicht die Satzung den Nachweisstichtag nach § 111 für maßgeblich erklärt. Die Satzung kann regeln, wie die Berechtigung zur Teilnahme an der Hauptversammlung nachzuweisen ist. Mangels abweichender Satzungsregelung müssen Aktionäre zur Hauptversammlung zugelassen werden, die sich spätestens am dritten Werktag vor der Hauptversammlung anmelden.

Das Teilnahmerecht ist ein **unentziehbares Aktionärsrecht**. Allerdings darf es nicht missbraucht werden. Soweit dies zur Abhaltung einer geordneten Hauptversammlung erforderlich ist, kann ein Aktionär vom Vorsitzenden der Hauptversammlung im äußersten Fall, nämlich dann, wenn es zur Aufrechterhaltung der notwendigen Ordnung erforderlich ist, von der Hauptversammlung **ausgeschlossen** und des Saales verwiesen werden.

(4) Formen der Teilnahme

Neben der persönlichen Teilnahme der Aktionäre an der Hauptversammlung kann die Satzung seit dem AktRÄG 2009 auch die Teilnahme in Form einer Satellitenversammlung, Fernteilnahme oder Fernabstimmung vorsehen (§ 102 Abs 3), welcher in der Praxis allerdings keine Bedeutung zukommt.

- **Satellitenversammlung**: Dies ist eine zeitgleich mit der Hauptversammlung an einem anderen Ort im In- oder Ausland stattfindende Versammlung, die wie die Hauptversammlung einberufen und durchgeführt wird und für

die gesamte Dauer der Hauptversammlung mit dieser durch eine optische und akustische Zweiweg-Verbindung in Echtzeit verbunden ist.
- **Fernteilnahme**: Darunter versteht man die Teilnahme an der Hauptversammlung während ihrer gesamten Dauer von jedem Ort aus mittels einer akustischen und allenfalls auch optischen Zweiweg-Verbindung in Echtzeit, die es den Aktionären ermöglicht, dem Verlauf der Verhandlungen zu folgen und sich, sofern ihnen der Vorsitzende das Wort erteilt, selbst an die Hauptversammlung zu wenden. So könnte etwa ein Aktionär die über Internet übertragene Hauptversammlung auf seinem Computer verfolgen und sich gegebenenfalls per Webcam und Mikrofon zu Wort melden.
- **Fernabstimmung**: Darunter ist die Abgabe der Stimme auf elektronischem Weg zu verstehen, etwa per E-Mail oder einer Eingabemaske auf einer Homepage. Vorgesehen werden kann dabei, dass diese Stimmen (i) vor der Hauptversammlung bis zu einem festgesetzten Zeitpunkt, (ii) während der Hauptversammlung oder auch (iii) vor und während der Hauptversammlung bis zu jenem Zeitpunkt, an dem die persönlich anwesenden Teilnehmer abstimmen, abgegeben werden können. Dabei ist darauf zu achten, dass weder dem Vorstand noch dem Aufsichtsrat noch den übrigen Aktionären das Stimmverhalten der fernabstimmenden Aktionäre vor der Hauptversammlung bekannt wird (§ 126).

Darüber hinaus kann die Satzung die **Abstimmung per Brief** vorsehen (§ 102 Abs 6 iVm § 127). Die Ermächtigung des Vorstands in der Satzung, die Abstimmung per Brief zuzulassen, ist hierfür jedoch – anders als bei Satellitenversammlung, Fernteilnahme und Fernabstimmung – nicht ausreichend.

Im AktG nicht als eine Form der Teilnahme angesehen wird die **Übertragung der Hauptversammlung,** die einer Grundlage in der Satzung (zumindest in Form einer Ermächtigung des Vorstands) bedarf.

Ist bei einer Satellitenversammlung die Kommunikation zwischen den Versammlungsorten gestört, hat der Vorsitzende die Hauptversammlung für die Dauer der Störung zu unterbrechen, andernfalls kann ein Verfahrensmangel vorliegen, der zur Anfechtbarkeit der Beschlüsse führen kann. In allen anderen Fällen der elektronischen Teilnahme (Fernteilnahme und Fernabstimmung) sowie bei einer Übertragung der Hauptversammlung kann ein Aktionär aus einer Störung der Kommunikation nur dann einen Anspruch gegen die Gesellschaft ableiten, wenn diese ein Verschulden trifft (§ 102 Abs 5 Satz 2).

(5) Rede-, Auskunfts- und Antragsrecht des Aktionärs

Jeder Aktionär hat das Recht, seine Meinung in der Hauptversammlung darzulegen und an der gesellschaftsinternen Willensbildung mitzuwirken. Dieses **Rederecht** erfließt aus dem Teilnahmerecht.

Allerdings ist dieses Rederecht in zweifacher Weise **begrenzt**: Der Aktionär darf sich nur zu jenen Dingen äußern, die thematisch mit den Angelegenheiten der Gesellschaft und den einzelnen konkreten Tagesordnungspunkten in Zusammenhang stehen. Überdies kann das Rederecht des Aktionärs auch zeitlich begrenzt werden, um die Gefahr einer Verschleppung der Hauptversammlung auf ein unerträgliches Zeitausmaß hintanzuhalten: Spricht der Aktionär nicht zu dem betreffenden Tagesordnungspunkt oder langatmig oder wiederholend, kann nach vorheriger Abmahnung eine Redezeitbeschränkung festgelegt werden. Eine Missachtung dieser Begrenzung kann zum Wortentzug führen.

Jeder Aktionär hat gemäß § 118 ein **Auskunftsrecht** (oftmals auch als Fragerecht bezeichnet): Auf Verlangen ist jedem Aktionär in der Hauptversammlung Auskunft über Angelegenheiten der Gesellschaft zu erteilen, soweit sie zur sachgemäßen Beurteilung eines Tagesordnungspunkts erforderlich ist. Dieses Recht dient auch der Information der anderen Aktionäre und der Hauptversammlung als Ganzes (RS0121480, 4 Ob 101/06s). Vom Auskunftsrecht erfasst sind auch Beziehungen zu einem verbundenen Unternehmen. Damit soll dem Aktionär die erforderliche Entscheidungsgrundlage für die Abstimmung in der Hauptversammlung zur Verfügung gestellt werden. Anders als bei der GmbH (Seite 263) hat der Aktionär außerhalb der Hauptversammlung aber keinen allgemeinen Informationsanspruch (ausgenommen ein außerordentliches Bucheinsichtsrecht nach § 214 Abs 3).

Dem Auskunftsbegehren ist vom **Vorstand** (nicht vom Aufsichtsrat – dieser kann aber zur Auskunft verpflichtet werden, wenn sich etwa Fragen speziell auf seine Tätigkeit beziehen) nachzukommen. Er **darf** die Auskunft gemäß § 118 Abs 3 nur dann **verweigern**, wenn nach unternehmerischer Beurteilung erhebliche Nachteile für das Unternehmen oder ein verbundenes Unternehmen zu befürchten sind oder die Erteilung der Auskunft strafbar wäre. Nach § 118 Abs 4 darf die Auskunft auch verweigert werden, soweit sie auf der Internetseite der Gesellschaft in Form von Frage und Antwort über mindestens 7 Tage vor Beginn der Hauptversammlung durchgehend zugänglich war; im Unterschied zu den sonstigen Auskunftsverweigerungen trifft die Gesellschaftsorgane aber eine Verpflichtung, auf den Grund für die Auskunftsverweigerung hinzuweisen.

> **Beispiele:**
> Beispiele für erhebliche Nachteile sind Minderung des Ansehens der AG sowie die Offenbarung von Forschungsergebnissen oder internen Kalkulationen.

Jedenfalls besteht in allen Fällen eine Pflicht zur Auskunftsverweigerung, in denen die AG und/oder ihre Vorstandsmitglieder (unter Beachtung der gesamten Rechtsordnung) gesetzlich zur Verschwiegenheit verpflichtet sind (zB aufgrund der StPO oder des DSG). IdR besteht keine Auskunftspflicht des Vorstands zu den Bezügen einzelner Vorstandsmitglieder, zu geheim zu haltenden Verträgen oder zur Höhe der Abfindung ausscheidender Mitarbeiter der AG;

zu Vergütungspolitik und Vergütungsbericht bei börsenotierten AG siehe oben Seite 385. In der Hauptversammlung kann daher die Auskunft mit Verweis auf bereits veröffentlichte Informationen, wenn diese Dokumente auch in der Hauptversammlung allgemein zugänglich ausgelegt wurden oder wenn die gewünschte Auskunft in Form eines Frage- und Antwortkataloges mindestens 7 Tage vor der Hauptversammlung durchgehend auf der Internetseite der Gesellschaft zugänglich war, verweigert werden.

Jeder Aktionär ist in der Hauptversammlung auch **antragsberechtigt**. Er kann Zusatz- oder Gegenanträge stellen. Der Antrag muss von einem Tagesordnungspunkt gedeckt sein.

Beachte:
- Unrichtige Auskünfte sind gemäß § 163a Abs 1 Z 3 StGB mit Strafe bedroht.
- Ein berechtigtes Auskunftsverlangen kann vom Aktionär auch im außerstreitigen Verfahren durchgesetzt werden (RS0127549).

(6) Stimmrecht

Jedem Aktionär steht gemäß § 12 grundsätzlich ein Stimmrecht in der Hauptversammlung zu. Dieses bemisst sich bei Nennbetragsaktien nach dem **Nennbetrag** und seinem Verhältnis zum Grundkapital und bei Stückaktien nach der **Anzahl der Stückaktien**. Nur im Fall der Ausgabe nicht voll eingezahlter Aktien und im Fall der Festsetzung eines Höchststimmrechts kann das Stimmrecht des einzelnen Aktionärs geringer sein. Mehrstimmrechtsaktien sind gemäß § 12 Abs 3 unzulässig. Bei stimmrechtslosen Vorzugsaktien steht grundsätzlich kein Stimmrecht zu (§ 12a). Zulässig ist, dass der Aktionär (bei mehreren Aktien) sein Stimmrecht uneinheitlich ausübt (split voting, § 12 Abs 1 Satz 3).

Im Einzelfall hat der Aktionär bei der Ausübung seines Stimmrechts auch die **Treuepflicht** gegenüber der Gesellschaft wie auch gegenüber den anderen Aktionären zu beachten. Diese kann im Einzelfall zu einer Verpflichtung des Aktionärs führen, für bzw gegen einen bestimmten Antrag zu stimmen. Jedenfalls hat jeder Aktionär das Verbot der missbräuchlichen Rechtsausübung (§ 1295 Abs 2 ABGB), die guten Sitten (§ 879 ABGB) sowie den Missbrauchstatbestand des § 195 Abs 2 (Stimmrechtsausübung zur vorsätzlichen Erlangung von Sondervorteilen) zu beachten. Hat der Aktionär einen **Stimmrechtsbindungsvertrag** (darunter werden idR rechtsgeschäftliche Bindungen zukünftigen Abstimmungsverhalten zwischen den Gesellschaftern verstanden, sogenannter Syndikatsvertrag) abgeschlossen, ist auch diese Vereinbarung des Aktionärs bei der Ausübung des Stimmrechts zu beachten. Vertragsparteien des Syndikatsvertrags sind zumeist nur Aktionäre (siehe 6 Ob 202/10i; siehe auch Seiten 295 f); eine Stimmbindung der Gesellschaft würde gegen den Grundsatz, wonach Stimmrechte aus eigenen Aktien ruhen (§ 65 Abs 5), verstoßen und damit nichtig iSd § 879 Abs 1 ABGB sein. Eine bindungswidrig abgegebene Stimme ist allerdings wirksam; eine Anfechtung des Beschlusses wegen Verletzung des Stimmbindungsvertrags ist nur ausnahmsweise möglich (RS0079236, 2 Ob 46/97x; siehe auch Seiten 295 f).

Im Einzelfall kann der Aktionär vom **Stimmrecht ausgeschlossen** sein, etwa gemäß § 125 bei Interessenkonflikten (zB Zuwendung eines Vorteils; 9 Ob 64/03g). Dies ist etwa der Fall, wenn über die Entlastung eines Vorstandsmitglieds, das auch Aktionär ist, abgestimmt wird (vgl 6 Ob 28/08y; 6 Ob 98/08t) oder ein Beschluss über die Bestellung von Sonderprüfern gefasst wird (6 Ob 98/08t). Von solchen Ausnahmekonstellationen abgesehen, sind aber Aktionäre, die gleichzeitig Organmitglieder sind, grundsätzlich stimmberechtigt.

Nach § 124 kann in der Satzung geregelt werden, dass das **Stimmrecht** eines Aktionärs ganz oder teilweise ruht, wenn er gegen gesetzliche (zB §§ 130-133 BörseG 2018, s auch § 137 BörseG 2018) oder sich aus Börseregeln ergebende Meldepflichten über das Ausmaß seines Anteilsbesitzes (Beteiligungspublizität) oder auch die Veröffentlichungspflicht nach § 34 ÜbG verstoßen hat.

(7) Beschlussmehrheiten

Die Beschlussfassung der Aktionäre erfolgt, soweit das Gesetz oder die Satzung nicht Abweichendes bestimmt, mit **einfacher Mehrheit** der abgegebenen gültigen Stimmen (§ 121 Abs 2). Diese Grundregel wird allerdings in mehrfacher Hinsicht durchbrochen. Im AktG sind besondere Mehrheiten für bestimmte Beschlussgegenstände vorgesehen, zT erhöhte Stimmenmehrheiten, zT aber auch bestimmte zu erfüllende Kapitalmehrheiten.

> **Beachte:**
> Stimmenmehrheit und Kapitalmehrheit müssen nicht immer deckungsgleich sein. So haben zB stimmrechtslose Vorzugsaktien kein Stimmrecht, aber eine Beteiligung am Grundkapital. In einzelnen Bestimmungen wird nicht auf die Stimmenmehrheit, sondern auf die Kapitalmehrheit abgestellt.

Beispiele für solche besonderen Mehrheitsbestimmungen sind nachstehend zusammenfasst, wenngleich nicht sämtliche Mehrheiten zwingend sind und durch Satzung (oftmals in beide Richtungen) verändert werden können:

- Einer (erhöhten) **Stimmenmehrheit** von **drei Vierteln** bedarf die Abberufung von Aufsichtsratsmitgliedern (§ 87 Abs 8).

- Der **einfachen Stimmenmehrheit** und einer **Kapitalmehrheit** von **mindestens einem Viertel** des gesamten Grundkapitals bedürfen Nachgründungen im ersten Jahr nach der Eintragung der Gesellschaft (§ 45 Abs 4; zusätzlich eine Mehrheit von drei Vierteln des vertretenen Grundkapitals).

- Ua folgende Beschlüsse bedürfen überdies (zusätzlich zur **einfachen Stimmenmehrheit**) grundsätzlich einer **Dreiviertelmehrheit** des bei der Beschlussfassung vertretenen **Grundkapitals**:

- Satzungsänderungen (§ 146 Abs 1; Änderungen des Grundkapitals: §§ 149 Abs 1, 153 Abs 3, 160 Abs 1, 169 Abs 2, 175 Abs 1),
- Ausgabe von Gewinn- und Wandelschuldverschreibungen (§ 174 Abs 1),
- Auflösung der Gesellschaft (§ 203 Abs 1 Z 2),
- Fortsetzung einer aufgelösten Gesellschaft (§ 215 Abs 1),
- Verschmelzung (§ 221 Abs 2) und formwechselnde Umwandlung (§ 239 Abs 2),
- Übertragung des gesamten Vermögens (§ 237 Abs 1 Satz 2; siehe näher RS0103746, 1 Ob 566/95),
- Verträge über eine Gewinngemeinschaft (§ 238 Abs 3),
- Spaltung (§ 8 SpaltG).

• Der Gesellschafterausschluss bedarf der einfachen Stimmenmehrheit und der **Zustimmung des Hauptgesellschafters** (§ 4 GesAusG; vgl Seiten 302 ff).

Beachte:
Wird durch Beschlüsse in die besondere Rechtsstellung von Aktionären eingegriffen, bedürfen diese Beschlüsse im Regelfall der Zustimmung der betroffenen Aktionäre, zB bei Auferlegung von Nebenleistungspflichten (§ 147) oder nachträglicher Vinkulierung von Namensaktien (**Zustimmungsvorbehalt**). Die Zustimmung des einzelnen Aktionärs ist hier kein Mehrheitserfordernis, sondern eine Wirksamkeitsvoraussetzung des Beschlusses. Bis zur Zustimmung des Aktionärs ist der Beschluss schwebend unwirksam.
Davon zu unterscheiden sind **Sonderbeschlüsse**, das sind Sonderabstimmungen einzelner Aktionärsgruppen neben dem Hauptversammlungsbeschluss (zB stimmrechtslose Vorzugsaktionäre haben bei Aufhebung oder Änderung des Vorzugs gemäß § 129 abzustimmen; gesonderte Zustimmung jeder Aktiengattung bei einer Kapitalerhöhung §§ 149 Abs 2, 160 Abs 1, 169 Abs 2).

(8) Niederschrift

Die Beschlüsse der Hauptversammlung sind nach der Beschlussfassung in eine Niederschrift nach den Bestimmungen der Notariatsordnung aufzunehmen (§ 120). In dieser Niederschrift sind insbesondere Ort und Tag der Versammlung, Name des Notars sowie Art und Ergebnis der Abstimmung und die Feststellung des Vorsitzenden über die Beschlussfassung anzugeben. Die Einladung zur Hauptversammlung ist samt Tagesordnung in der Niederschrift mit aufzunehmen. Das Teilnehmerverzeichnis wird der Niederschrift angeschlossen. Die Niederschrift ist unverzüglich nach der Hauptversammlung vom Vorstand in öffentlich beglaubigter Form zum Firmenbuch einzureichen (erzwingbar nach § 24 FBG). Bei einer börsenotierten AG sind die Beschlüsse darüber hinaus binnen zwei Werktagen nach der Hauptversammlung auf der im Firmenbuch eingetragenen Internetseite zugänglich zu machen (§ 128 Abs 2).

f) Fehlerhafte Beschlüsse

(1) Arten fehlerhafter Beschlüsse

Das AktG unterscheidet zwischen **anfechtbaren** (§§ 195 ff) und **nichtigen** (§§ 199 ff) Beschlüssen.

Weiters werden in der Literatur auch die Kategorien **Scheinbeschlüsse**, (schwebend) **unwirksame** und **wirkungslose Beschlüsse** gebildet (siehe dazu bereits Seiten 297 ff).

(2) Nichtigkeit

Nichtige Beschlüsse sind *ipso iure*, also auch ohne Klage, nicht verbindlich. Es fehlt von vornherein eine gültige Verbandswillensbildung (RS0080297, beachte zu diesem RS das Novum, dass keine Nichtigkeit, sondern bloße Anfechtbarkeit vorliegt, wenn ein Beschluss der HV auf Durchführung einer vereinfachten Kapitalherabsetzung den Erfordernissen des § 183 nicht entspricht (vgl 6 Ob 90/14z; 2 Ob 84/13m; 1 Ob 586/94; RS0114611, 10 Ob 32/00d; RS0130088). Das Firmenbuchgericht hat die Nichtigkeit im Rahmen der begehrten Firmenbuchanmeldungen von Amts wegen aufzugreifen.

Nichtigkeit besteht stets nur aufgrund einer Verletzung des Gesetzes, niemals wegen Verletzung der Satzung (RS0049464). Im Übrigen begründet nicht schon jede Verletzung einer zwingenden Vorschrift Nichtigkeit (RS0080299, 1 Ob 586/94; RS0130092). **Nichtig** im Sinne von § 199 sind:

- Beschlüsse, die im Rahmen einer Hauptversammlung gefasst wurden, die nicht ordnungsgemäß einberufen und kundgemacht wurde, es sei denn, dass alle Aktionäre erschienen oder vertreten sind (§ 199 Abs 1 Z 1);
- Beschlüsse, die nicht gemäß § 120 Abs 1 und 2 beurkundet wurden (§ 199 Abs 1 Z 2);
- Beschlüsse, die mit dem Wesen der AG unvereinbar sind oder durch ihren Inhalt Vorschriften verletzen, die ausschließlich oder überwiegend zum Schutz der Gläubiger der Gesellschaft oder sonst im öffentlichen Interesse gegeben sind (§ 199 Abs 1 Z 3);

> **Beispiele:**
> Dies ist etwa der Fall, wenn der Dividendenbezug an eine auflösende Bedingung geknüpft wird, deren Eintritt weitestgehend vom Willen des Vorstands abhängig ist (1 Ob 586/94), bei Missachtung des Mindestnennbetrags iSd § 7 oder bei Verstoß gegen das Verbot der Einlagenrückgewähr iSd § 52.

- Beschlüsse, die gegen die guten Sitten verstoßen (§ 199 Abs 1 Z 4; RS0130091);

- Beschlüsse, die Beschlüssen über die bedingte Kapitalerhöhung (siehe dazu Seiten 417 ff) entgegenstehen (§§ 159 Abs 6; 199 Abs 1);
- Beschlüsse ohne zeitgerechten Vollzug im Firmenbuch (§§ 181 Abs 2, 188 Abs 3, 189 Abs 2; 199 Abs 1);
- Beschlüsse über die Feststellung des Jahresabschlusses ohne verpflichtende Abschlussprüfung (§§ 268 Abs 1 UGB; 199 Abs 1).

Die Nichtigkeit besteht zwar *ipso iure*, kann aber auch mittels Klage gerichtlich festgestellt (**Nichtigkeitsklage**) oder einredeweise geltend gemacht werden (§ 201 Abs 1).

> **Beachte:**
> Von der Klage auf Feststellung der Nichtigkeit eines Beschlusses (§§ 199 ff) zu unterscheiden ist die Klage auf Nichtigerklärung der Gesellschaft nach § 216 (siehe Seiten 365, 428).

Klageberechtigt sind

- jeder Aktionär,
- der Vorstand,
- jedes Vorstandsmitglied,
- jedes Aufsichtsratsmitglied wie auch
- jeder Dritte, der ein rechtliches Interesse an der Feststellung der Nichtigkeit hat.

Während die Nichtigkeitsklage nach § 201 aber nur von den Aktionären, vom Vorstand, von jedem Vorstandsmitglied und vom Aufsichtsrat erhoben werden kann, kann ein Dritter die Nichtigkeit eines Hauptversammlungsbeschlusses nur durch eine allgemeine **Feststellungsklage** gemäß § 228 ZPO unter Nachweis seines Feststellungsinteresses geltend machen. Das Urteil wirkt nur im Verhältnis der Streitteile und nicht gegenüber Dritten.

Ausnahmsweise ist eine **Heilung** des Nichtigkeitsgrundes möglich: Beruht die Nichtigkeit auf einem Beurkundungsmangel, heilt der Mangel durch Firmenbucheintragung (§ 200 Abs 1). Einberufungsmängel des § 107 Abs 2 Satz 2 und Satz 3 werden durch die Genehmigung des Beschlusses durch den nicht geladenen Aktionär geheilt (§ 200 Abs 3). In den Fällen des § 199 Abs 1 Z 1, 3 und 4 (siehe Seiten 403 f) heilt der Mangel nach Ablauf von drei Jahren ab Firmenbucheintragung (§ 200 Abs 2).

(3) Gerichtliche Anfechtung

Jede andere, nicht unter § 199 fallende Missachtung von Gesetzes- oder Satzungsbestimmungen bildet einen **Anfechtungsgrund**. Anfechtbarkeit bedeutet im Aktienrecht ebenso wie im bürgerlichen Recht Vernichtbarkeit: Der anfechtbare Hauptversammlungsbeschluss ist zunächst wirksam, er kann jedoch aufgrund einer Klage durch Urteil für nichtig erklärt werden (RS0114611, 10 Ob 32/00d; zur Relevanz- und Kausalitätstheorie siehe Seite 298).

Die Möglichkeit zur **Anfechtung wegen Informationsmängeln** wird an einen objektiven Beurteilungsmaßstab, verbunden mit einem Relevanzkriterium, geknüpft: Gemäß § 195 Abs 4 Satz 1 kann wegen unrichtiger, unvollständiger oder verweigerter Erteilung von Informationen nur angefochten werden, wenn ein objektiv urteilender Aktionär die Erteilung der Information als wesentliche Voraussetzung für die sachgerechte Wahrnehmung seiner Teilnahme- und Mitgliedschaftsrechte angesehen hätte (zur Relevanztheorie im Vergleich zur Kausalitätstheorie siehe RS0059771, zuletzt 6 Ob 65/15z).

§ 195 Abs 4 Satz 2 beinhaltet einen **Anfechtungsausschluss bei Umgründungen**: Auf unrichtige, unvollständige oder unzureichende Informationen in der Hauptversammlung über die Ermittlung, Höhe oder Angemessenheit des Umtauschverhältnisses (einschließlich barer Zuzahlungen), der Barabfindung oder einer sonstigen Kompensation kann eine Anfechtungsklage nicht gestützt werden, wenn für deren Überprüfung ein besonderes gerichtliches Verfahren (wie zB das Gremialverfahren der §§ 225e ff) vorgesehen ist.

Der Anfechtungsgrund ist **binnen eines Monats** nach Beschlussfassung gerichtlich mit Anfechtungsklage gegenüber der AG geltend zu machen, widrigenfalls der Beschluss wirksam bleibt (§ 197). Diese Monatsfrist ist eine materiellrechtliche **Ausschlussfrist**, keine Verjährungsfrist. Auf sie ist von Amts wegen in jeder Lage des Verfahrens Bedacht zu nehmen (RS0049477).

Die Anfechtungsklage ist auf Rechtsgestaltung (Nichtigerklärung des Beschlusses) gerichtet; Beklagte ist die Gesellschaft.

In der Anfechtungsklage sind sämtliche Anfechtungsgründe samt dem wesentlichen Sachverhalt darzulegen. Das Nachschieben von Anfechtungsgründen nach Ablauf der Ausschlussfrist ist unzulässig (RS0120517, zuletzt 6 Ob 157/11y). Für die Anfechtung ist schon aus Gründen der Rechtssicherheit (nur) der protokollierte Wortlaut des angefochtenen Beschlusses maßgebend (RS0121478, 4 Ob 101/06s), weshalb in der Praxis der Protokollierung ein besonderes Augenmerk zu schenken ist. Mit einer erfolgreichen Anfechtung wird der bis dahin gültige Aktionärsbeschluss mit Wirkung *ex tunc* beseitigt (RS0080297, 6 Ob 97/02m).

Im Fall eines Verstoßes gegen grundlegende Regelungen bei der Wahl von Aufsichtsratsmitgliedern können alle in derselben Hauptversammlung gefassten Beschlüsse über die Wahl von Aufsichtsratsmitgliedern angefochten werden (§ 195 Abs 1a). Nur so kann es zu einer Wiederholung des gesamten Wahlvorgangs kommen.

Anfechtungsberechtigt ist

- jeder an der Hauptversammlung teilnehmende Aktionär, der gegen den Beschluss **Widerspruch** zur Niederschrift erklärt hat (§ 196 Abs 1 Z 1),
- jeder **Aktionär**, dem die Möglichkeit zur Erklärung eines Widerspruchs rechtswidrig vorenthalten wurde (§ 196 Abs 1 Z 1a),

- jeder andere gemäß § 111 Abs 1 oder § 112 Abs 1 teilnahmeberechtigte Aktionär (§ 196 Abs 1 Z 2), wenn
  - er zur Teilnahme an der Hauptversammlung zu Unrecht nicht zugelassen wurde,
  - die Versammlung nicht gehörig einberufen wurde oder
  - der Gegenstand der Beschlussfassung nicht gehörig angekündigt wurde.

> **Beispiele:**
> Der Aktionär möchte seine Stimme bei einer Fernabstimmung via Internet abgeben. Die Website der Gesellschaft ist allerdings nicht erreichbar. Es liegt ein Fall der Z 2 vor: Der Aktionär wurde (zumindest in Bezug auf den entsprechenden Tagesordnungspunkt) zu Unrecht nicht zur Teilnahme an der Hauptversammlung zugelassen. Ein Widerspruch ist diesfalls nicht notwendig. Ob der Aktionär aufgrund einer solchen Störung der Kommunikation auch materiell zur Anfechtung berechtigt ist, richtet sich nach § 102 Abs 5. Ein Verschulden der Gesellschaft ist notwendig.
> Der Aktionär möchte seine Stimme bei einer Fernabstimmung via Internet abgeben. Ihm wird online allerdings nicht die Möglichkeit gegeben, einen Widerspruch zu erheben. Es liegt ein Fall der Z 1a vor.

- jeder **Aktionär** in den Fällen, in denen die Anfechtung darauf gestützt wird, dass ein Aktionär mit der Stimmrechtsausübung vorsätzlich für sich oder einen Dritten gesellschaftsfremde **Sondervorteile** zum Schaden der Gesellschaft oder ihrer Aktionäre zu erlangen suchte (§ 196 Abs 1 Z 3 iVm § 195 Abs 2),
- der **Vorstand** als Organ (§ 196 Abs 1 Z 4),
- jedes **Vorstands- oder Aufsichtsratsmitglied**, wenn sich die Mitglieder durch die Ausführung des Beschlusses strafbar oder ersatzpflichtig machen würden (§ 196 Abs 1 Z 5),
- eine **Aktionärsminderheit** von mindestens 5 % des Grundkapitals in den Fällen des § 196 Abs 2.

Anfechtungsmängel heilen, wenn eine Anfechtungsklage nicht erhoben oder abgewiesen und die Anfechtungsfrist abgelaufen ist (RS0049469, 7 Ob 703/89).

4. Abschlussprüfer

Zum Abschlussprüfer vgl die Ausführungen bei der GmbH (vgl Seite 300).

> **Rechtsformunterschied:**
> Bei jeder AG ist zwingend eine Abschlussprüfung vorzunehmen. Bei der GmbH unterliegen hingegen die kleinen, nicht aufsichtsratspflichtigen Gesellschaften nicht der Verpflichtung zur Abschlussprüfung (§ 268 Abs 1 UGB).

Eine Außenhaftung des Abschlussprüfers aufgrund eines Vertrags mit Schutzwirkung zugunsten Dritter wird von der Judikatur bejaht (siehe grundlegend die sogenannte Riegerbank-Entscheidung, RS0116076, RS0129123, zuletzt 8 Ob 93/14f).

F. Rechtsstellung der Aktionäre

1. Erwerb und Verlust der Gesellschafterstellung

a) Erwerb

Die Aktionärsstellung kann **erworben** werden durch
- Übernahme der Aktien im Zuge der Gründung einer AG,
- Kapitalerhöhung,

> **Rechtsformunterschied:**
> Jede Aktie ist mit einer Einlage auf das Grundkapital verbunden. Soll ein weiterer Aktionär (zusätzlich) hinzutreten, ist daher das Grundkapital entsprechend zu erhöhen. Bei Personengesellschaften ist dies mangels Grundkapitals nicht erforderlich.

- Erwerb der Aktie im Wege der Einzel- oder Gesamtrechtsnachfolge oder
- gutgläubigen Erwerb gemäß § 62 Abs 1 iVm Art 16 WechselG von Namensaktien oder gemäß §§ 371 und 367 ABGB von Inhaberaktien.

b) Verlust

Die Aktionärsstellung wird **beendet** durch
- Übertragung der Aktie im Wege der Einzel- oder Gesamtrechtsnachfolge,
- Kapitalherabsetzung gegebenenfalls
- Löschung der AG nach Auflösung und Abwicklung oder im Rahmen einer Umgründung (zB Spaltung, Verschmelzung, Umwandlung),
- Ausschluss im Wege eines Kaduzierungsverfahrens (§ 58),
- Ausschluss von Minderheitsgesellschaftern nach dem GesAusG (siehe dazu ausführlich bei der GmbH, Seiten 302 ff) oder
- Einziehung von Aktien (§§ 192 ff).

2. Rechte

Mit Aktien sind bestimmte Rechte, etwa das Recht auf Beteiligung am Gewinn und am Abwicklungserlös, das Stimmrecht und das Recht auf Information, verbunden. Dabei ist grundlegend zwischen reinen Vermögensrechten und Herrschafts- bzw Mitwirkungsrechten des Aktionärs zu differenzieren:

a) Vermögensrechte

Jeder Aktionär hat Anspruch auf den sich gemäß Jahresabschluss als Überschuss der Aktiva über die Passiva ergebenden Bilanzgewinn (§§ 53 ff). Sofern in der Satzung nicht Abweichendes festgelegt ist, ist die Verteilung nach dem verhältnismäßigen Anteil am Grundkapital vorzunehmen. Der konkrete Gewinnbeteiligungsanspruch wird auch als **Dividendenanspruch** bezeichnet. Mit Beschluss über die Ausschüttung hat der Aktionär einen schuldrechtlichen Anspruch auf Auszahlung seiner Dividende erworben.

Beachte:
Die Dividende ist nicht zu verwechseln mit der Rendite einer Aktie: Während die Dividende den Ertrag gerechnet auf Basis des Nennbetrags der Aktie darstellt, wird die Rendite auf Basis des Kurswertes gerechnet. Die Dividende spiegelt somit den (Bilanz-)Gewinn des Unternehmens, die Rendite hingegen den erzielten bzw erzielbaren (Kurs-)Gewinn am Kapitalmarkt wider.

Grundsätzlich ist der gesamte Gewinn auszuschütten. Allerdings besteht die Möglichkeit, dass die Hauptversammlung bei entsprechender Ermächtigung in der Satzung eine andere Gewinnverwendung beschließt (etwa einen Gewinnvortrag). Die anhaltende Thesaurierung des Gewinns kann allerdings unter dem Gesichtspunkt des Rechtsmissbrauchs zu beurteilen sein, insbesondere wenn betriebswirtschaftlich Rücklagenbildungen oder Gewinnvorträge nicht erforderlich oder zweckmäßig sind (Aushungerungsverbot, siehe 3 Ob 59/07h).

Da der Jahresabschluss erst nach Ablauf des Geschäftsjahres erstellt wird (§ 96) und die Entstehung des Dividendenanspruchs die Feststellung des Jahresabschlusses voraussetzt, können Aktionäre idR ihren Gewinnanspruch für ein Geschäftsjahr erst zur Mitte des nächsten Geschäftsjahres geltend machen. Diesem Liquiditätsnachteil des einzelnen Aktionärs kann der Vorstand – anders als bei der GmbH, wo es an einer vergleichbaren Regelung fehlt – gemäß § 54a entgegenwirken (Vorwegdividende). Er kann mit Zustimmung des Aufsichtsrats nach Ablauf der Hälfte des Geschäftsjahres an die Aktionäre einen Abschlag auf den voraussichtlichen Bilanzgewinn bis zur Hälfte der durchschnittlichen Jahresdividende der letzten drei Jahre zahlen. Dies allerdings nur, wenn diese **Abschlagszahlungen** in dem aufgrund einer Zwischenbilanz festgestellten Ergebnis des abgelaufenen Geschäftshalbjahres zuzüglich eines allfälligen Verlustvortrags Deckung finden und ausschüttungsfähige Rücklagen in Höhe der ausgezahlten Beträge bestehen bleiben.

Neben dem Anspruch auf die Dividende hat der Aktionär auch Anspruch auf den anteiligen **Abwicklungserlös** (§ 212).

Hinzuweisen ist in diesem Zusammenhang auf das **Verbot der Einlagenrückgewähr** (§ 52; siehe dazu ausführlich bei der GmbH, Seiten 317 ff): Den

Aktionären dürfen keine Einlagen zurückgewährt werden. An die Aktionäre dürfen auch keine **verdeckten Gewinnausschüttungen** erfolgen (vgl Seiten 320 f). An Aktionäre dürfen auch keine Leistungen fließen, die eine **eigenkapitalersetzende Gesellschafterleistung** darstellen. Auch hier greift die Rückzahlungssperre (siehe dazu Seiten 321 ff). Nach der jüngsten – in der Lehre kritisierten – Rechtsprechung des OGH steht das Verbot der Einlagenrückgewähr Prospekthaftungsansprüchen der Aktionäre nach § 11 KMG nicht entgegen. Aktionäre sind daher diesbezüglich als Drittgläubiger anzusehen, sodass das Verbot der Einlagenrückgewähr nicht zur Anwendung gelangt. Im Ergebnis hat damit die Prospekthaftung Vorrang vor den Kapitalerhaltungsregeln (RS0126930, zuletzt 6 Ob 98/13z).

b) Herrschafts- und Mitverwaltungsrechte

Den Aktionären stehen insbesondere folgende Herrschafts- bzw Mitverwaltungsrechte zu:

- **Teilnahme-, Rede-, Auskunfts-, Antrags- und Stimmrecht** in der Hauptversammlung (§ 118; siehe Seiten 398 ff),
- Recht auf Einsichtnahme in bzw Zusendung von **Jahresabschluss**, Lagebericht, Konzernabschluss sowie Bericht des Aufsichtsrats (§ 108; RS0122791, 6 Ob 152/07g),
- Vorrecht zur Übernahme neuer Aktien (**Bezugsrecht**) bei Erhöhung des Grundkapitals mangels abweichender Regelung in der Satzung oder im Erhöhungsbeschluss (vgl Seiten 416 f),
- Recht, einen Beschluss anzufechten, sofern gegen den Beschluss Widerspruch zu **Protokoll** erklärt wurde, bzw Feststellungsklage auf Nichtigkeit einzubringen (siehe Seiten 405 ff) und
- Recht auf **Nichtigerklärung** der Gesellschaft (§ 216 Abs 1).

c) Minderheitsrechte

Aktionären stehen folgende wesentliche Minderheitsrechte zu:

- **1 %** des Grundkapitals einer börsenotierten AG können zu jedem Punkt der Tagesordnung Vorschläge zur Beschlussfassung übermitteln und verlangen, dass diese auf der Homepage der Gesellschaft veröffentlicht werden (§ 110 Abs 1);
- **5 %** des Grundkapitals können die Einberufung der Hauptversammlung bzw die Aufnahme bestimmter Tagesordnungspunkte verlangen. Wird diesem Verlangen nicht entsprochen, kann die Minderheit vom Gericht zur Einberufung bzw Ankündigung der Tagesordnungspunkte ermächtigt werden (§§ 105 Abs 3 und 4, 109 Abs 1; siehe Seite 395);
- **5 %** des Grundkapitals können die Bestellung oder Abberufung von Liquidatoren aus wichtigem Grund bei Gericht beantragen (§ 206 Abs 2);

- **5 %** des Grundkapitals bzw Aktionäre mit einem anteiligen Grundkapital von 350.000 Euro können aus wichtigem Grund eine Prüfung des Jahresabschlusses im Rahmen der Abwicklung verlangen (§ 211 Abs 3);
- **5 %** des Grundkapitals bzw Aktionäre mit einem anteiligen Grundkapital von 350.000 Euro können bei Vorliegen eines wichtigen Grundes die Bestellung eines anderen Abschlussprüfers beantragen (§ 270 Abs 3 UGB);
- **5 %** des Grundkapitals können die Einberufung einer Hauptversammlung zur Beschlussfassung der übernehmenden Gesellschaft über eine Verschmelzung verlangen (§ 231 Abs 3);
- **5 % bzw 10 %** des Grundkapitals können durch Widerspruch den Verzicht oder Vergleich der Gesellschaft betreffend Ersatzansprüche verhindern (§ 136);
- **10 %** des Grundkapitals können die Abberufung eines gewählten oder entsandten Aufsichtsratsmitglieds aus wichtigem Grund durch das Gericht beantragen (§§ 87 Abs 10, 88 Abs 4);
- **10 %** des Grundkapitals können eine Sonderprüfung und eine Abschlussprüferbestellung (auch zur Prüfung des Gründungsvorgangs) durch das Gericht verlangen (§ 130; siehe RS0123703, zuletzt 6 Ob 19/19s);
- **10 %** des Grundkapitals können verlangen, dass Ansprüche der Gesellschaft gegen Aktionäre, gegen Gründungsverantwortliche (§§ 39 bis 41, 47) oder bei Verletzung von Geschäftsführungsagenden gegen Mitglieder des Vorstands oder des Aufsichtsrats erhoben werden, wenn die behaupteten Ansprüche nicht offenkundig unbegründet sind (§ 134 Abs 1). Das Gericht hat die von der Minderheit bezeichneten Personen als Vertreter der Gesellschaft zur Führung des Rechtsstreites zu bestellen (§ 134 Abs 2). Das Gericht ist dazu jedenfalls verpflichtet, wenn es der Schutz der Minderheit verlangt (RS0049413);
- **10 %** des Grundkapitals können – sofern sie bestimmte Posten des Jahresabschlusses bemängeln – die Vertagung der ordentlichen Hauptversammlung verlangen (§ 104 Abs 2);
- **20 %** des Grundkapitals können durch Widerspruch den Verzicht oder Vergleich der Gesellschaft betreffend Ersatzansprüche gegen Gründungsverantwortliche und Vorstandsmitglieder verhindern (§§ 43, 84 Abs 4);
- **25 %** des bei der Beschlussfassung vertretenen Grundkapitals **plus eine weitere Aktie** können das **negative Minderheitsrecht (Sperrminorität)** ausüben: Sie können das Zustandekommen sämtlicher Beschlüsse verhindern, die unter der Voraussetzung des § 146 Abs 1 eine Dreiviertelmehrheit erfordern (im Regelfall Satzungsänderungen);
- **33,33%** des Grundkapitals können in bestimmten Fällen die Bestellung eines Aufsichtsratsmitglieds erwirken (§ 87 Abs 4; siehe oben Seiten 383 f).

d) Sonderrechte

Aktionären können Sonderrechte eingeräumt werden.

> **Beispiel:**
> So kann etwa bestimmten Aktionären das Recht eingeräumt werden, einzelne Aufsichtsratsmitglieder zu entsenden (siehe dazu Seite 383). Es ist auch möglich, bestimmten Aktionären einen Vorzug bei der Dividendenausschüttung einzuräumen (Vorzugsaktien).

3. Pflichten

a) Leistung der übernommenen Einlage

Jeder Aktionär ist verpflichtet, die von ihm übernommene Einlage in voller Höhe einzuzahlen (§ 49). Die Zahlungsverpflichtung hat dabei jedenfalls den Ausgabebetrag zu erreichen. Für einen geringeren Betrag dürfen Aktien nicht ausgegeben werden (**Unter-pari-Emission**), sehr wohl aber für einen höheren (**Über-pari-Emission**; siehe auch § 8a).

Ein Aktionär darf nur dann Sacheinlagen aufbringen, wenn dies in der Satzung vorgesehen ist (§ 49 Abs 2). Wie bei der GmbH ist dem Aktionär die Leistung durch einseitige Aufrechnung gegen Forderungen der Gesellschaft verboten (§ 60), allerdings kann die AG umgekehrt gegen den Gesellschafter aufrechnen. Säumige Aktionäre sind zur Zahlung von Verzugszinsen verpflichtet. In der Satzung können für diesen Fall Konventionalstrafen vereinbart werden (§ 50).

Nur bei Ausgabe von Namensaktien ist es möglich, dass die Einlage bei Ausgabe von den Aktionären noch nicht voll eingezahlt ist. Leisten diese Aktionäre den eingeforderten Betrag nicht rechtzeitig, kann unter Setzung einer Frist angedroht werden, dass die Aktien nach Fristablauf samt geleisteter Einzahlungen für verlustig erklärt werden (§ 58). Die Nachfrist ist drei Mal in den Bekanntmachungsblättern zu veröffentlichen. Im Wesentlichen ähnelt das **Kaduzierungsverfahren** bei der AG dem bei der GmbH (vgl Seiten 313 ff). Kann der eingeforderte Betrag vom betreffenden Aktionär nicht erlangt werden, geht die Zahlungspflicht auf die Vormänner über (diese können aus dem Aktienbuch ermittelt werden), wobei die Haftung des jeweiligen Vormannes zeitlich mit zwei Jahren beginnend mit dem Tag, an dem die Übertragung der Aktien zum Aktienbuch der Gesellschaft gemeldet wurde, begrenzt ist (§ 59).

> **Rechtsformunterschied:**
> Im Unterschied zur GmbH gibt es bei der AG allerdings keine Ausfallshaftung der übrigen Gesellschafter. Dies lässt sich mit dem weniger persönlich bezogenen Aufbau der AG begründen, die nach dem gesetzlichen Leitbild für eine anonyme Gruppe von Aktionären vorgesehen wurde.

b) Keine Nachschusspflicht

Aktionäre können – im Unterschied zur GmbH (vgl Seiten 314 f) – nicht zur Leistung von Nachschüssen verpflichtet werden. Aktionäre sind auch nicht verpflichtet, sich an Kapitalerhöhungen zu beteiligen.

c) Nebenleistungspflichten

Wie bei der GmbH können in der Satzung weitere Pflichten der Aktionäre vorgesehen werden (§ 50; siehe Seite 316).

d) Treuepflicht

Die Treuepflicht ist bei der AG weniger stark ausgeprägt als bei der GmbH. Dies lässt sich schon mit den unterschiedlichen gesetzlichen Leitbildern begründen. Kein Aktionär darf die Gesellschaft schädigen, anderenfalls ist er Schadenersatzansprüchen ausgesetzt, wie dies etwa in § 198 Abs 2 explizit bei unbegründeter Anfechtung von Hauptversammlungsbeschlüssen bei grobem Verschulden normiert ist. Eine Konkretisierung von Treuepflichten ist in der Satzung möglich, jedoch dürfen die Treuepflichten nicht gänzlich beseitigt werden.

e) Gleichbehandlung

Das Gleichbehandlungsgebot ist explizit in § 47a normiert: Aktionäre sind durch die Gesellschaft unter gleichen Voraussetzungen gleich zu behandeln. Damit sind aber bei sachlicher Rechtfertigung, zB bei unterschiedlicher Ausgestaltung der gehaltenen Anteile, Ungleichbehandlungen erlaubt.

Beispiel:
Aufgrund der unterschiedlichen Ausgestaltung von Stamm- und Vorzugsaktien können beim Gesellschafterausschluss nach dem GesAusG zB an Stamm- und Vorzugsaktionäre unterschiedlich hohe Abfindungen je Aktie bezahlt werden.

G. Kapitalmaßnahmen

Eine AG kann ihren Finanzbedarf entweder durch Fremdmittel (also zB Kredite) oder durch Eigenmittel (zB Kapitalerhöhung) decken. Sie kann sich aus Eigenem finanzieren (etwa durch Thesaurierung von Gewinnen), sie kann aber auch freiwillige Leistungen der Aktionäre in Anspruch nehmen (außerhalb von Kapitalerhöhungen). Eigenkapital kann aber auch über den Kapitalmarkt etwa durch Ausgabe von Aktien beschafft werden. Hat die AG mehr finanzielle Mittel als erforderlich, können diese – aus Gründen des Gläubigerschutzes aber nur unter bestimmten Voraussetzungen – auf zwei Arten an die Aktionäre zurückgewährt werden: Die festgestellten Bilanzgewinne können an die Aktionäre mittels Dividendenzahlungen ausgeschüttet oder das Grundkapital kann herabgesetzt werden.

Soll die Anpassung der tatsächlich vorhandenen Mittel an die tatsächlich notwendigen Mittel über eine Veränderung des Grundkapitals durch Kapitalerhöhung oder Kapitalherabsetzung erfolgen, sind die §§ 149 ff zu beachten. Wie bei der GmbH ist das Grundkapital der AG eine starre Größe, die gemäß § 17 Z 3 zwingender Bestandteil der Satzung und gemäß § 5 Z 2 FBG auch in das Firmenbuch einzutragen ist. Eine Änderung dieser starren Größe ist nicht einfach durch Ein- oder Austritt von Aktionären möglich. Vielmehr bedarf es dafür stets eines Hauptversammlungsbeschlusses, mit dem die Satzung an das höhere (Kapitalerhöhung) oder niedrigere (Kapitalherabsetzung) Grundkapital angepasst wird. Bei jeder Satzungsänderung ist ein bestimmtes Prozedere einzuhalten (vgl §§ 145 ff), so auch bei Maßnahmen zur Kapitalerhöhung und Kapitalherabsetzung.

1. Kapitalerhöhung

Im AktG sind die Möglichkeiten der Kapitalerhöhung vielfältiger als im GmbHG. Das AktG kennt – im Unterschied zum GmbHG – drei Arten der Kapitalerhöhung.

Berücksichtigt man die Möglichkeit der nominellen Kapitalerhöhung, stehen bei der AG insgesamt **vier Maßnahmen** zur Verfügung:
- Effektive (ordentliche) Kapitalerhöhung gegen Einlagen (§§ 149 ff),
- bedingte Kapitalerhöhung (§§ 159 ff),
- genehmigtes Kapital (§§ 169 ff),
- nominelle Kapitalerhöhung (KapBG).

Weiters besteht bei der AG die Möglichkeit, den Finanzmittelbedarf durch **Schuldverschreibungen** (§ 174) aufzubringen; dabei wird nicht das Kapital erhöht (= Veränderung der Grundkapitalziffer), sondern es werden schuldrechtliche Titel ausgegeben. Mit einer Wandelschuldverschreibung kann allerdings eine künftige Ausgabe von Aktien verbunden sein, was bereits vorweg durch eine bedingte Kapitalerhöhung abgesichert werden kann.

a) Ordentliche Kapitalerhöhung

Die wesentlichen Schritte zur Durchführung einer ordentlichen Kapitalerhöhung stellen sich wie folgt dar:
- Voraussetzung ist zunächst ein **Beschluss** der Hauptversammlung, der im Firmenbuch einzutragen ist (§ 151).

- Sodann müssen die Übernehmer erklären, den auf sie entfallenden Teil der Kapitalerhöhung zu übernehmen (**Zeichnungsschein**).
- Daran anschließend sind die **Einlagen** zu leisten.
- Schließlich ist auch die Durchführung der Kapitalerhöhung zur Eintragung in das **Firmenbuch** anzumelden (§ 155 Abs 1). Mit Eintragung der Durchführung in das Firmenbuch wird die Kapitalerhöhung wirksam (nicht schon mit der Eintragung des Kapitalerhöhungsbeschlusses; allerdings kann die Eintragung des Kapitalerhöhungsbeschlusses mit der Eintragung der Durchführung der Kapitalerhöhung verbunden werden (§ 151).

(1) Verfahren

Die ordentliche Kapitalerhöhung gemäß AktG entspricht grundsätzlich der ordentlichen Kapitalerhöhung bei der GmbH (vgl Seiten 326 ff; im Detail bestehen jedoch Unterschiede). Das Prozedere läuft im Wesentlichen wie folgt ab:

Zunächst ist es – im Unterschied zur GmbH – erforderlich, dass das bisherige **Grundkapital vollständig aufgebracht** wurde, andernfalls ist eine ordentliche Kapitalerhöhung nicht möglich. Von dieser Grundregel gibt es nur wenige Ausnahmen:

- Das Ausstehen von Einlagen in verhältnismäßig unerheblichem Umfang steht der Durchführung einer ordentlichen Kapitalerhöhung nicht entgegen (§ 149 Abs 4; § 151 Abs 2).
- Ausnahmsweise kann eine Kapitalerhöhung auch dann durchgeführt werden, wenn die Einlagenrückstände zwar nicht als geringfügig anzusehen sind, die Rückstände aber auf das Leistungsunvermögen einzelner Aktionäre zurückzuführen sind. Dieses Unvermögen soll nicht zu Lasten aller Aktionäre gehen.

Die Kapitalerhöhung ist stets eine Satzungsänderung. Sie bedarf eines **Hauptversammlungsbeschlusses** mit **einfacher Stimmenmehrheit** sowie einer **Kapitalmehrheit von mindestens drei Vierteln** des bei der Beschlussfassung vertretenen Grundkapitals (§ 149 Abs 1). Die Satzung kann allerdings diese gesetzlich determinierte Kapitalmehrheit durch eine andere, nämlich geringere oder größere, ersetzen sowie andere Erfordernisse aufstellen (RS0118262, 3 Ob 152/02b). Umstritten ist, ob eine generelle Erhöhung (oder auch Herabsetzung) von Beschlussquoren durch satzungsmäßige Gestaltung auch für Kapitalmaßnahmen gilt. Im Zweifel ist dies zu bejahen, wenn die Quorumsänderung für sämtliche abänderbaren Beschlussmehrheiten gelten soll.

Sind mehrere stimmberechtigte **Aktiengattungen** vorhanden, genügt für die Kapitalerhöhung nicht bloß der allgemeine Kapitalerhöhungsbeschluss. Vielmehr müssen die Aktionäre jeder Aktiengattung **Sonderbeschlüsse** fassen (§ 149 Abs 2, siehe dazu auch Seite 402).

Die Ausgabe neuer Aktien muss mindestens zum Nennbetrag oder zum anteiligen Betrag des Grundkapitals erfolgen (§ 149 Abs 3). Die Ausgabe zu einem höheren Betrag (**Agio**) ist zulässig, nicht jedoch zu einem geringeren (Grundsatz der realen Kapitalaufbringung).

Soll die Kapitalerhöhung durch **Sacheinlagen** erfolgen, sind die Sacheinlage, die Person des Sacheinlegers, der Nennbetrag (bei Nennbetragsaktien) bzw die Anzahl der Stückaktien (bei Stückaktien) und der Ausgabebetrag im Hauptversammlungsbeschluss festzusetzen (§ 150 Abs 1). Aus Gründen des Gläubigerschutzes hat eine Sacheinlageprüfung zu erfolgen (§ 150 Abs 3). Liegt der Wert der Sacheinlage nicht nur unwesentlich hinter dem Ausgabebetrag der dafür zu gewährenden Aktien, hat das Gericht die Eintragung abzulehnen (§ 151 Abs 3). Eine Veräußerung der Sacheinlage noch vor Eintragung der Durchführung der Kapitalerhöhung ist grundsätzlich möglich, sofern dem erhöhten Nennkapital zumindest im Zeitpunkt der Anmeldung der Kapitalerhöhung auch tatsächlich ein entsprechender Wert im Gesellschaftsvermögen gegenübersteht, was mittels Bankbestätigung nachzuweisen ist (vgl § 29 Abs 1 Satz 3, siehe 6 Ob 108/09i).

Sodann ist der **Kapitalerhöhungsbeschluss** durch den Vorstand und den Vorsitzenden des Aufsichtsrats oder dessen Stellvertreter zur Eintragung im **Firmenbuch** anzumelden (§ 151). Der Bericht über die Prüfung der Sacheinlagen ist der Anmeldung beizufügen. Weiters ist in der Anmeldung anzugeben, welche Einlagen auf das bisherige Grundkapital rückständig sind und warum sie nicht geleistet werden können. Mit erfolgter Eintragung ist die Kapitalerhöhung vorbereitet. Es kann nun mit der Durchführung der Kapitalerhöhung begonnen werden.

Dazu werden die neuen Aktien durch schriftliche Erklärung (**Zeichnungsschein**) zunächst gezeichnet (§ 152; RS0130393).

Die **Einlagen** sind zumindest in Höhe des Mindestbetrages zu **leisten** (§ 155 Abs 2 iVm §§ 28 Abs 2, 28a, 29 Abs 1). Bei Barkapitalerhöhungen sind mindestens 25 % des geringsten Ausgabebetrages und das gesamte Aufgeld, bei Sachkapitalerhöhungen die gesamten Sacheinlagen zu erbringen.

Sodann haben der Vorstand und der Vorsitzende des Aufsichtsrats oder dessen Stellvertreter die **Durchführung** der Erhöhung des Grundkapitals zur Eintragung im **Firmenbuch** anzumelden (§ 155 Abs 1). Das Gericht nimmt eine abschließende Prüfung vor. Fällt die Prüfung positiv aus, erfolgt die Eintragung im Firmenbuch. Mit der Eintragung der Durchführung der Erhöhung des Grundkapitals ist das Grundkapital **erhöht** (§ 156).

Erst danach darf die **Ausgabe** der **Aktienurkunden** erfolgen (§ 158).

(2) Bezugsrecht und Bezugsrechtsausschluss

Wie bei der GmbH muss jedem Aktionär auf sein Verlangen ein seinem Anteil an dem bisherigen Grundkapital entsprechender Teil der neuen Aktien zugeteilt werden (§ 153 Abs 1). Dem Aktionär muss für die Ausübung seines Bezugsrechts eine Frist von mindestens zwei Wochen eingeräumt werden. Mit dem Bezugsrecht wird sichergestellt, dass der Aktionär keinen relativen Beteiligungsverlust erleidet, er also nicht dadurch verwässert wird, dass sich die Beteiligungsverhältnisse in der AG – zu seinem Nachteil – und damit auch die Möglichkeit der Einflussnahme verschieben. Er kann aber auch sein konkretes Bezugsrecht veräußern und sich so für die **Verwässerung** entschädigen lassen.

In der Praxis erfolgt die Kapitalerhöhung häufig in Form eines **mittelbaren Bezugsrechts** (§ 153 Abs 6): Nach dem Hauptversammlungsbeschluss über die Kapitalerhöhung werden die neuen Aktien von einem Kreditinstitut mit der Verpflichtung übernommen, sie den Aktionären zum Bezug anzubieten. Diese Vorgangsweise gilt gemäß § 153 Abs 6 nicht als Ausschluss des Bezugsrechts. Der Vorstand hat in der vertraglichen Vereinbarung mit dem Kreditinstitut Vorkehrungen dafür zu treffen, dass dem Aktionär gegen das Kreditinstitut unmittelbar ein klageweise durchsetzbarer Anspruch zusteht (echter Vertrag zugunsten Dritter; § 881 ABGB).

Ein (gänzlicher oder auch nur teilweiser) Ausschluss vom Bezugsrecht kann nur im Kapitalerhöhungsbeschluss erfolgen. Der beabsichtigte **Bezugsrechtsausschluss** ist ausdrücklich und fristgemäß anzukündigen (§ 153 Abs 3). Der Vorstand hat den Bezugsrechtsausschluss und den vorgeschlagenen Ausgabebetrag in einem der Hauptversammlung vorzulegenden schriftlichen Bericht zu begründen. Es muss einen sachgerechten Grund für den Bezugsrechtsausschluss geben. Die vorrangige Ausgabe von Aktien an Arbeitnehmer, leitende Angestellte und Mitglieder des Vorstands oder des Aufsichtsrats der Gesellschaft oder eines mit ihr verbundenen Unternehmens stellt einen ausreichenden Grund für den Ausschluss des Bezugsrechts dar (§ 153 Abs 5).

Der Bezugsrechtsausschluss bedarf zusätzlich zu den für die Kapitalerhöhung erforderlichen Voraussetzungen sowohl der **einfachen Stimmenmehrheit** als auch einer **Kapitalmehrheit von drei Vierteln** des bei der Beschlussfassung vertretenen Grundkapitals. Die Satzung kann eine **größere Kapitalmehrheit** oder andere Erfordernisse vorsehen (§ 153 Abs 3).

Beachte:
Einem Ausschluss des gesetzlichen Bezugsrechts stehen solche Erschwerungen des Bezugsrechts gleich, welche die einzelnen Aktionäre nicht rechtlich, aber tatsächlich hindern, von ihrem Bezugsrecht Gebrauch zu machen. Maßgeblich ist, ob die Entschlussfreiheit des einzelnen Aktionärs, die auf ihn entfallenden jungen Aktien zu beziehen, durch Auflagen oder Bedingungen oder durch die Ausgestaltung des Ausgabekurses oder des Bezugsrechtsverhältnisses wesentlich eingeschränkt wird (RS0118264, 3 Ob 152/02b).

b) Bedingte Kapitalerhöhung

(1) Grenzen des Anwendungsbereiches

Die Durchführung der bedingten Kapitalerhöhung ist – im Unterschied zur ordentlichen Kapitalerhöhung – in zweifacher Hinsicht begrenzt. Sie kann nur zur Verwirklichung bestimmter, im Gesetz vorgesehener Zwecke verwendet werden. Sie ist auch umfänglich begrenzt:

Die bedingte Kapitalerhöhung kann nur zu folgenden **Zwecken** beschlossen werden (§ 159 Abs 2):

- zur Gewährung von Umtausch- oder Bezugsrechten an Gläubiger von **Wandelschuldverschreibungen**. Wandelschuldverschreibungen räumen den Gläubigern ein Umtausch- oder (Aktien-)Bezugsrecht zu dem in den Anleihebedingungen festgelegten Preis, jedoch kein Gewinnbezugsrecht ein. Der Gläubiger kann diese Schuldverschreibung in Aktien umtauschen (Wandelschuldverschreibungen im engeren Sinn) oder – je nach Ausgestaltung – unter Beibehaltung der Schuldverschreibung Aktien erwerben (Optionsschuldverschreibungen).
- zur Vorbereitung des **Zusammenschlusses** mehrerer Unternehmen, etwa im Rahmen einer Verschmelzung. Den Gesellschaftern der übertragenden Gesellschaft werden Aktien an der übernehmenden Gesellschaft angeboten. Diese müssen aber erst durch die Kapitalerhöhung geschaffen werden.
- zur Einräumung von **Aktienoptionen** an Arbeitnehmer, leitende Angestellte und Mitglieder des Vorstands und Aufsichtsrats der Gesellschaft oder eines mir ihr verbundenen Unternehmens. Damit soll für die Mitarbeiter ein Leistungsanreiz geschaffen werden, den langfristigen Unternehmenserfolg zu verfolgen (und nicht nur den kurzfristigen, etwa für die Dauer der Anstellung).

Neben der Begrenzung durch den Zweck ist auch die **Beschränkung des Umfangs** des § 159 Abs 4 und 5 zu beachten: Der Nennwert des bedingten Kapitals ist begrenzt mit 50 % des bei der Beschlussfassung vorhandenen Grundkapitals. Bei einer bedingten Kapitalerhöhung zum Zwecke der Gewährung von Aktienoptionen ist darüber hinaus zu beachten, dass diese mit 10 % des bei der Beschlussfassung vorhandenen Grundkapitals beschränkt ist, wobei eine absolute Zulässigkeitsgrenze von 20 % für Aktienoptionen vorgesehen ist: In Summe dürfen nur Aktienoptionen im Ausmaß von maximal 20 % des Grundkapitals ausgegeben werden. Diese Umfangbeschränkung dient dem Schutz der bisherigen Aktionäre vor Verwässerung, weil diesen bei dieser Form der Kapitalerhöhung **kein Bezugsrecht** zukommt.

(2) Verfahren

Die wesentlichen Schritte einer bedingten Kapitalerhöhung sind:
- Bericht des Vorstands (bei Aktienoptionen)

- **Erhöhungsbeschluss** der Aktionäre
- Firmenbuchanmeldung (Eintragung des Beschlusses im Firmenbuch und Veröffentlichung)
- Ausübung der Bezugsrechte (Abgabe von **Bezugserklärungen**, Einlageleistung)
- Ausgabe der **Bezugsaktien**, dadurch Wirksamwerden der Kapitalerhöhung
- Firmenbuchanmeldung (Ausmaß der Aktienausgabe und Berichtigung der Satzung)

Das Prozedere läuft vereinfacht dargestellt wie folgt ab:

Das Ausstehen von Einlagen steht der bedingten Kapitalerhöhung – im Unterschied zur ordentlichen Kapitalerhöhung – nicht entgegen. Die §§ 159 ff enthalten keinen Verweis auf § 149 Abs 4.

Erfolgt die bedingte Kapitalerhöhung zum Zweck der Gewährung von Aktienoptionen, hat der **Vorstand** der Hauptversammlung einen schriftlichen **Bericht** zu erstatten. In diesem sind die der Gestaltung der Aktienoptionen zugrunde liegenden Grundsätze und Leistungsanreize, die Anzahl und Aufteilung der einzuräumenden und bereits eingeräumten Optionen auf Arbeitnehmer, leitende Angestellte und auf die einzelnen Organmitglieder unter Angabe der jeweils beziehbaren Anzahl an Aktien, die wesentlichen Bedingungen der Aktienoptionsverträge, insbesondere Ausübungspreis oder die Grundlagen oder die Formel seiner Berechnung, die Laufzeit sowie zeitliche Ausübungsfenster, Übertragbarkeit von Optionen und eine allfällige Behaltefrist für bezogene Aktien enthalten (§ 159 Abs 2 Z 3; zur Vereinbarung einer Wartefrist siehe RS0117642, 8 ObA 161/02p).

Für die bedingte Kapitalerhöhung bedarf es eines **Hauptversammlungsbeschlusses** mit **einfacher Stimmenmehrheit** sowie einer **Kapitalmehrheit von mindestens drei Vierteln** des bei der Beschlussfassung vertretenen Grundkapitals (§ 160 Abs 1). Die Satzung kann allerdings diese gesetzlich determinierte Kapitalmehrheit – im Unterschied zur ordentlichen Kapitalerhöhung – nur durch eine größere ersetzen sowie andere Erfordernisse aufstellen.

Im Beschluss müssen auch der Zweck der bedingten Kapitalerhöhung, der Kreis der Bezugsberechtigten sowie der Ausgabebetrag oder die Grundlagen, wonach dieser Betrag errechnet wird, festgelegt werden (§ 160 Abs 2). Das Bezugsrecht der Aktionäre ist wegen des feststehenden Kreises der bezugsberechtigten Personen bereits ex lege ausgeschlossen.

Sind mehrere **Aktiengattungen** vorhanden, müssen die Aktionäre jeder Aktiengattung gesonderte Beschlüsse fassen (§ 160 Abs 1 iVm § 149 Abs 2).

Soll die Kapitalerhöhung durch **Sacheinlagen** erfolgen, sind – wie bei der ordentlichen Kapitalerhöhung – die Sacheinlage, die Person des Sacheinlegers, der Nennbetrag (bei Nennbetragsaktien) bzw die Anzahl der Stückaktien (bei

Stückaktien) und der Ausgabebetrag im Hauptversammlungsbeschluss festzusetzen (§ 161 Abs 1). Aus Gründen des Gläubigerschutzes hat eine Sacheinlageprüfung zu erfolgen (§ 161 Abs 3).

Sodann ist der **Kapitalerhöhungsbeschluss** durch den Vorstand und den Vorsitzenden des Aufsichtsrats oder dessen Stellvertreter zur Eintragung im **Firmenbuch** anzumelden (§ 162).

Danach werden die Bezugsrechte durch schriftliche Erklärung ausgeübt (**Bezugserklärung** § 165).

Der Vorstand hat sodann die Bezugsaktien auszugeben, allerdings nur in Erfüllung des im Beschluss über die bedingte Kapitalerhöhung festgesetzten Zwecks und – im Unterschied zur ordentlichen Kapitalerhöhung – gegen volle Leistung des Gegenwerts (§ 166). Mit **Ausgabe** der Bezugsaktien ist das Grundkapital erhöht (§ 167).

Spätestens innerhalb eines Monats nach Ablauf des Geschäftsjahres hat der Vorstand zur Eintragung in das **Firmenbuch** anzumelden, in welchem Umfang im abgelaufenen Geschäftsjahr Bezugsaktien ausgegeben worden sind (§ 168). Diese Firmenbucheintragung hat – anders als bei der ordentlichen Kapitalerhöhung – lediglich deklarative Wirkung.

c) Genehmigtes Kapital

(1) Grenzen des Anwendungsbereiches

Bei dieser Form der Kapitalerhöhung wird der Vorstand – im Voraus – für höchstens fünf Jahre ab Eintragung der AG bzw ab der Eintragung der diesbezüglichen Satzungsänderung im Firmenbuch ermächtigt, das Grundkapital bis zu einem bestimmten Nennbetrag durch Ausgabe neuer Aktien gegen Einlagen zu erhöhen (§ 169). Damit kann der Vorstand rascher auf Veränderungen des Kapitalmarktes oder sonstige auftretende Bedürfnisse für eine Kapitalerhöhung reagieren.

Anders als bei der bedingten Kapitalerhöhung besteht keine Zweckbeschränkung, sondern lediglich eine **Umfangsbeschränkung**: Der Nennbetrag des genehmigten Kapitals ist begrenzt mit 50 % des zum Zeitpunkt der Eintragung vorhandenen Grundkapitals (§ 169 Abs 3; RS0109375, 6 Ob 200/97y).

Darüber hinaus ist die **zeitliche Beschränkung** des § 169 Abs 2 zu beachten: Die Ermächtigung des Vorstands ist zeitlich auf höchstens fünf Jahre beschränkt. Die Satzung bzw die Hauptversammlung kann dieses zeitliche Limit auch verkürzen.

(2) Verfahren

Das Prozedere läuft im Wesentlichen wie bei der ordentlichen Kapitalerhöhung ab (vgl den Verweis in § 170 Abs 1 auf die §§ 152 bis 158). Im Detail bestehen jedoch Unterschiede:

Zunächst bedarf es – im Unterschied zur ordentlichen und bedingten Kapitalerhöhung – keines Kapitalerhöhungsbeschlusses. Das genehmigte Kapital ist ja eine „Kapitalerhöhung auf Vorrat". Es bedarf daher einer **satzungsmäßigen Ermächtigung** (nicht aber Verpflichtung) des Vorstands, innerhalb bestimmter zeitlicher und betraglicher Grenzen neue Aktien gegen Einlagen auszugeben. Die Ermächtigung bedarf der **einfachen Stimmenmehrheit** sowie einer **Kapitalmehrheit von mindestens drei Vierteln** des bei der Beschlussfassung vertretenen Grundkapitals (§ 169 Abs 2). Die Satzung kann allerdings diese gesetzlich determinierte Kapitalmehrheit – im Unterschied zur ordentlichen Kapitalerhöhung – nur durch eine größere ersetzen sowie andere Erfordernisse aufstellen.

Sollen die Aktien gegen Sacheinlagen ausgegeben werden, ist dies in der Ermächtigung vorzusehen (§ 172 Abs 1).

Bei Vorhandensein mehrerer Aktiengattungen sind neben dem Hauptversammlungsbeschluss auch die notwendigen Sonderbeschlüsse zu fassen.

Sodann ist das **genehmigte Kapital** durch den Vorstand und den Vorsitzenden des Aufsichtsrats oder dessen Stellvertreter zur Eintragung im **Firmenbuch** anzumelden.

Die jungen Aktien (siehe Seite 348) dürfen gemäß § 169 Abs 3 nur mit Zustimmung des Aufsichtsrats ausgegeben werden. Macht der Vorstand von seiner Ermächtigung durch Beschluss Gebrauch, vollzieht sich die Kapitalerhöhung nach § 170 iVm §§ 152 ff wie bei der ordentlichen Kapitalerhöhung:

Zunächst werden die neuen Aktien durch schriftliche Erklärung (**Zeichnungsschein**) gezeichnet (§ 170 iVm § 152).

Die **Einlagen** sind zumindest in Höhe des Mindestbetrages zu **leisten** (§ 170 iVm § 155 Abs 2 iVm §§ 28 Abs 2, 28a, 29 Abs 1). Die sich aufgrund der Übernahme von Aktien aus dem genehmigten Kapital ergebende Veränderung der Grundkapitalziffer (= Satzungsänderung) wird in der Regel vom Aufsichtsrat beschlossen, setzt aber eine entsprechende Ermächtigung des Aufsichtsrats voraus.

Sodann haben der Vorstand und der Vorsitzende des Aufsichtsrats oder dessen Stellvertreter die **Durchführung** der Erhöhung des Grundkapitals, samt entsprechender Satzungsänderung, zur Eintragung im **Firmenbuch** anzumelden (§ 170 iVm § 155 Abs 1). Beitragsrückstände stehen der Kapitalerhöhung entgegen (§ 170 Abs 3; siehe dazu Seite 414).

Mit der Eintragung der Durchführung der Erhöhung des Grundkapitals ist das Grundkapital **erhöht** (§ 170 Abs 1 iVm § 156), die Eintragung im Firmenbuch entfaltet daher konstitutive Wirkung.

Erst danach erfolgt die **Ausgabe** der **Aktienurkunden** (§ 170 iVm § 158).

(3) Bezugsrecht und Bezugsrechtsausschluss

Jeder Aktionär hat auch beim genehmigten Kapital, sofern es nicht ausgeschlossen wurde, ein **Bezugsrecht**. Das Bezugsrecht kann gemeinsam mit dem Beschluss, mit dem die Ermächtigung für das genehmigte Kapital erteilt wird, ausgeschlossen werden (vgl dazu § 153 Abs 3; siehe dazu auch Seiten 415 f). Darüber hinaus kann auch dem Vorstand die Ermächtigung eingeräumt werden, über den Ausschluss des Bezugsrechts zu entscheiden (§ 170 Abs 2). Der Vorstand darf die Entscheidung über den Bezugsrechtsausschluss nur mit Zustimmung des Aufsichtsrats treffen (§ 171 Abs 1). Er hat zu diesem Zweck spätestens zwei Wochen vor Zustandekommen des Aufsichtsratsbeschlusses einen Bericht zu veröffentlichen (§ 171 Abs 1).

(4) Sonderform: Genehmigtes bedingtes Kapital

Mit dem AOG 2001 wurde zum Zweck der Einräumung von Aktienoptionen an Arbeitnehmer, leitende Angestellte und Vorstandsmitglieder (nicht jedoch an Aufsichtsratsmitglieder) eine weitere Möglichkeit der Kapitalerhöhung geschaffen: das genehmigte bedingte Kapital (§ 159 Abs 3). Es handelt sich hierbei um eine Mischung der beiden Kapitalerhöhungsmaßnahmen „bedingte Kapitalerhöhung" und „genehmigtes Kapital".

Zunächst wird der Vorstand – wie beim genehmigten Kapital – durch Satzungsänderung für höchstens fünf Jahre nach Eintragung der Satzungsänderung ermächtigt, das Grundkapital bis zu einem bestimmten Nennbetrag durch Ausgabe neuer Aktien gegen Einlagen zu erhöhen (§ 159 Abs 3). Die Ausübung dieser Ermächtigung durch den Vorstand bedarf wie beim genehmigten Kapital der Zustimmung des Aufsichtsrats. Diese Form steht allerdings – in Anlehnung an die bedingte Kapitalerhöhung – nur für einen Zweck zur Verfügung: die Einräumung von Aktienoptionen an Arbeitnehmer, leitende Angestellte und Vorstandsmitglieder.

Diese Sonderform hat gegenüber der bedingten Kapitalerhöhung den Vorteil, dass sie flexibler ist. Gegenüber dem genehmigten Kapital besteht der Vorteil, dass sie schneller zum Entstehen der Anteilsrechte führt. Diese entstehen hier bereits mit Ausgabe der Bezugsaktien und nicht erst mit Eintragung der Durchführung der Kapitalerhöhung im Firmenbuch (§ 167).

d) Nominelle Kapitalerhöhung

Bei der nominellen Kapitalerhöhung nach dem KapBG kommt es zu keiner Zuführung von neuen Mitteln (siehe dazu bereits ausführlich Seiten 329 f). Es werden lediglich offene Rücklagen (einschließlich des Gewinnvortrages, nicht aber des Bilanzgewinns) in Grundkapital umgewandelt. Die gesetzlichen Rücklagen dürfen nicht unter 10 % des Grundkapitals sinken (§ 2 Abs 3 KapBG). Das Gesellschaftsvermögen wird nicht verändert. Es kommt nur zu einer **bilanziellen Umbuchung** von Rücklagen und sonstiger freier Eigenmittel in Grundkapital. Alle Aktionäre im Zeitpunkt der Eintragung nehmen automatisch an der Kapitalerhöhung teil, eine Einlageverpflichtung der Aktionäre besteht nicht (sog „Gratisaktien"); Bezugsrechte sind daher nicht erforderlich.

e) Wandel- und Gewinnschuldverschreibungen

Eine AG kann sich notwendige finanzielle Mittel auch durch Ausgabe von Wandel- und Gewinnschuldverschreibungen beschaffen. Für dieses Finanzierungsinstrument gelten besondere aktienrechtliche Vorschriften (§ 174).

Bei Schuldverschreibungen gewährt der Gläubiger der AG ein **Darlehen**. Sein Anspruch auf Rückzahlung der Darlehensvaluta samt Zinsen wird in einer Schuldverschreibung verbrieft. Schuldverschreibungen können entweder auf den Inhaber oder auf den Namen lauten und mit unterschiedlichen Rechten ausgestattet werden. Je nach Ausstattung wird zwischen Wandelschuldverschreibungen im engeren Sinn, Optionsschuldverschreibungen und Gewinnschuldverschreibungen unterschieden:

- **Wandelschuldverschreibungen** räumen den Gläubigern ein Umtausch- oder Aktienbezugsrecht zu dem in den Anleihebedingungen festgelegten Preis, jedoch kein Gewinnbezugsrecht ein. Die Anleiheschuldnerin hat für das Vorhandensein der entsprechenden Aktien zu sorgen (etwa durch Vornahme einer bedingten Kapitalerhöhung; siehe dazu Seiten 417 f).
- Wird die Schuldverschreibung unter Entfall der Schuldverschreibung in Aktien umgetauscht („umgewandelt"), liegt eine **Wandelschuldverschreibung im engeren Sinn** vor. Damit ist dem Gläubiger ein Wahlrecht eingeräumt: Er kann entweder die Schuldverschreibung behalten (und damit den Anspruch auf Rückzahlung der Darlehensvaluta samt Zinsen) oder diese in Aktien umtauschen.
- Wird hingegen das Recht zum Aktienbezug ausgeübt und bleibt dabei die Schuldverschreibung aufrecht, spricht man von einer **Optionsschuldverschreibung**: Der Gläubiger (Obligationär) hat neben dem Anspruch auf Rückzahlung der Darlehensvaluta samt Zinsen eine Option auf Übertragung von Aktien.
- **Gewinnschuldverschreibungen** verpflichten die Anleiheschuldnerin, das gewährte Darlehen zurückzuzahlen (Tilgungspflicht) sowie den Gläubiger nach einem festgelegten Schlüssel am Gewinn zu beteiligen (Gewinnbezugsrecht).

Schuldverschreibungen können für die Aktionäre zu einer Verwässerung führen, konkret dann, wenn sich der Gläubiger einer Wandelschuldverschreibung im engeren Sinn für den Umtausch seiner Schuldverschreibung in Aktien entscheidet. Es ist daher – zum Schutz der Aktionäre – ein **Hauptversammlungsbeschluss** zu fassen. Dieser Beschluss bedarf der **einfachen Stimmenmehrheit** sowie einer **Kapitalmehrheit von mindestens drei Vierteln** des bei der Beschlussfassung vertretenen Grundkapitals (§ 174 Abs 1). Die Satzung kann diese gesetzlich determinierte Kapitalmehrheit durch eine andere, nämlich eine geringere oder größere Kapitalmehrheit ersetzen sowie andere Erfordernisse aufstellen.

Die Hauptversammlung kann auch den Vorstand für die Dauer von höchstens fünf Jahren mit einem Beschluss zur Ausgabe von Wandelschuldverschreibungen **ermächtigen**. Auch dafür sind die oben genannten Mehrheiten erforderlich. Der Vorstand und der Vorsitzende des Aufsichtsrats oder dessen Stellvertreter haben den Beschluss über die Ausgabe von Wandelschuldverschreibungen und der Vorstand überdies spätestens innerhalb eines Monats nach Ablauf des Geschäftsjahres eine Erklärung darüber bei dem zuständigen Gericht zu hinterlegen, in welchem Umfang im abgelaufenen Geschäftsjahr Wandelschuldverschreibungen ausgegeben worden sind (§ 174 Abs 2).

Die Aktionäre haben ein Bezugsrecht auf die ausgegebenen Schuldtitel (§ 174 Abs 4). Dieses Bezugsrecht kann allerdings – ebenso wie das Bezugsrecht bei Kapitalerhöhungen – ausgeschlossen werden (§ 174 Abs 4 iVm § 153).

f) Genussrechte

In der Praxis werden zur Unternehmensfinanzierung auch Genussrechte eingeräumt. Sie sind im Gesetz nicht definiert, es handelt sich dabei um schuldrechtliche Ansprüche auf aktionärstypische Vermögensrechte. Sie gewähren Ansprüche auf einen Teil des Gewinns, oft auch eine Beteiligung am Liquidationserlös. Werden Genussrechte verbrieft, werden sie auch als Genussscheine bezeichnet. Wegen der Beeinträchtigung der bisherigen Aktionäre ist auch bei Ausgabe von Genussrechten dasselbe Prozedere wie bei Schuldverschreibungen einzuhalten. Es bedarf daher insbesondere eines Hauptversammlungsbeschlusses. Das Bezugsrecht muss ausdrücklich ausgeschlossen werden (§ 174 Abs 4 iVm § 153). Das auf die Einräumung von Genussrechten gerichtete Rechtsgeschäft ist ein Vertrag sui generis und begründet ein Dauerschuldverhältnis (RS0117292, 10 Ob 34/05f). Die rechtliche Ausgestaltung unterliegt keiner besonderen gesetzlichen Regelung. Es herrscht daher weitgehend Gestaltungsfreiheit (7 Ob 267/02v; VwGH 2006/15/0050; siehe allerdings zum unzulässigen Ausschluss des Kündigungsrechts bei Genussscheinen 1 Ob 105/10p).

> **Beachte:**
> Genussrechte nach § 174 können von Kapital- wie auch von Personengesellschaften, Genossenschaften, gegebenenfalls sogar von Einzelunternehmern ausgegeben werden (RS0117290, 7 Ob 267/02v).

2. Kapitalherabsetzung

Das AktG kennt – wie das GmbHG – drei Möglichkeiten der Kapitalherabsetzung:
- Effektive (ordentliche) Kapitalherabsetzung (§§ 175 ff),
- Vereinfachte (nominelle) Kapitalherabsetzung (§§ 182 ff),
- Kapitalherabsetzung durch Einziehung von Aktien (§§ 192 ff).

Allen drei Arten der Kapitalherabsetzung ist die Verringerung des Grundkapitals und die zwingende Zuständigkeit der Hauptversammlung gemeinsam. Eine Rückführung von Kapital an die Aktionäre stellt eine Gefahr für die Gläubiger dar: Ihr Haftungsfonds wird reduziert, dh es stehen weniger Mittel für die Befriedigung ihrer Ansprüche zur Verfügung. Im Unterschied zur Kapitalerhöhung sind daher bei Kapitalherabsetzungen zwingende **Gläubigerschutzvorschriften** zu beachten.

Eine Herabsetzung des Grundkapitals auf unter **70.000 Euro** ist unzulässig (§ 7). Nur wenn zugleich mit der Herabsetzung des Grundkapitals eine Erhöhung des Grundkapitals beschlossen wird („Kapitalschnitt"; vgl Seiten 333, 427 f), kann das Mindestgrundkapital von 70.000 Euro unterschritten werden. Allerdings ist die Kapitalerhöhung ausschließlich durch Zuführung von Barmitteln vorzunehmen, nicht durch Sacheinlagen (§ 181). Dadurch soll die Gefahr ausgeschlossen werden, dass der Gesellschaft durch überbewertete oder mangelhafte Sacheinlagen weniger Kapital zufließt, als zur Erreichung des Mindestnennbetrags des Grundkapitals nötig ist. Das Gericht hat die zum Wirksamwerden der Kapitalherabsetzung und -erhöhung erforderlichen Firmenbucheintragungen gemeinsam vorzunehmen (§ 181 Abs 2 letzter Satz). Damit soll sichergestellt werden, dass das Grundkapital nie unter seinen Mindestnennwert absinkt.

Erfolgt die Herabsetzung durch Rückzahlung von Einlagen oder durch Befreiung von der Volleinzahlung, darf der verbleibende Betrag jeder Aktie nicht auf unter einen Euro herabgesetzt werden (§ 8 Abs 2 und 3; § 175 Abs 4). Diesem Erfordernis kann aber auch durch Zusammenlegung von Aktien entsprochen werden.

a) Effektive (ordentliche) Kapitalherabsetzung

Die ordentliche Kapitalherabsetzung gemäß AktG entspricht grundsätzlich der ordentlichen Kapitalherabsetzung gemäß GmbHG (vgl Seiten 330 ff; im Detail bestehen Unterschiede). Es kommt zu einer Rückzahlung von Eigenmitteln an die Aktionäre bzw zu einer Befreiung von (oder Reduktion) der Einlageverpflichtung. Die Gläubiger sind zu schützen. Das Prozedere läuft im Wesentlichen wie folgt ab:

Die Kapitalherabsetzung ist eine Satzungsänderung. Sie bedarf eines **Hauptversammlungsbeschlusses** mit **einfacher Stimmenmehrheit** sowie einer **Kapitalmehrheit von mindestens drei Vierteln** des bei der Beschlussfassung vertretenen Grundkapitals (§ 175 Abs 1). Die Satzung kann allerdings diese gesetzlich determinierte Kapitalmehrheit durch eine größere ersetzen sowie andere Erfordernisse aufstellen. In dem Beschluss ist auch festzusetzen, zu welchem Zweck die Herabsetzung stattfindet und ob Teile des Grundkapitals zurückgezahlt werden sollen (§ 175 Abs 3).

Sind mehrere **Aktiengattungen** vorhanden, genügt für die Kapitalherabsetzung nicht bloß der allgemeine Kapitalherabsetzungsbeschluss. Vielmehr müssen die Aktionäre jeder Aktiengattung gesonderte Beschlüsse fassen (Sonderbeschlüsse, § 175 Abs 2).

Die Herabsetzung kann durch eine Verminderung des Nennbetrags oder durch Zusammenlegung von Aktien erfolgen. Zum Schutz der Aktionäre soll die Zusammenlegung nur subsidiär erfolgen. Die Herabsetzung des Grundkapitals erfordert bei Gesellschaften mit Nennbetragsaktien daher die Herabsetzung des Nennbetrags der Aktien. Nur soweit der auf die einzelne Aktie entfallende anteilige Betrag des herabgesetzten Grundkapitals den **Mindestbetrag** nach § 8 Abs 2 und 3 unterschreiten würde, erfolgt die Herabsetzung durch Zusammenlegung der Aktien (§ 175 Abs 4). Bei Stückaktien ist eine Herabsetzung des Nennbetrags nicht erforderlich, weil sich die Mitgliedschaftsrechte nicht aus dem Nennbetrag, sondern aus der Stückzahl aller Aktien ergeben. Damit reduziert sich schon durch die Herabsetzung des Grundkapitals der auf die einzelne Stückaktie entfallende, fiktive „Nennbetrag".

Sodann ist der **Kapitalherabsetzungsbeschluss** durch den Vorstand und den Vorsitzenden des Aufsichtsrats oder dessen Stellvertreter zur Eintragung im **Firmenbuch** anzumelden (§ 176). Mit Firmenbucheintragung des Kapitalherabsetzungsbeschlusses ist die Satzung geändert und die Kapitalherabsetzung wirksam (§ 177).

Der Beschluss wird sodann bekannt gemacht, wobei auf das Recht jener **Gläubiger**, deren Forderungen vor der Eintragung des Beschlusses begründet worden sind, hinzuweisen ist, sich innerhalb von **sechs Monaten** bei der Gesellschaft zu melden. Die Gläubiger können Befriedigung oder, soweit dies nicht möglich ist, Sicherheitsleistung verlangen (§ 178 Abs 1), ohne dass eine Gefährdung der Einbringlichkeit glaubhaft gemacht werden muss.

An die **Aktionäre** dürfen **Zahlungen** aufgrund der Kapitalherabsetzung erst geleistet werden, wenn die Sechsmonatsfrist abgelaufen ist und den Gläubigern, die sich rechtzeitig gemeldet haben, Befriedigung oder Sicherheit gewährt worden ist (§ 178 Abs 2), widrigenfalls die Aktionäre nach § 56 und die Organmitglieder nach § 84 haften.

Sodann haben der Vorstand und der Vorsitzende des Aufsichtsrats oder dessen Stellvertreter die **Durchführung** der Herabsetzung des Grundkapitals zur Eintragung in das **Firmenbuch** anzumelden (§ 180 Abs 1). Diese Eintragung hat lediglich deklarative Wirkung. Die Anmeldung und Eintragung der

Durchführung der Herabsetzung können mit der Anmeldung und Eintragung des Beschlusses über die Herabsetzung verbunden werden.

b) Vereinfachte (nominelle) Kapitalherabsetzung

Bei der nominellen Kapitalherabsetzung wird die Grundkapitalziffer an das Gesellschaftsvermögen angepasst. Sie dient dazu, einen **sonst auszuweisenden Bilanzverlust zu decken** und auszubuchen bzw einzustellen (§ 182 Abs 1). Es erfolgt **keine Auszahlung** an die Aktionäre und auch keine Befreiung von Einlageverpflichtungen (§ 184), sodass es – im Gegensatz zur ordentlichen (effektiven) Kapitalherabsetzung – zu keiner Verminderung des Gesellschaftsvermögens kommt; es handelt sich (wie auch bei der nominellen Kapitalerhöhung) um bilanzielle Umbuchungsvorgänge. Die §§ 175 Abs 1, 2 und 4, 176 f und 179 bis 181 über die ordentliche Kapitalherabsetzung sind sinngemäß auf die vereinfachte (nominelle) Kapitalherabsetzung anzuwenden (§ 182 Abs 2).

Diese Form der Kapitalherabsetzung ist nur zulässig, nachdem der 10 % des nach der Herabsetzung verbleibenden Grundkapitals übersteigende Teil der gebundenen Rücklagen und alle nicht gebundenen Kapitalrücklagen sowie alle satzungsmäßigen und anderen zu bildenden Gewinnrücklagen vorweg aufgelöst worden sind (§ 183). Die Regelung dient dem Schutz der Minderheitsaktionäre, die vor einer vereinfachten Kapitalherabsetzung bewahrt werden sollen, solange die **anderen Möglichkeiten zur Verlustabdeckung** nicht **ausgeschöpft** sind.

Für die vereinfachte Kapitalherabsetzung ist ein **Hauptversammlungsbeschluss** mit einer **einfachen Stimmenmehrheit** sowie einer **Kapitalmehrheit von mindestens drei Vierteln** des bei der Beschlussfassung vertretenen Grundkapitals notwendig (§ 175 Abs 1 iVm § 182 Abs 2), sofern die Satzung keine größere Mehrheit vorsieht oder andere Erfordernisse aufstellt. Dieser ist sodann beim **Firmenbuch** anzumelden (§ 182 iVm § 176).

Der **Gläubigerschutz** ist bei der vereinfachten Kapitalherabsetzung abgeschwächt, weil keine Zahlungen an die Aktionäre geleistet werden und dadurch das Gesellschaftsvermögen nicht vermindert wird. Im Übrigen ist die **Gewinnausschüttung** der nächsten zwei Geschäftsjahre aus Gründen des Gläubigerschutzes grundsätzlich auf 4 % vom Nennkapital **beschränkt** (§ 187 Abs 2). Sind Verluste in der angenommenen Höhe nicht eingetreten oder ausgeglichen, ist der entsprechende Betrag in eine gebundene Kapitalrücklage einzustellen (§ 185) und darf daher nicht an die Aktionäre ausgeschüttet werden.

c) Kapitalherabsetzung durch Einziehung von Aktien

Ähnlich wie bei der GmbH kann eine Kapitalherabsetzung auch durch Einziehung von Aktien erfolgen. Sie ist für **Substanzgesellschaften** vorgesehen (siehe dazu bereits oben Seite 333).

> **Beachte:**
> Die Einziehung kann auf zwei Arten erfolgen:
> - entweder durch **Zwangseinziehung** (sofern dies in der ursprünglichen Satzung oder durch eine Satzungsänderung vor Übernahme oder Zeichnung der Aktien angeordnet oder gestattet war); hier werden anhand eines Tilgungsplans in Form einer Verlosung die Aktien laufend eingezogen
> - oder durch **Kauf zur Einziehung** (freiwillige Amortisation).

Bei der Kapitalherabsetzung durch Einziehung von Aktien sind aus Gründen des Gläubigerschutzes die Vorschriften über die **ordentliche Kapitalherabsetzung** (§§ 175 ff) anzuwenden, es sei denn, der Erwerb erfolgt unentgeltlich oder zu Lasten des Bilanzgewinns oder einer freien Rücklage bzw Rücklage für eigene Aktien (§ 192 Abs 2 und 3). Liegt keiner dieser Ausnahmefälle vor, ist insbesondere der **Gläubigeraufruf** für einen Zeitraum von sechs Monaten vorzunehmen. Vor Ablauf dieses Zeitraums darf keine Zahlung an die Aktionäre erfolgen.

d) Kapitalherabsetzung verbunden mit Kapitalerhöhung (Kapitalschnitt)

Dabei handelt es sich um eine Sanierungsmaßnahme. Wie bei der GmbH (vgl Seiten 334) wird ein sogenannter Kapitalschnitt zumeist dann vorgenommen, wenn die Passiva größer sind als die Aktiva, die Gesellschaft also buchmäßig überschuldet ist und Verluste in der Bilanz ausgewiesen sind: Die Aktien sind weniger wert, als ihr Nennbetrag aufweist. Solange der Wert der Aktien unter dem Nennbetrag liegt, können keine neuen Aktien ausgegeben werden (**Verbot der Unter-pari-Emission**). Mangels Bilanzgewinns können auch keine Dividenden ausgeschüttet werden (§ 52).

Mit einer Kapitalherabsetzung kann in einem solchen Fall das buchmäßige Kapital um die entstandenen Verluste reduziert werden, die entstandenen Verluste werden also buchmäßig saniert und damit der Wert der Aktien an den (nunmehr geringeren) Nennbetrag angepasst. Aktien können (bei entsprechender Kapitalerhöhung) wieder ausgegeben werden. Künftige Gewinne werden nicht mehr durch vorhandene Verluste aufgezehrt. **Gewinnausschüttungen** können wieder vorgenommen werden (siehe auch RS013090).

H. Beendigung der AG

1. Auflösung

Die Auflösung stellt den Beginn der Abwicklung der Gesellschaft dar; sie ist daher nicht mit dem Ende der Gesellschaft gleichzusetzen. An die Auflösung schließen die Abwicklung und später die Löschung der Gesellschaft an. Damit bleibt aber die Rechtspersönlichkeit ebenso wie die Unternehmereigenschaft der AG von der Auflösung unberührt. Die Auflösung bewirkt aber eine Änderung des Unternehmenzwecks (Zweck der Abwicklung, siehe Seite 343).

a) Gesetzliche Auflösungsgründe

Das AktG enthält eine taxative (abschließende) Aufzählung von gesetzlichen Auflösungsgründen. Die Gesellschaft wird gemäß § 203 aufgelöst durch:

- **Ablauf der Zeit**, die in der Satzung festgelegt ist (Z 1):
  In der Satzung kann eine bestimmte Dauer für die Gesellschaft vereinbart werden.

- **Beschluss der Hauptversammlung** (Z 2):
  Ein solcher bedarf der einfachen Stimmenmehrheit sowie einer Kapitalmehrheit von mindestens drei Vierteln des bei der Beschlussfassung vertretenen Grundkapitals. Die Satzung kann allerdings diese gesetzlich normierte Kapitalmehrheit durch eine größere ersetzen sowie andere Erfordernisse aufstellen.

- Eröffnung des **Konkursverfahrens** über das Vermögen der Gesellschaft (Z 3):
  Über das Vermögen der AG ist bei Zahlungsunfähigkeit (§ 66 IO, siehe dazu Seite 173) oder Überschuldung (§ 67 IO; siehe dazu Seite 173) das Konkursverfahren zu eröffnen. Die Eröffnung eines Sanierungsverfahrens führt hingegen nicht zu einer Auflösung der Gesellschaft.

- Den rechtskräftigen Beschluss, durch den das Insolvenzverfahren mangels kostendeckenden Vermögens nicht eröffnet oder aufgehoben wird (Z 4).

Weitere Auflösungsgründe sind:

- **Klage auf Nichtigerklärung der Gesellschaft** §§ 216 ff:
  Ein Aktionär, Vorstands- oder Aufsichtsratmitglied kann eine AG mit (Rechtsgestaltungs-)Klage wegen Unzulässigkeit wesentlicher Satzungsbestimmungen für nichtig erklären lassen. Dies ist allerdings im Interesse des Rechtsverkehrs nur unter bestimmten, eingeschränkten Voraussetzungen möglich, weil ja die AG bereits im Firmenbuch eingetragen und damit als solche nach außen aufgetreten ist. Dritte haben auf die Wirksamkeit der Gründung bereits vertraut. Die Nichtigerklärung setzt daher voraus, dass
  – die AG bereits im Firmenbuch eingetragen und rechtlich existent ist,
  – die Satzung keine Bestimmungen über die Firma der Gesellschaft, die Höhe des Grundkapitals oder den Gegenstand des Unternehmens enthält oder der in der Satzung umschriebene oder tatsächlich verfolgte Gegenstand des Unternehmens rechtswidrig oder sittenwidrig ist (§ 216 Abs 1), wobei die Mängel betreffend Firma oder Unternehmensgegenstand durch Satzungsänderung heilbar sind (§ 217), und
  – die Klage binnen einem Jahr nach Eintragung der Gesellschaft erhoben wird (§ 216 Abs 3).

Wird die Gesellschaft für nichtig erklärt, ist dies im Firmenbuch einzutragen; allerdings wird dadurch nicht der Rechtsbestand der Gesellschaft vernichtet. Mit der Eintragung im Firmenbuch erfolgt der Übertritt der Gesellschaft in das Abwicklungsstadium (§ 218 Abs 1). Jene Rechtsgeschäfte, die bereits mit der Gesellschaft wirksam abgeschlossen wurden, werden von der Nichtigerklärung nicht berührt: sie bleiben weiterhin wirksam (§ 218 Abs 2).

- **Löschung wegen Vermögenslosigkeit** (§§ 40 f FBG),
- **Umwandlung** (§§ 2 Abs 2 Z 2 und 5 UmwG; siehe dazu unten Seiten 483 ff),
- **Aufspaltung** (§ 14 Abs 2 Z 2 SpaltG; siehe dazu unten Seiten 486 ff),
- **Verschmelzung,**
- **Konzessionsrücknahme** durch die FMA oder Erlöschen einer Konzession,
- Wegfall des letzten Aktionärs **ohne Rechtsnachfolger,**
- Eine Verlegung des Satzungssitzes in das Ausland wurde früher in einen Auflösungsbeschluss nach § 203 Abs 1 Z 2 umgedeutet, weil das AktG davon ausgeht, dass eine österreichische AG ihren Sitz nur im Inland haben kann. Da dies aber häufig nicht dem Willen der Gesellschafter entspricht, wird von einem iSd § 199 Abs 1 Z 3 nichtigen Beschluss gesprochen, nach einem Teil der Lehre ist der Beschluss schlicht unwirksam. Dies soll auch für die Sitzverlegung in das EU-Ausland gelten (siehe EuGH C-210/06 – Rs *Cartesio,* Geltung der primären Niederlassungsfreiheit in Gestalt der Zuzugsfreiheit; siehe EuGH C-378/10 – Rs *VALE,* Geltung der Niederlassungsfreiheit in Gestalt der Wegzugsfreiheit; siehe Seiten 81 ff).

b) Vertragliche Auflösungsgründe

Ob neben den gesetzlich determinierten Auflösungsgründen weitere in der Satzung festgelegt werden können, ist in der Literatur strittig. Ein Kündigungsrecht der Aktionäre wird in der Literatur überwiegend abgelehnt, weil eine zu § 84 Abs 2 GmbHG vergleichbare Bestimmung fehle.

c) Fortsetzungsbeschluss

Liegt ein gesetzlicher Auflösungsgrund vor, bedeutet dies nicht zwangsläufig den Beginn der Abwicklung (Liquidation) der Gesellschaft mit dem Ziel der Vollbeendigung. Denn die Aktionäre haben gemäß § 215 die Möglichkeit, dennoch den Fortbestand der Gesellschaft zu beschließen, sofern noch nicht mit der Verteilung des Vermögens unter den Aktionären begonnen wurde. Der **Fortsetzungsbeschluss** bedarf der einfachen Stimmenmehrheit sowie einer Kapitalmehrheit von mindestens drei Vierteln des bei der Beschlussfassung vertretenen Grundkapitals. Die Satzung kann diese gesetzlich normierte Kapitalmehrheit durch eine größere ersetzen sowie andere Erfordernisse aufstellen.

Bei Eröffnung des Konkursverfahrens über das Vermögen der Gesellschaft (§ 203 Z 3) besteht diese Fortsetzungsmöglichkeit nicht, es sei denn, das Konkursverfahren wurde nach Bestätigung eines Sanierungsplans (§ 152 IO) oder mit Einverständnis der Gläubiger (§ 123b IO) aufgehoben.

Nach der Löschung der Gesellschaft im Firmenbuch kann eine Fortsetzung der Gesellschaft nicht mehr erfolgen (RS0120497, 6 Ob 216/05s). Der Wiedereintritt in das Geschäftsleben kann nur durch Neugründung erfolgen.

2. Abwicklung/Liquidation

Liegt ein Auflösungsgrund vor und wurde dieser nicht (rechtzeitig) durch einen Fortsetzungsbeschluss „beseitigt", tritt die Gesellschaft in das Abwicklungsstadium (Liquidationsstadium). Aufgrund der Ähnlichkeit zur GmbH siehe auch dort die Seiten 336 ff.

a) Allgemeines

Mit dem Eintritt in das Liquidationsstadium ändert sich der Gesellschaftszweck der AG: Der Zweck wird von einem „werbenden" zu einem „abwickelnden". Die Identität der Gesellschaft bleibt aber unverändert. Die Gesellschaft ist weiterhin Trägerin von Rechten und Pflichten. Die aktienrechtlichen Bestimmungen sind für gesellschaftsrechtliche Fragestellungen weiter heranzuziehen. Die AG behält ihre rechtliche Selbstständigkeit bis zur Vollbeendigung bei (RS0049388, 3 Ob 32/06m).

b) Liquidationsverfahren

Das Verfahren gliedert sich – ähnlich wie bei der GmbH – in folgende Phasen:
- dreimaliger Gläubigeraufruf (§ 208),
- Erstellung einer Liquidationseröffnungsbilanz (§ 211 Abs 1),
- Beendigung der laufenden Geschäfte, Verwertung des Gesellschaftsvermögens,
- Befriedigung bzw – wenn die Forderung strittig ist – Sicherstellung der Gläubigerinteressen (§ 213 Abs 3),
- Verteilung des verbleibenden restlichen Vermögens auf die Aktionäre im Verhältnis der Aktiennennbeträge, aber erst, wenn ein Jahr seit dem Tag, an dem der dritte Aufruf der Gläubiger veröffentlicht worden ist, verstrichen ist („Sperrjahr", § 213 Abs 1),
- Legung der Schlussrechnung (§ 214 Abs 1),
- Einholung der Unbedenklichkeitsbescheinigung des Finanzamtes (§ 160 Abs 3 BAO),
- Löschung der Gesellschaft im Firmenbuch über Antrag der Abwickler (§ 214). Das Gericht hat auch den Verwahrer der Bücher und Schriften der gelöschten AG zu bestimmen. Ist die Gesellschaft gelöscht und kein Gesellschaftsvermögen mehr vorhanden, ist die Gesellschaft vollbeendet. Allerdings hat die Löschung nach hM nur deklarative Bedeutung, weil

die Gesellschaft so lange weiterbesteht, wie Vermögen vorhanden ist und Rechtsbeziehungen zu Gläubigern oder Schuldnern bestehen.

Liquidatoren sind die **Vorstandsmitglieder** („geborene Liquidatoren"), sofern nicht durch die Satzung oder einen Hauptversammlungsbeschluss eine oder mehrere andere Personen dazu bestellt werden (§ 206 Abs 1; „gekorene Liquidatoren"). Auch eine juristische Person kann zum Abwickler bestellt werden.

Ausnahmsweise können Liquidatoren auch durch das **Gericht** bestellt werden, nämlich bei Vorliegen eines wichtigen Grundes und eines Antrages des Aufsichtsrats oder einer Aktionärsminderheit von 5 % des Grundkapitals (§ 206 Abs 2; „gerichtliche Liquidatoren").

Die Liquidatoren sind im Firmenbuch einzutragen. Sie sind geschäftsführungs- und vertretungsbefugt. Ihre Vertretungsbefugnis ist allerdings nach der *Ultra-vires*-Lehre auf Abwicklungsaufgaben beschränkt.

> **Beachte:**
> Die *Ultra-vires*-Lehre stammt aus dem angloamerikanischen Rechtskreis. Demnach ist die Rechtsfähigkeit von juristischen Personen auf deren jeweilige Aufgaben und Zwecke beschränkt.

I. Wechsel der Rechtsform

Folgende Möglichkeiten stehen zur Änderung der Rechtsform der AG zur Verfügung (siehe Seiten 465 ff, 433 ff):

- Ein Wechsel in eine **GmbH** ist durch rechtsformübergreifende Verschmelzung, formwechselnde Umwandlung oder Aufspaltung möglich.
- Ein Wechsel in eine **SE** ist durch Verschmelzung mindestens zweier Aktiengesellschaften, die ihren Sitz in unterschiedlichen Mitgliedstaaten der Europäischen Union haben, möglich.
- Die AG kann auch in eine **Personengesellschaft** (errichtend oder verschmelzend) oder durch Übertragung ihres Vermögens auf ihren Allein- oder Hauptgesellschafter umgewandelt werden (UmwG).

IX. Europäische Aktiengesellschaft

A. Begriff, Rechtsnatur und Grundlagen

> Die SE ist gemäß Art 1 SE-VO
> - eine Gesellschaft,
> - deren Kapital in Aktien zerlegt ist.
> - Jeder Aktionär haftet nur bis zur Höhe des von ihm gezeichneten Kapitals.
> - Die SE besitzt Rechtspersönlichkeit und ist damit eine juristische Person.

Die SE ist eine der AG nachgebildete supranationale Rechtsform, deren Kapital ebenso in Aktien zerlegt ist.

- Das Mindestgrundkapital beträgt 120.000 Euro (sofern nicht sondergesetzliche Bestimmungen einen höheren Betrag festlegen, etwa GlücksspielG).
- Die Firma muss (am Anfang oder am Ende; nicht in der Mitte) den Zusatz „SE" enthalten.
- Die SE ist im nationalen Register (in Österreich: Firmenbuch) einzutragen.
- Veröffentlichungen haben im Amtsblatt zur Wiener Zeitung sowie im Amtsblatt der Europäischen Union zu erfolgen.
- Der Sitz der SE befindet sich zwingend in jenem Mitgliedstaat, in dem sich die Hauptverwaltung der SE befindet (Art 8 SE-VO ermöglicht die Sitzverlegung in einen anderen Mitgliedstaat unter Aufrechterhaltung der Identität der Gesellschaft).

Eine **Besserstellung oder Diskriminierung** der SE im Verhältnis zur AG ist **unzulässig**, es sei denn, die SE-VO sieht dies ausdrücklich vor (Art 10 SE-VO).

Anwendung findet die SE ihrem Zweck entsprechend insbesondere für grenzüberschreitende Tätigkeiten von relativ großen Unternehmen: grenzüberschreitende Übernahme ausländischer Unternehmen; internationale Konzernrestrukturierungsmaßnahmen; Bildung einer Holdinggesellschaft; grenzüberschreitende, identitätswahrende Sitzverlegung; Umwandlung einer AG in eine SE (Wahlmöglichkeit bei Organisationsform).

In den letzten Jahren wird die SE verstärkt von der Praxis angenommen. Mit Stichtag 15. 5. 2019 waren in der Europäischen Union 3.180 SE eingetragen, 20 davon in Österreich.[1] Diese Tendenz dürfte steigend sein. Ein österreichisches Unternehmen (STRABAG SE mit Eintragungsdatum 15. 10. 2004) war europaweit eine der ersten SE.

---

[1] Siehe Statistik unter http://ecdb.worker-participation.eu (15. 5. 2019); laut *Haybäck*, Firmenbuch-Gesellschaften-H@y-Statistik 2019, PSR 2019/13, 51 belief sich die Anzahl der im Firmenbuch zum 31. 12. 2018 eingetragenen SE auf 33.

B. Rechtsquellen

Die Europäische Aktiengesellschaft (Societas Europaea; SE) ist eine supranationale Rechtsform. Sie wurde durch die unmittelbar anwendbare VO (EG) Nr 2157/2001 (SE-VO), zuletzt geändert durch VO (EG) Nr 517/2013, eingeführt; die in der SE-VO vorgesehenen Ermächtigungen bzw Aufträge wurden mit dem SEG, das mit dem GesRÄG 2004 erlassen wurde, umgesetzt. Ergänzend sieht die Richtlinie 2001/86/EG Regelungen über die Mitbestimmung der Arbeitnehmer vor (SE-RL), die in den §§ 208 ff ArbVG umgesetzt wurden. Im Übrigen sind auf die SE auch die Bestimmungen ihrer Satzung anzuwenden.

Die **Rangordnung** der einzelnen SE-Regelungen ist in Art 9 SE-VO festgelegt. Weitere Details der Rangordnung ergeben sich aus den allgemeinen Prinzipien der SE/AG. Danach unterliegt die SE

- zunächst den Bestimmungen der SE-VO,
- sowie den SE-RL-Bestimmungen, sofern die SE-VO direkt auf diese verweist,
- weiters – sofern die SE-VO dies ausdrücklich zulässt – den Bestimmungen der Satzung der SE,
- sodann den Vorschriften des nationalen Ausführungsgesetzes – in Österreich somit dem SEG (wobei dies mit den für die AG maßgeblichen Richtlinien in Einklang stehen muss; Art 9 Abs 2 SE-VO) – sowie
- dem nationalen AktG und
- den Bestimmungen der Geschäftsordnungen (für Aufsichtsrat und Vorstand).

Überdies ist bei börsenotierten SE der Corporate Governance Kodex zu beachten.

C. Gründung der SE

Numerus clausus der Entstehungsformen: Die Gründung einer SE kann nur erfolgen durch

- **Verschmelzung** von mindestens zwei in verschiedenen Mitgliedstaaten ansässigen AG (4 Ob 51/07i); zum Schutz der Gläubiger siehe §§ 21 ff SEG (Austrittsrecht gegen angemessene Barabfindung, Sicherstellung der Forderung),
- Bildung einer **Holding-SE** durch AG oder GmbH, die in mindestens zwei verschiedenen Mitgliedstaaten ansässig sind oder seit mindestens zwei Jahren eine Tochtergesellschaft oder Zweigniederlassung in einem anderen Mitgliedstaat haben,
- Gründung einer **Tochter-SE** durch mindestens zwei Gesellschaften (einschließlich juristischer Personen des öffentlichen und privaten Rechts) im Sinne des Art 54 AEUV (ex Art 48 Abs 2 EGV; zB AG oder GmbH, Gesellschaft des bürgerlichen Rechts, etc.), die in verschiedenen Mitgliedstaaten

ansässig sind oder seit mindestens zwei Jahren eine Tochtergesellschaft oder Zweigniederlassung in einem anderen Mitgliedstaat haben; besteht bereits eine SE, kann diese wiederum eine oder mehrere Tochter-SE gründen; sowie
- **Umwandlung** einer nationalen AG, die seit mindestens zwei Jahren eine Tochtergesellschaft in einem anderen Mitgliedstaat hat. Dies ist die einfachste Form einer SE-Gründung, da kein Vermögen übertragen wird und lediglich eine Gesellschaft betroffen ist,
- Gründung einer **Tochter-SE durch eine SE**, wobei hier keine Mehrstaatlichkeit erforderlich ist.

Für die Gründung einer SE muss daher mit Ausnahme lediglich jenes Falles, dass eine Tochter-SE durch eine SE gegründet wird, stets ein grenzüberschreitendes Element vorliegen. Der **Gründungsvorgang** ist im Einzelnen in den Art 15 ff SE-VO bzw §§ 17 ff SEG geregelt, wie etwa die Erstellung einer Satzung mit Mindestinhalt. Betreffend Kapital, Kapitalerhaltung und -änderung, Aktien udgl verweist Art 5 SE-VO auf die nationalen Rechtsvorschriften. Zulässig sind daher sowohl Nennbetrags- als auch Stückaktien.

Mit der **Eintragung** der SE im Firmenbuch entsteht die SE als juristische Person (Art 16 SE-VO). Voraussetzung für die Eintragung ist (anders als bei der AG), dass die Verhandlungen über die Arbeitnehmerbeteiligung abgeschlossen sind. Wurden vor Eintragung der SE im Firmenbuch Rechtshandlungen in deren Namen vorgenommen und übernimmt diese nach ihrer Eintragung die sich daraus ergebenden Verpflichtungen nicht, haften die handelnden Personen vorbehaltlich anderer Vereinbarungen unbegrenzt und gesamtschuldnerisch (Art 16 Abs 2 SE-VO).

D. Organe der SE

Für die Organisation einer SE sieht die SE-VO bzw das SEG zwei Möglichkeiten vor: das dualistische oder das monistische System.

dualistisches System:	monistisches System:
• Hauptversammlung	• Hauptversammlung
• Leitungsorgan (Vorstand)	• Verwaltungsorgan
• Aufsichtsorgan (Aufsichtsrat)	

Gemeinsam ist beiden Systemen das Organ der **Hauptversammlung**. Diese ist für die in der SE-VO und der SE-RL ausdrücklich geregelten Angelegenheiten sowie für die Angelegenheiten, für die eine Hauptversammlung nach dem Recht des Sitzstaates der SE zuständig wäre oder die ihr durch die Satzung im Einklang mit dem Recht des Sitzstaates zugewiesen wurden, zuständig (Art 52 SE-VO). Über die speziell normierten Kompetenzen der Hauptversammlung in der

SE-VO (Art 59: Satzungsänderungen; Art 8 Abs 6: Sitzverlegung; Art 40 Abs 2: Bestellung des Aufsichtsorgans; Art 43 Abs 3: Bestellung des Verwaltungsrats; Art 66 Abs 6: Rückumwandlung einer SE in eine nationale AG) hinaus sind die Zuständigkeiten der SE nach dem SEG weitgehend mit den Zuständigkeiten der Hauptversammlung nach dem AktG identisch. Auch die für die Beschlussfassungen maßgeblichen Mehrheitserfordernisse sind grundsätzlich dem AktG zu entnehmen (bei Satzungsänderungen ist Art 59 Abs 1 SE-VO zu beachten).

Der **wesentliche Unterschied** zwischen diesen beiden Systemen besteht darin, dass beim dualistischen System das operative Leitungsorgan vom Überwachungsorgan getrennt ist, wohingegen beim monistischen System beide Funktionen von einem Organ, in Österreich dem Verwaltungsrat („board of directors"), ausgeführt werden. Der österreichische Gesetzgeber hat in Entsprechung des Art 38 SE-VO diese beiden Systeme im SEG vorgesehen. Die Entscheidung für das eine oder andere System hat jede SE in der Satzung zu treffen. Die einmal getroffene Entscheidung ist durch Satzungsänderung wieder abänderbar.

Beim **dualistischen System** ist, wie bei der AG, ein Leitungs- und Aufsichtsorgan notwendig:

- Gemäß Art 39 Abs 1 SE-VO führt das **Leitungsorgan** (Vorstand) die Geschäfte der SE in eigener Verantwortung, wobei die Mitgliedstaaten festlegen können, dass ein oder mehrere Geschäftsführer die laufenden Geschäfte in eigener Verantwortung unter denselben Voraussetzungen, wie sie für AG mit Sitz in dessen Hoheitsgebiet gelten, führt bzw führen. Die Zahl der Mitglieder des Leitungsorgans wird in der Satzung festgelegt; die Mitgliedstaaten können eine Mindest- und/oder Höchstzahl festsetzen (Art 39 Abs 4 SE-VO). Die Mitglieder des Leitungsorgans werden vom Aufsichtsorgan für einen Zeitraum von höchstens sechs Jahren (und nicht bloß fünf Jahre wie im nationalen Aktienrecht; vgl § 75 Abs 1 AktG) bestellt und wieder abberufen (Art 39 Abs 2, Art 46 SE-VO).

- Das **Aufsichtsorgan** (Aufsichtsrat) überwacht die Führung der Geschäfte durch das Leitungsorgan. Das Aufsichtsorgan ist nicht berechtigt, die Geschäfte der SE selbst zu führen (Art 40 Abs 1 SE-VO). Um dieser Aufgabe nachkommen zu können, hat das Leitungsorgan das Aufsichtsorgan mindestens alle drei Monate über den Gang der Geschäfte der SE und deren voraussichtliche Entwicklung zu informieren. Darüber hinaus besteht ein jederzeitiges Auskunfts- und Überprüfungsrecht (Art 41 SE-VO).

Die Bestellung der Mitglieder des Aufsichtsorgans erfolgt durch die Hauptversammlung, wobei einzelstaatliche Rechtsvorschriften, die Aktionären oder anderen Personen ein Recht auf Bestellung von Organmitgliedern einräumen, von der SE-VO unberührt bleiben (Art 40 Abs 2, Art 47 Abs 4 SE-VO). Die Zahl der Mitglieder ist in der Satzung festzulegen, wobei auch hier die Mitgliedstaaten eine Mindest- und/oder Höchstzahl vorsehen können. Das Aufsichtsorgan wählt aus seiner Mitte einen Vorsitzenden (Art 42 SE-

VO), der – wenn die Hälfte der Mitglieder von den Arbeitnehmern bestellt wird – Aktionärsvertreter sein muss.

Beim **monistischen System** tritt an die Stelle des Leitungs- und Aufsichtsorgans das Verwaltungsorgan, in Österreich als Verwaltungsrat bezeichnet.

- Der **Verwaltungsrat** führt die Geschäfte der SE (Art 43 Abs 1 SE-VO). Ob die Hauptversammlung dem Verwaltungsrat Weisungen erteilen kann, ist strittig, ein überwiegender Teil der Lehre spricht sich gegen ein Weisungsrecht aus.

Der Verwaltungsrat tritt in den durch die Satzung bestimmten Abständen, mindestens jedoch alle drei Monate, zusammen, um über den Gang der Geschäfte der SE und deren voraussichtliche Entwicklung zu beraten (Art 44 Abs 1 SE-VO). Der österreichische Gesetzgeber hat sich für einen zweimonatigen (anstelle eines dreimonatigen) Rhythmus entschieden (§ 53 Abs 3 SEG). Weiters kann jedes Mitglied des Verwaltungsrats von allen Informationen, die diesem Organ übermittelt werden, Kenntnis nehmen (Art 44 Abs 2 SE-VO). Darüber hinaus obliegt dem gesamten Verwaltungsrat die Mitentscheidung bei außergewöhnlichen Geschäften, weil nach Art 48 SE-VO für bestimmte Geschäfte ein ausdrücklicher Beschluss des Verwaltungsrats erforderlich ist (siehe auch § 40 Abs 2 SEG; in börsenotierten Gesellschaften ist seit dem AktRÄG 2019 bei Geschäften mit nahestehenden Unternehmen und Personen § 95a AktG zu beachten, § 40a SEG).

Der Verwaltungsrat hat damit – im Unterschied zum dualistischen System – einen verbesserten Informations- und Kommunikationsfluss. Im Übrigen befasst sich der Verwaltungsrat intensiver als das Aufsichtsorgan im dualistischen System mit dem Unternehmen, seine Kompetenzen sind ja auch umfangreicher.

Der Verwaltungsrat besteht grundsätzlich (Ausnahmen siehe § 247 ArbVG) aus Arbeitnehmer- und aus Kapitalvertretern (natürliche Personen). Die **Bestellung** der Kapitalvertreter erfolgt grundsätzlich durch die Hauptversammlung, für einen in der Satzung festgelegten, jedoch maximal sechs Jahre dauernden Zeitraum (§ 46 SEG sieht lediglich vor, dass die Amtsdauer der Verwaltungsratsmitglieder in der Satzung festzulegen ist. Die in Art 46 Abs 1 SE-VO festgelegte Maximaldauer von sechs Jahren ist daneben unmittelbar anwendbar), wobei einzelnen Aktionären – wie bei der AG – Entsendungsrechte eingeräumt werden können (§ 46 Abs 3 SEG).

Die Zahl der Mitglieder des Verwaltungsrats bzw die Regeln für deren Festlegung sind in der Satzung der SE zu bestimmen, wobei die Mitgliedstaaten auch hier eine Mindest- und/oder Höchstzahl vorsehen können (die Mindestzahl der Kapitalvertreter wurde in Österreich mit drei und die Höchstzahl mit zehn vorgesehen; § 45 Abs 1 SEG).

Der Verwaltungsrat wählt aus seiner Mitte einen **Vorsitzenden**, der dann, wenn die Hälfte der Mitglieder von den Arbeitnehmern bestellt wird, Aktionärsvertreter sein muss (Art 45 SE-VO).

- Für die laufenden Geschäfte hat der Verwaltungsrat einen oder mehrere **geschäftsführende Direktoren** auf höchstens fünf Jahre zu bestellen (§§ 56, 59 SEG), wobei die Mehrheit des Verwaltungsrats aus nicht geschäftsführenden Mitgliedern bestehen muss (§ 59 Abs 1 SEG). Sind mehrere geschäftsführende Direktoren bestellt, so sind sie mangels anderslautender Satzungsbestimmung bzw Verwaltungsratsbeschluss nur gemeinschaftlich zur Geschäftsführung befugt (§ 57 Abs 1 SEG). Auch die Vertretung der Gesellschaft obliegt, sofern die Satzung nichts anderes bestimmt, sämtlichen Mitgliedern des Verwaltungsrats und den geschäftsführenden Direktoren gemeinsam (§ 43 Abs 2 SEG). Als geschäftsführender Direktor kann sowohl ein Mitglied des Verwaltungsrats bestellt werden als auch ein Dritter (in börsenotierten Gesellschaften dürfen die Direktoren nicht dem Verwaltungsrat angehören; § 59 Abs 2 SEG). Insofern hat der österreichische Gesetzgeber das monistische System etwas dualistischer ausgestaltet. Soweit die Direktoren nicht auch Mitglieder des Verwaltungsrats sind, erfolgt wieder eine Annäherung an das dualistische System und ist der Nachteil des monistischen Systems, das Fehlen einer zweiten Instanz zur Kontrolle, dadurch etwas entschärft.

Beim Verwaltungsrat einer SE mit den Merkmalen des § 221 Abs 3 Satz 1 iVm Abs 4 – 6 UGB ist überdies zwingend ein **Prüfungsausschuss** einzurichten, dem kein geschäftsführender Direktor angehören darf (§ 51 Abs 3a SEG). Zu den Aufgaben des Prüfungsausschusses zählen etwa die Überwachung der Rechnungslegung, der Wirksamkeit des internen Kontrollsystems, der (Konzern-) Abschlussprüfung und der Unabhängigkeit des Abschlussprüfers sowie die Prüfung und Vorbereitung der Feststellung des Jahresabschlusses, des Vorschlags für die Gewinnverteilung und des Lageberichts.

E. Arbeitnehmermitbestimmung

Mit ein Grund dafür, warum innerhalb der Mitgliedstaaten der EU lange Zeit keine Einigung über die Schaffung der Europäischen Aktiengesellschaft erzielt werden konnte, waren mitbestimmungsrechtliche Fragen, weil dieser Bereich in den einzelnen Mitgliedstaaten unterschiedlich oder zum Teil überhaupt nicht geregelt war. Letztendlich musste die Frage der Mitbestimmung daher in einer Richtlinie festgeschrieben werden, die – im Vergleich zu einer Verordnung – einen gewissen Spielraum offenlässt.

Ergebnis war eine Kompromisslösung: Zunächst sind Verhandlungen über den Abschluss einer Vereinbarung zwischen den beteiligten Gesellschaften und einem besonderen Verhandlungsgremium zu führen (**Verhandlungslösung**). In dieser Vereinbarung sind insbesondere die Zusammensetzung, die Befugnis und Organisation des Vertretungsorgans der Arbeitnehmer festzulegen sowie Informations- und Mitbestimmungsrechte. Führen diese Verhandlungen zu keinem Ergebnis, sind die nationalen Regelungen des Sitzstaates der SE (in Österreich: §§ 208 ff ArbVG) heranzuziehen (**Auffanglösung**).

Eine Eintragung der SE im Firmenbuch ist nur möglich, wenn

- eine Vereinbarung über die Beteiligung der Arbeitnehmer abgeschlossen wurde,
- ein Beschluss des bei Errichtung einer SE für die Verhandlung mit den Organen von den Arbeitnehmervertretern zu bildenden Verhandlungsgremiums vorgelegt wird, keine Verhandlungen zu führen sind bzw die Verhandlungen abgebrochen wurden, oder aber
- wenn die Frist für die Verhandlungen sechs Monate (bei einvernehmlichem Beschluss bis zu zwölf Monaten verlängerbar) erfolglos abgelaufen ist.

F. Beendigung der SE

Hinsichtlich der Auflösung, Liquidation, Zahlungsunfähigkeit und ähnlicher Verfahren der SE enthalten weder die SE-VO noch das SEG Sondervorschriften. Vielmehr wird in Art 63 SE-VO auf das Recht des jeweiligen Sitzstaates der SE verwiesen. Für eine SE mit Sitz in Österreich sind daher die Vorschriften des AktG (vgl Seiten 427 ff) zu beachten.

Beachte:
Gemäß Art 66 SE-VO besteht (wenn auch nur frühestens zwei Jahre nach Eintragung einer neu gegründeten SE) die Möglichkeit, eine SE in eine AG nach dem Recht ihres aktuellen Sitzstaates zurück umzuwandeln. Gemäß Art 66 Abs 2 SE-VO führt eine solche (rechtsformändernde) Umwandlung weder zur Auflösung der Gesellschaft noch zur Gründung einer neuen juristischen Person (siehe auch § 33 SEG).

G. Unterschiede AG – SE (tabellarisch)

Nachstehend die wichtigsten Unterschiede zwischen AG und SE in tabellarischer Form:

	AG	SE
Rechtsgrundlage	AktG; darüber hinaus uU ÜbG, BörseG, KMG udgl	wie AG; überdies SE-VO, SE-RL, SEG, §§ 208 ff ArbVG
Gründung	• Errichtung: mit Feststellung der Satzung durch die Gründer • Entstehung: mit Eintragung im Firmenbuch	5 Gründungsformen: • Verschmelzung von AG zu SE • Gründung einer Holding-SE • Gründung einer Tochter-SE durch Gesellschaften iSd Art 54 AEUV • Umwandlung AG in SE • Gründung einer Tochter-SE durch eine SE
Organisation	Fremdorganschaft • Leitungsorgan: Vst • Kontrollorgan: AR (zwingend) • Willensbildungsorgan: HV • AP (zwingend)	**Gemeinsam:** • Willensbildungsorgan: HV • AP **Dualistisch:** • Leitungsorgan: Vst • Kontrollorgan: AR (zwingend) **Monistisch:** • Verwaltungsrat mit geschäftsführenden Direktoren
Bestellung der Organmitglieder	• Vst: Beschluss des AR; Not-Vst durch Gericht • AR: Beschluss der HV; durch Aktionär bei Sonderrecht; Not-AR durch Gericht; (Zentral-)Betriebsrat • AP: Beschluss der HV	**Dualistisch:** wie AG **Monistisch:** Verwaltungsrat: Bestellung durch HV; Geschäftsführende Direktoren: Bestellung durch Verwaltungsrat
Abberufung der Organmitglieder	• Vst: nur aus wichtigem Grund durch AR, einfache Mehrheit • AR: auch ohne wichtigen Grund, durch HV (3/4-Mehrheit); Beendigung auch durch Ablauf der Funktionsperiode; bei Entsendungsrecht durch Aktionäre (auch ohne wichtigen Grund); durch Gericht; durch (Zentral-)Betriebsrat • AP: bei wichtigem Grund	**Dualistisch:** wie AG **Monistisch:** Verwaltungsrat: auch ohne wichtigen Grund durch HV (3/4-Mehrheit) Geschäftsführende Direktoren: auch ohne wichtigen Grund, durch Verwaltungsrat

Unterschiede AG – SE (tabellarisch)

	AG	SE
Geschäftsführung	• Gesamtgeschäftsführung; Einzelgeschäftsführung kann festgelegt werden • Umfasst gewöhnliche und außergewöhnliche Geschäfte • Für bestimmte, wichtige Geschäftsführungsmaßnahmen Zustimmung des AR (oder der HV) erforderlich • Keine Weisungsbefugnis von HV und AR	**Dualistisch:** wie AG **Monistisch:** Gesamtgeschäftsführung; Geschäftsführung durch Verwaltungsrat, der die Geschäftsführung auf geschäftsführende Direktoren übertragen kann
Aufgaben der Gesellschafterversammlung	• Gesetzlicher Kompetenzkatalog (zB Satzungsänderung, Bezugsrechtsausschluss) • Entscheidung über Strukturmaßnahmen oder Eigentumsschutz (Holzmüller; Gelatine; Macrotron)	**Dualistisch:** wie AG **Monistisch:** mehr Kompetenzen als bei AG
Mindestkapital	70.000 Euro	120.000 Euro

AR ... Aufsichtsrat; HV ... Hauptversammlung; Vst ... Vorstand; AP ... Abschlussprüfer

X. Genossenschaft

A. Begriff, Rechtsnatur und Grundlagen

1. Allgemeines

Genossenschaften sind
- Personenvereinigungen mit Rechtspersönlichkeit von **nicht geschlossener Mitgliederzahl,**
- die im Wesentlichen der Förderung des Erwerbes oder der Wirtschaft ihrer Mitglieder dienen (**Förderungsauftrag**; § 1 Abs 1 GenG[1]).

Dabei kann es sich zB um Kredit-, Einkaufs-, Verkaufs-, Konsum-, Verwertungs-, Nutzungs-, Bau-, Wohnungs- oder Siedlungsgenossenschaften handeln.

Die wichtigsten Rechtsgrundlagen für die Genossenschaften sind folgende:
- Regelungen über Genossenschaften finden sich im GenG und Euro-GenBeG.
- Die Revision von Genossenschaften ist im GenRevG 1997 geregelt.
- Insolvenzrechtliche Regelungen finden sich im GenIG.
- Verschmelzungen von Genossenschaften sind im GenVG normiert.
- Spaltungen von Genossenschaften sind seit 1.1.2019 im GenSpaltG geregelt.

Von den Genossenschaften nach dem GenG sind die Genossenschaften öffentlichen Rechts zu unterscheiden (zB die Wassergenossenschaften nach §§ 73 ff WRG). Diese sind Körperschaften öffentlichen Rechts und keine Genossenschaften im Sinne des GenG (etwa 1 Ob 47/00v).

Bei der Genossenschaft handelt es sich um eine Körperschaft mit eigener **Rechtspersönlichkeit.** Sie ist eine juristische Person und **Unternehmerin kraft Rechtsform** (§ 2 UGB). Die Genossenschaft ist zwar eine Gesellschaft, aber weder eine Personen- noch eine Kapitalgesellschaft.

Rechtsformunterschied:
Die wesentlichen Unterschiede zu den Kapitalgesellschaften bestehen
- im Förderungsauftrag,
- in der nicht geschlossenen Mitgliederzahl und dem damit zusammenhängenden beweglichen Nennkapital,
- in der stärkeren personalistischen Ausgestaltung (etwa Kopfstimmrecht) und
- in der eingeschränkten Übertragbarkeit der Mitgliedschaft unter Lebenden.

---

[1] Paragraphenangaben beziehen sich in diesem Abschnitt, sofern nicht anders angegeben, auf das **GenG**.

Genossenschaftsmitglied kann jede natürliche und juristische Person oder Personengesellschaft mit eigener Rechtspersönlichkeit sein, mangels einer solchen also nicht stille Gesellschaften. Strittig ist, ob eine GesbR Genossenschaftsmitglied sein kann (mangels Rechtspersönlichkeit der GesbR wohl zu verneinen). Die Mitgliederzahl ist grundsätzlich nicht geschlossen. Im Genossenschaftsvertrag kann aber eine Höchst- oder Mindestzahl der Mitglieder vorgesehen sein. Die Mitgliedschaft kann im Genossenschaftsvertrag auch auf einen bestimmten Personenkreis beschränkt werden, etwa auf Angehörige einer bestimmten Berufsgruppe. Auch die Aufnahme sogenannter investierender, nicht nutzender Mitglieder, die für die Nutzung der Leistungen der Genossenschaft nicht infrage kommen, kann im Genossenschaftsvertrag vorgesehen werden (§ 5a Abs 2 Z 1). Die Genossenschaftsmitglieder werden nicht in das Firmenbuch, sondern in ein von der Genossenschaft zu führendes Register eingetragen (§ 14 Abs 1). **Einmanngenossenschaften** sind unzulässig, weil sie dem Wesen der Genossenschaft widersprechen würden.

Die **Firma** der Genossenschaft muss die Bezeichnung „eingetragene Genossenschaft" enthalten; die Bezeichnung kann abgekürzt werden, insbesondere mit „e. Gen." (§ 4; 6 Ob 69/09d). Im Übrigen sind die allgemeinen Firmenbildungsvorschriften der §§ 18 ff UGB zu beachten (vgl Seiten 36 f). Die Art der Haftung muss nicht mehr in den Firmenwortlaut aufgenommen werden. Auf Geschäftsbriefen, Bestellscheinen und Webseiten haben Genossenschaften aber die Art der Haftung anzugeben (§ 14 Abs 1 UGB).

2. Haftung

Es können nach der Haftung der Genossenschaftsmitglieder drei Arten von Genossenschaften unterschieden werden (§ 2):

- Genossenschaft mit **unbeschränkter** Haftung (GenmuH):
  Jeder Genossenschafter haftet für die Verbindlichkeiten der Genossenschaft solidarisch mit seinem ganzen Vermögen, soweit die Aktiven der Genossenschaft zur Deckung der Verbindlichkeiten im Fall der Liquidation oder des Konkurses nicht ausreichen (§§ 2, 53).

- Genossenschaften mit **beschränkter** Haftung (GenmbH):
  Jeder Genossenschafter haftet im Fall des Konkurses oder der Liquidation nicht nur mit seinen Geschäftsanteilen, sondern noch mit einem weiteren Betrag in der Höhe der Geschäftsanteile. Im Genossenschaftsvertrag kann auch ein höherer Haftungsbetrag festgesetzt werden (§§ 2, 76). Genossenschafter haften daher zumindest in der Höhe des zweifachen Betrags des Geschäftsanteils.

- Genossenschaften mit **Geschäftsanteilshaftung**:
  Die Haftung ist auf den Geschäftsanteil beschränkt. Der Geschäftsanteil muss mindestens einen Euro betragen, und die Tätigkeit der Genossenschaft muss auf die Mitglieder beschränkt sein, es dürfen also Waren nur an

Mitglieder abgegeben werden. Diese Haftungsart ist nur bei den (seltenen) Konsumgenossenschaften (Beschaffung von Lebensmitteln und anderen Haushaltswaren) zulässig (§ 2 Abs 3). Die Regelungen über die GenmbH finden sinngemäß Anwendung (§ 86a).

Im Konkursfall haben die Gläubiger keinen unmittelbaren Anspruch gegen die Genossenschafter (§ 1 Abs 1 GenIG). Es besteht daher nur eine Deckungs- bzw Nachschusspflicht der Genossenschafter in einem sogenannten Umlageverfahren.

3. Förderungsauftrag

Die Genossenschaft hat den Erwerb oder die Wirtschaft ihrer Mitglieder zu fördern (Förderungsauftrag). Die Ausdehnung auf Nichtmitglieder ist zulässig, wenn dies im Genossenschaftsvertrag vorgesehen ist (§ 5a Abs 1 Z 1). Die Erzielung von Gewinnen ist zulässig, die Genossenschaft darf aber **nicht primär auf Gewinnerzielung** gerichtet sein. Im Genossenschaftsvertrag muss auch eine Regelung über die Gewinnverteilung enthalten sein (§ 5 Z 6). Fehlt eine Regelung, ist der Gewinn im Zweifel im Verhältnis der Geschäftsanteile zu teilen. Mittel zur Förderung kann auch die **Beteiligung an Gesellschaften** sein, wenn diese Beteiligung der Erfüllung des satzungsmäßigen Zwecks und nicht überwiegend der Erzielung von Gewinnen dient (§ 1 Abs 2). Die Beteiligung an Gesellschaften ist aber grundsätzlich nur dann zulässig, wenn sie im Genossenschaftsvertrag geregelt ist (§ 5a Abs 1 Z 2).

Aufgrund des Förderungsauftrags dürfen ideelle oder politische Zwecke nicht unmittelbar verfolgt werden, die kulturelle Förderung der Mitglieder ist aber möglich. Unzulässig ist insbesondere der Betrieb des Versicherungsgeschäfts (§ 8 Abs 1 VAG 2016), des Hypothekenbankgeschäfts (§ 2 HypBG), die Erbringung der Tätigkeiten einer Verwaltungsgesellschaft nach dem InvFG 2011 (§ 6 Abs 2 Z 1 InvFG 2011), des Immobilienfondsgeschäfts (§ 2 Abs 3 ImmoInvFG), einer Bausparkasse (§ 5 Abs 1 Z 1 BSpG) und einer Pensionskasse (§ 6 Abs 1 PKG). Die Führung eines Unternehmens als Kreditinstitut ist in der Rechtsform der Genossenschaft aber zulässig (§ 5 Abs 1 Z 1 BWG).

4. Geschäftsanteil/Nennkapital

Rechtsformunterschied:
Im Gegensatz zur GmbH und zur AG hat die Genossenschaft aufgrund der nicht geschlossenen Mitgliederzahl **kein festes Nennkapital**. Das Nennkapital ist von der Mitgliederzahl abhängig.

Der Genossenschaftsvertrag kann einen Sockelbetrag vorsehen, unter den der Gesamtnennbetrag der Geschäftsanteile trotz Ausscheidens von Mitgliedern nicht sinken darf (§ 5a Abs 2 Z 2).

Jedes Genossenschaftsmitglied hat zumindest einen **Geschäftsanteil** zu übernehmen.

> **Rechtsformunterschied:**
> Im Unterschied zur GmbH kann ein Mitglied aber auch mehrere Geschäftsanteile haben (9 Ob 77/04w).

Im Genossenschaftsvertrag ist der Nennbetrag der Geschäftsanteile festzusetzen (§ 5 Z 5). Der Geschäftsanteil an einer Genossenschaft ist ein Inbegriff von Rechten und Pflichten des Mitglieds gegenüber der Genossenschaft (4 Ob 588/71).

B. Bedeutung und Anwendungsbereich

Die wirtschaftliche Bedeutung der GenmbH ist vor allem im Bankenbereich groß. Demgegenüber ist die praktische Bedeutung der GenmuH und der Genossenschaft mit Geschäftsanteilshaftung eher gering.

C. Gründung der Genossenschaft

> Zur Gründung einer Genossenschaft ist erforderlich (§ 3 Abs 1):
> - die Annahme einer **Genossenschaftsfirma**,
> - die schriftliche Abfassung des **Genossenschaftsvertrags** (Statuts),
> - die **Eintragung** dieses Vertrags in das **Firmenbuch**.

Für den **Genossenschaftsvertrag** ist **Schriftform** erforderlich. Der notwendige Inhalt des Genossenschaftsvertrags ist in § 5 festgelegt; er hat beispielsweise Firma, Sitz, Bedingungen des Eintritts der Genossenschafter, Nennbetrag der Geschäftsanteile und eine Regelung über die Gewinnverteilung zu enthalten (zur Auslegung vgl RS0008816, RS0008835). Er darf nur von jenen Bestimmungen des GenG abweichen, bei denen dies ausdrücklich für zulässig erklärt ist (§ 11). Über § 5 hinausgehend können weitere Bestimmungen in den Genossenschaftsvertrag aufgenommen werden (4 Ob 334/98s).

Die Genossenschaft ist vom ersten Vorstand bzw, falls es einen solchen noch nicht gibt, von den im Genossenschaftsvertrag bestimmten Personen zur Eintragung in das Firmenbuch anzumelden. Mit **Eintragung** in das **Firmenbuch** entsteht die Genossenschaft (vgl § 8). Die Genossenschaft darf nur dann eingetragen werden, wenn die Aufnahme in einen **Revisionsverband** zugesichert worden ist (§ 24 Abs 1 GenRevG; zu Ausnahmen vgl § 26 GenRevG). Wird vor ihrer Eintragung im Namen der Genossenschaft gehandelt, haften die Handelnden persönlich und solidarisch (§ 8).

D. Organe der Genossenschaft

Wie auch die GmbH und die AG kann die Genossenschaft nicht selbst handeln, sodass Organe erforderlich sind.

> Eine Genossenschaft muss jedenfalls folgende Organe haben:
> - einen **Vorstand** und
> - eine **Generalversammlung**.
> - Ein **Aufsichtsrat** ist zwingend vorgesehen, wenn die Genossenschaft dauernd mindestens 40 Arbeitnehmer beschäftigt (§ 24 Abs 1).
> - Für Genossenschaften, die mindestens zwei der in § 221 Abs 1 UGB bezeichneten Merkmale überschreiten, gelten die §§ 268 bis 285 UGB über die **Abschlussprüfung** samt Offenlegung, Veröffentlichung und Zwangsstrafen (§ 22 Abs 6). **Abschlussprüfer** sind die gemäß §§ 2 und 3 GenRevG 1997 bestellten **Revisoren**.

1. Vorstand

Der Vorstand kann aus einem oder mehreren Mitgliedern bestehen. Vorstandsmitglieder müssen Genossenschafter oder Mitglied eines vertretungsbefugten Organs eines Genossenschaftsmitglieds (also zB Geschäftsführer einer GmbH, die Genossenschaftsmitglied ist) sein (§ 15; **„eingeschränkte Drittorganschaft"**).

Die Kompetenz zur **Bestellung der Vorstandsmitglieder** steht der Generalversammlung zu, wobei die Übertragung der Bestellungskompetenz auf den Aufsichtsrat im Statut möglich ist (§ 15 Abs 1; seit dem URÄG 2008; aA davor etwa 6 Ob 92/07h). Die Funktionsdauer ist gesetzlich nicht begrenzt. Die Bestellung ist jederzeit widerruflich (§ 15 Abs 2). Die Mitglieder des Vorstands sind zur Eintragung in das Firmenbuch anzumelden (§ 16 Abs 1).

Dem Vorstand obliegt die **Geschäftsführung** (9 ObA 100/08h). Die Vorstandsmitglieder sind im Zweifel gesamtgeschäftsführungsbefugt. Der Vorstand hat dafür zu sorgen, dass ein Rechnungswesen geführt wird, das den Anforderungen des Unternehmens entspricht (§ 22 Abs 1). Er hat in den ersten fünf Monaten jedes Geschäftsjahres einen Abschluss sowie einen Bericht, insbesondere über Geschäftsverlauf und Lage des Unternehmens, zu erstellen (§ 22 Abs 2). Bei aufsichtsratspflichtigen Genossenschaften hat der Vorstand dem Aufsichtsrat Berichte zu erstatten (§ 22 Abs 3). Der Vorstand hat gültige Weisungen der Generalversammlung zu befolgen (§ 34 Abs 1). Die Geschäftsführungsbefugnis kann im Genossenschaftsvertrag und durch Generalversammlungsbeschluss eingeschränkt werden (§ 19).

Der Vorstand vertritt die Genossenschaft nach außen (§ 17 Abs 1). Besteht der Vorstand aus mehreren Vorstandsmitgliedern, sind diese **gesamtvertre-**

tungsbefugt, wenn im Genossenschaftsvertrag nicht Abweichendes vorgesehen ist (§ 17 Abs 2). Jedes einzelne Vorstandsmitglied ist passiv vertretungsbefugt (§§ 17 Abs 2, 21). Dritten gegenüber ist die Vertretungsbefugnis des Vorstands nicht beschränkbar (§ 19; 9 ObA 100/08h).

Bestimmte Geschäftsführungsangelegenheiten sowie die hierzu erforderliche Vertretung der Genossenschaft können auch auf andere Personen **übertragen** werden (§ 26).

Überschreiten Mitglieder des Vorstands die Grenzen ihres Auftrags oder verstoßen sie gegen das GenG oder den Genossenschaftsvertrag, **haften** sie persönlich und solidarisch (§ 23). Sie haben die Sorgfalt eines ordentlichen Geschäftsmanns gemäß § 1299 ABGB zu verantworten (5 Ob 490/97p).

2. Aufsichtsrat

Ein Aufsichtsrat ist verpflichtend zu bestellen, wenn eine Genossenschaft dauernd **mindestens 40 Arbeitnehmer** beschäftigt (§ 24 Abs 1). In diesem Fall sind § 110 ArbVG über die Mitwirkung der Arbeitnehmer im Aufsichtsrat und die AufsichtsratsVO anzuwenden. Der obligatorische Aufsichtsrat hat aus mindestens **drei Mitgliedern** zu bestehen, im Genossenschaftsvertrag kann eine höhere Zahl festgelegt werden (§ 24 Abs 1). § 86 Abs. 7 bis 9 AktG ist sinngemäß anzuwenden (vgl Seite 275). Die Einrichtung eines fakultativen Aufsichtsrats kann im Genossenschaftsvertrag vorgesehen werden (§ 24 Abs 3). Dieser kann auch aus weniger als drei Mitgliedern bestehen (6 Ob 3/05t).

Die Aufsichtsratsmitglieder sind von der Generalversammlung aus dem Kreis der Genossenschafter sowie der Organmitglieder von Genossenschaftsmitgliedern zu wählen. Die Bestellung kann jederzeit widerrufen werden (§ 24 Abs 1). Die Neubestellung und Abberufung von Aufsichtsratsmitgliedern ist zu veröffentlichen, die Veröffentlichung ist zum Firmenbuch einzureichen (§ 24b).

§ 24c sieht Bestimmungen über die **innere Ordnung** des Aufsichtsrats vor, etwa über Vorsitz und Beschlussfassung des Aufsichtsrats sowie Bestellung eines Prüfungsausschusses.

Die Aufgaben des Aufsichtsrats sind in § 24e angeführt, die wichtigste davon ist die **Überwachung** des Vorstands (6 Ob 3/05t). Der Aufsichtsrat kann etwa Bucheinsicht nehmen und vom Vorstand jederzeit einen Bericht über Angelegenheiten der Genossenschaft verlangen. Aus diesem Grund kann ein Vorstandsmitglied nicht Mitglied des Aufsichtsrats sein (§ 24 Abs 1; RS0059553). Der Aufsichtsrat kann Vorstandsmitglieder vorläufig von ihren Befugnissen entbinden und das Nötige für die einstweilige Fortführung der Geschäfte veranlassen (§ 24e Abs 2). Er hat weiters insbesondere die Jahresrechnungen, die Bilanzen und die Gewinnverteilungsvorschläge zu prüfen und darüber der Generalversammlung zu berichten (§ 24e Abs 4). Der Genossenschaftsvertrag, die Generalversammlung oder der Aufsichtsrat können vorsehen, dass bestimmte Arten von Geschäften nur mit Zustimmung des Aufsichtsrats vorgenommen werden dürfen. Die in § 24e Abs 3 aufgezählten Geschäfte dürfen in aufsichtsratspflichtigen Genossenschaften nur mit Zustimmung des Aufsichtsrats vorgenommen werden (§§ 19, 24e Abs 3). Der Aufsichtsrat hat Prozesse gegen Vorstandsmitglieder zu führen (§ 25). Der Aufsichtsrat hat auch die Generalversammlung einzuberufen, wenn dies im Interesse der Genossenschaft erforderlich ist (§ 24e Abs 5).

Die Mitglieder des Aufsichtsrats **haften** für den Schaden, den sie durch Nichterfüllung ihrer Obliegenheiten verursachen (§ 24e Abs 6).

3. Generalversammlung

Die Rechte der Genossenschafter werden in der Generalversammlung ausgeübt (§ 27 Abs 1). Die Generalversammlung ist das **höchste Organ** der Genossenschaft (6 Ob 92/07h). Sie kann dem Vorstand, auch in Geschäftsführungsangelegenheiten, **Weisungen** erteilen. Im Genossenschaftsvertrag kann der Generalversammlung die **Zustimmung zu bestimmten Geschäften** vorbehalten werden (§ 19).

Hat eine Genossenschaft über 500 Mitglieder, kann im Genossenschaftsvertrag festgelegt werden, dass die Generalversammlung aus **Abgeordneten** besteht. Die Abgeordneten sind für maximal fünf Jahre aus dem Kreis der Mitglieder zu wählen (§ 27 Abs 3).

Die Generalversammlung wird durch den **Vorstand einberufen**, wenn nicht nach dem Genossenschaftsvertrag oder dem Gesetz andere Personen dazu befugt sind (§ 28; vgl dazu § 24e Abs 5; § 16 GenIG). Die Einberufung hat in der im Genossenschaftsvertrag festgelegten Weise unter Angabe einer Tagesordnung zu erfolgen (§ 30). 10 % der Mitglieder (nicht der Stimmen) können schriftlich die Einberufung der Generalversammlung verlangen (§ 29 Abs 2). Eine Einberufung hat insbesondere dann zu erfolgen, wenn es das Interesse der Genossenschaft erfordert (§ 29 Abs 1).

Die Generalversammlung ist **beschlussfähig**, wenn **10 % der Mitglieder anwesend** oder vertreten sind, sofern im Genossenschaftsvertrag nicht Abweichendes bestimmt ist (§ 31). Strittig ist, ob dieses 10 %-Quorum nur erhöht oder auch herabgesetzt werden kann. Ist nicht die erforderliche Anzahl an Mitgliedern anwesend, ist die Generalversammlung nach Abwarten einer halben Stunde beschlussfähig, wenn hierauf in der Einladung hingewiesen worden ist (§ 32). Jeder Genossenschafter ist zur Teilnahme berechtigt und hat **eine Stimme**, wenn im Genossenschaftsvertrag nichts anderes, etwa Stimmgewichtung nach Geschäftsanteilen, festgesetzt ist (§ 27 Abs 2). Die Beschlüsse werden mit **absoluter Mehrheit** gefasst, wenn der Genossenschaftsvertrag nichts anderes vorsieht. Bei Stimmengleichheit gibt die Stimme des Vorsitzenden den Ausschlag (§ 33 Abs 1). Eine Mehrheit von zwei Dritteln ist erforderlich für Änderungen des Genossenschaftsvertrags, die Auflösung der Genossenschaft, die Umwandlung der Haftungsart oder eine Herabsetzung der Haftung oder

der Geschäftsanteile. Bei Beschlüssen über die Umwandlung der Haftungsart oder eine Herabsetzung der Haftung oder der Geschäftsanteile muss ein Drittel der Mitglieder bei der ersten Generalversammlung anwesend sein (§ 33). Die Beschlüsse sind in ein **Protokollbuch** einzutragen (§ 34 Abs 2). Die Bestimmungen des AktG über die Anfechtbarkeit und Nichtigkeit von Hauptversammlungsbeschlüssen sind analog anzuwenden (RS0059814).

Die Generalversammlung hat insbesondere in den ersten acht Monaten jedes Geschäftsjahres über den Abschluss und den Bericht des Vorstands nach § 22 Abs 2, über die Ergebnisverwendung und über die Entlastung des Vorstands und des Aufsichtsrats zu beschließen (§ 27a).

4. Revisor

Genossenschaften sind durch einen unabhängigen und weisungsfreien **Revisor** (vgl §§ 3, 13 ff GenRevG) mindestens in jedem zweiten Geschäftsjahr zu prüfen. Gegenstand der Prüfung ist die **Rechtmäßigkeit, Ordnungsmäßigkeit und Zweckmäßigkeit** ihrer Einrichtungen, ihrer Rechnungslegung und ihrer Geschäftsführung, insbesondere wird die Erfüllung des Förderungsauftrags und Wirtschaftlichkeit sowie Zweckmäßigkeit, Stand und Entwicklung der Vermögens-, Finanz- und Ertragslage geprüft. Bei Genossenschaften, die mindestens zwei der in § 221 Abs 1 UGB angeführten Merkmale überschreiten (mittelgroße und große Genossenschaften), sowie bei aufsichtsratspflichtigen Genossenschaften hat die Revision in jedem Geschäftsjahr zu erfolgen (§ 1 Abs 1 GenRevG).

Bei einer Genossenschaft, die einem Revisionsverband (vgl §§ 19 ff GenRevG) angehört, ist der Revisor vom **Revisionsverband zu bestellen**. Ist dies nicht der Fall, bestellt das **Gericht** auf Antrag der Genossenschaft den Revisor (§ 2 GenRevG).

Der Revisor hat das Recht, zum Zweck der Revision die **Bücher und Schriften** der Genossenschaft sowie die Vermögensgegenstände und Schulden zu prüfen (§ 4 Abs 1 GenRevG).

Der Revisor hat dem Vorstand und dem Aufsichtsrat, wenn ein solcher besteht, allenfalls auch dem Revisionsverband einen schriftlichen **Bericht** über das Ergebnis der Revision vorzulegen. Eine Kurzfassung des Berichts ist der Generalversammlung vorzulegen (§ 5 GenRevG). Die Genossenschaft hat geeignete **Maßnahmen zur Behebung** von Mängeln einzuleiten und hierüber dem Revisor zu berichten. Werden die Mängel nicht behoben, ist ein Bericht über die Mängel zum Firmenbuch einzureichen (§ 8 GenRevG).

Der Revisor haftet der Genossenschaft gegenüber, wenn er die Revision nicht gewissenhaft und unparteiisch durchführt (§ 10 Abs 2 GenRevG).

5. Sonstige Organe

Die Einrichtung **fakultativer Organe**, etwa eines Beirats, ist zulässig. In den Genossenschaftsvertrag sind entsprechende Regelungen aufzunehmen. Die Zustimmung zu einzelnen Geschäften oder zu Arten von Geschäften kann einem fakultativen Organ vorbehalten sein (§ 19). Aufgaben, die gesetzlich zwingend der Generalversammlung oder dem Aufsichtsrat zugewiesen sind, können nicht einem fakultativen Organ übertragen werden.

E. Rechtsstellung der Mitglieder

1. Erwerb der Mitgliedschaft

Die Mitgliedschaft kann durch eine **Beitrittserklärung**, die der **Schriftform** bedarf, erworben werden (§ 3 Abs 2; RS0059279). Eine Beitrittserklärung wird durch die Annahme durch den Vorstand oder durch ein anderes im Genossenschaftsvertrag festgelegtes Organ rechtswirksam (9 Ob 77/04w). Im Genossenschaftsvertrag sind die Bedingungen des Eintritts der Genossenschafter und allfällige besondere Bedingungen über das Ausscheiden aufzunehmen (§ 5 Z 4).

Die Geschäftsanteile sind bei der **GenmuH** nur dann übertragbar und vererblich, wenn dies im Genossenschaftsvertrag vorgesehen ist (vgl § 54 Abs 2). Bei der **GenmbH** sind die Geschäftsanteile grundsätzlich übertragbar und vererblich. Zur Übertragung ist die Zustimmung der Genossenschaft, vertreten durch den Vorstand, erforderlich, sofern nicht der Genossenschaftsvertrag etwas anderes vorsieht (§ 83). Die Übertragung der Anteile erfolgt nach den Grundsätzen über die Abtretung von Forderungen (4 Ob 588/71).

2. Verlust der Mitgliedschaft

Mitglieder können ausscheiden durch

- Tod,
- Übertragung ihres Anteils (wenn zulässig),
- Austritt (Kündigung), zum Ende des Geschäftsjahres unter Einhaltung einer vierwöchigen Kündigungsfrist (§§ 54 und 77 Abs 1) oder
- Ausschluss eines Mitglieds aus wichtigem Grund, wenn dies im Genossenschaftsvertrag vorgesehen ist (§ 5 Z 4). Die Ausschlussgründe sind im Genossenschaftsvertrag anzugeben.

3. Rechte

Den Genossenschaftern stehen **Leistungen** der Genossenschaft **nach dem Förderungsauftrag** zu. Die Genossenschafter haben weiters insbesondere folgende **Herrschaftsrechte**:

- Auskunftsrecht und Stimmrecht in der Generalversammlung,
- Geltendmachung von Fehlern von Generalversammlungsbeschlüssen,
- Recht auf Einberufung der Generalversammlung (10 % der Mitglieder gemeinsam; § 29 Abs 2),
- Ausfolgung einer Abschrift des Genossenschaftsvertrags sowie der genehmigten Rechnungsabschlüsse und Bilanzen (§ 35),
- Einsicht in das Protokollbuch (§ 34 Abs 2),
- Einsicht in das Mitgliederregister (§ 14 Abs 2).

Darüber hinaus haben Genossenschafter folgende **Vermögensrechte**:
- Anspruch auf ihren Gewinnanteil,
- Anspruch auf ihr Geschäftsguthaben bei Ausscheiden, außer sie übertragen ihren Genossenschaftsanteil einem anderen (die Einlagen der Genossenschafter werden auf einem Konto gutgeschrieben, Gewinne und Verluste werden über dieses Konto abgerechnet, der Stand dieses Kontos wird als Geschäftsguthaben bezeichnet),
- Anspruch auf ihren Anteil am Liquidationserlös (§ 48 Z 2 und 3).

4. Pflichten

Die Genossenschafter treffen im Wesentlichen folgende Pflichten:
- Leistung der Einlage (§ 5 Z 5) und
- Deckungspflicht (vgl Seiten 444 f).

F. Änderungen des Genossenschaftsvertrags

Eine **Änderung** des Genossenschaftsvertrags bedarf der Mehrheit von **zwei Dritteln** der abgegebenen Stimmen, soweit im Genossenschaftsvertrag nicht Abweichendes geregelt ist (§ 33 Abs 2). Bei Beschlüssen auf Umwandlung der Haftungsart oder Herabsetzung der Haftung oder der Geschäftsanteile ist zwingend eine Mehrheit von zwei Dritteln der abgegebenen Stimmen und zusätzlich ein Anwesenheitsquorum von einem Drittel erforderlich (§ 33 Abs 3). Gehört eine Genossenschaft einem Revisionsverband an, sind Änderungen des Genossenschaftsvertrags, die den Unternehmensgegenstand betreffen, von der Zustimmung des Revisionsverbands abhängig (§ 27 Abs 1 GenRevG).

Bei **Erhöhung der Haftung**, etwa wenn beschränkte Haftung in unbeschränkte umgewandelt wird, oder Erhöhung des Nennbetrags der Geschäftsanteile haben Genossenschafter ein **außerordentliches Kündigungsrecht**. Die dem Beschluss widersprechenden Genossenschafter können binnen 14 Tagen ab der Eintragung des Beschlusses in das Protokollbuch kündigen (§ 33 Abs 4).

Bei **Herabsetzung der Haftung**, etwa wenn unbeschränkte Haftung in beschränkte umgewandelt wird, oder Herabsetzung des Nennbetrags der Geschäftsanteile ist zum Schutz der Gläubiger ein Aufgebotsverfahren durchzuführen. Der Generalversammlungsbeschluss ist vom Vorstand zur Anmerkung (nicht zur Eintragung) im Firmenbuch anzumelden und von diesem bekanntzumachen. In der Bekanntmachung ist darauf hinzuweisen, dass die Genossenschaft Gläubigern Befriedigung oder Sicherheit zu leisten hat. Bekannte Gläubiger sind direkt zu verständigen. Die Änderung des Genossenschaftsvertrags kann erst nach Ablauf einer Sperrfrist von drei Monaten von sämtlichen Vorstandsmitgliedern zur Eintragung im Firmenbuch angemeldet werden. Der Anmeldung sind der Nachweis, dass die Gläubiger, die sich gemeldet haben, befriedigt oder sichergestellt sind, und die Erklärung, dass alle bekannten Gläubiger verständigt wurden, anzuschließen. Ist der Nachweis oder die Erklärung falsch, können die Vorstandsmitglieder solidarisch haften (§ 33a).

G. Beendigung der Genossenschaft

Die Genossenschaft wird aufgelöst durch

- Ablauf der allenfalls im Genossenschaftsvertrag festgelegten Zeit (§ 36 Z 1),
- Beschluss der Generalversammlung mit einer Mehrheit von zwei Dritteln der abgegebenen Stimmen (§§ 36 Z 2, 33 Abs 2),
- Eröffnung des Konkurses (§ 36 Z 3),
- Verschmelzung (GenVG),
- Ausscheiden aus einem Revisionsverband (§ 28 GenRevG) und
- Absinken der Mitgliederzahl unter zwei.

Der Vorstand hat die Auflösung der Genossenschaft außer im Falle des Konkurses zum **Firmenbuch anzumelden**. Die Auflösung ist bekanntzumachen. In dieser **Bekanntmachung** sind die Gläubiger aufzufordern, sich bei der Genossenschaft zu melden (§ 40).

Nach Auflösung der Genossenschaft schließt die Liquidation an. Bei Beendigung durch Konkurs, amtswegiger Löschung wegen Vermögenslosigkeit oder Verschmelzung findet keine Liquidation statt. Die **Liquidation** erfolgt durch den **Vorstand**, außer im Genossenschaftsvertrag oder durch Generalversammlungsbeschluss wurde eine andere Person bestimmt. Die Vorstandsmitglieder sind daher Liquidatoren (§ 41). Der Vorstand hat die Bestellung sowie Änderungen in den Personen der Liquidatoren und deren Vertretungsbefugnis zur Eintragung in das Firmenbuch anzumelden (§ 42). Die Liquidatoren sind gesamtvertretungsbefugt, sofern nicht ausdrücklich etwas anderes bestimmt ist (§ 43).

Nach Beendigung der Abwicklung ist die Genossenschaft im Firmenbuch zu löschen.

XI. Europäische Genossenschaft

Die Europäische Genossenschaft (Societas Cooperativa Europaea; SCE) ist neben der EWIV und der SE die dritte supranationale Rechtsform. Sie wurde durch die Verordnung (EG) Nr 1435/2003 (SCE-VO) eingeführt. Ergänzend dazu sieht die Richtlinie 2003/72/EG Regelungen über die Mitbestimmung der Arbeitnehmer vor. Diese europarechtlichen Vorgaben wurden in Österreich mit dem SCEG, das mit dem GenRÄG 2006 erlassen wurde, umgesetzt. Die SCE-VO regelt im Wesentlichen die Gründung, Sitzverlegung und Organisationsverfassung, bei zahlreichen Fragen verweist sie auf das für die Genossenschaft geltende nationale Recht. Sowohl die europarechtlichen Regelungen als auch das nationale Ausführungsgesetz zur SCE entsprechen in weiten Teilen den Vorschriften zur SE. Die praktische Bedeutung der SCE hält sich in Grenzen.

> Die **SCE** ist gemäß Art 1 SCE-VO
> - eine Gesellschaft,
> - deren Grundkapital in Geschäftsanteile zerlegt ist.
> - Die Mitgliederzahl und das Grundkapital sind veränderlich.
> - Hauptzweck einer SCE ist es, den Bedarf ihrer Mitglieder zu decken und/oder deren wirtschaftliche und/oder soziale Tätigkeiten zu fördern.

Damit entspricht die SCE im Wesentlichen der (österreichischen) Genossenschaft. Ein Unterschied zur Genossenschaft besteht darin, dass bei der Gründung der SCE ein grenzüberschreitendes Element vorliegen muss, sie also zumindest zwei Mitgliedstaaten berühren muss.

Die **Gründung** einer SCE kann erfolgen durch

- **Neugründung** durch mindestens fünf natürliche Personen bzw zwei Gesellschaften, wobei deren Wohnsitze in mindestens zwei verschiedenen Mitgliedstaaten liegen müssen bzw sie dem Recht mindestens zweier verschiedener Mitgliedstaaten unterliegen müssen,
- **Verschmelzung** von zwei oder mehr bereits bestehenden Genossenschaften aus verschiedenen Mitgliedstaaten und
- **Umwandlung** einer bereits bestehenden Genossenschaft, die seit mindestens zwei Jahren eine dem Recht eines anderen Mitgliedstaats unterliegende Niederlassung oder Tochter hat (Art 2 SCE-VO).

Die SCE muss ein Mindestkapital von **30.000 Euro** haben. Sofern in der Satzung der SCE nichts anderes vorgesehen ist, haften Mitglieder nur bis zur Höhe ihres eingezahlten Geschäftsanteils.

Bei den Organen der SCE ist – wie bei der SE – sowohl das **dualistische System** mit einem Leitungsorgan (Vorstand) und einem Aufsichtsorgan (Aufsichtsrat) als auch das **monistische System** mit einem Verwaltungsrat möglich.

XII. Privatstiftung

A. Begriff, Rechtsnatur und Grundlagen

Die Privatstiftung ist
- ein Rechtsträger,
- dem vom Stifter ein Vermögen gewidmet ist,
- um durch dessen Nutzung, Verwaltung und Verwertung der Erfüllung eines erlaubten, vom Stifter bestimmten Zwecks zu dienen (§ 1 PSG[1]).

Von der Privatstiftung nach dem PSG sind Stiftungen nach dem Bundes-Stiftungs- und Fondsgesetz 2015 und den Landes-Stiftungs- und Fondsgesetzen zu unterscheiden. Der Unterschied ist zum Teil erheblich, etwa hinsichtlich Stiftungszweck und Stiftungsorganisation. Im Folgenden wird nur die Privatstiftung nach dem PSG behandelt.

Beachte:
Am 1. 1. 2016 ist das Bundes-Stiftungs- und Fondsgesetz 2015 (BStFG 2015) in Kraft getreten und löste das bisherige BStFG ab. Die Regelungen des BStFG 2015 sind zum Teil an das PSG angelehnt.

Die Privatstiftung ist **juristische Person**. Im Gegensatz zu körperschaftlich organisierten juristischen Personen kennt die Privatstiftung aber **weder Eigentümer noch Mitglieder noch Gesellschafter** (RS0111737). Sie ist ein **eigentümerloses Rechtsgebilde**, dem aber eigene Rechtspersönlichkeit zuerkannt wird (§ 1 Abs 1; 3 Ob 1/10h), wodurch eine Verselbstständigung des Vermögens erreicht wird (RS0052195). Mit Errichtung der Stiftung verliert der Stifter den Zugriff auf das Vermögen (RS0115134).

Beachte:
Um genau zu sein, ist nicht das Vermögen eigentümerlos – es steht im Eigentum der Privatstiftung, die allerdings keine Eigentümer hat.

Die Privatstiftung muss zu einem **erlaubten Zweck** errichtet werden. Dieser kann ein gemeinnütziger, mildtätiger, aber auch privater (zB Versorgung der Familienmitglieder) sein. Auch die Selbstbegünstigung des Stifters ist möglich. Hingegen ist die bloße Verwaltung des eigenen Vermögens nicht ausreichend. Reine „Selbstzweck"-Stiftungen sind nicht zulässig (vgl 6 Ob 93/06d).

---

[1] Paragraphenangaben beziehen sich in diesem Abschnitt, sofern nicht anders angegeben, auf das **PSG**.

> **Beachte:**
> Es ist zwischen Selbstbegünstigung und Selbstzweck zu unterscheiden: **Selbstbegünstigung** heißt, dass sich der Stifter selbst als Begünstigter vorsehen kann.
> **Selbstzweck** bedeutet, dass die Privatstiftung als Zweck nicht nur die Verwaltung ihres eigenen Vermögens haben darf, also nicht nur das Vermögen anhäufen darf, sondern dass die Privatstiftung einen Zweckadressaten, also einen Begünstigten haben muss, der Zuwendungen von der Privatstiftung erhält.

Die Privatstiftung ist in ihrer Tätigkeit insofern begrenzt, als sie **keine gewerbsmäßige Tätigkeit**, die über eine bloße Nebentätigkeit hinausgeht, ausüben darf. Sie darf auch nicht Geschäftsführer einer Handelsgesellschaft oder unbeschränkt haftender Gesellschafter einer eingetragenen Personengesellschaft sein (§ 1 Abs 2). Hingegen kann sie Kommanditist, stiller Gesellschafter, Aktionär oder GmbH-Gesellschafter sein.

Ob eine Privatstiftung **Unternehmerin** ist, ist nach § 1 UGB zu beurteilen, hängt also von Art und Umfang ihrer Tätigkeit ab (vgl Seite 52). Die Privatstiftung ist **nicht** Unternehmerin kraft Rechtsform (§ 2 UGB). Die Gesetzesmaterialien zu § 2 UGB begründen dies damit, dass Privatstiftungen grundsätzlich nicht für gewerbsmäßige Tätigkeiten eingesetzt werden dürfen, die über eine bloße Nebentätigkeit hinausgehen.

> **Beachte:**
> Die Privatstiftung führt einen **Namen** und keine Firma, weil Firma der Name eines Unternehmers ist und die Privatstiftung in der Regel nicht Unternehmer ist. Ist eine Privatstiftung Unternehmerin, ist wohl der Name als Firma anzusehen.

Der **Name** der Privatstiftung muss das Wort „Privatstiftung" ohne Abkürzung enthalten (§ 2). Die Privatstiftung muss ihren **Sitz** im Inland haben (§ 1 Abs 1). Sie kann auf bestimmte oder unbestimmte **Dauer** angelegt sein. Nicht gemeinnützige Privatstiftungen, deren überwiegender Zweck die Versorgung von natürlichen Personen ist (Versorgungsstiftungen), sind grundsätzlich auf 100 Jahre beschränkt (§ 35 Abs 2 Z 3).

Stifter können eine oder mehrere (rechtsfähige) natürliche oder juristische Personen sein, aber auch OG und KG, nicht jedoch GesbR oder stille Gesellschaft. Eine Privatstiftung von Todes wegen kann aber nur *einen* Stifter haben (§ 3 Abs 1). Hat eine Privatstiftung mehrere Stifter, können die dem Stifter zustehenden oder vorbehaltenen Rechte nur von allen Stiftern gemeinsam ausgeübt werden, etwas Abweichendes kann in der Stiftungsurkunde festgelegt werden (§ 3 Abs 2; RS0131284). Mehrere Mitstifter trifft grundsätzlich eine wechselseitige Treuepflicht (RS0120586).

Die Gründung einer Privatstiftung setzt voraus, dass die Stifter der Privatstiftung ein Vermögen im Wert von zumindest **70.000 Euro** widmen (§ 4; „Missbrauchsschranke"). Die Nutzung, Verwaltung und Verwertung dieses Vermögens dient der Erfüllung des Zwecks der Privatstiftung. Besteht das Vermögen nicht zu mindestens 70.000 Euro in Geld inländischer Währung (wie dies etwa bei Sachwidmungen der Fall ist), hat ein Gründungsprüfer zu prüfen, ob das gewidmete Vermögen zumindest den Wert des Mindestvermögens hat. Der Prüfer ist vom Gericht zu bestellen; er hat einen Prüfungsbericht zu erstellen (§ 11).

Weiters ist in der Stiftungserklärung festzulegen, wer Zuwendungen von der Privatstiftung erhält („**Begünstigte**"). Sie können namentlich angeführt werden oder es können bestimmte Kriterien festgelegt werden, aufgrund derer die Begünstigten individualisiert werden. Es kann aber auch vorgesehen sein, dass die Begünstigten von jemandem, etwa vom Vorstand, ausgewählt werden (§ 5). Die Begünstigten sind oft auch die Letztbegünstigten, also diejenigen, die das Vermögen erhalten, das nach Abwicklung der Privatstiftung verbleibt (§ 6). Die Begünstigtenstellung ist grundsätzlich höchstpersönlich. Die Stellung als Begünstigter ist daher nicht vererblich und endet mit dem Ableben des Begünstigten (RS0131025).

B. Bedeutung und Anwendungsbereich

Der österreichische Gesetzgeber bezweckte mit der Einführung der Privatstiftung unter anderem, einen Abfluss von Vermögen aus Österreich, insbesondere aus steuerlichen Gründen, zu verhindern. Da das Vermögen der Privatstiftung verselbstständigt ist, bietet sich die Privatstiftung an, um ein Vermögen über Generationen hinweg zu sichern und zu erhalten und die Aufteilung des Vermögens, etwa von Unternehmen, im Erbfall zu vermeiden. Die Gründung einer Privatstiftung hat(te) oft auch steuerrechtliche Hintergründe. Die Privatstiftung wurde jedoch in den letzten Jahren steuerlich zunehmend unattraktiver.

C. Gründung der PS

Die wesentlichsten Schritte zur Gründung einer Privatstiftung stellen sich wie folgt dar:
- Abfassung der **Stiftungserklärung** (bestehend aus Stiftungsurkunde und Stiftungszusatzurkunde); damit ist die Privatstiftung errichtet;
- Bestellung des ersten **Vorstands** durch den Stifter;
- **Anmeldung** der Privatstiftung zur Eintragung in das **Firmenbuch** durch den Vorstand;
- **Eintragung** der Privatstiftung in das **Firmenbuch**; damit entsteht die Privatstiftung.

Die Privatstiftung wird durch Abfassung einer **Stiftungserklärung** in Notariatsaktsform errichtet (§§ 7 Abs 1, 39). Der Mindestinhalt der Stiftungserklärung ist in § 9 Abs 1 festgelegt und umfasst etwa das gewidmete Vermögen, Stiftungszweck, Regelung über den Begünstigten, Name und Sitz der Stiftung sowie Angaben über den Stifter. Weitere mögliche Regelungen, die in die Stiftungserklärung aufgenommen werden können, sind in § 9 Abs 2 (nicht abschließend) aufgezählt.

Ab dem Zeitpunkt der Errichtung kann die Privatstiftung als „Vorstiftung" Verträge abschließen. Sie wird dabei durch die zur Vertretung der Privatstiftung berufenen Organe vertreten (RS0115634).

Vor Entstehen der Privatstiftung kann der Stifter die Stiftungserklärung widerrufen oder abändern, nach dem Entstehen nur mehr dann, wenn er sich **Änderungen** der Stiftungserklärung bzw den **Widerruf** der Privatstiftung vorbehalten hat (§§ 33 f; vgl dazu etwa RS0118046). Der Widerruf einer Stiftung hat zur Folge, dass der Vorstand einen Auflösungsbeschluss zu fassen hat und das Stiftungsvermögen nach der Abwicklung auf die Letztbegünstigten übertragen wird. Möchte sich ein Stifter Änderungen der Stiftungserklärung oder den Widerruf der Privatstiftung vorbehalten, ist Folgendes zu bedenken: Hat sich der Stifter ein Widerrufsrecht vorbehalten und ist er zumindest zum Teil Letztbegünstigter und/oder hat er sich ein Änderungsrecht vorbehalten, unterliegen diese Rechte des Stifters gegenüber der Privatstiftung der Exekution (RS0120752). In diesem Fall ist daher das Vermögen durch Übertragung auf eine Privatstiftung nicht vor dem Zugriff von Gläubigern geschützt. Gläubiger des Stifters können nämlich im Wege der Exekution vom Widerrufsrecht des Stifters Gebrauch machen und den Liquidationserlös aus der Abwicklung der Stiftung pfänden und verwerten. Ähnliche Möglichkeiten bestehen auch, wenn sich der Stifter ein Änderungsrecht vorbehalten hat. Aber auch ein Verzicht auf das Widerrufs- und Änderungsrecht beeinträchtigt die Rechtsstellung der Gläubiger und kann Gegenstand einer Anfechtung sein (6 Ob 18/07a), sodass der Stifter bereits bei Gründung zu überlegen hat, ob und welche Rechte er sich vorbehält (vgl auch 6 Ob 72/11y). Der Vorbehalt eines Widerrufsrechts und Änderungsrechts hat auch Auswirkungen auf die Schenkungsanrechnung nach § 785 ABGB (10 Ob 45/07a). Rechte des Stifters, die Privatstiftung zu gestalten, gehen nicht auf seine Rechtsnachfolger über, sodass bei natürlichen Personen das Recht zur Ausübung von Gestaltungsrechten jedenfalls mit dem Tod des Stifters erlischt (§ 3 Abs 3; 6 Ob 102/12m).

> **Beachte:**
> Der Stifter kann seine **Stiftungserklärung** in zwei getrennten Urkunden errichten, nämlich der **Stiftungsurkunde** und der **Stiftungszusatzurkunde** (§ 10; RS0116352).

Nur die Stiftungsurkunde, nicht aber die Stiftungszusatzurkunde, ist bei der Anmeldung der Privatstiftung dem Firmenbuchgericht vorzulegen und damit öffentlich zu machen (§§ 10 Abs 2, 12 Abs 2 Z 1). Regelungen, die geheim bleiben sollen, können daher in eine Stiftungszusatzurkunde aufgenommen werden, sofern sie nicht zwingend in der Stiftungsurkunde enthalten sein müssen (vgl § 10 Abs 2).

Der erste **Stiftungsvorstand** hat die Privatstiftung zur Eintragung in das **Firmenbuch anzumelden** (§ 12 Abs 1). Mit der Anmeldung sind folgende Unterlagen vorzulegen (§§ 12 Abs 2, 15 Abs 5):

- Stiftungsurkunde;
- Erklärung aller Mitglieder des Stiftungsvorstands, dass sich das Stiftungsvermögen in ihrer freien Verfügung befindet (ähnlich der Erklärung bei der GmbH und der AG, vgl Seiten 242 und 359);
- Bankbestätigung, dass der gewidmete Geldbetrag eingezahlt und zur freien Verfügung des Vorstands ist;
- Prüfungsbericht, wenn das Mindestvermögen nicht in Geld inländischer Währung aufgebracht ist;
- Nachweis der Bestellung des Stiftungsvorstands und
- Musterzeichnung der Vorstandsmitglieder.

Die Privatstiftung erlangt ihre Rechtsfähigkeit mit ihrer **Eintragung** in das Firmenbuch; damit entsteht sie (**konstitutive Wirkung** der Firmenbucheintragung; § 7).

D. Organe der PS

Die Privatstiftung hat folgende **Organe** (§ 14):
- Stiftungsvorstand (zwingend),
- Stiftungsprüfer (zwingend),
- allenfalls Aufsichtsrat (bei Vorliegen der Voraussetzungen des § 22),
- allenfalls weitere Organe, zB Beirat (vgl etwa 6 Ob 239/08b).

Der **Stiftungsvorstand** besteht aus mindestens drei Mitgliedern. Der Stifter hat den ersten Stiftungsvorstand zu bestellen (RS0126677). In der Stiftungserklärung kann sich der Stifter die weitere Bestellung des Stiftungsvorstands vorbehalten oder dieses Recht einem Begünstigten oder einem Beirat einräumen (§ 9 Abs 2 Z 1; 6 Ob 195/10k). Der Stifter selbst kann dem Stiftungsvorstand angehören. Der Begünstigte, dessen Ehegatte, Lebensgefährte und nähere Verwandte des Begünstigten können hingegen ebenso wie juristische Personen nicht Vorstandsmitglieder sein (§ 15 Abs 2). Dies gilt auch für Personen, die von Begünstigten oder deren Angehörigen mit der Wahrnehmung ihrer Interessen im Stiftungsvorstand beauftragt wurden (§ 15 Abs 3a; so auch 6 Ob 145/09f). Damit sollen Interessenskollisionen der Begünstigten und der Stiftung vermieden werden (RS0114600). Soll ein Begünstigter eine Funktion in der Privatstiftung ausüben können, kann er zwar nicht Mitglied des Vorstands, aber zB Mitglied eines Beirats sein. Die Mitglieder des Stiftungsvorstands sowie diesbezügliche Änderungen sind zur Eintragung in das Firmenbuch anzumelden (§ 15).

Aufgabe des Stiftungsvorstands ist es, die Privatstiftung zu verwalten und zu vertreten sowie für die Erfüllung des Stiftungszwecks zu sorgen. Mitglieder des Stiftungsvorstands sind gesamtvertretungsbefugt, sofern in der Stiftungserklärung nicht anderes vorgesehen ist (§ 17). Dem Stiftungsvorstand kommt das Vertretungsmonopol zu, die Erteilung einer rechtsgeschäftlichen Vollmacht an Dritte ist möglich.

Ein **Stiftungsprüfer** hat den Jahresabschluss einschließlich Buchführung und Lagebericht zu prüfen (§ 21; 6 Ob 239/08b, 6 Ob 209/12x). Die Bestellung des Stiftungsprüfers erfolgt durch das Gericht, allenfalls durch den Aufsichtsrat (§ 20; RS0117218).

In folgenden Fällen, die in der Praxis allerdings nicht sehr häufig sind, ist ein **Aufsichtsrat** zu bestellen (§ 22):

- Die Anzahl der Arbeitnehmer der Privatstiftung übersteigt 300, oder
- die Privatstiftung ist Konzernspitze, die Anzahl der Arbeitnehmer ihrer Gesellschaften übersteigt 300, und die Tätigkeit der Privatstiftung ist nicht nur auf die Beteiligungsverwaltung beschränkt (vgl RS0120356).

Der Aufsichtsrat besteht aus mindestens drei Mitgliedern, die natürliche Personen sein müssen. Aufsichtsratsmitglieder und deren Angehörige dürfen nicht zugleich Mitglieder des Stiftungsvorstands oder Stiftungsprüfer sein (§ 23; vgl 6 Ob 50/07g). Begünstigte oder deren Angehörige dürfen nicht die Mehrheit der Aufsichtsratsmitglieder stellen. Dasselbe gilt auch für Personen, die von Begünstigten oder deren Angehörigen mit der Wahrnehmung ihrer Interessen im Aufsichtsrat beauftragt wurden (§ 23 Abs 2). Der erste Aufsichtsrat wird vom Stifter bestellt, sonst erfolgt die Bestellung des Aufsichtsrats durch das Gericht (§ 24). Aufgabe des Aufsichtsrats ist es, die Geschäftsführung und die Gebarung der Privatstiftung zu überwachen (§ 25). § 110 ArbVG über die Mitwirkung der Arbeitnehmer gilt sinngemäß (§ 22 Abs 4).

Darüber hinaus können weitere Organe, etwa ein **Beirat**, dem beratende und kontrollierende Funktion zukommen kann, vorgesehen werden (vgl 6 Ob 50/07g; ist der Beirat aufsichtsratsähnlich, sind die für den Aufsichtsrat geltenden Vorschriften anzuwenden, 6 Ob 139/13d). Kommt einem solchen Organ das Recht zu, den Stiftungsvorstand oder eines seiner Mitglieder abzuberufen, ist für derartige Entscheidungen eine Mehrheit von mindestens drei Vierteln der abgegebenen Stimmen erforderlich. Hat dieses Organ weniger als vier Mitglieder, ist Stimmeneinhelligkeit erforderlich (§ 14 Abs 3). Soll in einem solchen Fall der Stiftungsvorstand oder eines seiner Mitglieder aus anderen als den in § 27 Abs 2 Z 1 bis 3 angeführten Gründen (zB grobe Pflichtverletzung, Unfähigkeit zur ordnungsgemäßen Erfüllung der Aufgaben oder Eröffnung eines Insolvenzverfahrens über das Vermögen des Mitglieds) abberufen werden, darf Begünstigten, deren Angehörigen und Personen, die von Begünstigten oder deren Angehörigen mit der Wahrnehmung ihrer Interessen in einem solchen Organ beauftragt wurden, bei dieser Entscheidung insgesamt nicht die Stimmenmehrheit zustehen (§ 14 Abs 4). Mit einem Beirat können Stiftern oder Begünstigten (begrenzte) Einflussmöglichkeiten auf den Stiftungsvorstand eingeräumt werden (6 Ob 42/09h). Ein nur mit Begünstigten besetzter Beirat, der Mitglieder des Stiftungsvorstands ohne Beschränkung auf einen wichtigen Grund abberufen kann oder die Vergütungen für den Vorstand bestimmen kann, ist infolge Interessenkollision und zur Vermeidung der Umgehung der Unvereinbarkeitsbestimmungen unzulässig (RS0107655).

Das Gericht hat ein Mitglied eines Stiftungsorgans auf Antrag oder von Amts wegen **abzuberufen**, wenn dies die Stiftungserklärung vorsieht oder ein wichtiger Grund vorliegt (§ 27 Abs 2; zum wichtigen Grund vgl RS0059403, RS0112248). Die Stiftungserklärung kann insbesondere die Abberufung von Vorstandsmitgliedern durch Stiftungsorgane oder eine andere Stelle, auch durch den Stifter, vorsehen.

Mitglieder eines Stiftungsorgans **haften** für den aus schuldhafter Pflichtverletzung entstandenen Schaden (§ 29; vgl 6 Ob 85/01w). Die Business Judgment Rule ist auch bei Privatstiftungen anzuwenden (RS0130656, RS0130657; vgl Seite 268).

E. Beendigung der PS

Die Privatstiftung wird in folgenden Fällen **aufgelöst** (§ 35 Abs 1):
- Ablauf der Dauer,
- Eröffnung eines Konkursverfahrens über das Vermögen der Privatstiftung,
- rechtskräftiger Beschluss über die Nichteröffnung eines Insolvenzverfahrens mangels kostendeckenden Vermögens,
- einstimmiger Auflösungsbeschluss des Stiftungsvorstands,
- Auflösung durch das Gericht.

Der **Stiftungsvorstand** hat die Auflösung der Privatstiftung in folgenden Fällen zu beschließen (§ 35 Abs 2):
- Der Stifter hat die Privatstiftung widerrufen.
- Der Stiftungszweck ist erreicht oder nicht mehr erreichbar (vgl dazu 6 Ob 95/07z).
- Bei Privatstiftungen, deren überwiegender Zweck in der Versorgung von natürlichen Personen ist (Versorgungsstiftungen), nach Ablauf von 100 Jahren.
- Bei Vorliegen anderer, in der Stiftungserklärung festgelegter Gründe (zB Eintritt eines bestimmten Ereignisses).

Der Stiftungsvorstand hat die Auflösung der Privatstiftung zur Eintragung in das **Firmenbuch** anzumelden. Im Fall der Auflösung durch Gerichtsbeschluss hat das Gericht das Firmenbuchgericht zu verständigen. Die Auflösung ist mit der Eintragung wirksam (§ 35 Abs 5 f).

Der Stiftungsvorstand hat die Gläubiger der Privatstiftung auf die Auflösung hinzuweisen und sie aufzufordern, ihre Ansprüche anzumelden. Die **Gläubigeraufforderung** ist zu veröffentlichen. Das Vermögen, das nach Abzug der Schulden verbleibt, ist dem **Letztbegünstigten** zu übertragen (§ 36). Der Stiftungsvorstand hat die Beendigung der Abwicklung zur Eintragung in das Firmenbuch anzumelden. Daraufhin wird die Beendigung der Abwicklung eingetragen und die Privatstiftung gelöscht (§ 37).

XIII. Verein

A. Begriff, Rechtsnatur und Grundlagen

Der Verein ist ein
- freiwilliger,
- auf Dauer angelegter,
- aufgrund von Statuten organisierter
- Zusammenschluss
- mindestens zweier Personen
- zur Verfolgung eines bestimmten, gemeinsamen, ideellen Zwecks (§ 1 Abs 1 Vereinsgesetz 2002).[1]

Das Vereinsgesetz wurde zuletzt wesentlich durch die VerGNov 2011, die am 1. 1. 2012 in Kraft trat, das Sicherheitsbehörden-Neustrukturierungsgesetz und das Materien-Datenschutz-Anpassungsgesetz 2018 geändert.

Vereine müssen einen **ideellen Zweck** verfolgen. Die Vereinstätigkeiten dürfen daher insbesondere nicht auf Gewinn gerichtet sein, und das Vereinsvermögen darf nur im Sinne des Vereinszwecks verwendet werden (§ 1 Abs 2). Dennoch darf ein Verein auch erwerbswirtschaftlich tätig sein (Nebenzweckprivileg). Innerhalb dieses Nebenzweckprivilegs darf der Verein ein Unternehmen betreiben (vgl 4 Ob 215/07g). Der Vereinszweck darf aber nicht in einer Gewinnerzielungsabsicht bestehen. Die auf Gewinn gerichtete Tätigkeit muss der ideellen untergeordnet sein. Entfalten Vereine wirtschaftlich relevante Tätigkeiten und sind sie dafür auf Dauer organisatorisch eingerichtet, treten auch Vereine als Unternehmer auf (RS0122900). Der Gewinn darf weder den Vereinsmitgliedern noch Dritten zukommen, und der Verein darf auch nicht bloß als Deckmantel für die Erwerbstätigkeit anderer Personen missbraucht werden.

Der Verein hat **Rechtspersönlichkeit** (§§ 1 f). Für Verbindlichkeiten des Vereins haftet der Verein mit seinem Vermögen (§ 23). Das Vermögen des Vereins ist von jenem seiner Mitglieder getrennt (4 Ob 239/03f).

Jeder Verein muss mindestens zwei Mitglieder haben. Mitglieder können natürliche und juristische Personen sein. Sie erwerben die Mitgliedschaft durch die Gründungsvereinbarung oder später durch einen Beitrittsvertrag. Die Mitgliedschaft endet durch Austrittserklärung oder durch Ausschluss, der nur aus wichtigen Gründen erfolgen darf (RS0080399, zuletzt 6 Ob 213/17t).

Die Mitglieder eines Vereins haben ein Recht darauf, dass ihre Mitgliedschaftsrechte nicht verletzt werden. Geschieht dies, etwa durch rechtswidrigen

---

[1] Paragraphenangaben beziehen sich in diesem Abschnitt, sofern nicht anders angegeben, auf das **VerG**.

Ausschluss eines Mitglieds, begründet dies Schadenersatzpflichten des Vereins (RS0108196).

B. Vereinsgründung

Die **Gründung** eines Vereins umfasst seine Errichtung und seine Entstehung (§ 2 Abs 1). Errichtet wird der Verein durch die Vereinbarung von Statuten. Der Verein entsteht als Rechtsperson mit Ablauf der Frist gemäß § 13 Abs 1 oder mit früherer Erlassung eines Bescheids gemäß § 13 Abs 2 (dazu sogleich). Die Eintragung in das Vereinsregister hat nur deklarative Bedeutung.

Die Vereinsgründer oder allenfalls bereits bestellte organschaftliche Vertreter haben die Errichtung des Vereins der zuständigen Vereinsbehörde schriftlich anzuzeigen (Errichtungsanzeige; § 11). Die Vereinsbehörde hat sodann unverzüglich, jedenfalls aber innerhalb von vier Wochen, die Vereinsstatuten auf ihre Gesetzmäßigkeit zu überprüfen. Gibt die Vereinsbehörde innerhalb dieser Frist nicht die Erklärung ab, dass die Vereinsgründung nicht gestattet wird, gilt dieses Schweigen der Vereinsbehörde als Einladung zur Aufnahme der Vereinstätigkeit. Die Vereinsbehörde kann jedoch auch bereits vor Fristablauf mit Bescheid zur Aufnahme der Vereinstätigkeit einladen (§ 13). Wäre der Verein nach seinem Zweck, seinem Namen oder seiner Organisation gesetzwidrig, hat die Vereinsbehörde mit Bescheid zu erklären, dass die Gründung eines Vereins nicht gestattet wird (§ 12).

Die Vereinsstatuten regeln die innere Organisation des Vereins. Sie müssen jedenfalls die in § 3 Abs 2 aufgezählten Mindesterfordernisse enthalten, etwa Vereinsname, Vereinssitz, Umschreibung des Vereinszwecks, Bestimmungen über den Erwerb und die Beendigung der Mitgliedschaft, Rechte und Pflichten der Vereinsmitglieder und Vereinsorgane. Die Vereinsstatuten können von den Gründern und danach von den dazu berufenen Organen festgelegt werden. Änderungen der Statuten sind der Vereinsbehörde vom Leitungsorgan anzuzeigen.

Die Vereinsstatuten haben vorzusehen, dass Streitigkeiten aus dem Vereinsverhältnis vor einer Schlichtungseinrichtung auszutragen sind (§ 8; vgl etwa RS0124983, RS0122425, RS0122426, RS0119982, RS0114603, RS0038953, RS0122211). Nach Ablauf von sechs Monaten ab Anrufung der Schlichtungseinrichtung steht der ordentliche Rechtsweg offen, wenn nicht das Verfahren vor der Schlichtungseinrichtung früher beendet ist (vgl RS0045138). Die Vereinsstatuten haben die Zusammensetzung und Art der Bestellung der Mitglieder der Schlichtungseinrichtung zu regeln.

C. Organe

> Die Vereinsstatuten haben jedenfalls folgende Organe vorzusehen (§ 5 Abs 1):
> - Organ zur gemeinsamen Willensbildung der Vereinsmitglieder (Mitgliederversammlung) und
> - Organ zur Führung der Vereinsgeschäfte und zur Vertretung des Vereins nach außen (Leitungsorgan).

Das Leitungsorgan (idR als Vorstand bezeichnet) muss aus mindestens zwei Personen bestehen (§ 5 Abs 3). Mitglieder des Leitungsorgans müssen grundsätzlich Vereinsmitglieder sein. Die Geschäftsführung und Vertretung hat nach Maßgabe der Vereinsstatuten einzeln oder gemeinsam zu erfolgen. Sehen die Statuten nichts anderes vor, ist **Gesamtgeschäftsführung** anzunehmen. Hierfür genügt im Zweifel einfache Stimmenmehrheit (§ 6 Abs 1). Sehen die Statuten nichts anderes vor, ist auch Gesamtvertretung anzunehmen. Zur passiven Vertretung eines Vereins sind die Organwalter allein befugt (§ 6 Abs 2). Die organschaftliche Vertretungsbefugnis ist – von der Frage der Gesamt- oder Einzelvertretung abgesehen – Dritten gegenüber unbeschränkbar. In den Vereinsstatuten vorgesehene Beschränkungen wirken nur im Innenverhältnis (§ 6 Abs 3). Das Leitungsorgan hat ein Rechnungswesen einzurichten und eine Einnahmen- und Ausgabenrechnung samt Vermögensübersicht zu erstellen (§ 21 Abs 1; vgl auch § 22 zur Aufstellung eines Jahresabschlusses, wenn die gewöhnlichen Einnahmen oder Ausgaben in zwei aufeinander folgenden Rechnungsjahren jeweils höher als eine Mio Euro waren).

Die Mitgliederversammlung ist seit der VerGNov 2011 mindestens alle fünf Jahre einzuberufen. Sie ist das oberste willensbildende Organ, das für die grundlegenden Entscheidungen zuständig ist. Der gemeinsame Wille der Mitglieder kann auch im Rahmen einer Delegiertenversammlung gebildet werden. Mindestens ein Zehntel der Mitglieder kann vom Leitungsorgan die Einberufung einer Mitgliederversammlung verlangen (§ 5 Abs 2). Die Mitgliederversammlung ist insbesondere für folgende Beschlussgegenstände zuständig: Bestellung eines (fakultativen) Aufsichtsorgans, Auswahl der Rechnungsprüfer bzw des Abschlussprüfers, Entgegennahme von Berichten des Leitungsorgans über die Vereinstätigkeit und finanzielle Gebarung und die Entgegennahme von Berichten der Rechnungsprüfer bei Unregelmäßigkeiten. In den Vereinsstatuten können weitere Aufgaben festgelegt werden, etwa die Bestellung des Leitungsorgans oder die Änderung der Vereinsstatuten. Die Mitgliederversammlung kann dem Leitungsorgan Weisungen erteilen.

Ein Aufsichtsorgan kann, muss aber nicht eingerichtet werden. Sehen die Vereinsstatuten ein Aufsichtsorgan vor, muss dieses aus mindestens drei natürlichen Personen bestehen. Die Bestellung des Aufsichtsorgans obliegt der

Mitgliederversammlung. Die Mitglieder des Aufsichtsorgans dürfen keinem Organ mit Ausnahme der Mitgliederversammlung angehören, dessen Tätigkeit Gegenstand der Aufsicht ist. Darüber hinaus sieht das Vereinsgesetz Regelungen über die Mitbestimmung der Arbeitnehmer in dem Aufsichtsorgan vor (§ 5 Abs 4).

Jeder Verein hat mindestens zwei **Rechnungsprüfer** zu bestellen, ein großer Verein im Sinne des § 22 Abs 2 (gewöhnliche Einnahmen oder Ausgaben in zwei aufeinander folgenden Rechnungsjahren jeweils höher als drei Mio Euro oder jährliches Aufkommen an im Publikum gesammelten Spenden in diesem Zeitraum jeweils über eine Mio Euro) anstelle der Rechnungsprüfer einen **Abschlussprüfer** (§ 5 Abs 5). Die Auswahl der Rechnungsprüfer bzw des Abschlussprüfers obliegt der Mitgliederversammlung. Die Rechnungsprüfer haben die Finanzgebarung des Vereins zu prüfen, einen Prüfungsbericht zu erstellen und dem Leitungsorgan sowie einem allenfalls bestehenden Aufsichtsorgan zu berichten (§ 21).

Beschlüsse von Vereinsorganen sind nichtig, wenn dies Inhalt und Zweck eines verletzten Gesetzes oder die guten Sitten gebieten (§ 7; RS0123632, RS0049464). Andere **gesetz- oder statutenwidrige Beschlüsse** bleiben gültig, sofern sie nicht binnen eines Jahres ab Beschlussfassung gerichtlich angefochten werden (vgl zur Differenzierung RS0121262; 1 Ob 75/13f). Anfechtungsberechtigt ist jedes von einem Vereinsbeschluss betroffene Vereinsmitglied (§ 7). Vor Befassung des Gerichts ist die Schlichtungseinrichtung anzurufen (§ 8 Abs 1; vgl Seite 466).

Verletzt ein Mitglied eines Vereinsorgans unter Missachtung der Sorgfalt eines ordentlichen und gewissenhaften Organwalters seine gesetzlichen oder statutarischen Pflichten oder rechtmäßige Beschlüsse eines zuständigen Vereinsorgans, haftet es dem Verein für den daraus entstandenen Schaden. Dies gilt sinngemäß auch für den Rechnungsprüfer. Eine Haftung kommt insbesondere dann in Betracht, wenn Organwalter Vereinsvermögen zweckwidrig verwenden, ihre Verpflichtungen betreffend das Finanz- und Rechnungswesen des Vereins missachten, die Eröffnung eines Insolvenzverfahrens über das Vereinsvermögen nicht rechtzeitig beantragen oder ein Verhalten setzen, das Schadenersatzpflichten des Vereins gegenüber Vereinsmitgliedern oder Dritten auslöst. Ein Beschluss eines Vereinsorgans kann von der Haftung befreien (§ 24). Eine persönliche Haftung der Organmitglieder Dritten gegenüber ist im Vereinsgesetz nicht geregelt und kommt daher nur bei einer besonderen rechtsgeschäftlichen Verpflichtung oder aufgrund anderer gesetzlicher Vorschriften, etwa einer Schutzgesetzverletzung, in Betracht (vgl RS0120155).

> **Beachte:**
> Seit der VerGNov 2011 haftet ein Organwalter oder Rechnungsprüfer, der unentgeltlich tätig ist, nur bei Vorsatz oder grober Fahrlässigkeit, wenn nicht anderes vereinbart oder in den Statuten festgelegt ist (§ 24 Abs 1). Macht ein

Dritter Schadenersatz gegen einen unentgeltlich tätigen Organwalter oder Rechnungsprüfer erfolgreich geltend, kann dieser vom Verein die Befreiung von der Verbindlichkeit verlangen. Das gilt nicht, wenn er den Schaden vorsätzlich oder grob fahrlässig verursacht hat oder wenn anderes vereinbart oder in den Statuten geregelt ist (§ 24 Abs 5).

Die alte gesetzliche Regelung war ein Hindernis für ehrenamtliches Engagement, weil bei unentgeltlich Tätigen unklar war, in welchem Ausmaß die Unentgeltlichkeit zu berücksichtigen ist. Aus diesem Grund wurde das Haftungsrisiko für ehrenamtlich tätige Mitglieder eines Vereinsorgans auf ein für diese zumutbares Maß begrenzt.

D. Beendigung des Vereins

Die Rechtspersönlichkeit eines Vereins endet
- mit der **Eintragung seiner Auflösung** im Vereinsregister, wenn kein Vereinsvermögen vorhanden ist, oder
- mit der **Eintragung der Beendigung der Abwicklung**, wenn Vereinsvermögen vorhanden ist und der Verein aus diesem Grund abzuwickeln ist (§ 27; RS0009119).

In den Statuten ist festzulegen, unter welchen Voraussetzungen sich ein Verein selbst **auflösen** kann und was in diesem Fall mit dem Vereinsvermögen zu geschehen hat (§ 28 Abs 1). Jeder Verein kann aber auch mit Bescheid aufgelöst werden, wenn er gegen Strafgesetze verstößt, seinen statutenmäßigen Wirkungskreis überschreitet oder den Bedingungen seines rechtlichen Bestands nicht mehr entspricht (§ 29 Abs 1).

Der aufgelöste Verein wird durch den Abwickler vertreten. Der Abwickler hat das Vereinsvermögen zu verwalten und zu verwerten. Er hat die noch laufenden Geschäfte zu beenden, Forderungen des Vereins einzuziehen und Gläubiger des Vereins zu befriedigen. Das verbleibende Vermögen ist dem in den Statuten bestimmten Zweck oder verwandten Zwecken, soweit dies nicht möglich ist, Zwecken der Sozialhilfe, zuzuführen. An Vereinsmitglieder darf verbleibendes Vermögen aufgrund einer entsprechenden Regelung in den Vereinsstatuten so weit verteilt werden, als es den Wert der von den Mitgliedern geleisteten Einlagen nicht übersteigt. Reicht das Vereinsvermögen nicht aus, um alle offenen Forderungen zu begleichen, ist gegebenenfalls die Eröffnung eines Insolvenzverfahrens zu beantragen. Die Beendigung der Abwicklung ist der Vereinsbehörde unverzüglich mitzuteilen. Die Vereinsbehörde hat sie sodann in das Vereinsregister einzutragen (§ 30).

E. Behörden und Verfahren

Vereinsbehörde ist die **Bezirksverwaltungsbehörde** bzw im Gebiet einer Gemeinde, für das die Landespolizeidirektion zugleich Sicherheitsbehörde erster Instanz ist, die **Landespolizeidirektion** (§ 9 Abs 1). Die Vereinsbehörden haben ein lokales Vereinsregister über die in ihrem örtlichen Wirkungsbereich ansässigen Vereine zu führen (§ 16). Die Vereinsbehörden haben dem Bundesminister für Inneres die Vereinsdaten zu übermitteln. Der Bundesminister für Inneres hat ein Zentrales Vereinsregister (ZVR) zu führen und jedem Verein eine fortlaufende Vereinsregisterzahl (ZVR-Zahl) zu geben (§ 18).

XIV. Umgründungen

A. Einleitung

Bei Umgründungen kann man zwischen übertragenden Umgründungen und formwechselnden Umgründungen unterscheiden:

- Bei **übertragenden Umgründungen** wird Vermögen von einem übertragenden Rechtsträger auf einen übernehmenden Rechtsträger übertragen. Als Gegenleistung für die Übertragung des Vermögens erhalten die Eigentümer des übertragenden Rechtsträgers in der Regel eine Beteiligung am übernehmenden Rechtsträger. Übertragende Umgründungen sind die Verschmelzung, die verschmelzende und die errichtende Umwandlung, die Spaltung, die Einbringung, die Realteilung und der Zusammenschluss.
- Bei **formwechselnden Umgründungen** bleibt die Identität des Rechtsträgers unverändert, er wechselt lediglich seine Rechtsform (zB von einer GmbH in eine AG). Es kommt daher – im Unterschied zu den übertragenden Umgründungen – zu keiner Vermögensübertragung. Formwechselnde Umgründung ist die rechtsformwechselnde Umwandlung.

Es gibt zahlreiche wirtschaftliche **Motive** für Umgründungen: Zumeist stecken dahinter Optimierungsstrategien, insbesondere Strukturverbesserungen. Oftmals sind es aber auch steuerliche und wirtschaftliche Überlegungen. Umstrukturierungen im Konzern erfolgen etwa oft, um Kosten zu senken oder um Risiken auf mehrere Gesellschaften aufzuteilen. Darüber hinaus kann damit eine Abtrennung von Betrieben und Betriebsteilen bezweckt sein, um eine Übertragung an Dritte oder eine Gliederung nach sachlichen Gesichtspunkten (zB Trennung von Produktion und Vertrieb) vorzunehmen. Weitere Gründe können etwa die Erweiterung des Geschäftsbetriebs sowie der Erwerb eines Mitbewerbers und dessen Eingliederung in die bestehende Organisation sein.

Die steuerlichen Aspekte von Umgründungen sind insbesondere im **UmgrStG** geregelt. Der Gesetzgeber wollte mit dem UmgrStG verhindern, dass Umgründungsvorgänge mit steuerlichen Nachteilen verbunden sind. In der Praxis erfolgt oft ein umgekehrter Zugang: (Auch) um einen steuerlichen Vorteil zu erzielen, wird eine Umgründung durchgeführt. Aus diesem Grund sind insbesondere bei der Planung von Umgründungen gesellschaftsrechtliche und steuerrechtliche Überlegungen aufeinander abgestimmt anzustellen.

> **Beachte:**
> Bei Umgründungen sind weitere Rechtsvorschriften zu berücksichtigen. So ist etwa bei jedem „Zusammenschluss" das KartG 2005 zu beachten. Ein Zusammenschluss liegt etwa bei einem Erwerb eines Unternehmens durch einen Unternehmer, insbesondere durch Verschmelzung oder Umwandlung, vor.

> Zusammenschlüsse, die eine bestimmte Größenordnung nicht erreichen, sind aus kartellrechtlicher Sicht unproblematisch (vgl § 9 KartG).

B. Verschmelzung

1. Definition und Arten

Verschmelzung (oder Fusion) ist die Vereinigung rechtlich selbstständiger Unternehmen unter Ausschluss der Abwicklung im Wege der Gesamtrechtsnachfolge.

> Die Verschmelzung ist durch folgende Merkmale charakterisiert:
> - **Vereinigung von Gesellschaften** mit eigener Rechtspersönlichkeit;
> - die übertragende Gesellschaft wird unter **Ausschluss der Abwicklung** aufgelöst;
> - das gesamte Vermögen der übertragenden Gesellschaft geht im Wege der **Gesamtrechtsnachfolge** (Universalsukzession) auf die übernehmende Gesellschaft über;
> - als **Gegenleistung** für das Vermögen der übertragenden Gesellschaft erhalten die Gesellschafter der übertragenden Gesellschaft **Anteile** an der übernehmenden Gesellschaft.

Die Verschmelzung kann erfolgen im Wege der

- **Verschmelzung durch Aufnahme**, dh durch Übertragung des Vermögens einer übertragenden Gesellschaft (oder mehrerer übertragenden Gesellschaften) auf eine andere bereits bestehende (übernehmende) Gesellschaft (§ 219 Z 1 AktG, § 96 Abs 1 Z 1 GmbHG), oder durch
- **Verschmelzung durch Neugründung**, dh durch Übertragung des Vermögens übertragender Gesellschaften auf eine von ihnen dadurch gegründete neue Gesellschaft (§ 219 Z 2, § 233 AktG, § 96 Abs 1 Z 2 GmbHG). Die Verschmelzung durch Neugründung ist in der Praxis selten.

Weiters kann man zwischen folgenden Arten der Verschmelzung differenzieren:

- **Konzentrationsverschmelzung** ist die Verschmelzung von Gesellschaften, die nicht miteinander verbunden sind.
- Demgegenüber sind bei der **Konzernverschmelzung** die verschmelzenden Gesellschaften durch eine Beteiligung miteinander verbunden, zB über eine gemeinsame Muttergesellschaft (zB Schwestergesellschaft A wird auf die Schwestergesellschaft B verschmolzen). Dies ist in der Praxis häufiger der Fall.

Nach der „Verschmelzungsrichtung" kann wie folgt unterschieden werden:
- Bei einem **Down-Stream-Merger** wird eine Muttergesellschaft auf ihre Tochtergesellschaft und
- bei einem **Up-Stream-Merger** eine Tochtergesellschaft auf ihre Muttergesellschaft verschmolzen.
- Bei einem **Side-Stream-Merger** werden Schwestergesellschaften, also Gesellschaften mit derselben Muttergesellschaft, miteinander verschmolzen.

Verschmelzen können sich grundsätzlich Gesellschaften derselben Rechtsform, etwa AG, GmbH, Genossenschaften gleicher Haftungsart (GenVG), Sparkassen (§ 25 SpG), Sparkassen-Privatstiftungen (§ 27c SpG) und Versicherungsvereine auf Gegenseitigkeit (§ 60 VAG 2016). Aber auch eine rechtsformübergreifende Verschmelzung ist möglich, wie etwa die Verschmelzung einer GmbH mit einer AG (§ 234 AktG) oder die Verschmelzung einer AG mit einer GmbH (§ 234a AktG). Für rechtsformübergreifende Verschmelzungen sieht § 234b AktG eine Barabfindung für Gesellschafter der übertragenden Gesellschaft vor, die der Verschmelzung widersprechen und aus der Gesellschaft ausscheiden wollen.

Ist die übertragende Gesellschaft im Inland **börsenotiert**, ist Voraussetzung für die Verschmelzung, dass innerhalb der letzten sechs Monate vor der Anmeldung der Verschmelzung eine Angebotsunterlage nach dem 5. Teil des ÜbG veröffentlicht wurde. Ein solches Angebot ist nicht erforderlich, wenn die zu gewährenden Aktien der übernehmenden Gesellschaft ebenfalls börsenotiert sind (§ 225 Abs 2a AktG). Damit soll ein „kaltes Delisting", also die Beendigung der Börsenotierung einer Aktiengesellschaft im Wege einer Verschmelzung verhindert werden (vgl dazu auch 6 Ob 221/16t). Dies gilt sinngemäß auch für die Umwandlung und Spaltung.

Die Verschmelzung der AG ist in den §§ 219 ff AktG geregelt, jene der GmbH in §§ 96 ff GmbHG. Für Verschmelzungen von GmbH sind die §§ 220 bis 233 AktG sinngemäß anzuwenden (§ 96 Abs 2 GmbHG), sofern im GmbHG nicht Abweichendes geregelt ist. Die folgenden Ausführungen gelten daher grundsätzlich für die AG und die GmbH gleichermaßen, soweit nicht auf Abweichungen hingewiesen wird.

2. Ablauf

Die wesentlichsten Schritte für die Durchführung einer Verschmelzung lassen sich im Überblick wie folgt zusammenfassen:
- Aufstellung einer **Schlussbilanz** durch jede übertragende Gesellschaft,
- Abschluss des **Verschmelzungsvertrags** bzw Aufstellung des Entwurfs,
- Erstellung der **Verschmelzungsberichte** durch Vorstand bzw Geschäftsführer,
- Prüfung durch **Verschmelzungsprüfer**,

- Prüfung und schriftlicher **Bericht durch Aufsichtsrat**,
- **Einreichung** des Vertrags (Entwurfs) beim **Firmenbuch** und Veröffentlichung eines Hinweises bzw Veröffentlichung in der Ediktsdatei,
- Bereitstellung der relevanten **Unterlagen**,
- Einberufung der **Gesellschafterversammlung**,
- **Beschlussfassung** über die Verschmelzung,
- **Anmeldung** der Verschmelzung zur Eintragung in das **Firmenbuch**,
- **Eintragung** der Verschmelzung in das Firmenbuch.

a) Vorbereitung

(1) Abschluss des Verschmelzungsvertrags bzw Aufstellung des Entwurfs

Die Vorstände bzw Geschäftsführer der an der Verschmelzung beteiligten Gesellschaften haben einen **Verschmelzungsvertrag** abzuschließen oder einen schriftlichen Entwurf aufzustellen (§ 220 Abs 1 AktG). Der Verschmelzungsvertrag bedarf der **notariellen Beurkundung**; nach hA ist darunter ein Notariatsakt zu verstehen (§ 222 AktG; 6 Ob 21/14b). Der **Mindestinhalt** des Verschmelzungsvertrags ist in § 220 Abs 2 AktG festgelegt, etwa Firma und Sitz der Gesellschaften, das Umtauschverhältnis der Anteile und der Verschmelzungsstichtag. Darüber hinaus kann der Verschmelzungsvertrag weitere Regelungen enthalten, etwa über die Kostentragung, Zusicherungen oder durch die Verschmelzung indizierte Änderungen der Satzung bzw des Gesellschaftsvertrags.

(2) Schlussbilanzen

Jede übertragende Gesellschaft hat auf den Verschmelzungsstichtag eine **Schlussbilanz** aufzustellen (§ 220 Abs 3 AktG). Die Schlussbilanzen müssen auf einen höchstens **neun Monate** vor der Anmeldung der Verschmelzung liegenden Stichtag aufgestellt werden.

(3) Verschmelzungsberichte

Die Vorstände bzw Geschäftsführer jeder der an der Verschmelzung beteiligten Gesellschaften haben nach Aufstellung des Verschmelzungsvertrags einen schriftlichen **Verschmelzungsbericht** zu erstatten (§ 220a AktG). In diesem sind die voraussichtlichen Folgen der Verschmelzung, der Verschmelzungsvertrag oder dessen Entwurf und insbesondere das Umtauschverhältnis der Anteile, gegebenenfalls die Höhe der baren Zuzahlungen sowie die Gläubigerschutzmaßnahmen gemäß § 226 Abs 3 AktG (vgl 6 Ob 137/13k) zu erläutern. Auf besondere Schwierigkeiten bei der Bewertung der Unternehmen ist hinzuweisen. Geheimhaltungsbedürftige Informationen müssen unter bestimmten Voraussetzungen nicht aufgenommen werden (§ 220a iVm § 118 Abs 3 AktG).

(4) Prüfung durch Verschmelzungsprüfer

Der Verschmelzungsvertrag oder dessen Entwurf ist für jede an der Verschmelzung beteiligte Gesellschaft durch einen vom Aufsichtsrat zu bestellenden **Verschmelzungsprüfer** zu prüfen (§ 220b AktG; bei der GmbH auf Verlangen eines Gesellschafters – § 100 Abs 2 GmbHG). Der Verschmelzungsprüfer hat über das Ergebnis seiner Prüfung einen **schriftlichen Prüfungsbericht** zu erstellen. Darin ist insbesondere auf die Angemessenheit des Umtauschverhältnisses einzugehen. Bestehen Geheimhaltungsinteressen, hat der Verschmelzungsprüfer eine zweite, „bereinigte" Fassung des Verschmelzungsberichts zur Einsicht der Gesellschafter zu erstellen.

(5) Prüfung durch den Aufsichtsrat

Die **Aufsichtsräte** der an der Verschmelzung beteiligten Gesellschaften haben die beabsichtigte Verschmelzung auf der Grundlage des Verschmelzungsberichts und des Prüfungsberichts **zu prüfen** und darüber einen **schriftlichen Bericht** zu erstatten (§ 220c AktG). Die Prüfung durch den Aufsichtsrat der übernehmenden Gesellschaft kann entfallen, wenn für den Erwerb von Unternehmen gemäß § 95 Abs 5 Z 1 AktG in der Satzung eine Betragsgrenze festgesetzt wurde und der Buchwert der übertragenden Gesellschaft diese Betragsgrenze nicht überschreitet (§ 220c Satz 2 AktG). Wie beim Verschmelzungsbericht der Vorstände müssen geheimhaltungsbedürftige Informationen unter bestimmten Voraussetzungen nicht aufgenommen werden (§ 220c iVm § 118 Abs 3 AktG).

(6) Einreichung des Vertrags (Entwurfs) beim Firmenbuch und Veröffentlichung eines Hinweises

Die Vorstände der beteiligten Gesellschaften haben den **Verschmelzungsvertrag** bzw dessen Entwurf **bei Gericht einzureichen**. Die Einreichung muss mindestens einen Monat vor der Hauptversammlung, die über die Zustimmung zur Verschmelzung beschließen soll, erfolgen (§ 221a Abs 1 AktG). Die Einreichung ist bei der GmbH nicht erforderlich (§ 97 Abs 1 GmbHG).

Ebenfalls mindestens einen Monat vor der Hauptversammlung, die über die Zustimmung zur Verschmelzung beschließen soll, haben die Vorstände der beteiligten Gesellschaften einen **Hinweis auf die Einreichung** des Verschmelzungsvertrags bzw dessen Entwurfs in den Bekanntmachungsblättern (vgl § 18 AktG) der beteiligten Gesellschaften zu **veröffentlichen** (§ 221a Abs 1 AktG). Die Veröffentlichung ist bei der GmbH nicht erforderlich (§ 97 Abs 1 GmbHG).

Die Einreichung des Verschmelzungsvertrags oder dessen Entwurfs bei Gericht und die Veröffentlichung des Hinweises auf die Einreichung ist nicht erforderlich, wenn die Gesellschaft den Verschmelzungsvertrag oder dessen Entwurf sowie den Hinweis auf die Rechte der Anteilsinhaber, der Gläubiger und des Betriebsrats spätestens einen Monat vor der Hauptversammlung, die über die Zustimmung zur Verschmelzung beschließen soll, in elektronischer Form in der **Ediktsdatei** veröffentlicht (§ 221a Abs 1a AktG).

(7) Auslegung und Erteilung von Abschriften der Unterlagen
Bei allen beteiligten Gesellschaften sind mindestens während eines Monats vor der Hauptversammlung, die über die Zustimmung zur Verschmelzung beschließen soll, die in § 221a Abs 2 AktG aufgezählten Unterlagen (zB Verschmelzungsvertrag, Verschmelzungsberichte und Prüfungsberichte) **bereitzustellen**.

Bei der GmbH sind die Unterlagen den Gesellschaftern zu **übersenden**; die Auflegung zur Einsicht ist nicht erforderlich. Die Gesellschafter können auf die Zusendung der Unterlagen verzichten. Die Geschäftsführer haben jedem Gesellschafter auf Verlangen ab der Einberufung jederzeit Auskunft auch über alle für die Verschmelzung wesentlichen Angelegenheiten der anderen Gesellschaft zu geben. Auf dieses Recht ist in der Einberufung der Generalversammlung hinzuweisen (§ 97 GmbHG).

(8) Einberufung der Gesellschafterversammlung
Die **Einberufung der Gesellschafterversammlung**, in der über die Verschmelzung beschlossen werden soll, hat **nach allgemeinen Regeln** zu erfolgen (vgl zur GmbH Seiten 291 ff und zur AG Seiten 392 ff).

b) Beschlussfassung

In der Gesellschafterversammlung sind die in § 221a Abs 2 AktG angeführten Unterlagen aufzulegen (§ 221a Abs 5 AktG).

Der Vorstand bzw die Geschäftsführung hat den **Verschmelzungsvertrag** oder dessen Entwurf **zu erläutern** (§ 221a Abs 5 AktG). Jedem Gesellschafter ist auf Verlangen in der Gesellschafterversammlung **Auskunft** auch über alle für die Verschmelzung wesentlichen Angelegenheiten der anderen beteiligten Gesellschaften zu geben (§ 221a Abs 6 AktG). Ist die Erteilung von Informationen geeignet, dem Unternehmen oder einem verbundenen Unternehmen einen erheblichen Nachteil zuzufügen, können Auskünfte **verweigert** werden (§ 221a Abs 6 iVm § 118 Abs 3 AktG).

Für die Wirksamkeit des Verschmelzungsvertrags ist Voraussetzung, dass die Gesellschafterversammlung jeder Gesellschaft zustimmt (§ 221 Abs 1 AktG). Der Beschluss der Gesellschafterversammlung bedarf einer **Dreiviertelmehrheit** (§ 221 Abs 2 AktG, § 98 GmbHG). Im Gesellschaftsvertrag bzw in der Satzung können eine größere Mehrheit und weitere Erfordernisse vorgesehen werden (§ 221 Abs 2 AktG). Nach § 99 GmbHG kann die Zustimmung bestimmter Gesellschafter zur Verschmelzung erforderlich sein.

Der Verschmelzungsvertrag bzw dessen Entwurf ist in die **Niederschrift** über den Beschluss aufzunehmen oder dieser als Anlage beizufügen (§ 221 Abs 4 AktG).

c) Firmenbuchverfahren

Der Vorstand bzw die Geschäftsführung jeder Gesellschaft hat die Verschmelzung **zur Eintragung** beim Gericht, in dessen Sprengel die jeweilige Gesellschaft ihren Sitz hat, **anzumelden**. Der Anmeldung sind die in § 225 Abs 1 AktG aufgezählten **Unterlagen** beizufügen. Die Vorstände bzw Geschäftsführer der beteiligten Gesellschaften haben weiters zu erklären, dass eine Klage auf Anfechtung oder Feststellung der Nichtigkeit des Verschmelzungsbeschlusses innerhalb eines Monats nach der Beschlussfassung nicht erhoben oder zurückgezogen worden ist oder dass alle Gesellschafter durch notariell beurkundete Erklärung auf eine solche Klage verzichtet haben („**Negativerklärung**", § 225 Abs 2 AktG). Findet bei der übernehmenden Gesellschaft keine Gesellschafterversammlung statt (vgl Seiten 480 f), hat der Vorstand bzw die Geschäftsführung der übernehmenden Gesellschaft zu erklären, dass die Gesellschafter der übernehmenden Gesellschaft von ihrem Recht auf Einberufung einer Gesellschafterversammlung nicht Gebrauch gemacht oder auf dieses Recht verzichtet haben (§ 225 Abs 2 AktG).

Das Gericht, in dessen Sprengel die übernehmende Gesellschaft ihren Sitz hat, hat die Verschmelzung bei allen Gesellschaften gleichzeitig **einzutragen** (§ 225a Abs 1 AktG).

3. Wirkungen

Mit der Eintragung der Verschmelzung treten folgende Wirkungen ein:

- Das Vermögen der übertragenden Gesellschaft geht im Wege der **Gesamtrechtsnachfolge** auf die übernehmende Gesellschaft über (§ 225a Abs 3 Z 1 AktG; RS0109661). Dabei sind zahlreiche Aspekte zu berücksichtigen, etwa ob bestimmte Rechte und Pflichten im Einzelfall nicht übertragen werden können, etwa bestimmte höchstpersönliche Rechte (zB Vorkaufsrecht, siehe 5 Ob 106/95) oder die Berichtigung des Grundbuchs nach § 136 GBG (vgl 5 Ob 97/05h; zur Spaltung vgl 5 Ob 15/08d), falls Liegenschaften übertragen werden. Darüber hinaus kann sich eine Verschmelzung auch auf bestehende Vertragsverhältnisse auswirken; so kann eine Verschmelzung zu einer Mietzinsanhebung nach § 12a Abs 3 MRG führen (RS0107077).
- Die **übertragende Gesellschaft erlischt**, ohne dass es einer besonderen Löschung der Gesellschaft bedarf (§ 225a Abs 3 Z 2 AktG).
- Die Gesellschafter der übertragenden Gesellschaft werden **Gesellschafter** der übernehmenden Gesellschaft, soweit sich aus § 224 AktG (vgl Seiten 478 f) nichts anderes ergibt (§ 225a Abs 3 Z 3 AktG).
- Der Mangel der notariellen Beurkundung des Verschmelzungsvertrags wird **geheilt** (§ 225a Abs 3 Z 4 AktG).

Mängel der Verschmelzung lassen die Wirkungen der Eintragung unberührt (§ 230 Abs 2 AktG). Damit soll aus Gründen der Rechtssicherheit und wegen faktischer Unmöglichkeit eine Rückabwicklung von vornherein ausgeschlossen werden.

4. Anfechtung und Überprüfung des Umtauschverhältnisses

Eine Anfechtung des Beschlusses der Gesellschafter ist nach allgemeinen Regeln möglich. Die **Anfechtung des Beschlusses**, durch den die Gesellschafterversammlung einer beteiligten Gesellschaft dem Verschmelzungsvertrag zugestimmt hat, kann aber **nicht** darauf gestützt werden, dass das **Umtauschverhältnis oder die allfälligen baren Zuzahlungen nicht angemessen festgelegt** sind oder dass die in den Verschmelzungsberichten, den Prüfungsberichten oder den Berichten der Aufsichtsräte enthaltenen Erläuterungen des Umtauschverhältnisses oder der baren Zuzahlungen den gesetzlichen Bestimmungen nicht entsprechen (§ 225b AktG). Damit soll verhindert werden, dass einzelne „räuberische" Gesellschafter eine Anfechtungsklage einbringen und damit die Verschmelzung verzögern, um einen wirtschaftlichen Vorteil zu erlangen. Um Gesellschaftern dennoch eine Kontrolle des Umtauschverhältnisses zu ermöglichen, ist ein eigenes **Verfahren zur Überprüfung des Umtauschverhältnisses** vorgesehen („Gremialverfahren"; §§ 225c ff AktG; vgl etwa 6 Ob 213/03x). Ist das Umtauschverhältnis nicht angemessen festgelegt, hat jeder Gesellschafter einen Anspruch gegen die übernehmende Gesellschaft auf Ausgleich durch bare Zuzahlungen (§ 225c Abs 1 AktG).

> **Beachte:**
> Ein Antrag auf Überprüfung des Umtauschverhältnisses konnte früher nur von Aktionären gestellt werden, die bei einer der beteiligten Gesellschaften alleine oder zusammen über mindestens 1 % des Grundkapitals oder Aktien im anteiligen Betrag von mindestens 70.000 Euro verfügten. Diese Beteiligungsschwelle hob der VfGH auf (VfGH 21. 9. 2011, G 175/10-12). Ein Umtauschverhältnis, das im Fall der Verschmelzung den Aktionären der übertragenden Gesellschaft eine den Wert ihres Unternehmens übersteigende Beteiligung am Kapital der übernehmenden Gesellschaft einräumt, verwässert nämlich die bisherige Beteiligung der Aktionäre der übernehmenden Gesellschaft und führt damit zu einer Vermögensverschiebung von den Aktionären der übernehmenden Gesellschaft auf die der übertragenden Gesellschaft. Darin ist ein unverhältnismäßiger Eingriff in das Eigentum der Aktionäre der übernehmenden Gesellschaft zu sehen, der sachlich nicht zu rechtfertigen ist.

5. Kapitalerhöhung

Die Gesellschafter der übertragenden Gesellschaft erhalten als Gegenleistung für das Vermögen der übertragenden Gesellschaft Anteile an der übernehmenden Gesellschaft. Diese Anteile werden in der Regel durch eine **Kapitalerhöhung** geschaffen. Für eine solche Kapitalerhöhung im Rahmen einer Verschmelzung sind grundsätzlich die allgemeinen Regeln über Kapitalerhöhungen anzuwenden; es sind jedoch einige **Sondervorschriften** vorgesehen (§ 223 AktG, § 101

GmbHG). § 223 Abs 2 AktG verlangt aus Gläubigerschutzgründen, dass im Fall einer Kapitalerhöhung bei der übernehmenden Gesellschaft jedenfalls eine Sacheinlagenprüfung stattzufinden hat.

6. Unterbleiben der Gewährung von Anteilen

Die übernehmende Gesellschaft darf unter bestimmten Voraussetzungen aus Gründen des Kapital- und Gläubigerschutzes keine Anteile als Gegenleistung für das Vermögen der übertragenden Gesellschaft leisten oder kann von der Gewährung von Anteilen absehen. Werden keine Anteile gewährt, ist auch eine Kapitalerhöhung nicht erforderlich.

Die übernehmende Gesellschaft **darf** an die Gesellschafter der übertragenden Gesellschaft **keine Anteile gewähren**, soweit sie zB Anteile der übertragenden Gesellschaft besitzt, also etwa wenn eine 100-prozentige Tochtergesellschaft auf ihre Muttergesellschaft verschmolzen wird (Up-Stream-Merger; vgl Seite 473) (§ 224 Abs 1 AktG).

Die übernehmende Gesellschaft **kann von der Gewährung von Anteilen absehen**, soweit die Gesellschafter sowohl an der übernehmenden als auch an der übertragenden Gesellschaft im gleichen Verhältnis unmittelbar oder mittelbar beteiligt sind (dies kann insbesondere bei einer Verschmelzung von Schwestergesellschaften, also einem Side-Stream-Merger der Fall sein), es sei denn, dass dies dem Verbot der Einlagenrückgewähr oder der Befreiung von Einlageverpflichtungen widerspricht (vgl dazu 6 Ob 4/99b). Die übernehmende Gesellschaft kann weiters von der Gewährung von Anteilen absehen, wenn die Gesellschafter der übertragenden Gesellschaft auf die Gewährung von Anteilen verzichten (§ 224 Abs 2 AktG). Besitzt die übertragende Gesellschaft Anteile an der übernehmenden Gesellschaft (also beim Down-Stream-Merger; vgl Seite 473), sind diese, soweit erforderlich, zur Abfindung der Gesellschafter der übertragenden Gesellschaft zu verwenden (§ 224 Abs 3 AktG).

Die übernehmende Gesellschaft kann neben Anteilen **bare Zuzahlungen** gewähren. Diese dürfen 10 % des auf die gewährten Anteile der übernehmenden Gesellschaft entfallenden anteiligen Betrags ihres Nennkapitals nicht übersteigen (§ 224 Abs 5 AktG).

7. Gläubigerschutz

Zum Schutz der Gläubiger ist ein der Verschmelzung nachgeschalteter Schutzmechanismus vorgesehen. Den Gläubigern der beteiligten Gesellschaften ist, wenn sie sich innerhalb von sechs Monaten nach der Veröffentlichung der Eintragung der Verschmelzung melden, **Sicherheit zu leisten** (vgl §§ 1373 f ABGB), soweit sie nicht Befriedigung verlangen können. Hierzu müssen sie glaubhaft machen, dass durch die Verschmelzung die Erfüllung ihrer Forderung gefährdet wird. Auf dieses Recht sind die Gläubiger in der Veröffentlichung der Eintragung hinzuweisen (§ 226 Abs 1 AktG).

Nach § 226 Abs 3 AktG sind den Inhabern von Schuldverschreibungen und Genussrechten der übertragenden Gesellschaft gleichwertige Rechte der übernehmenden Gesellschaft zu gewähren oder die Änderung der Rechte oder das Recht selbst angemessen abzugelten. Dabei hat die Gewährung gleichwertiger Rechte Vorrang. Ein einseitiges Kündigungsrecht des Emittenten besteht nach der Judikatur nicht (vgl EuGH 7. 4. 2016, C-483/14; RS0130872; dies gilt sinngemäß für die Spaltung; siehe § 15 Abs 5 SpaltG; RS0130864).

Der OGH hat in einer richtungsweisenden Entscheidung zur Down-Stream-Verschmelzung ausgesprochen, dass die verschmelzungsrechtlichen Gläubigerschutzbestimmungen der §§ 226 ff AktG keine abschließende Regelung sind und die gesetzlichen Regeln über die Kapitalerhaltung nicht ersetzen (6 Ob 4/99b, strittig; vgl auch RS0112747; dies gilt nach 6 Ob 70/03t für alle Verschmelzungsvorgänge; zur Side-Stream-Verschmelzung siehe 6 Ob 165/04i; für die Up-Stream-Verschmelzung offen lassend 6 Ob 48/12w; das Verbot der Einlagenrückgewähr ist aber nur anzuwenden, sofern ein gewisser „Österreichbezug" besteht, 6 Ob 226/09t). Hierzu hat der OGH insbesondere Folgendes festgehalten:

- Die Verschmelzung setzt in der Regel einen **positiven Verkehrswert** des übertragenen Vermögens voraus (6 Ob 4/99b). Dem OGH zufolge gibt es aber keinen Grundsatz, dass **überschuldete Gesellschaften** (also negatives Vermögen) nicht übertragen werden dürfen (6 Ob 236/07k). Die Details sind strittig. Darüber hinaus ist eine Verschmelzung auf eine real überschuldete übernehmende Gesellschaft unzulässig, wenn die Interessen der Gläubiger der übertragenden Gesellschaft gefährdet sind (vgl etwa 6 Ob 165/04i).
- Die Verschmelzung von einer mit einem höheren Stammkapital ausgestatteten Gesellschaft auf eine Gesellschaft mit niedrigerem Stammkapital hat **kapitalherabsetzenden Effekt**. Zum Schutz der Gläubiger der übertragenden Gesellschaft ist der **Kapitalerhaltungsgrundsatz zu beachten**. Die Verschmelzung darf daher nur eingetragen werden, wenn zB vor der Verschmelzung bei der übernehmenden Gesellschaft das Kapital erhöht wurde oder bei der übertragenden Gesellschaft eine ordentliche Kapitalherabsetzung auf das Ausstattungsniveau der übernehmenden Gesellschaft durchgeführt wurde oder dem Firmenbuchgericht die Befriedigung oder Sicherstellung der Gläubiger nachgewiesen wird (6 Ob 4/99b; die Details sind strittig).

Beachte:
Diese Problematik spielt auch bei der Umwandlung (vgl 6 Ob 235/07p und 6 Ob 236/07k) und der Einbringung (vgl 6 Ob 288/99t) eine Rolle.

8. Haftung

Erleiden Gesellschafter oder Gläubiger durch die Verschmelzung einen Schaden, können Mitglieder des Vorstands bzw der Geschäftsführung und des

Aufsichtsrats der **übertragenden** Gesellschaft solidarisch zur Leistung von Schadenersatz verpflichtet sein (§ 227 Abs 1 AktG). Für Schadenersatzansprüche gegen Organe der **übernehmenden** Gesellschaft gelten die allgemeinen Vorschriften (etwa §§ 84 und 99 AktG; siehe auch § 229 AktG).

9. Vereinfachte Verschmelzung

Eine vereinfachte Verschmelzung ist möglich,
- wenn auf die übernehmende Gesellschaft eine Gesellschaft verschmolzen wird, an der die übernehmende Gesellschaft **zumindest zu 90 % beteiligt** ist, oder
- wenn die übernehmende Gesellschaft **Anteile im Ausmaß von höchstens 10 % ihres Nennkapitals gewährt.**

Bei einer vereinfachten Verschmelzung ist die Zustimmung der Gesellschafterversammlung der übernehmenden Gesellschaft zur Aufnahme der übertragenden Gesellschaft nicht erforderlich. Ein Beschluss ist dennoch zu fassen, wenn 5 % der Gesellschafter der übernehmenden Gesellschaft die Einberufung einer Gesellschafterversammlung verlangen (§ 231 AktG).

Wird eine **100-prozentige Tochter- oder Enkelgesellschaft** auf ihre (Groß-)Muttergesellschaft verschmolzen, können die Angaben über den Umtausch der Anteile, die Verschmelzungsberichte der Vorstände, die Prüfung der Verschmelzung durch die Verschmelzungsprüfer und die Prüfung sowie Berichterstattung durch die Aufsichtsräte entfallen, soweit sie nur die Aufnahme dieser Gesellschaft betreffen. Bei einer solchen Verschmelzung besteht keine Haftung der Mitglieder des Vorstands und des Aufsichtsrats der übertragenden Gesellschaft sowie des Verschmelzungsprüfers gegenüber dieser Gesellschaft und ihrem Aktionär (§ 232 Abs 1 AktG). Bei der GmbH sind der Bericht der Geschäftsführer und gegebenenfalls die Prüfung durch den Aufsichtsrat nicht erforderlich, wenn alle Gesellschafter schriftlich oder in der Niederschrift zur Generalversammlung darauf verzichten (§ 100 Abs 1 GmbHG).

Bei einer Verschmelzung einer 100-prozentigen Tochter- oder Enkelgesellschaft auf ihre (Groß-)Muttergesellschaft ist die Zustimmung der Hauptversammlung der übertragenden Gesellschaft nicht erforderlich. Findet weder in der übertragenden noch in der übernehmenden Gesellschaft eine Hauptversammlung statt, darf die Verschmelzung erst eingetragen werden, wenn seit der Veröffentlichung oder Bereitstellung der Unterlagen nach § 221a AktG ein Monat vergangen ist (§ 232 Abs 1a AktG).

Der Verschmelzungsbericht der Vorstände bzw Geschäftsführer, die Prüfung der Verschmelzung durch einen Verschmelzungsprüfer und die Anwendung von § 221a Abs 1 bis 3 AktG über die Vorbereitung der Gesellschafterversammlung können entfallen, wenn sämtliche Gesellschafter aller beteiligten

Gesellschaften darauf verzichten (§ 232 Abs 2 AktG). Auf den Bericht des Aufsichtsrats kann verzichtet werden. Wird auf den Bericht des Aufsichtsrats verzichtet, hat der Vorstand den Aufsichtsrat über die geplante Verschmelzung zu informieren (§ 232 Abs 3 AktG).

10. Grenzüberschreitende Verschmelzung

Bei grenzüberschreitenden Verschmelzungen werden Gesellschaften aus verschiedenen Staaten miteinander verschmolzen. Grenzüberschreitende Verschmelzungen sind dem Urteil des EuGH in der Rs *Sevic* (EuGH 13. 12. 2005, Rs C-411/03) zufolge ein Fall der **Niederlassungsfreiheit** und daher (zumindest in der EU/dem EWR) grundsätzlich zulässig. Nahezu zeitgleich wurde die RL 2005/56/EG über die Verschmelzung von Kapitalgesellschaften aus verschiedenen Mitgliedstaaten verabschiedet. Die Umsetzung dieser RL erfolgte in Österreich im EU-Verschmelzungsgesetz (EU-VerschG).

Nach der Verschmelzungsrichtung kann zwischen der **Hereinverschmelzung** (zB Verschmelzung einer französischen SA auf eine österreichische AG) und der **Hinausverschmelzung** (zB Verschmelzung einer österreichischen GmbH auf eine deutsche GmbH) unterschieden werden.

Eine grenzüberschreitende Verschmelzung von österreichischen GmbH, AG und SE (nicht: Genossenschaften) ist mit Kapitalgesellschaften anderer Mitgliedstaaten (EU/EWR-Raum) möglich (§ 1 EU-VerschG). Erfolgt eine Verschmelzung zur Neugründung einer SE, ist nicht das EU-VerschG, sondern die SE-VO und das SEG anzuwenden (vgl Seiten 433 f). Soweit das EU-VerschG nichts anderes bestimmt, sind auf an einer grenzüberschreitenden Verschmelzung beteiligte AG die §§ 219 bis 233 AktG und auf GmbH die §§ 96 bis 101 GmbHG anzuwenden (§ 3 Abs 2 EU-VerschG). Die übrigen beteiligten Gesellschaften haben die Vorschriften und Formalitäten des für sie geltenden Rechts einzuhalten. Beim Verschmelzungsvertrag (bzw „Verschmelzungsplan" nach dem EU-VerschG) sind alle beteiligten Rechtsordnungen zu berücksichtigen. Für das Wirksamwerden der Verschmelzung ist das Recht der übernehmenden bzw neu gegründeten Gesellschaft maßgeblich.

Bei einer Hinausverschmelzung können aufgrund des „Wegzugs" der Gesellschaft bzw des Gesellschaftsvermögens – stärker als bei einer Hereinverschmelzung – Rechte der Gesellschafter und der Gläubiger der übertragenden Gesellschaft gefährdet sein. Aus diesem Grund steht Gesellschaftern der übertragenden Gesellschaft bei einer Hinausverschmelzung das Recht auf angemessene Barabfindung gegen Hingabe ihrer Anteile zu (**Austrittsrecht**; § 10 EU-VerschG). Den Gläubigern der Gesellschaft ist bei einer Hinausverschmelzung, wenn sie sich binnen zwei Monaten nach Bekanntmachung des Verschmelzungsplans melden, für bis dahin entstehende Forderungen **Sicherheit zu leisten**, soweit sie nicht Befriedigung verlangen können; dies allerdings nur dann, wenn sie glaubhaft machen, dass durch die grenzüberschreitende

Verschmelzung die Erfüllung ihrer Forderungen gefährdet wird (§ 13 EU-VerschG).

Die beabsichtigte grenzüberschreitende Verschmelzung ist bei dem für die übertragende Gesellschaft zuständigen Gericht anzumelden. Das Gericht hat, wenn alle Voraussetzungen hierfür vorliegen, die beabsichtigte Verschmelzung einzutragen und eine Bescheinigung hierüber auszustellen. Mit dieser **Vorabbescheinigung** wird insbesondere bestätigt, dass die der Verschmelzung vorangehenden Rechtshandlungen und Formalitäten ordnungsgemäß durchgeführt wurden. Sie ist mit der Anmeldung der grenzüberschreitenden Verschmelzung bei der übernehmenden Gesellschaft dem Gericht vorzulegen, das sodann nach einer **Rechtmäßigkeitskontrolle** die Durchführung der Verschmelzung einträgt.

Bei der grenzüberschreitenden Verschmelzung ist ein komplexes **Verfahren** vorgesehen, in dem die **Mitbestimmung der Arbeitnehmer** geregelt wird (§§ 258 ff ArbVG).

C. Umwandlung

Bei der Umwandlung ist zwischen formwechselnder und übertragender Umwandlung zu unterscheiden.

1. Formwechselnde Umwandlung

> Bei der formwechselnden Umwandlung erfolgt lediglich eine **Änderung der Rechtsform** ein und desselben Rechtsträgers, das Rechtssubjekt bleibt dabei identisch. Es erfolgt keine Vermögensübertragung. Anders als bei der Gesamtrechtsnachfolge werden beim Formwechsel die Rechtsverhältnisse als identisch fortgesetzt (RS0049496).

Formwechselnde Umwandlungen sind bei Kapitalgesellschaften, Personengesellschaften, von einem VVaG in eine AG (§ 61 VAG 2016), einer Genossenschaft in eine Genossenschaft anderer Haftungsart (§ 33 Abs 3 GenG), von einer Stiftung nach dem Bundes-Stiftungs- und Fondsgesetz in Privatstiftungen (§ 38 PSG) oder einer Sparkasse in eine Privatstiftung (§ 27a SpG) möglich. Im Folgenden wird die formwechselnde Umwandlung einer AG in eine GmbH und umgekehrt dargestellt.

a) AG in GmbH

Die Umwandlung einer AG in eine GmbH ist in den §§ 239 bis 244 AktG geregelt. Erforderlich ist ein **Beschluss der Hauptversammlung** mit einer Mehrheit von mindestens drei Vierteln des bei der Beschlussfassung vertretenen

Grundkapitals (§ 239 AktG). Dieser Umwandlungsbeschluss ist zur Eintragung in das **Firmenbuch anzumelden**. Gleichzeitig sind die Geschäftsführer und Gesellschafter anzumelden (§ 240 AktG). Die Eintragung ist konstitutiv. Ab der Eintragung besteht die Gesellschaft als GmbH weiter (§ 241 AktG). Den Gläubigern der Gesellschaft ist unter bestimmten Voraussetzungen **Sicherheit zu leisten** (§ 243 AktG).

§ 244 AktG sieht ein **Austrittsrecht widersprechender Minderheitsgesellschafter** vor. Demnach steht jedem Aktionär, der gegen die Umwandlung Widerspruch zur Niederschrift erklärt hat, gegenüber der Gesellschaft oder einem Dritten, der die Barabfindung angeboten hat, das Recht auf **angemessene Barabfindung** gegen Hingabe seiner Geschäftsanteile zu. Die Angemessenheit der Bedingungen der Barabfindung ist durch einen sachverständigen Prüfer zu prüfen. § 234b AktG, der die Barabfindung bei der rechtsformübergreifenden Verschmelzung regelt, gilt sinngemäß.

b) GmbH in AG

Die Umwandlung einer GmbH in eine AG ist in den §§ 245 bis 253 AktG normiert. Erforderlich ist ein **Generalversammlungsbeschluss** mit der für Änderungen des Gesellschaftsvertrags erforderlichen Mehrheit, also einer Dreiviertelmehrheit. § 99 GmbHG über besondere Zustimmungserfordernisse bei Verschmelzungen ist sinngemäß anzuwenden (§ 245 AktG). Darüber hinaus sind die wesentlichen **Gründungsvorschriften** des AktG sinngemäß anzuwenden (§ 247 AktG). Mit dem Umwandlungsbeschluss sind die Vorstandsmitglieder zur Eintragung in das **Firmenbuch anzumelden** (§ 248 AktG). Ab der Eintragung besteht die Gesellschaft als AG weiter. § 253 AktG sieht wie § 244 AktG bei der Umwandlung einer AG in eine GmbH ein **Austrittsrecht widersprechender Minderheitsgesellschafter** gegen Barabfindung vor.

2. Übertragende Umwandlung nach dem UmwG

Das UmwG ermöglicht Umwandlungen, durch die
- das **Vermögen einer Kapitalgesellschaft**
- unter **Ausschluss der Liquidation** (Abwicklung)
- im Wege der **Gesamtrechtsnachfolge**
- auf den **Hauptgesellschafter** (verschmelzende Umwandlung) bzw auf eine im Zuge der Umwandlung **neu errichtete OG oder KG** (errichtende Umwandlung)
- **übertragen** wird (§ 1 UmwG; RS0075703).

Im Gegensatz zur formwechselnden Umwandlung führt die im UmwG geregelte übertragende Umwandlung zum **Untergang der umgewandelten Kapitalgesellschaft** und zur **Übertragung ihres Vermögens** auf das Nachfolgeunternehmen (2 Ob 105/07s). Übertragende Umwandlungen sind die verschmelzende und die errichtende Umwandlung.

a) Verschmelzende Umwandlung

Bei der verschmelzenden Umwandlung wird das Vermögen auf einen bereits bestehenden Rechtsträger, nämlich den Hauptgesellschafter, übertragen (§§ 2 bis 4 UmwG). Voraussetzung für eine verschmelzende Umwandlung ist, dass dem **Hauptgesellschafter** Anteilsrechte von mindestens 90 % des Nennkapitals der umzuwandelnden Gesellschaft gehören. Die übrigen Gesellschafter scheiden mit Eintragung der Umwandlung aus der Gesellschaft aus. Als Ausgleich hierfür ist eine angemessene **Barabfindung** zu gewähren.

Erforderlich ist ein **Beschluss der Gesellschafterversammlung**, der notariell zu beurkunden ist (§ 2 Abs 1 und Abs 4 UmwG). Mit der Eintragung der Umwandlung treten im Wesentlichen folgende Wirkungen ein (§ 2 Abs 2 UmwG):

- Das Vermögen der Kapitalgesellschaft geht einschließlich der Schulden auf den Hauptgesellschafter über.
- Die Kapitalgesellschaft erlischt, ohne dass es einer besonderen Löschung bedarf.
- Der Hauptgesellschafter hat den anderen Gesellschaftern eine angemessene Barabfindung zu gewähren.

Im Übrigen sind auf die verschmelzende Umwandlung die Vorschriften über die Verschmelzung durch Aufnahme anzuwenden (§ 2 Abs 3 UmwG). Die verschmelzende Umwandlung unterscheidet sich im Wesentlichen dadurch von der Verschmelzung durch Aufnahme, dass die **aufnehmende Gesellschaft** (der Hauptgesellschafter) **keine Kapitalgesellschaft sein darf,** und durch die sich daraus ergebenden Besonderheiten (vgl 6 Ob 111/02w).

Sowohl der Vorstand bzw die Geschäftsführung der übertragenden Kapitalgesellschaft als auch der Hauptgesellschafter (die aufnehmende Gesellschaft) haben die Umwandlung zur Eintragung in das **Firmenbuch anzumelden** (§ 3 Abs 1 UmwG).

Die grenzüberschreitende verschmelzende Umwandlung auf einen ausländischen Hauptgesellschafter hat der OGH für zulässig erachtet (6 Ob 283/02i).

b) Errichtende Umwandlung

Bei der errichtenden Umwandlung wird das Vermögen einer Kapitalgesellschaft auf eine im Zuge der Umwandlung neu errichtete OG oder KG übertragen (§ 5 UmwG). Auf die errichtende Umwandlung sind die Vorschriften über die verschmelzende Umwandlung sinngemäß anzuwenden (§ 5 Abs 5 UmwG).

Nachfolgerechtsträger kann nur eine OG oder KG sein. Die Gesellschafterversammlung einer Kapitalgesellschaft kann daher die **Errichtung** einer OG oder einer KG und zugleich die **Übertragung des Vermögens** der Kapitalgesellschaft auf diese OG oder KG beschließen. Personen, die zumindest 90 % des Nennkapitals der Kapitalgesellschaft halten, müssen auch an der neuen Gesellschaft beteiligt sein; die Beteiligungsquoten der Gesellschafter können sich ändern. Bei der errichtenden Umwandlung in eine KG muss die Höhe der übernommenen Kommanditeinlagen (Hafteinlagen) die Höhe des entsprechenden Teils des Stammkapitals erreichen (6 Ob 267/08w). Neue Gesellschafter dürfen höchstens im Umfang von einem Zehntel der Anteilsrechte am Nennkapital hinzutreten.

Der Umwandlungsbeschluss bedarf der **Zustimmung von neun Zehnteln** des gesamten Nennkapitals. Damit können Gesellschafter, die zusammen bis zu 10 % beteiligt sind, ausgeschlossen werden. Die ausgeschlossenen Gesellschafter haben einen Anspruch auf Abfindung. Voraussetzung ist, dass ein Gesellschafter alleine 90 % hält. Hält nicht ein Gesellschafter alleine diese Anteile (sondern nur mehrere Gesellschafter gemeinsam), bedarf der Umwandlungsbeschluss der Zustimmung aller Gesellschafter (§ 5 Abs 2 UmwG). Damit soll die Umgehung der Regelungen des GesAusG verhindert werden.

D. Spaltung

1. Definition und Arten

Gesetzliche Grundlage von Spaltungen ist das **Spaltungsgesetz**, mit dem die Spaltungsrichtlinie (RL 82/891/EWG) in Österreich umgesetzt wurde. Nach diesem Gesetz können **Kapitalgesellschaften** ihr Vermögen spalten.

> Charakterisiert sind Spaltungen durch folgende Merkmale:
> - Alle oder einzelne **Vermögensteile** (Vermögensgegenstände, Schulden und Rechtsverhältnisse) einer Gesellschaft werden auf eine oder mehrere Gesellschaften **übertragen**. Es gibt keine Einschränkung auf bestimmte Vermögensgegenstände wie Betriebe oder Teilbetriebe (6 Ob 31/00b, 8 Ob 36/05k; vgl aber § 32 Abs 2 UmgrStG).
> - Die Übertragung erfolgt im Wege der (partiellen) **Gesamtrechtsnachfolge**.
> - Als Gegenleistung für das übertragene Vermögen werden den Anteilsinhabern der übertragenden Gesellschaft (nicht der übertragenden Gesellschaft selbst) jeweils **Anteile der übernehmenden Gesellschaft(en) gewährt**.

Eine Spaltung kann erfolgen durch (§ 1 Abs 2 SpaltG)
- **Aufspaltung zur Neugründung:** Eine übertragende Gesellschaft wird ohne Abwicklung beendet, gleichzeitig werden alle ihre Vermögensteile auf dadurch gegründete neue Gesellschaften übertragen.
- **Aufspaltung zur Aufnahme:** Eine übertragende Gesellschaft wird ohne

Abwicklung beendet, gleichzeitig werden alle ihre Vermögensteile auf bereits bestehende übernehmende Gesellschaften übertragen.
- **Abspaltung zur Neugründung:** Unter Fortbestand der übertragenden Gesellschaft erfolgt die Übertragung eines oder mehrerer Vermögensteile der übertragenden Gesellschaft auf eine oder mehrere dadurch gegründete neue Gesellschaften.
- **Abspaltung zur Aufnahme:** Unter Fortbestand der übertragenden Gesellschaft erfolgt die Übertragung eines oder mehrerer Vermögensteile der übertragenden Gesellschaft auf eine oder mehrere bereits bestehende übernehmende Gesellschaften.

Eine **verhältniswahrende Spaltung** liegt vor, wenn die Anteile der übernehmenden Gesellschaft(en) den Anteilsinhabern der übertragenden Gesellschaft in dem Verhältnis zugeteilt werden, das ihrer Beteiligung an der übertragenden Gesellschaft entspricht, anderenfalls ist die Spaltung **nicht verhältniswahrend** (§ 8 Abs 3 SpaltG). Bei einer verhältniswahrenden Spaltung sind nach § 16a SpaltG der Spaltungsbericht des Vorstands bzw der Geschäftsführung, die Prüfung durch einen Spaltungsprüfer sowie die Prüfung und Berichterstattung durch den Aufsichtsrat nicht erforderlich.

Grenzüberschreitende Spaltungen sind gesetzlich nicht geregelt, aber wohl grundsätzlich aufgrund der Niederlassungsfreiheit – insbesondere im Hinblick auf die Entscheidung des EuGH in der Rs *Sevic* zur grenzüberschreitenden Verschmelzung – zulässig.

Seit 1. 1. 2019 ist nach dem GenSpaltG auch die Spaltung von **Genossenschaften** möglich. Inhaltlich orientiert sich das GenSpaltG stark am SpaltG. Abweichungen ergeben sich vorwiegend aus den konzeptionellen Unterschieden zwischen Kapitalgesellschaften und Genossenschaften. So muss etwa die neu gegründete oder übernehmende Genossenschaft eine „Genossenschaft gleicher Haftungsart" sein (vgl Seite 473), für das Umtauschverhältnis bei Genossenschaften gibt es spezifische Regelungen. Auch der Gläubigerschutz ist abweichend geregelt; so muss es etwa ein Gutachten eines Revisors geben, der bestätigen muss, dass das Vermögen, das den beteiligten Genossenschaften im Spaltungsplan zugewiesen wird, jeweils einen positiven Verkehrswert hat.

2. Ablauf

Die wesentlichsten Schritte für die Durchführung einer Spaltung lassen sich im Überblick wie folgt zusammenfassen:
- Aufstellung des **Spaltungsplans** bzw Abschluss oder Aufstellung eines Entwurfs des Spaltungs- und Übernahmsvertrags,
- Erstellung des **Spaltungsberichts** durch Vorstand bzw Geschäftsführer,
- Prüfung des Spaltungsplans bzw Spaltungs- und Übernahmsvertrags durch **Spaltungsprüfer**,

- Prüfung durch **Aufsichtsrat**,
- **Einreichung** des Spaltungsplans bzw Spaltungs- und Übernahmsvertrags beim **Firmenbuch** und Veröffentlichung eines Hinweises bzw Veröffentlichung in der Ediktsdatei,
- Einberufung der **Gesellschafterversammlung**,
- **Beschlussfassung** über die Spaltung,
- **Anmeldung** der Spaltung zur Eintragung in das Firmenbuch,
- **Eintragung** der Spaltung in das **Firmenbuch**.

a) Vorbereitung

(1) Spaltungsplan

Der Vorstand bzw die Geschäftsführer der übertragenden Gesellschaft haben einen schriftlichen **Spaltungsplan** aufzustellen (§ 2 Abs 1 SpaltG). Bei der Spaltung zur Aufnahme tritt an die Stelle des Spaltungsplans der **Spaltungs- und Übernahmsvertrag**, der von den Vorständen bzw Geschäftsführern der übertragenden und der übernehmenden Gesellschaft notariell beurkundet, dh in Notariatsaktsform, unterfertigt werden muss (§ 17 Z 1 SpaltG). Der **Mindestinhalt** ist in § 2 Abs 1 SpaltG festgelegt. Wesentlich ist dabei die genaue Beschreibung und Zuordnung der Vermögensteile, die an die übernehmende(n) Gesellschaft(en) übertragen werden (§ 2 Abs 1 Z 10 SpaltG; vgl RS0112576), sowie eine Auffangregelung über die Zuordnung von Vermögensteilen, die sonst aufgrund des Spaltungsplans keiner der an der Spaltung beteiligten Gesellschaften zugeordnet werden könnten (§ 2 Abs 1 Z 11 SpaltG; vgl 4 Ob 241/04a).

(2) Kapitalaufbringung

Zum Schutz der Gläubiger gilt bei Spaltungen der **Summengrundsatz**. Demnach muss die Summe der Nennkapitalien der an der Spaltung beteiligten Gesellschaften mindestens die Höhe des Nennkapitals der übertragenden Gesellschaft vor der Spaltung erreichen; dies gilt auch für die gebundenen Rücklagen (§ 3 Abs 1 SpaltG). Da hiermit dem Gläubigerschutz Rechnung getragen wird, kann bei einer Abspaltung das Nennkapital bei der übertragenden Gesellschaft ohne Einhaltung der Vorschriften über die Kapitalherabsetzung herabgesetzt werden. Werden die Vorschriften über die ordentliche Kapitalherabsetzung eingehalten, kann vom Summengrundsatz abgewichen werden (§ 3 Abs 2 SpaltG).

Beispiel:
Die übertragende GmbH hat ein Stammkapital von 100.000 Euro. Es soll eine Abspaltung zur Neugründung auf eine GmbH erfolgen. Das Stammkapital der beiden Gesellschaften muss daher gemeinsam zumindest 100.000 Euro betragen, zB beide je 50.000 Euro oder die neu gegründete Gesellschaft 40.000 Euro und die übertragende 60.000 Euro. Hätten beide Gesell-

> schaften zusammen ein Stammkapital von unter 100.000 Euro, müssten die Vorschriften über die ordentliche Kapitalherabsetzung eingehalten werden.

Bei Spaltungen zur Neugründung sind die für die neuen Gesellschaften geltenden Gründungsvorschriften anzuwenden; weiters ist eine Gründungsprüfung vorgesehen. Darüber hinaus ist zu prüfen, ob das bei der übertragenden Gesellschaft verbleibende Restvermögen zumindest ihrem Nennkapital zuzüglich gebundener Rücklagen nach Durchführung der Spaltung entspricht (§ 3 Abs 3 und 4 SpaltG).

Bei einer **Spaltung zur Aufnahme** ist der **Summengrundsatz nicht anwendbar**. Bei einer Aufspaltung zur Aufnahme und einer Abspaltung zur Aufnahme, bei der das Nennkapital der übertragenden Gesellschaft herabgesetzt wird, sind die Vorschriften über die ordentliche Kapitalherabsetzung einzuhalten (§ 17 Z 3 SpaltG). Wird bei einer Spaltung zur Aufnahme bei der übernehmenden Gesellschaft das Nennkapital erhöht, ist eine Sacheinlagenprüfung erforderlich (§ 17 Z 3a SpaltG).

(3) Spaltungsbericht

Der Vorstand bzw die Geschäftsführer der übertragenden Gesellschaft (bei der Spaltung zur Aufnahme auch der übernehmenden Gesellschaft) haben einen schriftlichen **Spaltungsbericht** zu erstatten. Der Bericht ist nicht erforderlich, wenn alle Anteilsinhaber darauf verzichten (§ 4 SpaltG).

(4) Spaltungsprüfung

Der Spaltungsplan ist von einem **Spaltungsprüfer** zu prüfen. Dieser ist vom **Aufsichtsrat**, wenn es keinen Aufsichtsrat gibt, vom Vorstand bzw den Geschäftsführern der übertragenden Gesellschaft **zu bestellen**. Der Spaltungsprüfer hat einen **schriftlichen Bericht** zu erstellen. Die Spaltungsprüfung ist nicht erforderlich, wenn alle Anteilsinhaber darauf verzichten (§ 5 SpaltG).

(5) Prüfung durch den Aufsichtsrat

Der **Aufsichtsrat** der übertragenden Gesellschaft hat die beabsichtigte Spaltung auf der Grundlage des Spaltungsberichts und des Prüfungsberichts des Spaltungsprüfers zu prüfen. Darüber hat er einen **schriftlichen Bericht** zu erstatten. Die Prüfung ist nicht erforderlich, wenn alle Anteilsinhaber darauf verzichten, außer der Aufsichtsrat ist gesetzlich vorgeschrieben. Verzichten die Anteilsinhaber auf die Prüfung, hat der Vorstand bzw die Geschäftsführung den Aufsichtsrat über die Spaltung zu informieren (§ 6 SpaltG).

(6) Einreichung des Spaltungsplans beim Firmenbuch

Nach der Prüfung durch den Aufsichtsrat, mindestens jedoch einen Monat vor der Beschlussfassung durch die Anteilsinhaber haben der Vorstand bzw die Geschäftsführer der übertragenden Gesellschaft den **Spaltungsplan bei Gericht**

einzureichen und einen **Hinweis** auf diese Einreichung **zu veröffentlichen** (§ 7 Abs 1 SpaltG). Die Einreichung des Spaltungsplans bei Gericht und die Veröffentlichung eines Hinweises auf die Einreichung sind nicht erforderlich, wenn die Gesellschaft den Spaltungsplan sowie den Hinweis auf die Rechte der Anteilsinhaber, der Gläubiger und des Betriebsrats spätestens einen Monat vor der Beschlussfassung durch die Anteilsinhaber in elektronischer Form in der Ediktsdatei veröffentlicht (§ 7 Abs 1a SpaltG).

(7) Auslegung und Erteilung von Abschriften der Unterlagen

Mindestens während eines Monats vor der Gesellschafterversammlung, die über die Zustimmung zur Spaltung beschließen soll, sind die in § 7 Abs 2 SpaltG aufgezählten **Unterlagen bereitzustellen**. Auf Verlangen ist den Gläubigern und dem Betriebsrat eine Kopie dieser Unterlagen zu erteilen, wenn diese nicht auf der Internetseite der Gesellschaft allgemein zugänglich gemacht werden (§ 7 Abs 5 SpaltG). Den Gesellschaftern einer GmbH sind die Unterlagen zu übersenden, wobei zwischen der Aufgabe zur Post und der Beschlussfassung mindestens 14 Tage liegen müssen (§ 7 Abs 4 SpaltG).

(8) Einberufung der Gesellschafterversammlung

Die **Einberufung der Gesellschafterversammlung**, in der über die Spaltung beschlossen werden soll, hat **nach allgemeinen Regeln** zu erfolgen (vgl zur GmbH Seiten 291 f und zur AG Seiten 392 ff).

b) Beschlussfassung

In der Gesellschafterversammlung sind die in § 7 Abs 2 SpaltG aufgezählten **Unterlagen aufzulegen** (§ 7 Abs 6 SpaltG). Der Vorstand bzw die Geschäftsführer haben den **Spaltungsplan zu erläutern** (§ 7 Abs 6 SpaltG).

Die Spaltung bedarf eines Beschlusses der Gesellschafter. Bei einer AG ist eine **Mehrheit von drei Vierteln** des bei der Beschlussfassung vertretenen Grundkapitals, bei einer GmbH von drei Vierteln der abgegebenen Stimmen erforderlich. Die Satzung bzw der Gesellschaftsvertrag kann eine größere Mehrheit und weitere Erfordernisse bestimmen (§ 8 Abs 1 SpaltG). Bei einer **nicht verhältniswahrenden Spaltung** bedarf der Beschluss überdies einer Mehrheit von **neun Zehnteln** des gesamten Nennkapitals (§ 8 Abs 3 SpaltG).

Früher konnten aus diesem Grund Gesellschafter, die über eine Mehrheit von 90 % verfügten, Gesellschafter mit Anteilen von insgesamt nicht mehr als 10 % im Wege einer nicht verhältniswahrenden Spaltung ausschließen („**Squeeze-out-Spaltung**"; vgl etwa 6 Ob 31/00b). Dazu wurde im Wege einer Abspaltung Barvermögen zur Abfindung der auszuschließenden Gesellschafter in eine Gesellschaft („Cash-Box") abgespalten. Die Anteile an der Cash-Box wurden nur den auszuschließenden Gesellschaftern zugewiesen, sodass diese nur mehr an der Cash-Box, aber nicht mehr an der Gesellschaft, an der sie ursprünglich Anteile hielten, beteiligt waren. Um den Ausschluss von Gesellschaftern im Zuge einer Squeeze-out-Spaltung zu verhindern, ist daher seit dem ÜbRÄG 2006 für diesen Fall die **Zustimmung aller Gesellschafter** erforderlich (§ 8 Abs 3 SpaltG). Für den Ausschluss einer Minderheit ist seit dem ÜbRÄG 2006 der Gesellschafterausschluss nach dem GesAusG vorgesehen (vgl Seiten 302 f).

Besondere Zustimmungserfordernisse sind in § 10 SpaltG festgelegt; wird etwa in gesellschaftsvertragliche Sonderrechte eingegriffen, ist regelmäßig die Zustimmung dieser Gesellschafter erforderlich.

Der Spaltungsbeschluss ist **notariell zu beurkunden**. Der Spaltungsplan ist in das Beschlussprotokoll aufzunehmen (§ 8 Abs 4 SpaltG).

Eine Beschlussfassung durch die Anteilsinhaber der übertragenden Gesellschaft ist nicht erforderlich, wenn sich alle Anteile der übertragenden Gesellschaft direkt oder indirekt in der Hand der übernehmenden Gesellschaft(en) befinden (§ 17 Z 7 SpaltG).

c) Firmenbuchverfahren

Sämtliche Mitglieder des Vorstands bzw die Geschäftsführer aller Gesellschaften haben die **Spaltung** sowie allenfalls die Errichtung der neuen Gesellschaften **zur Eintragung** bei dem Gericht am Sitz der übertragenden Gesellschaft **anzumelden** (§ 12 Abs 1 SpaltG; zur Spaltung zur Aufnahme siehe § 17 Z 6 SpaltG). Der Vorstand bzw die Geschäftsführer haben eine **Negativerklärung** (siehe dazu Seite 477) abzugeben (§ 12 Abs 2 SpaltG). Die Spaltung und allenfalls die neuen Gesellschaften sind **im Firmenbuch** gleichzeitig **einzutragen** (§ 14 Abs 1 SpaltG).

3. Wirkungen

Mit der Eintragung der Spaltung in das Firmenbuch treten im Wesentlichen folgende Wirkungen ein (§ 14 Abs 2 SpaltG):

- Die Vermögensteile der übertragenden Gesellschaft gehen entsprechend der im Spaltungsplan vorgesehenen Zuordnung im Wege der Gesamtrechtsnachfolge auf die neue(n) Gesellschaft(en) über.
- Bei der Aufspaltung erlischt die übertragende Gesellschaft.
- Die Anteile an den beteiligten Gesellschaften werden entsprechend dem Spaltungsplan erworben.
- Der Mangel der notariellen Beurkundung des Spaltungsbeschlusses wird geheilt.
- In § 14 SpaltG sind weitere Rechtsfolgen normiert.

4. Barabfindungsangebot – Anfechtung und Überprüfung

Jeder Gesellschafter, der einer **nicht verhältniswahrenden Spaltung** nicht zugestimmt hat, kann aus der Gesellschaft austreten und hat dafür Anspruch auf angemessene **Barabfindung** seiner Anteile (§ 9 Abs 1 SpaltG).

Eine Klage auf **Anfechtung des Spaltungsbeschlusses** ist, wie beim Beschluss über die Verschmelzung, **nur eingeschränkt möglich**, insbesondere kann sie nicht darauf gestützt werden, dass das Umtauschverhältnis der Anteile oder die Barabfindung nicht angemessen festgelegt ist (§ 9 Abs 2 SpaltG; vgl 6 Ob 170/01w, 6 Ob 161/05b). Gesellschafter, die das Barabfindungsangebot angenommen haben, können bei Gericht ein **Verfahren auf Festsetzung einer angemessenen Barabfindung** einleiten. Für dieses Verfahren gelten die Regelungen über das Verfahren zur Überprüfung des Umtauschverhältnisses bei der Verschmelzung (§§ 225d ff AktG) sinngemäß. Bei einer **rechtsformübergreifenden Spaltung** können Gesellschafter ebenfalls gegen **angemessene Barabfindung** ihrer Anteile ausscheiden (§ 11 SpaltG).

5. Haftung, Gläubigerschutz und Schutz Dritter

§ 3 Abs 5 SpaltG sieht eine Haftung der Organe sowohl gegenüber den beteiligten Gesellschaften als auch gegenüber den Gesellschaftern vor.

Für Verbindlichkeiten der übertragenden Gesellschaft haftet grundsätzlich jene **Gesellschaft**, der eine Verbindlichkeit zugeordnet ist. Zum Schutz der Gläubiger **haften** für die bis zur Eintragung der Spaltung begründeten Verbindlichkeiten der übertragenden Gesellschaft zusätzlich die übrigen an der Spaltung **beteiligten Gesellschaften solidarisch**. Diese Haftung ist mit der Höhe der jeweils zugeordneten aktiven Vermögensteile abzüglich des Werts der zugeordneten Verbindlichkeiten, also des Nettoaktivvermögens, begrenzt (§ 15 Abs 1 SpaltG). Die Gläubiger der übertragenden Gesellschaft haben einen gerichtlich durchsetzbaren **Sicherstellungsanspruch** gegen die beteiligten Gesellschaften. Verlangt ein Gläubiger eine Sicherheitsleistung gerichtlich, haften ab diesem Zeitpunkt alle beteiligten Gesellschafter für die Forderung betraglich unbeschränkt als Gesamtschuldner, bis entweder Sicherheit geleistet oder die Klage rechtskräftig abgewiesen wird (§ 15 Abs 2 bis 4 SpaltG). Bei der **Spaltung zur Aufnahme** haben jene Gläubiger der übertragenden Gesellschaft, deren Forderungen einer übernehmenden Gesellschaft zugewiesen werden, zusätzlich zu den Rechten gemäß § 15 SpaltG Anspruch auf Sicherheitsleistung in sinngemäßer Anwendung von § 226 AktG (§ 17 Z 4 SpaltG).

Den Inhabern von Schuldverschreibungen und Genussrechten sind gleichwertige Rechte zu gewähren oder die Änderung der Rechte oder das Recht selbst angemessen abzugelten (§ 15 Abs 5 SpaltG; vgl RS0130863). § 15 Abs 5 SpaltG ist durch richtlinienkonforme Interpretation dahingehend zu reduzieren, dass im Rahmen der Spaltung kein Kündigungsrecht der Gesellschaft (dh der Emittentin der Wertpapiere) besteht; die Gewährung gleichwertiger Rechte hat Vorrang (RS0130864).

Jeder, der durch die Spaltung in seinen rechtlichen Interessen betroffen wird, kann von den beteiligten Gesellschaften die Erteilung von Auskünften über die Zuordnung von Vermögensteilen verlangen (§ 16 SpaltG; 6 Ob 246/11m).

E. Einbringung

Eine gesellschaftsrechtliche Legaldefinition der Einbringung existiert nicht. § 12 Abs 1 UmgrStG definiert die Einbringung.

> Danach liegt diese vor, wenn
> - **Vermögen**
> - auf Grundlage eines schriftlichen **Einbringungsvertrags** (Sacheinlagevertrags) und einer Einbringungsbilanz
> - einer **übernehmenden Körperschaft** (also insbesondere GmbH und AG) **übertragen** wird.

Bei der Einbringung überträgt daher der Einbringende Vermögen auf eine Kapitalgesellschaft. Als Gegenleistung erhält er Anteile an der übernehmenden Gesellschaft.

Gesellschaftsrechtlich kann man im Wesentlichen folgende **Arten von Einbringungen** unterscheiden:

- Neugründung mit Sacheinlagen,
- Kapitalerhöhung mit Sacheinlagen und
- Sacheinlagen ohne Anteilsgewährung (vgl dazu auch § 19 Abs 2 UmgrStG).

Der Gegenstand der Sacheinlage ist im **Sacheinlage- und Einbringungsvertrag** festzulegen. In der Regel erfolgt dies durch Verweis auf eine Einbringungsbilanz. Der Sacheinlage- und Einbringungsvertrag wird zwischen dem Einbringenden und der übernehmenden Gesellschaft geschlossen.

Die Übertragung des Vermögens erfolgt bei der Einbringung im Wege der **Einzelrechtsnachfolge** (RS0115146). Verträge können daher zB nur mit Zustimmung der Vertragspartner übertragen werden. Titel ist der Sacheinlage- und Einbringungsvertrag; der Modus erfolgt nach dem Spezialitätsprinzip. In der Regel wird § 38 UGB anwendbar sein, der einen automatischen Übergang von Rechtsverhältnissen bei der Übertragung von Unternehmen vorsieht, sofern der Vertragspartner nicht widerspricht. Darüber hinaus ist § 1409 ABGB zu beachten.

Eine Einbringung ist auch im Wege des **§ 142 UGB** möglich. Scheiden sämtliche Gesellschafter einer Personengesellschaft bis auf einen aus, geht das Gesellschaftsvermögen im Weg der **Gesamtrechtsnachfolge** auf den letzten Gesellschafter über. Übertragen daher sämtliche Gesellschafter einer Personengesellschaft alle ihre Anteile auf eine Kapitalgesellschaft (Einbringung aller Mitunternehmeranteile), kommt es zu einem Anwachsen nach § 142 UGB auf diese Kapitalgesellschaft (als letzten Gesellschafter) und damit auch zu einer Gesamtrechtsnachfolge der Kapitalgesellschaft (RS0113253; vgl dazu Seite 165).

F. Realteilung

Die Realteilung stellt für Personengesellschaften das Pendant zur Spaltung von Kapitalgesellschaften dar. Sie ist handelsrechtlich nicht definiert. § 27 Abs 1 UmgrStG ist zwar handelsrechtlich nicht maßgeblich, kann jedoch zur Beschreibung der Wesenszüge einer Realteilung herangezogen werden.

> Demnach liegt eine Realteilung dann vor, wenn
> - **Vermögen von Personengesellschaften**
> - auf Grundlage eines schriftlichen **Teilungsvertrags** und einer Teilungsbilanz
> - zum Ausgleich **untergehender Gesellschafterrechte** ohne oder ohne wesentliche Ausgleichszahlung auf Nachfolgeunternehmer **übertragen** wird, denen das Vermögen zur Gänze oder teilweise zuzurechnen war.

Es überträgt also eine Personengesellschaft Vermögen auf ihre Gesellschafter. Die Gesellschafter geben als Gegenleistung ihre Gesellschafterrechte (zumindest teilweise) auf. Als übertragende Rechtsträger kommen in der Praxis insbesondere OG und KG in Betracht. Übernehmender kann jeder Rechtsträger sein, der Gesellschafter einer Personengesellschaft sein kann, also neben natürlichen Personen auch OG, KG und Kapitalgesellschaften.

Wird nur ein Teil des Vermögens der übertragenden Personengesellschaft übertragen und besteht diese nach der Realteilung fort, spricht man in Anlehnung an die Abspaltung von **Realabteilung**. Wird hingegen das gesamte Vermögen der Personengesellschaft auf ihre Gesellschafter übertragen und die übertragende Gesellschaft liquidiert, liegt eine **Realaufteilung** vor.

Grundlage einer Realteilung ist ein **Teilungsvertrag**, in dem insbesondere das zu übertragende Vermögen definiert und die Auswirkungen auf die Gesellschafterrechte beschrieben werden. In einer Teilungsbilanz, die Bestandteil des Teilungsvertrags ist, sind die zu übertragenden Vermögensgegenstände erfasst. Die Übertragung des Vermögens erfolgt im Wege der **Einzelrechtsnachfolge**.

Die wesentlichen **Unterschiede zwischen Realteilung und Spaltung** lassen sich wie folgt zusammenfassen:

- Im Gegensatz zu Spaltungen, bei denen das Vermögen von Kapitalgesellschaften übertragen wird, wird bei Realteilungen Vermögen von Personengesellschaften übertragen.
- Bei Spaltungen wird das Vermögen auf eine Kapitalgesellschaft übertragen, bei Realteilungen auf die Gesellschafter der übertragenden Personengesellschaft. Die Gesellschafter der übertragenden Kapitalgesellschaft erhalten bei einer Spaltung Anteile an der übernehmenden Kapitalgesellschaft, nicht jedoch das Vermögen selbst.

- Bei Spaltungen wird das Vermögen im Wege der Gesamtrechtsnachfolge übertragen, bei Realteilungen im Wege der Einzelrechtsnachfolge.

G. Zusammenschluss

Wie die Realteilung ist auch der Zusammenschluss handelsrechtlich nicht definiert. § 23 Abs 1 UmgrStG ist zwar handelsrechtlich nicht maßgeblich, er beschreibt jedoch die wesentlichen Merkmale eines Zusammenschlusses.

Demnach wird bei einem Zusammenschluss
- **Vermögen**
- gegen **Gewährung von Gesellschafterrechten**
- auf Grundlage eines schriftlichen **Zusammenschlussvertrags** und einer Zusammenschlussbilanz
- einer **Personengesellschaft übertragen**.

Der Übertragende erhält daher als Gegenleistung für die Übertragung des Vermögens eine Beteiligung an der übernehmenden Gesellschaft, sodass sich im Ergebnis der Übertragende und der Übernehmer zu einer Personengesellschaft zusammenschließen. Dabei können die Rechtsträger, die sich zusammenschließen, das Vermögen auf eine neu gegründete Personengesellschaft oder auf eine bereits bestehende Personengesellschaft übertragen, sodass bei der bereits bestehenden übernehmenden Gesellschaft ein neuer Gesellschafter hinzutritt oder die Beteiligung eines bereits bestehenden Gesellschafters vergrößert wird.

Gesellschaftsrechtlich sind dabei die Vorschriften über den Eintritt eines Gesellschafters in eine bestehende Personengesellschaft, die Erhöhung der Einlage eines Gesellschafters und allenfalls über die Gründung einer Personengesellschaft anzuwenden.

In der Praxis sind regelmäßig OG und KG übernehmende Rechtsträger.

Übertragende können alle Rechtsträger sein, die ein Unternehmen betreiben und Gesellschafter einer Personengesellschaft sein können, etwa Einzelunternehmer oder OG und KG, aber auch GmbH und AG.

Grundlage eines Zusammenschlusses ist ein **Zusammenschlussvertrag**. In einer Zusammenschlussbilanz werden die zu übertragenden Vermögensgegenstände erfasst. Die Übertragung des Vermögens erfolgt im Wege der **Einzelrechtsnachfolge**. §§ 38 f UGB über den Unternehmensübergang können anwendbar sein, darüber hinaus ist § 1409 ABGB zu beachten.

Die wesentlichen **Unterschiede zwischen Zusammenschluss und Verschmelzung** sind folgende:
- Während bei Verschmelzungen und Einbringungen die übernehmenden Gesellschaften Kapitalgesellschaften sind, übernehmen bei einem Zusammenschluss Personengesellschaften das Vermögen.

- Bei Verschmelzungen wird das Vermögen im Wege der Gesamtrechtsnachfolge übertragen, bei Zusammenschlüssen im Wege der Einzelrechtsnachfolge.

Beachte:
Bei Verschmelzungen, übertragenden Umwandlungen und Spaltungen erfolgt die Übertragung des Vermögens im Wege der Gesamtrechtsnachfolge, bei Einbringungen, Realteilungen und Zusammenschlüssen im Wege der Einzelrechtsnachfolge.

H. Grenzüberschreitende Sitzverlegung

In der Praxis kommt es in den letzten Jahren immer häufiger dazu, dass Gesellschaften ihren Sitz von einem Mitgliedstaat in einen anderen verlegen. Dabei wird von **grenzüberschreitender Sitzverlegung** gesprochen, weil eine Gesellschaft ihren Sitz über eine Grenze in einen anderen Staat verlegt, oder von **grenzüberschreitender, formwechselnder, identitätswahrender Umwandlung**, weil die Gesellschaft dabei ihre Identität beibehält (dh keine Rechtsnachfolge wie bei einer Verschmelzung), aber gleichzeitig in eine andere Rechtsform umgewandelt wird, etwa von einer deutschen GmbH in eine österreichische GmbH (ähnlich zB einer österreichischen GmbH in eine österreichische AG). Zu unterscheiden ist dabei danach, ob der Satzungssitz, der Verwaltungssitz oder beide verlegt werden sollen (siehe dazu Seiten 81 f):

- Bei einer reinen Verlegung des **Verwaltungssitzes nach Österreich** ist der zuziehende Rechtsträger nach österreichischem Recht zu beurteilen, was in der Regel zu Qualifizierung als österreichische GesbR führt, weil diese die „Auffangrechtsform" ist und ausländische Gesellschaftsformen nicht den Vorschriften einer sonstigen inländischen Gesellschaftsform entsprechen (oder als Einzelunternehmen, wenn die Gesellschaft nur einen Gesellschafter hat).
- Bei einer bloßen Verlegung des **Verwaltungssitzes** einer österreichischen Gesellschaft **ins Ausland**, soll die Gesellschaft weiter als österreichische Gesellschaft gelten, wenn das nationale Sitzerfordernis (zB § 5 Abs 2 GmbHG) eingehalten wird (nach aA richtet sich diese Frage nach dem Recht des Zuzugsstaats).
- Eine Verlegung des **Satzungssitzes nach Österreich** ist zulässig, wenn (i) zugleich der Verwaltungssitz nach Österreich verlegt wird, (ii) die Gesellschaft die vom Wegzugsstaat festgelegten Voraussetzungen für eine solche Sitzverlegung einhält und (iii) die Gesellschaft die Anforderungen an eine österreichische Gesellschaft erfüllt (zB Kapitalaufbringung).
- Für eine Verlegung des **Satzungssitzes aus Österreich** hinaus ist das Gesellschaftsrecht des Zuzugsstaats relevant. Österreich als Wegzugsstaat darf

Maßnahmen zum Schutz von Arbeitnehmern, Gläubigern und Minderheitsgesellschaftern verlangen.

Die Verlegung des Sitzes ist rechtlich weder auf europäischer noch auf österreichischer Ebene geregelt. Auf europäischer Ebene existiert ein Vorschlag für eine Richtlinie vom 25. 4. 2018, mit dem die aufgrund der EuGH-Rechtsprechung erforderlichen Verfahrensvorschriften geregelt werden sollen. Mit einem zeitnahen Inkrafttreten ist allerdings nicht zu rechnen.

Bis dahin muss eine grenzüberschreitende Sitzverlegung mit dem jeweils zuständigen Firmenbuchgericht abgestimmt werden. Dabei ist in der Praxis ein Verfahren einzuhalten, das sich vor allem an den Regelungen über die Sitzverlegung der Europäischen Aktiengesellschaft und am EU-VerschG, in dem die grenzüberschreitende Verschmelzung normiert ist, orientiert. Demnach sind insbesondere folgende Schritte erforderlich:

- Aufstellung eines **Verlegungsplans** durch die Geschäftsführung sowie Veröffentlichung des Verlegungsplans samt Hinweis auf die Rechte der Gläubiger,
- Erstellung eines **Verlegungsberichts** durch die Geschäftsführung,
- Allenfalls **Prüfung** des Verlegungsvorgangs durch einen Sachverständigen,
- **Gesellschafterbeschluss** über die Sitzverlegung,
- **Anmeldung der beabsichtigten** „Export"-**Sitzverlegung** beim Firmenbuch,
- **Anmeldung der Durchführung** der Sitzverlegung und Löschung der Gesellschaft im Firmenbuch nach erfolgter Eintragung der Sitzverlegung im Zielstaat.

Stichwortverzeichnis

A

Abberufung
  Aufsichtsratsmitglieder (GmbH) 278
  Aufsichtsratsmitglieder (AG) 384 f
  Geschäftsführer (GesbR) 103
  Geschäftsführer (GmbH) 254 ff
  Geschäftsführer (KG) 188
  Geschäftsführer (OG) 136 ff
  Vorstand (AG) 368 ff
Abfindung
  GmbH 301 f
  KG 195 f
Abschichtung (GesbR) 108
Abschlussprüfer
  AG 391, 406 f
  Genossenschaft 450
  GmbH 300 f
Abschlussprüfungsrichtlinie 75
Abschreibungsgesellschaft siehe Publikums-KG
Abspaltung 487
Abtretung, Geschäftsanteil 303 ff
Abwicklung 68
  AG 430 f
  EWIV 215
  Genossenschaft 453
  GesbR 112 f
  GmbH 336 ff
  KG 203 f
  OG 177 ff
  Privatstiftung 463 f
  Verein 469
Actio pro socio 89, 95, 160, 269
AG 341 ff
  Anwendungsbereich 351 f
  Häufigkeit 83
Agio 241, 358 f, 415
Aktie 343 ff
  Erwerb eigener Aktien 349 ff
  Übertragung 344 f, 407
  Übertragungsbeschränkungen 347
Aktienbuch 346, 397
Aktiengattung 344 ff, 414, 418
Aktienoption 417 ff
Aktientypen 344 ff
Aktienurkunde 344 f
Aktionär
  Antragsrecht 398 ff, 409
  Auskunftsrecht 398 ff, 409
  Einlage 411 f
  Herrschaftsrechte 409
  Minderheitsrechte 409 f
  Pflichten 411
  Rechte 407 ff
  Rederecht 398 ff, 409
  Sonderrechte 411
  Stimmrecht 400
  Vermögensrechte 408 f
Aktionäre 407 ff
Aktionärsrechterichtlinie 75 ff
Aktionärsschutzklausel 367
Anfechtung
  Gesellschafterbeschluss 297 ff
  Hauptversammlungsbeschluss 403 ff
  Verschmelzung 478
Anstellungsvertrag, Geschäftsführer (GmbH) 251
Anteilskauf (GmbH) 303 ff
Anwachsung 164
Arbeitnehmerbeteiligungsrichtlinie 74
Arbeitnehmermitbestimmung
  AG 381
  GmbH 275
  SE 434, 438 f
ARGE 88
asset deal 304
atypische Gesellschaft 49 f
Aufgebotsverfahren 330 f, 452 f
Aufgriffsrecht (GmbH) 301, 304 ff

Aufklärungspflichten, Unterlassen von 271 f
Auflösung 68
  AG 427 ff
  EWIV 215
  Genossenschaft 453
  GesbR 112 ff
  GmbH 334 ff
  KG 203 f
  OG 172 ff
  Privatstiftung 463 f
  SE 439
  stG 222 ff
Auflösungsklage (GmbH) 301, 335
Auflösungskündigung (OG) 174
Aufsichtsorgan 62
  SE 435 f
Aufsichtsrat (AG) 381 ff
  Anfechtung von Hauptversammlungsbeschlüssen 388
  Aufgaben 386 ff
  Ausschuss 386
  Beschluss 386
  Einberufung 386
  Einberufung der Hauptversammlung 387
  Genehmigungspflichtige Geschäfte 387
  Haftung 389
  Kapitalvertreter 381 ff
  Organisation 385 f
  Prüfungs- und Berichtspflichten 388
  Prüfungsausschuss 386
  Sitzung 385 f
  Überwachung 386 f
  Vertretung 388
  Vorsitz 385
  Vorstandsabberufung 386
  Vorstandsbestellung 386
Aufsichtsrat (Gen) 448 f
Aufsichtsrat (GmbH) 273 ff
  Anfechtung von Gesellschafterbeschlüssen 286
  Aufgaben 283 ff
  Ausschuss 282 f
  Beschluss 281
  Einberufung 280
  Einberufung der Generalversammlung 283 f
  Genehmigungspflichtige Geschäfte 284 f
  Haftung 286
  Organisation 279 ff
  Prüfungs- und Berichtspflichten 285
  Prüfungsausschuss 282 f
  Sitzung 280 f
  Überwachung 283
  Vertretung 285 f
  Vorsitz 280
Aufsichtsrat (Privatstiftung) 462 f
Aufsichtsratsmitglieder (AG) 381 ff
  Abberufung 384 f
  Beendigung 384 f
  Bestellung 382 f, 411
  Dauer 384 f
  Entsendung 383 f, 411
  Haftung 389
  Vergütung 385
  Voraussetzungen 381 f
  Wahl 382 f
  Zahl 381
Aufsichtsratsmitglieder (GmbH) 274 ff
  Abberufung 278 f
  Beendigung 278 f
  Bestellung 277 f
  Dauer 278 f
  Entsendung 279
  Haftung 286
  Vergütung 278
  Voraussetzungen 275 ff
  Wahl 277
  Zahl 274 f
Aufspaltung 335, 486 f

Aufwandsersatz 66
  OG 143 f
Auseinandersetzung (stG) 225
Auseinandersetzungsguthaben
  (OG) 167 f
Ausfallshaftung (GmbH) 314, 319, 332
Auskunftspflicht
  Geschäftsführer 267
  Kommanditist 193 f
  OG 143
  Vorstand 398 ff
Ausschluss
  GesAusG 302 f
  GesbR 111 f
  GmbH 301
  KG 202 f
  OG 165 f
Ausschuss
  Aufsichtsrat (GmbH) 282 f
  Aufsichtsrat (AG) 386
Außengesellschaft 46
  AG 341
  GesbR 86
  GmbH 227
  OG 103
Außenverhältnis, Vertretung 62
Außergewöhnliches Geschäft
  AG 391 f
  GesbR 102
  GmbH 260 f, 290
  KG 187 f
  OG 138 ff
Austritt
  EWIV 214 f
  Genossenschaft 451
  GesbR 110 f
  GmbH 301
  KG 202 f
  OG 165

B
Bankbestätigung 242 ff, 359, 364
Barabfindung

Gesellschafterausschluss 302 f
Grenzüberschreitende Verschmelzung 482
  Spaltung 491 f
  Umwandlung 485 ff
  Verschmelzung 472 ff
Bedingte Kapitalerhöhung 417 ff
Bedungene Einlage 196 f
Beendigung
  AG 427 ff
  Aufsichtsratsmitglieder (AG) 384 f
  Aufsichtsratsmitglieder (GmbH) 278 f
  EWIV 215
  Genossenschaft 453
  GesbR 110 ff
  Geschäftsführer (GmbH) 254 ff
  Gesellschaft (Allgemein) 68
  GmbH 334 ff
  KG 203 f
  OG 171 ff
  Privatstiftung 463 f
  SE 439
  stG 222 ff
  Verein 469
  Vorstand (AG) 368 ff
Beendigung der Aktionärsstellung (AG) 407
Beendigung der Gesellschafterstellung (GmbH) 301
Begünstigter 459
Beherrschung 161
Beherrschungsvertrag (GmbH) 322
Beirat
  GmbH 274
  Privatstiftung 461 ff
Beiträge 64
  GesbR 92 ff
  KG 196
  OG 155
Beitrittserklärung (Genossenschaft) 451

Berichte
  AG 376 f
  GmbH 265
  OG 143
Beschluss
  Aktionär 390 ff
  Aufsichtsrat (AG) 386
  Aufsichtsrat (GmbH) 281
  Genossenschaft 449 f
  GesbR 100 f
  Gesellschafter (GmbH) 287 ff
  OG 138 ff
Beschluss, anfechtbarer
  Generalversammlung 297 ff
  Hauptversammlung 403 ff
Beschluss, fehlerhafter
  Aufsichtsrat 281
  Generalversammlung 297 ff
  Hauptversammlung 403 ff
Beschluss, nichtiger
  Aufsichtsrat 281
  Generalversammlung 297
  Hauptversammlung 403 f
Beschluss, unwirksamer
  Aufsichtsrat 281
  Generalversammlung 297
  Hauptversammlung 403
Beschluss, wirkungsloser
  Generalversammlung 297
  Hauptversammlung 403
Beschlussfähigkeit
  Generalversammlung 294
  Hauptversammlung 396
Beschlussfeststellungsklage, positive 300
Beschlussvorschlag 393 f
Bestätigungsbeschluss 300
Bestellung
  Aufsichtsratmitglieder (AG) 382 ff
  Aufsichtsratmitglieder (GmbH) 277 f
  Geschäftsführer 251 ff
  Vorstand 366 ff

Bestimmtheitsgebot 134
Beteiligungen, wechselseitige 308 f
Betriebsführungsvertrag 325, 374, 391
Betriebspachtvertrag 325, 374, 391
Betriebsüberlassungsvertrag 325, 374, 391
Bezugsrecht
  AG 409, 415 f
  GmbH 328
  mittelbares 416
Bezugsrechtsausschluss
  AG 391, 409, 415 f
  GmbH 328
Bilanzgewinn 65
  AG 373, 391, 408 f
  GmbH 288, 309, 317
  KG 197 f
  OG 157 f
Bilanzrichtlinie 73, 77
Börsegesetz 352 f
Börsenotierung 56
Briefabstimmung 396, 398
Britische Limited 44, 71
Buchführung
  AG 376
  GesbR 103
  GmbH 263

C
Cartesio-Entscheidung 81, 429
Cooling-Off-Period 284 f, 381
Corporate Governance 354

D
Dauerschuldverhältnis 38, 151 f, 423
Delaware-Effekt 70
Depotbestätigung 345, 397
Dienstleistung, Einlage 64, 92, 156, 211
Differenzhaftung
  AG 363 f
  GmbH 246, 250
diligentia quam in suis 142

Direktoren, geschäftsführende 438
Disagio 359
Dividende 408 f
Doppelstöckige GmbH & Co KG 207
doppeltes Mehrheitserfordernis 367, 385
Doppelvertretung 259
Down-Stream-Merger 473
drag along right 307
Drittelparität 275, 282, 381
Drittgläubigeranspruch (OG) 153
Drittorganschaft 41, 61
 AG 341, 366
 EWIV 213
 Genossenschaft 447
 GmbH 228, 251
 GmbH & Co KG 208
Drittvergleich
 Einlagenrückgewähr 318
 Verdeckte Gewinnausschüttung 320
Dualistisches System 63, 435 ff
Durchgriff
 AG 343
 GmbH 229 ff

E

Effektive Kapitalerhöhung
 AG 413 ff
 GmbH 326 ff
Effektive Kapitalherabsetzung
 AG 424 ff
 GmbH 330 ff
Eigene Aktie 349 ff
Eigenkapitalersatzrecht 321 ff, 409
Einberufung
 Aufsichtsrat (AG) 382 ff
 Aufsichtsrat (GmbH) 280
 Generalversammlung 265, 283, 291 ff
 Hauptversammlung 387, 392 ff
Einbringung 493

Einforderung der Stammeinlage 313 f
Eingeschränkte Drittorganschaft 447
Eingetragene Erwerbsgesellschaften 117 f, 183
Eingetragene Personengesellschaft 58, 120 f
Einheits-GmbH & Co KG 207
Einheitsgründung (AG) 355
Einlagen
 AG 358 f, 360, 411 f
 GesbR 92 ff
 GmbH 241 f
 stG 220 ff
Einlagenrückgewähr
 AG 408 f
 GmbH 317 ff
 GmbH & Co KG 208 f
 KG 191, 196
Einlagepflicht 63 ff
 Aktionär 411
 GmbH 311 f
 KG 196 f
 OG 155 ff
 stG 220 ff
Ein-Personen-GmbH & Co KG 206
Ein-Personen-Gesellschaft 39
Einpersonengesellschaftsrichtlinie 74, 76
Ein-Personen-Gründung
 AG 356
 GmbH 241
Einsichtsrecht
 AG 409
 GmbH 263
Einstweilige Verfügung 299
Eintritt
 EWIV 214
 Genossenschaft 451
 GesbR 106
 KG 202
 OG 164 f
Eintrittsklausel 171
Einzelgeschäftsführungsbefugnis 62

Einzelvertretung
  EWIV 213
  GesbR 104
  Geschäftsführer (GmbH) 258
  KG 189
  OG 145
  Vorstand 375
Einziehung
  Aktien 426
  Geschäftsanteile 333
EKEG 321 ff, 409
Entlastung
  Aufsichtsrat (AG) 391
  Aufsichtsrat (GmbH) 278 f
  Geschäftsführer 272, 279, 288
  Liquidatoren 339
  Vorstand 380, 391, 394
Entnahmerecht 65 f
  GesbR 99
  KG 198 f
  OG 158 f
Entsendung
  Aufsichtsratsmitglieder (AG) 382 ff, 411
  Aufsichtsratsmitglieder (GmbH) 277 ff
Entstehung 57 ff
  AG 359 f
  Genossenschaft 446
  GmbH 242 ff
  KG 185
  OG 128 f
  Privatstiftung 459 ff
Erfüllungstheorie 150
Errichtung 57 ff
  AG 355 ff
  GesbR 89 f
  GmbH 236 ff
  KG 185
  OG 126 f
  Privatstiftung 459 ff
  stG 220
Errichtungserklärung 241 f
Ertragswertverfahren 167

Erwerb der Gesellschafterstellung
  AG 407
  Genossenschaft 451
  GesbR 106
  GmbH 301
  KG 202
  OG 163 f
Erwerb eigener Aktien 349 ff
Erwerb eigener Anteile 308
Europäische Aktiengesellschaft
  siehe SE
Europäische Genossenschaft 71, 455
Europäische Privatgesellschaft 71 f
Europäische Stiftung 72
Europäische Union 44, 69 ff
Europäischer Verein 72
EWIV 71, 211 ff
  Anwendungsbereich 211 f
  Häufigkeit 83
  Verordnung 79
Existenzvernichtungshaftung 231

F
Faktischer Geschäftsführer 230
Faktischer Konzern 53
Fehringer-Entscheidung 317
Fernabstimmung 396 f
Fernteilnahme 398 f
Finanzexperte 282 f
Firma 36 f
  AG 341 f
  EWIV 212
  Genossenschaft 444
  GmbH 229
  KG 184
  OG 118 f
  Privatstiftung 458
  SE 433
Förderungsauftrag 443
Formeller Satzungsbestandteil 240, 324
Formwechselnde Umwandlung 483 f
Forthaftung
  EWIV 214

KG 195
OG 151 f
Fortsetzungsbeschluss
   AG 427 f
   GmbH 336
   OG 176 f
Fortsetzungsklausel 169 f
Freiberufler 88
Fremdgeschäftsführer (GmbH) 256
Fremdorganschaft 41, 61
   AG 341, 366
   EWIV 212
   Genossenschaft 447
   GmbH 228, 251
   GmbH & Co KG 208
Fremdvergleich
   Einlagenrückgewähr 318 f
   Verdeckte Gewinnausschüttung 320 f

G

Gebundene Aktie 347
Gegenseitigkeitsgesellschaft 72 f
Gelatine-Entscheidung 391
Gelegenheitsgesellschaft 88
Genehmigtes bedingtes Kapital 421
Genehmigtes Kapital 419 ff
Generalbereinigung 272
Generalversammlung (GmbH) 287 ff
   Auskunftsrecht 309
   Beschluss, anfechtbarer 297
   Beschluss, fehlerhafter 297
   Beschluss, nichtiger 297
   Beschluss, unwirksamer 297
   Beschluss, wirkungsloser 297
   Beschlussfähigkeit 294
   Bestätigungsbeschluss 300
   Einberufung 283, 291 ff
   Niederschrift 296
   Scheinbeschluss 297
   Stimmrecht 294 ff
   Stimmverbot 295
   Tagesordnung 293
Generalversammlung (Gen) 449 f

Genossenschaft 443 ff
   Anwendungsbereich 446
   Gesellschaftskategorisierung 45
   mit beschränkter Haftung 444
   mit Geschäftsanteilshaftung 444 f
   mit unbeschränkter Haftung 444
Genossenschaftsmitglied 444
   Pflichten 452
   Rechte 451 f
Genossenschaftsvertrag 446, 452
Genussrecht 423
Gesamtgeschäftsführung 62
   GmbH 262
   Vorstand (AG) 371
   Vorstand (Gen) 447 f
Gesamthandeigentum 97
Gesamthandforderung (GesbR) 97
Gesamthandschaft
   EWIV 212
   KG 183
   OG 121
Gesamtrechtsnachfolge
   § 142 UGB 123, 165 ff, 179
   Gründung (GmbH) 244
   Spaltung 486, 491
   Umwandlung 483
   Verschmelzung 477
Gesamtvertretung
   GesbR 104
   Geschäftsführer (GmbH) 258
   OG 145 f
   Vorstand (AG) 375 f
   Vorstand (Gen) 447 f
GesAusG 302 ff
GesbR 85 ff
   Abgrenzung zur OG 87, 110, 119 f
   Anwendungsbereich 87 ff
Geschäftsanschrift
   GmbH 229
   OG 125
Geschäftsanteil (Gen) 444 f
Geschäftsanteil (GmbH) 232, 301 ff
   Abfindung 303

Abtretung 304
Aufgriffsrecht 304 ff, 308
drag along right 307
Erwerb eigener Anteile 308
Gewährleistung 305
Mitberechtigung 308
Miteigentum 308
Mitverkaufspflicht 307
Mitverkaufsrecht 307
Option 304
Pfändung 307 f
tag along right 307
Teilung 305
Treuhand 229, 302 f
Übertragung 303 ff
Übertragungsbeschränkungen 306 f
Vererblichkeit 303 ff
Verpfändung 307
Vinkulierung 306
Vorkaufsrecht 306
Vorvertrag 304
Geschäftsführende Direktoren 438 f
Geschäftsführer (EWIV) 213
Geschäftsführer (GmbH) 251 ff
  Abberufung 254 ff
  Abberufungsklage 255 ff
  Anstellung 251
  Anstellungsvertrag 251 f, 270
  Aufgaben 262
  Aufklärungspflichten 271
  Auskunftspflicht 267
  Bericht an den Aufsichtsrat 265
  Bestellung 252 ff
  Einberufung der Generalversammlung 265
  Einzelvertretung 258
  Entlastung 272
  Generalbereinigung 272
  Gesamtvertretung 258
  Geschäftsführung 262
  Geschäftsordnung 262
  Haftung 267 ff
  Musterzeichnung 257
  Rücktritt 257 f
  Vertretung 257 ff
  Wettbewerbsverbot 265 f
  Wettbewerbsverstoß 271
  Zeichnung 259
Geschäftsführer (KG)
  Abberufung 188
  Grundlagengeschäft 188
  Widerspruchsrecht 187
Geschäftsführer (OG)
  Abberufung 136 ff
  Bestellung 136 ff
  Grundlagengeschäft 141 f
  Kündigung 138
  Ressortverteilung 140
  Weisung 140
  Widerspruchsrecht 140 f
Geschäftsführer, gewerberechtlicher 251
Geschäftsführung
  AG 371 ff
  EWIV 213
  Genossenschaft 447 f
  GesbR 101 ff
  GmbH 262
  Innenverhältnis 62
  KG 187 ff
  OG 135 ff
  stG 218
Geschäftsführung, Sonderrecht auf (GmbH) 255 f
Geschäftsführungsvertrag 325
Geschäftsordnung 262
Gesellschaft 36 ff
  Anwendungsbereich 55
  Beendigung 68
  Entscheidungskriterien 55 f
  Kosten 55 f
Gesellschaft ieS 49, 119
Gesellschaft iwS 49
Gesellschafter
  Pflichten 63 ff
  Rechte 63 ff
Gesellschafter (AG) 341, 407 ff

Beschluss 390
Bilanzgewinn 373, 391
Haftung 343
Herrschaftsrechte 409
Minderheitsrechte 409 f
Pflichten 411 f
Rechte 407 ff
Gesellschafter (GesbR) 86
  Pflichten 91 ff
  Rechte 96
  Tod 111
Gesellschafter (GmbH) 228, 301 ff
  Beschluss 287 ff
  Bilanzgewinn 309
  Haftung 230 f, 249 f
  Herrschaftsrechte 309
  Minderheitsrechte 310 ff
  Pflichten 311 ff
  Rechte 309 ff
  Tod 309
  Vermögensrechte 308 f
Gesellschafter (KG) 183 f
  Pflichten 196 ff
  Rechte 196 ff
  Tod 204
Gesellschafter (OG) 127
  Pflichten 142 f, 154 ff
  Rechte 142 f, 154 ff
  Tod 169 ff, 173
Gesellschafter (stG) 217 f
  Tod 223
Gesellschafterausschluss
  GesAusG 302 ff
  Kaduzierung 313 ff
  wichtiger Grund 301
Gesellschafter-Ausschlussgesetz 302 ff
Gesellschafterbeschluss
  Unterschied zum Gesellschaftsvertrag 38 f
Gesellschafterbeschluss (AG) 390 f
  Anfechtung 404 ff
  Gegenstand 390 f
  Mehrheit 401
  Sperrminorität 410
Gesellschafterbeschluss (GmbH) 287 ff
  Anfechtung 297 ff
  Gegenstand 288 f
  Mehrheit 290 f
  Sperrminorität 311
  Stimmenthaltung 288, 291
Gesellschafterpflichten 63 ff
  AG 411 ff
  EWIV 214
  GesbR 91 ff
  GmbH 311 ff
  KG 196 ff
  OG 142 f, 154 ff
Gesellschafterrechte 63 ff
  AG 407 ff
  EWIV 214
  GesbR 96 ff
  GmbH 309 ff
  KG 196 ff
  OG 142 f, 154 ff
Gesellschafterstellung
  Erwerb (AG) 407
  Erwerb (GmbH) 301
  Verlust (AG) 407
  Verlust (GmbH) 301 f
Gesellschaftervermögen
  GesbR 96 f
  OG 157
Gesellschaftsanteil (OG) 157
Gesellschaftsrecht 35
Gesellschaftsvermögen
  AG 343 f
  GesbR 96 f
  GmbH 235
  OG 157
Gesellschaftsvertrag 38 f
  AG siehe Satzung
  Auslegung 38
  EWIV 212 f
  Genossenschaft 446
  GesbR 90
  GmbH, Änderung 324 f

GmbH, Auslegung 240
GmbH, Form 240
GmbH, Inhalt 239 ff
OG 126 f
stG 220
Unterschied zum Gesellschafterbeschluss 38 f
Gesellschaftszweck
AG 343
Genossenschaft 445
GesbR 93
GmbH 231
Unterschied zum Unternehmensgegenstand 39 f
Gewährleistung, Geschäftsanteil 305
Gewerbeberechtigung 228, 358
Gewinnabführungsvertrag 325
Gewinnausschüttung, verdeckte
AG 409
GmbH 320
Gewinnbeteiligung (stG) 221
Gewinnentnahme
GesbR 99
KG 198 f
OG 135, 158 f
stG 221 f
Gewinngemeinschaft 391
Gewinnschuldverschreibung 391, 422 f
Gewinnverteilung
AG 373 f
Genossenschaft 452
GesbR 98 f
GmbH 281, 283, 285, 288, 309 f
KG 197 f
OG 135, 157 f
stG 221
Gewöhnliches Geschäft 101 f, 133 ff, 187 ff
Gleichbehandlung 67
AG 412 f
GmbH 312, 317, 328, 331
OG 135, 163
Gleichordnungskonzern 54

Gleichstellung Frauen und Männer in wirtschaftlichen Entscheidungsgremien Richtlinie 78
Globalaktie 348
GmbH 227 ff
Anwendungsbereich 236 f
Häufigkeit 83
GmbH & Co KG 44 f, 205 f
GmbH-light 233
golden shares 79 f
Gratisaktie 348
Grenzüberschreitende Verschmelzung 482 f
Richtlinie 75
Großinvestitionen 289 f
Grundkapital
AG 343, 356
SE 433
Grundlagengeschäft
GesbR 100
GmbH 264
KG 188
OG 141 f
Grundsätze ordnungsgemäßer Buchführung 263
Gründung 57 ff
AG 354 ff
EWIV 212 f
Genossenschaft 446
GesbR 89 f
GmbH 236 ff
GmbH & Co KG 209
KG 185 ff
OG 125 ff
Privatstiftung 459 ff
Richtlinie 75
SE 434 f
stG 220
Verein 466
Gründungsbericht
AG 357, 361
GmbH 248
Gründungsfehler 59 f

Gründungshaftung
   AG 363 f
   GmbH 249 f
Gründungskosten (GmbH) 244
Gründungsmängel (AG) 365
Gründungsprüfung
   AG 357, 361
   GmbH 247 f
Gründungsrichtlinie 75 f
Gründungsstadium 57
   AG 355 ff
   GmbH 236 ff
Gründungstheorie 80 f

H
Haftsumme 189 ff, 196
Haftung
   Aufsichtsrat (AG) 389
   Aufsichtsrat (GmbH) 286
   EWIV 214
   Genossenschaft 444
   GesbR 105 f
   Geschäftsführer 242 f, 267 ff
   GmbH & Co KG 208
   GmbH-Gesellschafter 231 f, 248 ff
   Gründung (AG) 363 f
   Gründung (GmbH) 249 f
   Handelnde (GmbH) 249
   KG 183, 189 ff, 197, 202
   Kommanditist 190 ff, 194 ff
   Komplementär 189
   OG 147 ff
   OG-Gesellschafter 119, 142 f, 147 ff
   Spaltung 492
   stG 219
   Verschmelzung 480 f
   Vorstand 377 ff
Haftungsdurchgriff
   AG 343
   GmbH 229
Haftungsprivileg
   AG 343

   GmbH 229
Haftungstheorie 150
Hälfteklausel, GmbH 246 f
Handelndenhaftung
   AG 356 f
   GmbH 249
Harmonisierung 80
Hauptstamm (GesbR) 92 f
Hauptversammlung (AG) 389 ff
   Anfechtung 404 ff
   Antragsrecht 398 ff, 409 f
   Aufgaben 395 f
   Auskunftsrecht 398 f, 409
   Beschluss, fehlerhafter 403 ff
   Beschluss, nichtiger 403 ff
   Beschluss, unwirksamer 403
   Beschluss, wirkungsloser 403
   Beschlussfähigkeit 396
   Einberufung 393 ff
   Niederschrift 402 f
   Rederecht 398 ff, 409
   Scheinbeschluss 403
   Stimmrecht 400 f, 409
   Tagesordnung 393 f
   Teilnahmeberechtigung 396 f
   Vorsitzender 395 f
Hauptversammlung (SE) 435 f
Herrschaftsrechte
   AG 409 f
   GmbH 309 f
Hinauskündigung (OG) 165
Holding 54
Holzmüller-Entscheidung 391

I
IAS-Verordnung 79
Identitätstheorie (GmbH) 244
IFRS-Verordnung 79
Indossament 345
Informationsanspruch
   AG 399
   GmbH 263
Inhaberaktie 345 f, 397
Innengesellschaft 45 f

GesbR 86
stG 218
Innenverhältnis, Geschäftsführung 62
In-Sich-Geschäft 259 f
Insolvenz
   AG 376 f, 428
   EWIV 215
   Genossenschaft 443 ff,
   GesbR 86, 110
   GmbH 231, 238, 262 ff, 270 f, 335 f
   GmbH & Co KG 209
   OG 120, 140, 153, 172 ff
   Privatstiftung 463
   stG 224
Internes Kontrollsystem 263

J

Jahresabschluss
   AG 372, 388 f, 408
   GmbH 263 f, 300
   Richtlinie 75
Junge Aktie 348
Juristische Person
   AG 341
   Genossenschaft 443
   GmbH 227
   OG 120 f
   Privatstiftung 457
   SE 433
   Verein 465

K

Kaduzierung
   AG 411 ff
   GmbH 313 ff
Kapitalanteil
   KG 196 f
   OG 155 ff
Kapitalberichtigung
   AG 422
   GmbH 329
Kapitalerhöhung (AG) 413 ff
   bedingte 417 ff
   effektive 413 ff
   nominelle 421 f
   ordentliche 413 ff
Kapitalerhöhung (GmbH) 326 ff
   effektive 326 ff
   nominelle 329 f
   ordentliche 326 ff
Kapitalerhöhung, Verschmelzung 478
Kapitalgesellschaft 46 f
   AG 341
   GmbH 227
Kapitalherabsetzung (AG) 424 ff
   durch Einziehung (AG) 426 f
   effektive 424 ff
   nominelle 426 f
   ordentliche 424 ff
   verbunden mit Kapitalerhöhung 427
   vereinfachte 426 f
Kapitalherabsetzung (GmbH) 330 ff
   Aufgebotsverfahren 331 f
   durch Einziehung 333 f
   effektive 330
   nominelle 332 f
   ordentliche 330 ff
   verbunden mit Kapitalerhöhung 333 f
   vereinfachte 332 f
Kapitalkonto
   KG 197
   OG 157
Kapitalmarktgesetz 353
Kapitalmaßnahmen
   AG 412 ff
   GmbH 326 ff
Kapitalmehrheit 401 f
Kapitalrichtlinie 73, 77
Kapitalschnitt
   AG 424, 427
   GmbH 333
Kapitalverkehrsfreiheit 79 f
Kausalitätstheorie 298, 404 f

KEG 117 f
Kernbereichslehre
　GesbR 101
　GmbH 325
　OG 134
KG 183 ff
　Abgrenzung zur stG 184
　Anwendungsbereich 183
　Häufigkeit 83
　Unterschied zur OG 184
　Klage auf Nichtigerklärung (AG) 365, 428 f
Kleiner Versicherungsverein auf Gegenseitigkeit 43
Kleinunternehmer 87 f
Kleinstunternehmen Richtlinie 76
Kollegialorgan 61
Kollisionsrecht 80 ff
Kommanditist 184 ff
Komplementär 183 ff
Konkurs siehe Insolvenz
Konsument
　Aktionär 341
　GmbH-Gesellschafter 227 f
Kontrollierende Beteiligung 353 f
Kontrollrecht
　GesbR 96
　KG 199 f
　OG 159 f
　stG 222
Konzentrationsverschmelzung 472
Konzern 52 ff
Konzernprivileg 382
Konzernrechnungslegungsrichtlinie 74
Konzernrechtsrichtlinie 78
Konzernverschmelzung 472
Konzessionssystem 60
Koppelungsklausel 251 f, 368
Körperschaft 48 f
Körperschaft öffentlichen Rechts 50 f
Krise 323

Kündigung
　GesbR 110 f
　GmbH 301, 335
　OG 136, 163 f
　stG 223 f

L
Lehre von der fehlerhaften Gesellschaft 59 f
Leistung der Einlage
　AG 358 f
　Allgemeines 63 f
　GesbR 92 f
　GmbH 311 f
　KG 196 f
　OG 155 ff
　stG 220 ff
Leitungsorgan 61 ff
　SE 435 ff
Limited 44, 71
Liquidation 68 f
　AG 430 f
　EWIV 215
　Genossenschaft 453
　GesbR 112 f
　GmbH 336 ff
　KG 203 f
　OG 171 ff
　Privatstiftung 463 f
　SE 439
Liquidationsrichtlinie 78
Löschung 68

M
Macrotron-Entscheidung 392
Mantelgründung 249 f, 363 f
Massen-KG siehe Publikums-KG
Materieller Satzungsbestandteil 240
Mehrheit
　Gesellschafterbeschluss 290 f
　Hauptversammlungsbeschluss 401 f
Mehrstaatlichkeitsprinzip 212
Metavertrag 89

Minderheitsrechte
  AG 409 f
  GmbH 310 f
Missbrauch
  der Organisationsfreiheit 230
  der Vertretungsmacht 261 f
Mitberechtigung, Geschäftsanteil
  308
Miteigentum, Geschäftsanteil 308
Mitgliedschaft
  Genossenschaft 451
  KG 203
  OG 164 ff
Mitverkaufspflicht, Geschäftsanteil
  307
Mitverkaufsrecht, Geschäftsanteil
  307
Mitverwaltungsrecht (AG) 409
Mitverwaltungsrecht (GmbH) 309
Monistisches System 63, 435
Monokratisches Organ 61
Musterunterschrift siehe Musterzeichnung
Musterzeichnung 242, 257, 371, 461

N
Nachfolgeklausel 169 ff
Nachgründung (AG) 362 ff
Nachgründung (GmbH) 290
Nachhaftung
  EWIV 214
  KG 186, 195
  OG 152
Nachhaftungsbeschränkung 108
Nachschuss 64 f
  AG 412
  GesbR 94
  GmbH 314 f
Nachtragsliquidation 180, 339
Nachweisstichtag 397
Namensaktie 344 f, 397, 411
Nebenleistungsaktie 347
Nebenleistungspflichten
  AG 412

  GmbH 316
Nebenzweckprivileg 465
Negativerklärung 477, 491
Nennbetragsaktie 346 f, 356 f, 360
Nennkapital 445 f
Nennwertlose Aktien siehe Stückaktien
Nichtigerklärung (AG) 365, 404 f, 428
Nichtigkeitsklage 59, 404
Niederlassungsfreiheit 79 ff, 482
Niederschrift
  Generalversammlung 265, 296
  Hauptversammlung 402
Nominelle Kapitalerhöhung
  AG 421 f
  GmbH 329
Nominelle Kapitalherabsetzung
  AG 426
  GmbH 332 f
Normativsystem 60
  AG 341
  GmbH 228
Not-Aufsichtsratsmitglied
  AG 383 f
Not-Geschäftsführer (GmbH) 253 f
Not-Vorstandsmitglied (AG) 368
Numerus clausus 43 ff

O
ÖCGK 354
OEG 117 f
Offenlegung, Richtlinie 74, 76
OG 117 ff
  Abgrenzung zur GesbR 122
  Anwendungsbereich 121 f
OHG 117 ff
Option 304, 350, 387, 417 f, 420
Optionsschuldverschreibung 417, 422
Ordentliche Kapitalerhöhung
  AG 413 ff
  GmbH 326 ff

Ordentliche Kapitalherabsetzung
  AG 424 ff
  GmbH 330 ff
Organe
  AG 365 ff
  EWIV 213
  Genossenschaft 447 ff
  GmbH 250 ff
  SE 435 ff
  Privatstiftung 461 ff
Organisationsvertrag 38, 40

P
Partei 54
Partiarischer Dienstvertrag 219
Partiarisches Darlehen 219
Paternoster-Theorie 132, 186
Personengesellschaft 38, 46 ff
Pfändung, Geschäftsanteil 307 f
Pflichtangebot 74, 353
Pflichteinlage 185, 190 ff, 196
Polbud-Entscheidung 81
Positive Beschlussfeststellungsklage 300
Privatgläubiger (OG) 174 ff, 180
Privatgläubiger (GesbR) 111
Privatkonto
  KG 197
  OG 157
Privatstiftung 51, 457 ff
  Anwendungsbereich 459
  Häufigkeit 83
Prokura
  GmbH 258 f
  GmbH & Co KG 187 ff
  KG 187 ff
  OG 141 f
Protokollbuch 450, 452
Prüferbefähigungsrichtlinie 74
Prüfungsausschuss
  AG 372 f, 386
  GmbH 282 f, 300
Publikums-KG 43, 210
Publizitätsrichtlinie 73, 76

Q
Qualifizierte Unterkapitalisierung 230
Quoad dominium 92
Quoad sortem 93
Quoad usum 93

R
Realteilung 494 ff
Rechenschaftspflicht 143
Rechnungslegung 56
  GesbR 103
Rechnungswesen (GmbH) 263
Rechtsangleichung 70
Rechtsfähigkeit
  AG 341
  GesbR 85, 90 f
  GmbH 227
  OG 120
  Privatstiftung 461
Rechtsform sui generis 89, 130
  AG 357
  GmbH 237 f
Rechtsformwechsel
  AG 431
  GesbR 114 f
  GmbH 339 f
  OG 180 f
Reihenregress (GmbH) 313
Rektaklausel 345
Relevanztheorie 298, 405
Rendite 408
Reorganisationsbedarf (GmbH) 323
Reorganisationsverfahren 173, 231
Ressortverteilung
  AG 372, 378
  GmbH 262
  OG 140
Revisionsverband 446, 450
Revisor 450
Richtlinie 70, 73 ff
Rückzahlungssperre 324

S

Sacheinlage
  AG 360 ff
  GmbH 245 f
Sacheinlage- und Einbringungs-
  vertrag 493
Sacheinlage, verdeckte (GmbH) 248
Sachgründung
  AG 362
  GmbH 245 ff
Sachübernahme 246 f, 360
Sammelaktie 348
Sanierungskredit 323
Sanierungsprivileg 323
Sanierungsverfahren
  OG 172
  stG 225
Satellitenversammlung 397 f
Satzung
  Änderung 391
  Form 355 f
  Inhalt 356 f
Satzungsdurchbrechung 325
SCE 71, 455
Scheinbeschluss
  Generalversammlung 297
  Hauptversammlung 403 f
Schiffsfonds siehe Publikums-KG
Schlichte Rechtsgemeinschaft 50
Schlussbilanz, Verschmelzung 474
Schutzgesetz 271
SE 71, 433 ff
  Häufigkeit 83
  Verordnung 79
Selbstkontrahieren (GmbH) 259
Selbstorganschaft 41, 61
  KG 188
  OG 117, 132 ff
Share deal (GmbH) 303
Side-Stream-Merger 473
Sitz
  AG 342
  EWIV 212
  GmbH 229

  OG 124 f
  SE 433
Sitztheorie 80 ff
Sitzverlegungsrichtlinie 78
Sonderbeschluss 402, 414
Sonderprivatrecht 35
Sonderprüfung
  AG 391, 410
  GmbH 310 f
Sonderrecht
  AG 410 f
  GmbH 253 ff, 324
Sozialverbindlichkeit (OG) 153 f
Sozialversicherungsrecht 42, 56
Spaltung 486 ff
  Ablauf 487 ff
  Barabfindung 491 f
  Beschluss 490 f
  Firmenbuchverfahren 491 f
  Haftung 492
  Kapitalaufbringung 488 f
  nicht verhältniswahrende 487 f
  verhältniswahrende 487 f
  Wirkungen 491
Spaltungs- und Übernahmsvertrag
  488
Spaltungsbericht 489
Spaltungsplan 488
Spaltungsprüfung 489
Spaltungsrichtlinie 73
Sparkasse 51
SPE 71
Sperrminorität
  AG 410
  GmbH 311
Sphärenvermischung 230
Sperrjahr 430
Squeeze-out 302 f
Stammaktie 344 f, 357 f
Stammeinlage 232 ff, 241, 311 f
Stammkapital 232 ff
Statut 446
Steuerrecht 42, 56, 207 f
stG siehe Stille Gesellschaft

Stifter 458 f
Stiftung siehe Privatstiftung
Stiftungserklärung 459 f
Stiftungsprüfer 462
Stiftungsurkunde 459 ff
Stiftungsvorstand 461 f
Stiftungszusatzurkunde 459 f
Stille Gesellschaft 217 ff
    Abgrenzung zur KG 184, 219
    Anwendungsbereich 220
    Häufigkeit 83
Stimmbindungsvertrag
    AG 400
    GesbR 89
    GmbH 242, 295 f
Stimmenmehrheit
    AG 401 ff
    GmbH 290 f
Stimmenthaltung 288, 291
Stimmrecht
    Generalversammlung 294 f
    Hauptversammlung 400 f, 407 f
Stimmrechtsausschluss
    AG 400
Stimmrechtsbindungsvertrag
    AG 400
    GesbR 89
    GmbH 295 f
Stimmrechtsruhen 354, 400 f
Stimmverbot
    AG 400 f
    GmbH 295
Strohmanngründung 243
Strukturrichtlinie 77 f
Stückaktie 346, 356 f, 400 f
Stufengründung 355 f
Substanzgesellschaft 333, 426
Substanzwertverfahren 167 f
Sukzessivgründung 355
Summengrundsatz 488 f
Supranationale Gesellschaften 71 ff, 211
Syndikatsvertrag
    AG 400
    GesbR 89
    GmbH 240, 295 f

T

tag along right 307
Tagesordnung
    Generalversammlung 293 f
    Hauptversammlung 393 f
Teilung, Geschäftsanteil 305
Teilungsvertrag 494 f
Tod eines Gesellschafters
    GesbR 109, 111
    GmbH 305, 335
    KG 204
    OG 169 ff
    stG 223
Trennungsprinzip 66
    AG 343
    GmbH 229 f
Treuepflicht 67 f
    AG 400 f, 412
    GmbH 316 f
    KG 201 f
    OG 135, 163
Treuhand
    Geschäftsanteil 302 f
    GmbH 210
typische Gesellschaft 49 f

U

Übernahmeangebot 303
Überseering-Entscheidung 81
Über-pari-Emission 359, 411
Überprüfung des Umtauschverhältnisses 478 f
Überschuldung 173, 209, 264, 372, 376, 428
Übertragung
    Geschäftsanteil (Gen) 451
    Geschäftsanteil (GmbH) 301 ff
ÜbG 353 f
    Richtlinie 74
UGB, Anwendungsbereich der Bücher 123 f

Ultra-vires-Lehre 431
Umgründungen 471 ff
Umlaufbeschluss
  AG 390
  GmbH 287 f
  OG 133
Umwandlung 131, 179, 185 f, 335, 429, 483 ff
  Beschluss 483 f
  errichtende 485 f
  formwechselnde 483 f
  SE 435
  übertragende 484 ff
  verschmelzende 485
Unbedenklichkeitsbescheinigung 243, 358
Unechte Quotenaktien siehe Stückaktien
Unechter Satzungsbestandteil 240, 324
Unterbilanzhaftung 250
Unternehmen 34 f, 37, 52
Unternehmensfortführung (GmbH) 247
Unternehmensgegenstand
  AG 343
  GmbH 231 f, 239
  Unterschied zum Gesellschaftszweck 40
Unternehmenskauf (GmbH) 304
Unternehmenskontinuität 43
Unternehmenspacht 374, 391
Unternehmensrecht iwS 35 f
Unternehmensserviceportal 245
Unternehmensverträge 325
Unternehmer
  AG 341
  EWIV 212
  Genossenschaft 443
  GmbH 229 f
  KG 183
  OG 118, 123 f
  Privatstiftung 458
  stG 218 ff

Unterordnungskonzern 54
Unter-pari-Emission 241, 359, 411, 427
Up-Stream-Merger 463

V
VALE-Entscheidung 81
Verbandsverantwortlichkeit 68
Verbot der Einlagenrückgewähr 317 ff, 408 f
Verbot der Organbestellung gegen das Organisationsgefälle 276, 382
Verbot der Überkreuzverflechtung 276, 382
Verbraucher
  GmbH-Gesellschafter 227 f
Verdeckte Gewinnausschüttung 320 f, 409
Verein 51 f, 465 ff
Vereinfachte Kapitalherabsetzung
  AG 426 f
  GmbH 332 f
Vererblichkeit, Geschäftsanteil 303
Vergütung
  Aufsichtsratsmitglieder (AG) 385
  Aufsichtsratsmitglieder (GmbH) 279
Verknüpfung von Zentral-, Handels- und Gesellschaftsregistern Richtlinie 77
Verlust der Gesellschafterstellung
  AG 407
  GmbH 301
Verlust der Mitgliedschaft (Gen) 451
Verlustdeckungshaftung (GmbH) 250 f
Verlusttragung
  KG 196 f
  OG 157 f
Verlustverteilung (GesbR) 98
Vermögenslosigkeit
  AG 429
  GmbH 335 f
Vermögensrechte 63 ff

AG 408 f
GesbR 96 ff
GmbH 309 f
KG 196 ff
OG 155 ff
stG 220 ff
Vermögensübergang (GmbH) 243 f
Vermögensvermischung 230
Verordnung 70, 79
Verpfändung, Geschäftsanteil 307
Verrechnungskonto
  KG 197
  OG 157
Verschmelzung 271 f, 336, 339, 350, 410, 434, 453, 472 ff
  Ablauf 473 ff
  Anfechtung 478
  Beschluss 476
  Firmenbuchverfahren 477
  Gewährung von Anteilen 479
  Gläubigerschutz 479 f
  Haftung 480 f
  Kapitalerhöhung 478 f
  Überprüfung des Umtauschverhältnisses 478
  vereinfachte 481 f
  Wirkungen 477
Verschmelzung, grenzüberschreitende 482 f
  Richtlinie 73
Verschmelzungsbericht 475
Verschmelzungsprüfer 475
Verschmelzungsrichtlinie 73, 75 f, 79 f
Verschmelzungsstichtag 474
Verschmelzungsvertrag 473 f
Verschwiegenheitspflicht
  AG 377
  GmbH 267
Verstaatlichung (GmbH) 335
Vertragskonzern 53
Vertretung
  Aufsichtsrat (AG) 388 f
  Aufsichtsrat (GmbH) 285 f

Außenverhältnis 62
EWIV 213
GesbR 103 ff
Geschäftsführer 257 ff
KG 189
OG 144 ff
Privatstiftung 462
Vorstand (AG) 374 f
Vorstand (Gen) 447 f
Verwalter 104
Verwaltungsaktien siehe Vorratsaktien
Verwaltungsrat 437
Verwässerung 416
Verwertungsaktien siehe Vorratsaktien
Vinkulierung
  Aktie 347
  Geschäftsanteil 306
Vollbeendigung 68
Vorbelastungshaftung (GmbH) 250 f
Vorbelastungsverbot (GmbH) 250 f
Vorgesellschaft 58 f
  AG 355 ff
  GmbH 237 f, 244 f
  OG 129
Vorgründungsgesellschaft 57
  AG 356
  GesbR 88 f
  GmbH 236 f
Vorgründungsstadium 57
  AG 356
  GmbH 236 f
Vorkaufsrecht, Geschäftsanteil 306
Vorratsaktie 347
Vorratsgründung
  AG 363
  GmbH 249 f
Vorstand (AG) 366 ff
  Abberufung 368 ff
  Auskunftspflicht 398 f
  Bestellung 366 ff
  Dirimierungsrecht 372
  Entlastung 380

Einberufung der Hauptversammlung 392 ff
Einzelvertretung 375
Gesamtvertretung 375
Geschäftsführung 371 ff
Haftung 377 ff
Mindestzuständigkeiten 372
Musterzeichnung 371
Rücktritt 370
Vertretung 374 f
Wettbewerbsverbot 377
Zeichnung 259, 371
Vorstand (Verein) 467
Vorvertrag, Geschäftsanteil 304
Vorzugsaktie 346 f, 357, 400 ff, 411

W
Wandelschuldverschreibung 402, 413, 417, 422
Wechsel der Rechtsform
  AG 431
  GesbR 114 f
  GmbH 339
  OG 180 f
Wechselseitige Beteiligungen 308
Wegzugsfall 81, 429
Weisung
  AG 348, 366, 371, 387

Genossenschaft 449
GmbH 260, 268 f
OG 140 ff
SE 437
Verein 467
Wertpapier 344, 353
Wettbewerbsverbot
  AG 377
  GesbR 95
  GmbH 265 f, 316, 338
  KG 201 f
  OG 161 ff
Willensbildungsorgan, Allgemeines 61 f

Z
Zahlungsunfähigkeit 173, 264, 372, 376
Zeichnungsschein 414 f, 420
Zurechnungsdurchgriff 231
Zusammenschluss 495 f
Zustimmungsvorbehalt 402
Zuzugsfall 81
ZVR 470
Zweigniederlassung 229, 342
Zweigniederlassungsrichtlinie 74
Zwischenschein 348